Neue ökonomische Grundrisse

Herausgegeben von

Rudolf Richter

D1717872

Christian Keuschnigg

Öffentliche Finanzen:
Einnahmenpolitik

Mohr Siebeck

CHRISTIAN KEUSCHNIGG, geboren 1959; Studium der Volkswirtschaftslehre in Graz, Innsbruck und Wien; 1987 Promotion in Innsbruck, 1995 Habilitation in Wien; Professor für National-ökonomie, insbesondere Finanzwissenschaft an der Universität St. Gallen.

ISBN 3-16-148283-2

Die Deutsche Bibliothek verzeichnet diese Publikation in der Deutschen Nationalbiblio-graphie; detaillierte bibliographische Daten sind im Internet über *http://dnb.ddb.de* abrufbar.

© 2005 Mohr Siebeck Tübingen.

Das Buch wurde von LE-TEX in Leipzig gesetzt, von Gulde-Druck in Tübingen auf alterungsbestän-diges Werkdruckpapier gedruckt und von der Buchbinderei Held in Rottenburg gebunden.

Vorwort

Dieses Lehrbuch untersucht die Wirkungen der öffentlichen Einnahmenpolitik auf Effizienz und Verteilung in der modernen Ökonomie. Neben der Erörterung der klassischen Themen der Haushalts- und Unternehmensbesteuerung und der Optimalsteuertheorie setzt es neue Akzente und behandelt die Wirkungen der Besteuerung auf Bildung, Innovation, Arbeitslosigkeit und Finanzierung junger Unternehmen. In einem ersten einführenden Teil werden zunächst die Struktur und Entwicklung der Besteuerung im internationalen Vergleich dokumentiert, Masse für die effektive Steuerbelastung besprochen und die Ergebnisse der empirischen Literatur über die Wirkungen der Besteuerung auf das Angebots- und Nachfrageverhalten von Haushalten und Unternehmen vorgestellt. Der zweite Teil analysiert die Steuerwirkungen auf Arbeitsangebot, Erwerbsbeteiligung und auf Aus- und Weiterbildung und ermittelt die volkswirtschaftlichen Kosten der Besteuerung. Der dritte Teil erörtert zunächst, in welcher Weise die Kosten der Besteuerung den „optimalen" Staatsanteil, gemessen an den Ausgaben für öffentliche Güter und für Einkommenssicherung und Umverteilung, beeinflussen. Anschliessend wird die Theorie der optimalen Besteuerung vorgestellt, die ausgehend von den Effizienz- und Verteilungszielen der Finanzpolitik allgemeine Regeln für die Gestaltung der Einkommens- und Güterbesteuerung ableitet. Gegenstand des vierten Teils sind die Wirkungen der Besteuerung sowie der Alterssicherung und Staatsverschuldung auf Ersparnisbildung und Risikobereitschaft der Haushalte und auf Investition und Finanzierung der Unternehmen. Der fünfte Teil stellt die Prinzipien der internationalen Besteuerung vor und analysiert die Auswirkungen des Steuerwettbewerbs. Der sechste Teil widmet sich der Besteuerung auf unvollkommenen Märkten und untersucht die Einflüsse der Steuerpolitik auf Arbeitslosigkeit, Innovation mit unvollständigem Wettbewerb und auf die Finanzierung junger Unternehmen bei Informationsproblemen in Form von moralischem Risiko und Negativauswahl. Der siebte Teil besteht in einem mathematischen Anhang, der das notwendige methodische Rüstzeug einführt.

Das Buch richtet sich an Studenten des Hauptstudiums mit soliden mikroökonomischen Grundkenntnissen, die bei Bedarf anhand des mathematischen Anhangs zugeschnitten auf spezifisch finanzwissenschaftliche Anwendungen aufgefrischt werden können. Der Text legt auf eine rigorose Darstellung Wert, die mit zahlreichen Schaubildern unterstützt wird. Damit werden die zentralen Inhalte auch für den weniger formal orientierten Studenten gut zugänglich. In einzelnen Fällen werden ausführlichere formale Teile in Kapitelanhängen dargestellt, damit sich der Hauptteil leserfreundlich auf die inhaltlichen Argumente konzentrieren kann. Auf der Homepage WWW.IFF.UNISG.CH (Seite Lehre/Keuschnigg) werden viele Übungsaufgaben mit Musterlösungen zur Verfügung gestellt. Die Dozierenden finden dort auch die Powerpoint-Graphiken zur Verwendung im Unterricht.

Das Buch will sich thematisch und methodisch von anderen finanzwissenschaftlichen Lehrbüchern abheben. Es betont die Unterscheidung zwischen stetigen und diskreten Entscheidungen. Die Bedeutung dieser Unterscheidung zeigt sich z. B. anhand des gesamtwirtschaftlichen Arbeitsangebots. Die meisten Lehrbücher betonen die Auswirkungen der Besteuerung auf die geleisteten Arbeitsstunden oder auf das Anstrengungsniveau. Nach der empirischen Literatur ist jedoch die Erwerbsbeteiligung, also die diskrete Entscheidung darüber, ob eine Arbeit überhaupt aufgenommen werden soll oder nicht, mindestens ebenso wichtig wie die marginale Variation der geleisteten Arbeitsstunden der Beschäftigten. Andere Beispiele für diskrete Entscheidungen sind Unternehmensgründungen, Wanderungsentscheidungen von Haushalten oder die Bildungsentscheidung über den Erwerb höherer Qualifikationen. Eine weitere methodische Besonderheit ist die Anwendung von informationsökonomischen Methoden, z. B. in der Theorie der optimalen Einkommensbesteuerung oder in der Analyse der Besteuerung junger Unternehmen. Das Buch greift eine Reihe von neuen Themen auf, die in der bisherigen Lehrbuchliteratur nur wenig aufgearbeitet sind, wie z. B. der Einfluss der Besteuerung auf Innovation, Aus- und Weiterbildung, Arbeitslosigkeit und auf Investition und Finanzierung junger Unternehmen. Diese Themen spielen nicht nur in der neueren Finanzwissenschaft eine wichtige Rolle, sondern dominieren auch die aktuelle wirtschaftspolitische Diskussion. Das Buch sollte daher auch Praktiker der Finanzpolitik ansprechen, die sich über die tagespolitischen Erfordernisse hinaus und neben den steuerrechtlichen Aspekten über die grundsätzlichen Allokations- und Verteilungswirkungen der Besteuerung informieren wollen.

Das Buch ist aus Vorlesungen und Seminaren zur Finanzwissenschaft an der Universität Wien, der Universität des Saarlandes und der Universität St. Gallen entstanden. Mehrere Generationen von Studenten haben mit wertvollen Rückmeldungen zur Verbesserung des Manuskripts beigetragen. Meinen Mitarbeitern Martin Dietz, Christian Jaag, Wolfgang Lechthaler, Benita von Lindeiner und Peter Strobel bin ich für die kritische und sorgfältige Durchsicht von älteren und neueren Fassungen einzelner Kapitel dankbar. Frau Anke Sielemann hat das schöne Design der vielen Abbildungen beigetragen und mich in vielerlei anderer Hinsicht unterstützt. Herr René Sieber hat das gesamte Buch Korrektur gelesen. Für die exzellente Unterstützung bei empirischen Recherchen sowie für die Anfertigung graphischer Illustrationen und die Herstellung der Druckvorlage bin ich insbesondere Adrian Oberlin zu besonderem Dank verpflichtet. Im Laufe der Zeit konnte ich mit einer Reihe von Kollegen, insbesondere Johann K. Brunner und Soren Bo Nielsen, das Konzept des Buches diskutieren und bin für viele wertvolle Hinweise zu einzelnen Teilen des Buchs dankbar. Mein besonderer Dank gilt einem anonymen Gutachter und Herrn Rudolf Richter, dem Herausgeber der Reihe. Von ihren Kommentaren und wertvollen Anregungen habe ich besonders stark profitiert. Schliesslich waren die Opportunitätskosten dieses Projekts deutlich grösser als erwartet und sind zu einem beträchtlichen Teil bei meiner Familie angefallen. Ihr gilt mein grösster Dank.

St. Gallen, im Juni 2005   Christian Keuschnigg

Inhaltsverzeichnis

Teil 1

Einführung

Kapitel I

Besteuerung im internationalen Vergleich

I.1 Steuerpolitische Einführung

Die öffentlichen Finanzen spiegeln die Kosten für die vielfältigen Aufgaben wider, die im Laufe der Zeit im politischen Prozess dem Staat zugewiesen worden sind. Der Staat versorgt die Haushalte und Unternehmen mit öffentlichen Gütern und Dienstleistungen und verteilt Einkommen um. Je nach politischem Konsens wird mit einem System von Steuern und einkommenssichernden Transfers eine gleichmässigere Verteilung des verfügbaren Einkommens angestrebt. Mit dem Wachstum der Staatsausgaben hat andererseits die Steuerbelastung stark zugenommen. Im Durchschnitt der OECD-Länder ist inzwischen die Abgabenquote, das ist der Anteil der Steuern und Sozialversicherungsbeiträge am Bruttoinlandsprodukt (BIP), bei 37% angelangt. Nach Tabelle I.1 liegt Deutschland 2000 mit 37.8% nur unwesentlich über dem OECD-Durchschnitt, Österreich liegt deutlich höher, die Schweiz niedriger. In manchen Wohlfahrtsstaaten wie z. B. Schweden übersteigt die Steuerquote sogar die 50-Prozent-Marke. Vor allem die Abgabenquote ist in den letzten drei Jahrzehnten stark gestiegen, was auf einen Anstieg der Sozialversicherungsbeiträge hinweist; siehe Abbildung I.1.

Angesichts der hohen Steuerbelastung sind viele Ökonomen und Finanzpolitiker besorgt, dass die Besteuerung die Leistungsanreize im privaten Sektor über Gebühr drosselt, die Aktivitäten oft in die falsche Richtung lenkt und damit die wirtschaftliche Wohlfahrt mindert. Mit anderen Worten beeinträchtigt die Besteuerung die wirtschaftliche Effizienz und verursacht hohe volkswirtschaftliche Kosten, die

Tabelle I.1: Abgabenquoten im internationalen Vergleich

	1970	1975	1980	1985	1990	1995	2000	2002 prov.
Deutschland *)	29,8	32,6	34,6	34,3	32,9	38,2	37,8	36,2
Österreich	34,6	37,4	39,8	41,9	40,4	41,6	43,3	44,1
Schweiz	22,5	27,9	28,9	26,6	26,9	28,5	31,2	31,3
USA	27,7	26,9	27,0	26,1	26,7	27,6	29,7	–
Japan	20,0	21,2	25,1	27,1	30,0	27,6	27,5	–
OECD	28,2	30,4	32,0	33,6	34,8	36,0	37,1	–
EU 15	30,3	33,0	35,8	38,5	39,2	40,1	41,4	40,5

*) 1970–1990 nur alte Bundesländer
Quelle: OECD (2003)

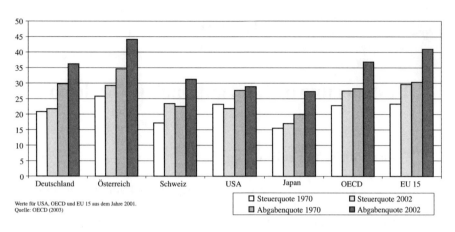

Werte für USA, OECD und EU 15 aus dem Jahre 2001.
Quelle: OECD (2003)

Abbildung I.1: Steuer- und Abgabenquote

wesentlich höher als die Steuereinnahmen sind, wie sie im öffentlichen Budget erscheinen. Diese Kosten müssen durch den Beitrag der staatlichen Aufgabenerfüllung zur privaten Wohlfahrt gerechtfertigt werden. Dieser Beitrag bemisst sich am Wert der öffentlich bereitgestellten Güter und Leistungen und an der Bewertung der staatlichen Aktivitäten zur Einkommenssicherung und Umverteilung im Wohlfahrtsstaat. Das begleitende Lehrbuch von Corneo (2003) widmet sich der Analyse der öffentlichen Aufgaben und Ausgaben. Der Umfang der Staatstätigkeit ist umso mehr zu überdenken, je höher die Kosten der Besteuerung eingeschätzt werden. Die Schwierigkeit besteht allerdings darin, die gesamtwirtschaftlichen Kosten der Besteuerung zu beziffern und die staatliche Aufgabenerfüllung trotz Ermangelung von Marktpreisen einigermassen zutreffend zu bewerten.

Die Steuerquote als globale Masszahl kann nur ein erster Anhaltspunkt für das tatsächliche Ausmass der Steuerbelastung sein. Dieselbe Steuerquote kann sich aus einer umfassenden Besteuerung mit niedrigen Sätzen ergeben, sie kann aber auch das Resultat von hohen Steuersätzen, kombiniert mit vielen Ausnahmebestimmungen, sein. Tatsächlich haben sich im Laufe der Zeit viele Ausnahmen angesammelt, die das Steuerrecht für den einzelnen Bürger kompliziert und unüberschaubar machen. Die Besteuerung wird deshalb häufig als unfair empfunden. Es mangelt nicht an grossen Reformkonzepten, die eine radikale Vereinfachung des Steuersystems vorschlagen, wie z. B. die Einfachsteuer (Flat Tax) von Hall und Rabushka (1985) oder jüngst der Vorschlag von Kirchhof (2004) für Deutschland. Die Grundstossrichtung ist, mit einer umfassenden, einheitlichen Besteuerung des Einkommens ohne Ausnahmebestimmungen die Steuersätze niedrig zu halten, dadurch die Leistungsanreize zu betonen und den Verteilungszielen mit einem einzigen Grundfreibetrag gerecht zu werden. Der Grundfreibetrag stellt die niedrigsten Einkommen steuerfrei.

Andere Reformvorschläge fordern dagegen gerade eine unterschiedliche Besteuerung von Kapital- und Arbeitseinkommen, weil die Besteuerung dieser Einkommensarten ganz unterschiedliche Wirkungen auslöst. In einer international verflochtenen

Wirtschaft führt die Besteuerung von Kapitaleinkommen zu starker Steuerausweichung in Form von Portfolio- und Direktinvestitionen im Ausland, während die internationale Mobilität und das allgemeine Steuerausweichverhalten beim Faktor Arbeit deutlich geringer ausgeprägt sind. Dies bedeutet, dass die Besteuerung des Kapitals sehr viel kostspieliger für den Wirtschaftsstandort und damit mit höheren volkswirtschaftlichen Kosten verbunden ist als die Besteuerung der Arbeit. Aus diesen Gründen wurde jüngst vom Deutschen Sachverständigenrat (2003) und von Sinn (2003a) eine duale Einkommensteuer für Deutschland vorgeschlagen, welche eine progressive Besteuerung der Arbeit mit einer niedrigeren, proportionalen Besteuerung des Kapitals verbindet.

Die Gestaltung des Steuersystems muss den Zielen der Finanzpolitik dienen. Seit Musgrave (1959) unterscheidet die Finanzwissenschaft zwischen der Allokations-, Verteilungs- und Stabilisierungsaufgabe, wobei die Stabilisierungsaufgabe heute nicht mehr Gegenstand der Finanzwissenschaft, sondern eher der Makroökonomik ist. Die Allokationsaufgabe befasst sich mit der Sicherstellung wirtschaftlicher Effizienz in dem Sinne, dass man das gesamtwirtschaftliche Einkommen und die mögliche Versorgung mit Gütern und Leistungen maximiert, bevor die Ansprüche auf verschiedene gesellschaftliche Gruppen verteilt werden. Dabei entsteht regelmässig ein Konflikt zwischen dem Effizienz- und Verteilungsziel. Die Herstellung einer gleichmässigeren Verteilung über den Steuer- und Transfermechanismus mindert die Leistungsanreize der Steuerzahler und die Anreize für die Selbstvorsorge bei den Transferempfängern, so dass der insgesamt verteilbare „Kuchen" geringer wird. Jeder Vorschlag für eine Steuerreform löst den Zielkonflikt zwischen Effizienz und Verteilung in einer spezifischen Art und Weise auf. Dabei stecken hinter rivalisierenden Reformvorschlägen meist auch unterschiedliche Gewichtungen der Effizienz- und Verteilungsziele der Finanzpolitik.

Die Tatsache, dass Unternehmen und Haushalte ihr wirtschaftliches Verhalten an die Steuern und Transferleistungen des Wohlfahrtsstaates anpassen, wird die beabsichtigten Wirkungen der Steuerpolitik unterlaufen. Diese Verhaltensanpassungen müssen daher bei der Gestaltung des Steuersystems antizipiert werden. Steuerausweichung führt unmittelbar dazu, dass das Steueraufkommen geringer ist, als man bei einer statischen Betrachtungsweise mit gegebener Bemessungsgrundlage berechnen würde. Dabei ist die geringere Ergiebigkeit des Steuersystems nur eine Folgewirkung der wachstumshemmenden Anreizwirkungen der Besteuerung. Entscheidend für die Verteilungszielsetzung ist vor allem, dass die wirtschaftliche Last der Besteuerung keinesfalls identisch ist mit dem Anknüpfungspunkt der Besteuerung. Wenn sich als Folge von systematischen Verhaltensanpassungen die Preise, Löhne und Kapitalrenditen im Marktgleichgewicht verändern, dann werden die Steuern zumindest teilweise auf andere Marktparteien überwälzt.

Als Beispiel für solche Überwälzungsvorgänge mag die Besteuerung der Kapitaleinkommen dienen, die in einer kleinen offenen Volkswirtschaft hauptsächlich Kapitalflucht auslöst. Mit dem geringeren Kapitaleinsatz steigt die Bruttorendite an, bis nach Steuer im Inland wieder eine ähnlich hohe Nettorendite erzielt wird, wie sie auf dem internationalen Kapitalmarkt möglich ist. Mit dem geringeren Kapitaleinsatz fallen die Löhne, ohne dass sich irgendetwas an der Besteuerung der Arbeitseinkommen geändert hätte. Die Last der Kapitaleinkommensbesteuerung wird daher zu einem grossen Teil von den Arbeitnehmern in Form von geringeren Löhnen getragen. Ähnliches gilt für jede andere Steuer auch. Wer die Last der Steuer wirtschaftlich trägt, bestimmt sich im Marktgleichgewicht und hängt davon ab, wie elastisch die Marktparteien auf die ausgelösten Preisänderungen reagieren. Wenn die Steuerüberwälzung nicht richtig antizipiert oder gar ignoriert wird, dann fallen im Marktgleichgewicht die Verteilungswirkungen unter Umständen ganz anders aus, als es die Finanzpolitik beabsichtigt.

Die Wirkungen der Besteuerung auf das individuelle Verhalten und in der Folge auf Effizienz und Verteilung im gesamtwirtschaftlichen Gleichgewicht sind das Thema dieses Lehrbuches. Der nächste Abschnitt stellt die Steuerstruktur in Deutschland, Österreich und der Schweiz im Vergleich mit anderen wichtigen OECD-Ländern etwas ausführlicher dar.

I.2 Steuerstruktur im internationalen Vergleich

I.2.1 Struktur des Steueraufkommens

Im Steuerrecht sind *Steuern* definiert als Zwangsabgaben an den Staat ohne Anspruch auf spezielle staatliche Gegenleistungen und ohne Bindung des Aufkommens an bestimmte Ausgabenzwecke. Beispiele sind die Einkommensteuer (EKST), die Körperschaftsteuer (KÖST), die Mehrwertsteuer (MWST), spezielle Verbrauchsteuern und die Erbschaft- und Vermögensteuer. *Direkte Steuern* knüpfen dabei an die wirtschaftliche Leistungsfähigkeit wie Einkommen und Vermögen an und berücksichtigen in der Regel die persönlichen Verhältnisse der Steuerpflichtigen. *Indirekte Steuern* belasten dagegen die Einkommensverwendung und den Vermögensverkehr und knüpfen an anonyme Transaktionen ohne Berücksichtigung persönlicher Verhältnisse an. Steuern dienen der *Einnahmeerzielung* zur Finanzierung der staatlichen Aufgabenerfüllung (fiskalischer Zweck). Steuern können auch einem *Lenkungszweck* dienen, um z. B. ein aus gesellschaftlicher Sicht kostspieliges Verhalten einzudämmen oder aber ein wünschenswertes Verhalten weiter anzuregen. Ein wichtiges Beispiel dafür wäre die Mineralölsteuer, welche auf einen sparsameren Verbrauch von umweltbelastenden Treibstoffen abzielt. Lenkungszwecke werden auch durch Steuerermässigungen (Steuersubventionen) für bestimmte Aktivitäten verfolgt, wie z. B. die Absetzbarkeit von Spenden für gemeinnützige Zwecke. Bei Lenkungssteuern kann das Ziel der Einnahmeerzielung nebensächlich sein. Schliesslich verfolgen Steuern einen *Umverteilungszweck*, um eine gleichmässigere Verteilung des verfügbaren Einkommens zu erreichen.

Neben den Steuern haben sich Gebühren und Beiträge zu einer wichtigen Finanzierungsquelle staatlicher Aufgabenerfüllung entwickelt. *Gebühren* werden bei Inanspruchnahme von individuell zurechenbaren Leistungen erhoben. Beispiele wären spezielle Verwaltungs-, Abfallentsorgungs-, Park- oder Benutzungsgebühren für öffentliche Einrichtungen wie Schwimmbäder und Museen. *Beiträge* sind wie Steuern Zwangsabgaben. Anders als Steuern begründen sie einen gesetzlichen Anspruch auf spezielle, gruppenbezogene Leistungen. Diese werden im Bedarfsfall in Anspruch genommen. Am wichtigsten sind die Pflichtbeiträge zu den gesetzlichen Sozialversicherungen, die einen staatlichen Versicherungsschutz mit Leistungsansprüchen bei Krankheit, Unfällen, Arbeitslosigkeit und im Alter begründen. Beiträge haben häufig einen verdeckten Steueranteil, wenn die Beiträge und die Leistungsansprüche nicht versicherungstechnisch fair kalkuliert sind. Dies wäre z.B. der Fall, wenn die Einnahmen aus den Beiträgen höher sind, als es zur Finanzierung der Versicherungsleistungen tatsächlich notwendig wäre.

Von verschiedenen Steuern und Beiträgen gehen ganz unterschiedliche Wirkungen aus. Daher ist es wichtig, nicht nur die globale Abgaben- und Steuerquote, sondern auch die Einnahmestruktur zu betrachten. Tabelle I.2 spaltet die gesamten Einnahmen aus Zwangsabgaben auf und zeigt die Anteile der EKST der Unternehmen, der persönlichen EKST, der Verbrauchsteuern und anderer Steuern für die Jahre 1990 und 2001 im internationalen Vergleich. In Deutschland und Österreich machen die Sozialversicherungsbeiträge mit 39.8 und 32.8% den grössten Anteil an den gesamten Steuern und Abgaben aus. Diese enthalten vor allem die Beiträge zur gesetzlichen Kranken-, Unfall-, Arbeitslosen- und Pensionsversicherung und werden von den Arbeitnehmern und teilweise auch von den Arbeitgebern entrichtet. Die Verbrauchsteuern, das sind die MWST und die speziellen Verbrauchsteuern (z.B. Mineralölsteuer, Alkoholsteuer usw.), stellen in Deutschland und Österreich mit einem Anteil von 28.8 bzw. 27.1% die zweitwichtigste Einnahmequelle noch vor der persönlichen EKST dar. Im OECD- oder EU-Durchschnitt im Jahr 2001 liegt der Anteil

Tabelle I.2: Steuerstruktur

	EKST Unt.	Pers. EKST	1990 Soz.-vers. beiträge	Verbrauch- steuern	Vermögen- steuern
Deutschland	4,8	27,6	37,5	26,7	3,4
Österreich	3,6	21,0	32,9	31,5	2,7
Schweiz	7,6	38,8	23,4	21,2	8,9
USA	7,7	37,7	25,9	17,3	11,4
Japan	21,6	26,8	29,0	13,2	9,1
OECD	8,0	29,6	22,3	31,9	5,7
EU 15	6,8	27,2	28,1	31,5	4,4

	EKST Unt.	Pers. EKST	2001 Soz.-vers. beiträge	Verbrauch- steuern	Vermögen- steuern
Deutschland	1,7	27,1	39,8	28,8	2,3
Österreich	6,9	22,9	32,8	27,1	1,3
Schweiz	10,2	32,0	25,5	23,2	9,1
USA	6,5	42,3	24,6	16,1	10,6
Japan	12,7	20,1	37,7	19,0	10,3
OECD	9,4	26,5	25,1	31,3	5,4
EU 15	8,9	25,8	27,9	30,1	4,9

Anteile an den gesamten Steuereinnahmen
Quelle: OECD (2003)

der Konsum- und Verbrauchsteuern am gesamten Steueraufkommen sogar knapp über 30%, während in Japan (19%) und in den USA (16%) dieser Anteil sehr viel niedriger ist. Auch in der Schweiz ist der Anteil der Verbrauchsteuern mit 23.2% deutlich niedriger, vor allem wegen des geringen MWST-Satzes. In der Schweiz trägt hingegen die persönliche EKST auf Löhne, Zinsen, Dividenden und Gewinne der Selbständigen am meisten zu den gesamten Abgaben bei. Der Anteil der persönlichen EKST am Gesamtsteueraufkommen beträgt in der Schweiz 32%, während er in den Ländern der EU nur bei 26% liegt.

Im Vergleich zum Durchschnitt der OECD- bzw. EU-15-Länder fällt für Deutschland der sehr niedrige Anteil von 1.7% der EKST der Unternehmen (vor allem KÖST) auf, während diese Kategorie in der Schweiz mit einem Anteil von 10.2% eine überdurchschnittliche Bedeutung hat. Das Aufkommen der deutschen KÖST ist allerdings 2001 durch einige Sondereffekte beeinflusst, die noch angesprochen werden. Auch die Vermögensteuer trägt in Deutschland mit 2.3% und in Österreich mit nur 1.3% im Vergleich zum OECD-Durchschnitt nur sehr wenig zum Aufkommen bei, während in der Schweiz die Vermögensteuer mit einem Anteil von 9.1% eine im internationalen Vergleich überdurchschnittliche Bedeutung hat. Tabelle I.2 zeigt also in verschiedenen Ländern bedeutsame Unterschiede in der Steuerstruktur, insbesondere im Verhältnis von direkten (Einkommen- und Vermögensteuern) und indirekten Steuern (Verbrauchsteuern). Da von den einzelnen Steuerarten sehr unterschiedliche Auswirkungen auf das Investitions-, Spar- und Erwerbsverhalten von Haushalten und Unternehmen ausgehen, sind diese Unterschiede für Wachstum, Verteilung und Wohlfahrt bedeutsam. Es ist Gegenstand dieses Buches, diese unterschiedlichen Auswirkungen der Besteuerung herauszuarbeiten.

Ein wichtiges finanzpolitisches Ziel ist die Herstellung einer gleichmässigeren Einkommensverteilung und die wohlfahrtsstaatliche Absicherung gegen die grundlegenden Lebensrisiken über den Steuer- und Transfermechanismus. Verursacht durch den Ausbau des Wohlfahrtsstaates waren in den letzten Jahrzehnten die Sozialausgaben eine der am stärksten wachsenden Ausgabenkategorien. Diese Ausgaben werden grossteils mit zweckgebundenen Sozialversicherungsbeiträgen, aber teilweise auch aus dem allgemeinen Steueraufkommen finanziert. Insbesondere in Deutschland hat die Zunahme der Sozialversicherungsbeiträge zum starken Anstieg der Abgabenquote beigetragen, während die Steuerquote verhältnismässig wenig zugenommen hat. Tabelle I.3 zeigt die Struktur der Sozialausgaben im Jahr 2001. Während der Anteil der

Tabelle I.3: Struktur der Sozialausgaben 2001

	Sozialausgaben in % des BIP	Alter, Hinterbliebene	Krankheit, Invalidität	Familie, Kinder	Arbeits- losigkeit	Wohnen, Sonstiges
Deutschland	29,8	42,4	36,5	10,4	8,2	2,5
Österreich	28,4	49,5	32,8	10,6	5,0	2,1
Schweiz	28,9	51,7	37,7	5,1	2,4	3,1
EU 15	27,5	46,0	36,2	8,0	6,2	3,6

Quelle: Eurostat

Sozialausgaben nur relativ wenig streut und in allen drei deutschsprachigen Ländern den Durchschnitt der EU-15-Länder übersteigt, gibt es nennenswerte Unterschiede in der Struktur der Sozialausgaben. In allen Ländern machen die Ausgaben für die Alters- und Hinterbliebenenversorgung den allergrössten Anteil an den Sozialausgaben aus, in der Schweiz sogar über 50%. In Deutschland und Österreich übersteigt der Ausgabenanteil für Familien und Kinder sowie für Arbeitslosigkeit deutlich den Durchschnitt der EU-15-Länder, während in der Schweiz diese Ausgaben eine sehr viel geringere Bedeutung haben. Bei den Ausgaben für Arbeitslosigkeit spiegelt dies im Wesentlichen die Unterschiede in den Arbeitslosenraten wider.

Im Jahr 2003 betrug das gesamte Steueraufkommen in Deutschland 442.3 Mrd. Euro. Die Lohnsteuer und die Steuern vom Umsatz (MWST) sind die beiden wichtigsten Einzelsteuern; auf sie entfallen gemeinsam 61% des gesamten Steueraufkommens. EKST, KÖST, die Steuern vom Umsatz, Mineralölsteuer, Gewerbesteuer und Tabaksteuer zusammen ergeben ganze 86% des Steueraufkommens. Direkte und indirekte Steuern halten sich in etwa die Waage. Über die Zeit haben vor allem die Steuern vom Umsatz und die Mineralölsteuer an Bedeutung stark gewonnen, wäh-

Tabelle I.4: Steueraufkommen in Deutschland

	1950	1960	1970	1980	1990	2000	2003
Steuern vom Einkommen	27,1	35,7	40,7	47,6	46,4	43,7	39,1
Einkommensteuer	18,4	26,2	34,5	41,8	40,9	36,1	34,9
Lohnsteuer	8,3	11,8	22,8	30,6	32,3	29,0	30,1
veranlagte Einkommensteuer	9,9	13,1	10,4	10,1	6,6	2,6	1,0
nicht veranlagte Steuern vom Ertrag	0,2	1,2	1,3	1,1	2,0	2,9	2,0
Zinsabschlagsteuer	–	–	–	–	–	1,6	1,7
Körperschaftsteuer	7,0	9,5	5,7	5,8	5,5	5,0	1,9
Ergänzungsabgabe/Solidaritätszuschlag	–	–	0,6	0,0	0,0	2,5	2,3
Steuern vom Umsatz	22,4	23,5	24,7	25,6	26,8	30,1	31,0
Mineralölsteuer	0,3	3,9	7,5	5,8	6,3	8,1	9,8
Gewerbesteuer	5,0	9,9	7,0	7,4	7,1	5,8	5,5
Tabaksteuer	10,1	5,2	4,2	3,1	3,2	2,4	3,2
Grundsteuer	5,7	2,4	1,7	1,6	1,6	1,9	2,2
Versicherungsteuer	0,3	0,3	0,4	0,5	0,8	1,6	2,0
Kraftfahrzeugsteuer	1,7	2,2	2,5	1,8	1,5	1,5	1,7
Stromsteuer	–	–	–	–	–	0,7	1,5
Grunderwerbsteuer	0,4	0,5	0,7	0,6	0,8	1,1	1,1
Erbschaftsteuer/Schenkungsteuer	0,1	0,3	0,3	0,3	0,5	0,6	0,8
Zölle	3,0	3,8	1,9	1,3	1,3	0,7	0,7
Branntweinsteuer	2,3	1,5	1,4	1,1	0,8	0,5	0,5
Rennwett- und Lotteriesteuer	0,4	0,4	0,4	0,4	0,4	0,4	0,4
Kaffeesteuer	1,6	1,0	0,7	0,4	0,4	0,2	0,2
Biersteuer	1,6	1,0	0,8	0,3	0,2	0,2	0,2
Schaumweinsteuer	0,1	0,1	0,2	0,1	0,2	0,1	0,1
Vermögensteuer	0,5	1,6	1,9	1,3	1,2	0,1	0,1
sonstige Steuern	17,3	6,6	3,1	0,7	0,6	0,2	0,2
Steueraufkommen absolut	10,5	35,0	78,8	186,6	281,0	467,3	442,2

Bis 1990 Gebietsstand ohne neue Bundesländer
Quelle: Bundesministerium der Finanzen (2004)

rend die Anteile der KÖST und seit 1990 der EKST kräftig gesunken sind. Dies zeigt die Verlagerung zu den indirekten Steuern. Der Rückgang des KÖST-Aufkommens im Jahr 2001 ist auf die Senkung des KÖST-Tarifes und auf Sondereffekte bei der Systemumstellung zurückzuführen.

Vor der Steuerreform 2000 mussten Kapitalgesellschaften auf ihre einbehaltenen Gewinne 40% und auf die ausgeschütteten Gewinne 30% KÖST entrichten. Die Anteilseigner versteuerten die Dividenden im Rahmen der EKST, konnten aber die auf Ausschüttungen lastende KÖST von ihrer persönlichen Steuerschuld wie eine vorausbezahlte EKST abziehen (Anrechnungsverfahren). Mit Inkrafttreten der Steuerreform 2000 wird ab 2001 das Halbeinkünfteverfahren angewandt, wonach der Anteilsinhaber nur die Hälfte der Dividenden im Rahmen seiner EKST erklären muss. Die KÖST wird seit 2001 nur noch mit einem einheitlichen Satz von 25% unabhängig von der Gewinnverwendung erhoben. Der Steuersatz wurde also um 15 Prozentpunkte für einbehaltene und um 5 Prozentpunkte für ausgeschüttete Gewinne abgesenkt.

I.2.2   Tarifliche Steuersätze

Für Investitionen und Wachstum eines Landes ist die Besteuerung der Gewinneinkommen entscheidend. Während die Gewinne von Personenunternehmen der persönlichen EKST der Unternehmer unterliegen, ist bei Kapitalgesellschaften zwischen der Besteuerung auf Unternehmens- und Investorebene zu unterscheiden. Zunächst werden die Gewinne auf der Unternehmensebene mit der KÖST belastet. Auf der Investorebene unterliegen die realisierten Erträge in Form von Ausschüttungen und Wertsteigerungen der Beteiligungen noch einmal der Besteuerung beim Anteilseigner („klassisches System" der Körperschaftsbesteuerung). Dabei kann es zu einer wirtschaftlichen Doppelbelastung bei den Dividenden kommen, die entweder durch eine Tarifentlastung beim Anteilseigner (geringerer Steuersatz auf Dividendeneinkommen) oder durch eine Teil- oder Vollanrechnung von „vorausbezahlter" KÖST gemildert bzw. vollständig beseitigt werden kann. Bei einem Anrechnungsverfahren kann der Anteilseigner die Vorbelastung mit der KÖST von seiner persönlichen EKST-Schuld auf Dividenden abziehen, so dass die Gesamtbelastung der Dividenden gleich hoch ist wie die Steuerbelastung auf andere Einkommen des Anteilseigners. International herrscht das klassische System der Doppelbesteuerung mit Tarifentlastung beim Anteilseigner vor. Wenn die Gewinne der Kapitalgesellschaften nicht ausgeschüttet, sondern zur Selbstfinanzierung von Investitionen verwendet werden, dann erzielt der Investor den Ertrag in Form von Wertsteigerungen bzw. Kapitalgewinnen auf seine Anteile. Nachdem in den meisten Ländern realisierte Kapitalgewinne nur gering oder überhaupt nicht besteuert werden, ist in diesem Fall das Problem der Doppelbelastung weniger relevant.

Tabelle I.5 vergleicht die tarifliche Belastung der Kapitalgesellschaften auf Unternehmensebene mit Körperschaft-, Gewerbeertrag- und vergleichbaren Steuern, wobei die Steuern des Zentralstaates und der Gliedstaaten berücksichtigt werden. Dabei sind die Steuern der nachgeordneten Gebietskörperschaften meist bei der KÖST des Zentralstaates abzugsfähig. Manche Länder kennen einen ermässigten Eingangssatz für Gewinne von kleinen Kapitalgesellschaften. In der Schweiz ist der Tarif der Kan-

Tabelle I.5: Unternehmenssteuersätze 2003 im internationalen Vergleich

	Zentralstaat	Gebietskörperschaft	Zusammen
Deutschland 2004	26,4	16,7	38,7
Österreich	34,0	–	34,0
Schweiz (Zürich)	8,5	9,3–23,3	16,4–29,2
Japan	30,0	13,5	40,9
USA (New York)	35,0	7,7	39,9

Quelle: Bundesministerium der Finanzen (2003)

tone und Gemeinden nach der Rendite gestaffelt. Ausserdem variiert die Belastung ganz erheblich zwischen verschiedenen Kantonen. Am Beispiel von Zürich zeigt sich die im internationalen Vergleich sehr niedrige Belastung der Gewinne auf Unternehmensebene, die in Zürich je nach Rendite zwischen 16 und 29% streut, mit einem Durchschnittssatz von etwa 25%. In Österreich beträgt der KÖST-Satz im Jahr 2003 34%. Der Teil des Gewinns, der einer fiktiven Verzinsung des Eigenkapitalzuwachses entspricht, wird mit einem geringeren Satz von 25% belastet. Damit wird die Finanzierung mit zusätzlichem Eigenkapital aus einbehaltenen Gewinnen oder Einlagen der Eigentümer gefördert. Ab 2005 wird der KÖST-Satz auf 25% gesenkt. Für Deutschland ist der Rechtsstand 2004 berücksichtigt. Während der KÖST-Satz alleine für Deutschland noch eine günstige Position ergibt, verschlechtert sich diese Position mit der Berücksichtigung der Gewerbesteuer ganz erheblich. Insgesamt muss man feststellen, dass angesichts des internationalen Steuerwettbewerbs viele Staaten in den letzten Jahren ihre KÖST-Sätze teilweise erheblich gesenkt haben. Insbesondere wenden die neuen, osteuropäischen EU-Mitgliedsstaaten niedrige KÖST-Sätze teilweise deutlich unter den bisherigen EU-Staaten an.

Kernstück eines jeden Steuersystems ist die persönliche EKST. Sie trägt einen erheblichen Teil zum gesamten Steueraufkommen bei; in Deutschland einschliesslich Solidaritätszuschlag etwa 37.2% (Tabelle I.4). Sie beeinflusst das Verhalten der Haushalte und Unternehmen bezüglich Erwerbsbeteiligung und Arbeitsangebot, Sparen und Investitionen und hat damit einen wesentlichen Einfluss auf die Entstehung des gesamtwirtschaftlichen Einkommens. Mit der progressiven Ausgestaltung des Tarifs ist sie das zentrale Instrument der steuerlichen Umverteilung. Durch die Berücksichtigung eines Grundfreibetrages sind die niedrigsten Einkommen in der Regel steuerfrei gestellt. Die nominalen Steuersätze sind zunächst niedrig und steigen mit zunehmenden Einkommen an. Sehr hohe Einkommen unterliegen schliesslich ab einer bestimmten Einkommensgrenze einem konstant bleibenden Spitzensteuersatz. Die durchschnittliche Steuerbelastung steigt also mehr oder weniger rasch mit zunehmendem Einkommen an, so dass höhere Einkommen einen überdurchschnittlichen Anteil zum Steueraufkommen beitragen.

Tabelle I.6 vergleicht für das Jahr 2003 den Grundtarif der EKST für Alleinstehende für verschiedene Länder, unter Berücksichtigung der nachgeordneten Gebietskörperschaften. In Deutschland wurde mit der Steuerreform 2000 eine stufenweise

Tabelle I.6: Einkommensteuersätze 2003

	Eingangssatz Staat- u. Gebiets- körper- schaften u. sonstige Zuschläge	Grundfrei- betrag/Null- zone im Tarif (in Euro)	Eingangs- satz des Tarifs reicht bis zu (in Euro)	Spitzensteuer- satz Staat u. Gebiets- körper- schaften und sonstige Zuschläge	Spitzensteuer- satz beginnt ab zu versteu- erndem Einkommen (in Euro)
Deutschland	19,9%	7,235	7,236	51,17%	55,008
Deutschland 2004	16,0%	7,663	7,664	47,48%	52,152
Österreich	21,0%	3,640	7,270	50,00%	50,870
Schweiz					
Bund	0,77%	8,271	17,963	11,50%	429,245
Kanton u. Gmd.	4,44%	3,554	6,203	27,36%	144,934
insgesamt (Zürich)				38,86%	429,245
Japan					
Staat	10,0%	2,815	24,446	37,00%	133,344
Präfekturen	2,0%	2,445	51,856	3,00%	51,855
Gemeinden	3,0%	2,445	14,816	10,00%	51,855
insgesamt				50,00%	–
USA					
Bund	10,0%	2,682	6,155	35,00%	274,314
Staat New York	4,0%	–	7,035	6,85%	17,587
Stadt New York	2,9%	–	10,552	3,65%	43,968
insgesamt				41,83%	274,314

Einkommensteuersätze von Zentralstaat und Gebietskörperschaften;
Grundtarif für Alleinstehende, sofern es verschiedene Tarife nach dem Familienstand gibt.
Auf Einkommen des Jahres 2002 bzw. 2003. Ohne Sondersteuern auf bestimmte Einkünfte
(z. B. Kapitaleinkünfte).
Quelle: Bundesministerium der Finanzen (2003)

Absenkung des EKST-Tarifs beschlossen. Tabelle I.6 zeigt zunächst in der ersten Zeile den für 2003 gültigen Tarif. Danach bleiben 7.235 Euro steuerfrei; der nächste Euro wird jedoch schon mit einem Satz von 19.9% versteuert. In Deutschland steigt der Steuersatz nach einer mathematischen Formel mit jedem weiteren Euro kontinuierlich an (Formeltarif). Der Eingangssatz reicht also nur bis 7.236 Euro; danach wird ein bereits etwas höherer Satz angewandt. Mit zunehmendem Steuersatz steigt der Grenzsteuersatz an, bis er bei einem Einkommen von 55.008 Euro einschliesslich des Solidaritätszuschlages 51.17% erreicht und für noch höhere Einkommen auf diesem Niveau konstant bleibt. Der Spitzensatz setzt sich aus dem Spitzensatz der EKST 48.5% plus 2.65% Solidaritätszuschlag (5.5% von 48.5%) zusammen. Ab 2004 wird ein höherer Grundfreibetrag von 7.663 Euro gewährt und der Eingangssatz auf 16% abgesenkt, so dass geringe Einkommen deutlich entlastet werden. Die Grenzsteuerbelastung steigt anschliessend linear an. Der Spitzensteuersatz kommt schon etwas früher bei 52.152 Euro zur Anwendung, wird aber auf 47.48% abgesenkt (45% EKST plus 2.48% Solidaritätszuschlag). Ab 2005 wird die letzte Stufe der Steuerreform verwirklicht, wonach der Eingangssatz auf 15% und der Spitzensteuersatz der EKST weiter auf 42% reduziert wird.

International gesehen ist der deutsche Formeltarif eine Ausnahme. Die allermeisten Länder wenden einen Stufengrenzsatztarif an, wonach der Steuersatz sprunghaft von einem Einkommensintervall zum nächst höheren ansteigt, aber innerhalb der Intervalle konstant bleibt (Teilmengenstaffelung). In Österreich bleibt durch die Berücksichtigung eines Grundfreibetrages ein Einkommen von 3.640 Euro steuerfrei. Der Eingangssatz beträgt 21% und kommt bis zu einem Einkommen von 7.270 Euro zur Anwendung, wobei allerdings die Steuerschuld durch einen Absetzbetrag von 1.264 Euro reduziert wird. Während ein Freibetrag Bemessungsgrundlage reduziert, wird ein Absetzbetrag von der Steuerschuld abgezogen. So beträgt die Steuerschuld bei einem Einkommen von 7.270 Euro noch immer Null, denn die Berücksichtigung des allgemeinen Absetzbetrages würde zu einer negativen Schuld führen ($0.21 \times (7.270 - 3.640) - 1.264 < 0$). Insofern diese negative Schuld auf den allgemeinen Absetzbetrag zurückzuführen ist, wird sie nicht erstattet.[1] Ab 7.271 Euro steigt der Grenzsteuersatz stufenweise über mehrere Tarifzonen an, bis bei einem Einkommen von 50.870 Euro der Spitzensatz von 50% erreicht wird. Danach bleibt der Steuersatz konstant. Die Steuerreform 2005 ist dabei noch nicht berücksichtigt. Sie bringt Tarifanpassungen und die Abschaffung des allgemeinen Absetzbetrages. Der Spitzensatz bleibt bei 50%.

In der Schweiz wird die EKST auf allen drei Ebenen erhoben und variiert ganz erheblich zwischen verschiedenen Gemeinden und Kantonen. Im Kanton Zürich beispielsweise bleibt ein Einkommen bis etwa 3.554 Euro steuerfrei; die EKST des Bundes fällt erst ab einem Einkommen von 8.271 Euro an. Die Eingangssteuersätze sind sehr niedrig. Ab einem Einkommen von etwa 429.000 Euro wird in Zürich ein Spitzensatz von etwa 39% erreicht, Bund und Kanton/Gemeinde Zürich zusammengenommen. In den USA liegt der Spitzensteuersatz in New York bei 42% und in Japan bei 50%, alle Ebenen zusammengenommen.

Tabelle I.7: Kapitalertragsteuern auf Zinsen und Dividenden 2003

	Dividenden	Zinsen	Zinsen Höchstsätze
Deutschland	21,1	31,7	51,2
Österreich	25,0	25,0	25,0
Schweiz	35,0	35,0	38,9
Japan	20,0	20,0	20,0
USA	–	–	41,8

Angaben in %. Bezogen auf Ansässige, Anrechnung auf
Einkommensteuer bei Veranlagung, sofern nicht anders erwähnt
Quelle: Bundesministerium der Finanzen (2003)

---

[1] Die Erstattung der negativen Einkommensteuer ist jedoch im Ausmass des zusätzlichen Alleinverdienerabsetzbetrages und teilweise des Arbeitnehmerabsetzbetrages möglich.

Eine Reihe von Staaten besteuern Kapitaleinkommen nach einem anderen Tarif und vor allem niedriger als Erwerbseinkommen. In diesen Fällen wird die Idee der synthetischen EKST, wonach alle Einkunftsarten unabhängig von ihrer Art gleich zu besteuern sind, zugunsten einer unterschiedlichen Besteuerung einzelner Einkunftsarten (Schedulensystem) aufgegeben. Dies ist beispielsweise bei der dualen EKST der Fall, wonach Arbeitseinkommen progressiv und Kapitaleinkommen mit einem niedrigeren, proportionalen Satz besteuert werden. Tabelle I.7 vergleicht die Besteuerung von Zinsen und Dividenden. In Deutschland wird eine Zinsabschlagsteuer von 30% bzw. 31.65% einschliesslich Solidaritätszuschlag erhoben, die eine Vorauszahlung auf die EKST darstellt. Sie wird von den zinsauszahlenden Kreditinstituten erhoben. Zur Schonung kleinerer und mittlerer Zinseinkommen gibt es einen Sparerfreibetrag, der ab 2004 1.370 Euro bzw. das Doppelte für zusammen veranlagte Ehepaare beträgt. Wenn die Zinserträge im Zuge der Veranlagung zur EKST richtig erklärt werden, beträgt im Jahr 2003 der Spitzensatz auf Zinserträge 51.2%.

Seit 2001 wird für die Besteuerung von Dividenden von Kapitalgesellschaften das frühere Anrechnungsverfahren durch das sogenannte Halbeinkünfteverfahren abgelöst. Demnach sind ausgeschüttete Gewinne beim Anteilseigner nur zur Hälfte im Rahmen der persönlichen EKST steuerpflichtig. Bei einem Grenzsteuersatz des Anteilseigners von 40% ergibt sich eine effektive Grenzbelastung von Dividenden von $0.5 \times 40\% = 20\%$ (bzw. 21.1% einschliesslich Solidaritätszuschlag). Beide Methoden berücksichtigen beim Anteilseigner die Vorbelastung von ausgeschütteten Gewinnen mit der KÖST. Die Anrechnungsmethode tut dies exakt, das Halbeinkünfteverfahren nur annäherungsweise. Für einen Investor mit 40% Grenzsteuersatz sind beide Verfahren gerade äquivalent. Das Halbeinkünfteverfahren begünstigt hingegen Investoren mit einem Grenzsteuersatz höher als 40% und benachteiligt solche mit einem tieferen Satz.

In Österreich wird eine Abgeltungsteuer von 25% auf Dividenden und Zinsen erhoben; eine weitere Versteuerung ist nicht erforderlich. Für Steuerpflichtige mit hohen Einkommen bedeutet dies im Vergleich zum Spitzensteuersatz der EKST von 50% eine erheblich geringere Besteuerung der persönlichen Kapitaleinkommen. Steuerpflichtigen mit kleinen Einkommen steht eine Option zur Veranlagung und Versteuerung im Rahmen der EKST offen. Sie können in diesem Fall in den Genuss einer eventuell geringeren Steuerbelastung kommen. Die EKST auf Dividenden wird dann beim Anteilseigner um die Hälfte ermässigt. Die Schweiz erhebt eine Verrechnungssteuer von 35% auf Zinsen und Dividenden. Bei Zinserträgen kommt die Steuer zur Anwendung, wenn der Zinsschuldner ein Inländer ist; ausländische Banken mit einer Niederlassung in der Schweiz müssen keine Verrechnungssteuer abziehen. Die Verrechnungssteuer wird ebenfalls bei der persönlichen EKST als Vorauszahlung behandelt, so dass die Spitzenbelastung im Rahmen der EKST in Zürich bei 38.9% liegt (vgl. Tabellen I.6 und I.7). Die USA sind mit der Steuerreform 2003 auf eine Abgeltungsteuer für Dividenden von 15% übergegangen. Zinserträge unterliegen der EKST. Japan belastet Zinserträge mit einem definitiven Satz von 20%, sofern nicht eine Option auf Veranlagung zur EKST ausgeübt wird. Auf Dividenden wird eine Abschlagsteuer von ebenfalls 20% erhoben, die bei der EKST-Veranlagung als vorausbezahlte Steuer angerechnet wird. Der Anteilseigner kann jedoch eine Option für eine definitive Quellensteuer von 35% auf Dividenden ausüben.

Die hohe Steuerbelastung der Lohneinkommen zeigt sich in Tabelle I.8, welche Belastungsrechnungen der OECD auf der Basis von landestypischen, durchschnittlichen Bruttoarbeitslöhnen in der Industrie zeigt. Die zweite Spalte gibt jeweils die Gesamtbelastung an, wenn neben der Einkommen- und Lohnsteuer auch noch die Arbeitnehmer- und Arbeitgeberbeiträge zur Sozialversicherung und die Lohnsummensteuer berücksichtigt werden. Es zeigt sich, dass Deutschland für alle drei aufgeführten Fälle mit Abstand die höchste Gesamtbelastung einschließlich Sozialversicherungsbeiträge aufweist. Für einen Alleinstehenden ohne Kind mit einem Durchschnittslohn beträgt die Gesamtbelastung 51% der Arbeitskosten der Industrie. Die Arbeitskosten sind um die Arbeitgeberbeiträge höher als die Bruttolöhne der Arbeitnehmer. Wird nur die persönliche Lohnsteuer einschließlich familienbezogener Leistungen betrachtet (jeweils Spalte 1), dann schneidet Deutschland im internationalen Vergleich bei Ehepaaren sehr günstig ab, während die Steuerbelastung bei Alleinstehenden nach wie vor für Deutschland am höchsten ist. Dieses Muster dürfte zu einem guten Teil auf die Vorteile der Ehegattenbesteuerung nach dem Splittingverfahren zurückzuführen sein, welches in Deutschland, aber nicht in Österreich angewandt wird. In der Schweiz kommt das Ehegattensplitting nur in manchen Kantonen und Gemeinden, aber nicht beim Bund zur Anwendung.

Die Kaufkraft der Haushalte wird nicht nur durch die Steuern auf Lohn- und Kapitaleinkommen gemindert, sondern auch durch indirekte Steuern, die den Ver-

Tabelle I.8: Gesamtbelastung der Lohnkosten 2002

	Alleinstehend, ohne Kind, Durchschnittseinkommen		Verheiratet, zwei Kinder, Alleinverdiener mit Durchschnittseinkommen		Verheiratet, zwei Kinder, ein Durchschnittseinkommen +33% eines weiteren Durchschnittseinkommens	
	(1)	(2)	(1)	(2)	(1)	(2)
Deutschland	20,5	51,3	−2,0	32,5	5,4	38,7
Österreich	10,6	44,8	9,0	29,6	7,6	31,9
Schweiz	9,9	29,6	5,1	18,1	5,8	20,5
Japan	6,2	24,2	1,9	20,3	3,6	21,8
USA	16,6	29,6	3,7	17,6	9,1	22,7

Lohnkosten definiert als Bruttoarbeitslohn zuzüglich Arbeitgeberbeitrag
(ggf. einschliesslich anteiliger Lohnsummensteuer);
Gesamtbelastung hier definiert als Arbeitgeberbeitrag zuzüglich Arbeitnehmerbeitrag zur Sozialversicherung und Lohnsteuer (ggf. einschliesslich anteiliger Lohnsummensteuer), gemindert um die familienbezogenen Leistungen (z. B. Kindergeld).
(1) Einkommen-/Lohnsteuerbelastung in % des Arbeitslohns
(2) Gesamtbelastung in %
Quelle: OECD (2004c)

Tabelle I.9: Umsatzsteuersätze 2003

	Normalsatz	ermässigte Sätze *)
Deutschland	16	7
Österreich	20	10; 12
Schweiz	7,6	2,4; 3,6
Japan	5	–

*) Insbesondere für bestimmte Warengruppen des lebensnotwendigen Bedarfs
und für bestimmte Dienstleistungen im Sozial- und Kulturbereich
Quelle: Bundesministerium der Finanzen (2003)

brauch von Gütern belasten. Dazu zählen die MWST und eine Reihe von wichtigen speziellen Verbrauchsteuern. Die MWST ist neben der Lohnsteuer die wichtigste Einzelsteuer und trägt nach Tabelle I.4 in Deutschland einen Anteil von 31% zum gesamten Steueraufkommen bei. Die MWST wird von den Unternehmen abgeliefert. Sie berechnen auf ihren Umsatz die MWST, können aber die Steuer, welche auf den bezogenen Vorleistungen lastet, von ihrer Steuerschuld abziehen (Vorsteuerabzug). Dadurch bleiben Lieferungen innerhalb des Unternehmenssektors grundsätzlich steuerfrei. Die Konsumenten bzw. Endverbraucher hingegen können keine Vorsteuer zurückverlangen, so dass die MWST grundsätzlich den Konsum bzw. Endverbrauch belastet. Dieses Prinzip wird durch die sogenannten „unechten" Steuerbefreiungen bestimmter Branchen durchbrochen. Bei einer unechten Steuerbefreiung müssen die betroffenen Unternehmen zwar keine Steuer auf ihren Absatz berechnen, sie dürfen aber auch keine Vorsteuer auf ihre Einkäufe zurückverlangen. Dadurch verteuern sich ihre Vorleistungen und damit die Kosten, die dann einen höheren Preis für den eigenen Absatz erfordern. Unechte Befreiungen werden in allen deutschsprachigen Ländern gewährt. Dagegen berechtigt die „Nullsatzbesteuerung" zum Vorsteuerabzug, obwohl der eigene Absatz steuerbefreit ist. Dadurch wird erreicht, dass trotz Begünstigung die Steuer ausschliesslich den Konsum belastet und nicht auf Intermediärlieferungen innerhalb des Unternehmenssektors oder auf Investitionen zu liegen kommt. Keines der in Tabelle I.9 aufgeführten deutschsprachigen Länder kennt eine Nullsatzbesteuerung, sie wird jedoch durchaus in einer Reihe von OECD-Staaten angewandt (vgl. Bundesministerium der Finanzen, 2003).

Unter den speziellen Verbrauchsteuern sind vor allem die Mineralölsteuer, die beinahe 10% des Aufkommens beträgt, und die Tabaksteuer wichtig. Spezielle Verbrauchsteuern werden häufig mit ihren Lenkungseffekten begründet. Sie sollen den Verbrauch von Gütern wie z. B. Treibstoffe, Nikotin oder Alkohol belasten, um den Verbrauchern negative externe Kosten anzulasten und den umwelt- und gesundheitsbelastenden Konsum einzudämmen. Weil sie nur bestimmte Güter und Leistungen belasten, tragen sie insgesamt zu einer Differenzierung der Steuerbelastung von verschiedenen Gütern bei. Ebenso wird die MWST meistens mit differenzierten Sätzen erhoben, wobei neben einem Normalsatz auch ermässige Sätze auf den lebensnotwendigen Bedarf oder auf Leistungen im Sozial- und Kulturbereich zur Anwendung

kommen. Diese geringeren Sätze werden mit erwünschten Lenkungseffekten, z. B.
zur Förderung sozialer und kultureller Leistungen, und mit Verteilungsgesichts-
punkten gerechtfertigt. Gerade lebensnotwendige Güter machen bei den niedrigen
Einkommensklassen einen überdurchschnittlich hohen Ausgabenanteil aus und schlagen besonders stark auf ihre Kaufkraft durch. Indem diese Güter mit einem geringeren
Satz belastet werden, kann die tendenziell regressive Wirkung der MWST abgeschwächt werden. Die MWST mit differenzierten Sätzen führt zusammen mit den
speziellen Verbrauchsteuern zu einer unterschiedlichen Steuerbelastung des Konsums
verschiedener Güter und kann damit die Verbrauchsstruktur verzerren. Diese Verzerrungen sind mit den gewollten Verteilungs- und Lenkungswirkungen abzuwägen.
Darüber hinaus erhöhen diese Steuern den Konsumentenpreisindex, reduzieren den
Reallohn und entmutigen das Arbeitsangebot.

In Deutschland beträgt der Normalsatz der MWST 16% und der ermässigte Satz
7%, siehe Tabelle I.9. In Österreich sind die MWST-Sätze höher, in der Schweiz dagegen deutlich niedriger. In Japan gibt es nur einen einheitlichen Satz von 5%. Die USA
kennen keine MWST mit Vorsteuerabzug wie in Europa, sondern ein System von Ein-
zelhandelsumsatzsteuern der Bundesstaaten und Gemeinden, die für Umsätze an den
Endverbraucher auf der Einzelhandelsebene erhoben werden. Beispielsweise beträgt
der gesamte Steuersatz in New York 8.75% und setzt sich aus dem Normalsatz von
4.25% für den Einzelstaat New York und dem Satz von 4.5% für die Stadt zusammen
(vgl. Bundesministerium der Finanzen, 2003).

I.2.3 Föderale Steuerverteilung

Der öffentliche Sektor setzt sich aus den Gebietskörperschaften Zentralstaat, Teilstaat und Gemeinden sowie aus den Institutionen der Sozialversicherung zusammen.
Tabelle I.10 zeigt die Anteile der einzelnen Ebenen an den gesamten Abgaben. Die öffentlichen Aufgaben und Kompetenzen zur Erhebung von Steuern und Beiträgen sind
dabei von Land zu Land recht unterschiedlich verteilt. Es fällt auf, dass in Österreich
im Gegensatz zu Deutschland der öffentliche Sektor vom Bund dominiert wird und
Länder sowie Gemeinden eine verhältnismässig geringere Rolle spielen. Der hohe
Zentralisierungsgrad wird am überdurchschnittlich hohen Bundesanteil von 54.5%
am gesamten Steueraufkommen deutlich. In Deutschland spielt der Zentralstaat mit
30.6% eine deutlich geringere Rolle, während unter den aufgeführten Ländern der Anteil der Sozialversicherungen in Deutschland am höchsten ist.

Die Schweiz dürfte wohl das am stärksten föderalistisch geprägte Land sein.
An den hohen Steueranteilen zeigt sich die ausserordentlich hohe Finanzautonomie
der Kantone und Gemeinden in der Schweiz. Das Recht, Steuern zu erheben, liegt
grundsätzlich bei den Kantonen. Der Bund benötigt für die Erhebung von Steuern
eine in der Bundesverfassung verankerte Kompetenz, die ihm ausdrücklich, auch
durch Zustimmung der Mehrheit der Kantone, erteilt werden muss. Für besondere
Verbrauchsteuern und andere spezielle Steuern ist diese Kompetenz unbefristet festgelegt; die Kompetenz zur Erhebung der direkten Bundessteuer (EKST des Bundes)
und der MWST ist hingegen bis 2006 befristet und muss per Abstimmung ausdrücklich verlängert werden. Die kantonalen Verfassungen regeln das Recht der

Tabelle I.10: Föderale Steuerverteilung 2001

	Zentralstaat	Länder/Kantone	Gemeinden	Sozialversicherungen
Deutschland	30,6	22,0	7,3	39,8
Österreich	54,5	9,0	9,9	26,4
Schweiz	34,1	23,8	16,6	25,5
USA	43,7	19,4	12,3	24,6
Japan	36,4	–	25,9	37,7
Föderale Länder*)	50,3	18,7	7,9	22,8
Zentralistische Länder	61,5	–	13,1	24,9

Anteile am gesamten Steueraufkommen in %
*) Ungew. Durchschnitt von Australien, Belgien, Deutschland, Kanada, Mexiko,
Österreich, Schweiz und den USA
Quelle: OECD (2003)

Gemeinden, Steuern zu erheben. Meistens handelt es sich um Zuschläge zu den
Bundes- und kantonalen Steuern. Die Autonomie der Kantone und Gemeinden führt
zu einem stark ausgeprägten Steuerwettbewerb und schlägt sich in einer starken regionalen Unterschiedlichkeit der Steuerbelastung nieder. Der Steuerwettbewerb spielt
horizontal zwischen den Kantonen und Gemeinden und vertikal in der Konkurrenz um
die gemeinsamen Bemessungsgrundlagen. So wird in der Schweiz die EKST nicht
nur vom Bund, sondern auch autonom von den Gemeinden und Kantonen gewählt.
In Deutschland und Österreich sind hingegen die gemeinschaftlichen Steuern vor-
herrschend, die zentral erhoben und mit einem Schlüssel auf Länder und Gemeinden
verteilt werden. Dies beschränkt die Anreize der Gemeinden und Länder, ihre Bemessungsgrundlagen stärker auszuschöpfen, da von jedem Mehrertrag ein Grossteil den
anderen Gebietskörperschaften zufliesst.

I.2.4 Staatsverschuldung

Die Gebietskörperschaften haben die Möglichkeit, die Staatsausgaben teilweise über
Neuverschuldung zu finanzieren. Solange ein Staatsbankrott ausgeschlossen wird,
bedeutet jedoch eine höhere Neuverschuldung lediglich eine Verschiebung der Steuerlast auf zukünftige Generationen, indem die notwendigen Steuern nicht sofort,
sondern erst später in der Zukunft erhoben werden. Mittels Staatsverschuldung kann
eine Glättung der Ausgaben bei unregelmässig anfallenden Steuereinnahmen erreicht
werden. Bei einmaligen Ausgaben etwa für grosse öffentliche Investitionsvorhaben
mit langfristigen Erträgen kann mittels Staatsverschuldung die Finanzierungslast auf
einen längeren Zeitraum und damit auf die verschiedenen nutzniessenden Generationen verteilt werden. Schliesslich mag der politische Prozess eine Tendenz zur
Staatsverschuldung fördern, da die öffentlichen Entscheidungsträger aufgrund von
kurzfristigen politischen Überlegungen populäre Ausgaben gerne sofort beschliessen,
aber die Entscheidung für notwendige Steuererhöhungen lieber auf einen Zeitpunkt

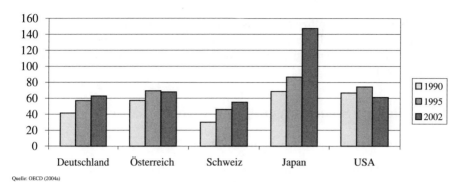

Quelle: OECD (2004a)

Abbildung I.2: Internationale Verschuldungsquoten (in % des BIP)

nach der nächsten Wahl und damit möglicherweise auf eine nachfolgende Politiker-
generation verschieben.

Abbildung I.2 zeigt, wieviel Staatsschuld die betrachteten Länder tatsächlich im
Laufe der Zeit angehäuft haben. In der ersten Hälfte der 90er Jahre hat die Staatsschuld
in Prozent des BIP in allen betrachteten Ländern zugenommen. In Deutschland und
Österreich ist ein weiterer Anstieg der Staatsschuld erschwert durch die sogenannten
Maastricht-Kriterien für die Teilnahme an der Europäischen Währungsunion, wonach
die Schuldenquote nicht mehr als 60% des BIP und das öffentliche Nettodefizit, das
dem periodischen Anstieg der Staatsschuld entspricht, nicht mehr als 3% des BIP
betragen sollen. In Österreich nähert sich die Staatsschuld von oben dieser Verschul-
dungsgrenze und beträgt 2002 67.6% des BIP, im Vergleich zu 62.4% in Deutschland.
In der Schweiz ist die Schuldenquote im internationalen Vergleich eher niedrig; sie hat
jedoch in der jüngeren Vergangenheit deutlich zugenommen und betrug 2002 55.4%
des BIP. Japan ist ein Sonderfall. Dort ist die Staatsverschuldung rapide angewachsen
und hat im Jahr 2002 einen Anteil von 147.2% des BIP erreicht. Hingegen konnten
die USA in der jüngeren Vergangenheit ihre Schuldquote deutlich reduzieren; im Jahr
2002 betrug der Anteil am BIP 61%.

Es sei darauf hingewiesen, dass Abbildung I.2 nur die in den offiziellen Statistiken
ausgewiesenen Staatsschulden berücksichtigt. Aus ökonomischer Sicht gibt es bezüglich der Messung der Staatsverschuldung erhebliche Abgrenzungsprobleme. Wenn
der Barwert der zukünftigen Leistungsversprechen des Staates, wie sie nach der heutigen Gesetzeslage festgelegt sind, den Barwert der voraussehbaren Steuereinnahmen
übersteigt, dann zeigt dies eine offensichtliche Finanzierungslücke auf. Diese Lücke
kann als eine ökonomisch definierte bzw. implizite Staatsschuld aufgefasst werden
(vgl. Kotlikoff, 2002). Besonders in den alternden Industrieländern ist in den Alters-
sicherungssystemen nach dem Umlageverfahren eine grosse Schuld angelegt. Diese
kann leicht um ein Mehrfaches grösser sein als die in der Vergangenheit akkumulierte
und statistisch ausgewiesene offizielle Staatsschuld, so unsicher die Berechnungen
dazu auch sein mögen. Raffelhüschen (1999a) berechnete beispielsweise auf der Basis
der Rechtslage 1995 für Deutschland eine ökonomische Staatsschuld von 136% des

BIP, während die in den offiziellen Statistiken ausgewiesene Staatsschuld nur 58% betragen hat. Für dasselbe Jahre habe in Österreich die ökonomische Schuld beinahe das Vierfache der bereinigten statistischen Schuld von ca. 50% des BIP betragen, nämlich 192% des BIP.

I.3 Effektive Steuerbelastung und Verhaltensanreize

I.3.1 Steuerkeil und effektive Steuersätze

In einer Marktwirtschaft werden die Allokation der Ressourcen und das damit erzielbare Einkommen sowie die Struktur der Güternachfrage über Preise und Ertragsraten gesteuert. Steuern treiben einen Keil zwischen die für die Produzenten und Konsumenten massgeblichen Preise und beeinflussen so das Angebots- und Nachfrageverhalten. Die Nachfrage der Haushalte nach einem beliebigen Gut i hängt vom Konsumentenpreis q_i einschliesslich aller Verbrauchsteuern ab. Zieht man vom Konsumentenpreis alle Steuern ab, die auf diesem Gut lasten, so bleibt ein Produzentenpreis p_i übrig, der das Angebotsverhalten der Produzenten beeinflusst. Die gesamte Steuerbelastung drückt sich im Steuerkeil aus, d. h. in der Differenz $q_i - p_i$. Der effektive Steuersatz $\tau_i = (q_i - p_i)/p_i$ ist als Anteil des Steuerkeils am Produzentenpreis definiert. Die Auflösung dieser Gleichung zeigt, wie die effektive Steuerbelastung den Zusammenhang zwischen Produzenten- und Konsumentenpreis bestimmt, $q_i = (1 + \tau_i)p_i$. Wichtig ist, dass der effektive Steuersatz dabei die gesamte Steuerbelastung des Verbrauchs zusammenfasst, die sich kumulativ aus einer Mehrzahl von Steuern ergeben kann. Der effektive Gütersteuersatz hängt im Normalfall von der MWST ab und wird häufig durch spezielle Verbrauchsteuern wie z. B. die Mineralölsteuer zusätzlich erhöht.

Alternativ kann man den effektiven Steuersatz als Anteil des Steuerkeils am Konsumentenpreis ausdrücken, $t_i = (q_i - p_i)/q_i$, und damit vom Konsumenten- auf den Produzentenpreis herunterrechnen, $p_i = (1 - t_i)q_i$. Man nennt t_i einen effektiven Bruttowertsteuersatz, da der Steuerkeil auf den Bruttopreis bezogen wird. Dementsprechend ist τ_i ein effektiver Nettowertsteuersatz. Bei der Interpretation ist darauf zu achten, dass bei gleich hohem Steuerkeil die Höhe der effektiven Steuersätze wegen der unterschiedlichen Bezugsgrösse erheblich voneinander abweichen kann. Angenommen, der Steuerkeil betrage 25 Cent, der Produzentenpreis 1 Euro, so dass der Konsumentenpreis bei 1.25 Euro liegt. Der effektive Bruttowertsteuersatz beträgt dann $t_i = 0.25/1.25$ oder 20%, während der effektive Nettowertsteuersatz mit $\tau_i = 0.25/1$ bzw. 25% deutlich höher ist.

I.3.2 Effektive Steuerbelastung des Kapitals

Entscheidend für die Einkommensentstehung ist die effektive Steuerbelastung des Kapitals und der Arbeit, wobei alle Steuern auf der Unternehmens- und auf der Haushaltsebene zu berücksichtigen sind. Diese sollen zu einem einheitlichen Mass verarbeitet werden, mit dem die zu erwartenden Auswirkungen der Besteuerung auf Kapitalbildung und Beschäftigung beurteilt werden können. Die massgeblichen

Konzepte sind die effektive Durchschnitts- und Grenzsteuerbelastung, die für unterschiedliche Entscheidungen relevant sind (vgl. dazu die Beiträge von Sorensen, 2004a, und Devereux, 2004). Die gesamtwirtschaftlichen Investitionen können aus einem intensiven oder extensiven Investitionskalkül resultieren. *Intensive* Investitionen bestehen aus den kontinuierlich wählbaren Erweiterungsinvestitionen bestehender Unternehmungen, während *extensive* Investitionen aus den diskreten Standort- oder Gründungsentscheidungen für neue Produktionsstätten resultieren. Ein multinationales Unternehmen kann eine neue Fabrik in der einen oder in der anderen Region ansiedeln. Ein Individuum kann sich für eine lohnabhängige Karriere oder für eine Unternehmensgründung mit selbständiger Tätigkeit entscheiden. Für das extensive Investitionskalkül ist die effektive steuerliche Durchschnittsbelastung der verfügbaren Alternativen relevant. Die Standortentscheidung hängt von der relativen Durchschnittsbelastung an den verschiedenen möglichen Standorten ab. Die Entscheidung zur Selbständigkeit wird ebenfalls von der relativen Durchschnittsbelastung des Gewinneinkommens im Vergleich zum Lohneinkommen beeinflusst.

Die *intensive* Investitionsentscheidung hängt hingegen von der *effektiven Grenzsteuerbelastung* ab. Sie gibt die Steuerbelastung für ein marginales Investitionsprojekt an, welches für das Unternehmen gerade noch rentiert. Dabei muss das Unternehmen dem Investor eine Mindestrendite i für das Kapital überlassen, welche im einfachsten Fall dem üblichen Marktzins vor persönlichen Steuern entspricht. Das Unternehmen muss also eine Kapitalrendite $\rho > i$ vor Steuern erzielen, damit dem Investor nach Berücksichtigung der Unternehmensbesteuerung einschliesslich der steuerlichen Investitionsbegünstigungen gerade die Kapitalmarktrendite i für alternative Anlagen übrig bleibt. Die Besteuerung treibt damit einen Keil zwischen Kapitalrendite des Unternehmens und Kapitalmarktzins des Investors. Ähnlich wie vorhin kann ein effektiver Grenzsteuersatz $t^m = (\rho - i)/\rho$ definiert werden, indem der Steuerkeil als Verhältnis der Kapitalrendite ausgedrückt wird. Löst man die Gleichung auf, erhält man $i = (1 - t^m)\rho$. Damit der Investor eine Mindestverzinsung i nach Steuern erzielen kann, muss die Kapitalrendite $\rho = i/(1 - t^m)$ entsprechend höher liegen.

Die Überlegungen können anhand einer einfachen Investitionsrechnung verdeutlicht werden. Angenommen, ein Investitionsprojekt kann mit Anschaffungskosten von 1 Euro realisiert werden. Abschreibungen werden vernachlässigt. Das Projekt erzielt in allen folgenden Perioden eine konstante Kapitalrendite ρ. Bei Abzinsung auf die Anschaffungsperiode beträgt der Barwert der Erträge[2]

$$BWE = \frac{\rho}{1 + i} + \frac{\rho}{(1 + i)^2} + \frac{\rho}{(1 + i)^3} + \ldots = \frac{\rho}{i}. \tag{I.1}$$

Die Erträge werden mit einem KÖST-Satz von t besteuert. Gleichzeitig kann ein Teil e der Investitionsausgaben von 1 Euro im Anschaffungsjahr von der Bemessungsgrundlage abgezogen werden, so dass sich eine Steuerersparnis von $e \cdot t$ ergibt. Damit

---

[2]Man benutze die Summenformel $1 + x + x^2 + \ldots = 1/(1 - x)$ mit $x = 1/(1 + i)$ im vorliegenden Fall.

generiert das Projekt einen Barwert von Steuerzahlungen abzüglich der Steuerersparnis im Investitionsjahr von

$$BWS = \frac{t\rho}{i} - et. \tag{I.2}$$

Das Projekt rentiert nur dann, wenn der Nettobarwert nach Steuern die Anschaffungskosten von 1 Euro übersteigt, $NBW = BWE - BWS \geqslant 1$, bzw.

$$NBW = \frac{(1-t)\rho}{i} + et \geqslant 1. \tag{I.3}$$

Die Unternehmen investieren solange, wie sie noch einen Überschuss $NBW > 1$ erzielen und damit ihren Unternehmenswert erhöhen können. Der optimale Kapitalstock ist erreicht, wenn das marginale, d.h. das letzte noch realisierte Projekt keinen weiteren Beitrag zum Unternehmenswert mehr liefert, sondern gerade noch den Break-Even schafft. Aus dieser Bedingung können wir die notwendige Kapitalrendite $\hat{\rho}$ des marginalen Projekts berechnen, die nach Steuern gerade noch eine marktübliche Verzinsung i zu erzielen ermöglicht. Aus (I.3) ergibt sich

$$NBW = 1 \quad \Rightarrow \quad \hat{\rho} = \frac{1-et}{1-t} \cdot i \quad \Rightarrow \quad t^m = \frac{\hat{\rho}-i}{\hat{\rho}} = \frac{1-e}{1-et} \cdot t. \tag{I.4}$$

Nicht nur der Steuersatz t, sondern auch die Investitionsbegünstigung e bestimmt die notwendige Kapitalrendite $\hat{\rho}$, auch Kapitalnutzungskosten genannt, welche die Bereitschaft der Unternehmen zu weiteren Investitionen beeinflusst. Teilt man den Steuerkeil $\hat{\rho} - i$ durch die Kapitalrendite, dann folgt der effektive Grenzsteuersatz t^m, der die steuerlichen Bestimmungen zu einem einzigen, ökonomisch relevanten Mass zusammenfasst, mit dem der steuerliche Einfluss auf die Investitionsneigung beurteilt werden kann. Im Beispiel nach (I.4) hängt der Steuerkeil nur vom tariflichen Steuersatz und dem Anteil e der absetzbaren Investitionsausgaben ab. In der Realität können es mehrere Steuern auf der Unternehmensebene sowie eine Reihe von speziellen Bestimmungen über die Ermittlung der Bemessungsgrundlage sein, die alle zusammen die Grösse des Steuerkeils bestimmen. Daher ist die Berechnung des effektiven Grenzsteuersatzes so wichtig, welcher die Einflüsse des gesamten Steuersystems auf die Investitionsanreize mit einem einheitlichen Mass beschreibt.

Der effektive Grenzsteuersatz beeinflusst die intensive Investitionsneigung, d.h. die Bereitschaft zu zusätzlichen Erweiterungsinvestitionen. Er ist durch das marginale Investitionsprojekt definiert, welches gerade noch rentabel ist. Daneben gibt es Investitionsprojekte, die sehr profitabel sind und eine höhere als die kritische Rendite erzielen, aber an verschiedenen alternativen Standorten realisiert werden können. Eine Unternehmung kann eine neue Produktionsstätte in Region A oder Region B errichten. Welche Region als Standort gewählt wird, ist eine diskrete Standortentscheidung, welche von der durchschnittlichen Steuerbelastung abhängt. Der *effektive Durchschnittssteuersatz* t^a ist das Verhältnis des Barwertes der zu erwartenden Steuerzahlungen zum Barwert der Erträge,

$$t^a = \frac{BWS}{BWE} = t - \frac{et}{\rho/i}. \tag{I.5}$$

Für sehr rentable Investitionen mit einer ausserordentlich hohen Kapitalrendite ($\rho \to \infty$) nähert sich die Durchschnittsbelastung dem tariflichen Steuersatz t an. Für das marginale Investitionsprojekt, welches gerade die kritische Rendite $\hat{\rho}$ erzielt, ist der effektive Durchschnittssatz gleich dem Grenzsteuersatz, $t^a = t^m$. Dies kann überprüft werden, indem man ρ in (I.5) durch $\hat{\rho}$ in (I.4) ersetzt. Damit ist gezeigt, dass der effektive Durchschnittssteuersatz zwischen dem effektiven Grenzsteuersatz und dem tariflichen Satz liegen muss, $t^m < t^a < t$. Mit höherer Kapitalrendite wandert die Durchschnittsbelastung t^a gegen den tariflichen Satz. Ein Zahlenbeispiel ist für das Verständnis hilfreich. Es seien der tarifliche Steuersatz $t = 1/3$, die Investitionsbegünstigung $e = 1/3$, und der Marktzinssatz $i = 5/100$. Mit (I.4) wird die kritische Kapitalrendite $\hat{\rho} = 1/15$ bzw. 6.67% und ein effektiver Grenzsteuersatz von $t^m = 1/4$ bzw. 25% berechnet. Das marginale Projekt mit der kritischen Rendite $\hat{\rho}$ ergibt eine Durchschnittsbelastung gerade gleich dem effektiven Grenzsteuersatz, d. h. $t^a = t^m$ gleich 25%. Ein Projekt mit einer doppelt so hohen Rendite $\rho = 2/15$ trägt gemäss (I.5) eine höhere Durchschnittsbelastung von ca. 29%.

Berücksichtigt man auch die persönlichen Steuern des Investors, dann reduziert sich seine Nettorendite noch einmal um die EKST mit dem Satz t^E auf eine Nettoertragsrate gleich $s = (1 - t^E)i$. Der Einfachheit halber werden hier eventuelle Unterschiede in der Besteuerung von Zinsen, Dividenden und Kapitalgewinnen vernachlässigt; letztere sind die erzielten Wertsteigerungen auf die gehaltenen Unternehmensanteile. Die Nettoertragsrate s bestimmt die Spareigung der Haushalte. Gehen wir von einem Grenzsteuersatz von $t^E = 0.4$ bzw. 40% aus, dann reduziert sich bei einem Marktzins von 5% wie vorhin die Nettorendite s auf 3%. Werden also alle Steuern auf Unternehmens- und Personenebene berücksichtigt, dann wird der Steuerkeil und damit der effektive Grenzsteuersatz deutlich höher. In unserem Beispiel ergäbe sich eine Grenzsteuerbelastung von $(\hat{\rho} - s)/\hat{\rho} = 0.55$ bzw. 55%.

In einer offenen Wirtschaft mit freien Kapitalbewegungen wird der Kapitalmarktzins im Wesentlichen auf dem Weltmarkt bestimmt und kann in erster Annäherung als exogen betrachtet werden, wenn alle Länder das Wohnsitzprinzip in der Besteuerung der Kapitalerträge anwenden. Dies ist überwiegend der Fall. Nach dem Wohnsitzprinzip muss ein heimischer Investor seine weltweiten Kapitalerträge im Inland versteuern, während die im Inland erzielten Erträge ausländischer Investoren nicht besteuert werden. Dies hat weitreichende Konsequenzen für die Besteuerung. Bei einem exogenen Marktzins i treibt die Unternehmensbesteuerung die kritische Kapitalrendite $\hat{\rho}$ nach oben und hemmt damit die Investitionsneigung der Unternehmen, während die Besteuerung auf Personenebene die erzielbare Nettorendite s nach unten drückt und damit die Spareigung der Haushalte beeinträchtigt. Es ist daher wichtig, den gesamten Steuerkeil $\hat{\rho} - s$ in einen Unternehmenssteuerkeil $\hat{\rho} - i$ und in einen persönlichen Steuerkeil $i - s$ aufzuspalten, um die unterschiedlichen Auswirkungen der Besteuerung auf Investition und Ersparnis zu beschreiben. In einer geschlossenen Wirtschaft müssen hingegen Investition und Ersparnis gleich sein, so dass es nur auf den gesamten Steuerkeil ankommt. Das Lehrbuch wird auf diese Aspekte ausführlich eingehen.

Die Europäische Kommission hat jüngst in einem umfangreichen Bericht die effektive Grenz- und Durchschnittsbelastung von Investitionen erheben lassen (siehe

Tabelle I.11: Effektive Steuerbelastung von Investitionen

| | Unternehmensebene | | Unternehmens- und Personenebene |
	EMTR in %	EATR in %	EMTR in %
Deutschland*)	26,0	34,8	58,3
Österreich	20,9	29,8	43,5
EU-Durchschnitt	19,9	29,2	55,4

*) nach Reform 01
EMTR – Effektive Grenzsteuerbelastung (effective marginal tax rate)
EATR – Effektive Durchschnittssteuerbelastung (effective average tax rate)
Quelle: European Commission (2001)

European Commission, 2001). Tabelle I.11 zeigt die Ergebnisse für Deutschland und Österreich im Vergleich zum Durchschnitt der EU-Länder, bezogen auf das Jahr 2001. Für Deutschland ist die Steuerreform 2001 schon berücksichtigt. Die linke Seite bezieht sich auf den Unternehmenssteuerkeil. Es zeigt sich, dass Deutschland im Vergleich zum Durchschnitt der EU für Inlandsinvestitionen eher ungünstig abschneidet. Beide Masse der effektiven Grenz- und Durchschnittssteuerbelastung liegen mit 26% bzw. 35% merklich über dem EU-Durchschnitt, während die effektive Steuerbelastung der Investitionen in Österreich nur unwesentlich den EU-Durchschnitt übersteigt. Die letzte Spalte zeigt die effektive Grenzsteuerbelastung, wenn zusätzlich die persönlichen Steuern berücksichtigt werden. Die Werte fallen entsprechend höher aus. Dabei verbessert sich der Vergleich von Deutschland mit dem Durchschnitt in der Union. Die Schweiz ist als Nichtmitgliedsland in dieser Aufstellung nicht berücksichtigt. Lammersen und Schwager (2003) haben jedoch dieselben Berechnungen für Regionen des Alpenraumes in der Schweiz, Deutschland und Frankreich durchgeführt. Der Vergleich zeigt, dass speziell die steuergünstigen Kantone in der Schweiz mit moderaten Gewinnsteuern eine deutlich niedrigere effektive Steuerbelastung aufweisen als die benachbarten Länder. Der effektive Durchschnittssteuersatz für das Jahr 2003 beträgt z. B. für den Kanton Zug 13.8 und für den Kanton Baselland 22.8%, während der effektive Grenzsteuersatz für dieselben Kantone 7.1% und 16.3% beträgt. Diese Angaben berücksichtigen die Steuern auf Unternehmensebene und sind mit den ersten beiden Spalten in Tabelle I.11 zu vergleichen.

Eine Abschätzung der Wachstumswirkungen der Besteuerung erfordert im Wesentlichen zwei Informationen. Erstens, wie beeinflusst die Besteuerung die kritische Kapitalrendite und die Durchschnittsbelastung von diskreten Investitionen? Zweitens, wie stark reagieren Investition und Ersparnisbildung auf eine Veränderung der notwendigen Kapitalrendite der Unternehmen und der Nettoverzinsung der Sparer? Die erste Frage ist mit der Messung der effektiven Steuerbelastung beantwortet. Die Antwort auf die zweite Frage muss die empirische Literatur liefern. Hassett und Hubbard (2002) fassen diese zusammen und geben die Elastizität ε der Investitionen bezüglich der Kapitalnutzungskosten (gleich der notwendigen Kapitalrendite vor Steuern) mit -0.5 bis -1 an. Langfristig ist die prozentuale Veränderung der Investition gleich der prozentualen Veränderung des Kapitalstocks K. Mit der angegebenen Elastizität kann man mit $dK/K = \varepsilon \cdot d\hat{\rho}/\hat{\rho}$ die langfristige Veränderung des Kapitalstocks abschätzen. Im Beispiel nach Gleichung (I.5) haben wir Kapitalnutzungskosten von 6.67% berechnet. Wenn nun in diesem Beispiel der KÖST-Satz t von 1/3 auf 1/4, also um mehr als 8 Prozentpunkte abgesenkt wird, dann fallen die Kapitalnutzungskosten auf 6.11%, was einer Reduktion um $d\hat{\rho}/\hat{\rho} = 0.56/6.67$ bzw. 8.4% entspricht. Bei einer Elastizität von -0.5 bis -1 würde daher der Kapitalstock langfristig um 4.2 bis 8.4% zunehmen. Wenn der Kapitalstock etwa ein Drittel zum Output beiträgt, ergäbe dies eine langfristige Zunahme des BIP um 1.4 bis 2.8%.

In einem umfangreichen Vergleich verschiedener empirischer Studien haben De Mooij und Ederveen (2003) den Median der Schätzungen für die Semi-Elastizität mit -3.3 angegeben. Die Semi-Elastizität ist mit $dFDI/FDI = \mu \cdot dt$ definiert, wobei FDI das Volumen der zufliessenden ausländischen Direktinvestitionen und t den entsprechenden Steuersatz auf Unternehmensebene angibt. Demnach würde eine Absenkung des KÖST-Satzes um 1 Prozentpunkt, z. B. von 33 auf 32%, das Volumen der in dieses Land fliessenden ausländischen Direktinvestitionen um etwa 3.3% steigern. Die Schätzungen streuen beträchtlich je nach Definition der Direktinvestition und je nach verwendetem Steuersatz. Devereux und Griffith (1998) haben empirisch gezeigt, dass ausländische Direktinvestitionen nicht so sehr von der Grenzsteuerbelastung, sondern vielmehr von der effektiven Durchschnittsbelastung abhängen. In der Tat betragen nach De Mooij und Ederveen (2003) die Semi-Elastizitäten -1.2 für den tariflichen Steuersatz, -4.2 für den effektiven Grenzsteuersatz und -9.3 für den effektiven Durchschnittssatz.

Wenn der Marktzins in einer offenen Wirtschaft an den Weltmarktzins gekoppelt ist, dann bedeutet eine geringere Besteuerung der Kapitaleinkommen auf der Personenebene einen höheren Nettozins. Die Zinselastizität der Ersparnisse bestimmt, wie stark die gesamtwirtschaftliche Ersparnisbildung auf eine Änderung der Nettozinsen reagiert. Die ältere empirische Literatur hat die Elastizität auf 0.4 geschätzt, wobei die Schätzungen beträchtlich streuen (vgl. Boskin, 1978, Sandmo, 1985, und Bernheim, 2002, S. 1208). Wenn also die Besteuerung beispielsweise den Nettozins von 10 auf 5% absenkt, was einer Verringerung von 50% entspricht, müssten die Ersparnisse um $0.4 \times 50\% = 20\%$ fallen. Geht man von geringeren Elastizitäten aus, schwächt sich der Einfluss entsprechend ab. Nachdem Ersparnisse aufgeschobenen Konsum darstellen, spiegelt die Zinselastizität letztlich die intertemporalen Konsumentscheidungen der Haushalte wider, wobei unterschiedliche Einflüsse der Zinsänderung (Substitutions-, Einkommens- und Vermögenseffekte) zum Tragen kommen, die sich gegenseitig teilweise aufheben.

I.3.3 Effektive Steuerbelastung der Arbeit

Arbeit ist der quantitativ bedeutendste Produktionsfaktor. Dabei ist nicht nur die Menge, sondern auch die Qualifikation und Struktur des Arbeitsangebots wichtig. Die Menge hängt von der extensiven und intensiven Angebotsentscheidung der Haushalte ab. Das *intensive* Arbeitsangebot drückt sich in der Anzahl der geleisteten Arbeitsstunden bzw. der am Arbeitsplatz tatsächlich erbrachten Leistung bzw. Anstrengung aus. Es spiegelt das klassische Angebotskalkül als marginale Abwägung zwischen Freizeit und Arbeitseinkommen sowie Konsum wider. Dagegen resultiert das *extensive* Arbeitsangebot aus der diskreten Entscheidung über die Erwerbsbeteiligung. Arbeitnehmer können einer Beschäftigung nachgehen oder eben nicht. Wichtige Beispiele für das extensive Angebot sind die Neigung, lieber Sozialhilfe in Anspruch zu nehmen, anstatt eine Beschäftigung zu suchen, oder vorzeitig in den Ruhestand zu treten, anstatt weiterhin aktiv zu bleiben. Während für das intensive Arbeitsangebot die effektive Grenzsteuerbelastung der Arbeit relevant ist, hängt die extensive Angebotsentscheidung von der relativen Durchschnittsbelastung der beiden Alternativen Beschäftigung oder Nichtbeschäftigung ab.

Die OECD erhebt regelmässig die Steuerbelastung von Arbeitnehmern mit einem durchschnittlichen Gehalt in der Industrie, vgl. OECD (2004c). Dabei wird zwischen alleinstehenden Arbeitnehmern und Haushalten mit und ohne Zweitverdiener und mit einem oder mehreren Kindern unterschieden. Tabelle I.12 listet die effektive Steuerbelastung eines ledigen Arbeitnehmers mit einem Durchschnittslohn in der Industrie auf. Die ersten vier Spalten auf der linken Seite zeigen die Durchschnittsbelastung. In Deutschland macht die EKST unter Berücksichtigung der Freibeträge und Absetzbeträge beinahe 21% des Bruttolohns aus; die Arbeitnehmeranteile an den Pflichtbeiträgen zur Sozialversicherung sind ebenso gross. Dies ergibt eine Durchschnittsbelastung von 42% des Bruttolohns. Addiert man die Arbeitgeberanteile der Sozialversicherungsbeiträge zu den Bruttolöhnen dazu, dann kommt man zu den Arbeitskosten. Für einen alleinstehenden Arbeitnehmer mit einem Durchschnittsverdienst kumuliert sich die Gesamtbelastung einschliesslich der Arbeitgeberbeiträge auf 52% der Lohnkosten. Damit steht Deutschland bei der Durchschnittsbelastung an der Spitze, gefolgt von Österreich, wo Lohnsteuer und Sozialversicherungsbeiträge etwa 45% der Lohnkosten betragen. Hingegen geht die Durchschnittsbelastung in der Schweiz, in Japan und in den USA nicht über 30% hinaus.

Die rechte Seite zeigt die effektive Grenzsteuerbelastung desselben Arbeitnehmers, mit und ohne Berücksichtigung der Arbeitgeberanteile. Sie misst die zusätzliche

Tabelle I.12: Effektive Steuerbelastung der Arbeit 2003

	EATR				EMTR	
	(1)	(2)	(3)	(4)	(3)	(4)
Deutschland	20,8	21,1	41,9	52,0	58,0	65,3
Österreich	10,8	18,1	28,9	45,0	42,6	55,6
Schweiz	9,9	11,3	21,2	29,2	29,7	36,8
Japan	5,8	11,6	17,4	27,0	22,9	31,8
USA	16,4	7,7	24,1	29,4	29,1	34,1

(1) Einkommensteuer; (2) Sozialversicherungsbeiträge AN; (3) Gesamt AN, abzüglich Transfer;
(4) Gesamt, einschliesslich AG-Beiträge; EMTR – Effektive Grenzsteuerbelastung;
EATR – Effektive Durchschnittssteuerbelastung; (1)–(3) in % des Bruttolohns, (4) in % der
Arbeitskosten; Bruttolohn und AG-Beiträge gehören zur Sozialversicherung.
Quelle: OECD (2004c)

Steuerschuld, die aus einem Mehrverdienst resultiert, in Prozent des zusätzlichen Lohns bzw. der zusätzlichen Lohnkosten. Im Vergleich zur entsprechenden Spalte auf der linken Seite sind die Werte höher, d. h. die Grenzsteuerbelastung übersteigt deutlich die Durchschnittsbelastung. Dies resultiert aus dem progressiven Tarif der EKST. Auch bei der Grenzsteuerbelastung der Arbeit ergibt sich ein ähnliches Bild. Deutschland liegt an der Spitze mit 58% der zusätzlichen Lohnkosten, bzw. 65% unter Berücksichtigung der Arbeitgeberbeiträge. Österreich nimmt eine mittlere Position ein, während die Grenzbelastung in den anderen Ländern wesentlich moderater ausfällt. Tabelle I.12 zeigt also eine sehr hohe effektive Steuerbelastung der Arbeit auf, die zu hohen Verzerrungen in der Beschäftigung führen dürfte.

Bei der Messung der effektiven Steuerbelastung nach der OECD-Methode sind zwei Beschränkungen zu berücksichtigen. Erstens belasten auch die Gütersteuern den Reallohn und hemmen so das intensive Arbeitsangebot. Pro geleisteter Arbeitsstunde bzw. pro Stunde Freizeit kann aus demselben Lohn weniger Konsum realisiert werden, wenn die Kaufkraft mit der MWST und mit anderen Verbrauchsteuern reduziert wird. Die Gütersteuern wären also bei der Messung der effektiven Grenzsteuerbelastung ebenfalls zu berücksichtigen, damit die Wirkungen der Steuern auf das (intensive) Arbeitsangebot vollständig erfasst werden. Für das extensive Arbeitsangebot dürften Verbrauchsteuern weniger wichtig sein, weil sie den Konsum in beiden Alternativen, Beschäftigung und Nicht-Beschäftigung, ähnlich belasten.

Zweitens greift die Durchschnittsbelastung des Lohneinkommens zu kurz, um die Auswirkungen der Besteuerung auf die extensive Angebotsentscheidung, auch Partizipationsentscheidung genannt, vollständig zu beschreiben. Der Anreiz zur Arbeitsaufnahme hängt nicht nur von der Steuerbelastung des Lohns bei Beschäftigung ab, sondern auch davon, wieviel Transferzahlungen im Zustand der Nichtbeschäftigung aufgegeben werden müssen. Die Beschäftigungsprobleme in den untersten Einkommensklassen hängen auch damit zusammen, dass der Abstand von der Sozialhilfe zum verfügbaren Lohn zu gering ist. Man kann die Sozialhilfe bzw. das Arbeitslosengeld auch als impliziten Mindestlohn auffassen. Der erzielbare Lohn muss ausreichend höher sein, um einen starken Arbeitsanreiz zu geben. Immervoll, Kleven, Kreiner und Saez (2004) zählen daher die entgangenen Transferleistungen bei Nichtbeschäftigung zur Steuerbelastung bei Beschäftigung dazu und dividieren den Gesamtbetrag durch das Bruttolohneinkommen, um den relevanten Steuersatz auf die Arbeitsaufnahme zu definieren. Sie berechnen für die so konstruierten „Partizipationssteuersätze" je nach Einkommensklasse Werte zwischen 50 und 70%. Dies sind sehr starke negative Anreize, welche die Beschäftigungsaufnahme für die betroffenen Gruppen sehr unattraktiv machen. Sie können nur wenig gewinnen, indem sie einen Job annehmen und auf entsprechende Transferleistungen verzichten.

Die Unterscheidung zwischen extensivem und intensivem Arbeitsangebot hat wichtige Implikationen für die Steuerpolitik. Vor allem schätzt die empirische Literatur die extensive Arbeitsangebotselastizität wesentlich höher ein als die intensive Angebotselastizität. Die Studien von Blundell und MaCurdy (1999), Fuchs, Krueger und Poterba (1998) sowie Krueger und Meyer (2002) können wie folgt zusammengefasst werden: Die Lohnelastizität des (unkompensierten) Arbeitsangebots bezüglich geleisteter Arbeitsstunden ist sehr niedrig und liegt bei etwa 0.1 für Männer und

0.4 für Frauen. Die Schätzungen streuen erheblich. Demgegenüber kommen Krueger und Meyer (2002) zu wesentlich höheren Werten für die extensive Dimension des Arbeitsangebots. Beispielsweise liegt die Angebotselastizität bezüglich der Höhe und Dauer der Arbeitslosenversicherung in etwa bei 1. Lohnersatzleistungen im Krankheitsfall beeinflussen die Häufigkeit der Krankenstände. Krueger und Meyer (2002) schätzen dafür eine Angebotselastizität zwischen 0.5 und 1. Immervoll, Kleven, Kreiner und Saez (2004) argumentieren, dass aus naheliegenden Gründen die extensive Angebotselastizität vor allem bei den niedrigen Einkommensklassen hoch liegt, während hohe Qualifikations- und Einkommensgruppen in ihren Partizipationsentscheidungen kaum auf Steuern reagieren. Sie gehen von einer extensiven Angebotselastizität von 0.2 im Durchschnitt aus, während sie dieselbe Elastizität für die unterste Einkommensgruppe bei 0.4 bis 0.8 ansetzen.

Eines der grössten wirtschaftlichen Probleme in Europa ist die hohe Arbeitslosigkeit. Viele Ökonomen sehen in den hohen Lohnkosten eine wesentliche Ursache für die hohen Arbeitslosenraten. Wenn die Lohnsteuern auf den Bruttolohn überwälzt werden, steigen die Lohnkosten und fällt die Beschäftigung. Daveri und Tabellini (2000) bestätigen diese Argumentation. Nach ihren Schätzungen könnte der Anstieg der Steuerbelastung der Arbeit in den EU-Ländern im Zeitraum von 1965–95 um 14 Prozentpunkte für eine Zunahme der Arbeitslosenrate um etwa 4 Prozentpunkte verantwortlich gewesen sein.

I.4 Kurzer Ausblick

Der Anteil der Steuern und Abgaben ist in den letzten Jahrzehnten in den deutschsprachigen Ländern deutlich angestiegen. Das Wachstum der Abgabenquote ist dabei insbesondere auf den Anstieg der Sozialversicherungsbeiträge zurückzuführen. Nach provisorischen Zahlen von 2002 beträgt inzwischen die Abgabenquote nach OECD 36% in Deutschland, 44% in Österreich und 31% in der Schweiz. Dabei ist die Abgabenquote ein äusserst unvollkommener Massstab für die tatsächliche Steuerbelastung. Die volkswirtschaftlichen Kosten der Besteuerung sind weit höher als die Einnahmen, die in den öffentlichen Budgets gezählt werden. Die empirische Literatur zeigt, dass die Steuern und Sozialversicherungsbeiträge Investition, Ersparnisbildung, Erwerbsbeteiligung und Beschäftigung hemmen und so das erzielbare Einkommen gemessen am BIP reduzieren. Die volkswirtschaftlichen Kosten der Besteuerung bestehen also nicht nur in den tatsächlichen Steuerzahlungen an den Fiskus, sondern auch in den Einkommensverlusten und in der Wohlfahrtsminderung, die als Folge des Steuerausweichverhaltens eintreten.

Unter Berücksichtigung dieser Zusatzkosten steigen die Kosten der Besteuerung mit zunehmend hohen Steuersätzen progressiv an, so dass die Finanzierung weiterer staatlicher Aufgaben und Leistungen immer teurer wird. Je höher die volkswirtschaftlichen Kosten der Besteuerung sind, desto schwieriger wird es, eine weitere Ausdehnung der Staatsausgaben für eine bessere Versorgung mit öffentlichen Leistungen und für eine stärkere Umverteilung und Einkommenssicherung im Wohlfahrtsstaat zu rechtfertigen. Gegenstand dieses Lehrbuches ist die Beschreibung, wie sich die wichtigen Steuern auf das Angebots- und Nachfrageverhalten der Unternehmen und Haushalte auswirken, welche zusätzlichen Kosten für Einkommen und Wohlfahrt dadurch entstehen, was die vermutlichen Verteilungswirkungen sind und welche Implikationen dies für den Umfang der Staatstätigkeit hat.

Zusammenfassung

1. Die Steuer- und Abgabenquoten sind in Deutschland, Österreich und der Schweiz seit 1990 merklich angestiegen. Besonders ausgeprägt war der Anstieg der Sozialversicherungsbeiträge.
2. In Deutschland und Österreich entfallen die grössten Anteile am gesamten Aufkommen auf die Sozialversicherungsbeiträge und die Verbrauchsteuern; in der Schweiz macht die Einkommensteuer den grössten Anteil aus.
3. Die Schweiz weist im deutschsprachigen Raum die niedrigsten Unternehmens- und Einkommensteuersätze auf. Während in der Schweiz Dividenden einer Doppelbelastung mit Gewinn- und Einkommensteuern ausgesetzt sind, erfolgt in Deutschland eine Entlastung in Form des Halbeinkünfteverfahrens, wonach nur die Hälfte der Dividenden bei der Einkommensteuer versteuert wird. In Österreich gibt es eine niedrigere Abgeltungsteuer von 25% auf Zinsen und Dividenden.
4. Die effektive Steuerbelastung des Kapitals, der Arbeit und des Verbrauchs hängt von einer Mehrzahl von Steuern und von der Ausgestaltung der Bemessungsgrundlagen ab.
5. Der effektive Grenzsteuersatz misst die gesamte, zusätzliche Steuerbelastung als Anteil am Bruttoertrag einer zusätzlichen Investition bzw. zusätzlichen Arbeitsleistung. Der effektive Durchschnittssatz misst hingegen die kumulierte Steuerbelastung bezüglich des gesamten Investitionsertrags bzw. des gesamten Arbeitseinkommens.
6. Die effektive Grenzsteuerbelastung beeinflusst die Entscheidungen über das marginale Arbeitsangebot bzw. die marginale Erweiterungsinvestition (intensives Kalkül). Die effektive Durchschnittssteuerbelastung ist hingegen für den Vergleich von diskreten Alternativen wie z.B. Standortentscheidungen oder Berufswahl relevant (extensives Kalkül).

Lektürevorschläge

Für einen guten Überblick über internationale Trends der Besteuerung sei auf die neuesten Ausgaben der OECD Revenue Statistics verwiesen, OECD (2003). Die Finanzministerien stellen auf ihren Homepages (z.B. www.bundesfinanzministerium .de) aktuelle Informationen bereit. Das Buch von SORENSEN (2004b) enthält einen ausgezeichneten Überblick zur Messung der effektiven Grenz- und Durchschnittssteuerbelastung. OECD (2004c) dokumentiert die effektive Steuerbelastung der Arbeit, EUROPEAN COMMISSION (2001) jene des Kapitals. Einen umfangreichen Überblick über die empirischen Ergebnisse zum Einfluss der Besteuerung auf das Verhalten der Haushalte und Unternehmen enthalten BLUNDELL und MACURDY (1999) bezüglich des Arbeitsangebots, HASSETT und HUBBARD (2002) bezüglich Investition und

Kapitalakkumulation, DE MOOIJ und EDERVEEN (2003) bezüglich internationale Direktinvestitionen, BERNHEIM (2002) bezüglich der Ersparnisse sowie GORDON und HINES (2002) über internationale Portfolioinvestitionen.

Schlüsselbegriffe

Steuerquote   Abgabenquote
Steuerkeil   Effektiver Grenzsteuersatz
Effektiver Durchschnittssteuersatz   Marginales, intensives Ent-
Diskretes, extensives Entscheidungs-   scheidungskalkül
kalkül

Kapitel II

Grundlegende Konzepte der Steuerlehre

In einer sozialen Marktwirtschaft übernimmt der Staat zwei Aufgaben, nämlich eine Allokationsaufgabe zur Förderung wirtschaftlicher Effizienz und eine Distributionsaufgabe zur Herstellung von Verteilungsgerechtigkeit und Fairness.[1] Die *Allokationsaufgabe* weist dem Staat die Verantwortung zu, eine ökonomisch effiziente Allokation von Ressourcen zu gewährleisten, die den Bürgern gemessen an ihren Präferenzen eine grösstmögliche Wohlfahrt ermöglicht. Dies erfordert nicht nur möglichst hohe Einkommen, sondern auch eine an den Konsumentenpräferenzen orientierte Struktur des Güterangebots. In einer idealen Wettbewerbswirtschaft würde der Markt selbständig über den Preismechanismus eine pareto-effiziente Allokation herstellen. Es kann dann nicht mehr gelingen, durch eine Reallokation von Ressourcen einen Konsumenten echt besser zu stellen, ohne einen anderen schlechter zu stellen. Im Falle von öffentlichen Gütern, externen Effekten und anderen Marktunvollkommenheiten versagt jedoch der Marktmechanismus teilweise oder sogar vollständig. Im Falle von öffentlichen Gütern wie z. B. der Landesverteidigung bricht das private Angebot vollständig zusammen, so dass der Staat im Interesse der privaten Wohlfahrt diese Güter bereitstellen muss. Bei Externalitäten und anderen Marktunvollkommenheiten kann der Staat die Ressourcenallokation effizienter gestalten, indem er das private Güterangebot mit geeigneten Instrumenten anregt oder aber eindämmt.

Nach dem Effizienzziel soll der Staat das gemeinsame Interesse der Bürger fördern und die grösstmögliche gemeinsame Wohlfahrt realisieren. Der Kuchen soll maximiert werden, bevor er verteilt wird. Dieses Ziel ist gemäss dem Pareto-Prinzip erreicht, wenn niemand mehr besser gestellt werden kann, ohne einen anderen Bürger schlechter zu stellen. Dabei spielt die Verteilung der Wohlfahrtspositionen zunächst keine Rolle. Da die Bürger mit unterschiedlichen Fähigkeiten und Anfangsvermögen ausgestattet sind, kann die Marktsteuerung zwar zu einem effizienten Ergebnis, aber gleichzeitig auch zu einer sehr ungleichen Verteilung von Einkommen und Wohlfahrt führen. Wenn nun eine mehr oder weniger gleichmässige Verteilung der Wohlfahrt einen gesellschaftlichen Wert an sich darstellt, dann kommt dem Staat zusätzlich eine *Verteilungsaufgabe* zu. Er soll für einen gewissen Ausgleich der Einkommen und damit für mehr Verteilungsgerechtigkeit sorgen. Anders als beim Pareto-Kriterium geht es dabei immer um Umverteilung, also um die Besserstellung einer bisher benachteiligten Gruppe zulasten anderer Gruppen. Was allerdings Verteilungsgerechtigkeit genau ist, entzieht sich weitgehend der ökonomischen Analyse. Die Finanzwissenschaft kann lediglich herausarbeiten, wie ein vorgegebenes Ver-

---

[1]Traditionell wird auch Stabilisierung als eigenständige Staatsaufgabe genannt. Die neuere Volkswirtschaftslehre behandelt Stabilisierungsprobleme als Gegenstand der Makroökonomie.

teilungsziel bestmöglich und mit den geringsten Schäden für die Effizienz realisiert werden kann.

Die beiden Staatsaufgaben Allokation und Distribution begründen häufig einen Zielkonflikt und erfordern eine schwierige Abwägung zwischen Effizienz und Gerechtigkeit. Die Herstellung einer gleichmässigeren Verteilung der verfügbaren Einkommen stört die private Leistungsbereitschaft und mindert damit die Verteilungsmasse, d.h. die gemeinsam erzielbare Wohlfahrt. Je grosszügiger staatliche Sozialleistungen verteilt werden, desto geringer ist der Anreiz der Begünstigten zu Eigenvorsorge und Selbsthilfe und desto weniger tragen sie zur Mehrung des gemeinsamen Einkommens bei. Gleichzeitig mindert die Besteuerung die private Leistungs- und Investitionsbereitschaft, so dass insgesamt weniger Einkommen entstehen, die besteuert und umverteilt werden können. Wie in der Besteuerung der Zielkonflikt zwischen Effizienz und Verteilung bestmöglich aufgelöst werden kann, ist Gegenstand der Optimalsteuertheorie.

II.1   Staatsaufgaben in der Marktwirtschaft

II.1.1   Allokation

In einer idealen, Walrasianischen Wirtschaft gelten die beiden Hauptsätze der Wohlfahrtstheorie: (i) Ein Walrasianisches Wettbewerbsgleichgewicht verwirklicht eine pareto-effiziente Allokation; (ii) jede effiziente Allokation kann bei geeigneter Verteilung der Anfangsausstattungen als Wettbewerbsgleichgewicht realisiert werden. In einer Walrasianischen Wirtschaft erreicht die Marktsteuerung das bestmögliche Allokationsergebnis im Sinne eines Pareto-Optimums: Niemand kann besser gestellt werden, ohne einen anderen schlechter zu stellen. Es gibt keinen Spielraum für Pareto-Verbesserungen. Die Allokationsaufgabe des Staates entfällt; es verbleibt als einzige Aufgabe noch, für eine gleichmässigere Einkommensverteilung zu sorgen. Dies wäre weiterhin kein Problem, wenn der Umverteilungsmechanismus keine Allokationsstörungen hervorrufen würde und das Allokationsergebnis nach Umverteilung immer noch pareto-optimal wäre. In der praktischen Finanzpolitik stehen aber neutrale Instrumente wie Pauschalsteuern usw. nicht zur Verfügung, so dass Beeinträchtigungen der Allokationseffizienz nie ganz vermieden werden können. Diese drücken sich in der Mehrbelastung (excess burden) von Steuern und Transferleistungen aus. Wenigstens muss dann nach den Besteuerungs- und Umverteilungsformen mit der geringstmöglichen Mehrbelastung gesucht werden (Theorie des Zweitbesten).

Allerdings sind die Bedingungen für eine effiziente Allokation in den seltensten Fällen erfüllt. Es gibt eine ganze Reihe möglicher Ursachen, warum die Marktsteuerung alleine nicht zu einer effizienten Allokation führt, wie z.B. die Eigenschaften öffentlicher Güter, externe Effekte, unvollkommener Wettbewerb, asymmetrische Information, unvollständige bzw. fehlende Märkte und Arbeitslosigkeit. Öffentliche Güter können von einer Vielzahl von Bürgern gleichzeitig konsumiert werden. Vor allem kann die Inanspruchnahme durch nicht zahlende Nutzer nicht oder nur zu unverhältnismässig hohen Kosten ausgeschlossen werden. Wegen der Nichtausschliessbarkeit können private Anbieter die Produktion über Preise nicht kostendeckend finanzieren, so dass ein privates Angebot öffentlicher Güter auf dem Markt nicht zustande kommt. Externe Effekte führen zu einem verzerrten Angebots- bzw. Nachfrageverhalten und damit zu einer Allokationsstörung, weil ein Teil der tatsächlichen Erträge bzw. Kosten nicht bei den Verursachern, sondern bei anderen Marktteilnehmern anfällt, ohne dass dafür eine Entschädigung verlangt werden könnte. Marktmacht der Anbieter auf unvollkommen wettbewerblichen Märkten führt zu Preisen über den Grenzkosten und damit zu einer übermässigen Einschränkung der Nachfrage. Das Problem fehlender Märkte und der Informationsasymmetrie spielt insbesondere bei Versicherungen und Investitionsfinanzierungen eine Rolle. Wenn eine Marktpartei überlegene, private Informationen hat, kann die Ausnutzung der Informationsvorteile zur Ansammlung schlechter Risiken (Negativauslese, adverse Selektion) und zu moralischem Risiko führen (unzureichende Eigenvorsorge bzw. opportunistisches Verhalten zum Schaden des Kapitalgebers oder Versicherers). Im Extremfall bricht der Markt zusammen, oder Versicherungsleistungen bzw. Investitionsfinanzierungen werden in unzureichendem Ausmass angeboten. Unfreiwillige Arbeitslosigkeit kann eine ganze Reihe von unterschiedlichen Ursachen haben (Effizienzlöhne, Sucharbeitslosigkeit, Gewerkschaftsmacht, Mindestlöhne). Dabei ist nicht in allen Fällen klar, ob der Staat die Arbeitslosigkeit tatsächlich reduzieren sollte (effiziente Arbeitslosigkeit) oder über die geeigneten Mittel verfügt.

II.1.2 Distribution

Selbst wenn die Marktlösung pareto-optimal wäre, dann verbliebe dem Staat noch die Aufgabe, für eine akzeptable Verteilung zu sorgen. Die Existenz eines effizienten Gleichgewichts sagt noch nichts über die Einkommensverteilung aus. Der ungebremste Wettbewerb führt bisweilen zu sehr ungleicher Einkommensverteilung und erheblicher Armut, die in der sozialen Marktwirtschaft mit verschiedenen steuerfinanzierten Wohlfahrtsprogrammen bekämpft wird. Zunächst muss allerdings festgestellt werden, dass auch freiwillige Umverteilung der Reichen an die Armen stattfindet. *Freiwillige Umverteilung* ist häufig altruistisch motiviert, weil etwa die Besserstellung der Armen den reichen Bürgern Befriedigung und Nutzen stiftet. Davon zeugen privat organisierte Spendenaktionen und unentgeltliches Engagement in karitativen Organisationen. Neben Altruismus können auch rein egoistische Motive zu Umverteilung ohne staatlichen Zwang führen. Reiche Bürger haben bisweilen Interesse an geringerer Armut, um Kriminalität und Diebstahl in ihrem Umfeld zu verringern und damit möglichen Schaden von sich abzuwenden. Ein Problem entsteht allerdings dadurch, dass freiwillige Umverteilung innerhalb der Gruppe der Reichen weitgehend den Charakter eines öffentlichen Gutes annimmt. Wenn ein Mitglied der reichen Gemeinschaft mehr spendet, kommen die Vorteile verringerter Armut und Kriminalität auch allen anderen zugute, die sich nur wenig oder gar nicht engagieren. Dies fördert eine Trittbrettfahrermentalität und führt damit zu einer geringeren Spendenaktivität, als es dem kollektiven Interesse der Reichen entsprechen würde. Dieses Argument verlangt danach, die private Spendentätigkeit mittels geeigneter, staatlicher Anreize anzuregen.

Die *Sozialversicherungen* sind ein tragender Bestandteil des Sozialstaates und schützen vor schweren Lebensrisiken wie Krankheit, Unfall, Arbeitslosigkeit und Armut im Alter. Die Mitgliedschaft ist gesetzlich zwingend vorgeschrieben. Auch in der Sozialversicherung kommt es ex post zu einer Umverteilung von den Beitragszahlern zu den Schadensfällen; allerdings wird der Anspruch auf Leistung erst durch eine Gegenleistung erworben, die in der bei Eintritt in die Sozialversicherung vorgeschriebenen Beitragszahlung besteht. Beiträge und Leistungen sind grossteils nach dem versicherungstechnischen Äquivalenzprinzip bemessen, so dass ex ante, vor Eintreten der Schadensfälle, eine Umverteilung weitgehend vermieden wird. Die Prämie entspricht der erwarteten Auszahlung im Schadensfall. Allerdings wird das strenge Äquivalenzprinzip häufig durch versicherungsfremde Leistungen nach dem Solidarprinzip, wie z. B. kostenlose Mitversicherung von Familienangehörigen, durchbrochen. Die Beiträge haben in dem Ausmass Steuercharakter, als die Versicherungsleistungen geringer als bei versicherungstechnisch fairer Berechnung sind.

Im Prinzip sind die schweren Lebensrisiken auch durch private Anbieter versicherbar und werden teilweise auch privat angeboten, aber möglicherweise zu ungünstigeren Konditionen, als es der Staat unter Ausnutzung des Versicherungszwanges tun kann. Versicherungsanbieter haben mit Anreizproblemen zu kämpfen, deren Ursache in den Informationsnachteilen über die zu versichernden Risiken liegen. Bei der Anwerbung von Versicherungsnehmern besteht daher die Gefahr der *Negativauslese*. Die Versicherungsnehmer haben bei Vertragsabschluss einen Anreiz, ein möglichst günstiges Risiko vorzutäuschen (z. B. durch Verschweigen von bestehender Alkohol- und Nikotinsucht oder ähnlichem), um in den Genuss eines günstigen Tarifes zu kommen. Eine Anhäufung schlechter Risiken erhöht aber die Kosten und zwingt damit die Anbieter, die Beiträge zu erhöhen, was gerade die günstigsten Risiken veranlasst, sich anderweitig abzusichern. Negativauslese kann in extremen Fällen sogar zum vollständigen Zusammenbrechen des Marktes führen. Nach Abschluss einer Versicherung taucht *moralisches Risiko* als kostentreibender Faktor auf. Gerade ein umfassender Versicherungsschutz schwächt die Anreize zur Vorbeugung und Eigenvorsorge, so dass die Häufigkeit der Schadensfälle zunimmt. Der Staat kann solche Probleme mit zusätzlichen Instrumenten wie z. B. Versicherungszwang bekämpfen und im Prinzip günstiger anbieten.

Ein grosser Teil der Umverteilung erfolgt über *Steuern und Transfers*. Die progressive Einkommensbesteuerung und diverse Transferprogramme für Bedürftige, wie etwa die Sozialhilfe, fallen darunter. Diese Form der Umverteilung wirft eine schwierige Frage auf, zu deren Beantwortung verschiedene Gerechtigkeitstheorien entwickelt worden sind. Wie weit soll die Zwangsumverteilung auf Kosten der Steuerzahler gehen? Ein Werturteil ist unvermeidlich, und es dürfte je nach befragter Person sehr unterschiedlich ausfallen. Diese Ansichten sind sehr schwierig in eine gesellschaftliche Präferenzordnung zu überführen (Aggregationsproblem).

Ein praktikabler Ansatz geht davon aus, dass individuelle Wohlfahrtspositionen (Nutzen U^i) kardinal vergleichbar sind. Die Vorstellungen über Verteilungsgerechtigkeit können dann in einer sozialen Wohlfahrtsfunktion $W = f(U^1, \ldots, U^N)$ ausgedrückt werden, welche die Nutzenpositionen der N Gesellschaftsmitglieder in einen Index der gesellschaftlichen Wohlfahrt überführt. Damit diese Funktion die Effizienz-

und Verteilungsziele der Finanzpolitik geeignet operationalisieren kann, muss sie einige grundlegende Eigenschaften erfüllen. Erstens soll sie dem Pareto-Prinzip genügen, damit sie das Effizienzziel zum Ausdruck bringt. Dies erfordert, dass die soziale Wohlfahrt mit dem Nutzen eines beliebigen Mitglieds steigt, d. h. die partiellen Ableitungen nach U^i sind alle positiv. Zweitens soll die soziale Wohlfahrt individualistisch sein, d. h. ausschliesslich die Nutzen der Mitglieder und nicht irgendwelche anderen Argumente berücksichtigen. Und drittens soll die soziale Wohlfahrtsfunktion (*SWF*) konkav sein, d. h. eine Abneigung gegen Ungleichheit und damit das Verteilungsziel zum Ausdruck bringen. Konkavität bedeutet, dass durchschnittliche Werte gegenüber Extremwerten bevorzugt werden. Die soziale Wohlfahrt steigt, wenn bei gleich bleibendem Gesamtnutzen die Ungleichheit der individuellen Wohlfahrtspositionen reduziert wird. Diese Kriterien können in praktikabler Weise durch folgende isoelastische *SWF* zum Ausdruck gebracht werden,

$$W = \sum_{i=1}^{N} \left(U^i\right)^{1-\sigma} / (1 - \sigma), \tag{II.1}$$

wobei σ den Grad der Ungleichheitsaversion parametrisiert. Je höher σ, desto konkaver ist die *SWF* und desto grösser die Abneigung gegen Ungleichheit. Wenn die *SWF* sehr konkav verläuft, dann ist der Grenznutzen eines Individuums mit sehr hoher Wohlfahrt gering und jener eines benachteiligten Individuums sehr hoch. Eine Umverteilung von oben nach unten reduziert daher die Wohlfahrt der besser gestellten um weniger, als sie die Wohlfahrt der benachteiligten Bürger steigert. Die gesellschaftliche Wohlfahrt nimmt zu.

Folgende Gerechtigkeitsvorstellungen sind formuliert worden. Die utilitaristische Theorie fasst die gesellschaftliche Wohlfahrt als die Summe individueller Wohlfahrtspositionen auf, $W = \sum_i U^i$. Diese Auffassung wird in (II.1) durch $\sigma \to 0$ abgebildet. Diese Wohlfahrtsfunktion ist linear in den individuellen Nutzen, d. h. der soziale Grenznutzen aus der privaten Wohlfahrt der Bürger ist bei allen gleich 1. Die utilitaristische Wohlfahrtsfunktion stellt also nur auf Effizienz ab, während dem Verteilungsziel keine weitere Bedeutung beikommt. Die Theorie von Rawls (Fall $\sigma \to \infty$) setzt soziale Wohlfahrt mit dem Nutzen des am schlechtesten gestellten Gesellschaftsmitglieds gleich, $W = \min\{U^1, \ldots, U^N\}$. Diese Theorie verlangt nach einer sehr starken Umverteilung. Offensichtlich bringt ein Wert $0 < \sigma < \infty$ eine mittlere Position zum Ausdruck.

Häufig wird die *SWF* als Linearkombination individueller Nutzenpositionen mit fixen Verteilungsgewichten κ^i dargestellt,

$$W = \sum_{i=1}^{N} \kappa^i \cdot U^i. \tag{II.2}$$

Auch diese Funktion ist individualistisch und erfüllt das Pareto-Prinzip. Die Ungleichheitsaversion drückt sich darin aus, dass die Wohlfahrt eines Individuums mit einem umso geringeren Gewicht berücksichtigt wird, je höher seine Nutzenposition bereits ist, d. h. κ^i fällt mit steigendem U^i. Wenn diese negative Beziehung in der Ausgangssituation vor Umverteilung gerade die Form $(U^i)^{-\sigma} = \kappa^i$ annimmt, dann trägt eine marginale Nutzenerhöhung nach (II.1) und (II.2) im selben Ausmass zu einer Steigerung der sozialen Wohlfahrt bei, $\frac{dW}{dU^i} = \left(U^i\right)^{-\sigma} = \kappa^i$. Insbesondere trägt eine Nutzensteigerung bei einem Individuum mit hohem Nutzen nur wenig zur sozialen Wohlfahrt bei (κ^i klein für U^i gross), während die Verbesserung eines benachteiligten Individuums die soziale Wohlfahrt verhältnismässig stark vergrössert (κ^i gross für U^i klein). Beide Formen drücken also ein Umverteilungsziel aus und können die rivalisierenden Gerechtigkeitsvorstellungen abbilden. Die utilitaristische Theorie wird in (II.2) durch gleiche Verteilungsgewichte $\kappa^i = 1$ abgebildet. Nach der Theorie von Rawls sind die Verteilungsgewichte für alle Individuen mit Ausnahme des am schlechtesten gestellten gleich Null.

II.2   Die wichtigsten Konzepte

II.2.1   Steuersystematik

II.2.1.1   Zwecke der Besteuerung

Steuern sind Geldleistungen, die vom Staat zur Erzielung von Einnahmen und ohne Anspruch auf konkrete Gegenleistung auferlegt werden. Die Erzielung von Einnahmen kann auch Nebenzweck sein (Lenkungssteuern). Charakteristisch für Steuern sind also der Zwang zur Steuerleistung und das Fehlen eines individuellen Anspruches auf konkrete Gegenleistung. Der Nutzen der Staatstätigkeit, z. B. die Versorgung mit öffentlichen Gütern, fliesst den Mitgliedern der Gemeinschaft in ihrer Eigenschaft als Bürger unabhängig von ihrer Steuerleistung zu. *Gebühren* hingegen werden als konkrete Gegenleistung für die Inanspruchnahme von Leistungen (Abfallentsorgung, Benutzungsgebühren usw.) gezahlt. *Beiträge* werden ebenfalls als Entgelt für besondere Leistungen erhoben, die man allerdings nicht individuell, sondern gruppenbezogen zuordnet. Beiträge werden ausserdem für die Möglichkeit und nicht für die tatsächliche Inanspruchnahme gezahlt, wie die Beiträge zu den Sozialversicherungen verdeutlichen. Gebühren und Beiträge enthalten bisweilen auch einen verdeckten Steueranteil, der nicht individuell zuordenbar ist.

Obwohl Steuern keinen individuellen Anspruch auf Gegenleistung begründen, führen sie zu keinem endgültigen Nutzenverlust. Nach dem *Äquivalenzprinzip* steht den Steuern eine Gegenleistung für die Gesamtheit der Bürger in Form von öffentlichen Gütern gegenüber. Auch staatliche Umverteilung kann ein öffentliches Gut sein, z. B. weil sie den sozialen Frieden steigert, den Zusammenhalt der Gesellschaft fördert und die Kriminalität verringert, oder weil sie Lebensrisiken versichert, die über den Markt keine Abdeckung finden. Nach dem Äquivalenzprinzip findet die Besteuerung in dieser allgemeinen Gegenleistung ihre grundlegende Rechtfertigung. Wenn die Notwendigkeit des Steueraufkommens anerkannt ist, dann kann das *Leistungsfähigkeitsprinzip* gewisse Einzelsteuern rechtfertigen, um horizontale und vertikale Steuergerechtigkeit zu erreichen. Personen mit gleichem Einkommen sollen gleich viel Steuern zahlen (horizontale Gerechtigkeit), Personen mit höherem Einkommen sind stärker zu besteuern (vertikale Gerechtigkeit). Dies setzt voraus, dass über den Massstab steuerlicher Leistungsfähigkeit (Einkommensdefinition) Einigkeit herrscht.

Neben der *Einnahmeerzielung* zur Finanzierung der Staatsausgaben (fiskalischer Zweck) können Steuern auch einen *Lenkungszweck* haben. Es kann bewusst beabsichtigt sein, ein bestimmtes Verhalten der Steuerzahler zu verstärken oder zu verhindern. Umweltsteuern oder auch Alkoholsteuern sind offensichtliche Beispiele. In diesen Fällen kann die Einnahmeerzielung nebensächlich oder sogar unerwünscht sein. Geringe Einnahmen aus Umweltsteuern zeigen ja gerade, dass der Verbrauch verschmutzender Güter zum Wohle der Umweltqualität erfolgreich eingeschränkt wird. Ein letzter, wichtiger Zweck der Besteuerung ist die *Umverteilung*. Wie weit die Umverteilung gehen soll, hängt von grundlegenden Werturteilen ab. Nach liberalem Verständnis geht es um eine faire Aufteilung der Steuerlasten. Die Bürger sollen je nach ihrer wirtschaftlichen Leistungsfähigkeit, und nicht anhand von pro Kopf gleichen Beträgen Steuern zahlen. Nach egalitaristischer Auffassung ist die ungleiche Verteilung von Einkommen und Vermögen an sich ein Problem und sollte daher mittels umverteilender Besteuerung teilweise beseitigt werden.

II.2.1.2 Arten der Besteuerung

Man unterscheidet direkte und indirekte Steuern. *Direkte Steuern* knüpfen an die individuelle Leistungsfähigkeit an, vor allem Einkommen und Vermögen. Sie nehmen in der Regel Rücksicht auf die persönlichen Verhältnisse des Steuerpflichtigen, wie Familienstand, Anzahl der Kinder oder aussergewöhnliche Belastungen. Direkte Steuern betreffen sowohl natürliche Personen (Subjekt- oder Personensteuern wie EKST und Vermögensteuer) als auch Sachen oder juristische Personen (Objektsteuern wie Grund-, Gewerbe- oder Körperschaftsteuer bzw. Kapital- und Gewinnsteuer in der Schweiz). *Indirekte Steuern* knüpfen an wirtschaftliche Transaktionen an und belasten die Einkommensverwendung oder einen Vermögensverkehr. Die persönliche Identität der Steuerzahler ist dabei unwichtig. Beispiele sind die Umsatzsteuer oder spezielle Verbrauchsteuern wie Mineralölsteuer, Tabak- und Alkoholsteuern. Auch Verkehrsteuern wie Grunderwerb-, Erbschaft- und Schenkungsteuer fallen darunter.

Der Übergang von direkten zu indirekten Steuern ist fliessend. Wir zeigen nun, wie direkte und indirekte Steuern die Budgetbeschränkungen der Haushalte verändern. Damit können wir bereits an dieser Stelle andeuten, in welcher Weise sie verschiedene private Entscheidungen betreffen. Die reinste Form einer indirekten Steuer ist eine *differenzierte Gütersteuer* mit unterschiedlichen, proportionalen Steuersätzen t_i auf die verschiedenen Güter und Dienstleistungen, die mit dem unteren Index i gekennzeichnet werden,

$$\sum_i (1 + t_i) p_i x_i^h = Y^h, \qquad Y^h = w^h L^h + I^h. \qquad \text{(II.3)}$$

Der obere Index h identifiziert die Haushalte. So ist x_i^h die Nachfrage des Haushaltes h nach dem Gut i. Ausserdem geben p_i den Produzentenpreis und $(1 + t_i) p_i$ den Konsumentenpreis des Gutes i an, w^h ist der Lohnsatz, L^h das Arbeitsangebot und I^h ein anderes Einkommen eines Haushaltes h. Das gesamte Einkommen beträgt also Y^h. Die Steuersätze t_i sind nach Gütern differenziert. Selbst die allgemeine Umsatzsteuer kennt üblicherweise einen Normalsatz sowie einen ermässigten Satz für gewisse Güter des Grundbedarfs und führt damit eine sehr grobe Differenzierung ein.

Eine Übergangsform ist die *einheitliche Umsatzsteuer* mit dem Satz t_C, die bei Unternehmen erhoben wird und keine Rücksicht auf die persönlichen Verhältnisse nimmt,

$$\sum_i (1 + t_C) p_i x_i^h = Y^h, \quad \Leftrightarrow \quad \sum_i p_i x_i^h = Y^h - t_C \left(\sum_i p_i x_i^h \right). \tag{II.4}$$

Die zweite Gleichung zeigt, dass eine einheitliche Umsatzsteuer äquivalent zu einer *proportionalen Ausgabensteuer* ist, die bei Haushalten erhoben wird. Diese geben eine Erklärung über die persönlichen Konsumausgaben ab, die dann mit dem proportionalen Satz t_C besteuert werden. Die proportionale Ausgabensteuer ist weiterhin äquivalent zu einer *linearen direkten Steuer ohne Grundfreibetrag*, d. h. einer proportionalen EKST. Diese folgt aus (II.4) durch Division mit dem Konsumsteuerfaktor $1 + t_C$,

$$\sum_i p_i x_i^h = (1 - t_E) Y^h, \qquad 1 - t_E = \frac{1}{1 + t_C}. \tag{II.5}$$

Nachdem in diesem einfachen Beispiel alles Einkommen für Konsum ausgegeben wird, macht es keinen Unterschied, ob die Entstehung oder Verwendung des Einkommens besteuert wird, sofern die Steuersätze wie in (II.5) gewählt werden.[2] Die logische Weiterentwicklung einer rein proportionalen EKST ist die Berücksichtigung eines persönlichen Abzugsbetrags G^h von der Steuerschuld, um auf individuelle Verhältnisse abzustellen, wie z. B. Kinderanzahl oder Ehestand. Sofern der Grenzsteuersatz weiterhin konstant bleibt, erhalten wir die *lineare direkte Steuer mit persönlichem Abzugsbetrag*,

$$T\left(Y^h\right) = t_E Y^h - G^h, \qquad \sum_i p_i x_i^h = (1 - t_E) Y^h + G^h. \tag{II.6}$$

Alternativ kann ein Freibetrag von der Bemessungsgrundlage gewährt werden. Die Steuerschuld berechnet sich dann als $T(Y^h) = t_E (Y^h - \bar{G}^h)$. Offensichtlich sind Freibetrag und Abzugsbetrag äquivalent, wenn $G^h = t_E \bar{G}^h$ gilt.

Die reinste Form der direkten Steuer ist schliesslich die *EKST mit nicht-linearem Tarif* $T\left(Y^h\right)$, wobei der Tarif sowohl variable Grenzsteuersätze $T'\left(Y^h\right)$ als auch Abzugs- und Freibeträge zulässt,

$$\sum_i p_i x_i^h = Y^h - T\left(Y^h\right). \tag{II.7}$$

II.2.1.3 Vorüberlegungen zur Steuerstruktur

Was ist die geeignete Kombination von direkten und indirekten Steuern? Häufig findet man die Ansicht, dass ein *ausgewogenes Verhältnis* von direkten und indirekten Steuern am besten sei. Nach dieser Ansicht sind direkte Steuern eher geeignet, Verteilungsziele zu erreichen, während indirekte Steuern in dieser Hinsicht nicht zielgenau

---

[2]Wenn wir eine Aufteilung des Einkommens in gegenwärtigen und zukünftigen Konsum durch Ersparnisbildung zulassen, muss die Äquivalenzbeziehung in Barwertform ausgedrückt werden. Insbesondere muss dann die Einkommensbesteuerung neben den laufenden Arbeitseinkommen auch alle Kapitaleinkommen wie Gewinne und Zinsen erfassen, die aus dem gegenwärtigen Finanzvermögen entstehen, vgl. Frenkel, Razin und Sadka (1991), S. 73 ff.

und weniger effektiv sind. Von indirekten Steuern wird dagegen behauptet, dass sie im Allgemeinen weniger verzerrend und damit bezüglich der Allokationseffizienz überlegen seien. Um beide Ziele gleichzeitig zu verfolgen, müsse man daher auch beide Instrumente einsetzen, so dass je nach Zielgewichtung ein mehr oder weniger ausgewogenes Verhältnis von direkten und indirekten Steuern geboten erscheint.

Eine andere Ansicht geht von der *Überlegenheit direkter Steuern* im Hinblick auf beide Ziele aus. Danach sind Gütersteuern im Wesentlichen ein Relikt aus Zeiten, in denen die Steuerverwaltung wenig ausgebaut und fortgeschritten und die Erhebung direkter Steuern schwierig war. Zunächst sei betont, dass Gütersteuern das Arbeitsangebot genauso verzerren können wie eine EKST und damit bezüglich der Effizienz nicht überlegen sein müssen.[3] Wie in den Ausführungen über optimale Besteuerung noch genauer zu diskutieren sein wird, ist es unter bestimmten Voraussetzungen[4] optimal, einen einheitlichen Gütersteuersatz anzuwenden. Eine solche undifferenzierte Gütersteuer ist aber äquivalent zu einer proportionalen direkten Steuer. Darüber hinaus können direkte Steuern im Prinzip gut mit Pauschalsteuerelementen kombiniert werden. Wenn dies möglich ist, so wäre es immer besser, auf andere verzerrende Steuern zu verzichten. Solche Pauschalsteuerbeträge könnten auch nach Haushaltstypen differenziert werden.

II.2.2 Steuertarife

II.2.2.1 Tariftypen

Steuertarife sind Vorschriften, die einer Bemessungsgrundlage y, z. B. dem zu versteuernden Einkommen, eine Steuerschuld $T(y)$ zuordnen.[5] Die Vorschrift $T(y)$ beschreibt den allgemeinsten Fall eines *nicht-linearen Tarifs*, der sogar durchgehend differenzierbar sein kann. Viele Tarife sind allerdings nicht in allen Einkommenspunkten differenzierbar. Entscheidend für die Beurteilung der Allokations- und Verteilungswirkungen von Steuern sind die Durchschnitts- und Grenzsteuersätze $\bar{t}$ und T',

$$\bar{t}(y) = \frac{T(y)}{y}, \qquad T'(y) = \frac{dT(y)}{dy} \approx \frac{\Delta T(y)}{\Delta y}. \qquad \text{(II.8)}$$

Der Durchschnittssteuersatz gibt den Anteil der gesamten Steuerschuld an der gesamten Bemessungsgrundlage, also die durchschnittliche Steuerbelastung, an. Der Durchschnittssteuersatz bestimmt die Verteilungswirkungen der Besteuerung. Er kann aber auch allokative Auswirkungen haben, indem er den Vergleich von diskreten Entscheidungsalternativen verändert. Der Grenzsteuersatz gibt an, um wieviel die Steuerschuld zunimmt, wenn zum bisherigen Einkommen ein weiterer Euro hinzuver-

---

[3]Häufig wird argumentiert, dass direkte Steuern zusätzliche intertemporale Verzerrungen hervorrufen. Ob dies jedoch der Fall ist, hängt ganz von der Ausgestaltung der Bemessungsgrundlagen ab. Bei Abzugsfähigkeit von Ersparnissen und Investitionen können direkte Steuern intertemporal neutral sein.

[4]Die Voraussetzungen wären ein fixes Arbeitsangebot oder auch schwache Separabilität in Konsum und Freizeit, kombiniert mit homothetischen Präferenzen über Konsum.

[5]Homburg (2000) enthält eine besonders ausführliche Diskussion von Steuertarifen.

dient wird. Er ist entscheidend für die Anreizwirkungen der Besteuerung und damit für die Allokation.

Unter den verschiedenen Tarifformen ist der *proportionale Tarif* der einfachste: $T(y) = \tau \cdot y$ mit τ konstant. Durchschnitts- und Grenzsteuersätze fallen zusammen und bleiben unabhängig von der Höhe der Bemessungsgrundlage konstant bei $\bar{t}(y) = T'(y) = \tau$. Dieser Tarif findet häufig bei Verbrauchsteuern Anwendung.

Im Folgenden betrachten wir verschiedene Tarifformen der Einkommensbesteuerung. Der *lineare Tarif* weist ebenfalls einen konstanten Grenzsteuersatz auf,

$$T(y) = \tau \cdot y - b, \qquad \tau > 0, \quad b \gtrless 0. \tag{II.9}$$

Während $T'(y) = \tau$ konstant bleibt, verändert sich der Durchschnittssteuersatz $\bar{t}(y) = \tau - b/y$ mit dem Einkommen. Wenn $b < 0$, dann muss unabhängig von der Höhe der Bemessungsgrundlage ein Pauschalbetrag (eine Kopfsteuer) gezahlt werden. Da dieser fixe Teil der Steuerschuld mit steigendem Einkommen immer unwichtiger wird, fällt die Durchschnittsbelastung von oben auf den Wert τ. Im Falle von $b > 0$ erhält der Steuerpflichtige unabhängig von der Bemessungsgrundlage einen Pauschaltransfer oder Abzug von der Steuerschuld, dessen Anteil am Gesamteinkommen mit zunehmendem y immer unwichtiger wird. Die Durchschnittsbelastung steigt dann von unten auf den Wert τ an. Für sehr kleine Einkommen verwandelt sich die Steuerschuld in eine Steuererstattung. Dies entspräche der Idee einer negativen EKST. In den meisten Fällen jedoch ist keine Steuererstattung vorgesehen, so dass die Steuerschuld entweder positiv oder Null ist, aber nicht negativ werden kann.

Folgende Vorschrift beschreibt einen linearen *Tarif mit Freibetrag*:

$$T(y) = \max\{\tau \cdot (y - b), 0\}, \qquad \tau, b > 0. \tag{II.10}$$

Nur jene Einkommensbestandteile, die den Freibetrag b übersteigen, werden besteuert. Davon streng zu unterscheiden ist ein *Tarif mit Freigrenze*, bei dem man mit Überschreiten der Freigrenze b die Steuer auf das gesamte Einkommen zu entrichten hat, so dass die Steuerschuld sprunghaft ansteigt,

$$T(y) = \begin{cases} \tau \cdot y, & y > b, \\ 0, & y \le b, \end{cases} \qquad \tau, b > 0. \tag{II.11}$$

Abbildung II.1 veranschaulicht die beiden Tarife. Es ist klar, dass ein Tarif mit Freigrenze wenig Anreize für Zuverdienste von Geringverdienern bietet. Ein geringfügiges Überschreiten der Freigrenze ist nachteilig, weil dann der Steuersatz auf die gesamte Bemessungsgrundlage angewandt wird. Die Steuerschuld steigt sprunghaft an, so dass das Nettoeinkommen trotz Zuverdienst fallen kann. Der Grenzsteuersatz wird beim Überschreiten der Freigrenze prohibitiv und fällt anschließend wieder auf τ zurück. Anhand eines Beispiels kann man sich rasch klar machen, dass ein Tarif mit Freigrenze zu einer Reihenfolgeumkehr führen kann. Reihenfolgeumkehr ist dann gegeben, wenn jemand brutto mehr, aber netto weniger verdient als eine Vergleichsperson. Die Bruttoeinkommen von zwei Personen A und B seien $y^A = 11.000$ und $y^B = 9.500$ Euro, und der Tarif nach (II.11) sehe einen Steuersatz $\tau = 0.2$ und eine Freigrenze von $b = 10.000$ vor. Person A erzielt ein geringeres Nettoeinkommen als B, $y^A - T^A < y^B - T^B$, obwohl sie vor Steuern mehr verdient. B bezahlt keine Steuer,

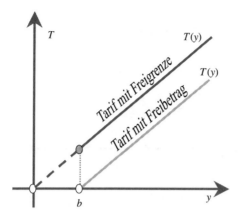

Abbildung II.1: Freibetrag und Freigrenze

weil er unter der Freigrenze bleibt, während A die volle Bemessungsgrundlage versteuern muss und daher $T^A = 2.200$ schuldet. Es ist klar, dass eine solche Situation als ungerecht empfunden wird.

In der Besteuerungspraxis liegen häufig *Stufentarife* vor, bei denen aufsteigende Einkommensklassen definiert werden, innerhalb derer jeweils eine andere Steuerschuldfunktion zur Anwendung kommt. Es gibt mehrere Varianten von Stufentarifen; der wichtigste ist der *Stufengrenzsatztarif*. Die Grenzsteuersätze bleiben stückweise konstant und springen erst beim Übergang in die nächst höhere Einkommensklasse auf einen höheren Wert. Es seien die Einkommensklassen durch die Untergrenzen $U_0 < U_1 < U_2 < U_3 < \ldots$ mit $U_0 = 0$ abgegrenzt. Im j-ten Einkommensintervall, $U_j < y < U_{j+1}$, kommt ein konstanter Grenzsteuersatz τ_j zur Anwendung, der in höheren Einkommensklassen grösser wird, $\tau_{j+1} > \tau_j$. Diese Unterteilung des Tarifs wird als Teilmengenstaffelung bezeichnet. Die Steuerschuld errechnet sich als

$$T(y) = \tau_i \cdot (y - U_i) + \sum_{j=0}^{i-1} \tau_j \cdot \left(U_{j+1} - U_j \right). \tag{II.12}$$

Abbildung II.2 veranschaulicht den Tarif. Die Grenzsteuersätze nehmen beim Übergang in das jeweils nächste Einkommensintervall sprunghaft höhere Werte an. Die Steuerschuldfunktion $T(y)$ weist zwar an den Intervallgrenzen Knicke auf; ihr Verlauf ist aber stetig. Damit ist auch der Durchschnittssteuersatz eine stetige Funktion der Bemessungsgrundlage. Die Knicke bedeuten allerdings, dass Steuerschuld und Durchschnittssteuersatz nicht durchgehend differenzierbar sind.

II.2.2.2 Progression

Ein Tarif ist *progressiv*, wenn der Durchschnittssteuersatz $\bar{t}(y) = T(y)/y$ mit zunehmendem Einkommen steigt, $\bar{t}'(y) = d\bar{t}/dy > 0$. Bei einem regressiven Tarif fällt der Durchschnittssteuersatz, $\bar{t}'(y) < 0$, bei einem proportionalen Tarif bleibt er konstant.

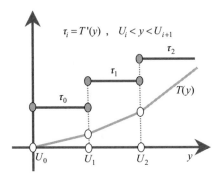

Abbildung II.2: Stufengrenzsatztarif

Die Steigung $\bar{t}'(y)$ wird als Progressionsgrad bezeichnet. Der lineare Tarif mit Freibetrag $b > 0$ in (II.10) ist *indirekt progressiv*, da trotz konstantem Grenzsteuersatz die Durchschnittsbelastung ansteigt. Ein Tarif ist *direkt progressiv*, wenn die Grenzsteuersätze mit dem Einkommen ansteigen und damit den Durchschnittssteuersatz in die Höhe ziehen. Da Progression in einem ansteigenden Durchschnittssteuersatz zum Ausdruck kommt, muss $\bar{t}'(y) = [yT'(y) - T(y)]/y^2 > 0$ gelten, bzw.

$$T'(y) > \frac{T(y)}{y} = \bar{t}(y). \tag{II.13}$$

Bei einem progressiven Tarif liegt der Grenzsteuersatz höher als der Durchschnittssteuersatz.

Um die Progressivität alternativer Tariftypen zu vergleichen, sind Progressionsmasse hilfreich. Die zweite Ableitung bzw. der *Konvexitätsgrad* $T''(y) > 0$ der Tariffunktion wäre ein solches Mass. Es zeigt an, wie stark die Grenzsteuersätze $T'(y)$ mit zunehmendem Einkommen ansteigen (direkte Progression). Der *Progressionsgrad* $\bar{t}'(y) = [T'(y) - \bar{t}(y)]/y$, also die Zunahme des Durchschnittssteuersatzes mit zunehmendem Einkommen, ist ebenfalls ein Progressionsmass. Der Progressionsgrad ist positiv, wenn der Grenzsteuersatz wie in (II.13) den Durchschnittssteuersatz übersteigt.

Für den Staat, der an ergiebigen Einnahmequellen interessiert ist, spielt die *Aufkommenselastizität* als Progressionsmass eine wichtige Rolle:

$$\alpha(y) = \frac{y}{T}\frac{dT}{dy} \approx \frac{\Delta T/T}{\Delta y/y}. \tag{II.14}$$

Die Aufkommenselastizität gibt an, um wieviel Prozent das Steueraufkommen ansteigt, wenn die Bemessungsgrundlage um 1% zunimmt. Ein Tarif ist aufkommenselastisch, wenn die Elastizität grösser als 1 ist, $\alpha > 1$. Nach (II.13) ist ein progressiver Tarif durch einen Grenzsteuersatz über dem Durchschnittssteuersatz gekennzeichnet, $dT/dy > T/y$. Dies ist gleichbedeutend mit $(y/T)(dT/dy) > 1$ bzw. $\alpha > 1$. Progressive Tarife sind daher aufkommenselastisch, zumindest dann, wenn wir unterstellen, dass die Bemessungsgrundlage nicht auf die Besteuerung reagiert.

Der Steuerpflichtige will, dass von jeder Steigerung seines Markteinkommens möglichst hohe Nettoeinkommen $x(y) = y - T(y)$ übrig bleiben und ist daher an der *Residualelastizität* interessiert:

$$\rho(y) = \frac{y}{x}\frac{\mathrm{d}x}{\mathrm{d}y} \approx \frac{\Delta x/x}{\Delta y/y}. \tag{II.15}$$

Aus $T = y - x$ ermittelt man $\mathrm{d}T/\mathrm{d}y = 1 - \mathrm{d}x/\mathrm{d}y > T/y$, wobei für einen progressiven Tarif die Ungleichung aus (II.13) folgt. Indem man auf der rechten Seite $T = y - x$ einsetzt, erhält man $x/y > \mathrm{d}x/\mathrm{d}y$ bzw. $1 > (y/x)(\mathrm{d}x/\mathrm{d}y) = \rho$. Progressive Tarife weisen also eine Residualelastizität $\rho < 1$ auf. Die Residualelastizität gibt an, um wieviel Prozent das Residuum (Nettoeinkommen) steigt, wenn die Bemessungsgrundlage um 1% zunimmt. Eine konstante Residualelastizität $\rho = 0.5$ bedeutet also, dass das Nettoeinkommen nur um 3% wächst, wenn das Bruttoeinkommen um 6% steigt. Sie bestimmt auch, wie die Besteuerung die relative Stellung des Besteuerten in der Einkommensverteilung verändert und ist daher für Umverteilungszwecke besonders relevant.

Es sei für H Haushalte die Einkommensverteilung durch einen Vektor $\vec{y} = y_1, \ldots, y_H$ gegeben. Die Ungleichheit kann durch die Lorenz-Kurve ausgedrückt werden, die jeder Einkommensklasse den Wert $L(i/H) = \sum_{h=1}^{i} y_h / \sum_{h=1}^{H} y_h$ zuweist. Für $i/H = 0.3$ besagt die Masszahl $L(0.3) = 0.2$, dass die ersten 30% der Haushalte nur 20% der Gesamteinkommen erhalten. Aus $L(0.9) = 0.7$ schliessen wir, dass die obersten 10% der Haushalte 30% des gesamten Einkommens erhalten. Eine Einkommensverteilung $\vec{y}^1$ ist weniger ungleich (Lorenz-dominant) als $\vec{y}^2$, wenn für jede Einkommensklasse i die Relation $L^1 > L^2$ gilt. Jakobsen (1974) hat nun für eine gegebene Verteilung $\vec{y}$ von Bruttoeinkommen gezeigt, dass ein Steuertarif T^1 im Vergleich zu einem Tarif T^2 dann eine gleichmässigere (Lorenz-dominante) Nettoeinkommensverteilung erzeugt, wenn die Residualelastizität für Tarif T^1 überall geringer ist als diejenige für T^2.

Nachdem eine ganze Reihe von möglichen Tarifen vorgestellt worden ist, fragt man sich, welchen Anforderungen denn nun ein Tarif entsprechen sollte. Über einen unter ökonomischen Gesichtspunkten optimalen Tarif können wir erst sprechen, wenn wir die Wirkungen der Besteuerung auf Allokationseffizienz und Verteilung behandelt haben. Trotzdem lassen sich schon jetzt einige allgemeine Anforderungen formulieren. Folgende Werturteile über die Besteuerung sind weit verbreitet: das Leistungsfähigkeitsprinzip, das Prinzip der Reihenfolgeerhaltung und der Gleichheitsgrundsatz (vgl. Homburg 2000, S. 89 ff). Das *Leistungsfähigkeitsprinzip* fordert, dass Steuerpflichtige mit höherem Bruttoeinkommen mehr Steuern zahlen sollen und jene mit geringerem Einkommen weniger. Im Vergleich zu einem anderen Steuerpflichtigen müssen also der Unterschiedsbetrag des Einkommens und jener der Steuerschuld das gleiche Vorzeichen aufweisen. Daher muss gelten:

$$\frac{T(y_2) - T(y_1)}{y_2 - y_1} > 0. \tag{II.16}$$

Nach dem Prinzip der *Reihenfolgeerhaltung* sollen Personen mit höherem Brutto-einkommen auch ein höheres Nettoeinkommen haben. Also muss für $y_2 > y_1$ auch $y_2 - T(y_2) > y_1 - T(y_1)$ gelten und damit auch

$$1 > \frac{T(y_2) - T(y_1)}{y_2 - y_1}. \tag{II.17}$$

Nach dem *Gleichheitsgrundsatz* sollen Personen mit gleichem Einkommen auch gleich viel Steuer zahlen. Genauso sollen Personen mit fast gleichem Einkommen auch fast gleich viel Steuer bezahlen. Wenn wir nun die Referenzperson mit dem Einkommen y_1 und der Steuerschuld $T(y_1)$ festhalten, dann muss nach dem Gleichheits-grundsatz $T(y_2) \to T(y_1)$ für $y_2 \to y_1$ gelten, egal ob wir uns von oben ($y_2 > y_1$) oder von unten ($y_2 < y_1$) an y_1 annähern. Der Tarif darf also bei der Verwirklichung des Gleichheitsgrundsatzes an der Stelle y_1 keinen Sprung haben und muss stetig sein. Wenn zusätzlich die Tariffunktion differenzierbar ist, dann existiert die Ableitung[6]

$$T'(y_1) = \lim_{y_2 \to y_1} \frac{T(y_2) - T(y_1)}{y_2 - y_1}. \tag{II.18}$$

Ein Tarif, der stetig und differenzierbar ist und Grenzsteuersätze zwischen Null und 100% aufweist ($0 < T'(y) < 1$), erfüllt (II.16)–(II.18) und genügt daher den drei Anforderungen. Auch der Stufengrenzsatztarif wie in Abbildung II.2 ist stetig und erfüllt die genannten Anforderungen.

Die Progression schafft für die Steuerpflichtigen ein besonderes Problem, wenn Einkommen in geballter Form auftritt und nicht auf mehrere Perioden oder Personen gleichmässig aufgeteilt werden kann. Beispiele dafür wären die Haushaltsveranla-gung bei der Ehegattenbesteuerung oder die Besteuerung von Kapitalgewinnen bzw. Wertzuwächsen im Rahmen der Einkommensbesteuerung. Wertzuwächse bleiben meist unbesteuert, solange sie nicht realisiert werden. Bei Realisierung fällt dann das Einkommen in Form der über viele Jahre angewachsenen Wertsteigerung in geball-ter Form an und müsste mit besonders hohen Grenzsteuersätzen belegt werden. Um solche Härten zu vermeiden, werden Wertzuwächse im Rahmen der EKST häufig mit separaten, niedrigeren Sätzen besteuert. Ein ähnliches Problem taucht jedoch immer auf, wenn das Einkommen starken Schwankungen unterliegt, wie es etwa bei Freibe-ruflern der Fall ist.

Abbildung II.3 verdeutlicht das Problem am Beispiel eines direkt progressiven Ta-rifs (vgl. auch die Steuerschuldfunktion beim Stufengrenzsatztarif in Abbildung II.2). Wenn zunächst ein Einkommen von y_1 und eine Periode später von y_2 anfällt, würden Steuern von jeweils $T_1 = T(y_1)$ und T_2 geschuldet, im Durchschnitt also $(T_1 + T_2)/2$. Wenn hingegen das Gesamteinkommen gleichmässig mit einem Be-trag von $(y_1 + y_2)/2$ in jedem Jahr anfallen würde, wäre die jährliche Steuerschuld $T((y_1 + y_2)/2)$ gleich der durchschnittlichen Schuld. Multiplizieren wir alle Durch-

---

[6]Wenn die links- und rechtsseitige Ableitung gegen denselben Wert konvergieren, dann ist auch die Funktion $T'(y_1)$ an der Stelle y_1 stetig und weist keine Sprünge auf, so dass T kontinuierlich differenzierbar ist. Der Stufengrenzsatztarif in Abbildung II.2 ist stetig. Allerdings ist er nicht kon-tinuierlich, sondern nur stückweise differenzierbar, weil der Verlauf der Grenzsteuersätze Sprünge aufweist.

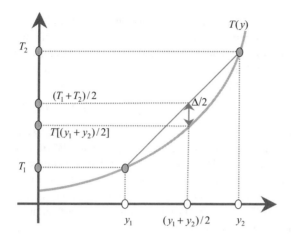

Abbildung II.3: Progression und Einkommensballung

schnittsgrössen mit der Anzahl der Perioden, erhalten wir den Unterschied in der gesamten Steuerbelastung als $\Delta = T_1 + T_2 - 2 \cdot T((y_1 + y_2)/2)$. Wie aus Abbildung II.3 ersichtlich ist, führt ein progressiver Tarif mit ansteigenden Grenzsteuersätzen und damit konvexem Verlauf der Steuerschuldfunktion dazu, dass ungleichmässig anfallende Einkommen eine grössere Gesamtsteuerbelastung verursachen als gleichmässig verteilte Einkommen.

II.2.2.3 Ehegattenbesteuerung

Schwierige Probleme bereitet die Progression für die Familienbesteuerung. Im Allgemeinen wird jede natürliche Person als eigenständiges Steuersubjekt betrachtet (Individualprinzip). Verheiratete bilden aber eine Lebens- und Wirtschaftsgemeinschaft. Konkubinatspaare können z. B. dann nicht als eine der Ehe gleichwertige Wirtschaftsgemeinschaft betrachtet werden, wenn die gegenseitigen Unterhaltspflichten nicht gesetzlich gleichwertig geschützt sind. Wäre dies der Fall, dann könnten auch Konkubinatspaare als Wirtschaftsgemeinschaft betrachtet und sollten steuerlich wie Ehepaare behandelt werden. Es stellt sich die Frage, ob das Individualprinzip für eine Wirtschaftsgemeinschaft noch uneingeschränkt gelten kann. Soll einer mittellosen Person, die mit einem reichen Partner verheiratet ist, Sozialhilfe bezahlt werden? In der internationalen Praxis werden in solchen Fällen Sozialleistungen wie Arbeitslosengeld, Sozialhilfe oder Wohngeld nicht gewährt. Dies deutet daraufhin, dass Ehepaare als Wirtschaftsgemeinschaft mit gegenseitiger Unterhaltspflicht betrachtet werden. Umgekehrt würde dies bedeuten, dass auch in der Besteuerung die Ehegemeinschaft als Steuersubjekt gelten soll. Dies hat bedeutsame Konsequenzen für die Ehegattenbesteuerung.

Sehr häufig sind in der Ehe die Einkommen ungleich verteilt, $y_2 > y_1$, wobei das Einkommen des Zweitverdieners y_1 oft Null ist. Aufgrund der Einkommensballung bei einer Person taucht wieder das Problem der Progression auf, wie es in

Abbildung II.3 veranschaulicht ist. In der Praxis haben sich drei Methoden der Ehegattenbesteuerung herausgebildet: Haushaltsbesteuerung (H), Individualbesteuerung (I) und Ehegattensplitting (S). Diese Methoden oder „Ehegattentarife" wenden *dieselbe* Steuerschuldfunktion T in unterschiedlicher Weise auf Ehepaare an. Die Steuerschulden der Ehegemeinschaft berechnen sich in diesen Fällen als

$$H = T(y_1 + y_2), \qquad I = T(y_1) + T(y_2), \qquad S = 2 \cdot T[(y_1 + y_2)/2]. \quad \text{(II.19)}$$

Wiederum geht es darum, nicht willkürlich eine Methode auszuwählen, sondern jene anzuwenden, die am ehesten mit allgemein anerkannten Werturteilen vereinbar ist. Homburg (2000) nennt zwei Prinzipien und leitet daraus Schlussfolgerungen für die Ehegattenbesteuerung ab. Die *Nichtdiskriminierung der Ehe* erfordert, dass Eheleute mit Einkommen y_1 und y_2 nicht schärfer besteuert werden als ein unverheiratetes Paar mit denselben Einkommen. Die Eheschliessung darf nicht zu einer Steuererhöhung führen. Das Prinzip der *Globaleinkommensbesteuerung* erfordert, dass die gemeinsame Steuerschuld der Eheleute nur von der Summe $y_1 + y_2$ und nicht von der Aufteilung ihrer Einkommen abhängt. Dieses Prinzip sieht die Ehe als Wirtschaftsgemeinschaft. Eine Verletzung würde der Gleichbehandlung von Ehepaaren mit demselben Gesamteinkommen widersprechen. Eine Ehe, in der ein Partner das gesamte Einkommen alleine erzielt, darf nicht ungünstiger behandelt werden als eine Ehe, in der beide Partner zu gleichen Teilen zum (selben) Gesamteinkommen beisteuern. Sollen diese beiden Grundsätze gelten, dann sind einige Folgerungen für die Ehegattenbesteuerung zu ziehen.

Erstens: Nichtdiskriminierung schliesst die Haushaltsbesteuerung H aus, wenn der Tarif durchgehend progressiv ist.

Beweis: Progression bedeutet zunehmende Durchschnittssteuersätze, $\bar{t}(y_1 + y_2) > \bar{t}(y_2)$. Wegen der Definition $\bar{t}(y) = T(y)/y$ ist dies äquivalent zu $T(y_1 + y_2) > \bar{t}(y_2) \cdot (y_1 + y_2)$. Aus $y_2 > y_1$ folgt

$$T(y_1 + y_2) > \bar{t}(y_2) \cdot y_1 + \bar{t}(y_2) \cdot y_2 > \bar{t}(y_1) \cdot y_1 + \bar{t}(y_2) \cdot y_2 = T(y_1) + T(y_2).$$

Die zweite Ungleichung gilt wegen $\bar{t}(y_2) > \bar{t}(y_1)$ bei Progression. Bei einem progressiven Tarif mit Haushaltsbesteuerung zahlen also Eheleute mehr Steuern als ein lediges Paar mit demselben Gesamteinkommen, $T(y_1 + y_2) > T(y_1) + T(y_2)$, und sind somit diskriminiert.

Zweitens: Das Prinzip der Globaleinkommensbesteuerung schliesst die Individualbesteuerung I aus, wenn der Tarif progressiv ist.

Beweis: Angenommen, ein Paar bezieht Einkommen y_1, y_2 mit $y_2 > y_1$, während jeder Partner des zweiten Paares genau gleich viel verdient, nämlich gerade $\bar{y} = (y_1 + y_2)/2$. Das Gesamteinkommen beider Paare ist somit gleich gross, $2\bar{y} = y_1 + y_2$. Das erste Paar schuldet $T(y_1) + T(y_2)$, das zweite $2T(\bar{y})$. Die Schuldfunktion einer progressiven Steuer ist konvex; daher gilt $T(y_1) + T(y_2) > 2T(\bar{y})$. [7] Das erste Paar

---

[7]Eine Funktion ist konvex, wenn $\lambda T(y_1) + (1 - \lambda)T(y_2) > T(\lambda y_1 + (1 - \lambda)y_2)$. Man multipliziere mit 2 und setze $\lambda = 1/2$.

zahlt mehr Steuern, obwohl das gemeinsame Einkommen gleich gross ist. Der Unterschied in der Steuerschuld ist in Abbildung II.3 mit Δ angegeben.

Drittens: Ehegattensplitting ist bei jedem progressiven Tarif sowohl mit Nichtdiskriminierung als auch mit Globaleinkommensbesteuerung vereinbar.
Beweis: Das Splittingverfahren stellt nur auf die Summe der Einkommen ab und ist daher mit Globalbesteuerung vereinbar. Für Nichtdiskriminierung muss gelten, dass die Eheleute nicht höhere Steuern zahlen als bei Individualbesteuerung, also $2T((y_1 + y_2)/2) < T(y_1) + T(y_2)$ im Falle des Splittings. Diese Ungleichung wurde gerade vorhin gezeigt.

Viertens: Das Splittingverfahren ergibt unter allen progressiven Ehegattentarifen, die den Prinzipien der Nichtdiskriminierung und Globaleinkommensbesteuerung genügen, die höchste Steuerbelastung.
Beweis: Ein beliebiger Ehegattentarif wendet die progressive Schuldfunktion $T(y)$ an, um einem Einkommenspaar y_1, y_2 eine Schuld $E(y_1, y_2)$ zuzuordnen, wie z. B. in (II.19). Angenommen, es gäbe nun eine Vorschrift E, die wie das Splitting $S(y_1, y_2)$ beiden Prinzipien genügt, aber eine höhere Schuld berechnet, $E > S$. Nach dem Prinzip der Globaleinkommensbesteuerung darf die Steuerschuld nicht von der Aufteilung des Einkommens abhängen; es muss also $E(y_1, y_2) = E(\bar{y}, \bar{y})$ gelten, was beim Splitting nach (II.19) automatisch erfüllt ist. Wenn aber der hypothetische Ehegattentarif E mit einer höheren Steuerbelastung einhergeht, dann verletzt er das Prinzip der Nichtdiskriminierung,

$$E(\bar{y}, \bar{y}) > S(\bar{y}, \bar{y}) = 2T((\bar{y} + \bar{y})/2) = T(\bar{y}) + T(\bar{y}).$$

Ein Paar mit Einkommen $\bar{y}, \bar{y}$ würde nach Methode E in der Ehe insgesamt eine höhere Steuer schulden als bei getrennter Besteuerung als Ledige, $E(\bar{y}, \bar{y}) > T(\bar{y}) + T(\bar{y})$. Damit erfüllt E nicht die geforderten Eigenschaften und scheidet als Alternative aus. Es gibt keine zulässige Alternative zum Splittingverfahren, welche beide Anforderungen erfüllen und gleichzeitig mehr Einnahmen erzielen würde.

Das Splitting ist also jenes Verfahren der Ehegattenbesteuerung, welches unter Berücksichtigung der beiden Prinzipien gerade die höchst mögliche Steuerschuld ergibt. Der „Splittingvorteil" Δ ist keine Subvention, sondern ergibt sich zwingend aus der Verwirklichung der beiden Grundsätze, wenn der Tarifverlauf progressiv und damit die Schuldfunktion konvex sein soll. Andernfalls würde die Ehe aus steuerlichen Gründen diskriminiert. Nur wenn man sich mit einem proportionalen Tarif mit konstanten Grenz- und Durchschnittssteuersätzen begnügt, dann verschwinden die Probleme der Ehegattenbesteuerung, und der „Splittingvorteil" kann entfallen.

II.2.3 Ergiebigkeit

Steuern werden mit zunehmenden Steuersätzen weniger ergiebig, weil die Steuerpflichtigen immer intensiver nach Ausweichmöglichkeiten bis hin zur Steuerhinterziehung suchen werden. Wenn die Steuersätze schon sehr hoch sind, dann ergeben weitere Anhebungen immer geringere Einnahmezuwächse. Dies muss bei den

Schätzungen des Steueraufkommens berücksichtigt werden, um Überraschungen zu vermeiden. Wie stark die Ausfälle sind, hängt von der Elastizität der Bemessungsgrundlage bzw. Steuerbasis ab. Diese Elastizität ist je nach Besteuerungsgegenstand unterschiedlich und kann geschätzt werden. Wie sie vom individuellen Verhalten abhängt, kann am Beispiel der Lohnsteuer gut demonstriert werden. Der Bruttolohn w_L sei fix, aber die Lohnsteuer vermindere den Nettolohn auf $w = (1 - t)w_L$. Der Nettolohn bestimmt die Anreize für die Höhe des Arbeitsangebotes der Haushalte. Dies kommt in der Arbeitsangebotsfunktion $L(w)$ zum Ausdruck, die vom Nettolohn abhängt. Die Lohnelastizität des Arbeitsangebots sei mit $\varepsilon = \frac{w}{L}\frac{dL}{dw} > 0$ angegeben. Die Lohnsteuerbasis ist die Bruttolohnsumme $B = w_L \cdot L[(1 - t)w_L]$. Nach geeigneter Erweiterung und Verwendung der Definitionen für ε und B folgt

$$\frac{dB}{dt} = w_L \frac{dL}{dw}(-w_L) = \frac{-w_L L}{1 - t} \cdot \frac{(1 - t)w_L}{L}\frac{dL}{dw} = \frac{-B}{1 - t} \cdot \varepsilon. \qquad (\text{II}.20)$$

Wenn der Bruttolohnsatz fix ist, dann ist die Elastizität der Lohnsteuerbasis gleich der Arbeitsangebotselastizität, wie aus (II.20) leicht ersichtlich ist,

$$\frac{1 - t}{B}\frac{dB}{d(1 - t)} = -\frac{1 - t}{B}\frac{dB}{dt} = \varepsilon > 0. \qquad (\text{II}.21)$$

Die Elastizität ε gibt an, um wieviel Prozent die Steuerbasis schrumpft, wenn der Steuersatz um $dt/(1 - t)$ Prozent angehoben wird:[8] $dB/B = -\varepsilon \cdot dt/(1 - t)$. Sie muss empirisch ermittelt werden. Gruber und Saez (2002) schätzen die Elastizität des steuerbaren Einkommens bezüglich der Grenzsteuersätze der EKST auf 0.4 im Durchschnitt, wobei die hohen Einkommensgruppen elastischer und die niedrigen deutlich weniger elastisch reagieren.

Ähnliche Überlegungen gelten auch für andere Steuern, wobei wir in jedem Fall fragen müssen, in welchen Angebots- oder Nachfrageentscheidungen sich das Steuerausweichverhalten der Steuerpflichtigen ausdrückt. Wir können nun die Ergiebigkeit einer Steuer ganz allgemein betrachten, indem wir die Steuerbasis $B(1 - t)$ in Abhängigkeit des Anteils $1-t$ des Nettoeinkommens am Bruttoeinkommen schreiben. Wenn die Individuen 1 Euro vor Steuer erwirtschaften, bleibt ihnen nach Steuer ein Anteil $1 - t$. Je mehr ihnen nach Besteuerung übrig bleibt, desto grösser sind die Anreize zur Einkommenserzielung und desto grösser wird die Steuerbasis sein, $B'(1 - t) = -dB/dt > 0$. Der Staat erzielt somit ein Steueraufkommen von $R = t \cdot B(1 - t)$. Wenn die Elastizität der Steuerbasis bekannt ist, kann leicht die Zunahme des Steueraufkommens berechnet werden,

$$R = t \cdot B(1 - t), \quad \frac{dR}{dt} = B + t\frac{dB}{dt} = B + t\frac{B}{1 - t} \cdot \frac{1 - t}{B}\frac{dB}{dt} = B\left[1 - \frac{t}{1 - t}\varepsilon\right]. \qquad (\text{II}.22)$$

---

[8]Die prozentuale Erhöhung des Steuersatzes können wir nicht mit dt/t angeben, da t in der Ausgangssituation Null sein kann. Jedoch ist $d(1 - t)/(1 - t) = -dt/(1 - t)$ wohl definiert. Für kleine Änderungen gilt, dass $dt/(1 - t)$ gleich dem neuen Steuersatz $t = t^1$ ist, wenn die Steuer neu eingeführt wird: $\frac{dt}{1-t^0} \approx \frac{t^1-t^0}{1-t^0} = t^1$ für $t^0 = 0$.

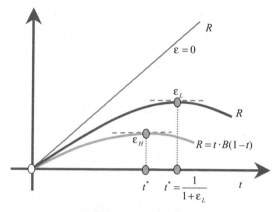

Abbildung II.4: Ergiebigkeit von Steuern

Wenn die Steuerpflichtigen der Besteuerung nicht ausweichen können, weil z. B. das Arbeitsangebot fix ist, dann bleibt die Bemessungsgrundlage trotz zunehmender Steuersätze konstant, d. h. die Elastizität ist Null, $\varepsilon = 0$. Die Ergiebigkeit der Steuer ist bei hohen Sätzen genauso hoch wie bei niedrigen Steuersätzen, $dR/dt = B > 0$. Dies entspricht der Gerade durch den Ursprung in Abbildung II.4. Je grösser die Elastizität ε, desto geringer ist die Zunahme des Steueraufkommens dR/dt. Vor allem wird die Steigung mit zunehmenden Steuersätzen immer geringer, wie aus (II.22) ersichtlich ist, d. h. Steuererhöhungen sind immer weniger ergiebig. Bei sehr hohen Steuersätzen schliesslich wirkt sich das Ausweichverhalten so verhängnisvoll aus, dass das erzielbare Steueraufkommen sogar abnimmt, wenn die Sätze noch weiter erhöht werden. Die Abhängigkeit des Aufkommens von den Steuersätzen wird als Laffer-Kurve bezeichnet, benannt nach dem Supply-Side-Ökonomen Arthur B. Laffer. Aus (II.22) erhalten wir den Steuersatz t^*, welcher das erzielbare Steueraufkommen maximiert:

$$\frac{dR}{dt} = 0 \quad \Rightarrow \quad t^* = \frac{1}{1+\varepsilon} < 1. \tag{II.23}$$

Abbildung II.4 verdeutlicht, dass die Aushöhlung der Steuerbasis ein umso grösseres Problem ist, je elastischer die Bemessungsgrundlage reagiert. Je höher die Elastizität, desto geringer ist der aufkommensmaximierende Steuersatz t^*.

Zusammenfassung

1. Die grundlegenden Staatsaufgaben bestehen in der Allokations- und Verteilungsaufgabe. Die fundamentalen Ziele der Finanzpolitik, nämlich Effizienz und Verteilungsgerechtigkeit, können in einer sozialen Wohlfahrtsfunktion operationalisiert werden.

2. Die wichtigsten Zwecke der Besteuerung sind die Einnahmeerzielung (fiskalischer Zweck), die Beeinflussung des privaten Angebots- und Nachfrageverhaltens durch Internalisierung externer Erträge und Kosten (Lenkungszweck) und die Umverteilung zur Erzielung einer gleichmässigeren Verteilung von Einkommen und Wohlfahrt (Umverteilungszweck).

3. Steuern werden in direkte Steuern, die an die individuelle Leistungsfähigkeit an-
    knüpfen und auf persönliche Verhältnisse Rücksicht nehmen, und in indirekte
    Steuern unterteilt, die an Transaktionen anknüpfen und die Einkommensverwen-
    dung und den Vermögensverkehr belasten.
4. Steuertarife sind Vorschriften, die einer Bemessungsgrundlage eine Steuerschuld
    zuordnen. Sie werden durch Grenz- und Durchschnittssteuersätze charakterisiert.
    Sie können proportional, regressiv oder progressiv sein. Wichtige Progressions-
    masse sind der Progressionsgrad, die Aufkommenselastizität und die Residualein-
    kommenselastizität.
5. Die Ehegattenbesteuerung betrifft die Anwendung des progressiven Einkommen-
    steuertarifes auf Ehepaare. Unterschiedliche Methoden sind die Individualbe-
    steuerung, die Haushaltsbesteuerung und das Ehegattensplitting. Das Splitting-
    verfahren genügt als einziges den beiden Grundsätzen der Nichtdiskriminierung
    der Ehe gegenüber unverheirateten Paaren und der Nichtdiskriminierung von
    Ehepaaren mit unterschiedlich verteilten Einkommen der Partner bei gleichem
    Gesamteinkommen.
6. Die Ergiebigkeit einer Steuer, gemessen an der Zunahme des Steueraufkommens
    bei einer weiteren Anhebung des Steuersatzes, hängt von der Höhe des bestehen-
    den Steuersatzes und der Elastizität des Steuerausweichverhaltens ab.

Lektürevorschläge

Eine vertiefte Auseinandersetzung mit den grundlegenden Staatsaufgaben und Zielen der Finanzpolitik bieten RICHTER und WIEGARD (1993), WELLISCH (2000a) und
BOADWAY und KEEN (2000) speziell zur Umverteilungsaufgabe. Die Operationalisie-
rung der Ziele der Finanzpolitik in einer sozialen Wohlfahrtsfunktion wird in ATKIN-
SON und STIGLITZ (1980) und besonders ausführlich in BOADWAY und BRUCE (1984b)
beschrieben. HOMBURG (2000) enthält eine ausführlichere Darstellung der Steuersy-
stematik und insbesondere der Tariflehre einschliesslich der Ehegattenbesteuerung.
LAMBERT (2001) enthält eine detaillierte Behandlung der Ungleichheitsmessung, der
Berücksichtigung der Ungleichheit in der sozialen Wohlfahrtsfunktion und schliesslich eine Diskussion der Einkommensteuertarife und Progressionsmasse. Auf der
Homepage WWW.IFF.UNISG.CH, Seite Keuschnigg/Lehre, stehen gelöste Übungsaufgaben bereit.

Schlüsselbegriffe

Effizienz	Verteilungsgerechtigkeit
Soziale Wohlfahrtsfunktion	Äquivalenzprinzip
Leistungsfähigkeitsprinzip	Direkte Steuern
Indirekte Steuern	Grenzsteuersatz
Durchschnittssteuersatz	Progressionsgrad
Aufkommenselastizität	Residualeinkommenselastizität
Haushaltsbesteuerung	Individualbesteuerung
Ehegattensplitting	Steuerergiebigkeit

Teil 2

Besteuerung und Arbeitsmarkt

Kapitel III

Arbeitsangebot

Arbeit ist der wichtigste Produktionsfaktor. Mehr als zwei Drittel aller Einkommen sind Entlohnung für Arbeitsleistungen. Die Arbeitskosten haben damit bei weitem den grössten Anteil an den Produktionskosten. Die Besteuerung der Arbeit stellt eine der wichtigsten Einnahmequellen der öffentlichen Hand zur Finanzierung der Staatsausgaben dar. In Deutschland trägt die Lohnsteuer zu 30% zum Steueraufkommen bei (Tabelle I.4). Dementsprechend hoch ist der Steueranteil an einem typischen Arbeitnehmerlohn bzw. an den Arbeitskosten der Unternehmen. In Deutschland betrug nach OECD-Berechnungen im Jahr 2002 der Anteil der Lohnsteuer am durchschnittlichen Bruttolohn eines Industriearbeiters knapp 21%, weitere 21% entfielen auf die Arbeitnehmerbeiträge zur Sozialversicherung (siehe Tabelle I.12). Dies ergibt eine Gesamtbelastung von 42% des Bruttolohns. Rechnet man noch die Arbeitgeberanteile der Sozialversicherungsbeiträge dazu, dann beträgt die Gesamtbelastung mit 52% mehr als die Hälfte der Lohnkosten (Bruttolöhne plus Arbeitgeberbeiträge). Dies ist der Durchschnittssteuersatz. Wegen der Lohnsteuerprogression ist der Grenzsteuersatz, also der Anteil der zusätzlichen Steuerschuld am zusätzlichen Einkommen, entsprechend höher. Er beträgt 58% für den Arbeitnehmer unter Berücksichtigung der Sozialversicherungsbeiträge und sogar 65% der zusätzlichen Lohnkosten unter Einrechnung der Arbeitgeberbeiträge. Die Belastungen sind in Österreich merklich und in der Schweiz deutlich niedriger. Diese Fakten sind ein guter Grund, sich mit den Folgen der Besteuerung der Arbeit intensiv auseinanderzusetzen. Das Kapitel analysiert die Auswirkungen auf das intensive und extensive Arbeitsangebot. Die Einflüsse der Besteuerung auf Bildung und Qualifikation sind Gegenstand des nächsten Kapitels.

Eine Steuerbelastung in der genannten Grössenordnung dürfte erhebliche ungünstige Anreizwirkungen entfalten. Zunächst betrachten wir die Konsequenzen für das intensive Arbeitsangebot nach dem klassischen, mikroökonomischen Konsum-Freizeit-Kalkül. Es geht um die geleisteten Arbeitsstunden bzw. um die tatsächlich am Arbeitsplatz erbrachte Leistung. Der Einkommenseffekt der Lohnsteuer ist unvermeidlich. Auch eine Pauschalsteuer schöpft Einkommen ab. Die Lohnsteuer verändert jedoch auch den relativen Preis zwischen Konsum und Freizeit und löst damit einen Substitutionseffekt aus. Die Erzielung von Arbeitseinkommen für Konsumzwecke auf Kosten der Freizeit wird klar unattraktiver, wenn von jedem zusätzlichen Lohn ein erheblicher Teil weggesteuert wird. Bei einer Grenzsteuerbelastung von mehr als der Hälfte, wie etwa in Deutschland, wäre eine Steuerausweichung nicht verwunderlich. Damit wird ein Teil der sonst möglichen Einkommensentstehung verhindert. Das verfügbare Einkommen sinkt also nicht nur um den geleisteten Steuerbetrag, sondern auch noch mit dem von der Steuer ausgelösten Rückgang des Bruttoeinkommens. Dies ist klar eine Mehrbelastung. Das Lohnsteueraufkommen ist eben nur ein Teil der tatsächlichen Steuerlast. Die volkswirtschaftlichen Kosten in Form von entgangenem Einkommen und verminderter Wohlfahrt sind womöglich deutlich höher als die Milliarden, die im Staatsbudget stehen. Dies kann nicht ohne Konsequenzen für den erstrebenswerten Umfang der Staatstätigkeit bleiben. Wir werden auf der Basis der empirischen Evidenz über die Höhe der Lohnelastizität des Arbeitsangebots die volkswirtschaftlichen Kosten der Besteuerung annäherungsweise quantifizieren.

Das gesamtwirtschaftliche Arbeitsangebot hat neben einer *intensiven* auch eine *extensive* Komponente. Das extensive Angebot reflektiert die diskrete Entscheidung über zwei Alternativen, nämlich ob überhaupt eine Arbeit gesucht bzw. aufgenommen werden soll oder nicht. Es könnte attraktiver sein, sich vom Arbeitsmarkt zurückzuziehen und Sozialleistungen für Beschäftigungslose oder Pensionen für vorzeitige Ruheständler in Anspruch zu nehmen oder auch andere Alternativen wie Hausarbeit zu verfolgen. Aus diesen Beispielen wird deutlich, dass für die Entscheidung zur Erwerbsbeteiligung nicht nur die Besteuerung des Arbeitslohns, sondern auch der Umfang der Sozialleistungen wichtige Anreize setzt. Je besser die Versorgung im Sozialstaat ausgebaut ist und je drückender im Vergleich dazu die Besteuerung der Erwerbstätigkeit ausfällt, desto grösser wird der Teil der Arbeitnehmer sein, die sich vom Arbeitsmarkt zurückziehen. Auch dies ist eine Form der Steuerausweichung und führt zu volkswirtschaftlichen Effizienzeinbussen. Die empirische Evidenz weist darauf hin, dass die Verzerrung am extensiven Rand des Arbeitsangebotes sogar kostspieliger sein dürfte als die Verzerrung des intensiven Angebotes, insbesondere bei den unteren Einkommensschichten. Vor allem aber weist das Kapitel darauf hin, dass die diskrete Entscheidung zwischen Beschäftigung und Nichterwerbstätigkeit vom Durchschnittssteuersatz, und nicht wie beim intensiven Angebot vom Grenzsteuersatz abhängt. Die Höhe der Durchschnittsbelastung führt zu Verzerrungen am extensiven Rand des Arbeitsangebotes, die sich in einer Mehrbelastung und in hohen Grenzkosten der Besteuerung niederschlagen. Diese Analyse knüpft zentral an die aktuelle Debatte in Deutschland über die Reform des Sozialstaats an.

Im letzten Teil des Kapitels stellen wir die grundsätzlichen Überwälzungsvorgänge auf einem wettbewerblichen Arbeitsmarkt dar. Die Steuern auf Arbeit treiben einen Keil zwischen den Bruttolohn, den die Unternehmen vor Steuern erwirtschaften müssen, und dem verfügbaren Nettolohn, der bei den Haushalten ankommt. Der Steuerkeil drückt also einerseits den Nettolohn und hemmt damit das Arbeitsangebot. Gleichzeitig erhöht er die Bruttolöhne und damit die Lohnkosten der Unternehmen und schränkt damit Arbeitsnachfrage und Beschäftigung ein. Ob der Effekt auf den Brutto- oder Nettolohn überwiegt, hängt von den Nachfrage- und Angebotselastizitäten auf dem Arbeitsmarkt ab. Diese Elastizitäten bestimmen also, wer die Steuerlast letztendlich wirtschaftlich in Form von geringeren verfügbaren Einkommen trägt (Steuerinzidenz). Wenn die Arbeitnehmer die Lohnsteuer zu bezahlen haben, werden diese höhere Bruttolöhne fordern und je nach Marktlage auch durchsetzen, so dass schliesslich ein Teil der Last auf die Arbeitgeber überwälzt wird. Wenn umgekehrt eine Faktorsteuer auf Arbeit bei den Arbeitgebern erhoben wird, werden diese versuchen, die Last in Form von Lohnkürzungen auf die Arbeitnehmer abzuwälzen.

Welche Marktseite dabei „erfolgreicher" ist, hängt von den Ausweichmöglichkeiten ab, die sich in einer höheren oder geringeren Lohnelastizität des Arbeitsangebots und der Nachfrage widerspiegeln. Diese Überwälzungsvorgänge auf dem Arbeitsmarkt zeigen, dass der Anknüpfungspunkt der Besteuerung wenig darüber aussagt, wer letztendlich die Steuer wirtschaftlich trägt.

III.1 Intensives Arbeitsangebot

III.1.1 Konsum versus Freizeit

Es sei F die Freizeit, L die geleistete Arbeitszeit, w der Lohnsatz, wL das Arbeitseinkommen und I ein anderes, exogenes Einkommen (z. B. Mieteinnahmen, Kapitaleinkommen, staatliche Transfers). In einer statischen Welt gibt es keine Ersparnisse, so dass der Konsum gleich dem Einkommen $Y = wL + I$ ist. Die Haushalte sind Preisnehmer und betrachten den Marktlohn als gegeben. Die Budgetbeschränkung zwingt zu einer Abwägung zwischen Konsum, welcher durch Arbeitseinkommen ermöglicht wird, und dem damit verbundenen Freizeitverlust $F = 1 - L$. Das Zeitbudget des Akteurs ist auf 1 normiert. Die Opportunitätskosten der Freizeit sind das entgangene Arbeitseinkommen wL.

Die relative Wertschätzung von Konsum und Freizeit wird anhand einer quasikonkaven Nutzenfunktion $U(Y, F)$ ausgedrückt, welche die Eigenschaften $U_Y > 0 > U_{YY}$ und $U_F > 0 > U_{FF}$ mit konvexen Indifferenzkurven aufweist. Ein tiefgestellter Index bezeichnet die Ableitungen der Nutzenfunktion wie z. B. $dU/dY = U_Y$. Die Arbeitszeit ist auf $0 \leq L \leq 1$ beschränkt, der Rest wird für Freizeit genutzt. Von Randlösungen sehen wir zunächst ab. Da wir am Arbeitsangebot interessiert sind, ersetzen wir die Freizeit durch $F = 1 - L$ und schreiben die Präferenzen als $U(Y, 1 - L)$. Das optimale Arbeitsangebot folgt aus der Maximierung der Nutzenfunktion unter Berücksichtigung der Budgetbeschränkung. In Lagrange-Form mit dem Multiplikator λ lautet das Problem:

$$V(w, I) = \max_{Y, L} \{U(Y, 1 - L) + \lambda \cdot (I + wL - Y)\}. \tag{III.1}$$

Die Lösung des Problems ergibt ein Arbeitsangebot L, ein daraus ermöglichtes Einkommen Y und die erzielte maximale Wohlfahrt V. Man beachte $dU/dL = -U_F$. Die notwendigen Bedingungen erster Ordnung (BEO) ergeben

$$\left. \begin{array}{l} Y : U_Y = \lambda, \\ L : U_F = \lambda w, \end{array} \right\} \Rightarrow \begin{array}{l} U_F/U_Y = w, \\ MRS = MRT. \end{array} \tag{III.2}$$

Dies entspricht der Tangentiallösung in Abbildung III.1. Die Indifferenzkurve ist der Ort aller Kombinationen von Konsum und Freizeit (und damit implizit der Arbeitszeit), die dasselbe Nutzenniveau stiften. Entlang der Indifferenzkurve wird Konsum gegen Freizeit derart ausgetauscht, dass der Nutzen gerade unverändert bleibt, $dU = 0 = U_Y dY - U_F dL$. Die Auflösung dieser Gleichung zeigt das Austauschverhältnis bzw. die Steigung der Indifferenzkurve bei einem vorgegebenen Nutzenniveau von $u : dY/dL|_u = U_F/U_Y > 0$. Mehr Arbeit und der damit verbundene Freizeitverzicht muss durch mehr Einkommen kompensiert werden, damit das Nutzenniveau

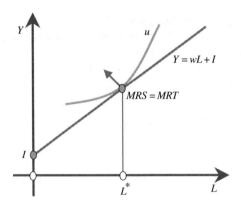

Abbildung III.1: Intensives Arbeitsangebot

u konstant bleibt. Die Grenzrate der Substitution (*MRS*) ist gleich der Steigung der Indifferenzkurve, die Grenzrate der Transformation (*MRT*) entspricht der Steigung der Budgetgerade gleich w. Der Tangentialpunkt der graphischen Lösung in Abbildung III.2 illustriert die Bedingung (III.2).

Bisweilen wird eine alternative Darstellung verwendet, die jedoch für die Zwecke dieses Kapitels weniger günstig ist. Sie löst direkt nach der optimalen Freizeit und bestimmt das Arbeitsangebot nur implizit. Der mathematische Anhang im Kapitel XVIII illustriert kurz diese alternative Darstellung, die völlig äquivalent ist.

III.1.2   Haushaltsdualität

Für die Aufspaltung von Lohnänderungen in Einkommens- und Substitutionseffekte und für die Wohlfahrtsmessung ist es äusserst hilfreich, sich mit der indirekten Nutzenfunktion, der Ausgabenfunktion und deren Dualitätsbeziehungen vertraut zu machen. Die methodische Vorgehensweise einschliesslich der Anwendung des Envelopen-Theorems wird im mathematischen Anhang im Kapitel XVIII ausführlicher dargestellt. Speziell das Envelopen-Theorem verdient die besondere Aufmerksamkeit des Lesers, denn es ist für das Verständnis des Lehrbuches zentral. Die *indirekte Nutzenfunktion* $V(w,I)$ gibt den maximalen Nutzen an, den der Haushalt erreichen kann, wenn er das Arbeitsangebot wie in (III.1) optimal wählt. Aus der Lösung des Problems resultiert das Marshall'sche (einkommensabhängige, unkompensierte) Arbeitsangebot $L^* = L(w,I)$. Dieses kann auch aus der indirekten Nutzenfunktion abgeleitet werden. Indem wir das Envelopen-Theorem auf (III.1) anwenden, erhalten wir die Roy'sche Identität für L^*,

$$\frac{dV}{dI} = \lambda^*, \quad \frac{dV}{dw} = \lambda^* L^* \quad \Rightarrow \quad L^* = L(w,I) = \frac{dV/dw}{dV/dI}. \tag{III.3}$$

Zur Illustration des Envelopen-Theorems im vorliegenden Fall zeigen wir die Ableitung der indirekten Nutzenfunktion nach dem Lohn. Das Ergebnis des Optimierungsproblems sind die optimal gewählten Variablen $L^* = L(w,I)$, $Y^* = Y(w,I)$ und

$\lambda^* = \lambda(w,I)$, die alle von den exogenen Parametern w und I abhängen. Die indirekte Nutzenfunktion in (III.1), also das maximal erzielbare Nutzenniveau, erhält man, indem die Lösungen in die Zielfunktion eingesetzt werden. Diese muss ebenfalls von den gleichen exogenen Parametern abhängen:

$$V(w,I) = U\big(Y^*, 1 - L^*\big) + \lambda^* \cdot \big(I + wL^* - Y^*\big). \tag{III.4}$$

Die Ableitung nach w ergibt nun

$$\frac{\mathrm{d}V}{\mathrm{d}w} = \lambda^* L^* + \big(U_Y - \lambda^*\big)\frac{\mathrm{d}Y^*}{\mathrm{d}w} - \big(U_L - \lambda^* w\big)\frac{\mathrm{d}L^*}{\mathrm{d}w} + \big(I + wL^* - Y^*\big)\frac{\mathrm{d}\lambda^*}{\mathrm{d}w} = \lambda^* L^*. \tag{III.5}$$

Der zweite und dritte Ausdruck entfällt jeweils, weil für die optimal gewählten Variablen die BEO in (III.2) gelten und die Klammerausdrücke daher Null sind. Ebenso verschwindet der vierte Ausdruck, weil im Optimum die Budgetbeschränkung mit Gleichheit erfüllt ist. Es bleibt nur die direkte Ableitung in (III.3) übrig. Das Envelopen-Theorem besagt, dass die Ableitung einer Zielfunktion nach einem exogenen Parameter gleich der direkten Ableitung ist, während der Einfluss des Parameters auf die Wahlvariablen (hier L, Y und λ) vernachlässigt werden kann, vergleiche dazu den mathematischen Anhang.

Das zu (III.1) duale Problem ist die Ausgabenminimierung, wobei wir die entsprechende Lösung mit Kleinbuchstaben vom Nutzenmaximierungsproblem unterscheiden, also l anstatt L usw. Um die Ausgaben zu minimieren, werden Konsum und Freizeit eingeschränkt, wobei aber ein Nutzenniveau von mindestens u zu erreichen ist. Die Opportunitätskosten der Freizeit sind das entgangene Lohneinkommen und damit der entgangene Konsum $-wl$. Die zum Einkommen I in (III.1) dualen Ausgaben betragen daher $y - wl$. Die *Ausgabenfunktion* resultiert aus der Lösung des folgenden Ausgabenminimierungsproblems:

$$e(w,u) = \min_{y,l}\{y - wl + \mu \cdot [u - U(y, 1 - l)]\}. \tag{III.6}$$

Die vollständige Lösung umfasst das Hicks'sche, kompensierte Arbeitsangebot $l^* = l(w,u)$, die Konsumausgaben $y^* = y(w,u)$, den Schattenpreis $\mu^* = \mu(w,u)$ und die minimalen Ausgaben $e^* = e(w,u)$. Die Ableitung der Ausgaben nach dem Lohnsatz ergibt nach dem Envelopen-Theorem das Hicks'sche Arbeitsangebot $\mathrm{d}e/\mathrm{d}w = -l^* = -l(w,u)$.

Dualität bedeutet, dass die Lösungen des Maximierungs- und Minimierungsproblems in (III.1) und (III.6) exakt übereinstimmen, wenn der Haushalt mit einem Einkommen $I = e(w,u)$ gleich den bezüglich u minimalen Ausgaben ausgestattet (kompensiert) wird:

$$I = e(w,u) \quad \Rightarrow \quad l(w,u) \equiv L[w, e(w,u)], \qquad V[w, e(w,u)] \equiv u. \tag{III.7}$$

Abbildung III.2 illustriert die Dualität graphisch und wird in drei Schritten aufgebaut. Zuerst halten wir eine Indifferenzkurve bei u fest und minimieren die Ausgaben. Die Lösung lautet $l(w,u)$ und $e(w,u)$. Im zweiten Schritt geben wir dem Haushalt ein Einkommen gleich den minimalen Ausgaben $I = e(w,u)$ und halten die Budgetgerade bei diesem Wert von I fest. Dann maximieren wir den Nutzen $U(Y, 1 - L)$, indem

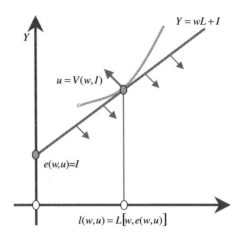

Abbildung III.2: Dualität

wir aus der Schar der Indifferenzkurven die höchstmögliche auswählen. Im dritten
Schritt stellen wir fest, dass die Lösungen identisch sind, d. h. (III.7) gilt. Da wir das
Einkommen gleich den minimalen Ausgaben gesetzt haben, erreichen wir gerade wie-
der die ursprüngliche Indifferenzkurve u, und das kompensierte und unkompensierte
Arbeitsangebot fallen zusammen.

III.1.3 Slutzky-Zerlegung

Freizeit ist Einkommens- und Konsumverzicht. Der relative Preis zwischen Konsum und Freizeit ist der Lohn w. Wie bei jeder Preisänderung ist es auch im Falle
einer Lohnänderung nützlich, diese in einen Einkommens- und Substitutionseffekt
zu zerlegen. Für die Analyse der Steuerwirkungen ist diese Zerlegung zentral, da
die Mehrbelastung einer Steuer lediglich vom Substitutionseffekt abhängt. Dualität
bedeutet, dass die Identität in (III.7) gilt, d. h. $l(w,u) \equiv L[w,e(w,u)]$. Um die Preis-
zerlegung in Substitutions- und Einkommenseffekte zu erhalten, differenzieren wir
diese Beziehung nach dem Lohnsatz,

$$\frac{\mathrm{d}l(w,u)}{\mathrm{d}w} = \frac{\mathrm{d}L}{\mathrm{d}w} + \frac{\mathrm{d}L}{\mathrm{d}I} \cdot \frac{\mathrm{d}e(w,u)}{\mathrm{d}w}. \qquad (\text{III.8})$$

Die Ableitung $\mathrm{d}e(w,u)/\mathrm{d}w$ gibt die notwendige Ausgabensteigerung bzw. Einkommenskompensation an, welche den Haushalt auf dem gleichen Nutzenniveau hält,
wenn die Freizeit wegen höherer Löhne teurer wird. Im Zusammenhang mit (III.6)
haben wir $\mathrm{d}e/\mathrm{d}w = -l$ ermittelt, und wegen (III.7) gilt $l = L$, wenn die Kompensation gerade $I = e(w,u)$ beträgt. Daher können wir (III.8) wie folgt schreiben:

$$\frac{\mathrm{d}L}{\mathrm{d}w} = \frac{\mathrm{d}l(w,u)}{\mathrm{d}w} + L \cdot \frac{\mathrm{d}L}{\mathrm{d}I}. \qquad (\text{III.9})$$

Abbildung III.3 illustriert die Zerlegung graphisch am Fall einer Lohnsenkung, denn
die unmittelbare Folge der Lohnsteuer ist eine Reduktion des Nettolohns. Die Aus-

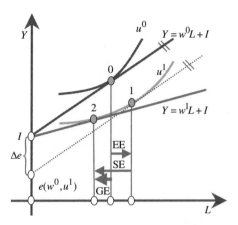

Abbildung III.3: Substitutions- und Einkommenseffekt

gangssituation ist mit dem Punkt 0 und dem Nutzenniveau u^0 charakterisiert. Die Lohneinbusse hat zunächst einen Einkommenseffekt (EE) zur Folge, der sich in einer Parallelverschiebung der Budgetlinie nach unten niederschlägt, bis sie die niedrigere Indifferenzkurve u^1 tangiert. Die niedrigere Wohlfahrt u^1 wäre zu den alten Preisen w^0 (gleiche Steigung der Budgetlinie) mit einem geringeren Einkommen $e\left(w^0, u^1\right)$ erzielbar. Die Wohlfahrtsreduktion entspricht daher einem Einkommensverlust von $\Delta e = I - e\left(w^0, u^1\right)$. Der Einkommenseffekt $L \cdot \mathrm{d}L/\mathrm{d}I$ in (III.9) kommt in der Bewegung von 0 zu Punkt 1 zum Ausdruck. Wenn Freizeit ein normales Gut ist, dann nimmt die Nachfrage danach mit fallendem Einkommen ab und das Arbeitsangebot entsprechend zu. Die Lohnsenkung verändert auch den relativen Preis zwischen Konsum und Freizeit und löst einen Substitutionseffekt (SE) aus, welcher gleich der Änderung des kompensierten Arbeitsangebotes $\mathrm{d}l(w,u)/\mathrm{d}w$ in (III.9) ist. Da das Nutzenniveau u bei der Ableitung von $l(w,u)$ konstant gehalten wird, drückt der SE eine Bewegung von Punkt 1 nach Punkt 2 entlang der Indifferenzkurve aus. Bei einer Lohnsenkung müssten die minimalen Ausgaben um $\mathrm{d}e/\mathrm{d}w = -L$ steigen, damit die Wohlfahrt u^1 konstant bliebe. Diese notwendige Einkommenskompensation entspricht gerade der Strecke Δe auf der Einkommensachse, so dass der Haushalt wieder sein tatsächliches Einkommen I erreicht. Der Substitutionseffekt der Lohnsenkung reduziert eindeutig das Arbeitsangebot. Der Gesamteffekt auf das Arbeitsangebot, die Bewegung von 0 nach 2, bleibt im Prinzip uneindeutig, weil a priori nicht klar ist, ob der Einkommens- oder Substitutionseffekt überwiegt.

In der Folge werden wir zur Vereinfachung häufig Präferenzen der Form $U(Y, 1-L) = Y - c(L)$ mit $c' > 0$ und $c'' > 0$ annehmen. In diesem Fall verschwinden die Einkommenseffekte auf das Arbeitsangebot, so dass der Gesamteffekt einer Lohnänderung auf das Arbeitsangebot mit dem Substitutionseffekt identisch ist. Der Leser mache sich dies anhand einer graphischen Darstellung klar (vgl. dazu die separaten Übungen).

III.1.4 Wohlfahrtsmessung

Die Nutzenposition eines Individuums ist durch die Lage der Indifferenzkurve in einem bestimmten Konsumpunkt beschrieben. In Abbildung III.4 zeigt Punkt A die optimale Kombination von Konsum und Arbeitsangebot in der Ausgangssituation bei einem Lohnsatz von w^0. Die Indifferenzkurve, die durch A läuft, entspricht einem Wohlfahrtsniveau von u^0. Bei geringerem Lohn w^1 wählt das Individuum Punkt B und realisiert eine geringere Wohlfahrt u^1. Die Ausgabenfunktion erlaubt es, die Wohlfahrt in einkommensäquivalenten Beträgen anzugeben. Sie ordnet jeder Nutzenposition u *eineindeutig* ein Ausgabenniveau $e(w,u)$ zu, *wenn* wir jeweils die gleichen Preise, hier den Lohnsatz, verwenden. Graphisch gibt die Ausgabenfunktion die niedrigste Budgetgerade an, welche die Indifferenzkurve u gerade noch tangiert. Der äquivalente Einkommensbetrag $e(w,u)$, der die Lage dieser Budgetgerade bestimmt, kann dann von der Einkommensachse abgelesen werden. Um jeder Ordnung von Nutzenniveaus eineindeutig eine Reihe von Ausgabenbeträgen zuzuordnen, ist es zwingend notwendig, die gleichen Referenzpreise zu verwenden. Wäre diese Anforderung verletzt, dann würde man der gleichen Nutzenposition unterschiedliche Einkommensbeträge zuordnen, z. B. $e\big(w^1,u^1\big) \neq e\big(w^0,u^1\big)$, oder aber unterschiedliche Nutzenniveaus mit denselben Einkommen assoziieren, z. B. $e\big(w^1,u^1\big) = e\big(w^0,u^0\big)$, wie Abbildung III.4 verdeutlicht.

Nur die Verwendung von gleichen Referenzpreisen gewährleistet, dass jedem Nutzenniveau eineindeutig ein Ausgabenbetrag zugewiesen wird und eine Wohlfahrtsänderung $\Delta u = u^1 - u^0$ mit einem äquivalenten Einkommensbetrag EV (Equivalent Variation) richtig gemessen werden kann,

$$EV = e\big(w^0,u^1\big) - e\big(w^0,u^0\big). \tag{III.10}$$

Man beachte, dass der Ausgabenbetrag $e\big(w^0,u^0\big) = I$ gerade dem exogenen Einkommen in der Ausgangssituation entspricht. Die äquivalente Einkommensvariation als

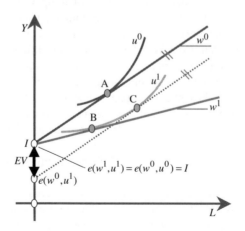

Abbildung III.4: Wohlfahrtsmessung

Mass der Wohlfahrtsänderung verwendet die Ausgangspreise w^0 zum Vergleich. Die Alternative wäre die kompensierende Variation, welche verschiedene Nutzenpositionen mit den neuen Preisen w^1 vergleicht.

III.2 Besteuerung des Lohneinkommens

III.2.1 Mehrbelastung

Die Wirkungen der Besteuerung auf das Arbeitsangebot sind bei weitem nicht nur auf die Lohn- und Einkommensteuer beschränkt. Konsum- und Verbrauchsteuern reduzieren genauso das Realeinkommen wie die Lohnsteuern und entfalten damit ganz ähnliche Angebotswirkungen. Wenn die Haushalte nur Lohneinkommen und kein anderes Einkommen haben, dann ist eine proportionale Lohnsteuer äquivalent zu einer proportionalen Konsumsteuer, wenn die Steuersätze geeignet gewählt werden. Im Falle einer proportionalen Lohnsteuer mit dem Satz t lautet das Haushaltsbudget $Y = (1 - t)wL$, im Falle der Konsumsteuer $(1 + t^C)Y = wL$. Wenn die Steuersätze die Bedingung $1 + t^C = 1/(1 - t)$ erfüllen, dann ist die Budgetbeschränkung in beiden Fällen identisch, so dass ein Wechsel von einer zur anderen Steuer sich nicht auf die Haushaltsentscheidungen auswirken kann. Weil Konsumsteuern weitgehend ähnliche Wirkungen auf das intensive Arbeitsangebot entfalten, brauchen wir sie hier nicht separat zu betrachten. Die Effekte der Konsumsteuern auf das Arbeitsangebot werden im Kapitel VII zur optimalen Güterbesteuerung ausführlicher angesprochen.

Die Lohnsteuer treibt einen Keil zwischen Brutto- und Nettolöhne hinein. Der Bruttolohn w^0 sei fix, während der Nettolohn $w^1 = (1 - t)w^0$ von der Lohnsteuer abhängt. Das verfügbare Einkommen beträgt dann $Y = (1 - t)w^0 L + I$. Abbildung III.5 zeigt graphisch die Auswirkungen einer Lohnsteuer auf das Arbeitsangebot L, das Steueraufkommen R und die Mehrbelastung DWL (Deadweight Loss). Punkt A beschreibt die Ausgangssituation mit einem Lohnsatz w^0 gleich dem Bruttolohn. Die

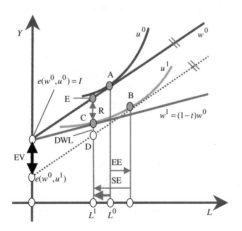

Abbildung III.5: Lohnsteuer

Steuer senkt den Nettolohn, so dass die Haushalte nun Punkt C mit dem Arbeitsangebot L^1 wählen. Die Bewegung von A nach B gibt den Einkommenseffekt der Steuer
und die Bewegung von B nach C den Substitutionseffekt wieder.

Wegen der Steuerausweichung sinkt das Bruttoeinkommen auf $w^0 L^1 + I$ im Punkt
E. Das Nettoeinkommen im Punkt C beträgt $(1 - t)w^0 L^1 + I$. Die Steuerzahlung bzw.
das Steueraufkommen ist gleich der Differenz $R = t w^0 L^1$ und entspricht der Strecke
CE. Die Steuer reduziert den Nutzen von u^0 auf u^1. In äquivalenten Einkommenseinheiten gemessen beträgt die Wohlfahrtseinbusse $EV = e(w^0, u^0) - e(w^0, u^1)$, wobei
$e(w^0, u^0) = I$ gilt. Dies entspricht der Strecke ED. Allerdings ist dies kein vollständiger Verlust, denn ihm steht das Steueraufkommen R (Strecke EC) gegenüber. Die
Mehrbelastung DWL ist ein echter Nettoverlust,

$$DWL = EV - R, \qquad EV = e(w^0, u^0) - e(w^0, u^1). \qquad \text{(III.11)}$$

Die Mehrbelastung entsteht aufgrund des Substitutionseffektes. Eine Pauschalsteuer
lässt die relativen Preise unverändert und löst daher keinen Substitutionseffekt aus.
Sie würde die Budgetgerade parallel nach unten verschieben; das Gleichgewicht läge
dann im Punkt B. Eine Rückerstattung des Steueraufkommens würde den Haushalt ohne Nutzenverlust wieder in seine ursprüngliche Position A versetzen. Eine
verzerrende Steuer löst hingegen Substitutionseffekte aus. Die Steuerausweichung
reduziert das Aufkommen im Vergleich zu einer Pauschalsteuer, weil nun aufgrund
der Einschränkung des Arbeitseinkommens weniger Lohneinkommen erzielt wird,
das besteuert werden könnte. Die Bemessungsgrundlage sinkt von $w^0 L^0$ auf $w^0 L^1$,
so dass der Mehrertrag aufgrund der Anwendung eines höheren Steuersatzes teilweise wieder verschwindet. Daher reicht das tatsächlich erzielte Aufkommen nicht
aus, um die Haushalte vollständig zu kompensieren und durch Rückerstattung auf
das ursprüngliche Nutzenniveau zu bringen. Es bleibt als Nettoverlust die Mehrbelastung DWL gleich der Strecke CD. Eine andere Interpretation der Mehrbelastung
ist, dass eine Pauschalsteuer, die dem Haushalt dieselbe Nutzeneinbusse Δu auferlegt, ein höheres Aufkommen bringen würde als die verzerrende Lohnsteuer. In
Abbildung III.5 wäre bei gleicher Nutzeneinbusse das Aufkommen der Pauschalsteuer $ED > EC$.

Die Mehrbelastung nimmt mit der Stärke des Substitutionseffektes zu. Je weniger die Indifferenzkurven gekrümmt sind, desto grösser sind die Substitutionseffekte.
Schon eine geringfügige Änderung des relativen Preises führt dann zu einer langen
Bewegung entlang der Indifferenzkurve und damit zu einer hohen Steuerausweichung. Die Mehrbelastung wird dann entsprechend gross.

III.2.2 Quantitative Abschätzung

Die Mehrbelastung kann mithilfe der kompensierten Angebotsfunktion $l(w, u)$ approximiert und quantitativ abgeschätzt werden. Wie in Abbildung III.4 leicht zu erkennen
ist, gilt $e(w^0, u^0) = I = e(w^1, u^1)$. Daher können wir (III.11) als $EV = e(w^1, u^1) -
e(w^0, u^1)$ schreiben. Dies ist die Kompensation EV in Abbildung III.5, die notwendig

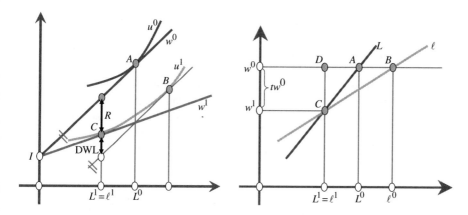

Abbildung III.6: Approximation Mehrbelastung

ist, um den Haushalt bei einer Preisänderung von w^1 auf w^0 auf dem Nutzenniveau u^1 zu halten. Wir erhalten

$$EV = e(w^1,u^1) - e(w^0,u^1) = \int_{w^0}^{w^1} \frac{\partial e(\omega,u^1)}{\partial \omega} d\omega = \int_{w^1}^{w^0} l(\omega,u^1) d\omega. \qquad \text{(III.12)}$$

Die letzte Gleichung nutzt $\partial e(\omega,u)/\partial \omega = -l(\omega,u)$ aus, wobei das Minus durch die Vertauschung der Integrationsgrenzen, d. h. die Umkehrung der Integrationsrichtung, berücksichtigt ist. Der letzte Term zeigt, dass EV die Fläche unter der kompensierten Angebotsfunktion ausdrückt. Abbildung III.6 zeigt graphisch, wie aus Abbildung III.4 die Angebotsfunktionen abgeleitet werden können. Die Verbindung von AC ergibt die unkompensierte Angebotsfunktion $L(w,I)$. Im Punkt C fallen die beiden Angebote zusammen, $l(w^1,u^1) = L(w^1,I)$ mit $I = e(w^1,u^1)$. Punkt B zeigt das kompensierte Angebot $l(w^0,u^1)$ zu den ursprünglichen Preisen, aber zum neuen Nutzenniveau. BC ist daher die kompensierte Angebotsfunktion, die den Nutzen auf u^1 konstant hält und die Stärke des Substitutionseffektes misst. Die Fläche w^0BCw^1 gibt die Einkommenskompensation EV an, die notwendig ist, um den Haushalt auf u^1 zu halten. Sie entspricht dem letzten Integralausdruck in (III.12). Die Mehrbelastung ergibt sich, indem wir das Steueraufkommen gleich dem Rechteck w^0DCw^1 abziehen, und entspricht dem Dreieck CDB:

$$DWL = EV - R = \frac{1}{2}\Delta w \cdot \Delta l = \frac{1}{2} \cdot \frac{t}{1-t} \cdot \varepsilon^c \cdot R, \qquad \varepsilon^c = \frac{\Delta l/l^1}{\Delta w/w^1}. \qquad \text{(III.13)}$$

Die Preis- und Angebotsänderungen ergeben ein Rechteck mit der Fläche $\Delta w \cdot \Delta l$, welches durch die Angebotsfunktion l in zwei Hälften geschnitten wird. Das Dreieck CDB hat daher die Fläche $\Delta w \Delta l/2$. Die Änderung Δl erhalten wir durch Umformung der *kompensierten* Angebotselastizität ε^c, also $\Delta l = \varepsilon^c \cdot \Delta w \cdot l^1/w^1$. Die Approximation der kompensierten Angebotsreaktion erfolgt dabei im tatsächlich beobachteten Punkt D nach Steuer, also w^1 und l^1. Die Änderung des Nettolohns $w^1 = (1-t)w^0$ beträgt $\Delta w = w^1 - w^0 = -tw^0$. Indem wir nun Δl und Δw einsetzen und das Steueraufkommen mit $R = tw^0 l^1$ anschreiben ($l^1 = L^1$ im neuen Gleichgewicht), erhalten wir die letzte Gleichung in (III.13).

Nun können wir die Grösse der *durchschnittlichen Mehrbelastung* abschätzen, indem wir den Steuersatz von 0 auf t anheben. Empirische Schätzungen der kompensierten Arbeitsangebotselastizität schwanken sehr stark, je nach Gruppe (Männer, Frauen, alleinstehende Mütter usw.).[1] Ein mittlerer Wert von $\varepsilon^c = 0.25$ scheint realistisch. In Prozent des Steueraufkommens beträgt dann die Mehrbelastung $100 \times DWL/R = 0.5\varepsilon^c t/(1 - t) = 1.39\%$ bei einem Steuersatz von $t = 0.1$. Sie erhöht sich sehr rasch mit zunehmenden Steuersätzen und beträgt 4.17% bei $t = 0.25$ und 12.5% bei $t = 0.5$. Bei einem Steuersatz von 50% und einer Elastizität von $\varepsilon^c = 0.5$ würde die Mehrbelastung ganze 25% des Steueraufkommens betragen. Die Kosten der Besteuerung für die privaten Haushalte, gemessen an ihrer Wohlfahrtseinbusse, bestehen in den Steuerzahlungen plus der Mehrbelastung. Wenn wir von einer durchschnittlichen Mehrbelastung von 12.5% ausgehen, dann sind die volkswirtschaftlichen Kosten der Besteuerung um 12.5% höher als die im öffentlichen Budget aufgeführten Steuereinnahmen.

III.2.3 Marginale Mehrbelastung

Gleichung (III.13) schätzt die durchschnittliche Mehrbelastung. An der Grenze, wenn der Steuersatz ausgehend von einem bestehenden Wert weiter angehoben wird, ist die Mehrbelastung wesentlich grösser. Die marginale Mehrbelastung gibt an, um wieviel die Mehrbelastung für jeden zusätzlichen Euro an Steueraufkommen zunimmt. Abbildung III.7 veranschaulicht das Konzept. In der Ausgangssituation ist die äquivalente Variation EV gleich der Fläche $A + B + C$, das Steueraufkommen $B + C$ und die Mehrbelastung gleich der Differenz A. Unter Benutzung von (III.12) und (III.13) schreiben wir für die Fläche A als Mehrbelastung,

$$DWL = e(w^1, u^1) - e(w^0, u^1) - tw^0 l(w^1, u^1), \qquad w^1 = (1 - t)w^0. \tag{III.14}$$

Da die Mehrbelastung mit der kompensierten Angebotsfunktion ermittelt wird, müssen wir dies ebenso bei der Veränderung der Mehrbelastung tun und auch die Veränderung des Steueraufkommens $R = tw^0 l(w^1, u^1)$ mit der kompensierten Angebotsfunktion berechnen. Nun wird der Steuersatz weiter erhöht, so dass sich der Nettolohn von w^1 ausgehend weiter absenkt. Nach Abbildung III.7 erhalten wir $DWL^1 = A$, $DWL^2 = A + B + E$ und eine Zunahme von $\Delta DWL = B + E$. Das Steueraufkommen erhöht sich um einen Betrag von $\Delta R = D - B$ von $R^1 = B + C$ auf $R^2 = C + D$. Die Fläche B verschwindet, weil das Steuerausweichverhalten die Bemessungsgrundlage aushöhlt und damit zu Einnahmeverlusten führt. Die marginale Mehrbelastung $MDWL$ (Marginal Deadweight Loss) ist die Zunahme der Mehrbelastung pro zusätzlichem Euro Steueraufkommen, oder $MDWL = \Delta DWL/\Delta R = (B + E)/(D - B)$. Schon aus der Graphik ist ersichtlich, dass die Ergiebigkeit der Steuer bei hohen Sätzen sehr stark abnehmen und die Differenz $D - B$ daher sehr klein werden kann. Dies deutet darauf hin, dass die marginale Mehrbelastung viel höher ist als die durchschnittliche, die wir in (III.13) approximiert haben.

---

[1] Siehe Connolly und Munro (1999), S. 235, und die dort zitierten Arbeiten von Blundell.

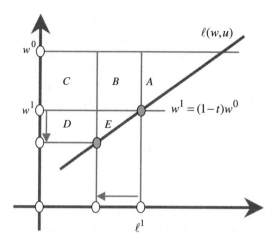

Abbildung III.7: Marginale Mehrbelastung

Die marginale Mehrbelastung kann ebenfalls quantitativ abgeschätzt werden. Wenn wir den Steuersatz weiter anheben, senken wir $w = w^1 = (1 - t)w^0$ weiter ab. Die Ableitung des (kompensierten) Steueraufkommens in (III.14) ergibt

$$\frac{\mathrm{d}R}{\mathrm{d}t} = w^0 l^1 + t w^0 \frac{\mathrm{d}l}{\mathrm{d}w} \cdot (-w^0) = w^0 l^1 \cdot \left[1 - \frac{t}{1-t} \varepsilon^c \right], \qquad \varepsilon^c = \frac{w}{l} \frac{\mathrm{d}l}{\mathrm{d}w}. \quad \text{(III.15)}$$

Man beachte, dass die Ableitung $\mathrm{d}l/\mathrm{d}w$ an der Stelle l^1 gebildet wird. Der erste Term ist das zusätzliche Aufkommen aus einer Anhebung des Steuersatzes, wenn die Bemessungsgrundlage $w^0 l^1$ konstant bleibt. Wegen der Steuerausweichung gemäss dem zweiten Term sind die tatsächlich erzielten Einnahmen geringer. Nun ermitteln wir aus (III.14) die Zunahme der Mehrbelastung und benutzen das Ergebnis in (III.15). Dabei gilt $\mathrm{d}e(w^1, u^1)/\mathrm{d}w^1 = -l(w^1, u^1)$, während $e(w^0, u^1)$ sich bei gegebenem Bruttolohn nicht verändern kann:

$$\frac{\mathrm{d}(DWL)}{\mathrm{d}t} = -l^1 \cdot (-w^0) - \frac{\mathrm{d}R}{\mathrm{d}t} = w^0 l^1 - w^0 l^1 \left[1 - \frac{t}{1-t} \varepsilon^c \right] = w^0 l^1 \frac{t}{1-t} \varepsilon^c.$$
$$\text{(III.16)}$$

Die marginale Mehrbelastung pro zusätzlichem Euro an Steueraufkommen folgt nun aus der Division von (III.16) durch (III.15),

$$MDWL = \frac{\mathrm{d}(DWL)}{\mathrm{d}R} = \frac{\frac{t}{1-t} \varepsilon^c}{1 - \frac{t}{1-t} \varepsilon^c}. \quad \text{(III.17)}$$

Für den Fall $t = 0.5$ und $\varepsilon^c = 0.25$ haben wir für die durchschnittliche Mehrbelastung DWL/R einen Wert gleich 12.5% des Steueraufkommens berechnet. Für dieselben Werte beträgt die marginale Mehrbelastung in (III.17) 1/3 oder ganze 33%! Wie wir schon anhand von Abbildung III.7 vermutet haben, ist die marginale Mehrbelastung sehr viel höher als die durchschnittliche. Sie steigt mit höheren Werten für die kompensierte Angebotselastizität und mit höheren Steuersätzen sehr schnell an. Würde diese sich auf $\varepsilon^c = 0.5$ verdoppeln, dann würde bei einem Steuersatz von $t = 0.5$ die marginale Mehrbelastung ganze 100% betragen! Ein zusätzlicher Euro Steueraufkommen würde einen weiteren Euro an Mehrbelastung verursachen.

Bei der Überlegung, wie weit die Staatstätigkeit ausgebaut werden soll, sind die gesamten Grenzkosten der Besteuerung (Marginal Cost of Public Funds, *MCPF*) relevant, also der zusätzlich gezahlte Euro an Steuern plus die marginale Mehrbelastung. Aus (III.17) ermittelt man

$$ MCPF = 1 + MDWL = \frac{1}{1 - \frac{t}{1-t}\varepsilon^c}. \tag{III.18} $$

Falls die marginale Mehrbelastung 33% ist, dann betragen die Grenzkosten der Besteuerung gemessen an der (einkommensäquivalenten) Wohlfahrtseinbusse der Haushalte 1.33 Euro, wenn das Steueraufkommen um 1 Euro weiter erhöht wird. Dies macht nur Sinn, wenn die damit finanzierte zusätzliche öffentliche Aufgabenerfüllung einen mindestens ebenso grossen Wohlfahrtsgewinn stiftet. Je höher die Grenzkosten der Besteuerung sind, desto schwieriger wird es, unter Wohlfahrtsgesichtspunkten eine Ausdehnung der öffentlichen Aufgaben noch weiter zu rechtfertigen.

III.3   Extensives Arbeitsangebot

III.3.1   Beschäftigte und Erwerbslose

Das gesamtwirtschaftliche Arbeitsangebot spiegelt nicht nur die geleisteten Arbeitsstunden aller Beschäftigten wider, sondern hängt auch entscheidend davon ab, wieviele Arbeitnehmer sich ganz vom Arbeitsmarkt zurückziehen und die Erwerbslosigkeit der Beschäftigung vorziehen. Angesichts des gut ausgebauten Wohlfahrtsstaates ist es gerade für wenig qualifizierte Arbeitnehmer häufig nicht mehr besonders interessant, einen vielleicht nur schlecht bezahlten Job anzustreben, wenn die Nichterwerbstätigkeit mit annehmlichen Unterstützungszahlungen und reichlicher Freizeit verbunden ist. Angesichts der Schwierigkeiten des Staates, die tatsächlich Bedürftigen von den opportunistischen Nutzniessern zu unterscheiden, dürfte für viele Arbeitnehmer ein beträchtlicher Spielraum bestehen, zwischen Beschäftigung und gewollter Erwerbslosigkeit zu wählen. Je mehr die Annahme oder Zurückweisung von Beschäftigungsmöglichkeiten eine freie Entscheidung ist, desto mehr kommt es auf Anreize für die Erwerbstätigkeit an. Diese hängen hauptsächlich vom Einkommensabstand zwischen Beschäftigung und Erwerbslosigkeit ab. Jedenfalls konnte die empirische Arbeitsmarktliteratur deutlich bestätigen, dass das extensive Arbeitsangebot als Ausdruck der diskreten Entscheidung zwischen Beschäftigung und Erwerbslosigkeit gerade in den unteren Einkommensgruppen sehr elastisch reagiert, jedenfalls elastischer als das intensive Arbeitsangebot in Form der geleisteten Arbeitsstunden im Zustand der Beschäftigung (vgl. Blundell und MaCurdy, 1999, oder Krueger und Meyer, 2002). Schon der Hinweis auf den Einkommensabstand als Determinante der Erwerbsentscheidung weist darauf hin, dass nicht nur Lohnsteuern, sondern auch die Unterstützungszahlungen während der Erwerbslosigkeit das aggregierte Arbeitsangebot bestimmen. Dabei ist nicht so sehr die Grenzsteuerbelastung, sondern die

Durchschnittssteuerbelastung für den extensiven Rand der Beschäftigung relevant. Diese Argumente werden nun präzisiert.

Für jeden Einzelnen ist die Erwerbsbeteiligung eine diskrete Ja-Nein-Entscheidung zwischen Arbeit und Erwerbslosigkeit. Gesamtwirtschaftlich reagiert der Anteil der Erwerbslosen kontinuierlich auf verschiedene Anreize. Wenn die Arbeitsanreize grösser werden, dann nehmen nicht schlagartig alle der bisher Erwerbslosen eine Arbeit auf. Es wechselt hingegen ein zunehmender Anteil in die Beschäftigung. Dies bedeutet, dass es in der aktiven Bevölkerung eine Heterogenität bezüglich der Neigung geben muss, eine Beschäftigung anzunehmen oder nicht. Zur Vereinfachung nehmen wir an, dass die Grösse der Erwerbsbevölkerung auf 1 normalisiert sei. Die Individuen $i \in [0,1]$ seien im Einheitsintervall nach der Stärke ihrer Neigung zur Erwerbsarbeit angeordnet und auf dem Intervall gleichverteilt. Es sei jedes Individuum durch fixe Kosten $q(i) = q \cdot i$ der Erwerbstätigkeit gekennzeichnet, während ein Erwerbsloser keine Fixkosten zu tragen hat, $q(i) = 0$ für i erwerbslos. Individuen mit $i \to 0$ zeichnen sich mit geringen Fixkosten der Beschäftigung bzw. einer hohen Erwerbsneigung aus, solche mit $i \to 1$ haben eine hohe Beschäftigungsneigung. Die Fixkosten (fix im Sinne von unabhängig von den geleisteten Arbeitsstunden) können z. B. ein Stigma der Erwerbslosigkeit, Pendelkosten, Kosten für die Kinderbetreuung oder auch umgekehrt die Freude an der Arbeit zum Ausdruck bringen. Bei einer Gleichverteilung auf der Masse 1 sind Individuen vom Typ i mit Fixkosten $q(i)$ mit der Dichte $g(i) = 1$ vertreten. Die kumulative Dichte gibt den Anteil der Beschäftigten an allen Erwerbspersonen wieder. Sie beträgt bei Gleichverteilung $G(n) = \int_0^n g(i) \mathrm{d}i = n$, so dass $G(1) = 1$ gerade die gesamte Masse der Erwerbsbevölkerung angibt. Davon ist ein Anteil $1 - G(n) = 1 - n$ erwerbslos. Die Neigung zur aktiven Beschäftigung sei der einzige Unterschied.

Alle Beschäftigungslosen haben Anspruch auf dasselbe Transfereinkommen z. Alle, die beschäftigt sind, erzielen dasselbe Lohneinkommen $w^L l$, wobei w^L den Bruttolohn bzw. Faktorpreis der Arbeit (bisher w^0) und l die geleisteten Arbeitsstunden bezeichnen. Der Staat erhebt eine linear progressive Lohnsteuer, mit der die Transfers an die Erwerbslosen finanziert werden. Die Steuerschuld T pro Kopf der Beschäftigten hängt vom Steuersatz τ und vom Abzugsbetrag b ab,

$$T\left(w^L l\right) = \tau \cdot w^L l - b, \qquad T(0) = T_0 = -z. \qquad \text{(III.19)}$$

Mit höherem Einkommen steigt der Durchschnittssteuersatz $t_a = T/\left(w^L l\right) = \tau - b/\left(w^L l\right)$ von unten gegen den Grenzsteuersatz τ an. Die Erwerbslosen sind mit dem tief gestellten Index 0 gekennzeichnet. Die Steuerschuld T_0 eines Erwerbslosen (mit $l = 0$) ist negativ und entspricht dem Pro-Kopf-Transfer z. Das verfügbare Einkommen der Haushalte beträgt

$$y = w^L l - T\left(w^L l\right) = (1 - \tau) w^L l + b, \qquad y_0 = z. \qquad \text{(III.20)}$$

Zur Vereinfachung seien separable Präferenzen $u(y, l, q(i)) = y - e(l) - q \cdot i$ angenommen, die linear im verfügbaren Einkommen y sind, während mit zunehmendem Arbeitsangebot das „Arbeitsleid" konvex ansteigt, $e'(l) > 0$ und $e''(l) > 0$. Wird keine Arbeit verrichtet, dann kann auch kein Arbeitsleid entstehen, $e(0) = 0$. Schliesslich ist hier bereits vorweggenommen, dass alle Beschäftigten sich in nichts unterscheiden, ausser den individuell unterschiedlichen Fixkosten der Beschäftigung $q \cdot i$, die heterogen in der Bevölkerung verteilt sind. Durch Einsetzen des Einkommens in die Nutzenfunktion können wir die Entscheidung über das intensive Arbeitsangebot in Form der geleisteten Arbeitsstunden besonders einfach charakterisieren,

$$v(\tau,b) = \max_{l}\big\{(1-\tau)w^{L}l + b - e(l)\big\}, \qquad \frac{\mathrm{d}v}{\mathrm{d}\tau} = -w^{L}l, \quad \frac{\mathrm{d}v}{\mathrm{d}b} = 1. \qquad (\text{III.21})$$

Die indirekte Nutzenfunktion eines Beschäftigten, nämlich $v - q \cdot i$, hängt über den optimierten Teil v von den Parametern der Lohnsteuer ab. Der Bruttolohn kann dabei unterdrückt werden, weil er hier fix ist. Die Ableitungen folgen aus der Anwendung des Envelopen-Theorems. Insbesondere ist der Grenznutzen des Einkommens 1, $\mathrm{d}v/\mathrm{d}b = 1$. Ein höherer Steuersatz ergibt eine höhere Steuerschuld und reduziert die Wohlfahrt. Aus der BEO wird das Arbeitsangebot in impliziter Form abgeleitet,

$$w \equiv (1-\tau)w^{L} = e'(l) \quad \Rightarrow \quad \varepsilon = \frac{w}{l}\frac{\mathrm{d}l}{\mathrm{d}w}. \qquad (\text{III.22})$$

Aufgrund der separablen Präferenzen sind Einkommenseffekte auf das Arbeitsangebot ausgeschaltet. Dieses hängt nur mehr vom Nettolohn w und nicht von anderen Einkommensbestandteilen ab, wie z. B. der Steuergutschrift b. Durch Bildung des Differentials $\mathrm{d}w = e''\mathrm{d}l$ und Division beider Seiten mit $w = e'$ erhalten wir $\mathrm{d}w/w = \big(le''/e'\big)\mathrm{d}l/l$ und damit die Lohnelastizität des intensiven Arbeitsangebots wie in (III.22) mit $\varepsilon = e'(l)/\big[le''(l)\big]$. Aufgrund der Abwesenheit von Einkommenseffekten sind hier die kompensierte und unkompensierte Angebotselastizität identisch. Mit zunehmendem Nettolohn steigt das intensive Arbeitsangebot an, wobei der Nettolohn durch den Grenzsteuersatz τ bestimmt wird. Abbildung III.8 illustriert die Auswirkungen der linear progressiven Lohnsteuer auf das intensive Arbeitsangebot. Im Vergleich zu Abbildung III.5 sind Einkommenseffekte ausgeschaltet, so dass

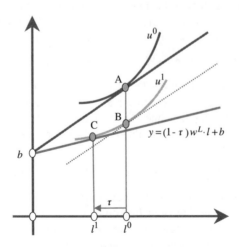

Abbildung III.8: Intensives Arbeitsangebot

Punkt B exakt unterhalb Punkt A zu liegen kommt. Das maximal erzielbare Nutzenniveau in (III.21) wird durch die Lage der Indifferenzkurve angezeigt.

Die Erwerbslosen leisten per Definition kein Arbeitsangebot, $l = 0$, und sind damit auch keinem Arbeitsleid ausgesetzt, $e(0) = 0$. Ausserdem fallen auch keine Fixkosten der Beschäftigung $q \cdot i$ an. Ihr Nutzen $u(y,l,q(i)) = y - e(l) - q(i)$ reduziert sich auf $u(y,0,0) = y$ und hängt damit ausschliesslich vom verfügbaren Einkommen gleich dem Pro-Kopf-Transfer z ab,

$$u(y,0,0) = y_0 = z = -T_0. \tag{III.23}$$

Die Erwerbslosen entscheiden lediglich, ob sie eine Arbeit aufnehmen sollen oder nicht.

III.3.2 Die Erwerbsentscheidung

Durch die Annahme von typabhängigen Fixkosten der Arbeit $q \cdot i$ haben wir die unterschiedliche Neigung zur Arbeitsaufnahme in der Erwerbsbevölkerung beschrieben. Mit höherem i und damit höheren Fixkosten nimmt die Neigung zur Arbeitsaufnahme ab. Damit kann die Erwerbsentscheidung aus dem diskreten Vergleich zwischen den beiden Alternativen Beschäftigung und Erwerbslosigkeit abgeleitet werden. Ein bestimmtes Individuum i kann bei Beschäftigung eine maximale Wohlfahrt gleich $v - q \cdot i$ erzielen. Dasselbe Individuum würde als Erwerbsloser eine Wohlfahrt von z realisieren. Die bessere der beiden Alternativen wird gewählt, wie Abbildung III.9 veranschaulicht. Ein Arbeitnehmer mit hoher Erwerbsneigung bzw. geringen Fixkosten wird auf alle Fälle einer Beschäftigung nachgehen, da seine Wohlfahrt bei Beschäftigung jene bei Erwerbslosigkeit eindeutig übersteigt. Formal kann die diskrete Entscheidung für Beschäftigung mit der *Teilnahmebedingung* $v - q \cdot i \geq z$, auch Partizipationsbedingung genannt, beschrieben werden.

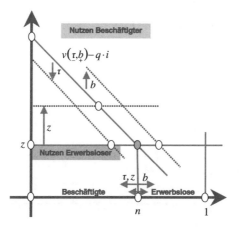

Abbildung III.9: Extensives Arbeitsangebot

Aus der Teilnahmebedingung kann die Identität des kritischen Individuums $i = n$ bestimmt werden, welches zwischen den beiden Alternativen gerade indifferent ist. Individuen $i < n$ mit geringeren Fixkosten haben eine strikte Präferenz für Beschäftigung, $v - qi > z$. Die Typen $i > n$ mit höheren Fixkosten bzw. einer höheren Abneigung gegen Arbeit bevorzugen den Zustand der Erwerbslosigkeit, denn $v - qi < z$. Der kritische Typ $i = n$ bestimmt daher den Anteil $G(n) = n$ der Beschäftigten in der Erwerbsbevölkerung, wie Abbildung III.9 veranschaulicht. Der Beschäftigtenanteil n ist also durch die Teilnahmebedingung bestimmt, die für das kritische Individuum mit Gleichheit gilt, denn dieser Typ ist gerade indifferent zwischen den beiden Zuständen,

$$v(\tau, b) - q \cdot n = z. \tag{III.24}$$

Aus Abbildung III.9 wird deutlich, dass ein höherer Lohnsteuersatz das extensive Arbeitsangebot einschränkt, während ein höherer Abzugsbetrag es ausdehnt. Die eine Massnahme erhöht die Durchschnittsbelastung der Arbeitenden relativ zu den Erwerbslosen, die andere reduziert sie. Eine Besserstellung der Erwerbslosen mit grosszügigeren Transfers mindert ebenfalls das extensive Arbeitsangebot.

Nachdem nun die Einflüsse der Steuer- und Sozialpolitik auf das intensive und extensive Arbeitsangebot bekannt sind, können leicht die Implikationen für das aggregierte Angebot $L = nl$ ermittelt werden. Dieses verändert sich mit $dL = n \cdot dl + l \cdot dn$ und spiegelt daher die Anpassung am intensiven und extensiven Rand wider. Abbildung III.10 illustriert, wie die Lohnsteuer sowohl das intensive als auch das extensive Arbeitsangebot einschränkt und damit das aggregierte Arbeitsangebot umso mehr reduziert.

Die Berücksichtigung der extensiven Reaktion macht das aggregierte Arbeitsangebot elastischer und erhöht daher möglicherweise die Grenzkosten der Besteuerung ganz erheblich. Um diesen Aspekt zu verdeutlichen, müssen wir die Reaktion des extensiven Arbeitsangebots genauer beschreiben. Das Differential der Zutrittsbedingung (III.24), das ist die Teilnahmebedingung des kritischen Individuums, und die Verwendung von (III.21) zeigen, wie sich der Anteil der Beschäftigten n in Reaktion auf die Steuerpolitik verändert,

$$q \cdot dn = \left(db - w^L l \cdot d\tau\right) - dz \equiv d(y - y_0). \tag{III.25}$$

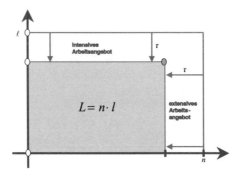

Abbildung III.10: Lohnsteuer und aggregiertes Arbeitsangebot

Man beachte, dass die Veränderung $d(y - y_0)$ des Einkommensabstandes $y - y_0$ zwischen Beschäftigung und Erwerbslosigkeit so definiert ist, dass sie nur die mechanischen Effekte der Besteuerung auf das verfügbare Einkommen enthält, also nur $dy = db - w^L l d\tau$. Der Effekt wdl der Steuerausweichreaktion darf nicht enthalten sein, weil er aufgrund des Envelopen-Theorems die Wohlfahrt eines Beschäftigten und damit die Erwerbsentscheidung nicht beeinflusst (die tatsächliche Einkommensänderung beträgt $dy = db - w^L l d\tau + wdl$ und enthält natürlich den Effekt der Steuerausweichung). Aus (III.25) können wir eine Elastizität des extensiven Arbeitsangebots definieren,

$$\eta \equiv \frac{y - y_0}{n} \frac{dn}{d(y - y_0)} = \frac{y - y_0}{nq}. \tag{III.26}$$

Nachdem das extensive Angebot von der Veränderung des Einkommensabstandes abhängt, ist es nützlich, einen *Teilnahmesteuersatz* zu definieren, der den Einfluss der Besteuerung auf diesen Abstand beschreibt. Beim Wechsel in die Beschäftigung gibt ein Erwerbsloser die Transfers $z = -T_0$ auf und zahlt neu die Lohnsteuerschuld T. Der Einkommensabstand hängt damit von der Summe $T - T_0 = T + z$ ab. Der Teilnahmesteuersatz ist der Anteil der Summe aus Lohnsteuern und Transfers am Arbeitseinkommen eines Erwerbstätigen,

$$a \equiv \frac{T - T_0}{w^L l} = t_a + \rho \quad \Rightarrow \quad \frac{y - y_0}{w^L l} = 1 - a, \tag{III.27}$$

wobei $t_a = T/w^L l$ die Durchschnittsbelastung des Arbeitseinkommens und $\rho = z/w^L l$ die Ersatzquote bezeichnet. Die Ersatzquote ist der Anteil der Transfers bei Nichterwerbstätigkeit am Arbeitseinkommen bei Beschäftigung. Die letzte Gleichung ergibt sich aus $y - y_0 = w^L l - T + T_0$.

Ein höherer Lohnsteuersatz τ hebt sowohl die Grenz- als auch die Durchschnittsbelastung an. Während für das intensive Arbeitsangebot nur der Grenzsteuersatz τ relevant ist, hängt das extensive Arbeitsangebot auch vom Teilnahmesteuersatz a und damit von der Summe aus Durchschnittssteuersatz und Ersatzquote ab. Mit (III.26) können wir die Auswirkung eines höheren Steuersatzes wie folgt berechnen:

$$\frac{dn}{n} = \eta \cdot \frac{d(y - y_0)}{y - y_0} = -\frac{\eta}{1 - a} \cdot d\tau. \tag{III.28}$$

Nach (III.25) verändert der mechanische Effekt der Lohnsteuer den Einkommensabstand mit $-w^L l d\tau = d(y - y_0)$. Wenn man für $y - y_0 = (1 - a) \cdot w^L l$ gemäss (III.27) verwendet, folgt die zweite Gleichheit in (III.28). Damit wird ersichtlich, dass die extensive Angebotsreaktion nicht vom Grenzsteuersatz, sondern vom Teilnahmesteuersatz a abhängt. Mit diesen Konzepten können nun die Implikationen des extensiven Arbeitsangebots auf die Kosten der Besteuerung herausgearbeitet werden.

III.3.3 Grenzkosten der Besteuerung

Die Grenzkosten der Besteuerung bezeichnen die zusätzliche Wohlfahrtseinbusse, gemessen in äquivalenten Einkommenseinheiten, pro zusätzlichem Euro des Steueraufkommens. Diese ermitteln wir nun für den Lohnsteuersatz τ und vergleichen mit dem Ergebnis (III.18) im Abschnitt III.2.3. Zunächst geben wir an, wie sich die Steuereinnahmen mit der Anhebung des Steuersatzes verändern. Das Aufkommen der Lohnsteuer beträgt

$$R = \int_0^n \left(\tau w^L l - b\right) \mathrm{d}i - \int_n^1 z \mathrm{d}i = \left(\tau w^L l - b\right) \cdot n - z \cdot (1 - n). \qquad \text{(III.29)}$$

Hier nutzen wir die Tatsache aus, dass sich die Beschäftigten und Arbeitslosen nur in den Fixkosten $q(i)$ unterscheiden, aber ansonsten innerhalb der Gruppe vollkommen gleich sind; man verwende $T = \tau w^L l - b$. Die Steuereinnahmen wachsen mit zunehmendem Steuersatz wie

$$\frac{\mathrm{d}R}{\mathrm{d}\tau} = \left(w^L l + \tau w^L \frac{\mathrm{d}l}{\mathrm{d}w} \frac{\mathrm{d}w}{\mathrm{d}\tau}\right) \cdot n + (T + z)\frac{\mathrm{d}n}{\mathrm{d}\tau}. \qquad \text{(III.30)}$$

Der erste Ausdruck zeigt die zusätzlichen Einnahmen, die ein höherer Steuersatz bei gleichbleibender Bemessungsgrundlage beisteuert. Der zweite Term in der ersten Klammer beziffert den Steuerausfall bei der Lohnsteuer, der entsteht, weil die Beschäftigten der Steuer durch Einschränkung des intensiven Arbeitsangebots ausweichen. Gemäss dem letzten Term entsteht ein weiterer Einnahmeausfall, weil die höhere Lohnsteuer einen Teil der Beschäftigten in die Erwerbslosigkeit treibt, $\mathrm{d}n/\mathrm{d}\tau < 0$, wie Abbildung III.9 zeigt. Diese Personen zahlen keine Lohnsteuer mehr, sondern nehmen neu die Transferzahlungen in Anspruch, was das Budget mit einem Betrag von $T + z$ pro Person belastet.

Man setze $\mathrm{d}w/\mathrm{d}\tau = -w^L$ ein, verwende $w = (1 - \tau)w^L$ und die Elastizität des intensiven Arbeitsangebots in (III.22) und ziehe $w^L l$ aus der ersten Klammer heraus, so dass $\left(1 - \frac{\tau}{1-\tau}\varepsilon\right)nw^L l$ verbleibt. Im zweiten Ausdruck ersetzen wir den Effekt $\mathrm{d}n/\mathrm{d}\tau$ auf das extensive Angebot durch (III.28) und $T + z$ mit $z = -T_0$ durch $T - T_0 = a \cdot w^L l$ aus (III.27). Damit wird ersichtlich, wie die Reaktion des Steueraufkommens von den beiden Elastizitäten des intensiven und extensiven Arbeitsangebots und den Grenz- und Teilnahmesteuersätzen abhängt,

$$\frac{\mathrm{d}R}{\mathrm{d}\tau} = \left[1 - \frac{\tau}{1-\tau}\varepsilon - \frac{a}{1-a}\eta\right] \cdot nw^L l. \qquad \text{(III.31)}$$

Die aggregierte Wohlfahrt der Beschäftigten und Erwerbslosen beträgt

$$U^* = \int_0^n [v(\tau,b) - qi]\, \mathrm{d}i + \int_n^1 z\, \mathrm{d}i = \left[v(\tau,b) \cdot n - q\frac{n^2}{2}\right] + z \cdot (1 - n). \qquad \text{(III.32)}$$

Ein höherer Lohnsteuersatz mindert den individuellen Nutzen gemäss (III.21) und damit die aggregierte Wohlfahrt um[2]

$$\frac{\mathrm{d}U^*}{\mathrm{d}\tau} = -w^L l \cdot n + [v - qn - z] \cdot \frac{\mathrm{d}n}{\mathrm{d}\tau} = -w^L l \cdot n. \qquad \text{(III.33)}$$

Die zweite Gleichheit gilt, weil wegen der Zutrittsbedingung (III.24) der Klammerausdruck wegfällt. Da das kritische Individuum $i = n$ zwischen den beiden Zuständen

---

[2] Alternativ kann man die Leibniz-Regel für die Ableitung von Integralen auf den ersten Ausdruck für U^* anwenden und kommt zum selben Ergebnis. Die Leibniz-Regel ist im mathematischen Anhang in Kapitel XVIII aufgeführt.

der Beschäftigung und Erwerbslosigkeit gerade indifferent ist, kann es keine Auswirkung auf die aggregierte Wohlfahrt haben, wenn dieses Individuum sich vom
Arbeitsmarkt zurückzieht ($dn/d\tau < 0$). Nachdem nun bekannt ist, wie ein höherer
Lohnsteuersatz sowohl das Steueraufkommen als auch die aggregierte Wohlfahrt verändert, können die Grenzkosten der Besteuerung wie folgt angegeben werden:

$$MCPF = -\frac{dU^*/d\tau}{dR/d\tau} = \frac{1}{1 - \frac{\tau}{1-\tau}\varepsilon - \frac{a}{1-a}\eta}. \qquad (III.34)$$

Dieser Ausdruck ist mit den volkswirtschaftlichen Grenzkosten in (III.18) zu vergleichen, die für den traditionellen Fall gelten, in dem ausschliesslich das intensive
Arbeitsangebot berücksichtigt wird. Die Berücksichtigung des extensiven Rands des
Arbeitsangebots, also die diskrete Entscheidung über die Erwerbsbeteiligung oder
den Rückzug vom Arbeitsmarkt, führt zu deutlich höheren Grenzkosten der Besteuerung. Nach der neueren Arbeitsmarktliteratur können $\varepsilon = 0.2$ und $\eta = 0.2$ als realisti-
sche Werte für die Elastizitäten des intensiven und extensiven Arbeitsangebots gelten.
Ausserdem sind in Deutschland ein Grenzsteuersatz von $\tau = 0.5$ und ein Teilnahmesteuersatz von $a = 0.5$ annähernd realistisch (vgl. Immervoll, Kleven, Kreiner und
Saez, 2004). In diesem Fall errechnet man $MCPF = 5/3 \approx 1.67$. Würde man die extensive Angebotsreaktion vernachlässigen ($\eta = 0$), dann würden die Grenzkosten nur
mehr $MCPF = 5/4 = 1.25$ betragen. Die Vernachlässigung des extensiven Rands
kann also zu ganz erheblichen Unterschätzungen der Steuerkosten führen.

Tatsächlich sind sowohl die Grenzsteuersätze, die vorwiegend das intensive Arbeitsangebot beeinflussen, als auch die Teilnahmesteuersätze, welche die diskrete
Entscheidung für die Erwerbsbeteiligung und damit das extensive Arbeitsangebot
beeinflussen, je nach Einkommensdezil verschieden und eher noch höher als im
Zahlenbeispiel von vorhin. Tabelle III.1 listet die Steuersätze für Österreich und
Deutschland auf, wie sie die Autoren aus OECD-Quellen nach dem eben vorgestellten Konzept berechneten. Dabei wurden die Lohnsteuer sowie die Arbeitnehmer-
und Arbeitgeberbeiträge zur Sozialversicherung berücksichtigt. Die Transfers bei

Tabelle III.1: Grenz- und Teilnahmesteuersätze

	Deutschland			Österreich		
Dezil	s	t^m	t^a	s	t^m	t^a
1	0,019	0,636	0,527	0,019	0,467	0,488
2	0,048	0,658	0,653	0,046	0,551	0,571
3	0,065	0,676	0,686	0,062	0,625	0,616
4	0,078	0,670	0,709	0,075	0,611	0,644
5	0,088	0,676	0,710	0,086	0,615	0,641
6	0,098	0,674	0,708	0,096	0,624	0,635
7	0,111	0,676	0,701	0,110	0,629	0,640
8	0,125	0,677	0,710	0,128	0,645	0,634
9	0,148	0,655	0,705	0,155	0,653	0,654
10	0,219	0,573	0,669	0,222	0,538	0,619

s Einkommensanteil; t^m Grenz- und t^a Teilnahmesteuersätze, einschliesslich Konsumsteuern
Quelle: Immervoll, Kleven, Kreiner und Saez (2004)

Erwerbslosigkeit enthalten die Leistungen der Arbeitslosenunterstützung und der Sozialhilfe, aber auch familienbezogene Leistungen und Wohngeld.

III.4   Steuerüberwälzung

III.4.1   Arbeitsangebot und Nachfrage

Atomistische Haushalte betrachten den Bruttolohn w^L als gegeben. Eine Lohnsteuer senkt zunächst den Nettolohn. Wenn nun aber die Haushalte darauf mit einer Rücknahme ihres Arbeitsangebots reagieren, wird der Bruttolohn steigen müssen, um den entstehenden Nachfrageüberhang zu beseitigen. Dies hat für die Verteilungswirkungen der Steuer wichtige Konsequenzen. Einerseits schmälert der höhere Bruttolohn die Gewinne der Unternehmen und damit die Einkommen der Anteilseigner. Andererseits steigt parallel zum Bruttolohn auch der Nettolohn an, so dass das verfügbare Einkommen der Arbeitnehmer weniger sinkt, als es zunächst den Anschein hat. Diese Überlegungen machen einen wichtigen Aspekt der Besteuerung sehr deutlich. Der Anknüpfungspunkt der Steuer sagt noch wenig darüber aus, wer letztendlich die wirtschaftliche Last in Form von verringerten verfügbaren Einkommen trägt.

Um diese Argumente zu präzisieren, müssen wir neben dem Angebot auch die Nachfrageseite des Arbeitsmarktes betrachten und den markträumenden Bruttolohn bestimmen. In der Darstellung der Angebotsseite können wir uns ohne Beschränkung der Allgemeinheit auf das intensive Arbeitsangebot gemäss (III.21)–(III.22) beschränken. Wenn die Präferenzen mit $e(l) = l^{1+1/\varepsilon}/(1 + 1/\varepsilon)$ spezifiziert werden, dann folgt aus der BEO in (III.22) eine besonders einfache Angebotsfunktion mit konstanter Lohnelastizität,

$$w = e'(l) = l^{1/\varepsilon} \quad \Rightarrow \quad l^S = w^\varepsilon. \tag{III.35}$$

Auf der Nachfrageseite agieren wettbewerbliche Unternehmen, die mit Arbeit l und einer fixen Kapitalausstattung k unter Nutzung einer linearhomogenen, quasikonkaven Technologie $F(k,l)$ eine Outputmenge produzieren, die sie zu einem festen Preis von 1 auf dem Gütermarkt absetzen. Um ihren Gewinn π zu maximieren, fragen sie beim jeweiligen Bruttolohn w^L eine optimale Arbeitsmenge nach,

$$\pi\big(w^L,k\big) = \max_l \big\{ F(k,l) - w^L l \big\}. \tag{III.36}$$

Die BEO bestimmt implizit die Arbeitsnachfrage. Sie wird so lange ausgedehnt, bis das Grenzprodukt $F_L \equiv dF/dl$ des letzten Arbeiters gerade seinem Lohn entspricht und damit der Grenzgewinn Null ist,

$$F_L(k,l) = w^L \quad \Rightarrow \quad l^D = l\big(w^L,k\big), \quad \frac{dl^D}{dw^L} < 0, \quad \frac{dl^D}{dk} > 0. \tag{III.37}$$

Das Grenzprodukt der Arbeit ist eine fallende Funktion der Einsatzmenge l. Abbildung III.11 zeigt, wie die Arbeitsnachfrage mit höherem Bruttolohn fällt, aber mit höherem Kapitaleinsatz zunimmt. Eine höhere Kapitalintensität steigert bei jedem Arbeitseinsatz l die Arbeitsproduktivität und verschiebt daher die F_L-Kurve nach oben.

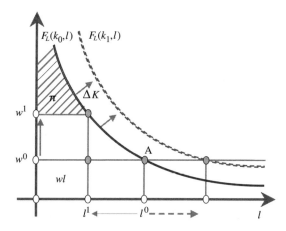

Abbildung III.11: Arbeitsnachfrage

In Abbildung III.11 können wir den gesamten Output als Fläche unter der Grenzproduktivitätskurve von 0 bis l bzw. als Integral $\int_0^l F_L(k,x)dx$ erkennen. Die Lohnsumme ist gleich dem Quadrat $0w^0l^0A$. Daher ist der Gewinn π gleich der Fläche, die von der F_L-Kurve und der Linie w^0A eingegrenzt wird. Mit der Lohnerhöhung auf w^1 schmilzt der Gewinn auf die schattierte Fläche zusammen. Die Anwendung des Envelopen-Theorems auf (III.36) zeigt, dass ein höherer Lohn den Gewinn senkt, und zwar um den Betrag l^D gleich der Strecke w^0A in Abbildung III.11, wenn der Lohn marginal erhöht wird. Damit ist gezeigt, wie die Lohnsteuer den Gewinn reduziert, wenn sie zu einem Anstieg des Bruttolohns führt. Ein höherer Kapitaleinsatz steigert dagegen den Gewinn im Ausmass des Grenzprodukts des Kapitals,

$$\frac{\mathrm{d}\pi}{\mathrm{d}w^L} = -l^D, \qquad \frac{\mathrm{d}\pi}{\mathrm{d}k} = F_K(k,l^D). \qquad \text{(III.38)}$$

III.4.2 Überwälzung

Nach (III.35) dehnen die Haushalte das Arbeitsangebot mit zunehmendem (Netto-) Lohn aus, nach (III.37) schränken die Unternehmen mit zunehmendem (Brutto-)Lohn die Arbeitsnachfrage ein. Es gibt genau einen Lohn, bei dem Arbeitsangebot und -nachfrage übereinstimmen und der Arbeitsmarkt geräumt ist:

$$l^S = l^D = l: \qquad \frac{e'(l)}{1-\tau} = w^L = F_L(k,l). \qquad \text{(III.39)}$$

Abbildung III.12 veranschaulicht das Gleichgewicht auf dem Arbeitsmarkt, wobei die Angebots- und Nachfragekurven invers dargestellt sind. Die aufsteigende Kurve gibt an, bei welchem Lohnsatz w^L die Haushalte bereit sind, ein gegebenes Angebot l^S zu leisten. Die fallende Kurve stellt die inverse Nachfragefunktion dar und gibt den Lohn w^L an, bei dem die Unternehmen noch bereit sind, eine gegebene Menge l^D

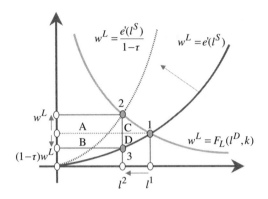

Abbildung III.12: Arbeitsmarktgleichgewicht

nachzufragen. Im Schnittpunkt stimmen die Lohnvorstellungen und damit Angebot und Nachfrage wie in (III.39) überein.

Die Ausgangssituation vor Steuererhöhung ist durch Punkt 1 mit der Arbeits-menge l^1 und dem Lohn w^1 angezeigt. Indem wir die inverse Angebotsfunktion über das Intervall $0l^1$ integrieren und $e(0) = 0$ berücksichtigen, erhalten wir die Wohl-fahrtskosten der Haushalte $\int_0^{l^1} e'(x)\mathrm{d}x = e(l^1)$ gleich dem Dreieck $0l^1 1$ oder der Fläche unter der inversen Angebotsfunktion. Wenn wir diese Kosten vom erziel-ten Lohneinkommen $w^1 l^1$ gleich dem Rechteck $0w^1 1 l^1$ abziehen, erhalten wir die Wohlfahrt $U = w^1 l^1 - e(l^1)$ gleich der Fläche des Dreiecks $0w^1 1$. Wie wir schon in Abbildung III.11 argumentiert haben, entspricht die Fläche des Dreiecks zwischen der Linie $w^1 1$ und der F_L-Kurve dem Gewinn.

Eine Erhöhung des Lohnsteuersatzes dreht die Angebotskurve nach oben links, so dass das neue Gleichgewicht im Punkt 2 zu liegen kommt und die gleichgewichtige Beschäftigung auf l^2 zurückgeht. Der Bruttolohn w^L wird im Punkt 2, der Netto-lohn w im Punkt 3 abgelesen. Der vertikale Abstand zwischen den beiden Punkten beträgt τw^L. Dieser Betrag, multipliziert mit der neuen Arbeitsmenge l^2, ergibt das Steueraufkommen $R = \tau w^L l^2$, welches dem Rechteck $w^L 23w$ bzw. der Fläche $A + B$ entspricht. Das Dreieck 123 mit der Fläche $C + D$ ist der Wohlfahrtsverlust. Die Wohl-fahrt der Haushalte verringert sich nun um $\Delta U = B + D$. Dem steht der Teil B des Steueraufkommens gegenüber, so dass der Nettoverlust D beträgt. Die Gewinne fallen um den Betrag $\Delta \pi = A + C$. Dem steht wiederum ein Teil A des Steueraufkommens gegenüber, so dass der Nettoverlust C beträgt.

Obwohl die Lohnsteuer bei den Haushalten erhoben wird, tragen die Unternehmer einen Teil der Kosten in Form von geringeren Gewinnen, da nun höhere Bruttolöhne durchgesetzt werden, $w^L > w^1$. Der Teil A des Steueraufkommens spiegelt diesen Teil der Gewinneinbusse wider. Die Haushalte spüren die Steuer in Form von ge-ringeren Nettolöhnen $(1 - \tau)w^L < w^1$; die Nettolohneinbusse ist aber geringer als der Steuerkeil τw^L, weil eben ein Teil auf die Unternehmen überwälzt wird. Es wird nur der Teil B des gesamten Steueraufkommens von den Haushalten getragen. Die

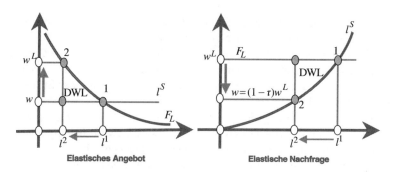

Abbildung III.13: Steuerüberwälzung

effektive Verteilung der Steuerlast hat also wenig mit dem Anknüpfungspunkt der Besteuerung zu tun. Wer welchen Teil der Steuerlast trägt, hängt von den Lohnelastizitäten des Arbeitsangebots bzw. der Arbeitsnachfrage ab. Wenn die Angebotsfunktion flach ist, dann reagiert das Arbeitsangebot sehr elastisch auf Änderungen des Nettolohns. Schon eine geringfügige Lohnsenkung führt zu einer starken Einschränkung des Arbeitsangebots. Die Haushalte weichen der Steuer stark aus. Wie man sich graphisch schnell vergegenwärtigt, wird dann die Lohnsteuer zum grössten Teil durch Bruttolohnsteigerungen auf die Unternehmen überwälzt. Wenn hingegen die Arbeitsnachfrage sehr elastisch ist, dann bleibt die Steuer grossteils auf den Haushalten liegen. Abbildung III.13 veranschaulicht die beiden Fälle graphisch.

Zusammenfassung

1. Das aggregierte Arbeitsangebot setzt sich aus den geleisteten Arbeitsstunden der Beschäftigten (intensives Angebot) und aus der Erwerbsbeteiligung bzw. dem Anteil der Beschäftigten an der gesamten Erwerbsbevölkerung (extensives Angebot) zusammen.
2. Das intensive Arbeitsangebot resultiert aus der Abwägung der Haushalte zwischen Konsum und Freizeit. Durch Mehrarbeit wird das Einkommen und damit der Konsum zulasten der Freizeit gesteigert. Das intensive Arbeitsangebot wird vom Grenzsteuersatz beeinflusst.
3. Die Lohnsteuer verzerrt die intensive Angebotsentscheidung und hat einen Einkommens- und Substitutionseffekt zur Folge. Während der Einkommenseffekt unvermeidbar ist, verursacht die Lohnsteuer im Vergleich zu einer Pauschalsteuer zusätzlich einen Substitutionseffekt. Da die Opportunitätskosten der Freizeit sinken, schränken die Haushalte das Arbeitsangebot ein und begnügen sich zugunsten der Freizeit mit weniger Einkommen und Konsum. Diese Steuerausweichung führt im Vergleich zu einer Pauschalsteuer zu einer Mehrbelastung.
4. Die durchschnittliche Mehrbelastung ist der Differenzbetrag, um den das Aufkommen der Lohnsteuer wegen der Steuerausweichung geringer ist als das Aufkommen einer Pauschalsteuer, die zur gleichen Nutzeneinbusse führt.

5. Die marginale Mehrbelastung misst die Zunahme der Mehrbelastung, wenn das Lohnsteueraufkommen um einen zusätzlichen Euro erhöht wird. Die marginale Mehrbelastung ist wesentlich höher als die durchschnittliche. Die Grenzkosten der Besteuerung entsprechen der marginalen Mehrbelastung plus 1. Den Grenzkosten der Besteuerung ist der marginale Wohlfahrtsgewinn der Staatstätigkeit gegenüberzustellen.

6. Das extensive Arbeitsangebot resultiert aus der Entscheidung für Arbeit anstatt Erwerbslosigkeit und drückt sich in einer variablen Erwerbsbeteiligung aus. Das extensive Arbeitsangebot hängt vom Teilnahmesteuersatz ab.

7. Der Teilnahmesteuersatz ist der Anteil der Summe aus Lohnsteuerschuld und Transfereinkommen am Bruttolohneinkommen eines Beschäftigten. Der Teilnahmesteuersatz ist damit die Summe aus dem Durchschnittssatz der Lohnsteuer und der Ersatzquote (Anteil der Transferleistungen am Bruttolohneinkommen). Beim Wechsel von der Erwerbslosigkeit in die Beschäftigung gibt der Arbeitnehmer ein Transfereinkommen auf und zahlt neu die Lohnsteuer. Daher muss der Teilnahmesteuersatz die Summe der beiden Beträge berücksichtigen, um die fiskalischen Einflüsse auf die Neigung zur Erwerbstätigkeit vollständig zu erfassen.

8. Die Steuerinzidenz gibt an, wer eine Steuer tatsächlich wirtschaftlich trägt. Die wirtschaftliche Steuerlast kann dabei als Veränderung des verfügbaren Realeinkommens bzw. der Wohlfahrt gemessen werden. Die tatsächliche Verteilung der Steuerlasten hängt nicht vom Anknüpfungspunkt der Besteuerung, sondern von den Überwälzungsvorgängen ab und wird im Marktgleichgewicht bestimmt. Das Ergebnis bestimmt sich weitgehend anhand der Preis- bzw. Lohnelastizität des Angebots und der Nachfrage.

Lektürevorschläge

Das intensive Arbeitsangebotskalkül ist Bestandteil der meisten Lehrbücher für Finanzwissenschaft, z.B. ATKINSON und STIGLITZ (1980), JHA (1998) und SALANIE (2003). Eine sehr gute Darstellung der mikroökonomischen Dualitätstheorie findet man in VARIAN (1992). KAY (1980) enthält eine prägnante allgemeine Analyse der Mehrbelastung unter Verwendung von Ausgabenfunktionen. Die Messung der Grenzkosten der Besteuerung und einen Überblick über die relevante Literatur findet der Leser z.B. in SNOW und WARREN (1996). Die methodischen Grundlagen für diskrete Entscheidungen sind schon seit längerem in der Literatur zur Berufswahl gelegt, wie z.B. in BOADWAY, MARCHAND und PESTIEAU (1991). SAEZ (2002a) verbindet intensive und extensive Arbeitsangebotsentscheidungen und zeigt, wie ihr Zusammenwirken die Gestalt von optimalen Steuer-Transfer-Systemen bestimmt. IMMERVOLL, KLEVEN, KREINER und SAEZ (2004) wenden dieses Modell auf die Analyse der Einkommens- und Transferprogramme in den europäischen Wohlfahrtsstaaten an. Die empirische Evidenz zum intensiven und extensiven Arbeitsangebot ist in BLUNDELL und MACURDY (1999) und in KRUEGER und MEYER (2002) zusammengefasst. Auf der Homepage WWW.IFF.UNISG.CH, Seite Keuschnigg/Lehre, stehen gelöste Übungsaufgaben bereit.

Schlüsselbegriffe

Intensives Arbeitsangebot	Haushaltsdualität
Substitutions- und Einkommenseffekte	Äquivalente Variation
Durchschnittliche Mehrbelastung	Marginale Mehrbelastung
Grenzkosten der Besteuerung	Extensives Arbeitsangebot
Teilnahmebedingung	Einkommensabstand
Teilnahmesteuersatz	Steuerüberwälzung

Kapitel IV

Humankapital

Die Humankapitalausstattung bestimmt entscheidend das langfristige Wachstumspotential eines Landes mit. Aus- und Weiterbildung steigern die Arbeitsproduktivität und somit das effektive Arbeitsangebot, so dass dieselbe Zahl von Arbeitnehmern (AN) mehr Output und Einkommen erwirtschaften kann. Das höhere effektive Arbeitsangebot steigert ausserdem das Grenzprodukt der anderen Produktionsfaktoren und stösst damit mehr Kapitalbildung an. Eine höhere Humankapitalausstattung begünstigt die Expansion der besonders wissensintensiven Wirtschaftszweige und stellt eine wichtige Voraussetzung für Forschung und Entwicklung dar. Diese indirekten Effekte multiplizieren den Einfluss des Humankapitals auf das Wachstum.

Die individuellen Anreize zur Aus- und Weiterbildung hängen von den Lohnsteigerungen ab, die durch den Erwerb von zusätzlichen Qualifikationen bzw. Bildungsgraden möglich werden. Die OECD schätzt beispielsweise im Jahr 2002 für Männer zwischen 25 und 64 Jahren in Deutschland, dass der Erwerb einer tertiären Ausbildung wie z. B. ein Universitäts- oder Fachhochschulabschluss gegenüber einer sekundären Ausbildung einen um etwa 42% höheren Lohn ermöglicht. Die Spannbreite dieser Bildungsprämie reicht von 30% in Neuseeland bis 152% in Ungarn (OECD, 2004b, Tabelle A11.1a, S. 175). Die sekundäre Ausbildung beginnt nach dem Pflichtschulalter in berufsbildenden Schulen und Gymnasien und endet zwischen 18 und 20 Jahren; die Primärstufe entspricht den Pflichtschulen. Setzt man die Lohnzuwächse in Beziehung zu den Bildungskosten, so kann eine private Rendite auf Bildungsinvestitionen berechnet werden. Ausgehend von einem sekundären Abschluss schätzt die OECD für die Schweiz im Jahr 2001 für den Erwerb einer tertiären Ausbildung von Männern eine private Rendite von 9.8% (bei Frauen von 7.8%). Deutschland und Österreich sind in diesen Schätzungen nicht separat aufgeführt (OECD, 2004b, Tabellen A11.4–7, S. 181–182). In den USA liegt dieselbe Rendite bei 11% für Männer (7.9% für Frauen). Die private Rendite auf den Erwerb einer sekundären Ausbildung nach der Pflichtschule ist wesentlich höher und liegt in der Schweiz bei 47.5% für Männer (50.7% für Frauen) und in den USA sogar bei 92.7% (98.1% für Frauen). Diese Renditen fallen ab, wenn der nächst höhere Bildungsabschluss erst später in der Karriere getätigt wird, weil dann der Ertrag nur mehr über einen kürzeren Restlebenshorizont realisiert werden kann.

Die privaten Bildungsrenditen sind unter anderem deshalb so hoch, weil ein grosser Teil der Bildungsaufwendungen öffentlich finanziert und nicht privat getragen wird. Die sozialen Bildungsrenditen sind daher deutlich geringer. Die OECD berechnet für die Schweiz im Jahr 2001 eine soziale Rendite auf den Erwerb einer sekundären Ausbildung von 20.3% für Männer (21.1% für Frauen), im Vergleich zu den privaten Renditen von 47.5% bzw. 50.7%. Der zusätzliche Erwerb einer tertiären Ausbildung erzielt am Beginn der Arbeitskarriere eine soziale Rendite von 6.7% (4.9% für Frauen), die wieder deutlich tiefer als die private Rendite von 9.8% (7.8% für Frauen) liegt. In den USA sind die Grössenordnungen ähnlich. Die soziale Rendite beträgt dort 22.3% für den Erwerb einer sekundären Ausbildung und 11.1% für die tertiäre Ausbildung (vgl. OECD, 2004b, Tabelle A11.6–7, S. 182). Zusammenfassend stellt man fest, dass die privaten Bildungsrenditen ausserordentlich hoch sind. Die gesellschaftliche Bildungsrendite unter Berücksichtigung aller öffentlichen, nicht privat getragenen Aufwendungen liegt erheblich über dem Realzins. Dies ist ein Ausdruck von Unterinvestition in Bildung im Vergleich zur physischen Kapitalakkumulation. Die OECD-Länder haben 2001 etwa 6.2% des BIP für die Institutionen der Aus- und Weiterbildung ausgegeben. Zwischen 1995 und 2001 sind die Bildungsausgaben im OECD-Durchschnitt um 5% gewachsen und damit in dieser Periode hinter dem Wachstum des BIP zurückgeblieben (OECD, 2004b, S. 222). Dies ist angesichts der hohen Bildungsrenditen eher ungünstig. Mit zusätzlichen Bildungsinvestitionen könnte das Pro-Kopf-Einkommen deutlich gesteigert werden. Die OECD schätzt für ihre Mitgliedsländer, dass die Ausdehnung der durchschnittlichen Bildungsdauer um ein Jahr langfristig den Pro-Kopf-Output etwa 3–6% steigern könnte.

Dieses Kapitel analysiert den Einfluss der Besteuerung auf verschiedene Formen der Bildungsentscheidungen. AN und Unternehmen tätigen variable Bildungsinvestitionen, um eine höhere Arbeitsproduktivität und höhere Löhne zu erzielen. Zu dieser *intensiven* Form der Bildung zählen die laufenden, beruflichen Weiterbildungsmassnahmen, die nicht nur von den AN, sondern zu einem grösseren Teil von den Betrieben finanziert werden. AN treffen bei Eintritt in das Erwerbsleben stets auch eine diskrete Karriereentscheidung. Diese *extensive* Form der Bildung bestimmt die Qualifikationsstruktur, also die Zusammensetzung der Erwerbsbevölkerung in höher und geringer qualifizierte Gruppen. Die Wahl eines höheren Ausbildungsweges, wie z. B. ein Universitätsstudium, ist mit erheblichen Investitionen in Form von Lohnverzicht während der Ausbildungszeit und von direkten Kosten wie Studiengebühren, Ausbildungsmaterial usw. verbunden. Jedoch eröffnet erst diese Investition den Zutritt zu hoch qualifizierten Berufen und ermöglicht damit höhere Einkommen. Unqualifizierte AN erzielen dagegen geringere Löhne; sie können jedoch die Ausbildungskosten einsparen und bereits früher erwerbstätig werden. Die Lohnspreizung bestimmt die Ausbildungsanreize. Die Lohnstruktur wird durch Veränderungen im wirtschaftlichen Umfeld, wie z. B. der Beschleunigung des bildungsintensiven technologischen Fortschritts oder der zunehmenden Globalisierung der Wirtschaft, beeinflusst.

Im Zentrum des Interesses steht hier jedoch der Einfluss der Besteuerung und der Bildungssubventionen auf die Anreize zur Aus- und Weiterbildung. Der Subventionsbegriff wird dabei weit gefasst. Die grössten Bildungssubventionen liegen im kostenlosen Zugang zu den Institutionen des öffentlichen Bildungswesens, wie etwa bei Pflichtschulen. Auch die Leistungen der Institutionen der höheren Bildung können entweder kostenlos oder zu Gebühren weit unter ihren Kosten beansprucht werden. Schliesslich sind die Aufwendungen für berufliche Weiterbildung häufig steuerlich abzugsfähig und damit ebenfalls subventioniert. Eine Begründung dafür können die hohen externen Erträge der Bildung sein, so dass es zu einer Unterinvestition in

Bildung kommen müsste, wenn die privaten Akteure alle Kosten selber zu tragen hätten. Für externe Erträge gibt es eine Reihe von Ursachen. Nachdem der Ertrag der Bildung auf dem Arbeitsmarkt realisiert wird, liegt es nahe, auf die Folgen von Arbeitsmarktstörungen für die Bildungsentscheidungen zu schauen. Das Kapitel betont daher, wie die Funktionsweise des Arbeitsmarktes die Optimalität (Effizienz) der Bildungsentscheidungen aus gesellschaftlicher Sicht beeinflussen kann und zeigt die Implikationen für die Besteuerung der Arbeitseinkommen auf. Der nächste Abschnitt wendet sich zunächst der intensiven Bildungsentscheidung auf einem vollkommenen Arbeitsmarkt zu.

IV.1 Weiterbildung

IV.1.1 Perfekter Arbeitsmarkt

Bildung erhöht die Arbeitsproduktivität. Auf einem perfekten Arbeitsmarkt werden die Beschäftigten nach ihrem Grenzprodukt entlohnt, welches von der vorausgehenden Bildungsinvestition abhängt. Der intertemporale Charakter der Bildungsinvestition kann am einfachsten anhand eines Modells mit zwei Perioden verdeutlicht werden. In der ersten Arbeitsperiode wird eine Weiterbildungsinvestition getätigt, um in der zweiten Erwerbsphase einen höheren Lohn zu erzielen. Weiterbildung (on the job training) besteht darin, einen Teil s der Zeitausstattung von 1 nicht unmittelbar für Arbeit, sondern für den Erwerb neuer Kenntnisse bzw. die Aktualisierung vorhandenen Wissens zu reservieren. Für Arbeit bleibt daher nur ein Teil $1 - s$. Es entstehen Opportunitätskosten der Bildung in Form eines Lohnentgangs sw, wenn der Lohnsatz pro Zeiteinheit w beträgt. Daneben fallen direkte Kosten für die Nutzung von Infrastruktur und vor allem Personal im Unterrichtswesen an. Das Entgelt für die Unterrichtsleistung sei kw pro Zeiteinheit. Der Staat kann diese Ausgaben im Prinzip mit einem Satz von z subventionieren. Weiterbildungsangebote, die von der öffentlichen Hand zu einem nicht kostendeckenden Preis angeboten werden, sind ebenfalls als subventioniert zu betrachten.

Je mehr in Weiterbildung investiert wird, desto höher ist die anschliessende Arbeitsproduktivität und damit der Lohn in der zweiten Erwerbsperiode, $f(s)w$, mit $f'(s) > 0 > f''(s)$. Ausserdem sei $f(0) = 1$, so dass ohne weitere Zusatzausbildung gerade derselbe Lohn wie in der ersten Periode erzielt werden kann. Schliesslich betrachten wir eine proportionale Lohnsteuer t. Der Bildungsertrag besteht also in der Lohnsteigerung der nächsten Periode. Die Kosten fallen in Form des Lohnentgangs und der Bildungsgebühren heute an. Die Löhne der nächsten Periode werden mit dem Zinsfaktor $R = 1 + r$ abgezinst. Der optimale Zeitaufwand für Weiterbildung soll das Lebenseinkommen bzw. das Humankapital des AN maximieren:

$$V(t,z) = \max_s \frac{(1-t)f(s)w}{R} + (1-t)(1-s)w - (1-z)skw. \tag{IV.1}$$

Die BEO für die Weiterbildungszeit lautet

$$(1-t)f'(s)w/R = (1-t)w + (1-z)kw, \tag{IV.2}$$

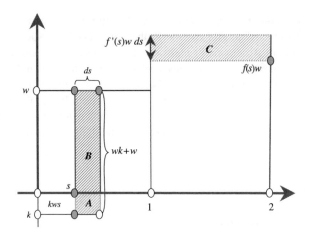

Abbildung IV.1: Optimale Weiterbildung

wobei sich der Lohnsatz w wegkürzt. Der Grenzertrag der Bildung besteht im Barwert des Lohnzuwachses $(1 - t)f'(s)w/R$. Die Grenzkosten setzen sich aus dem Lohnentgang $(1 - t)w$ und den zusätzlichen privaten Bildungskosten $(1 - z)kw$ pro Zeiteinheit zusammen. Abbildung IV.1 veranschaulicht das Bildungskalkül, wobei in der graphischen Darstellung die staatlichen Bildungsinstrumente vernachlässigt sind. Eine marginale Ausdehnung des Zeitaufwandes s für Weiterbildung um ds erfordert zusätzliche Kurskosten $kwds$ und führt zu einem marginalen Verdienstentgang wds. Die Grenzkosten entsprechen damit dem schraffierten, vertikal geneigten Rechteck mit der Fläche $A + B$ bzw. $(w + kw)ds$. Das horizontal ausgerichtete Rechteck mit der Fläche C bzw. $f'(s)wds$ entspricht dem Grenzertrag der Bildung, welcher noch mit dem Diskontfaktor abgezinst werden muss.

Die BEO in (IV.2) erlaubt uns, die Wirkungen der Finanzpolitik auf die Weiterbildung zu beschreiben. Zwei Fälle sind zu unterscheiden. Erstens: Wenn es nur Opportunitätskosten der Weiterbildung (Verdienstentgang), aber keine weiteren Kosten gibt ($k = 0$), dann ist eine *proportionale Lohnsteuer neutral* und beeinflusst die private Bildungsentscheidung nicht. In diesem Fall beteiligt sich der Staat zu gleichen Anteilen an den Erträgen und Kosten der Weiterbildung, so dass der Steuerfaktor $1 - t$ aus (IV.2) herausfällt und s nicht beeinflussen kann. Zweitens: Wenn die gegenwärtigen und zukünftigen Löhne, w und $f(s)w$, und die Schulungskosten kw mit demselben proportionalen Faktor besteuert bzw. subventioniert werden ($t = z$), dann ist die Finanzpolitik ebenfalls neutral. Die BEO wird zu $f'(s)/R = 1 + k$ und bestimmt die Weiterbildungsaktivität s unabhängig von $z = t$.

Abgesehen von diesen Spezialfällen beeinflusst die Finanzpolitik die Anreize zur Weiterbildung. Um den Einfluss herauszuarbeiten, bilde man das Differential von (IV.2). Man erhält $\left[(1 - t)f''/R\right]ds = \left(f'/R - 1\right)dt - kdz$ bzw.

$$\frac{ds}{dt} = \frac{f'/R - 1}{(1 - t)f''/R} \leq 0 \quad \Leftrightarrow \quad k \geq 0, \qquad \frac{ds}{dz} = \frac{-k}{(1 - t)f''/R} > 0. \qquad (IV.3)$$

Wenn die Schulungskosten k positiv sind, senkt eine höhere Lohnsteuer den Zeitaufwand s für Weiterbildung, da in diesem Fall nach der BEO $(1 - t)(f'/R - 1) = (1 - z)k > 0$ der Nenner $f'/R - 1$ positiv ist, während $f'' < 0$ gilt. Die Lohnsteuer senkt den gesamten Grenzertrag der Bildung, aber nur einen Teil der Grenzkosten, nämlich ausschliesslich die Opportunitätskosten bzw. den Verdienstentgang, aber nicht die Schulungskosten. Daher mindert sie den Grenzertrag verhältnismässig stärker als die Grenzkosten und reduziert so die Anreize zur Weiterbildung. Höhere Bildungssubventionen steigern die Attraktivität der Weiterbildung, weil sie die Grenzkosten senken, aber die Erträge unverändert lassen.

Die Erträge der Weiterbildung werden auf dem Arbeitsmarkt in Form von höheren Löhnen realisiert. Auf einem perfekten Arbeitsmarkt sind die privaten Entscheidungen zur Weiterbildung gesellschaftlich optimal und bedürfen keiner Korrektur. Eine Besteuerung bzw. Subventionierung würde nur zu Wohlfahrtsverlusten führen. Um dies zu zeigen, stellen wir dem Barwert des privaten Nettoeinkommens V in (IV.1) das Nettosteueraufkommen mit einem Barwert von E gegenüber,

$$
\begin{aligned}
E &= t \cdot f(s)w/R + t \cdot (1 - s)w - z \cdot skw, \\
S &= V + E = f(s)w/R + (1 - s)w - skw.
\end{aligned}
\tag{IV.4}
$$

Das gesellschaftliche Einkommen (soziale Wohlfahrt, „Surplus") beträgt $S = V + E$. Dieser Überschuss wird mit einem Zeitaufwand s^* für Weiterbildung maximiert, der durch die BEO $S'(s^*) = f'(s^*)w/R - w - kw = 0$ bestimmt ist. Diese Bedingung ist mit (IV.2) identisch, wenn $t = z$ gilt. Die privaten Bildungsentscheidungen nach (IV.2) sind daher gesellschaftlich optimal, wenn der Staat an den Erträgen und Kosten der Weiterbildung zu gleichen Teilen teilnimmt oder überhaupt nicht interveniert.

IV.1.2 Progressive Besteuerung

Weiterbildung bedeutet Einkommensverzicht heute für höhere Löhne morgen. Eine proportionale Lohnsteuer ist neutral, sofern keine direkten Schulungskosten, sondern ausschliesslich Opportunitätskosten in Form von Verdienstentgang anfallen. Die Lohnsteuer ist allerdings in fast allen Ländern progressiv ausgestaltet. Eine progressive Steuer besteuert die zusätzlichen Lohneinkommen morgen überproportional stark, während der Verdienstausfall heute die Steuerschuld vergleichsweise schwächer mindert. Vor Weiterbildung sind die Löhne noch gering und werden dementsprechend nach einer niedrigeren Progressionsstufe besteuert. Eine progressive Lohnsteuer besteuert daher die Grenzerträge stärker als die Grenzkosten und wird auf alle Fälle die Anreize zur Weiterbildung hemmen. Um diesen Punkt zu betonen, beschränken wir uns auf den Fall $k = 0$, für den eine proportionale Lohnsteuer neutral ist.

Ein Mass für die Progression der Lohnsteuer ist die Residualeinkommenselastizität. Sie gibt an, um wieviel Prozent das Nettoeinkommen x steigt, wenn das Bruttoeinkommen y um 1% wächst (vgl. Kapitel II). Der Steuertarif kann indirekt anhand einer Nettoeinkommensfunktion $x = y^\sigma$ charakterisiert werden. Die Steuerschuld entspricht der Differenz von Brutto- und Nettoeinkommen,

$$
T(y) = y - y^\sigma, \qquad x = y - T(y) = y^\sigma, \qquad \sigma < 1.
\tag{IV.5}
$$

Die Steuerschuldfunktion ist progressiv, da $T''(y) = (1 - \sigma)\sigma y^{\sigma-2} > 0$. Der Exponent $\sigma < 1$ entspricht der Residualeinkommenselastizität $(\mathrm{d}x/x)/(\mathrm{d}y/y)$, die für eine progressive Steuer kleiner als 1 ist.

Das Humankapital ist der Barwert des Nettolohneinkommens über den gesamten Lebenszyklus. Die Entscheidung zur Weiterbildung folgt wie in (IV.1) aus der Maximierung des Humankapitals. Die progressive Lohnsteuer berücksichtigen wir durch Anwendung der Nettoeinkommensfunktion in (IV.5). Wir wollen die progressive Steuer für den Spezialfall $k = 0$ untersuchen, in welchem die proportionale Lohnsteuer neutral ist. Das Problem in (IV.1) wird also wie folgt geschrieben, wobei der Ausdruck w^σ aus der BEO herausfällt,

$$V = \max_s \frac{[f(s)w]^\sigma}{R} + [(1-s)w]^\sigma \quad \Rightarrow \quad \frac{f'(s)}{R} \frac{1}{f(s)^{1-\sigma}} = \frac{1}{(1-s)^{1-\sigma}}. \quad \text{(IV.6)}$$

Progression bedeutet $\sigma < 1$, so dass der Exponent $1 - \sigma$ eine positive Zahl ist. Die Grenzerträge der Weiterbildung auf der linken Seite fallen mit zusätzlichem Zeitinput, während die Grenzkosten auf der rechten Seite mit s steigen. Abbildung IV.2 illustriert, wie die Gleichheit von Grenzertrag und Grenzkosten im Schnittpunkt der Kurven den optimalen Zeitaufwand für Weiterbildung bestimmt.

Man beachte, dass $f(0) = 1$ und $f(s) > 1$ gilt. Wenn der Tarif mit kleinerem σ progressiver wird und damit $1 - \sigma$ zunimmt, dann steigt auch $f(s)^{1-\sigma}$ für ein gegebenes s an. Dagegen fällt $(1 - s)^{1-\sigma}$ mit einem höheren Wert von $1 - \sigma$, da $1 - s$ eine Zahl kleiner als 1 ist. Dies bedeutet, dass der Grenzertrag einer zusätzlichen Weiterbildung fällt, während der Grenzaufwand auf der linken Seite ansteigt. Entsprechend verschieben sich die Kurven in Abbildung IV.2. Intuitiv mindert eine höhere Progression die Anreize zur Weiterbildung, weil die damit erzielten Einkommensgewinne morgen überproportional besteuert werden, während der Einkommensverlust heute aus der geringeren Arbeitszeit zu einer unterproportionalen Steuerentlastung führt. Wenn also das Mehraufkommen der Lohnsteuer durch eine Verschärfung der Progres-

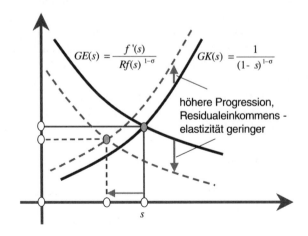

Abbildung IV.2: Steuerprogression und Bildung

sion erzielt wird, dann behindert dies auf alle Fälle die Weiterbildungsaktivitäten, wie Abbildung IV.2 veranschaulicht.

IV.1.3 Arbeitsmarktfriktionen

IV.1.3.1 Arbeitsmarkt und Lohnverhandlung

Der Arbeitsmarkt ist ein sehr dynamisches System, in welchem Arbeitsverhältnisse aufgrund geänderter Bedürfnisse und Anforderungen der AN und Arbeitgeber (AG) immer wieder aufgelöst und neu gebildet werden. Offene Stellen und Beschäftigung suchende AN müssen also in einem anonymen Vermittlungsprozess immer wieder neu zugeordnet werden. In der einfachen Modellbetrachtung mit zwei Perioden gehen wir davon aus, dass nach dem Ende der ersten Periode das Arbeitsverhältnis als Folge eines nicht näher spezifizierten Schocks aufgelöst wird. Die AN und die frei werdenden Arbeitsplätze müssen also am Beginn der zweiten Periode neu vermittelt werden. Die einfachste Darstellung eines Sucharbeitsmarktes ist, dass es nur eine einzige, anonyme Vermittlungsrunde gibt, die jedem AN instantan einen Arbeitsplatz zuweist und somit Produktion ermöglicht. Weil es nur eine einzige Vermittlungsrunde gibt, sind Lohn und Gewinn für beide Seiten gleich Null, wenn die Produktionsmöglichkeit mangels einer Einigung über die Aufteilung des gemeinsam erzielten Produktionsergebnisses nicht realisiert wird. AN und AG können keinen weiteren Partner mehr treffen. Mit anderen Worten ist die „Outside-Option" der Partner jeweils Null. In Wirklichkeit können die beiden Parteien sicherlich damit rechnen, dass sie nach einer gewissen Suchdauer und mit einer gewissen Wahrscheinlichkeit einen anderen Partner finden werden, so dass der erwartete Wert der Outside-Option positiv ist. Dies ändert zwar die Lohnaufteilung, aber nicht die grundlegenden Einsichten.

Wenn also die Outside-Option in der zweiten Periode Null ist, wird das am Arbeitsplatz gebundene Sachkapital bzw. das Humankapital der AN *beziehungsspezifisch*. Es verliert jeglichen Wert, wenn die Produktionsmöglichkeit nach einer erfolgreichen Vermittlung nicht realisiert wird. Da sich nur zwei Parteien gegenüberstehen, erfolgt die Lohnfindung zwangsläufig nicht wettbewerblich, sondern beispielsweise durch Verhandlung. Beide Parteien haben gegenüber der jeweils anderen Seite Verhandlungsmacht. Dies ist der entscheidende Unterschied zu einem wettbewerblichen Arbeitsmarkt, wo Arbeitsangebot und Arbeitsnachfrage jeweils homogen und beliebig austauschbar sind und der Lohn im Wettbewerb dem Grenzprodukt der Arbeit entspricht.

Die Entscheidungen der AN und AG laufen in folgender Reihenfolge ab: 1. Der AN tätigt in der ersten Periode eine Bildungsinvestition in Erwartung der zukünftigen Löhne. Den zukünftigen AG kennt er dabei noch nicht und kann daher mit ihm auch keine bindende Vereinbarung über eine eventuelle Kostenteilung treffen. 2. Nach Abschluss der Ausbildung wird am Ende der Periode das Arbeitsverhältnis aufgelöst. AN und AG werden auf einem anonymen Sucharbeitsmarkt neu vermittelt. 3. Nach erfolgreicher Vermittlung können die beiden Parteien gemeinsam eine Produktion tätigen, wenn sie sich auf einen Lohn und damit auf eine Aufteilung des gemeinsamen Erlöses einigen. Die Produktionstechnologie sei ricardianisch mit einem Input-Output-Koeffizienten von 1; mit einer Einheit Humankapital wird also eine Einheit Output produziert.

Wenn der AN seine Bildungsentscheidung trifft, muss er den in der nächsten Periode erwarteten Lohn berücksichtigen. Zuerst muss also der Lohn der nächsten Periode ermittelt werden, bevor die Bildungsentscheidung charakterisiert werden kann. Das Gleichgewicht wird daher durch Rückwärtsinduktion gelöst. Wir starten mit der Aufteilung des Produktionserlöses, nachdem die Jobvermittlung stattgefunden hat. Zu diesem Zeitpunkt ist die Bildungsentscheidung versunken. Die Arbeitsproduktivität bzw. der gemeinsam erzielbare Überschuss $f(s)w$ sind also bereits fixiert. AN und AG verhandeln nun über den Bruttolohn w^L und damit über die Höhe des Gewinns $\pi = f(s)w - w^L$ in der zweiten Periode. Der AN sei mit einer Verhandlungsmacht β ausgestattet, welche den Erlösanteil bestimmt, den er für sich durchzusetzen in der Lage ist. Der Lohn folgt aus der Lösung des folgenden Nash-Verhandlungsproblems, wobei die Rückfallposition jeder Partei wie erwähnt gleich Null ist:

$$w^L = \text{argmax}\big[(1-t)w^L\big]^{\beta}\big[f(s)w - w^L\big]^{1-\beta}. \qquad \text{(IV.7)}$$

Aus der BEO zu diesem Verhandlungsproblem wird der Lohn ermittelt. Das Verhandlungsergebnis weist dem AN einen Anteil $0 < \beta < 1$ und dem AG einen Anteil $1 - \beta$ am gemeinsamen Erlös zu. Diese Anteile spiegeln gerade die Verhandlungsmacht der beiden Parteien wider:

$$w^L = \beta f(s)w, \quad \pi = f(s)w - w^L = (1 - \beta)f(s)w. \qquad \text{(IV.8)}$$

IV.1.3.2 Private und effiziente Bildungsentscheidung

In der Ausbildungsphase kennt der AN seinen AG noch nicht und kann daher auch keine Vereinbarungen treffen, die ihm den vollen Zuwachs der Arbeitsproduktivität $f'(s)w$ nach Abschluss der Ausbildung zusichern würden. Der AN antizipiert, dass er später dem noch unbekannten AG gegenüber nur einen Teil β der Arbeitsproduktivität als Lohnforderung wird durchsetzen können: $w^L = \beta f(s)w$ wie in (IV.8). Seine Bildungsentscheidung orientiert sich am erzielbaren Nettolohn $w = (1 - t)w^L$, den er in der zweiten Periode erwarten kann, und an den Ausbildungskosten der ersten Periode,

$$V(t,z) = \max_{s} \frac{(1-t)\beta f(s)w}{R} + (1-t)(1-s)w - (1-z)skw. \qquad \text{(IV.9)}$$

Die BEO für den Weiterbildungsaufwand s lautet nunmehr

$$\frac{(1-t)\beta f'(s)w}{R} = (1-t)w + (1-z)kw, \qquad \frac{ds}{dt} < 0, \quad \frac{ds}{dz} > 0. \qquad \text{(IV.10)}$$

Abgesehen davon, dass $f'(s)$ durch $\beta f'(s)$ ersetzt wird, ändert sich an den komparativ statischen Wirkungen der Finanzpolitik nichts. Die Lohnsteuer reduziert im Allgemeinen den Zeitaufwand für Weiterbildung, die Subvention stärkt die Anreize.

Allerdings ist nun die private Bildungsentscheidung gesellschaftlich nicht mehr optimal. Um dies zu sehen, betrachten wir zunächst die reine Marktlösung in (IV.10),

$$\frac{\beta f'(s)}{R} = 1 + k. \tag{IV.11}$$

Der Vergleich mit (IV.2) zeigt, dass die Grenzerträge voll mit dem Faktor $\beta < 1$ gekürzt werden, während die Grenzkosten der Weiterbildung unberührt bleiben. Die AG besitzen Verhandlungsmacht und setzen in der zweiten Periode geringere Löhne durch. Die Tatsache, dass später ein Teil der Produktivitätszuwächse wegverhandelt wird, schwächt die Anreize der AN, in der ersten Periode in Weiterbildung zu investieren. Aus gesellschaftlicher Sicht kommt es zu einer *Unterinvestition in Bildung*. Die AN berücksichtigen in ihrer Entscheidung nicht, dass mehr Weiterbildung die Arbeitsproduktivität hebt und damit nicht nur das eigene Lohneinkommen, sondern auch die Gewinne der AG steigert. Weil der externe Ertrag in Form höherer Gewinne für die private Entscheidung der AN nicht unmittelbar relevant ist und daher von ihnen nicht berücksichtigt wird, investieren sie zu wenig in ihre Weiterbildung. Sie tragen die vollen Kosten, können sich aber nur einen Teil der insgesamt anfallenden Erträge aneignen.

Eine *koordinierte Bildungsentscheidung* würde das für die Gesellschaft insgesamt entstehende Einkommen berücksichtigen und damit die Wohlfahrt bzw. den gesellschaftlichen Überschuss $U^* = \pi/R + V + E$, bestehend aus dem Barwert der Gewinne, dem Humankapital und dem Barwert der Steuereinnahmen, maximieren. Ähnlich wie in (IV.4) beträgt der Barwert des Steueraufkommens $E = t\beta f(s)w/R + t(1-s)w - zskw$:

$$U^* = \max_s \frac{f(s)w}{R} + (1-s)w - skw \quad \Rightarrow \quad \frac{f'(s^*)}{R} = 1 + k \quad \Rightarrow \quad s^* > s. \tag{IV.12}$$

Der Vergleich von (IV.12) und (IV.11) zeigt, dass auf einem friktionellen Arbeitsmarkt mit hoher Mobilität der Arbeitskräfte die sozialen Grenzerträge der Bildung grösser sind als die privaten in (IV.11). Der Bildungsaufwand im privaten Gleichgewicht ist deshalb geringer als der gesellschaftlich optimale Zeitaufwand, $s < s^*$, wie Abbildung IV.3 illustriert. Wenn sich die AN und AG auf eine intensivere Weiterbildung koordinieren könnten, dann wären sie in der Lage, ihr gemeinsames Einkommen (Gewinne plus Löhne abzüglich der Bildungskosten) noch weiter zu steigern. Da sie aber zum Zeitpunkt der Bildungsinvestition den zukünftigen Partner nach der Jobvermittlung noch nicht kennen, können sie keine bindenden Verträge abschliessen, so dass die Koordinierung nicht gelingt.

IV.1.3.3   Optimale Bildungssubvention

Der Staat kann in dieser Situation durch eine Bildungssubvention z^* das private Gleichgewicht verbessern und damit im Prinzip das gesellschaftliche Optimum herstellen. Mit einer geeignet gewählten Subvention kann er die externen Bildungserträge

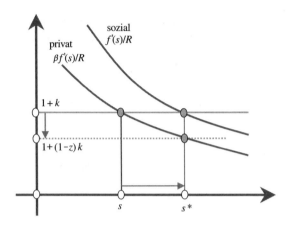

Abbildung IV.3: Unterinvestition in Bildung

internalisieren und die Anreize für eine intensivere Weiterbildung stärken. Wir gehen zunächst vom unbesteuerten Gleichgewicht aus. Das Differential von (IV.11) ergibt

$$\mathrm{d}U^* = \Phi w \mathrm{d}s, \quad \Phi \equiv \frac{f'(s)}{R} - 1 - k.\tag{IV.13}$$

Wäre s im privaten Gleichgewicht bereits gesellschaftlich optimal gewählt, dann wäre die Wohlfahrt maximal und könnte nicht mehr weiter gesteigert werden, d. h. $\Phi = 0$ gemäss (IV.12) und U^* wäre maximal. Im Marktgleichgewicht gilt jedoch nach (IV.11) $s < s^*$ und daher $\Phi > 0$. Indem wir die private Bedingung in (IV.10) in (IV.13) einsetzen und dabei die Lohnsteuer unterdrücken, erhalten wir

$$\Phi = \frac{f'(s)}{R} - 1 - k = \frac{(1-\beta) f'(s)}{R} - zk.\tag{IV.14}$$

Ohne Subvention ($z = 0$) entspricht $\Phi = (1 - \beta) f'(s)/R$ gerade dem Keil zwischen gesellschaftlichem und privatem Ertrag der Bildung; das ist die vertikale Differenz in Abbildung IV.3. Ein höherer Zeitaufwand s für Weiterbildung kann daher die Wohlfahrt wie in (IV.13) anheben. Eine Subvention stärkt die private Bildungsrendite, führt zu höherer Weiterbildung und reduziert in der Folge den Keil Φ. Wie Abbildung IV.3 veranschaulicht, gibt es eine Subvention z, so dass die private und gesellschaftliche Rendite zusammenfallen, der Keil verschwindet, $\Phi = 0$, und kein weiterer Wohlfahrtsgewinn mehr möglich ist. Die optimale Subvention ist damit wie folgt bestimmt:

$$\Phi = 0 \quad \Leftrightarrow \quad \frac{(1-\beta) f'(s(z^*))}{R} = z^* k.\tag{IV.15}$$

Da s von z abhängt, ist die Subvention nur implizit bestimmt. Sie internalisiert gerade den externen Effekt. Das ist jener Teil $1 - \beta$ des gesamten Bildungsertrags f', der den Gewinn des AG in (IV.8) steigert. Die Höhe der optimalen Subvention in (IV.15) entspricht dem Barwert des Spillovers auf die andere Partei.

Es lässt sich zeigen, dass die in (IV.15) bestimmte Subvention (für den Fall $t = 0$) tatsächlich zur optimalen Bildungsentscheidung führt, indem man z^*k in das private Kalkül (IV.10) unter Beachtung von $t = 0$ einsetzt. Schliesslich folgt $f'(s^*)/R = 1 + k$. Dies entspricht der sozial optimalen Investition nach (IV.12), wie Abbildung IV.3 illustriert.

IV.1.3.4 Mehrbelastung

Auf perfekten Märkten würden Subventionen genauso wie Steuern zu einer Mehrbelastung führen. Bei einer Subvention besteht die Mehrbelastung darin, dass die Subventionsausgaben des Staates den einkommensäquivalenten Wohlfahrtsgewinn des privaten Sektors übersteigen. Die Subventionen kosten den Steuerzahler mehr als sie den Begünstigten an Vorteilen bringen. Auf einem friktionellen Arbeitsmarkt wie in diesem Abschnitt hat allerdings die Weiterbildungssubvention auch einen wohlfahrtssteigernden Lenkungseffekt. Wie hängt dies mit dem Konzept der Mehrbelastung zusammen? Dazu ermitteln wir die Mehrbelastung, indem wir die aggregierte Wohlfahrt $U = V + \pi/R$ des privaten Sektors und die Subventionsausgaben $A = zskw$ anschreiben und dabei die Lohnsteuer wieder ausblenden. Man beachte den Unterschied zu U^* in (IV.12),

$$U = [\beta f(s)/R + (1 - s) - (1 - z)sk]w + (1 - \beta)f(s)w/R, \quad A = zskw.$$
(IV.16)

Die Mehrbelastung der Subvention ist mit $DWL = A - U$ definiert. Für eine zunehmende Subventionsrate berechnet man folgende Effekte:

$$\frac{\mathrm{d}U}{\mathrm{d}z} = skw + \frac{(1 - \beta)f'(s)w}{R}\frac{\mathrm{d}s}{\mathrm{d}z}, \quad \frac{\mathrm{d}A}{\mathrm{d}z} = skw + z \cdot kw\frac{\mathrm{d}s}{\mathrm{d}z}.$$
(IV.17)

Bei der Ableitung von U käme noch ein Term $+[\beta f'(s)/R - 1 - (1 - z)k]w \cdot \mathrm{d}s/\mathrm{d}z$ dazu, doch dieser ist wegen der BEO bezüglich der Weiterbildungsinvestition der AN gleich Null.[1] Die private Wohlfahrt nimmt zunächst aufgrund des direkten Einkommenseffektes skw zu, weil die Subvention das privat verfügbare Einkommen erhöht. Ausserdem generiert die Subvention noch einen externen Ertrag $(1 - \beta)f'(s)w$ in Form von höheren Gewinnen der AG. Dieser externe Ertrag bleibt bei der Bildungsentscheidung der AN unberücksichtigt, stellt aber sehr wohl eine Wohlfahrtssteigerung des gesamten privaten Sektors dar. Die Wirkungen auf das öffentliche Budget in der zweiten Gleichung von (IV.17) bestehen aus dem direkten Ausgabeneffekt, wenn die Bemessungsgrundlage skw mit einem höheren Satz z subventioniert wird, und aus dem Verhaltenseffekt $zkw \cdot \mathrm{d}s/\mathrm{d}z$, wonach bei einem konstanten Satz z die Subventionskosten zunehmen, wenn die Individuen ihre Weiterbildungsinvestitionen ausdehnen (Mitnahmeeffekt).

Ein zunehmend höherer Subventionssatz verändert die Mehrbelastung mit

$$\frac{\mathrm{d}DWL}{\mathrm{d}z} = \frac{\mathrm{d}A}{\mathrm{d}z} - \frac{\mathrm{d}U}{\mathrm{d}z} = \left[zk - \frac{(1 - \beta)f'(s)}{R}\right]w\frac{\mathrm{d}s}{\mathrm{d}z}.$$
(IV.18)

Gäbe es keinen externen Ertrag, so dass sich die AN den gesamten Anteil $\beta = 1$ des Bildungsertrages aneignen können, dann wäre die Mehrbelastung gleich den zusätzlichen Subventionskosten, die aus der Ausdehnung der anspruchsberechtigten

---

[1] Der Steuersatz ist hier auf Null gesetzt, es wird nur die Subvention betrachtet.

Weiterbildungsinvestitionen der AN entstehen, $\mathrm{d}DWL/\mathrm{d}z = zkw \cdot \mathrm{d}s/\mathrm{d}z$. Eine kleine Subvention, ausgehend vom Marktgleichgewicht $z = 0$, wäre unschädlich. Wenn der Subventionssatz schon in der Ausgangssituation positiv ist, dann werden die Mitnahmeeffekte zunehmend teurer und die Mehrbelastung strikt positiv. Wenn nun aber die Weiterbildungsaktivität mit einem externen Ertrag verbunden ist, wie er im zweiten Term in der Klammer zum Ausdruck kommt, dann wird der Mitnahmeeffekt, der die Subventionsbasis ausdehnt, gleichzeitig zu einem erwünschten Lenkungseffekt, der die Allokation wohlfahrtssteigernd verbessert und die Mehrbelastung entsprechend kompensiert. Die Klammer in (IV.18) zeigt den Nettowohlfahrtsgewinn. Wenn der Subventionssatz in der Ausgangssituation gerade optimal ist und damit die Bedingung (IV.15) erfüllt, wird die Mehrbelastung vollständig kompensiert, und der Nettowohlfahrtsgewinn in (IV.18) wird Null. Der optimale Subventionssatz stellt eine optimale Allokation her, so dass eine marginale Änderung keinen weiteren Wohlfahrtsgewinn mehr ergeben kann.

IV.2   Ausbildung und Qualifikationsstruktur

IV.2.1   Karriereentscheidung

Die Humankapitalausstattung eines Landes ist einer der wichtigsten Wachstumsfaktoren. Neben der variablen Weiterbildung als intensive Form weist die aggregierte Humankapitalbildung auch eine extensive Komponente als Resultat einer diskreten Ausbildungs- bzw. Karriereentscheidung auf. Je höher der Anteil der Erwerbsbevölkerung mit höheren Bildungsabschlüssen ist, desto grösser ist der aggregierte Humankapitalbestand. Eine der wesentlichsten Fragen in der Gesellschaft ist daher, ob genügend viele Personen einen höheren Bildungsgrad und damit eine höhere Arbeitsqualifikation erwerben. Im einfachsten Fall unterscheiden wir qualifizierte und unqualifizierte AN. Diese Unterteilung resultiert aus der individuellen Entscheidung, mit einer diskreten Ausbildungsinvestition einen höheren Bildungsgrad zu erwerben oder eben nicht. Wenn die Erwerbsbevölkerung auf diese Art und Weise in diskrete Bildungs- und damit Einkommensklassen unterteilt wird, können wir fragen, wie sich verändernde Einkommens- bzw. Lohndifferentiale auf die Qualifikationsstruktur der Bevölkerung auswirken. Das Lohndifferential stellt einen entscheidenden Anreiz zur Ausbildung dar, wobei die Bildungsinvestition dabei einen weitgehend fixen Charakter hat. Die Aussicht auf höhere Gehälter sollte die diskrete Ausbildungsentscheidung wesentlich beeinflussen. Die Lohndifferentiale können auf Veränderungen im wirtschaftlichen Umfeld, wie z. B. Globalisierung oder beschleunigter, bildungsintensiver technologischer Fortschritt, reagieren oder aber aus wirtschafts- und finanzpolitischen Reformen resultieren. Dieser Abschnitt entwickelt nun ein einfaches Modell, mit welchem die prinzipiellen Einflüsse der Steuerpolitik auf die Qualifikationsstruktur herausgearbeitet werden können.

Es gebe nur zwei Qualifikationen. Ausgebildete und unausgebildete Arbeit wird mit Löhnen $w^H > w^L$ für hoch- und gering qualifizierte Tätigkeiten entlohnt. Mit einer Ricardianischen Technologie, wonach mit einer Einheit Arbeit w^H bzw. w^L Einheiten Output produziert werden, ist das Grenzprodukt der Arbeit fix, so dass auf einem perfekten Arbeitsmarkt die Bruttolöhne exogen bleiben. Ohne Ausbildung kann in beiden Perioden ein niedriger Lohn w^L erzielt werden. Zur Vereinfachung nehmen wir an, dass für gering qualifizierte Tätigkeiten auch keine Weiterbildung notwendig ist. Der Einkommensbarwert eines unausgebildeten AN beträgt daher w^L für die erste und w^L/R für die zweite Periode. Dies ergibt nach Lohnsteuer ein abdiskontiertes Lebenseinkommen von

$$V^L(t) = (1-t)\frac{1+R}{R}w^L, \quad \frac{dV^L}{dt} = -\frac{1+R}{R}w^L < 0. \tag{IV.19}$$

Der Zugang zu einer hochqualifizierten Beschäftigung erfordert dagegen eine diskrete Ausbildungsinvestition am Beginn der ersten Periode. Nach dieser diskreten Investition kann das Lebenseinkommen noch durch variable Weiterbildung maximiert werden. Das Humankapital eines hochqualifizierten AN beträgt daher ähnlich wie in (IV.1)

$$V^H(t,z,v) = \max_s [(1-t)[f(s)/R + (1-s)] - (1-z)sk - (1-v)a]w^H. \tag{IV.20}$$

Die Bildungskosten setzen sich nun insgesamt aus den Opportunitätskosten der Weiterbildung $(1-t)(1-s)w^H$ während der ersten Arbeitsphase, aus den Schulungskosten $(1-z)skw^H$, die während der für Weiterbildung aufgewandten Zeitspanne s anfallen, und den fixen Kosten der Ausbildung $(1-v)aw^H$ am Beginn der ersten Periode zusammen. Diese fixen Kosten können als Kosten für Lehrer und andere Kosten der Inanspruchnahme der Bildungseinrichtungen interpretiert werden. Der Staat kann sie mit dem Satz v subventionieren. Diese Subvention steht beispielsweise für einen direkten Zuschuss zu den privaten Ausbildungskosten, etwa in Form eines Stipendiums, oder für die Kostenübernahme durch den Staat. In den allermeisten Ländern werden die Kosten für die öffentlichen Schulen und Universitäten überhaupt nicht oder aber zu Studiengebühren weit unter den tatsächlichen Kosten verrechnet.

Die Lohnsteuer mindert das Lebenseinkommen, während die Subventionen z und v für Weiterbildung und Ausbildung das Lebenseinkommen der hochqualifizierten AN steigern. Die Anwendung des Envelopen-Theorems ergibt

$$\frac{dV^H}{dt} = -[f(s)/R + (1-s)]w^H < 0, \quad \frac{dV^H}{dz} = skw^H > 0, \quad \frac{dV^H}{dv} = aw^H > 0. \tag{IV.21}$$

Am Beginn der ersten Periode muss der AN eine Karrierewahl treffen und entscheiden, ob er die Kosten der Ausbildung auf sich nehmen soll oder nicht. Dabei fallen neben den monetären Kosten $(1-v)aw^H$ auch noch intangible Ausbildungskosten an. Es wird angenommen, dass sich die Individuen im Anstrengungsniveau unterscheiden, das mit dem Erwerb der höheren Qualifikation verbunden ist. Die Erwerbsbevölkerung sei auf dem Einheitsintervall ansteigend in den notwendigen Effortkosten $q(i) = q \cdot i$ mit $i \in [0,1]$ angeordnet. Eine natürliche Interpretation ist, dass Individuen $i \to 0$ sehr talentiert sind, das Ausbildungsziel mit geringen Effortkosten erreichen können und daher eine hohe Neigung zur Ausbildung haben. Nach

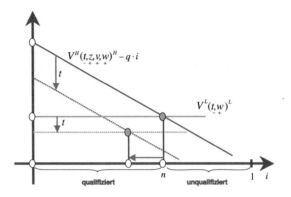

Abbildung IV.4: Ausbildungsentscheidung

Vergleich der Lebenseinkommen in den beiden alternativen Karrierewegen und unter Berücksichtigung der Effortkosten der Ausbildung wählen die Individuen jeweils die bessere der beiden Alternativen, $V^H - qi \gtreqqless V^L$. Diese *Teilnahmebedingung* für Ausbildung bestimmt ein kritisches Individuum $n \in [0,1]$, welches gerade indifferent ist,

$$V^H(t,z,v) - q \cdot n = V^L(t). \tag{IV.22}$$

Abbildung IV.4 illustriert die Entscheidung zur Ausbildung. Alle talentierten Personen $i < n$ bevorzugen klar eine Ausbildung für eine hochqualifizierte Karriere. Alle weniger talentierten $i > n$ bilden sich nicht aus, sondern sparen die entsprechenden Kosten ein und fangen sofort an zu arbeiten. Sie können aber nur gering qualifizierte Tätigkeiten verrichten, die mit einem niedrigeren Lohn entgolten werden. Wenn alle Individuen im Intervall $[0,1]$ gleichverteilt sind, dann nimmt die Dichtefunktion für jedes i gerade den Wert 1 an, $h(i) = 1$. Die kumulative Verteilungsfunktion $H(n) = \int_0^n h(i)\mathrm{d}i = n$ gibt den Anteil aller Individuen $i \leq n$ an der Erwerbsbevölkerung an, die sich für eine Ausbildung entscheiden. Nachdem die gesamte Bevölkerung auf 1 normiert ist, ist die Masse n der hoch qualifizierten AN gleich ihrem Anteil an der gesamten Population. Der restliche Anteil bleibt unausgebildet. Das kritische Individuum $i = n$ spaltet also die gesamte Erwerbsbevölkerung in qualifizierte und unqualifizierte AN auf.

Die Subventionen v bzw. z für Aus- und Weiterbildung verschieben nur die $V^H - qi$ Kurve nach oben, so dass sich ein grösserer Teil der Bevölkerung ausbildet und für einen wissensintensiven Job qualifiziert. Die Subvention z regt zusätzlich die berufsbegleitende Weiterbildung der höher qualifizierten AN an. Die Lohnsteuer reduziert das Lebenseinkommen von hoch qualifizierten Individuen um mehr als dasjenige der gering Qualifizierten. Aus (IV.20) und (IV.21) erhalten wir $\mathrm{d}V^H/\mathrm{d}t < \mathrm{d}V^L/\mathrm{d}t < 0$, da

$$\frac{\mathrm{d}V^H}{\mathrm{d}t} = -\frac{V^H + [(1-z)sk + (1-v)a]w^H}{1-t} < -\frac{V^H}{1-t} < -\frac{V^L}{1-t} = \frac{\mathrm{d}V^L}{\mathrm{d}t}.$$

Die $V^H - qi$ Kurve verschiebt sich also stärker nach unten als die V^L Kurve. Die Lohnsteuer diskriminiert daher die Ausbildung und führt zu einem geringeren Anteil von hoch qualifizierten AN. Sie hemmt im Normalfall auch die Weiterbildung, wie der letzte Abschnitt gezeigt hat. Die graphische Analyse in Abbildung IV.4 kann wie folgt zusammengefasst werden:

$$\mathrm{d}n/\mathrm{d}t < 0, \quad \mathrm{d}n/\mathrm{d}z > 0, \quad \mathrm{d}n/\mathrm{d}v > 0. \tag{IV.23}$$

IV.2.2 Mehrbelastung

Die Individuen unterscheiden sich ausschliesslich im notwendigen Anstrengungsniveau für die Ausbildung. Das Lebenseinkommen V^H und V^L ist innerhalb der beiden Skill-Gruppen identisch. Daher kann die aggregierte Wohlfahrt aller Individuen als Mass für die wirtschaftliche Effizienz ohne Berücksichtigung der Verteilungsimplikationen besonders einfach ermittelt werden,

$$U^* = \int_0^n \left(V^H - qi\right)\mathrm{d}i + \int_n^1 V^L \mathrm{d}i = nV^H - qn^2/2 + (1-n)V^L,$$
$$E = t \cdot n[f(s)/R + 1 - s]w^H + t \cdot (1-n)\tfrac{1+R}{R}w^L. \tag{IV.24}$$

Der Barwert der aggregierten Einnahmen aus der Lohnsteuer beträgt E. In diesem Abschnitt sind wir nur an den Effizienzwirkungen der Lohnsteuer interessiert, so dass die Bildungssubventionen vernachlässigt werden. Die Mehrbelastung der Lohnsteuer aus der Verzerrung der Bildungsentscheidungen besteht in der Minderung der aggregierten, einkommensäquivalenten Wohlfahrt U^* abzüglich des erzielten Steueraufkommens. Nachdem die Wohlfahrt $V^H - qi$ und ebenso V^L bereits in einkommensäquivalenten Einheiten gemessen ist, berechnet man einen aggregierten Wohlfahrtsgewinn bzw. -verlust von

$$\tfrac{\mathrm{d}U^*}{\mathrm{d}t} = n\tfrac{\mathrm{d}V^H}{\mathrm{d}t} + (1-n)\tfrac{\mathrm{d}V^L}{\mathrm{d}t} + \left[V^H - qn - V^L\right]\tfrac{\mathrm{d}n}{\mathrm{d}t}$$
$$= -n \cdot \left[\tfrac{f(s)}{R} + (1-s)\right]w^H - (1-n) \cdot \tfrac{1+R}{R}w^L. \tag{IV.25}$$

Die ersten beiden Ausdrücke in der ersten Zeile geben den direkten Effekt der Lohnsteuer auf die Wohlfahrt der hoch und gering qualifizierten Individuen wie in (IV.19) und (IV.21) wieder. Diese beiden Terme werden in der zweiten Zeile ausgeschrieben. Der letzte Klammerausdruck in der ersten Zeile ist Null, weil das kritische Individuum n zwischen beiden Karrierealternativen gerade indifferent ist, siehe (IV.22).

Dem privaten Wohlfahrtsverlust muss aus gesamtwirtschaftlicher Perspektive die Zunahme des Steueraufkommens gegenübergestellt werden,

$$\tfrac{\mathrm{d}E}{\mathrm{d}t} = n[f(s)/R + 1 - s]w^H + (1-n)\tfrac{1+R}{R}w^L$$
$$+ t \cdot n\left[f'(s)/R - 1\right]w^H\tfrac{\mathrm{d}s}{\mathrm{d}t} + t \cdot \left[\left(\tfrac{f(s)}{R} + 1 - s\right)w^H - \tfrac{1+R}{R}w^L\right]\tfrac{\mathrm{d}n}{\mathrm{d}t}. \tag{IV.26}$$

Die ersten beiden Terme entsprechen den mechanischen Effekten der Steuersatzerhöhung und generieren mehr Steuereinnahmen bei gegebener Bemessungsgrundlage. Diese beiden Ausdrücke entsprechen gerade den Wohlfahrtsverlusten, gemessen an der Veränderung des Lebenseinkommens. Steuerzahlungen reduzieren eben das verfügbare Einkommen und damit die private Wohlfahrt. Die zweite Zeile zeigt die

Auswirkungen der Verhaltenseffekte auf die Steuereinnahmen. Die Lohnsteuer mindert die Bildung sowohl in der intensiven (variable Weiterbildung) als auch in der extensiven Dimension (diskrete Ausbildung), verhindert damit einen Teil der Einkommensentstehung, höhlt die Bemessungsgrundlage der Steuer aus und mindert aus diesem Grund das erzielbare Steueraufkommen. Neu ist die Veränderung des Steueraufkommens als Folge der extensiven Verhaltensreaktion. Die Lohnsteuer reduziert den Anteil der hoch qualifizierten AN, die viel Steuern bezahlen, und mindert den Anteil der gering qualifizierten, die wenig Steuern zahlen. Damit geht dem öffentlichen Budget wie im letzten Ausdruck von (IV.26) die Differenz der Steuerschuld pro Person, die von hoch zu niedrig qualifizierter Beschäftigung wechselt, verloren.

Die Mehrbelastung ist der Betrag, um den der einkommensäquivalente Wohlfahrtsverlust der Haushalte das erzielte Steueraufkommen des Staates übersteigt. Aus (IV.25) und (IV.26) berechnet man $\frac{dDWL}{dt} = \frac{dU^*}{dt} + \frac{dE}{dt}$ bzw.

$$\frac{dDWL}{dt} = t \cdot n \left[\frac{f'(s)}{R} - 1 \right] w^H \frac{ds}{dt} + t \cdot \left[\frac{f(s)}{R} w^H + (1-s)w^H - \frac{1+R}{R} w^L \right] \frac{dn}{dt}.$$
(IV.27)

Nachdem in diesem Abschnitt von einem perfekten Arbeitsmarkt ausgegangen wurde, gibt es keinerlei Allokationsstörungen, so dass die Allokation im reinen Marktgleichgewicht optimal ist. Für einen kleinen Steuersatz $t \to 0$ ist daher die Mehrbelastung aus der intensiven und extensiven Bildungsreaktion gering bzw. vernachlässigbar. Wenn hingegen in der Ausgangssituation der Steuersatz t strikt positiv ist, dann ist eine weitere Anhebung des Steuersatzes mit einer Aushöhlung der Bemessungsgrundlage aufgrund der ausgelösten Verhaltensanpassungen und mit einem Verlust von Steueraufkommen verbunden. Mit zunehmendem Steuersatz t wirken sich weitere Erhöhungen immer verhängnisvoller aus. Anders als im Abschnitt IV.1.3 gibt es unter den hier getroffenen Annahmen eines perfekten Arbeitsmarktes keine Wohlfahrtsgewinne aus der Internalisierung externer Effekte, welche die Mehrbelastung kompensieren könnten. Vergleiche dazu die Diskussion im Abschnitt IV.1.3.4.

Zusammenfassung

1. Aus- und Weiterbildung der Arbeitnehmer sind Triebkräfte der Humankapitalbildung und werden von der Lohnsteuer und den Subventionen für Aus- und Weiterbildung beeinflusst. Bildung wird auch dadurch subventioniert, dass der Staat Bildungsleistungen gratis oder zu nicht kostendeckenden Gebühren anbietet.

2. Weiterbildung ist die Aktualisierung bzw. der Erwerb von Wissen im Laufe der Arbeitskarriere. Der Ertrag besteht aus der Erhöhung der Arbeitsproduktivität und des künftigen Lohns; die Kosten fallen als direkte Schulungskosten und als Opportunitätskosten bzw. Verdienstausfall während der Weiterbildung an. Eine proportionale Lohnsteuer ist neutral, wenn ausschliesslich Opportunitätskosten relevant sind.

3. Eine progressive Lohnsteuer reduziert die zukünftigen Erträge in Form von höheren Nettolöhnen verhältnismässig stärker als die Opportunitätskosten der Weiter-

bildung. Der Verdienstentgang führt nur zu einer unterproportionalen Reduktion der Steuerschuld. Die progressive Lohnsteuer hemmt die Weiterbildung.

4. Auf einem friktionellen Arbeitsmarkt werden Arbeitsverhältnisse aufgelöst und neu vermittelt. Nach Vermittlung ist die Suche nach alternativen Beschäftigungsmöglichkeiten mit Kosten verbunden. Dies verleiht den Arbeitgebern eine Verhandlungsmacht. Insbesondere können diese den Lohn unter das Grenzprodukt der Arbeit drücken und einen strikt positiven Gewinn erzielen. Die Erhöhung der Arbeitsproduktivität aufgrund einer Weiterbildungsinvestition steigert damit nicht nur den Lohn der Arbeitnehmer, sondern auch den Gewinn der Arbeitgeber.

5. Auf dem friktionellen Arbeitsmarkt kommt es zu einer Unterinvestition in die Weiterbildung. Die Arbeitnehmer kennen den zukünftigen Arbeitgeber nicht und können keine Vereinbarung über eine Teilung der Ausbildungskosten treffen. Sie müssen die Kosten alleine tragen. Andererseits steigert die höhere Arbeitsproduktivität die künftigen Gewinne, wenn der Lohn geringer als das Grenzprodukt der Arbeit ist. Dieser externe Ertrag der Weiterbildung wird von den Arbeitnehmern nicht berücksichtigt. Eine optimale Subvention der Weiterbildung kann den externen Ertrag internalisieren.

6. Subventionen führen zu einer Mehrbelastung, da wegen den Mitnahmeeffekten die öffentlichen Ausgaben höher sind als die Einkommensgewinne der privaten Haushalte. Andererseits ist im Falle der Bildungssubvention ein Lenkungseffekt erwünscht, weil er der Unterinvestition entgegenwirkt und so zu Wohlfahrtsgewinnen führt. Bei einer optimal gewählten Bildungssubvention heben sich die Mehrbelastung und der Wohlfahrtsgewinn aus dem Lenkungseffekt gerade auf.

7. Die diskrete Karriereentscheidung führt zu mehr Humankapitalbildung in der extensiven Dimension, wenn sich ein grösserer Anteil der Erwerbsbevölkerung für eine höhere Ausbildung entscheidet. Neben einer Subvention der Weiterbildungsaktivitäten ist auch eine Subvention der Ausbildung vor Beginn der Beschäftigung möglich. Die Lohnsteuer reduziert die Ausbildung, Bildungssubventionen regen sie an.

8. Indem sie den Anteil der ausgebildeten Arbeitnehmer senkt, führt die Lohnsteuer zu einer zusätzlichen extensiven Steuerausweichung. Die Mehrbelastung hängt dann sowohl von der intensiven als auch der extensiven Steuerausweichung ab.

Lektürevorschläge

Die Humankapitaltheorie wurde von einem frühen Aufsatz von BECKER (1962) inspiriert. HECKMAN (2000) enthält einen breiten empirischen und wirtschaftspolitischen Überblick. Weiterbildung während der Arbeitskarriere ist ein zentraler Bestandteil der modernen Humankapitaltheorie, wie in LUCAS (1998) sowie TROSTEL (1993), der die Effekte der Besteuerung in diesem Rahmen herausarbeitet. DUPOR, LOCHNER, TABER und WITTEKIND (1996) sowie HECKMAN, LOCHNER und TABER (1998) analysieren in einem quantitativen Gleichgewichtsmodell, welches Ausbildung am Beginn der Karriere und Weiterbildung im Anschluss miteinander verbindet, die Wirkungen von Steuerreformen und Bildungsinvestitionen auf Einkommen und Wachstum. Eine gute informelle und graphisch unterstützte Einführung mit vielen empirischen Informationen bieten CONNOLLY und MUNRO (1999). OECD (2004b) gibt einen detaillierten Überblick über die internationale Bildungsstatistik. Neuere Beiträge zur finanzwissenschaftlichen Analyse der Bildung im Rahmen eines Lebenszyklus mit zwei Perioden finden sich in NERLOVE, RAZIN, SADKA und WEIZSAECKER (1993), NIELSEN und SORENSEN (1997) und KONRAD (2001). COLLINS und DAVIES (2004) stellen eine Methode zur Berechnung der effektiven Grenzsteuerbelastung des Humankapitals vor. ACEMOGLU (1997) und MASTERS (1998) analysieren die Bildungsentscheidungen auf friktionellen Arbeitsmärkten. Die Grundlagen der Nash-Verhandlungslösung können im Kapitel 22.E von MAS-COLELL, WHINSTON und GREEN (1995) nachgelesen werden. Auf der Homepage WWW.IFF.UNISG.CH, Seite Lehre/Keuschnigg, stehen gelöste Übungsaufgaben bereit.

Schlüsselbegriffe

Ausbildung	Weiterbildung
Arbeitsproduktivität	Opportunitätskosten
Schulungskosten	Steuerprogression
Friktioneller Arbeitsmarkt	Lohnverhandlung
Unterinvestition	Optimale Bildungssubvention
Mehrbelastung	Qualifikationsstruktur
Karriereentscheidung	

Teil 3

Optimale Besteuerung

Kapitel V

Optimaler Staatsanteil

Im Rahmen der *Allokationsaufgabe* soll der Staat die Bedingungen für eine effiziente Ressourcenallokation gewährleisten und ein an den Präferenzen der Bürger orientiertes Angebot von Gütern und Dienstleistungen sicherstellen. Bei *öffentlichen Gütern* ist ein privates Angebot nicht möglich oder nicht zweckmässig, so dass der Staat für ein entsprechendes Angebot sorgen muss, um das Effizienzziel zu erfüllen. Klassische Beispiele sind Landesverteidigung, innere Sicherheit, Gewährleistung der Rechtsordnung, einschliesslich der Durchsetzbarkeit von Eigentumsrechten als Voraussetzung für effizientes Wirtschaften, öffentliche Infrastruktur usw. Öffentliche Güter können auch als Grenzfall von privaten Gütern mit starken externen Erträgen betrachtet werden. In diesem Fall werden private Anbieter ebenfalls ein zu geringes Angebot realisieren, weil sie nicht alle gesellschaftlich relevanten Erträge in ihrer Angebotsentscheidung berücksichtigten. Ein Beispiel wäre die Forschung und Entwicklung, die neben privat verwertbaren Patenten auch zum allgemeinen technologischen Wissensstand beiträgt, der von anderen Unternehmen genutzt werden kann. Die Korrektur von Marktversagen gehört zu den klassischen Rechtfertigungen der Staatstätigkeit. Der Staat kann das Marktergebnis verbessern und wesentlich zur Wohlfahrt beitragen, indem er bei fehlendem privatem Angebot die Bereitstellung öffentlicher Güter übernimmt und mit Zwangsbeiträgen bzw. Steuern finanziert, wenn eine Finanzierung über Gebühren oder Preise nicht möglich ist. Bei geringeren Formen des Marktversagens genügt es, die Angebotsentscheidungen privater Produzenten durch Abgeltung externer Erträge bzw. Anlastung externer Kosten zu korrigieren.

Es ist allerdings nicht immer eindeutig klar, welche Aufgaben und Leistungen der Staat tatsächlich übernehmen sollte. Es müssen daher im Einzelfall sorgfältig jene Gütereigenschaften charakterisiert werden, die zu Unterversorgung oder zu gänzlich fehlendem Angebot führen. In der Realität können vielerlei Aufgaben, die von der öffentlichen Hand erfüllt werden, ebenso gut oder sogar besser privat erledigt werden. Selbst wenn ein öffentliches Gut richtig identifiziert ist, braucht es noch verlässliche Kriterien, anhand derer der optimale Umfang öffentlicher Leistungen ermittelt werden kann. Dieser Umfang wird auch von den zur Verfügung stehenden Finanzierungsalternativen abhängen. Eine Steuerfinanzierung beeinträchtigt in der Regel das Angebotsverhalten und verursacht dadurch eine mehr oder weniger grosse Mehrbelastung. Im Vergleich zu einer Finanzierung mit Pauschalsteuern wird die Bereitstellung öffentlicher Güter gesamtwirtschaftlich teurer, so dass eine gewisse Einschränkung sinnvoll erscheint. Der „richtige" Umfang der staatlichen Bereitstellung hängt also einerseits von den Präferenzen über private und öffentliche Güter und andererseits von den volkswirtschaftlichen Kosten der Besteuerung ab.

Da die Bürger mit unterschiedlichen Fähigkeiten und Anfangsvermögen ausgestattet sind, kann das wettbewerbliche Marktergebnis zwar sehr effizient im Sinne
eines möglichst grossen gemeinsamen Einkommens sein, aber gleichzeitig zu einer sehr ungleichen Verteilung von Einkommen und Wohlfahrt führen. Wenn eine
mehr oder weniger gleichmässige Verteilung der Wohlfahrt einen gesellschaftlichen
Wert an sich darstellt, dann kommt dem Staat eine *Verteilungsaufgabe* zu. Er soll
für einen gewissen Ausgleich der Einkommen und damit für mehr Verteilungsgerechtigkeit sorgen. Dieses Verteilungsziel realisiert der Wohlfahrtsstaat mit einem
Steuer-Transfer-System, welches die leistungsfähigen Individuen besteuert und die
verfügbaren Einkommen benachteiligter Gruppen durch Unterstützungszahlungen
und Sachleistungen aufbessert. Allerdings erfordert die Wahrnehmung der Verteilungsaufgabe eine schwierige Abwägung mit dem Effizienzziel. Die Herstellung einer
gleichmässigeren Verteilung der verfügbaren Einkommen stört die private Leistungsbereitschaft und mindert damit die Verteilungsmasse, d. h. die gemeinsam erzielbare
Wohlfahrt. Je umfangreicher die staatlichen Sozialleistungen sind, desto geringer
sind die Anreize der Begünstigten zur Eigenvorsorge und Selbsthilfe. Die Analyse
des extensiven Arbeitsangebots im Kapitel III hat gezeigt, dass die Anreize zur
Erwerbsbeteiligung der Transferempfänger entscheidend vom Einkommensabstand
zu den Erwerbstätigen abhängt. Gleichzeitig mindert die Besteuerung die private
Leistungs- und Investitionsbereitschaft der Erwerbstätigen, so dass insgesamt weniger Einkommen entstehen, die besteuert und umverteilt werden können. Wie in
der Besteuerung der Zielkonflikt zwischen Effizienz und Verteilung bestmöglich aufgelöst werden kann, wird in den nachfolgenden Kapiteln zur Optimalsteuertheorie
aufgezeigt. Der zweite Abschnitt dieses Kapitels eröffnet einen ersten, sehr einfachen
Zugang zu dieser Fragestellung. Es wird gezeigt, wie der optimale Umfang des Steuer-
Transfer-Mechanismus' einerseits von den kollektiven Präferenzen für Umverteilung,
gemessen am Grad der Ungleichheitsaversion in der staatlichen Zielfunktion, und andererseits von den volkswirtschaftlichen Grenzkosten der Besteuerung abhängt.

V.1   Öffentliche Güter

V.1.1   Was sind öffentliche Güter?

Öffentliche Güter, bei denen eine staatliche Bereitstellung notwendig bzw. vorteilhaft ist, haben im Wesentlichen zwei Eigenschaften: Nichtrivalität und Nichtausschliessbarkeit. *Nichtrivalität* bedeutet, dass der Konsum eines Gutes nicht durch die
gleichzeitige Nutzung durch andere Bürger beeinträchtigt wird. Während ein privates
Gut jeweils nur von einem einzigen Haushalt verbraucht wird, kann ein öffentliches
Gut G von vielen Nutzniessern gleichzeitig in der gleichen Menge ohne gegenseitige
Beeinträchtigung konsumiert werden. Im Falle von zwei Haushalten erzielen diese
einen Nutzen von

$$u^1(x_1, G), \quad u^2(x_2, G). \tag{V.1}$$

Um diesen Konsum zu ermöglichen, muss eine Menge G des öffentlichen Gutes
und eine Menge $x_1 + x_2$ des privaten Gutes produziert werden. Da im Falle der

Nichttrivialität ein weiterer Nutzniesser den Konsum der anderen nicht beeinträchtigt und daher keine marginalen Kosten verursacht, sollte das Gut nach der Regel „Grenzkosten-gleich-Preis" gratis abgegeben werden. Es fallen jedoch fixe Produktionskosten (Kapazitätskosten) für die einmalige Bereitstellung an. Die Finanzierung dieser Kapazitätskosten erfordert eine Kooperation bzw. einen Zusammenschluss von Individuen.

Die zweite Eigenschaft eines öffentlichen Gutes ist die *Nichtausschliessbarkeit*. Wenn das öffentliche Gut in einer bestimmten Kapazität zur Nutzung bereitsteht, kann niemand vom Konsum ausgeschlossen werden oder nur zu prohibitiven Kosten. Dass die Nutzung nicht verhindert werden kann, schafft mächtige Anreize für ein nicht kooperatives Trittbrettfahrer-Verhalten. Die eigennützige Strategie ist, das Gut zu nutzen, aber andere bezahlen zu lassen. Dieses Verhalten kann ein privates Angebot weitgehend verhindern, weil private Finanzierung über Preise unmöglich wird. Ein privates Angebot ist allerdings durch *freiwillige Bereitstellung* gemeinsam in einer Gruppe mit $i = 1, \ldots, n$ Mitgliedern möglich. Wenn wir den freiwilligen Beitrag des Individuums i mit g_i bezeichnen, dann kann insgesamt eine Menge

$$G = g_1 + g_2 + g_3 + \ldots + g_n \qquad (V.2)$$

des öffentlichen Gutes gemeinsam bereitgestellt werden. Freiwillige Beiträge können als Sach- oder Arbeitsleistungen gegeben werden. Der gemeinsame Konsum in der Menge G ist nur teilweise vom eigenen Beitrag abhängig, da er sich zu einem erheblichen Teil von den Beiträgen $g_2, \ldots, g_n$ der anderen ableiten lässt, an denen Individuum i teilhaben kann. Die Alternative besteht in der *staatlichen Bereitstellung* mit Zwangsfinanzierung über Pauschalsteuern,

$$G = \tau_1 + \tau_2 + \tau_3 + \ldots + \tau_n, \qquad (V.3)$$

wobei τ_i den Zwangsbeitrag bezeichnet, der auf Individuum i entfällt.

V.1.2 Freiwillige Bereitstellung

Eine entscheidende Frage ist, ob die freiwillige Bereitstellung in einer Gruppe von n Individuen zu einer akzeptablen Versorgung mit dem öffentlichen Gut führt. Die Individuen seien mit einem exogen bestimmten Einkommen y_i ausgestattet, ausgedrückt in Einheiten des privaten Gutes. Sie konsumieren unterschiedliche Mengen x_i des privaten und gemeinsam eine einheitliche Menge G des öffentlichen Gutes. Die Präferenzen seien durch eine quasikonkave Nutzenfunktion $u^i(x_i, G)$ beschrieben. Mit einer linearen Technologie können P Einheiten eines privaten in eine Einheit eines öffentlichen Gutes umgewandelt werden. Damit beschreibt P die Transformationsrate bzw. den „Preis" des öffentlichen Gutes in Einheiten des privaten Gutes. Wir bezeichnen mit g_i den freiwilligen Beitrag des Individuums i zum Gesamtangebot G des öffentlichen Gutes und mit G^- die Beiträge der restlichen Gruppenmitglieder,

$$G = g_1 + \ldots + g_n = g_i + G^-, \quad G^- \equiv \sum_{j \neq i} g_j. \qquad (V.4)$$

Die Beiträge können aus Arbeits- und Sachleistungen bestehen, z. B. Sandsäcke für einen Staudamm, freiwilliger Zeiteinsatz für die Feuerwache oder Nachbarschaftsschutz in Städten usw. Um eine Menge g_i beizutragen, müssen $g_i P$ des privaten Gutes aufgegeben werden. Der Preis des öffentliches Gutes beträgt also P, während jener des privaten Gutes auf 1 normalisiert ist. Die private Budgetbeschränkung lautet

$$y_i = x_i + g_i P. \tag{V.5}$$

Individuum i wählt den freiwilligen Beitrag g_i und den privaten Konsum x_i. Dabei betrachtet jedes Individuum sein eigenes Einkommen bzw. die Ausstattung y_i, den Preis P des öffentlichen Gutes und die Beiträge der anderen Gruppenmitglieder G^- als gegeben. Wegen der Nichtausschliessbarkeit kann jedes Individuum an den Beiträgen der anderen Gruppenmitglieder partizipieren,

$$\max_{x_i, g_i} u^i(x_i, G) + \lambda_i[y_i - x_i - Pg_i], \quad G = g_i + G^-. \tag{V.6}$$

Wir bezeichnen die partiellen Ableitungen mit $u^i_G \equiv \partial u^i / \partial G$ und $u^i_X \equiv \partial u^i / \partial x_i$. Die BEO lauten

$$g_i : u^i_G = \lambda_i P, \quad x_i : u^i_X = \lambda_i \quad \Rightarrow \quad \frac{u^i_G(x_i, G)}{u^i_X(x_i, G)} = P, \quad i = 1, \dots, n. \tag{V.7}$$

Die BEO drücken die übliche Tangentialbedingung $MRS^i = MRT$ aus, wonach die Grenzrate der Substitution (Steigung der Indifferenzkurve $MRS^i = -u^i_G / u^i_X$) gleich dem relativen Preis bzw. der Grenzrate der Transformation (Steigung der Budgetgerade $MRT = -P$) ist. MRS^i drückt die marginale Zahlungsbereitschaft des i-ten Individuums für das öffentliche Gut aus. Die marginale Zahlungsbereitschaft gibt an, wieviele Einheiten des privaten Gutes das Individuum bereit ist, für eine zusätzliche Einheit des öffentlichen Gutes aufzugeben, ohne sich nutzenmässig schlechter zu stellen. Sie wird aus dem Differential der Nutzenfunktion ermittelt, $du^i = 0 = u^i_X dx_i + u^i_G dG$ bzw. $dx_i / dG|_{du_i=0} = -u^i_G / u^i_X = MRS^i$. Wie in einer separaten Übung gezeigt wird, beträgt im symmetrischen Nash-Gleichgewicht mit Präferenzen $u^i = x_i^\alpha G^{1-\alpha}$ der freiwillige Beitrag pro Kopf

$$u^i = x_i^\alpha G^{1-\alpha} \quad \Rightarrow \quad g = \frac{1-\alpha}{1 + (n-1)\alpha} \frac{y}{P}. \tag{V.8}$$

Mit zunehmender Gruppengrösse n nimmt also der Ausgabenanteil gP/y für das öffentliche Gut am Pro-Kopf-Einkommen y der Gruppe rasch ab. Ob die Finanzierung mit freiwilligen Beiträgen zu einer hinreichend guten Versorgung mit dem öffentlichem Gut führt, kann erst im Vergleich mit einer pareto-optimalen Lösung beantwortet werden.

V.1.3   Pareto-optimale Bereitstellung

Die private Bereitstellung erfolgt durch freiwillige Beiträge in der Erwartung, dass auch die anderen Gruppenmitglieder Beiträge leisten. Dass die Erträge der eigenen Aufwendungen zu einem grossen Teil den anderen Gruppenmitgliedern zugute kommen, schwächt die Anreize des Einzelnen, freiwillige Beiträge zu leisten. Umgekehrt

kann man im Konsum des öffentlichen Gutes an den Beiträgen der anderen teilhaben, ohne dafür zu bezahlen. Es dürfte einsichtig sein, dass in dieser Situation vom
öffentlichen Gut weniger bereitgestellt wird, als dem kollektiven Interesse der Gruppe
entsprechen würde. Die Wohlfahrt der gesamten Gruppe ist maximal, wenn durch eine
Reallokation kein Individuum mehr besser gestellt werden kann, ohne ein anderes
schlechter zu stellen. Eine solche pareto-optimale Lösung erhalten wir, indem wir die
soziale Wohlfahrtsfunktion

$$SWF = \gamma_1 u^1(x_1, G) + \ldots + \gamma_n u^n(x_n, G) \tag{V.9}$$

maximieren, in welche die Wohlfahrt jedes Mitglieds mit einem beliebigen Verteilungsgewicht γ_i eingeht. Die Verteilungsgewichte bestimmen die Einkommensverteilung in der Gruppe und vermögen die Machtpositionen der verschiedenen Mitglieder
auszudrücken. Wäre die *SWF* nicht maximal, dann könnte noch mindestens ein Grup-
penmitglied besser gestellt werden, ohne jemand anderen zu schädigen.

Die gesamte Ressourcenausstattung in der Gruppe beträgt $Y = \sum_i y_i$. Die Technologie ist wie bisher linear; eine Einheit des privaten Gutes verzehrt eine Ressour-
ceneinheit der Ausstattung Y, eine Einheit des öffentlichen Gutes verbraucht jedoch P
Einheiten. Es ist also möglich, anstatt P Einheiten des privaten Gutes eine Einheit des
öffentlichen Gutes bereitzustellen ($MRT = P$). Das gesamte Güterangebot ist durch
die Ressourcenausstattung beschränkt:

$$Y \equiv \sum_{i=1}^n y_i = \sum_{i=1}^n x_i + PG. \tag{V.10}$$

Wie schauen nun die pareto-optimale Allokation $x_1, \ldots, x_n$ und G aus, welche das
gemeinsame Interesse in (V.9) maximal befriedigen? Ist dies mit einem grösseren Angebot des öffentlichen Gutes verbunden als bei privater Bereitstellung? Das
Pareto-Optimum folgt aus der Maximierung der *SWF* unter Beachtung der Ressourcenbeschränkung (V.10):

$$\max_{x_1, \ldots, x_n, G} \sum_i \gamma_i u^i(x_i, G) + \lambda \cdot \left[Y - \sum_i x_i - PG \right].$$

Die BEO nach G und x_i lauten

$$G : \sum_i \gamma_i u_G^i = \lambda P, \quad x_i : \gamma_i u_X^i = \lambda, \quad i = 1, \ldots, n. \tag{V.11}$$

Nachdem eine Einheit des öffentlichen Gutes gleichzeitig von allen konsumiert wird
(Nichttrivialität im Konsum), besteht der Grenzertrag einer besseren Versorgung in
der Summe der individuellen Grenznutzen $\sum_i \gamma_i u_G^i$. Eine Einheit des privaten Guts
hingegen kann jeweils nur von einem Individuum verbraucht werden (Rivalität des
Konsums), so dass der Grenzertrag aus einer Mengenausdehnung bei jeweils nur einem Individuum anfallen kann, $\gamma_i u_X^i$. Indem wir in (V.11) in der Bedingung für G
das Verteilungsgewicht γ_i mit der BEO $\gamma_i = \lambda / u_X^i$ für x_i ersetzen, erhalten wir die
Samuelson-Regel für ein effizientes (pareto-optimales) Angebot des öffentlichen Gu-

tes, wonach die Summe der individuellen Zahlungsbereitschaften $\sum_i MRS^i$ gleich den Grenzkosten MRT der Bereitstellung ist:

$$\sum_i u_G^i / u_X^i = P \quad \Leftrightarrow \quad \sum_i MRS^i = MRT. \tag{V.12}$$

Die Samuelson-Regel berücksichtigt, dass eine zusätzliche Einheit des öffentlichen Gutes die Wohlfahrt *aller* Haushalte erhöht! Der gesellschaftliche Grenzertrag aus dem Angebot eines öffentlichen Gutes entspricht der Summe der individuellen Grenzerträge $\sum_i MRS^i$ und muss im Optimum gleich den Grenzkosten MRT der Bereitstellung sein.

Wenn man die Samuelson-Regel wie folgt umschreibt, erkennt man, dass sie die externen Erträge internalisiert, die bei privater Bereitstellung nach (V.7) unberücksichtigt bleiben:

$$u_G^i / u_X^i + \sum_{j \neq i} u_G^j / u_X^j = P. \tag{V.13}$$

Der Teil $u_G^i / u_X^i = P$ entspricht der privaten BEO nach (V.7), während aus der Sicht privater Individuen der Teil $\sum_{j \neq i} u_G^j / u_X^j > 0$ externe Erträge für die anderen darstellt, die aus dem eigenen Beitrag für das öffentliche Gut erwachsen, aber anderen zufliessen. Berücksichtigt man alle gesellschaftlichen Erträge eines öffentlichen Gutes, und unterstellt man dieselben Präferenzen wie in (V.8), dann beträgt im symmetrischen Fall die pareto-optimale Menge des öffentlichen Gutes pro Kopf

$$u^i = x_i^\alpha G^{1-\alpha} \quad \Rightarrow \quad g_{PO} = (1 - \alpha)\frac{y}{P}. \tag{V.14}$$

Diese Lösung ist mit der Menge g pro Kopf bei freiwilliger Bereitstellung in (V.8) zu vergleichen. Man stellt fest, dass mit zunehmender Gruppengrösse n das Trittbrettfahrer-Verhalten immer ausgeprägter wird, weil die Menge des öffentlichen Gutes immer weniger vom eigenen Beitrag und immer mehr von den Beiträgen der restlichen $n - 1$ Gruppenmitglieder abhängt. Die freiwillige Bereitstellung wird daher für kleine Gruppen zu akzeptablen Lösungen führen, aber für nationale öffentliche Güter kaum eine zufriedenstellende Versorgung mit dem öffentlichen Gut bringen. Man beachte, dass in (V.14) das BIP gleich $Y = ny$ ist und die Gesamtmenge des öffentlichen Gutes $G = ng$ beträgt. Um diese Menge zu finanzieren, ist ein Ausgabenvolumen und damit ein Steueraufkommen von PG erforderlich. In diesem Beispiel würde also der BIP-Anteil der Ausgaben für öffentliche Güter $PG/Y = 1 - \alpha$ betragen. Um diese Ausgaben zu finanzieren, wäre eine Pro-Kopf-Steuer von $\tau = gP = (1 - \alpha)y$ erforderlich, was einer Durchschnittsbelastung von $\tau/y = 1 - \alpha$ entspricht. Dies ist gleichzeitig der BIP-Anteil der Steuern bzw. die Steuerquote.

Abbildung V.1 veranschaulicht die pareto-optimale Lösung im Zwei-Personen-Fall, wonach der Nutzen des Individuums 1 unter der Beschränkung maximiert wird, dass der Nutzen des Individuums 2 nicht unter $\bar{u}^2$ fallen darf. Im oberen Teil der Abbildung wird also die Indifferenzkurve auf dem Niveau $\bar{u}^2$ festgehalten, was bei einer Menge G ein privates Konsumniveau von $x_2(G)$ erfordert. Die fallende Gerade drückt die Ressourcenbeschränkung aus. Wenn eine Menge G angeboten wird, bleibt für private Güter nur mehr $X = Y - PG$ zur Verteilung auf die beiden Individuen übrig.

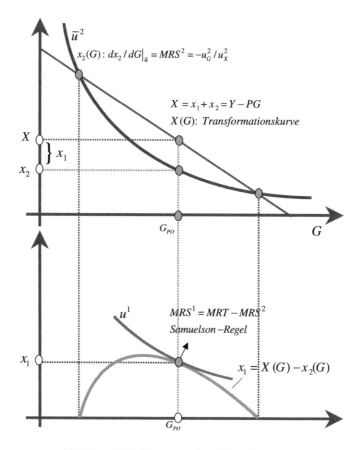

Abbildung V.1: Pareto-optimale Bereitstellung

Die vertikalen Abstände in der Linse zwischen Transformationsgerade und Indifferenzkurve geben an, welche Menge x^1 beim jeweiligen Angebot G für den privaten Konsum des Individuums 1 übrig bleibt, nachdem Individuum 2 eine Menge x_2 erhält, die es auf der Indifferenzkurve $x_2(G)$ hält. Diese Restmengen $x_1(G) = X - x_2(G)$ sind in den unteren Teil übertragen.

Nachdem sich die untere Kurve als Differenz der Ressourcenbeschränkung und der Indifferenzkurve $x_2(G)$ ergibt, ist auch ihre Steigung gleich der Differenz der Steigungen der beiden oberen Kurven, also gleich $MRT - MRS^2$. Bei jenem Wert G, bei dem die Steigungen der oberen Kurven gleich sind, ist die Steigung der Restkurve unten gleich $MRT - MRS^2 = 0$. Der Nutzen des Individuums 1 wird bei jener Güterkombination maximiert, bei der im unteren Teil die Indifferenzkurve u^1 mit der Steigung MRS^1 die Resttransformationskurve mit der Steigung $MRT - MRS^2$ tangiert. Die Tangentialbedingung entspricht der Samuelson-Regel in (V.12). Wenn damit die pareto-optimale Bereitstellungsmenge fixiert ist, können wir aus dem oberen Teil ablesen, wieviel Konsum des privaten Gutes, x_2 und $x_1 = X - x_2$, den beiden Individuen zugeteilt wird. Aus dem Vergleich mit der individuellen Ressourcenausstattung wird die Höhe der Pauschalsteuer $\tau_i = y_i - x_i$ ersichtlich, welche den Individuen zur Finanzierung des öffentlichen Gutes angelastet werden muss.

Man beachte, dass mit der Festlegung der Wohlfahrtsposition $\bar{u}^2$ in Abbildung V.1 bzw. mit der Festlegung der Wohlfahrtsgewichte γ_i in der *SWF* in (V.9) beliebige Verteilungszielsetzungen realisiert werden können. Der Staat nimmt in diesem Sinne eine Allokations-/(Effizienz-) und Verteilungsaufgabe wahr. Eine entsprechende Umverteilung der Erstausstattungen kann im vorliegenden Fall ohne Mehrbelastung durch individuell zugeteilte Pauschalsteuern $\tau_i = y_i - x_i$ realisiert werden. In der Realität entsteht dagegen ein schwieriger Konflikt zwischen Effizienz und Verteilung, da der Staat in der Finanzierung seiner Aufgaben üblicherweise nur verzerrende Steuern zur Verfügung hat.

V.1.4 Finanzierung mit Steuern

Der Staat kann im Prinzip eine pareto-optimale Menge bereitstellen, wenn er sich mit Pauschalsteuern finanzieren kann. Wenn diese nicht anwendbar und nur verzerrende Steuern verfügbar sind, dann wird die damit verbundene Mehrbelastung die volkswirtschaftlichen Kosten der Bereitstellung erhöhen und das optimale Angebot verringern. Die volkswirtschaftlichen Kosten der Besteuerung sind eine wesentliche Information, die den Umfang der Staatstätigkeit bestimmen sollte. Dieser Abschnitt endogenisiert die Angebotsseite der Wirtschaft und berücksichtigt die Zusatzkosten der Besteuerung. Die optimale Versorgung mit öffentlichen Gütern folgt dann aus einer *modifizierten Samuelson-Regel*.

V.1.4.1 Konsum und Arbeitsangebot

Ein einfacher Weg zur Einführung der Angebotsseite der Ökonomie ist die Berücksichtigung einer Arbeitsangebotsentscheidung der privaten Haushalte, welche im Gleichgewicht Beschäftigung und Output bestimmt. Konsum und Arbeitsleid ergeben einen privaten Güternutzen $x_i = x(c_i, l_i)$, welcher gemeinsam mit dem öffentlichen Gut die Gesamtwohlfahrt $u(x_i, G)$ bestimmt. Indem wir Separabilität der Präferenzen in Konsum und Freizeit annehmen, können wir Einkommenseffekte auf das Arbeitsangebot ausschalten. Es lässt sich schreiben:

$$u(x_i, G), \quad x_i = c_i - v(l_i). \tag{V.15}$$

Das Arbeitsleid sei konvex ansteigend, $v'(l_i) > 0$, $v''(l_i) > 0$. Indem wir zusätzlich die Elastizität von $v'(l)$ als konstant gleich $l_i v''(l_i)/v'(l_i) = 1/\varepsilon$ annehmen, erhalten wir eine konstante Lohnelastizität des Arbeitsangebots.

In einer Wettbewerbswirtschaft sind für den einzelnen Haushalt die Menge G, die Steuern und die Preise exogen. Die Budgetbeschränkung sei $c_i = (1 - t)wl_i$, wobei w den (fixen) Bruttolohn und t eine proportionale Lohnsteuer bezeichnet. Bei exogener Erstausstattung wäre der Güterkonsum $c_i = y_i - \tau_i$. Nun ersetzt das Bruttolohneinkommen die Ausstattung y_i und die Lohnsteuer den Pauschalbetrag τ_i. Für eine gegebene Menge G wird der Nutzen in (V.15) maximal, wenn der Nutzen x_i aus dem privaten Konsum unter Berücksichtigung der mit der Einkommenserzielung verbundenen Arbeitsanstrengung optimiert wird,

$$x_i(t) = \max_{l_i} c_i - v(l_i), \quad c_i = (1-t)wl_i. \tag{V.16}$$

Der Einfluss der Lohnsteuer auf den indirekten Nutzen x_i folgt unmittelbar aus der Anwendung des Envelopen-Theorems. Die BEO bestimmt implizit das Arbeitsangebot l_i,

$$\frac{dx_i}{dt} = -wl_i, \quad (1-t)w = v'(l_i) \quad \Rightarrow \quad \frac{dl_i}{l_i} = -\varepsilon \frac{dt}{1-t}. \tag{V.17}$$

Die Lohnelastizität des Arbeitsangebotes ε folgt aus dem Differential $-wdt = v''(l)dl$ der BEO. Nach Erweiterung und erneutem Einsetzen der BEO erhält man $-v'\frac{dt}{1-t} = lv''\frac{dl}{l}$, woraus in der letzten Gleichung unter Benutzung von $lv''/v' = 1/\varepsilon$ die Reaktion des Arbeitsangebotes bezüglich der Besteuerung folgt.

V.1.4.2 Produktion

Die Technologie sei ricardianisch. Eine Einheit Arbeit ergibt w Einheiten des privaten Numeraire-Gutes, $Y = w \cdot \sum_i l_i = wL$. Mit anderen Worten ist die Arbeitsproduktivität eine exogene Grösse und bestimmt einen fixen Lohn. In der Folge betonen wir den symmetrischen Fall ($l_i = l$ usw.) und schreiben aggregierte Grössen mit Grossbuchstaben, z. B. $L = nl$. Daneben gibt es eine lineare Technologie mit einem fixen Input-Output-Koeffizienten P, mit der aus P Einheiten des privaten Numeraire-Gutes eine Einheit des öffentlichen Gutes erzeugt werden kann. Der Staat gibt also PG für die Bereitstellung des öffentlichen Gutes aus. Diese Ausgaben werden mit der proportionalen Lohnsteuer finanziert:

$$P \cdot G = twL, \quad L = \sum_i l_i. \tag{V.18}$$

Das allgemeine Gleichgewicht mit endogener Beschäftigung kann nun sehr einfach bestimmt werden. Der Lohnsatz w ist konstant. Der Staat wählt einen Steuersatz t, die Individuen reagieren mit der Wahl des Arbeitsangebots und des privaten Konsum. Daraus folgen die gesamtwirtschaftliche Beschäftigung L, der Output Y sowie die aggregierten Steuereinnahmen. Aus diesen kann eine Menge G des öffentlichen Gutes finanziert werden. Während die einzelnen Individuen die Menge G als gegeben betrachten, wird die Bereitstellung des öffentlichen Gutes im gesamtwirtschaftlichen Gleichgewicht endogen bestimmt. Der Staat steuert die Bereitstellung mit der Wahl des Lohnsteuersatzes. Aus dem daraus sich ergebenden Steueraufkommen wird das öffentliche Gut finanziert. Damit ist die Wohlfahrt der privaten Haushalte in (V.15) vollständig bestimmt.

V.1.4.3 Optimale Bereitstellung

Um Verteilungsprobleme auszuschalten und uns ganz auf die Allokationsaufgabe zu beschränken, setzen wir in der *SWF* (V.9) die Verteilungsgewichte alle gleich $\gamma_i = 1$ und beschränken uns auf den symmetrischen Fall mit identischen Individuen. Der

Staat soll also das öffentliche Gut in einer Menge bereitstellen, welche die Ziel-funktion $\sum_i u(x_i, G)$ maximiert, wobei $x_i = x$ wegen der Symmetrieannahme gilt. Allerdings können die Staatsausgaben nur mit einer Einkommen- bzw. Lohnsteuer finanziert werden. Auf diesem Weg wird der private Konsum zurückgedrängt und Output für die Bereitstellung des öffentlichen Gutes verwendet. Um eine Abwägung zwischen öffentlichem Konsum und privater Wohlfahrt vornehmen zu können, muss man wissen, um wieviel der Steuersatz angehoben werden muss, um eine zusätzliche Einheit des öffentlichen Gutes finanzieren zu können. Diese Informationen folgen aus der Ableitung der staatlichen Budgetbeschränkung $PG = tnwl$, wobei berücksichtigt werden muss, wie in (V.17) die Anhebung des Steuersatzes das Arbeitsangebot beein-flusst,

$$P\frac{\mathrm{d}G}{\mathrm{d}t} = nwl + tnw\frac{\mathrm{d}l}{\mathrm{d}t} = wL \cdot \left[1 - \frac{t}{1-t}\varepsilon\right]. \qquad (V.19)$$

Die Inverse $\mathrm{d}t/\mathrm{d}G$ dieser Ableitung zeigt, um wieviel der Steuersatz angehoben wer-den muss, wenn eine zusätzliche Einheit des öffentlichen Gutes finanziert werden soll. Dieser höhere Steuersatz reduziert die private Wohlfahrt. Indem wir (V.17) und (V.19) verwenden, können wir ermitteln, um wieviel eine bessere Versorgung mit dem öffent-lichen Gut wegen der höheren Steuerbelastung den Nutzen x_i aus privatem Konsum reduziert,

$$n \cdot \frac{\mathrm{d}x}{\mathrm{d}G} = n \cdot \frac{\mathrm{d}x}{\mathrm{d}t}\frac{\mathrm{d}t}{\mathrm{d}G} = \frac{-P}{1 - \frac{t}{1-t}\varepsilon}. \qquad (V.20)$$

Wie aus dem Vergleich mit Gleichung (III.18) klar wird, drückt die rechte Seite die Grenzkosten der Besteuerung (marginal cost of public funds) aus.

Eine optimale Versorgung mit dem öffentlichem Gut erfordert, die Bereitstel-lungsmenge so lange auszuweiten, bis keine weitere Wohlfahrtssteigerung mehr zu erzielen ist:

$$\max_G \sum_i u(x_i, G) \quad \Rightarrow \quad \sum_i \left(u_X^i \cdot \mathrm{d}x_i/\mathrm{d}G + u_G^i\right) = 0. \qquad (V.21)$$

Per Symmetrieannahme gilt, dass für alle Individuen der Grenznutzen des privaten Konsums $u_X^i = u_X$ gleich ist. Wir dividieren durch u_X und berücksichtigen die Grenz-kosten der Besteuerung $\sum_i \mathrm{d}x_i/\mathrm{d}G = n \cdot \mathrm{d}x_i/\mathrm{d}G$ nach (V.20). Es folgt die *modifizierte Samuelson-Bedingung* für die optimale Bereitstellung des öffentlichen Gutes,

$$\sum_i \frac{u_G}{u_X} = GK, \quad GK = -n\frac{\mathrm{d}x}{\mathrm{d}G} = \frac{P}{1 - \frac{t}{1-t}\varepsilon}. \qquad (V.22)$$

Im Optimum müssen also die Grenzkosten der Bereitstellung der Summe der mar-ginalen Zahlungsbereitschaften entsprechen. Abbildung V.2 stellt die optimale Ver-sorgung bei verzerrender Besteuerung dar. Wenn Pauschalsteuern verfügbar wären, dann würde man die Einkommensteuer t auf Null setzen, um die Mehrbelastung zu vermeiden. In diesem Fall wären die Grenzkosten geringer und wie in (V.12) kon-stant gleich P. Dies entspricht der horizontalen Linie in Abbildung V.2. Die fallende GE-Kurve drückt die aggregierte marginale Zahlungsbereitschaft $n \cdot u_G/u_X$ für das öffentliche Gut aus. Der Schnittpunkt zeigt die erstbeste Bereitstellungsmenge G^*.

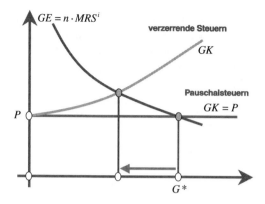

Abbildung V.2: Steuerfinanzierung

Wenn hingegen die Ausgaben nur mit einer verzerrenden Steuer finanziert werden können, dann sind die Grenzkosten im Ausmass der verursachten Mehrbelastung höher. Die Lohnsteuer reduziert das private Nettoeinkommen nicht nur im Ausmass der Steuer, sondern zusätzlich noch um den Betrag, um den das Bruttoeinkommen aufgrund der hemmenden Auswirkung auf das Arbeitsangebot fällt. Im Vergleich zur Pauschalsteuer, die diesen negativen Angebotseffekt vermeidet, kommt es also zu einer Mehrbelastung, welche die volkswirtschaftlichen Grenzkosten der Besteuerung erhöht. In Abbildung V.2 neigt sich daher die GK-Kurve nach oben. Der Schnittpunkt mit der fallenden GE-Kurve entspricht der modifizierten Samuelson-Regel (V.22). Bei höheren Grenzkosten der Besteuerung ist es offensichtlich sinnvoll, das Angebot des öffentlichen Gutes etwas zurückzunehmen und mehr Gewicht auf privaten Konsumnutzen zu legen. In einer Übung wird anhand eines parametrisierten Beispiels die optimale Staatsquote berechnet, die sich aus (V.22) bei Finanzierung mit einer verzerrenden Lohnsteuer ergibt. Es wird ersichtlich, wie sich der optimale Umfang der Staatstätigkeit je nach der Stärke der Präferenzen für öffentliche Güter und der Höhe der Grenzkosten der Besteuerung verändert.

V.2 Umverteilung

V.2.1 Haushalte

Wir zeigen nun am Beispiel der Verteilungsaufgabe den Zielkonflikt zwischen Effizienz und Verteilungsgerechtigkeit auf. Die Mehrbelastung erhöht die Grenzkosten der Besteuerung und legt damit ceteris paribus ein geringeres Niveau der Umverteilungsaktivitäten nahe. Am einfachsten kann der Zielkonflikt illustriert werden, wenn man nur zwei Gruppen von Individuen betrachtet, nämlich A arme und B leistungsfähige Individuen. Die Armen seien nicht qualifiziert, beschäftigungslos und leben von Transfers plus Eigenproduktion (bzw. Erwerb im inoffiziellen Sektor). Der Nutzen der Armen ohne Transfer ist auf Null normalisiert. Ihr Gesamtnutzen hängt linear vom Transfereinkommen z pro Kopf ab, $V^A = z$. Sie haben keine Wahlmöglichkeiten. Die Leistungsfähigen seien hoch qualifiziert und arbeiten im offiziellen Sektor. Der Bruttolohn sei auf $w = 1$ normiert und fix, so dass der Nettolohn $1 - t$ und das Lohneinkommen zur Finanzierung des Konsums $c = (1 - t)l$ beträgt. Die Präferenzen sind als separabel angenommen, $u = c - v(l)$. Das Grenzleid der Arbeit nehme bezüglich der Arbeitsleistung mit konstanter Elastizität $lv''(l)/v'(l) = \varepsilon$ zu. Die Leistungsfähigen optimieren Konsum und Arbeitsangebot gemäss

$$V^B(t) = \max_l (1 - t)l - v(l), \quad v(l) = \frac{l^{1+1/\varepsilon}}{1 + 1/\varepsilon}. \tag{V.23}$$

Aus der BEO ermitteln wir das Arbeitsangebot

$$1 - t = v'(l) = l^{1/\varepsilon} \quad \Rightarrow \quad l^* = (1 - t)^\varepsilon \leq 1. \tag{V.24}$$

Die Separabilität der Präferenzen bedeutet, dass der Einkommenseffekt einer Lohnänderung ausgeschaltet und damit der Substitutionseffekt gleich dem Gesamteffekt ist. Die Lohnelastizität des (kompensierten und unkompensierten) Arbeitsangebotes beträgt ε.

V.2.2 Steuern und Transfers

Das Marktgleichgewicht führt in diesem einfachen Beispiel zu einer sehr ungleichen Einkommensverteilung. Ohne Steuern und Transferleistungen beträgt das Arbeitsangebot gerade 1 ($l = 1$ für $t = z = 0$), so dass die Leistungsfähigen ein Einkommen von $wl = 1$ erzielen, während die Beschäftigungslosen ohne Markteinkommen ein Leben am Existenzminimum fristen. Die Wohlfahrt beträgt $V^B = 1 - \bar{v}$ mit $\bar{v} = v(1) = 1/(1 + 1/\varepsilon) < 1$ und $V^A = 0$. Der Staat wägt zwischen Effizienz und Verteilung ab und verteilt Einkommen um. Die Ziele der Finanzpolitik seien in einer *SWF* ausgedrückt, wobei σ den Grad der Ungleichheitsaversion angibt,

$$SWF = \sum_{i=1}^{A+B} \frac{\left(V^i\right)^{1-\sigma}}{1 - \sigma} = A \cdot \frac{\left(V^A\right)^{1-\sigma}}{1 - \sigma} + B \cdot \frac{\left(V^B\right)^{1-\sigma}}{1 - \sigma}. \tag{V.25}$$

Die Zielfunktion nimmt mit dem Nutzen des Typs i mit $dSWF/dV^i = \left(V^i\right)^{-\sigma} = \gamma_i$ zu. Im Vergleich zur Darstellung in (V.9) ist hier das Verteilungsgewicht γ_i endogen und fällt mit zunehmender Wohlfahrt des Typs i.

Der Staat kann nicht mehr verteilen, als er an Steuern von den Leistungsfähigen einnimmt. Die staatliche Budgetbeschränkung lautet

$$z \cdot A = t \cdot l(1 - t) \cdot B \quad \Rightarrow \quad z(t) = t \cdot l(1 - t) \cdot B/A. \tag{V.26}$$

Die Lohnsteuer wird von den B leistungsfähigen Individuen erhoben, die einen Steuerbetrag von tl pro Kopf und damit tlB im Aggregat entrichten. Das gesamte Aufkommen muss einen Transfer von z pro Kopf für die A Armen finanzieren. Das Problem ist, dass die Leistungsfähigen der Steuer durch Rücknahme des Arbeitsangebotes teilweise ausweichen. Trotz zunehmend höheren Steuersätzen können daher immer weniger Transferleistungen an die Armen gezahlt werden. Wir erhalten $dz/dt = (B/A)[l - t \cdot dl/d(1 - t)]$ bzw.

$$\frac{dz}{dt} = l\frac{B}{A}\left[1 - \frac{t}{1-t} \cdot \varepsilon\right], \quad \varepsilon = \frac{1-t}{l}\frac{dl}{d(1-t)}, \tag{V.27}$$

wobei ε die Elastizität des Arbeitsangebots bezüglich des Nettolohns ist.

Wir erkennen in (V.27) die Laffer-Kurve wieder. Höhere Steuersätze sind immer weniger ergiebig, bis bei einem aufkommensmaximalen Steuersatz die Einnahmen durch eine weitere Anhebung nicht mehr gesteigert werden können: $dz/dt = 0$ bei $t^{max} = 1/(1 + \varepsilon)$. Für jeden weiteren Euro Umverteilung an die Armen sind immer stärkere Erhöhungen des Steuersatzes nötig. Die Umverteilung wird bei höheren Steuersätzen prohibitiv teuer, weil die Mehrbelastung progressiv zunimmt. Wir fassen nun zusammen, wie eine Erhöhung des Steuersatzes t und die damit finanzierten Transfers $z(t)$ die Wohlfahrt der Leistungsfähigen und der Erwerbslosen verändert. Indem wir das Envelopen-Theorem auf (V.23) anwenden und $V^A = z$ mit (V.27) kombinieren, erhalten wir

$$\frac{dV^B(t)}{dt} = -l, \quad \frac{dV^A(z(t))}{dt} = \frac{dz}{dt} = l\frac{B}{A}\left[1 - \frac{t}{1-t} \cdot \varepsilon\right]. \tag{V.28}$$

Um die Grenzrate der (Nutzen-)Transformation *MRT* bzw. die „Grenzkosten der Umverteilung" zu erhalten, dividiert man die erste durch die zweite Gleichung. *MRT* gibt an, mit wieviel Wohlfahrtsverlust von Typ B ein Wohlfahrtsgewinn von Typ A erkauft werden muss:

$$MRT \equiv -\frac{dV^B/dt}{dV^A/dt} = \frac{A/B}{1 - \dfrac{t}{1-t} \cdot \varepsilon}. \tag{V.29}$$

Die Grenzkosten der Umverteilung hängen von der Angebotselastizität ε der Leistungsfähigen ab. Der Ausdruck $1/\left[1 - \frac{t}{1-t} \cdot \varepsilon\right]$ ist gleich den Grenzkosten der Besteuerung. Sie sind nach (III.18) als marginale Mehrbelastung plus 1 definiert. Die marginale Mehrbelastung der Besteuerung bestimmt daher die Grenzkosten der Staatsfinanzierung und im vorliegenden Fall die Grenzkosten der Umverteilung. Schliesslich wird in (V.29) ersichtlich, dass die Grenzkosten der Besteuerung gegen Unendlich gehen, wenn der Steuersatz sich dem aufkommensmaximalen Wert t^{max} nähert und damit der Nenner $1 - \varepsilon \cdot t/(1 - t)$ gegen Null geht. Dies macht deutlich, dass eine rationale Umverteilungspolitik den Steuersatz wohl kaum bis zum aufkommensmaximalen Wert anheben wird!

V.2.3 Optimale Umverteilung

Die optimale Umverteilung wird durch Maximierung der *SWF* ermittelt, wobei das Mass der Ungleichheitsaversion σ in (V.25) die Bewertung einer gleichmässigeren Verteilung ausdrückt. Die Wahl des Steuersatzes t ergibt die BEO $dSWF/dt =$

$A\left(V^A\right)^{-\sigma} \cdot dV^A/dt + B\left(V^B\right)^{-\sigma} \cdot dV^B/dt = 0$. Nach Einsetzen von (V.28) und Umformen folgt

$$MRS \equiv \frac{A}{B}\left(\frac{V^B}{V^A}\right)^{\sigma} = -\frac{dV^B/dt}{dV^A/dt} \equiv MRT. \tag{V.30}$$

Die linke Seite ist die Grenzrate der Substitution MRS gleich der Steigung der Indifferenzkurve des staatlichen Entscheidungsträgers, der die SWF maximiert. Diese Steigung wird aus dem Differential von (V.25) für einen konstanten Wert der Zielfunktion berechnet, $dSWF = A\left(V^A\right)^{-\sigma} \cdot dV^A + B\left(V^B\right)^{-\sigma} \cdot dV^B = 0$. Die Grenzrate der Substitution $MRS = -(dV^B/dV^A)|_{\overline{SWF}} = (A/B)(V^B/V^A)^{\sigma}$ gibt die marginale Zahlungsbereitschaft für Umverteilung an: Wieviel Nutzenverlust des B kann ohne Beeinträchtigung der gesellschaftlichen Wohlfahrt geopfert werden, um eine Nutzenerhöhung des A um eine Einheit zu erzielen. Die Grenzrate der Transformation gibt an, wieviel eine marginale Nutzensteigerung des A gemessen am Nutzenverlust des B kostet, d. h. wie sehr die Wohlfahrt des B tatsächlich eingeschränkt werden muss, um die Wohlfahrt des A um eine Einheit zu steigern. Einsetzen von (V.29) ergibt die Lösung

$$\frac{A}{B}\left(\frac{V^B}{V^A}\right)^{\sigma} = \frac{A}{B}\frac{1}{1 - \dfrac{t}{1-t} \cdot \varepsilon}. \tag{V.31}$$

Abbildung V.3 veranschaulicht die optimale Umverteilungspolitik. Punkt 1 zeigt die Marktlösung, wo ein Leistungsfähiger ein maximales Nutzenniveau von $V^B = 1 - \bar{v}$ und ein Erwerbsloser einen Nutzen von $V^A = 0$ erzielt. Wir diskutieren zunächst die optimale Umverteilung bei *fixem Arbeitsangebot*. Dieses ist durch $\varepsilon = 0$ und $l = 1$ charakterisiert. Wir nehmen an, dass in diesem Fall der Leistungsfähige Fixkosten $\bar{v}$ der Arbeit zu tragen hat. Bei fixem Angebot gibt es keine Mehrbelastung, so dass die Steuer t Pauschalcharakter hat. Die Steigung der Transformationsgerade bleibt kon-

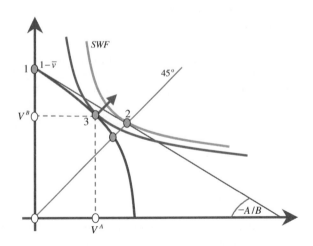

Abbildung V.3: Optimale Umverteilung

stant, $MRT = A/B$. Dies entspricht der Gerade durch die Punkte 1 und 2. Auf der 45°-Linie, wo $V^A = V^B$ gilt, hat die soziale Indifferenzkurve ebenfalls die Steigung A/B. Die Lage der äusseren Indifferenzkurve zeigt die maximale soziale Wohlfahrt an, die durch die Tangentialbedingung $MRS = MRT$ im Punkt 2 auf der 45°-Linie gegeben ist. Nachdem bei fixem Arbeitsangebot die Besteuerung keine Verzerrung verursacht, gibt es keinen Konflikt zwischen Effizienz und Verteilung. Die optimale Umverteilung führt zu einer vollständigen Angleichung der Nutzenniveaus und zwar unabhängig vom Grad der Ungleichheitsaversion σ.

Bei *variablem Arbeitsangebot* nehmen mit höherem Steuersatz t die marginale Mehrbelastung und damit die Grenzkosten der Besteuerung immer mehr zu, so dass die Steigung MRT der Transformationskurve in (V.29) negativer wird. Im Punkt 1 mit $t = 0$ ist die Mehrbelastung noch Null. Die Transformationskurve hat zunächst dieselbe Steigung wie bei fixem Arbeitsangebot, wird aber anschliessend immer steiler und neigt sich im Punkt 1 nach innen. Die Tatsache, dass die Besteuerung das Arbeitsangebot entmutigt, hat zwei Konsequenzen. Erstens nimmt der Nutzenmöglichkeitsbereich ab. Es ist nur eine geringere, gesellschaftliche Wohlfahrt erreichbar. Die neue Lösung im Punkt 3 liegt auf einer tieferen sozialen Indifferenzkurve. Zweitens muss die Steigung der Indifferenz- und Transformationskurven im Tangentialpunkt 3 im Absolutbetrag grösser werden. Nachdem sich die Umverteilung mit zunehmenden Steuersätzen immer mehr verteuert, wird ihr Umfang zurückgenommen. Die Wohlfahrt der Reichen bleibt daher im Punkt 3 höher als jene der Armen. Dies geht auch unmittelbar aus (V.31) hervor: Das Nutzenverhältnis $V^B/V^A = [1/(1 - \frac{t}{1-t} \cdot \varepsilon)]^{1/\sigma} > 1$ wird grösser als 1, wenn es eine positive Mehrbelastung gibt und damit die Grenzkosten der Besteuerung 1 übersteigen.

Die Abbildung macht auch deutlich, dass das optimale Ausmass der Umverteilung vom Grad der Ungleichheitsaversion σ abhängt. Gäbe es gar keine Ungleichheitsaversion ($\sigma = 0$), dann wäre $MRS = A/B$ konstant. Die Indifferenzkurve wäre eine Gerade mit der Steigung A/B, und die höchstgelegene würde durch den Punkt 1 verlaufen. In diesem Fall würde der Finanzpolitiker einer gleichmässigeren Einkommensverteilung gar keinen Wert beimessen, sondern nur an der Effizienz, d.h. an der grösstmöglichen Nutzensumme für alle interessiert sein. Jede Umverteilung hätte Effizienzkosten und würde nur den verteilbaren Kuchen verringern. Es ist dann optimal, gar nichts umzuverteilen. Zunehmende Grade der Ungleichheitsaversion σ drücken sich durch stärker gekrümmte Indifferenzkurven aus. Für $\sigma \to \infty$ wären sie rechteckig. Die Lösung würde im Schnittpunkt der Transformationskurve mit der 45°-Linie liegen und eine vollständige Nutzenangleichung bedeuten. Mit (V.31) hätten wir $V^B/V^A = [1/(1 - \frac{t}{1-t} \cdot \varepsilon)]^{1/\sigma} \to 1$ für $\sigma \to \infty$.

Zusammenfassung

1. Im Rahmen der Allokations- und Distributionsaufgaben stellt der Staat öffentliche Güter bereit und korrigiert über den Steuer-Transfer-Mechanismus das marktwirtschaftliche Verteilungsergebnis.

2. Öffentliche Güter zeichnen sich durch die Eigenschaften der Nichtrivalität und der Nichtausschliessbarkeit aus. Nichtausschliessbarkeit bedeutet, dass niemand vom

Konsum ausgeschlossen werden kann, wenn das Gut einmal angeboten wird, und verhindert ein über Preise finanziertes privates Angebot.

3. Nichtrivalität im Konsum bedeutet, dass ein weiterer Nutzniesser den Konsum der anderen nicht beeinträchtigt. Die Grenzkosten der zusätzlichen Inanspruchnahme sind Null. Ein Ausschluss wäre nicht sinnvoll, selbst wenn er möglich wäre.

4. Ein pareto-optimales Angebot öffentlicher Güter erfüllt die Samuelson-Bedingung, wonach die Summe der marginalen Zahlungsbereitschaft aller Nutzniesser gleich den Grenzkosten der Bereitstellung sein soll.

5. Wenn die Finanzierung nur mit verzerrenden Steuern möglich ist, dann nehmen die Grenzkosten der Bereitstellung aufgrund der steuerlich bedingten Mehrbelastung zu, so dass eine Einschränkung bei der Versorgung mit dem öffentlichen Gut vorteilhaft wird. Das optimale Angebot spiegelt einerseits die privaten Präferenzen für öffentliche Güter und andererseits die Grenzkosten der Besteuerung wider.

6. Die Effizienz- und Verteilungsziele der Finanzpolitik können in einer sozialen Wohlfahrtsfunktion dargestellt werden. Die staatliche Umverteilung über den Steuer-Transfer-Mechanismus begründet einen Zielkonflikt, da sie zwar für eine gleichmässigere Verteilung sorgt, aber gleichzeitig die Verteilungsmasse verkleinert.

7. Die staatliche Umverteilungspolitik erfordert eine Abwägung zwischen Effizienz und Verteilungsgerechtigkeit. Je höher die marginale Mehrbelastung und damit die Grenzkosten der Besteuerung sind, desto geringer wird die Verteilungsmasse und desto weniger weit kann eine optimale Umverteilung gehen. Die optimale Umverteilungspolitik wird einerseits durch den Grad der Ungleichheitsaversion und andererseits durch die Grenzkosten der Besteuerung bestimmt.

Lektürevorschläge

Die Theorien öffentlicher Güter und staatlicher Umverteilung auf der Ausgabenseite werden ausführlich in CORNEO (2003) dargestellt. Öffentliche Güter sind Thema sowohl mikroökonomischer als auch finanzwissenschaftlicher Lehrbücher wie ATKINSON und STIGLITZ (1980), VARIAN (1992), MAS-COLELL, WHINSTON und GREEN (1995), MYLES (1995) und besonders ausführlich CORNES und SANDLER (1986) sowie SANDMO (2000) für öffentliche Umweltgüter. Die klassischen Aufsätze stammen von SAMUELSON (1954, 1955). BERGSTROM, BLUME und VARIAN (1986) analysieren die freiwillige Bereitstellung öffentlicher Güter. Der Einfluss verzerrender Besteuerung auf die Bereitstellung wurde in einem frühen Beitrag von STIGLITZ und DASGUPTA (1971) herausgearbeitet, siehe auch WILDASIN (1984). Einen gut lesbaren Überblick bieten BALLARD und FULLERTON (1992). Der Steuer-Transfer-Mechanismus ist zentraler Gegenstand der Optimalsteuertheorie in den folgenden Kapiteln. Ein guter Einstieg ist ATKINSON (1995). Normative und positive Aspekte der Umverteilungspolitik werden in MUELLER (1989) und ausführlich in BOADWAY und KEEN (2000) behandelt. Auf der Homepage WWW.IFF.UNISG.CH, Seite Lehre/Keuschnigg, stehen gelöste Übungsaufgaben bereit.

Schlüsselbegriffe

Öffentliche Güter
Nichtausschliessbarkeit
Pareto-optimale Bereitstellung
Steuer-Transfer-Mechanismus
Optimale Umverteilung

Nichtrivalität
Freiwillige Bereitstellung
Grenzkosten der Besteuerung
Ungleichheitsaversion

Kapitel VI

Optimale Einkommensteuer

Die Einkommensteuer (EKST) ist das Kernstück eines jeden Steuersystems. Sie ist neben der Mehrwertsteuer die wichtigste Einnahmequelle und in den allermeisten Ländern progressiv mit ansteigenden Grenzsteuersätzen ausgestaltet. Die Spitzensteuersätze liegen 2004 in Deutschland und Österreich bei 47.5 bzw. 50%, die Eingangssteuersätze für die untersten Einkommensgruppen bei 16 bzw. 21%, siehe Tabelle I.6 im ersten Kapitel. Dazwischen nimmt der Grenzsteuersatz nach einem Formeltarif bzw. in Stufen mit dem Einkommen zu. In der Schweiz werden generell niedrigere Steuersätze angewandt. In allen Ländern knüpft die EKST an persönliche Merkmale an und nimmt Rücksicht auf Unterschiede in der individuellen Leistungsfähigkeit, wie persönliches Einkommen, Familienstand, Kinder und aussergewöhnliche Belastungen. Die EKST ist damit ein tragendes Element der staatlichen Verteilungspolitik. Indirekte Steuern wie die Mehrwertsteuer sind dagegen unpersönlich und besteuern Markttransaktionen unabhängig von der Identität des Steuerzahlers. Sie sind daher ein unscharfes Instrument, um Verteilungsziele in der Besteuerung zu verwirklichen.

Mit der EKST kann am ehesten eine horizontal und vertikal gerechte Besteuerung nach dem *Leistungsfähigkeitsprinzip* verwirklicht werden. Nach der juristischen Interpretation wird unter Leistungsfähigkeit die Fähigkeit des Bürgers verstanden, im Verhältnis zu den ihm zur Verfügung stehenden finanziellen Mitteln und unter Berücksichtigung seiner die Leistungsfähigkeit beeinflussenden persönlichen Verhältnisse zur Deckung des staatlichen Finanzbedarfs beizutragen. Danach sollen Personen mit hoher Leistungsfähigkeit, d. h. Personen mit hohem Einkommen, bei sonst gleichen Verhältnissen mehr Steuern zahlen als Personen mit geringer Leistungsfähigkeit. Diese Definition des Leistungsfähigkeitsprinzips geht allerdings von einem festen, gegebenen Bruttoeinkommen aus und misst der Tatsache, dass das tatsächlich realisierte Einkommen bereits das Resultat eines Steuerausweichverhaltens ist, keine weitere Bedeutung bei. Die EKST ist jedoch mit wichtigen Leistungshemmnissen verbunden. Sie mindert die Erwerbsbeteiligung und die Arbeitsleistung der Beschäftigten, kann die privaten Investitionen in Aus- und Weiterbildung hemmen, besonders dann, wenn sie progressiv ausgestaltet ist, und sie mindert die Nettorendite privater Ersparnisse und Investitionen und hemmt so die gesamtwirtschaftliche Kapitalbildung. Schliesslich verleiten die hohen Steuersätze zur Steuerhinterziehung und nähren das Anwachsen der Schattenwirtschaft. Der Einfachheit halber beschränken wir uns ausschliesslich auf Arbeitseinkommen und vernachlässigen Kapital- und andere Einkommen, die ohnehin zu einem grossen Teil aus Arbeitseinkommen abgeleitet sind.

Im Unterschied zur juristischen Interpretation wird hier die Leistungsfähigkeit einer Person als seine Fähigkeit verstanden, Einkommen zu erzielen und in der Folge Steuern zu zahlen. Diese Fähigkeit zur Einkommenserzielung bemisst sich an der Produktivität des Arbeitnehmers, die mit einem entsprechenden Lohn entgolten wird. Individuen mit hoher Leistungsfähigkeit erzielen für jede zusätzliche Arbeitsstunde einen hohen Lohn. Das Einkommen hingegen ergibt sich aus dem Produkt aus Lohn und geleisteter Arbeit. Das tatsächliche Arbeitsangebot und das damit realisierte Einkommen ist jedoch bereits die Folge einer Steuerausweichreaktion und bringt daher die im Lohn ausgedrückte Fähigkeit zur Einkommenserzielung nur verfälscht zum Ausdruck. Würde die Regierung den Lohn und damit die individuelle Fähigkeit zur Einkommenserzielung beobachten können (vollkommene Information), gäbe es weiterhin kein Problem. Sie würde dann jedes Individuum unabhängig vom tatsächlich geleisteten Arbeitseinsatz und dem tatsächlich erzielten Einkommen nach seiner Leistungsfähigkeit besteuern. Die Individuen könnten in diesem Fall der Steuer durch eine Rücknahme des Arbeitsangebotes nicht ausweichen. So eine Steuer wäre eine Pauschalsteuer und hätte keine Zusatzkosten. Der Staat könnte beliebig besteuern und umverteilen, ohne negative Leistungsanreize und volkswirtschaftliche Zusatzkosten zu verursachen.

In der Realität steht die Regierung allerdings einem schwierigen Informationsproblem gegenüber. Es ist kaum möglich, die „wahre" Leistungsfähigkeit festzustellen. Der Staat kann nur das Einkommen des Steuerzahlers erfassen, also nur das Produkt aus Lohnsatz und geleistetem Arbeitsangebot. Den Lohnsatz als Ausdruck seiner Produktivität und damit seiner tatsächlichen Leistungsfähigkeit kann sie nicht isoliert feststellen. Damit wird eine nach der Leistungsfähigkeit differenzierte Pauschalsteuer unmöglich. Als nächstbeste Alternative bleibt also nur die Besteuerung der Einkommen als Instrument der Einnahmeerzielung und Umverteilung. Die Ausweichreaktionen auf die Einkommensbesteuerung verursachen hohe volkswirtschaftliche Zusatzkosten, die den verteilbaren Kuchen möglicherweise stark reduzieren. Die Steuer mindert nicht nur die wirtschaftliche Effizienz, sondern erschwert auch die Verwirklichung der Verteilungsabsichten. In der Ausgestaltung der EKST muss also ein scharfer Zielkonflikt zwischen *Effizienz und Verteilung* gelöst werden.

Die Theorie der optimalen EKST beschäftigt sich mit der Frage, wie Steuertarife ausgestaltet und damit die Grenz- und Durchschnittsbelastung über alle Einkommensgruppen verteilt werden sollen, um die Effizienz- und Verteilungsziele der Finanzpolitik bestmöglich zu verwirklichen. Dabei sind ausreichende Steuereinnahmen zur Finanzierung öffentlicher Aufgaben zu erzielen. Das Effizienzziel soll sicherstellen, dass nach dem Pareto-Prinzip niemand mehr besser gestellt werden kann, ohne eine andere Person schlechter zu stellen. Gleichzeitig soll die optimale EKST eine als fair empfundene Verteilung der Steuerlasten vornehmen und eine gleichmässigere Verteilung der individuellen Wohlfahrtspositionen realisieren, als es vor Besteuerung aufgrund unterschiedlicher individueller Leistungsfähigkeit der Fall war. Die Lösung dieses Optimalsteuerproblems verwirklicht eine differenzierte Besteuerung von Personen mit unterschiedlichen Leistungsfähigkeiten. Im Resultat zahlen Personen mit höherer Leistungsfähigkeit und damit höherem Einkommen und höherer Wohlfahrt auch mehr Steuern, wie das Leistungsfähigkeitsprinzip verlangt. Um wieviel die

Steuerbelastung mit höherer Leistungsfähigkeit zunimmt, hängt von der Priorität der Effizienz- und Verteilungsziele in der Steuerpolitik ab. Die Lösung berücksichtigt, dass die Regierung nur das realisierte Einkommen, aber nicht den Lohn und damit die Leistungsfähigkeit beobachten kann. Daher kann die Besteuerung nur am Einkommen anknüpfen. Für die Lösung dieses Problems der asymmetrischen Information und der Entwicklung der mikroökonomischen Methoden, die auch in wichtigen anderen Bereichen wie Versicherungswesen und Unternehmensfinanzierung angewandt werden, haben James Mirrlees und William Vickrey 1996 den Nobelpreis in Ökonomie erhalten.

Die praktische Finanzpolitik geht in den allermeisten Fällen davon aus, dass eine Besteuerung nach der Leistungsfähigkeit und darüber hinaus eine Realisierung von Umverteilungszielen am ehesten durch einen progressiven Tarif mit ansteigenden Grenzsteuersätzen zu verwirklichen ist. Wie schaut aber ein optimaler EKST-Tarif tatsächlich aus? Ist er progressiv? Steigen die Grenzsteuersätze an? Wie hoch sind die Steuersätze am unteren und oberen Ende der Einkommensverteilung? In diesem Kapitel charakterisieren wir nun die Tarifeigenschaften einer optimalen EKST. Steuern und Transfers werden in einem integrierten Ansatz betrachtet: Transfers sind negative Steuern. Zunächst wird am einfachen Fall mit nur zwei Fähigkeiten aufgezeigt, wie die Steuersätze anreizkompatibel festzulegen sind, damit die Leistungsfähigen nicht zu einer extensiven Steuerausweichung getrieben werden, sondern ein ihrer Fähigkeit entsprechendes Einkommen tatsächlich realisieren. Der nächste Abschnitt entwickelt den Fall mit einer stetigen Verteilung der Fähigkeiten. Er zeigt, wie die Verteilungszielsetzung der Regierung, die Arbeitsangebotselastizitäten der Besteuerten und die Gestalt der Lohnverteilung den optimalen Tarifverlauf bestimmen. Dabei sind insbesondere die Grenzsteuersätze am oberen und unteren Rand der Einkommensverteilung interessant. Angesichts des formalen Schwierigkeitsgrades werden in diesem Teil nicht mehr alle Ergebnisse eigenständig hergeleitet. Bei Interesse an der formalen Analyse wird auf den Anhang am Ende des Kapitels verwiesen.

VI.1 Nicht-lineare Steuer mit zwei Typen

VI.1.1 Besteuerung nach Leistungsfähigkeit

Bei der Betrachtung der EKST ist es äusserst wichtig, sich zuerst den Zusammenhang zwischen Grenz- und Durchschnittssteuersätzen und deren unterschiedliche Bedeutung für Leistungsanreize und Verteilungswirkungen klar zu machen. Die Steuerschuldfunktion gibt die Steuerschuld $T_n = T(Y_n)$ bei einem Einkommen Y_n an. Der untere Index identifiziert einen Steuerzahler mit Einkommen Y_n in der n-ten Einkommensklasse. Der Grenzsteuersatz beträgt $\tau_n = T'(Y_n)$ und sei innerhalb einer Einkommensklasse konstant (Stufengrenzsatztarif). Wenn der Einkommensbereich in diskrete Klassen unterteilt wird, dann gilt

$$\tau_i = \frac{T_i - T_{i-1}}{Y_i - Y_{i-1}} \quad \Rightarrow \quad T_n = T_0 + \sum_{i=1}^{n} \tau_i \cdot (Y_i - Y_{i-1}). \tag{VI.1}$$

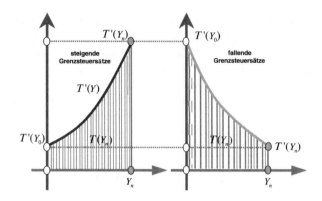

Abbildung VI.1: Grenzsteuersätze und Steuerschuld

Die zweite Gleichung erhält man durch Umformung der Definition des Grenz-steuersatzes zu $T_i - T_{i-1} = \tau_i \cdot (Y_i - Y_{i-1})$. Die Summenbildung über die Beträge $T_1 - T_0 + T_2 - T_1 + \ldots$ ergibt schliesslich die Steuerschuld T_n für den Typ n. Im ste-tigen Fall mit kontinuierlich differenzierbarem Tarif wäre die Steuerschuld $T(Y_n) = T_0 + \int_0^{Y_n} T'(Y)\mathrm{d}Y$. Die Steuerschuld beim Einkommen Y_n hängt also per Definition von den Grenzsteuersätzen im Einkommensbereich darunter ab.

Abbildung VI.1 illustriert den Zusammenhang zwischen dem Verlauf der Grenz-steuersätze und der Höhe der Steuerschuld im oberen Einkommensbereich. Der Tarif auf der linken Abbildung weist ansteigende Grenzsteuersätze auf, der Tarif auf der rechten Seite fallende. Die Steuerschuld beim Einkommen Y_n ist die Fläche unter der Kurve der Grenzsteuersätze. Die schattierten Flächen sind gleich gross. Es kann also offensichtlich dieselbe Steuerschuld für ein Einkommen Y_n mit ansteigenden oder mit fallenden Grenzsteuersätzen im unteren Einkommensbereich erzielt werden. Der entscheidende Unterschied ist jedoch, dass der rechte Tarif die Leistungsan-reize eines Steuerpflichtigen mit Einkommen Y_n stärkt, während der links dargestellte Tarif wegen des hohen Grenzsteuersatzes die Anreize des Typs n stark beeinträch-tigt. Der Verlauf der Grenzsteuersätze $T'(Y)$ bestimmt, wie im unteren und oberen Einkommensbereich die Leistungsanreize verteilt werden, während der Verlauf der Steuerschuldfunktion $T(Y)$ die Durchschnittssteuersätze $T(Y)/Y$ bestimmt und an-gibt, wieviel die oberen bzw. unteren Einkommen jeweils insgesamt an Steuern zu entrichten haben. Der Verlauf der Durchschnittsbelastung bestimmt offensichtlich die Verteilungswirkungen des Tarifs, der Verlauf der Grenzsteuersätze die Wirkungen auf die wirtschaftliche Effizienz.

VI.1.2   Arbeitsangebot bei nicht-linearem Tarif

Die Abwägung zwischen den Effizienz- und Verteilungszielen der Finanzpolitik und die Probleme einer Besteuerung nach der Leistungsfähigkeit können am einfachsten für den Fall mit nur zwei Typen von Steuerpflichtigen dargestellt werden. Die In-dividuen seien also entweder hoch oder gering qualifiziert und erzielen mit dieser

Leistungsfähigkeit auf dem Arbeitsmarkt einen jeweils fixen Bruttolohn $n_2 > n_1$. Die Bruttolöhne entsprechen dem Grenzprodukt von hoch und niedrig qualifizierter Arbeit. Die Arbeitsproduktivität ist bei einer Ricardianischen Technologie jeweils fix, so dass die Bruttolöhne exogen sind. Der Regierung sei die Häufigkeit bekannt, mit der in der Bevölkerung hohe und niedrige Fähigkeiten verteilt sind. Sie kann jedoch *nicht* einem einzelnen Individuum seinen Typ und damit seine Fähigkeit n ansehen. Sie kann auch die tatsächliche Arbeitsleistung L nicht separat feststellen, sondern lediglich das Bruttoeinkommen $Y = nL$ beobachten. Daher ist eine Pauschalsteuer, die nach der Leistungsfähigkeit n differenziert, schlicht nicht möglich. Die Steuer knüpft hingegen am Einkommen $Y = nL$ an, welches mit mehr oder weniger grossem Aufwand festgestellt und verifiziert werden kann.

Bei einer stetigen Verteilung der Löhne kann der optimale EKST-Tarif durchgehend charakterisiert werden. In einer Welt mit nur zwei Typen können hingegen nur zwei Steuerbeträge T_1 und T_2 und zwei Grenzsteuersätze $T'(Y_1)$ und $T'(Y_2)$ bestimmt werden. Ein Haushalt mit dem Lohn n erzielt ein Bruttoeinkommen Y_n und schuldet darauf eine Steuer $T(Y_n)$, so dass ein verfügbares Einkommen x_n für den Konsum verbleibt,

$$x_n = Y_n - T(Y_n), \quad Y_n = nL_n, \quad n \in \{n_1, n_2\}. \tag{VI.2}$$

Die Steuerfunktion weist einen Tarif mit variablen Grenzsteuersätzen $T'(Y_n)$ auf. Das Arbeitsangebot ist endogen. Die Präferenzen $u^n = u(x_n, L_n)$ seien quasikonkav mit $u_X \equiv \partial u/\partial x > 0$ und $u_L \equiv \partial u/\partial L < 0$. Das optimale Arbeitsangebot folgt aus

$$\max_{L_n} u(x_n, L_n) = u(nL_n - T(nL_n), L_n). \tag{VI.3}$$

Die BEO für das Arbeitsangebot L_n lautet $u_X^n \cdot \left(1 - T'(Y_n)\right)n + u_L^n = 0$ bzw.

$$-u_L^n/u_X^n = \left(1 - T'(Y_n)\right)n \quad \Leftrightarrow \quad MRS^n = MRT^n. \tag{VI.4}$$

Es erweist sich als günstig, eine alternative, äquivalente Darstellung zu wählen:

$$Y_n = nL_n \quad \Leftrightarrow \quad L_n = Y_n/n.$$

Da der Lohn n exogen ist, kann entweder das Arbeitsangebot L_n oder das Einkommen Y_n gewählt werden. Mit der Wahl des Einkommens ist das Arbeitsangebot eineindeutig bestimmt und umgekehrt. Das Problem lautet nun:

$$\max_{Y_n} V^n(Y_n - T(Y_n), Y_n); \quad V^n(x_n, Y_n) \equiv u(x_n, Y_n/n). \tag{VI.5}$$

Man beachte, dass die transformierte Nutzenfunktion V^n vom Typ n abhängt. Um ein beliebiges Einkommen Y zu erzielen, muss der Leistungsfähige weniger arbeiten als der weniger fähige Arbeiter, $L_2 = Y/n_2 < L_1 = Y/n_1$ wegen $n_2 > n_1$. Die Maximierung ergibt die Bedingung $V_X^n \cdot \left(1 - T'(Y_n)\right) + V_Y^n = 0$ bzw.

$$MRS^n \equiv -\frac{V_Y^n(x_n, Y_n)}{V_X^n(x_n, Y_n)} = 1 - T'(Y_n). \tag{VI.6}$$

Diese Bedingung bestimmt das optimale Bruttoeinkommen Y_n und damit den notwendigen Arbeitseinsatz $L_n = Y_n/n$. Die Grenzrate der Substitution beträgt $MRS^n =$

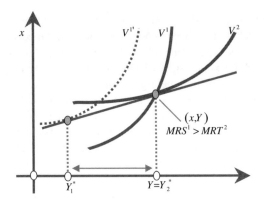

Abbildung VI.2: Agenten-Monotonität

$dx_n/dY_n|_{\bar{V}^n} = -V_Y^n/V_X^n > 0$. Sie gibt an, mit wieviel Konsum der Haushalt kompensiert werden muss, wenn er mit zusätzlicher Arbeit mehr Einkommen erzielen soll.

Es sei angenommen, dass die Präferenzen so gestaltet sind, dass die Grenzrate der Substitution zwischen Bruttoeinkommen und Konsum mit zunehmendem Lohn n fällt. Nach dieser Bedingung der *Agenten-Monotonität* weisen also Individuen mit höherer Fähigkeit in jedem beliebigen Konsum/Einkommens-Punkt x, Y eine geringere Substitutionsrate auf als solche mit niedrigerer Fähigkeit,

$$-\frac{V_Y^1(x,Y)}{V_X^1(x,Y)} > -\frac{V_Y^2(x,Y)}{V_X^2(x,Y)} \quad \Leftrightarrow \quad MRS^1 > MRS^2. \tag{VI.7}$$

Abbildung VI.2 vergleicht die Steigungen der Indifferenzkurven von *verschiedenen* Individuen *im selben Konsumpunkt*. Die Bedingung besagt, dass die wenig Leistungsfähigen (Typ 1) einen stärkeren Anreiz brauchen und daher mit mehr Konsumzuwachs kompensiert werden müssen, um einen Euro mehr an Einkommen Y zu erzielen. Bei gleichem Nettolohnsatz und damit lokal identischer Budgetbeschränkung wollen die Leistungsfähigen mehr arbeiten und haben ein höheres Einkommen als die weniger Leistungsfähigen.

VI.1.3 Selbstselektionsbeschränkung

Die Regierung weiss über die Verteilung der Fähigkeiten $n_1 < n_2$ in der Bevölkerung Bescheid. Sie kennt ausserdem die Präferenzen und weiss daher, welche Einkommen Y_n in den beiden Gruppen realisiert werden. Sie kann jedoch nicht die Identität eines *einzelnen* Individuums feststellen! Wenn ein Steuerzahler ein niedriges Einkommen Y_1 erklärt, könnte dieses genauso gut von Typ 2 stammen. Von diesem wird eigentlich ein hohes Einkommen Y_2 und damit ein hoher Steuerbetrag erwartet. Wenn die Steuerbelastung T_2 jedoch zu hoch ist, dann mag es der Leistungsfähige vorziehen, mit sehr viel geringerer Anstrengung ein niedriges Einkommen zu realisieren, und muss dabei wegen einer hohen Steuerersparnis auf nur wenig Konsum verzichten. Wenn im Extremfall mit einem „Grenzsteuersatz" von 100% der gesamte Einkommensunterschied wegbesteuert wird, also $T_2 - T_1 = Y_2 - Y_1$ mit $\tau_2 = 1$ in (VI.1), dann könnte der Leistungsfähige mit einer höheren Arbeitsleistung keinen zusätzlichen Konsum realisieren und würde ganz sicher die Leistung verweigern. Wenn alle das-selbe Einkommen Y_1 erklären, könnte die Regierung im Einzelfall nicht feststellen, von welchem Typ das erklärte Einkommen stammt, denn die eigene Leistungsfähig-keit jedes Steuerzahlers ist private Information.

Es mag auch hier hilfreich sein, intensive und extensive Steuerausweichung zu un-terscheiden. Die intensive Form ist die marginale Zurücknahme des Arbeitsangebots und des Einkommens Y_n, ohne dass die Steuerpflichtigen in eine andere Einkom-mensklasse wechseln. Die extensive Form resultiert aus dem Wechsel in eine andere Einkommensgruppe. Die Leistungsfähigen können z. B. mit einer diskreten Rück-nahme des Arbeitsangebots die weniger leistungsfähigen Steuerzahler nachahmen, um damit Steuern zu sparen und mehr Freizeit zu erzielen. Diese Art der *exten-siven, diskreten Steuerausweichung* führt zu hohen Steuerausfällen und verhindert eine differenzierte Besteuerung nach der Leistungsfähigkeit. Die Regierung kann dies nur vermeiden, indem sie die Steuerbelastung T_n für weniger Leistungsfähige höher ansetzt und jene für die Leistungsfähigen reduziert. Dadurch werden die Anreize be-seitigt, die weniger Leistungsfähigen nachzuahmen und auf diese Art eine extensive Steuerausweichung zu betreiben. Um die angestrebte Verteilung der Steuerlasten T_n über den betrachteten Einkommensbereich zu realisieren, muss die Regierung den Ta-rif mit den Grenzsteuersätzen $T'(Y)$ im unteren Einkommensbereich entsprechend anpassen.

Die Vermeidung der diskreten, extensiven Steuerausweichung macht es notwen-dig, in der Tarifgestaltung auf die relative Steuerbelastung zwischen den verschie-denen Einkommensgruppen abzustellen. Ein anreizkompatibler Tarif muss also der sogenannten *Selbstselektionsbeschränkung* genügen, damit die Regierung eine nach der Leistungsfähigkeit differenzierte Besteuerung tatsächlich durchsetzen und die op-timale Allokation implementieren kann. Die leistungsfähigen Individuen müssen also das verfügbare Einkommen $x_2 = Y_2 - T_2$ unter Berücksichtigung der Arbeitsleistung, die zur Realisierung des höheren Bruttoeinkommens Y_2 notwendig ist, dem alterna-tiven Konsum/Einkommen-Bündel $x_1 = Y_1 - T_1$ vorziehen. Wenn diese Bedingung erfüllt ist, ordnen sich die Steuerzahler selber in die ihrem Typ entsprechende Gruppe ein (Selbstselektion). Formal lautet die Selbstselektionsbeschränkung

$$V^2(x_2, Y_2) \geq V^2(x_1, Y_1) \equiv \hat{V}^2, \quad x_n = Y_n - T_n. \tag{VI.8}$$

Die Dachnotation bezeichnet den Nutzen nach einer diskreten Steuerausweichung, wenn der Steuerzahler wie auf der rechten Seite der Ungleichung ein typfremdes Ein-kommen realisiert und damit seine wahre Leistungsfähigkeit verschleiert. Wenn Typ 2 mit hohem Lohn n_2 nur das niedrige Einkommen Y_1 des weniger Leistungsfähigen erklärt und somit nur die Steuer T_1 bezahlt, kann er mit einer umso geringeren Arbeits-leistung $Y_1/n_2 < Y_1/n_1$ einen Konsum x_1 und damit eine Wohlfahrt $V^2(x_1, Y_1) \equiv \hat{V}^2$ erzielen. Wenn die Selbstselektionsbeschränkung wie in (VI.8) erfüllt ist, dann lohnt sich diese extensive Steuerausweichung offensichtlich nicht, denn der Leistungs-fähige kann eine höhere Wohlfahrt $V^2(x_2, Y_2)$ realisieren, wenn er tatsächlich das höhere Einkommen erwirtschaftet. Die Erfüllung der Selbstselektionsbeschränkung

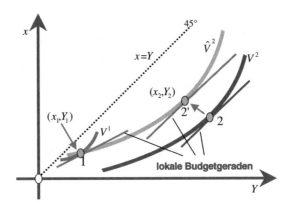

Abbildung VI.3: Selbstselektionsbeschränkung

stellt also sicher, dass die Steuerzahler durch die Wahl der Kombination x_n, Y_n mit dem Steuerbetrag T_n wahrheitsgemäss ihren Typ n offenbaren. Erst damit kann die optimale Allokation implementiert werden, die eine nach der Leistungsfähigkeit differenzierte Besteuerung vorsieht.

Abbildung VI.3 zeigt mögliche Fälle. Die Gerade durch den Punkt 1 stellt eine lokale Budgetbeschränkung mit einer Steigung gleich dem Grenzsteuersatz $T'(Y_1)$ dar. Die vertikalen Abstände zur 45°-Linie entsprechen den Steuerbeträgen. Im oberen Einkommensbereich ist der Tarif in zwei Varianten angegeben, die zu den Konsum/Einkommen-Kombinationen 2 bzw. 2' eines leistungsfähigen Individuums führen. In beiden Punkten ist die „lokale Budgetgerade" mit einer grösseren Steigung eingezeichnet, was jeweils einen niedrigeren Grenzsteuersatz für hohe Einkommen bedeutet. Der Tarifverlauf unterscheidet sich aber vor allem im inframarginalen Einkommensbereich, so dass im Punkt 2' ein niedriger Steuerbetrag T'_2 und im Punkt 2 ein hoher Steuerbetrag T_2 abzuführen ist.

Punkt 1 ist die optimale Wahl des wenig leistungsfähigen Typs, der mit einem positiven Grenzsteuersatz besteuert wird (die Steigung der Budgetgerade ist lokal geringer als 45°). Der wenig Leistungsfähige kann also die Kombination x_1, Y_1 mit dem Steuerbetrag $T_1 = Y_1 - x_1$ und einem Nutzenniveau von V^1 realisieren. Der Leistungsfähige kann diese Kombination ebenfalls realisieren, was mit seiner Indifferenzkurve $\hat{V}^2$ durch Punkt 1 angezeigt ist. Würde der vorgeschlagene Steuertarif im oberen Einkommensbereich zur Budgetgerade durch Punkt 2 führen, dann wäre die Selbstselektionsbeschränkung wegen übermässiger Besteuerung des leistungsfähigen Steuerzahlers verletzt. Er würde im Punkt 2 nur eine sehr niedrige Wohlfahrt erzielen, könnte dagegen einen höheren Nutzen $\hat{V}^2 > V^2$ realisieren, wenn er Punkt 1 wählt und mit einer diskreten Steuerausweichung den wenig Leistungsfähigen imitiert. Die Beschränkung in (VI.8) ist verletzt. Eine mässigere Besteuerung, welche die Budgetbeschränkung durch Punkt 2' ergibt, erfüllt hingegen die Selbstselektionsbeschränkung gerade noch, so dass (VI.8) mit Gleichheit gilt. Im diskreten Fall mit zwei Typen sind Durchschnitts- und Grenzsteuersätze nur lokal in zwei Punkten bestimmt, während über dem restlichen, inframarginalen Einkommensbereich der Tarif unbestimmt ist. Erst mit einer stetigen Lohnverteilung wie im nächsten Abschnitt kann der Tarif vollständig an allen Stellen charakterisiert werden.

Um die Selbstselektionsbeschränkung (VI.8) zu erfüllen, muss der Staat auf die relative Steuerbelastung achten und den Tarif so gestalten, dass die Leistungsfähigen zu einem hohen Arbeitseinsatz mit hohem Einkommen Y_2 bereit sind, anstatt sich mit einem kleinen Einkommen Y_1 zu begnügen, welches jedoch einen hohen Freizeitwert ermöglicht. Die notwendige Arbeitsleistung zur Realisierung des niedrigen Einkommens ist nämlich deutlich geringer und erzeugt damit einen Anreiz zur Leistungsverweigerung, $\hat{L}_2 = Y_1/n_2 < Y_2/n_2 = L_2$. Umgekehrt gilt, dass der weniger Fähige mehr arbeiten muss als der Fähige, um *dessen* Einkommen Y_2 zu erzielen: $\hat{L}_1 = Y_2/n_1 > Y_2/n_2 = L_2$. Aus diesem Grund ist eine Nachahmung der Leistungsfähigen durch weniger Leistungsfähige nicht attraktiv und muss nicht näher beachtet werden. Die Selbstselektionsbeschränkung $V^1(x_1,Y_1) \geq V^1(x_2,Y_2) \equiv \hat{V}^1$ für Typ 1 kann vernachlässigt werden.

VI.1.4 Optimale Besteuerung

Die optimale EKST soll auf die bestmögliche Erreichung der Effizienz- und Verteilungsziele ausgerichtet werden. Die Effizienz- und Verteilungsziele können anhand einer sozialen Wohlfahrtsfunktion $SWF = V^1(x_1,Y_1) + \delta V^2(x_2,Y_2)$ ausgedrückt werden, wobei δ das Verteilungsziel parametrisiert. Es gibt an, welches Gewicht dem Nutzen des Typs 2 in der *SWF* zukommen soll. Den optimalen Tarif $T_n = T(Y_n)$ charakterisieren wir indirekt, indem wir die Regierung wählen lassen, welche Brutto- und Nettoeinkommen die beiden Typen haben sollen. Die Differenz ist der Steuerbetrag $T_n = Y_n - x_n$, den sie abliefern müssen, damit unter den gegebenen Beschränkungen eine maximale soziale Wohlfahrt im Hinblick auf Effizienz und Verteilung realisiert wird. Neben der Selbstselektionsbedingung ist auch sicherzustellen, dass mit den Steuerbeträgen ein vorgegebenes Steueraufkommen erzielt wird. Wenn x_n,Y_n für jeden Typ ermittelt ist, können wir aus (VI.6) den Grenzsteuersatz $T'(Y_n)$ ablesen, der notwendig ist, damit die Individuen diese Einkommen auch als private Entscheidung tatsächlich realisieren wollen.

Wir gehen davon aus, dass die Regierung ein fix vorgegebenes Steueraufkommen $\sum_n T_n \geq G$ erzielen muss. Mit dieser Budgetbeschränkung und der Selbstselektionsbeschränkung in (VI.8) lautet das Maximierungsproblem

$$\max_{x_n,Y_n} \pounds = V^1(x_1,Y_1) + \delta V^2(x_2,Y_2) \qquad \text{Zielfunktion}$$

$$+\lambda\left[V^2(x_2,Y_2) - \hat{V}^2(x_1,Y_1)\right] \qquad \text{Selbstselektionsbedingung} \qquad (VI.9)$$

$$+\gamma\left[\sum_n(Y_n - x_n) - G\right]. \qquad \text{notwendiges Steueraufkommen}$$

Die BEO lauten:

$$
\begin{array}{lll}
(a) & x_1: & V_X^1 = \lambda\hat{V}_X^2 + \gamma, \\
(b) & Y_1: & V_Y^1 = \lambda\hat{V}_Y^2 - \gamma, \\
(c) & x_2: & (\delta+\lambda)V_X^2 = \gamma, \\
(d) & Y_2: & (\delta+\lambda)V_Y^2 = -\gamma.
\end{array}
\qquad (VI.10)
$$

Man dividiere (VI.10d) durch (VI.10c) und erhalte die Grenzrate der Substitution MRS^2, die sich für die Leistungsfähigen ergibt,

$$MRS^2 = -\frac{V_Y^2(x_2,Y_2)}{V_X^2(x_2,Y_2)} = 1. \qquad (VI.11)$$

Diese Grenzrate der Substitution wird von den leistungsfähigen Individuen als private Entscheidung nur realisiert, wenn sie mit ihrer privaten BEO vereinbar ist. Die private BEO für den leistungsfähigen Typ 2 lautet gemäss (VI.6)

$$MRS^2 \equiv -\frac{V_Y^2(x_2,Y_2)}{V_X^2(x_2,Y_2)} = 1 - T'(Y_2) \equiv MRT^2. \qquad (VI.12)$$

Die optimale Verteilung der Einkommen und der Steuerlasten auf die beiden Typen kann im privaten Gleichgewicht nur dann realisiert werden, wenn für den leistungs-fähigen Typ 2 der Grenzsteuersatz derart gewählt wird, dass (VI.11) und (VI.12) identisch werden:

$$MRT^2 = 1 \qquad \Rightarrow \qquad T'(Y_2) = 0. \qquad (VI.13)$$

Der optimale Grenzsteuersatz für die leistungsfähigen Individuen ist Null! Wäre die Bedingung (VI.13) nicht erfüllt, d. h. wäre der Grenzsteuersatz positiv, dann hätten die Leistungsfähigen eine $MRT^2 = 1 - T'(Y_2) \neq 1$ und würden die optimale Ein-kommenskombination und die sich daraus ergebende Steuerschuld $T_2 = Y_2 - x_2$ nicht realisieren.

Der optimale, anreizkompatible Tarif weist also am oberen Einkommensende einen Grenzsteuersatz von Null auf. Dies gilt unabhängig davon, welches Vertei-lungsgewicht δ den Leistungsfähigen in der Zielfunktion zugeordnet wird. Allerdings zahlen die Leistungsfähigen hohe Steuern auf inframarginale Einkommenseinheiten im niedrigen Einkommensbereich, so dass ihr Durchschnittssteuersatz gross werden kann, also auch grösser als der Durchschnittssteuersatz der unqualifizierten Steuer-zahler. Sie sehen sich auch einem strikt positiven Grenzsteuersatz gegenüber. Diese zusätzlichen Aspekte können graphisch und anhand einer separaten Übung analytisch nachvollzogen werden.

Abbildung VI.4 stellt die Lösung graphisch dar. Die Tangente im Punkt x_2, Y_2 hat eine 45°-Steigung und zeigt damit den Grenzsteuersatz von Null an. Der vertikale Ab-stand darüber ist die Steuerzahlung T_2. Damit muss von den weniger Fähigen noch eine Restschuld von $T_1 = G - T_2$ geholt werden. Dieser Betrag kann durch die Ein-kommenspositionen x_1, Y_1 auf der inneren gestrichelten Linie mit der 45°-Steigung aufgebracht werden. Im Punkt S ist die Selbstselektionsbeschränkung erfüllt, aber die wenig Leistungsfähigen können noch auf die höhere Indifferenzkurve V^1 gebracht werden. Punkt x_1, Y_1 ist die Lösung, bei der das notwendige Restaufkommen T_1 er-zielt wird und gleichzeitig die Selbstselektionsbeschränkung gerade noch erfüllt ist. In diesem Punkt gilt auch die Monotonitätsbedingung (VI.7). Individuen vom Typ 1 könnten im Punkt S' noch besser gestellt werden und würden denselben Steuerbe-trag T_1 bezahlen. Aber dann wollten die Leistungsfähigen sich ebenfalls als Typ 1 deklarieren und damit ihre Steuerzahlung deutlich reduzieren. Wegen $T_1 < T_2$ wäre dies für den Staat mit hohen Steuerausfällen verbunden, so dass die Finanzierung der

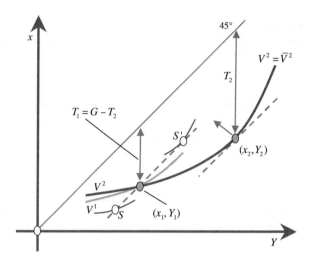

Abbildung VI.4: Optimale Einkommensteuer

Ausgaben G nicht mehr sichergestellt wäre. Die zu S' gehörende Allokation ist also nicht anreizkompatibel und daher nicht möglich, da die Regierung den entsprechenden Tarif nicht implementieren könnte. Die Selbstselektionsbeschränkung schränkt die mögliche Besserstellung der weniger Leistungsfähigen ein und setzt damit der Umverteilung von oben nach unten Grenzen.

Anhand von Abbildung VI.4 kann noch ein wichtiger Aspekt verdeutlicht werden. Im Punkt x_1, Y_1 haben die Unqualifizierten einen positiven Grenzsteuersatz, da die Steigung ihrer Indifferenzkurve geringer als 45° ist, und sie zahlen eine Steuer von T_1. Sie wären im Punkt S' zweifellos besser gestellt, würden dort einem Grenzsteuersatz von Null ausgesetzt sein und denselben Steuerbetrag T_1 aufgrund der Besteuerung im inframarginalen Bereich abführen. Die Selbstselektionsbeschränkung könnte im Punkt S' aber nur mehr sichergestellt werden, wenn gleichzeitig auch die Leistungsfähigen besser gestellt werden, indem man eine höhere Indifferenzkurve V^2 durch S' zeichnet. In diesem Fall verringert man aber den Steuerbetrag T_2, den man den Leistungsfähigen gerade noch abverlangen kann, ohne eine extensive Steuerausweichung zu provozieren. Wenn wir uns umgekehrt von Punkt S' entlang der Linie gleicher Steuerbeträge T_1 zu Punkt x_1, Y_1 und schliesslich zu S hinbewegen, dann werden von den Unqualifizierten immer höhere Grenzsteuersätze verlangt. Diese Schlechterstellung der Unqualifizierten ermöglicht aber gleichzeitig, die Indifferenzkurve der Leistungsfähigen nach unten zu drücken und damit ihre Durchschnittssteuerbelastung zu erhöhen, ohne die Selbstselektionsbeschränkung zu verletzen.

Hohe Grenzsteuersätze im unteren Bereich dienen also dazu, die Durchschnittsbelastung der Leistungsfähigen anzuheben. Hingegen dienen niedrige Grenzsteuersätze oben dem Zweck, die Leistungsanreize zu erhalten und den Bereich der möglichen inframarginalen Besteuerung der Leistungsfähigen auszudehnen, so dass man ihnen einen maximalen Steuerbetrag abverlangen kann! Ein Grenzsteuersatz von

$T'(Y_2) = 0$ maximiert gerade die Gesamtsteuerleistung der Leistungsfähigen, wenn ihnen ein bestimmtes Nutzenniveau $\bar{V}^2$ zugestanden wird. Die Maximierung der *SWF* kann auch alternativ durchgeführt werden, indem für ein gegebenes Nutzenniveau $\bar{V}^2$ die Wohlfahrt V^1 maximiert wird. Die Wohlfahrt V^1 wird maximal, wenn den Unqualifizierten eine geringe Steuerschuld $T_1 = G - T_2$ abverlangt wird, d. h. wenn T_2 maximal und daher T_1 minimal wird. Wir halten jetzt die Indifferenzkurve auf dem Nutzenniveau $\bar{V}^2$ fest und fragen, wie den Leistungsfähigen eine *maximale* Steuerzahlung $T_2 = Y_2 - x_2$ abverlangt werden kann:

$$\max_{Y_2, x_2} \pounds = Y_2 - x_2 + \mu \cdot \left[\bar{V}^2 - V^2(x_2, Y_2) \right]. \tag{VI.14}$$

Die BEO lauten $1 = \mu V_Y^2$ und $-1 = \mu V_X^2$. Wir dividieren und erhalten wieder die Bedingung (VI.11), nämlich $MRS^2 = -V_Y^2 / V_X^2 = 1$. Aus dem Vergleich mit der privaten BEO in (VI.12) folgt wieder das Ergebnis, dass der Grenzsteuersatz für die Leistungsfähigen Null sein sollte. Ein Grenzsteuersatz von Null ist also gerade deshalb nötig, um eine maximale Steuerzahlung T_2 von den Leistungsfähigen zu erhalten.

VI.2   Nicht-lineare Steuer bei stetiger Verteilung

VI.2.1   Beschäftigte und Erwerbslose

Wesentliche Prinzipien einer optimalen EKST nach der Leistungsfähigkeit folgen bereits aus dem Fall mit nur zwei Typen von Haushalten. Allerdings kann der Tarif nur unvollständig, nämlich nur an zwei Stellen, charakterisiert werden. Über den Verlauf im inframarginalen Bereich ist noch nichts gesagt. Daher betrachten wir nun den realistischeren, aber auch schwierigeren Fall einer stetigen Verteilung der Löhne. Die je nach Leistungsfähigkeit erzielbaren Löhne seien im Intervall $[n_0, n_1]$ verteilt. Die Verteilung wird mit der Dichte $f(n)$ und der kumulativen Verteilung $F(n) = \int_{n_0}^{n} f(m) \mathrm{d}m$ beschrieben. Die Bevölkerungsgrösse sei auf 1 normiert, $F(n_1) = 1$. Ausserdem kann es am unteren Rand der Verteilung eine Masse von Erwerbslosen geben, deren Leistungsfähigkeit für eine Beschäftigung zu gering ist und die daher ganz aus dem Arbeitsmarkt ausscheiden:

$$n_0 \leq n \leq n_u : L_n = 0, \quad n > n_u : L_n > 0. \tag{VI.15}$$

Der Einfachheit halber sei angenommen, dass die kritische Grenze n_u nicht das Resultat einer Erwerbsentscheidung ist, sondern exogen vorgegeben wird. Damit bleibt auch der Anteil $F(n_u)$ der Erwerbslosen an der Gesamtbevölkerung exogen. Weil die Leistungsfähigkeit nicht beobachtbar ist und alle Erwerbslosen ohne Einkommen dastehen, $Y_n = 0$, sind sie nicht mehr unterscheidbar. Der Staat kann allen Erwerbslosen nur den gleichen Transfer $T_0 < 0$ gewähren, so dass sie den gleichen Konsum $x_n = -T_0$ und damit den gleichen Nutzen u_0 erzielen. Für den grösseren Teil des Abschnittes sei zunächst von der Existenz von Erwerbslosen abstrahiert, $n_u = n_0$.

Die Beschäftigten erzielen hingegen je nach Fähigkeit ein Bruttoeinkommen Y_n, welches sie mit einem Arbeitsangebot von L_n realisieren. Um den formalen Aufwand in Grenzen zu halten, beschränken wir uns wieder auf quasilineare Präferenzen und schalten damit Einkommenseffekte auf das Arbeitsangebot aus,

$$u(x_n, L_n) = x_n - v(L_n), \quad v'(L) > 0, \quad v''(L) > 0. \tag{VI.16}$$

Die Steuerschuldfunktion bestimmt das Arbeitseinkommen nach Steuern und damit den Konsum x_n. Anders als bei einer linearen EKST mit konstantem Grenzsteuersatz hängt bei einem nicht-linearen Tarif der Grenzsteuersatz vom realisierten Arbeitseinkommen ab. Die individuelle Budgetbeschränkung für ein Individuum vom Typ n lautet

$$x_n = Y_n - T(Y_n), \quad Y_n = nL_n. \tag{VI.17}$$

Um ein Einkommen Y_n zu erwirtschaften, muss ein Individuum mit der Leistungsfähigkeit n ein Arbeitsangebot von $L_n = Y_n/n$ leisten. Die indirekte Nutzenfunktion zeigt die Wohlfahrtsposition dieses Individuums an,

$$u_n = \max_Y Y_n - T(Y_n) - v(Y_n/n), \quad \frac{du_n}{dn} = v'(Y_n/n)Y_n/n^2 > 0. \tag{VI.18}$$

Die BEO für Y bestimmt das optimal gewählte Einkommen:

$$v'(Y_n/n) = \left[1 - T'(Y_n)\right] \cdot n \equiv w_n, \quad \varepsilon_n = \frac{v'(L_n)}{L_n v''(L_n)}. \tag{VI.19}$$

Das realisierte Einkommen $Y_n = Y(n)$ hängt von der Fähigkeit bzw. dem Lohn n ab. Die Ableitung der indirekten Nutzenfunktion folgt aus dem Envelopen-Theorem und zeigt eine mit der Fähigkeit zunehmende Wohlfahrt. Mit dem Einkommen sind auch der Konsum $x_n = Y_n - T(Y_n)$ und die erforderliche Arbeitsleistung $L_n = Y_n/n$ bestimmt. Der Grenznutzen des Einkommens ist konstant und beträgt 1. Die Arbeitsangebotselastizität folgt aus dem Differential der BEO $v'(L_n) = w_n$. Wenn $v(L)$ isoelastisch ist, dann ist die Angebotselastizität konstant. Eine Funktion ist isoelastisch, wenn die erste Ableitung eine konstante Elastizität aufweist, also $\left(dv'/v'\right)/(dL/L) = L v''/v'$ konstant bleibt.

VI.2.2 Selbstselektionsbeschränkung

Das Grundproblem der EKST liegt darin, dass der Staat nicht die individuelle Leistungsfähigkeit n beobachten kann, sondern nur das erzielte Einkommen Y_n als Produkt von Lohn und Arbeitsangebot. Mit anderen Worten kann er nicht die wahre Identität bzw. Produktivität eines einzelnen Steuerzahlers feststellen, kennt aber sehr wohl die Verteilung $f(n)$ der Fähigkeiten. Diese Informationsbeschränkung erschwert die Umsetzung des Umverteilungsziels der Regierung. Der Tarif kann nur auf das realisierte Einkommen $T(Y_n)$ abstellen und nicht auf die individuelle Fähigkeit $T(n)$.

Das Problem besteht nun darin, den Tarif so zu gestalten, dass die Regierung die optimal gewählte Allokation tatsächlich implementieren kann. Ist die Bedingung verletzt, dann kann das angestrebte Steueraufkommen nicht realisiert werden, und eine nach der Leistungsfähigkeit differenzierte, optimale Besteuerung ist nicht mehr zu verwirklichen. Es muss also verhindert werden, dass fähige Individuen ihre Arbeitsleistung reduzieren, sich mit weniger Einkommen bei geringerer Arbeitsbelastung begnügen und damit weniger Steuern zahlen, als der Staat von ihnen erwartet. Diese Anforderung schliesst z. B. Grenzsteuersätze von 100% aus. In diesem Fall könnte nämlich ein betroffener Steuerzahler seine Arbeitsleistung und damit sein Bruttoeinkommen reduzieren, ohne dass er auf Nettoeinkommen und Konsum verzichten müsste. Dies wäre für ihn aufgrund der geringeren Arbeitsanstrengung eindeutig nutzensteigernd, während dem Staat Einnahmen entgehen. Diese Art von Steuerausweichung kann als Nachahmung von weniger leistungsfähigen Individuen verstanden werden, die eben nur ein geringeres Einkommen realisieren können. Um dies zu verhindern, muss der Tarif sicherstellen, dass alle Steuerzahler das ihrem Typ entsprechende Einkommen realisieren *wollen* und damit die ihnen zugedachte Steuerzahlung tatsächlich erbringen.

Das Optimalsteuerproblem wird gelöst, indem zunächst die optimale Allokation x_n, Y_n für jede beliebige Leistungsfähigkeit n ermittelt wird, welche unter den gegebenen Beschränkungen die soziale Wohlfahrt maximiert. Wenn die optimale Allokation bekannt ist, kann diese mit der Steuerschuldfunktion $T(Y_n) = Y_n - x_n$ implementiert werden. Dazu muss die gewählte Allokation für beliebige Typen n und m die Selbstselektionsbedingung erfüllen, wie sie in Abbildung VI.3 in den Punkten 1 für m und 2 bzw. 2' für n illustriert ist. Für beliebige Alternativen $m \neq n$ muss für Typ n gelten:

$$u(x_n, Y_n/n) \geq u(x_m, Y_m/n) \equiv \hat{u}(m,n). \tag{VI.20}$$

Man beachte, dass dieser diskrete Nutzenvergleich durch *dasselbe* Individuum n angestellt wird. In Abbildung VI.3 wäre diese Bedingung im Punkt 2 (für n) nicht erfüllt. Individuum n könnte sich besser stellen, indem es ein geringeres Einkommen Y_m wie im Punkt 1 wählt. Nur Y_n wie im Punkt 2' würde die extensive Steuerausweichung verhindern und die Selbstselektionsbedingung (VI.20) erfüllen. Es darf also beim Übergang vom Einkommen Y_m zu Y_n die Steuerschuld nicht so stark anwachsen, dass Typ n das höhere Bruttoeinkommen nicht mehr realisieren will. In der eingesparten Arbeitsanstrengung und in der Vermeidung der zusätzlichen Steuerschuld liegt das Motiv, sich mit einem geringeren Einkommen Y_m zufrieden zu geben.

Die Selbstselektionsbedingung muss für beliebige Alternativen gelten. Das realisierte Konsum/Einkommen-Bündel muss aus Sicht des Individuums n die beste der Alternativen x_m, Y_m sein. Mit anderen Worten muss die Wohlfahrt $\hat{u}(m,n)$ in (VI.20) an der Stelle $m = n$ mit dem Bündel x_n, Y_n maximal sein. Bei stetiger Anordnung der Fähigkeiten sind auch die Allokationen stetig angeordnet, so dass der Übergang zur nächsten Allokation mit den Ableitungen dx_n/dn und dY_n/dn angezeigt wird. Für die quasilineare Nutzenfunktion beträgt die Wohlfahrt bei Wahl einer anderen Allokation $\hat{u}(m,n) \equiv x_m - v(Y_m/n)$. Damit $\hat{u}(m,n)$ an der Stelle $m = n$ maximal wird, muss (VI.21) gelten:

$$\left. \frac{d\hat{u}(m,n)}{dm} \right|_{m=n} = 0 \quad \Rightarrow \quad \frac{dx_n}{dn} = \frac{v'(Y_n/n)}{n} \frac{dY_n}{dn}. \tag{VI.21}$$

Die zweite Gleichung ist also die notwendige Bedingung dafür, dass Individuum n die Allokation x_n, Y_n den anderen Alternativen vorzieht. Eine geringfügige Umformung ergibt die Grenzrate der Substitution $MRS_n \equiv dx_n/dY_n = v'(Y_n/n)/n$, die angibt, mit wieviel mehr Konsum dx_n bzw. verfügbarem Einkommen nach Steuer das Individuum kompensiert werden muss, wenn es eine Einheit mehr Bruttoeinkommen erwirtschaften soll. Damit eine im Sinne einer maximalen sozialen Wohlfahrt gewählte Allokation implementiert werden kann, muss ein Steuertarif mit einem Grenzsteuersatz $T'(Y_n)$ vorgegeben werden, damit die Individuen diese Allokation freiwillig als private Entscheidung verwirklichen. Dies ist dann der Fall, wenn dieser Grenzsteuersatz für die vorgegebene Allokation die BEO in (VI.19) erfüllt, $1 - T'(Y_n) = MRS_n = v'(Y_n/n)/n$. Damit ist gezeigt, dass die Selbstselektionsbedingung mit der privaten BEO in (VI.19) äquivalent ist.

Würde der gewählte Grenzsteuersatz die private BEO nicht erfüllen, dann wäre die Selbstselektionsbedingung verletzt. Abbildung VI.3 veranschaulicht die Situation. Sollte der Staat beabsichtigen, Typ 1 wie im Punkt 1 und Typ 2 wie im Punkt 2 zu besteuern, dann wird Typ 2 sich durch Realisierung eines niedrigeren Einkommens Y_1 besser stellen. Er reduziert damit seine Arbeitsanstrengung und spart Steuern. Im Punkt 1 ist jedoch die Tangentialbedingung (VI.19) für Typ 2 nicht erfüllt. Die Selbstselektionsbedingung ist verletzt, weil die Steigung der Indifferenzkurve geringer als diejenige der lokalen Budgetbeschränkung ist. Der Staat kann diese Steuerausweichung nur vermeiden, indem er die Steuerbelastung des leistungsfähigeren Typs 2 zurückschraubt und ihn wie im Punkt 2' besteuert. So kann die Selbstselektionsbedingung erfüllt und die extensive Steuerausweichung vermieden werden. Beide Typen realisieren ein Einkommen, welches gerade der Tangentialbedingung (VI.19) entspricht.

Zuletzt sei noch erwähnt, dass die private Wohlfahrt mit höherer Fähigkeit wie in (VI.18) zunimmt, $du_n/dn = v'(Y_n/n)Y_n/n^2$. Dies folgt aus der Selbstselektionsbeschränkung. Die Anwendung des Envelopen-Theorems auf (VI.18) nützt nämlich die private BEO in (VI.19) aus, die wie eben erwähnt mit der Selbstselektionsbedingung äquivalent ist. Alternativ kann dasselbe Ergebnis direkt aus (VI.20) und (VI.21) ermittelt werden, indem $u_n = \hat{u}(n,n) = x_n - v(Y_n/n)$ nach n abgeleitet wird,

$$\frac{du_n}{dn} = \left[\frac{dx_n}{dn} - \frac{v'(Y_n/n)}{n} \frac{dY_n}{dn} \right] + v'(Y_n/n)\frac{Y_n}{n^2}.$$

Die erste Klammer ist wegen der Selbstselektionsbeschränkung (VI.21) gleich Null, so dass (VI.18) übrig bleibt.

VI.2.3 Optimale nicht-lineare Einkommensteuer

Die EKST soll im Hinblick auf die Effizienz- und Verteilungsziele der Finanzpolitik, wie sie in der *SWF* zum Ausdruck kommen, optimal ausgerichtet werden. Die *Ungleichheitsaversion* der Regierung wird durch den Konkavitätsgrad der Funktion $G(u_n)$ ausgedrückt, welche den Beitrag der Wohlfahrt des Individuums mit Fähigkeit n zur gesellschaftlichen Wohlfahrt angibt. Wir maximieren die *SWF* unter zwei Nebenbedingungen. Erstens soll das aggregierte Steueraufkommen das exogen vorgegebene Einnahmeziel R erfüllen, und zweitens soll der gewählte Tarif die Selbstselektionsbedingung in (VI.19) erfüllen. Der Maximierungsansatz lautet formal

$$\max \Omega = \int_{n_0}^{n_1} G(u_n)f(n)\mathrm{d}n, \qquad (\text{VI.22})$$

unter den Nebenbedingungen, dass die individuellen Steuerschulden $T_n = Y_n - x_n$ mindestens ein Steueraufkommen von R ergeben und die Selbstselektionsbedingung gewährleistet ist,

$$\int_{n_0}^{n_1} (Y_n - x_n)f(n)\mathrm{d}n \geq R, \quad \frac{\mathrm{d}u_n}{\mathrm{d}n} = v'(Y_n/n)Y_n/n^2 > 0. \qquad (\text{VI.23})$$

Die Lösung des Optimalsteuerproblems erfolgt im Anhang zu diesem Kapitel mit der Methode der Kontrolltheorie, die in diesem Buch nicht vorausgesetzt wird. Die Herleitung der Lösung ergibt an sich keine besonderen ökonomischen Einsichten und kann übersprungen werden. Das Ergebnis ist eine wohlfahrtsmaximale Allokation x_n, Y_n von Konsum und Einkommen für alle Fähigkeiten, welche insbesondere auch die Selbstselektionsbeschränkung erfüllt. Um diese Allokation zu implementieren, müssen die Grenzsteuersätze so gewählt werden, dass diese Allokation auch aus den privaten Entscheidungen bei vorgegebenem Steuertarif resultiert. Das Ergebnis ist ein optimaler Verlauf von Grenzsteuersätzen, der von mehreren Einflussfaktoren abhängt (vgl. A6.9 im Anhang):

$$\frac{T_n'}{1 - T_n'} = \left[1 + \frac{1}{\varepsilon_n}\right] \cdot \frac{1}{nf(n)} \cdot \theta_n, \qquad (\text{VI.24})$$

$$\theta_n \equiv \int_n^{n_1} (1 - g_m)f(m)\mathrm{d}m, \quad g_n \equiv G'(u_n)/\alpha.$$

Das Verteilungsgewicht g_n gibt die soziale Bewertung einer Steigerung des Nutzens von Typ n an, ausgedrückt in Einheiten des Steueraufkommens. Die gesellschaftlichen Grenzkosten der Besteuerung α zeigen, um wieviel die soziale Wohlfahrt sinkt, wenn das Steueraufkommen um einen Euro erhöht wird, vgl. (A6.10) im Anhang: $\Omega_R = -\alpha$. Eine Nutzenzunahme bei Typ n erhöht die soziale Wohlfahrt um $\Omega_{u_n} = G'(u_n)$. Die Regierung ist indifferent zwischen 1 Euro in der Staatskasse und 1 Euro Transfer an Haushalt n, wenn $\mathrm{d}\Omega = \Omega_R \mathrm{d}R + \Omega_{u_n}\mathrm{d}u_n = 0$ bzw. $-\mathrm{d}R/\mathrm{d}u_n = \Omega_{u_n}/\Omega_R = G'(u_n)/\alpha = g_n$. Wenn die Regierung Typ n mit 1 Euro an zusätzlichem Einkommen bedient, dann steigt der private Nutzen um ebenfalls 1 Euro, weil bei quasilinearen Präferenzen der Grenznutzen des Einkommens 1 ist und der Nutzen direkt in einkommensäquivalenten Einheiten gemessen wird. Damit bezeichnet g_n die „Zahlungsbereitschaft" der Regierung, gemessen in Einheiten des Steueraufkommens, für eine Erhöhung der Wohlfahrt von Typ n um 1 Euro. Sie wäre bereit, g_n Euro des Steueraufkommens zu opfern, um die (einkommensäquivalente) Wohlfahrt von Typ n um 1 Euro anzuheben. Der Ausdruck g_n fasst also die Umverteilungspräferenzen der Regierung zusammen. Je höher g_n, desto höher bewertet die Regierung eine Umverteilung zugunsten des Individuums n. Je höher die Ungleichheitsaversion, die in der Konkavität von $G(u_n)$ zum Ausdruck kommt, desto höher ist das soziale Wohlfahrtsgewicht bei niedrigen Einkommen und Nutzenniveaus im Vergleich zu den reicheren Individuen. Im Anhang wird in (A6.11) gezeigt, dass der

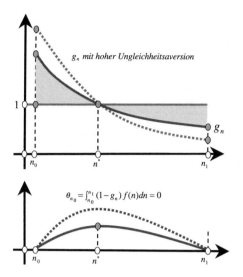

Abbildung VI.5: Umverteilungspräferenzen

Durchschnitt des Wohlfahrtsgewichts über den gesamten Fähigkeitsbereich 1 sein muss, so dass in (VI.23) $\theta_{n_0} = 0$ gilt, wenn θ bei der niedrigsten Fähigkeit bewertet wird. Dies wird in Abbildung VI.5 illustriert.

Der optimale Verlauf der Grenzsteuersätze nach (VI.24) spiegelt die Effizienz- und Verteilungszielsetzungen der Besteuerung wider. Es kommen im Wesentlichen drei Einflussfaktoren zum Tragen, nämlich die Elastizität des Arbeitsangebotes, die Umverteilungspräferenzen der Regierung und die Verteilung der Leistungsfähigkeit n und die damit induzierte Einkommensverteilung $Y_n = nL_n$ in der Bevölkerung. Während die Fähigkeiten exogen verteilt sind, ergibt sich die Einkommensverteilung endogen als Folge des gewählten Arbeitsangebots.

Erstens legt das Effizienzziel nahe, den Grenzsteuersatz bei einem Lohn n umso niedriger zu wählen, je elastischer das Arbeitsangebot an dieser Stelle reagiert. Eine hohe Elastizität ε_n reduziert den ersten Term in (VI.24) und senkt somit den optimalen Grenzsteuersatz. Gegeben die anderen Determinanten, sollte der Steuersatz unter diesem Aspekt für jene Gruppen geringer sein, für die eine überdurchschnittlich hohe Arbeitsangebotselastizität festgestellt werden kann. Ein hoher Grenzsteuersatz würde dort ein sehr elastisches Ausweichverhalten und damit eine besonders hohe Mehrbelastung verursachen.

Zweitens fordert das Umverteilungsziel, Einkommen von den leistungsfähigen, gut verdienenden Personen zu den weniger leistungsfähigen umzuverteilen. Damit die Durchschnittsbelastung im oberen Einkommensbereich hoch ist, muss schon bei niedrigeren Einkommen der Grenzsteuersatz angehoben werden. Dies wird in Abbildung VI.1 illustriert. Bei einem gegebenen Grenzsteuersatz $T'(Y_n)$ ist die gesamte Steuerschuld für Typ n umso grösser, je höher die Grenzsteuersätze im Einkommensbereich darunter sind. Nach derselben Logik ist der Zweck eines hohen Grenzsteuersatzes an der Stelle n, die Durchschnittsbelastung für alle Individuen mit höherer Leistungsfähigkeit $m > n$ anzuheben und zwar *ohne* negative Auswirkung auf deren Leistungsanreize. Das Arbeitsangebot der Individuen vom Typ $m > n$ hängt nur von deren eigenem Grenzsteuersatz T'_m ab und nicht von den Grenzsteuersätzen T'_n darunter. Für Individuen mit höherer Leistungsfähigkeit bewegt sich T'_n im inframarginalen Bereich und bestimmt somit lediglich ihre Durchschnittsbelastung. Abbildung VI.6 zeigt, wie ein höherer Grenzsteuersatz bei einem Einkommen Y_n die Steuerschuldfunktion auf ein höheres Niveau anhebt und zu höheren Steuerzahlungen und damit zu geringeren verfügbaren Einkommen und zu Wohlfahrtsverlusten im gesamten Einkommensbereich oberhalb führt. Das damit anwachsende Steueraufkommen von den oberen Gruppen steht für Umverteilung nach unten zur Verfügung.

In (VI.24) spiegeln sich diese Überlegungen im letzten Integralausdruck wider, der wie folgt geschrieben werden kann:

$$\theta_n = 1 - F(n) - \int_n^{n_1} g_m f(m)\mathrm{d}m. \qquad (\text{VI.25})$$

Die Masse aller Steuerzahler oberhalb von n beträgt $1 - F(n)$. Wenn der Grenzsteuersatz $T'(Y_n)$ angehoben wird und alle Individuen mit höherer Fähigkeit 1 Euro mehr Steuer bezahlen, dann ergibt dies insgesamt einen Zuwachs der Steuereinnahmen von $1 - F(n)$ oder 1 Euro pro Kopf. Auf der anderen Seite führt der damit verbundene Einkommens- und Wohlfahrtsverlust für alle Personen mit Leistungsfähigkeit grösser als n zu einer Minderung der *SWF* um die mit den Bevölkerungsanteilen $f(n)$ gemittelten Wohlfahrtsgewichte g_m, siehe den zweiten Term in (VI.25). Nach-

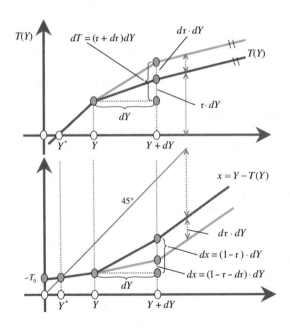

Abbildung VI.6: Steuerreform

dem die Regierung bei sehr leistungsfähigen Individuen den Euro an zusätzlichen Steuereinnahmen höher bewertet als den damit verbundenen Nutzenverlust dieser Personen, $1 - g_m > 0$ für hohe Fähigkeiten m, ist der Nettobeitrag θ_n zur sozialen Wohlfahrt positiv. Je dominanter das Umverteilungsziel, desto stärker bewerten die Finanzpolitiker einen Wohlfahrtsgewinn bei den unteren Lohngruppen zu Lasten der Leistungsfähigen. Umso mehr dreht sich damit die Kurve der Wohlfahrtsgewichte in Abbildung VI.5, so dass der Nettobeitrag $1 - g_n$ zur sozialen Wohlfahrt aus der Besteuerung der oberen Lohngruppen besonders gross wird. Dies erhöht ceteris paribus den Wert θ_n, der im mittleren Lohnbereich maximal wird, so dass die Grenzsteuersätze im unteren und mittleren Einkommensbereich stark ansteigen müssen, damit die Steuerbelastung der oberen Gruppen angehoben werden kann.

Drittens hängt der optimale Verlauf der Grenzsteuersätze auch von der Verteilung der Fähigkeiten ab. Der Grenzsteuersatz an der Stelle Y_n ist (a) umso höher, je grösser der noch verbleibende Anteil $1 - F(n)$ der Bevölkerung am oberen Rand der Verteilung ist, und (b) umso niedriger, je geringer das „Lohnpotential" $n f(n)$ an dieser Stelle ist. Diese beiden Aspekte der Fähigkeitsverteilung bestimmen, ob die Höhe des Grenzsteuersatzes eher von der Verminderung der Angebotsverzerrung oder von den Umverteilungsüberlegungen beeinflusst wird. Ein hoher Anteil $1 - F(n)$ oberhalb von n erlaubt es, besonders viel Einkommen von oben nach unten umzuverteilen, indem der Grenzsteuersatz an der Stelle Y_n und damit die Steuerbelastung oberhalb von n angehoben wird. Dies wird graphisch aus Abbildung VI.6 und formal in (VI.24)–(VI.25) deutlich. Mit höherem Anteil $1 - F(n)$ nimmt θ_n in (VI.25) und damit der Grenzsteuersatz in (VI.24) zu. Wenn allerdings die Lohngruppe n mit besonders grosser Masse $f(n)$ vertreten ist, dann sind sehr viele von der Verzerrung durch einen höheren Grenzsteuersatz betroffen. Wenn ausserdem der Lohn n hoch ist, dann geht der Gesellschaft besonders viel Einkommen $Y_n = n L_n$ durch die Einschränkung des Arbeitsangebotes verloren. Nach dem Effizienzziel sollte also bei einem hohen Wert von $n f(n)$ der Grenzsteuersatz für diese Lohngruppe niedrig bleiben.

VI.2.3.1 Besteuerung am oberen Rand

Der optimale Verlauf der Grenzsteuersätze kann im Allgemeinen nicht eindeutig charakterisiert werden, sondern hängt von der Bedeutung des Umverteilungsziels (z. B. gemessen an der Höhe der Ungleichheitsaversion), von den Angebotselastizitäten bei unterschiedlichen Fähigkeiten und von der spezifischen Gestalt der Lohnverteilung $F(n)$ ab. Die Grenzsteuersätze können über weite Bereiche ansteigen und über andere Bereiche wieder fallen. Von besonderem Interesse ist die Besteuerung der obersten Einkommensklassen. In der Realität unterliegen sie dem Spitzensteuersatz der EKST, während im Fall mit zwei Typen der optimale Grenzsteuersatz für die fähigsten Individuen wie in (VI.13) Null sein sollte. Gerade mit dieser Tarifgestaltung ist es möglich, den Leistungsfähigsten eine möglichst hohe Durchschnittsbelastung aufzuerlegen, die aus der Besteuerung des inframarginalen Einkommensbereichs resultiert.

Dieses Ergebnis wird auch bei stetiger Verteilung der Fähigkeiten bestätigt, wenn die Verteilung nach oben begrenzt ist. Wenn es eine letzte, oberste Fähigkeit n_1 gibt, dann muss der optimale Grenzsteuersatz an der oberen Grenze wieder auf Null fallen. Das Ergebnis folgt aus (VI.24), wobei zu beachten ist, dass die Fläche unter dem Integral Null wird, $\theta_n \to 0$ für $n \to n_1$, während die Dichte $f(n_1)$ positiv bleibt. Die oberste Fähigkeit ist per Annahme mit einem positiven Gewicht vertreten, ansonsten wäre sie nicht die oberste Fähigkeit. Mit $\theta_n \to 0$ fällt auch der Grenzsteuersatz am oberen Rand auf Null, $T'_n \to 0$ für $n \to n_1$. Dies ist ein zentrales Ergebnis der Literatur und erklärt sich damit, dass ein positiver Grenzsteuersatz am oberen Rand keine nützliche Funktion mehr hätte. Er würde nur das Arbeitsangebot an dieser Stelle entmutigen, aber kein weiteres Steueraufkommen bei noch leistungsfähigeren Individuen generieren, weil es diese eben nicht mehr gibt.

Wenn allerdings die Fähigkeitsverteilung nach oben nicht begrenzt ist, $n_1 \to \infty$, dann kann das Argument ständig weitergeführt werden, dass ein höherer Grenzsteuersatz T'_n die Durchschnittsbelastung oberhalb anhebt und damit zusätzliches Steueraufkommen für eine Umverteilung von oben nach unten generiert. Damit können auch asymptotisch hohe Grenzsteuersätze am oberen Rand gerechtfertigt werden, wie es in der Realität mit einem konstanten Spitzensteuersatz für die oberste Einkommensklasse praktiziert wird. Um dieses Ergebnis herzuleiten, schreiben wir (VI.24) geringfügig um:

$$\frac{T'_n}{1 - T'_n} = \left[1 + \frac{1}{\varepsilon_n}\right] \times \frac{1 - F(n)}{n f(n)} \times \frac{\theta_n}{1 - F(n)}, \quad \theta_n \equiv \int_n^\infty (1 - g_m) f(m) \mathrm{d}m. \tag{VI.26}$$

Damit für hohe Fähigkeiten der Grenzsteuersatz konstant bleiben kann, muss die Verteilung der Fähigkeiten im oberen Lohnbereich stabil in dem Sinne bleiben, dass das Verhältnis $[1 - F(n)]/[n f(n)]$ einen konstanten Wert annimmt. Diese Eigenschaft wird von der Pareto-Verteilung erfüllt. Die Pareto-Verteilung ist zwar im unteren und mittleren Bereich der Lohnverteilung empirisch nicht zutreffend; die Verteilung dürfte dort einen glockenförmigen Verlauf nehmen. Sie bildet jedoch den oberen Bereich $[n_1, \infty)$ der Lohnverteilung empirisch gut ab (vgl. Saez, 2002a). Der Leser mag folgende Resultate für die Pareto-Verteilung zeigen (vgl. die separaten Übungen):

$$f(n) = a n_1^a / n^{1+a} \quad \Rightarrow \quad \frac{1 - F(n)}{n f(n)} = \frac{1}{a}, \quad \int_{n_1}^\infty n f(n) \mathrm{d}n / n_1 = \frac{a}{a - 1}. \tag{VI.27}$$

Der Parameter a gibt die „Linkslastigkeit" der Pareto-Verteilung an. Je höher a, desto mehr Bevölkerungsmasse ist bei niedrigen und desto weniger bei hohen Fähigkeiten angesiedelt. Die Pareto-Verteilung hat auch die Eigenschaft, dass wie in der letzten Gleichung von (VI.27) das Verhältnis aus dem Durchschnitt aller Löhne oberhalb von n_1 und dem Lohn an der Stelle n_1 gleich $a/(a - 1)$ ist. Empirisch ist tatsächlich dieses Verhältnis im oberen Einkommensbereich sehr stabil und beträgt ziemlich genau 2, wie Saez (2002a) für die USA gezeigt hat. Die Pareto-Verteilung mit dem Parameter $a = 2$ beschreibt also den oberen Rand der Einkommensverteilung sehr gut.

Zusätzlich werden für den oberen Bereich zwei weitere Annahmen getroffen: die Angebotselastizität ε ist konstant, und die marginalen Wohlfahrtsgewichte $g_m = \bar{g}$ bleiben bei hohen Fähigkeiten konstant und fallen nicht mehr weiter ab. Alter-

Tabelle VI.1: Grenzsteuersätze oben

	$g = 1/4$	$\bar{g} = 1/2$
$\varepsilon = 0{,}2$	?	60%
$\varepsilon = 0{,}4$	57%	47%

nativ zu (VI.22) könnte die *SWF* von vornherein mit fixen Verteilungsgewichten geschrieben werden, ähnlich wie in (VI.9) für den Zwei-Typen Fall. Wenn also im oberen Bereich $g_m = \bar{g}$ konstant bleibt, wird der Integralausdruck in (VI.26) zu $\theta_n \equiv (1 - \bar{g})[1 - F(n)]$ und die Formel vereinfacht sich unter Ausnutzung von (VI.27) zu

$$\frac{T'}{1 - T'} = \frac{(1 + 1/\varepsilon)(1 - \bar{g})}{a} \quad \Rightarrow \quad T' = \frac{1 - \bar{g}}{1 - \bar{g} + a/(1 + 1/\varepsilon)}. \tag{VI.28}$$

Der Grenzsteuersatz T' am oberen Rand ist umso höher, je mehr die Regierung von oben nach unten umverteilen will und je geringer daher das Wohlfahrtsgewicht $\bar{g}$ ist, mit welchem die Wohlfahrt der Reichen in der Zielfunktion berücksichtigt wird. Nach dem Effizienzziel wird der Steuersatz jedoch umso niedriger anzusetzen sein, je höher die Angebotselastizität der obersten Lohngruppe ist. Tabelle VI.1 verdeutlicht dies auch quantitativ. Die Einkommensverteilung am oberen Rand wird mit der Pareto-Verteilung mit dem Parameter $a = 2$ gut beschrieben. Die Schätzungen für die (kompensierte) Angebotselastizität schwanken um 0.2. Tabelle VI.1 berücksichtigt auch zwei alternative Wohlfahrtsgewichte $\bar{g}$. Je näher diese Gewichte bei Null liegen, desto stärker ist die Präferenz für Umverteilung von oben nach unten.

Der Leser mag die leere Zelle selber berechnen. Diese Steuersätze liegen nicht so weit von den Spitzensteuersätzen in der Realität entfernt, insbesondere wenn man noch die Existenz der indirekten Steuern, wie Mehrwertsteuer und spezielle Verbrauchsteuer, mitberücksichtigt. Im Falle einer Konsumsteuer lautet die Budgetbeschränkung $(1 + t^C)C = Y - T(Y)$. Sie weist eine Steigung $\mathrm{d}C/\mathrm{d}Y = (1 - T')/(1 + t^C)$ auf. Die optimale Allokation drückt sich in einer Grenzrate der Substitution $\mathrm{d}C/\mathrm{d}Y = 1 - \tau$ aus, wobei τ der optimale Grenzsteuersatz wie in Tabelle VI.1 ist. Wenn eine Konsumsteuer mit dem Satz t^C erhoben wird, muss der optimale Grenzsteuersatz der EKST die Beziehung $1 - \tau = (1 - T')/(1 + t^C)$ erfüllen. In diesem Fall wäre der Grenzsteuersatz auf $T' = \tau - (1 - \tau)t^C$ zu korrigieren. Mit einem Konsumsteuersatz von 20% würde sich beispielsweise ein Grenzsteuersatz von 60% auf 52% reduzieren.

VI.2.3.2 Besteuerung am unteren Rand

Von besonderem Interesse ist, wie der Staat die am wenigsten leistungsfähigen Individuen am unteren Rand der Lohnverteilung behandelt. Wir gehen zunächst davon aus, dass alle Individuen beschäftigt sind. Wie in (A6.11) im Anhang gezeigt wird und in Abbildung VI.5 dargestellt ist, müssen die Verteilungsgewichte im Durchschnitt gleich 1 sein, wenn der Durchschnitt über die gesamte Bevölkerung gebildet wird. Es gilt also $\theta_{n_0} = 0$. Dies bedeutet, dass nach (VI.26) der optimale Grenzsteuersatz am unteren Rand Null sein muss, $T'(Y_{n_0}) = 0$. Anschliessend steigt der optimale Grenzsteuersatz an, um die Durchschnittsbelastung im oberen Lohnbereich zu erhöhen, während die weniger Leistungsfähigen schon nicht mehr betroffen sind. Der Verlauf der Grenzsteuersätze wird dabei wesentlich von der Entwicklung von θ_n wie in Abbildung VI.5 getrieben. Je nachdem, wie rasch der Grenzsteuersatz ansteigt, kann damit die Durchschnittsbelastung von unten nach oben verschoben werden. Eine hohe Steuerlast oben entzieht Einkommen dort, wo die soziale Grenzbewertung g_n des marginalen Einkommens gering ist. Damit kann im Sinne des Umverteilungsziels die Durchschnittsbelastung unten gering gehalten werden, wo die Grenzbewertung g_n hoch ist.

Dieses Ergebnis ändert sich grundlegend, wenn es am unteren Rand der Verteilung eine Masse von gering qualifizierten Individuen gibt, die erwerbslos sind. Wie in (VI.15) seien also nun alle Individuen im untersten Lohnintervall $[n_0, n_u]$ und damit eine Masse $F(n_u)$ erwerbslos. Da ihr Einkommen unterschiedslos gleich Null ist, sind sie für den Staat nicht mehr unterscheidbar und werden trotz unterschiedlicher (aber nicht ausgenützter) Leistungsfähigkeit identisch behandelt und mit einem einheitlichen Transfer $T_0 < 0$ und damit einem verfügbaren Einkommen von $c_0 = -T_0$ versorgt. Die Frage ist nun, wie hoch der Grenzsteuersatz bei der Fähigkeit n_u ist, ab der die Individuen beschäftigt sind und ein positives Markteinkommen erzielen. Es gilt nach wie vor, dass bei der niedrigsten Fähigkeit n_0 der Integralausdruck wie in (A6.11) im Optimum $\theta_{n_0} = 0$ sein muss. Da alle erwerbslosen Individuen gleich behandelt werden, erzielen alle dieselbe Wohlfahrt und erhalten damit ein identisches Verteilungsgewicht g_{n_0}. Daher kann der Integralausdruck in folgende zwei Teile aufgespalten werden:

$$(g_{n_0} - 1)F(n_u) = \int_{n_u}^{n_1} (1 - g_n) f(n) \mathrm{d}n = \theta_{n_u}. \qquad \text{(VI.29)}$$

Je mehr die Wohlfahrt der Erwerbslosen mit $g_{n_0} > 1$ bezüglich des Umverteilungsziels berücksichtigt wird, desto grösser ist θ_{n_u} und desto höher ist nach (VI.26) der Grenzsteuersatz $T'(Y_{n_0}) > 0$ für das niedrigste Erwerbseinkommen. Man beachte, dass an dieser Stelle die Steuerschuld negativ ist, d. h. das Individuum empfängt eine Transferleistung $T_0 < 0$. Ein hoher Grenzsteuersatz bedeutet, dass für jeden zusätzlichen Euro an Mehreinkommen T' Cent von den empfangenen Transfers abgezogen werden. Ein hoher Grenzsteuersatz am unteren Einkommensende bedeutet also eine rasche Abschmelzung der Transferleistungen.

In Abbildung VI.6 kommt die Umverteilung zu den Erwerbslosen durch den Abstand $-T_0$ auf der Ordinate zum Ausdruck. Auf der Abszisse ist das Einkommen der Beschäftigten abgetragen, welches im Ursprung beim Einkommen Y_u des ersten Beschäftigten beginnt. Je höher der Grenzsteuersatz T'_{n_u}, desto flacher verläuft die Kurve der verfügbaren Einkommen nach Empfang der Transferleistungen. Eine stärkere Gewichtung des Umverteilungsziels würde ein höheres Basiseinkommen $T_0 < 0$, aber auch einen höheren Grenzsteuersatz an der Stelle Y_u zur Folge haben, so dass der höhere Transfer rascher reduziert wird, wenn mehr eigenes Einkommen erwirtschaftet wird. Bei einem Einkommen Y^* wird in Abbildung VI.6 die Nettosteuer gleich Null, bei noch höherem Einkommen wird die Steuerschuld positiv. Die optimale Ausgestaltung des Steuertarifs entspricht dem Konzept der *negativen EKST*, wenn am unteren Rand ein Teil der Beschäftigungslosen ohne Einkommen ist.

Die Erwerbslosigkeit mag aufgrund von echter Arbeitsunfähigkeit erzwungen oder als Ergebnis einer Partizipationsentscheidung freiwillig sein. Die empirische Arbeitsmarktliteratur betont, dass die extensive Angebotsentscheidung elastischer als das intensive Arbeitsangebot reagiert. Je grosszügiger die Transferleistungen für Erwerbslose und je höher die Besteuerung der Arbeitseinkommen, desto geringer wird der Abstand zwischen den verfügbaren Einkommen bei Beschäftigung im Vergleich zur Erwerbslosigkeit, und desto mehr Individuen werden sich ganz vom Arbeitsmarkt zurückziehen. Saez (2002) hat gezeigt, dass ein optimaler Steuer-Transfer-Mechanismus im unteren Einkommensbereich auch *Lohnergänzungsleistungen* und damit einen negativen Grenzsteuersatz vorsehen kann, wenn die Erwerbsbeteiligung sehr elastisch auf den Einkommensabstand zwischen Erwerbslosigkeit und Beschäftigung reagiert. Wie in Abbildung VI.7 wird dann das Basiseinkommen wesentlich geringer angesetzt, damit der Einkommensabstand zur Beschäftigung und damit der Anreiz zur Erwerbsbeteiligung gross werden. Aus den Einsparungen beim Basiseinkommen können zusätzlich Lohnergänzungsleistungen bis zu einem Einkommen von Y_1 finanziert werden, um die Anreize zur Erwerbsaufnahme durch Aufbesserung des Lohneinkommens noch weiter zu stärken. Ab einer Schwelle von Y_1 müssen diese Transferleistungen wieder abgeschmolzen werden, bis bei Y_2 der Break-Even erreicht und die Steuerschuld positiv wird. Das Grundmodell der optimalen EKST schliesst hingegen eine explizite Partizipationsentscheidung aus, so dass die negative EKST optimal erscheint.

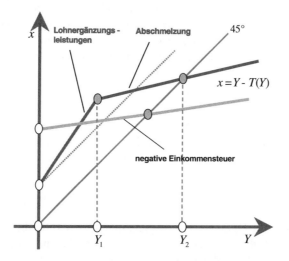

Abbildung VI.7: Optimale Transfereinkommen

Anhang

Der Anhang leitet die optimalen Grenzsteuersätze in (VI.24) her. Dazu verallgemeinern wir das Problem, indem wir die Steuerschuldfunktion wie folgt schreiben:

$$T_n = T(Y_n, B), \quad \frac{\partial T_n}{\partial B} = -1, \quad \frac{\mathrm{d}u_n}{\mathrm{d}B} = 1. \tag{A6.1}$$

Die Schuldfunktion kann ohne weiteres auch Pauschalelemente wie z. B. einen einheitlichen Abzugsbetrag B beinhalten. Wird B um 1 Euro erhöht, dann sinkt für alle realisierten Einkommen die Steuerschuld um 1 Euro. Dieser Zugewinn an verfügbarem Einkommen steigert die Wohlfahrt der Besteuerten um 1 Euro. Dies ergibt sich aus der Anwendung des Envelopen-Theorems auf (VI.18), wenn dort $T(Y_n, B)$ eingesetzt wird. In der Folge werden die Konsequenzen aus einer marginalen Erhöhung von B ausgehend von $B = 0$ interessieren. Wenn nicht anders erwähnt, sei vorerst $B = 0$ angenommen.

Die Zielfunktion für das Programm in (VI.22) lautet somit

$$\Omega = \int_{n_0}^{n_1} \{G(u_n) + \alpha \cdot [T(Y_n, B) - R]\} f(n) \mathrm{d}n, \quad \frac{\mathrm{d}u_n}{\mathrm{d}n} = v'(Y_n/n) \frac{Y_n}{n^2}. \tag{A6.2}$$

Die Konstante α bezeichnet den Multiplikator der staatlichen Budgetbeschränkung. Das Problem kann mit der Hamilton-Methode der Kontrolltheorie gelöst werden. Die Zustandsvariable ist u_n und die Kontrollvariable Y_n. Die Bewegungsgleichung $\mathrm{d}u_n/\mathrm{d}n$ ist bereits in (VI.18) angegeben und zeigt, um wieviel die Wohlfahrtsposition eines Individuums mit höherer Fähigkeit n zunehmen muss, damit jeweils gerade die Selbstselektionsbeschränkung erfüllt werden kann (vgl. den letzten Absatz von Abschnitt VI.2.2).

Im nächsten Schritt drücken wir die Steuerschuld T_n in Abhängigkeit von der Zustands- *und* Kontrollvariable aus. Wenn ein Individuum mehr Einkommen Y_n erwirtschaften soll, dann ist dies mit vermehrter Arbeitsleistung verbunden und muss bei einem vorbestimmten Nutzenniveau u_n mit mehr Konsum kompensiert werden. Wir ersetzen daher den Konsum x_n in der Definition der Steuerschuld $T_n = Y_n - x_n$ mit dem Wert auf der Indifferenzkurve $u_n = x_n - v(L_n)$,

$$T(Y_n, B) = Y_n - x_n = Y_n - v(Y_n/n) - u_n. \tag{A6.3}$$

Die Hamilton-Funktion für das Problem (A6.2) lautet wie folgt, wobei μ_n die Kozustandsvariable und α den Multiplikator der Budgetbeschränkung bezeichnet. Das notwendige Steueraufkommen R ist eine exogene Konstante, die bei der Maximierung vernachlässigt werden kann:

$$\mathcal{H} = \{G(u_n) + \alpha \cdot [Y_n - v(Y_n/n) - u_n]\} f(n) + \mu_n \cdot v'(Y_n/n) Y_n/n^2. \tag{A6.4}$$

Die Lösung muss die Optimalitätsbedingung $\mathrm{d}\mathcal{H}/\mathrm{d}Y_n = 0$ für die Kontrollvariable Y_n, die Kozustandsgleichung $\mathrm{d}\mu_n/\mathrm{d}n = -\mathrm{d}\mathcal{H}/\mathrm{d}u_n$ für die Zustandsvariable u_n und die Transversalitätsbedingung $\mu_{n_1} = 0$ bzw. $\lim_{n_1 \to \infty} \mu_{n_1} = 0$ erfüllen. Bei der Ermittlung der Optimalitätsbedingung ist folgende Ableitung zu bilden, die durch Verwendung der Elastizität in (VI.19) und $L_n = Y_n/n$ wie folgt vereinfacht wird:

$$\frac{\mathrm{d}}{\mathrm{d}Y_n}\big[v'(Y_n/n)Y_n/n^2\big] = \big[1 + (Y_n/n)\cdot v''/v'\big]v'/n^2 = (1 + 1/\varepsilon_n)v'/n^2. \quad (A6.5)$$

Es folgen die notwendigen Bedingungen $\mathrm{d}\mathcal{H}/\mathrm{d}Y_n = 0$ und $\mathrm{d}\mu_n/\mathrm{d}n = -\mathrm{d}\mathcal{H}/\mathrm{d}u_n$:

$$\begin{aligned}
&(i)\ \ Y_n : \alpha\big[1 - v'(Y_n/n)/n\big]f(n) + \mu_n(1 + 1/\varepsilon_n)v'/n^2 = 0, \\
&(ii)\ u_n : \mathrm{d}\mu_n/\mathrm{d}n = -\big[G'(u_n) - \alpha\big]f(n).
\end{aligned} \quad (A6.6)$$

Bedingung (A6.6ii) gibt die Entwicklung der Kozustandsvariable an, welche zusätzlich der Transversalitätsbedingung $\mu_{n_1} = 0$ genügen muss. Erst diese legt das Niveau des Nutzenpfades fest. Zur Interpretation des Schattenpreises μ_n integrieren wir (A6.6ii) über alle Fähigkeiten $m > n$. Man beachte, dass α ein Skalar ist und nicht von n abhängt. Wir erhalten $\mu_{n_1} - \mu_n = -\int_n^{n_1}\big[G'(u_m) - \alpha\big]f(m)\mathrm{d}m$ bzw., wegen $\mu_{n_1} = 0$,

$$\mu_n = \int_n^{n_1}\big[G'(u_m) - \alpha\big]f(m)\mathrm{d}m. \quad (A6.7)$$

Nachdem nun mit (A6.6) und der Transversalitätsbedingung die optimale Allokation festgelegt ist, muss sie durch geeignete Gestaltung der Steuerschuldfunktion als privates Gleichgewicht implementiert werden. Damit Typ n tatsächlich ein Bruttoeinkommen Y_n erwirtschaftet, muss der Grenzsteuersatz der privaten BEO in (VI.19) genügen, $v'(Y_n/n) = \big(1 - T'(Y_n)\big)\cdot n$. Indem wir damit v' in (A6.6i) ersetzen, können wir die optimale Allokation als privates Gleichgewicht implementieren. Nach einer Umformung folgt

$$\frac{T_n'}{1 - T_n'}\cdot \alpha \cdot n f(n) = -\mu_n \cdot (1 + 1/\varepsilon_n). \quad (A6.8)$$

Schliesslich setzt man (A6.7) für μ_n ein, dividiert durch α und formt um,

$$\frac{T_n'}{1 - T_n'} = (1 + 1/\varepsilon_n)\cdot \frac{1}{n f(n)}\cdot \int_n^{n_1}(1 - g_m)f(m)\mathrm{d}m, \quad g_m \equiv G'(u_m)/\alpha. \quad (A6.9)$$

Dies entspricht der Bedingung (VI.24), wobei im Text der Integralausdruck mit θ_n abgekürzt wird. Wegen (A6.7) gilt $\theta_n = \int_n^{n_1}(1 - g_m)f(m)\mathrm{d}m = -\mu_n/\alpha$.

Die Bedingungen (A6.6) zusammen mit der Transversalitätsbedingung bestimmen optimale Pfade $Y_n = Y(n, R)$ für das Einkommen und alle anderen endogenen Grössen wie Konsum x_n, Arbeitsleistung L_n und Nutzenniveau u_n. Diese Lösungspfade und der maximierte Wert $\Omega(R)$ der Zielfunktion hängen wie bei jedem Optimierungsproblem von den exogenen Parametern des Problems, hier R, ab. Die Anwendung des Envelopen-Theorems auf (A6.2) ergibt daher

$$\mathrm{d}\Omega/\mathrm{d}R = -\alpha. \quad (A6.10)$$

Der Multiplikator α gibt somit an, um wieviel die soziale Wohlfahrt Ω fällt, wenn ein höheres Steueraufkommen erzielt werden muss. Der Multiplikator misst daher die Grenzkosten der Besteuerung.

Eine infinitesimale Variation des optimalen Pfades $Y_n = Y(n, R)$, der den Wert der Zielfunktion $\Omega(R)$ maximiert, kann per Definition diesen maximalen Wert nicht mehr weiter steigern. Eine mögliche Perturbation von Y_n ist, dass bei jeder Leistungsfähigkeit n das Einkommen durch Ermässigung der Steuerschuld um einen kleinen Betrag B erhöht wird. Dies führt gemäss (A6.1) zu einem privaten Nutzengewinn, während dem öffentlichen Sektor Einnahmen verloren gehen. Wenn Y_n für $B = 0$ optimal gewählt ist, darf dies den Wert der Zielfunktion nicht verändern:

$$\frac{\mathrm{d}\Omega}{\mathrm{d}B} = \int_{n_0}^{n_1} \left[G'(u_n) - \alpha \right] f(n)\mathrm{d}n = \mu_{n_0} = 0, \qquad (A6.11)$$

$$\theta_{n_0} = -\mu_{n_0}/\alpha = \int_{n_0}^{n_1} (1 - g_n) f(n)\mathrm{d}n = 0.$$

Zusammenfassung

1. Die Leistungsfähigkeit einer Person ist ihre Fähigkeit, Einkommen zu erzielen. Sie drückt sich in der Arbeitsproduktivität und damit im erzielbaren Lohn aus.

2. Der Staat kann nicht den erzielten Lohn, sondern nur das erklärte Gesamteinkommen als Produkt von Lohn und Arbeitsleistung beobachten. Der Lohn ist private Information des Steuerzahlers. Das Einkommen ist daher ein unvollkommener Indikator für die individuelle Leistungsfähigkeit.

3. Die Steuerschuldfunktion wird anhand von Grenz- und Durchschnittssteuersätzen charakterisiert. Die Grenzsteuersätze bestimmen die Arbeitsanreize, die Durchschnittssteuersätze die Verteilung der Steuerlasten. Ein hoher Grenzsteuersatz bei niedrigen Einkommen erhöht die Steuerschuld und damit die Durchschnittsbelastung bei allen höheren Einkommen.

4. Die Annahme der Agenten-Monotonität bedeutet, dass Personen mit höherem Lohn unter sonst gleichen Bedingungen ein höheres Einkommen erwirtschaften wollen.

5. Die Einkommensteuer führt je nach Höhe des Grenzsteuersatzes zu einer lokalen Steuerausweichung in Form einer marginalen Zurücknahme des Arbeitsangebotes. Zusätzlich kann ein progressiver Tarif zu einer diskreten Steuerausweichung durch eine diskrete Einschränkung des Arbeitsangebotes führen. In diesem Fall realisieren leistungsfähige Personen ein niedriges Einkommen, wie es eigentlich nur für weniger leistungsfähige Steuerzahler typisch ist. Diese diskrete Ausweichung würde zusätzliche Steuerausfälle verursachen und eine Besteuerung nach der Leistungsfähigkeit unmöglich machen.

6. Die Selbstselektionsbeschränkung erfordert eine Tarifgestaltung, welche diese diskrete Steuerausweichung verhindert. Wie bei allen diskreten Entscheidungen kommt es dabei auf die relative Durchschnittsbelastung der verschiedenen Einkommensklassen an. Beim Übergang von einer zur nächst höheren Einkommensklasse darf die Steuerschuld nicht zu stark ansteigen.

7. Der optimale Einkommensteuertarif stellt auf eine weitestgehende Verwirklichung der Effizienz- und Verteilungsziele der Finanzpolitik unter den Nebenbe-

dingungen ab, dass ein vorgegebenes Steueraufkommen erzielt und die Selbstselektionsbeschränkung sichergestellt wird.

8. Bei einer nach oben begrenzten Lohnverteilung ist der Grenzsteuersatz für die oberste Einkommensklasse Null. Dieser Satz betont die Arbeitsanreize, führt zu hohen Bruttoeinkommen der fähigsten Gruppe und maximiert so den inframarginalen Einkommensbereich, der ohne Schaden für die Effizienz besteuert werden kann.

9. Bei einer nach oben unbegrenzten Lohnverteilung gibt es zu jeder Lohngruppe weitere Personen mit noch höherer Leistungsfähigkeit. Mit einem positiven Grenzsteuersatz für hohe Einkommen kann im Sinne des Umverteilungsziels die Steuerschuld für noch höhere Einkommen weiter angehoben werden. Daraus folgt unter gewissen Bedingungen ein positiver, konstant bleibender Steuersatz für hohe Einkommen.

10. Der Grenzsteuersatz am unteren Einkommensrand ist Null, wenn es keine Erwerbslosigkeit gibt, und steigt mit höheren Einkommen rasch an, um die Durchschnittsbelastung für obere Einkommen anzuheben.

11. Gibt es am unteren Einkommensrand eine Masse von Erwerbslosen, dann wird im Sinne des Umverteilungsziels mit einem Transfer bzw. einer negativen Steuer ein Basiseinkommen gesichert. Der Grenzsteuersatz für den ersten Beschäftigten mit dem niedrigsten Einkommen ist positiv und unter Umständen sehr hoch, damit die Transferleistungen rasch abgeschmolzen werden können. Ab einer bestimmten Einkommensschwelle wird die Nettosteuerschuld positiv. Dies entspricht einer negativen Einkommensteuer.

12. Wenn am unteren Einkommensrand eine freiwillige Erwerbsentscheidung zugelassen wird und die Partizipationselastizität entsprechend hoch ist, dann wird das Basiseinkommen für Erwerbslose reduziert, während die „Working Poor" mit den niedrigsten Einkommen zunächst noch zusätzliche Lohnergänzungsleistungen bekommen, die ab einer höheren Einkommensschwelle wieder stark abgeschmolzen werden. Der Zweck der Lohnergänzungsleistungen ist, den Einkommensabstand zwischen Erwerbslosigkeit und Arbeit zu vergrössern und so die Anreize zur Erwerbstätigkeit zu verstärken.

Lektürevorschläge

Der klassische Aufsatz zur optimalen Einkommensbesteuerung ist MIRRLEES (1971). Wichtige neuere Darstellungen sind AUERBACH und HINES (2002), SAEZ (2001), DIAMOND (1998) und EBERT (1992). BRUNNER (2004) bietet einen guten Überblick. Ausführliche Analysen finden sich in ATKINSON (1995) und TUOMALA (1990). ATKINSON und STIGLITZ (1980), MYLES (1995) und SALANIE (2003) enthalten gute Lehrbuchdarstellungen. SAEZ (2001) erweitert die Analyse durch Berücksichtigung der diskreten Erwerbsentscheidung und leitet die Implikationen für optimale Transferprogramme am unteren Rand der Einkommensverteilung ab. Vereinfachte Darstellungen für den Fall mit nur zwei Fähigkeiten finden sich in STIGLITZ (1987) sowie BOADWAY und KEEN (1993). KONRAD (2001) erweitert die Analyse der optimalen Einkommensteuer mit zwei Typen, wenn vor der Arbeitsphase zuerst eine

Ausbildungsinvestition gewählt wird, die anschliessend die Leistungsfähigkeit in der Arbeitsphase bestimmt. Bei Bedarf enthält der mathematische Anhang in BARRO und SALA-I-MARTIN (2004) eine gute Einführung in die Methode der dynamischen Optimierung für die Lösung des stetigen Modells. Auf der Homepage WWW.IFF.UNISG.CH, Seite Lehre/Keuschnigg, stehen gelöste Übungsaufgaben bereit.

Schlüsselbegriffe

Steuerschuldfunktion	Grenzsteuersatz
Durchschnittssteuersatz	Leistungsfähigkeitsprinzip
Nicht-Beobachtbarkeit der Löhne	Agenten-Monotonität
Selbstselektionsbeschränkung	Ungleichheitsaversion
Lohnverteilung	Negative Einkommensteuer
Lohnergänzungsleistungen	

Kapitel VII

Optimale Güterbesteuerung

Die Mehrwertsteuer (MWST) stellt in vielen Industrieländern neben der Einkommensteuer (EKST) die wichtigste einzelne Steuerquelle dar. Die gesamten indirekten Steuern, das sind die MWST ergänzt um spezielle Verbrauchsteuern, machen in den OECD-Staaten beinahe ein Drittel der gesamten Fiskaleinnahmen aus, vgl. Abbildung VII.1. In Deutschland und Österreich beträgt dieser Anteil etwas mehr als 28%, während die Schweiz mit 23% verhältnismässig weniger auf indirekte Steuern als Quelle der Staatsfinanzierung zurückgreift. In Japan und den USA ist der Anteil der indirekten Steuern besonders gering. Ein weiteres wichtiges Fakt ist, dass die indirekten Steuern die einzelnen Verbrauchskategorien sehr unterschiedlich belasten. Bei der MWST wird meist neben einem Normalsatz auch ein reduzierter Steuersatz auf Güter des täglichen Bedarfs erhoben, manche Branchen sind sogar ganz von der MWST befreit. In Deutschland beträgt der Normalsatz der MWST 16%, in Österreich 20%. Die Schweiz sticht mit einem sehr niedrigen Satz von 7.6% im internationalen Vergleich heraus. Alle genannten Länder kennen auch ermässigte Steuersätze vor allem auf Güter des täglichen Bedarfs, vgl. Tabelle VII.1. Diese unterschiedliche Belastung einzelner Nachfragekategorien mit der MWST wird noch durch eine Reihe spezieller Verbrauchsteuern wie z. B. Mineralölsteuer, Alkoholsteuer, Tabaksteuer und Spielbankenabgabe ergänzt, die ebenfalls erheblich zum Steueraufkommen beitragen.

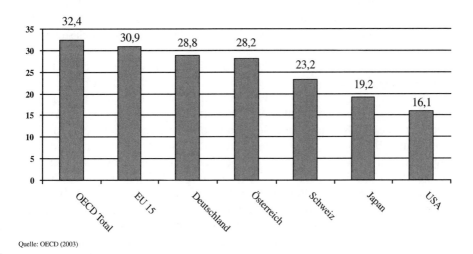

Quelle: OECD (2003)

Abbildung VII.1: Indirekte Steuern in Prozent der Fiskaleinnahmen

Tabelle VII.1: MWST-Sätze im internationalen Vergleich

	Normalsatz in %	ermässigte Sätze in %	Nullsatz
Dänemark	25	-	ja
Schweden	25	6; 12	–
Norwegen	24	12	ja
Finnland	22	8; 17	ja
Belgien	21	6; 12	–
Irland	21	4,3; 13,5	ja
Italien	20	4; 10	–
Österreich	20	10; 12	ja
Frankreich	19,6	2,1; 5,5	ja
Niederlande	19	6	–
Portugal	19	5; 12	–
Griechenland	18	4; 8	–
Grossbritannien	17,5	5	ja
Deutschland	16	7	–
Spanien	16	4; 7	–
Luxemburg	15	3; 6 ;12	–
Schweiz	7,6	2,4; 3,6	–

Quelle: International Bureau of Fiscal Documentation (2003)

Von den indirekten Steuern gehen wichtige Wirkungen auf die Gesamtwirtschaft aus. Wie alle Steuern reduzieren sie die Kaufkraft des Einkommens. Indem sie den Reallohn senken, hemmen sie ähnlich wie die Lohnsteuer das Arbeitsangebot. Die Messung der effektiven Grenzsteuerbelastung der Arbeit muss daher neben der Lohnsteuer auch die indirekten Steuern berücksichtigen. Vor allem aber verzerrt die unterschiedliche Belastung verschiedener Güter die Nachfrageentscheidungen der Haushalte. In diesem Steuerausweichverhalten kommt die Mehrbelastung zum Ausdruck.

Eine möglichst geringe Mehrbelastung ist nicht das alleinige Kriterium bei der Ausgestaltung der Besteuerung. Ausserdem kann man nicht in allen Fällen, in denen die Besteuerung zu Ausweichverhalten führt, tatsächlich von Mehrbelastung sprechen. Bei manchen speziellen Verbrauchsteuern ist der Lenkungseffekt nicht eine unerwünschte Nebenwirkung, sondern gerade der Hauptzweck der Steuer. Ein prominentes Beispiel ist die Mineralölsteuer als „grüne" Steuer, welche externe Umweltkosten bei den Verursachern internalisieren und damit umweltschädigenden Verbrauch zurückdrängen soll. Ähnliches gilt für Alkoholsteuern usw. Positive externe Effekte, wie z.B. der Beitrag der Schriftstellerei zum allgemeinen Kulturgut, würden umgekehrt eine Begünstigung von solchen Aktivitäten bei der MWST rechtfertigen. Neben der Minimierung der Mehrbelastung bzw. der angemessenen Berücksichtigung von beabsichtigten Lenkungseffekten müssen auch die Verteilungswirkungen der indirekten Besteuerung in die Gestaltung einer rationalen Steuerstruktur eingehen.

In diesem Kapitel gehen wir davon aus, dass ein vorgegebenes Steueraufkommen mit Gütersteuern erbracht werden muss. Dabei soll in der Ausgestaltung der Steuerstruktur der grundlegende Zielkonflikt der Steuerpolitik zwischen Effizienz und Verteilung bestmöglich aufgelöst werden. Die Optimalsteuertheorie kann helfen, Antworten auf folgende Fragen zu finden: Nach welchen Kriterien soll die Tarifstruktur differenziert werden? Welche empirischen Informationen werden benötigt, um eine sinnvolle Differenzierung von Steuersätzen vorzunehmen? Unter welchen Bedingungen sollen Güter eventuell einheitlich besteuert werden? Dazu leiten wir im nächsten Abschnitt verschiedene Kriterien für die Differenzierung von Gütersteuersätzen her, und zwar zunächst allein unter dem Gesichtspunkt grösstmöglicher Effizienz. Anschliessend erweitern wir die Betrachtung auf heterogene Haushalte und analysieren, wie Verteilungsüberlegungen die Gestaltung der Gütersteuersätze beeinflussen können.

Im Abschnitt VII.2 gehen wir auf verschiedene Erweiterungen ein und betrachten zuerst, wie externe Effekte in der Güterbesteuerung berücksichtigt werden sollten. Schliesslich erörtern wir spezielle Probleme in der Ausgestaltung der MWST. Einerseits fragen wir, ab welcher Umsatzgrenze die Kleinunternehmerregelung greifen soll, d.h. ab welcher Freigrenze kleine Unternehmen mit nur geringen Umsätzen von der MWST befreit werden sollen. Hierauf betrachten wir die Folgen für die Produktionseffizienz, wenn gewisse Branchen entweder durch eine allgemeine Befreiung (exemption) oder eine Nullsatzbesteuerung (zero rating) begünstigt werden.

VII.1 Optimale Güterbesteuerung

VII.1.1 Arbeitsangebot und Verbrauchsstruktur

Zunächst blenden wir Verteilungsfragen aus und betrachten eine Ökonomie mit identischen, repräsentativen Haushalten. Diese geben ihr Einkommen für Konsumgüter in den Mengen $X_1, \ldots, X_m$ aus und sehen sich dabei Konsumentenpreisen P_i gegenüber. Sie erzielen beim Lohnsatz w und einem Arbeitsangebot L ein Arbeitseinkommen wL, welches durch ein exogenes Einkommen I, z.B. staatliche Transfers, ergänzt werden kann. Die private Budgetbeschränkung lautet

$$P'X \equiv \sum_{i=1}^{m} P_i X_i = wL + I, \qquad \text{(VII.1)}$$

wobei $P'X$ die Konsumausgaben in Vektorschreibweise angibt.

Die einzelnen Güter sind mit spezifischen Steuern auf den Verbrauch mit den Sätzen $t_i = P_i - q_i$ erhoben, die einen Steuerkeil zwischen Produzentenpreisen q_i und Konsumentenpreisen $P_i = t_i + q_i$ drücken. Der spezifische Steuersatz besteht aus einem Steuerbetrag pro Mengeneinheit. Alternativ könnte man den Steuerbetrag als Anteil am Produzentenpreis ausdrücken und würde damit den Wertsteuersatz $\tau_i = t_i/q_i$ erhalten. In diesem Fall ergäbe sich der Konsumentenpreis als $P_i = (1 + \tau_i)q_i$. Für die Zwecke dieses Kapitels ist es jedoch einfacher, mit dem spezifischen Steuersatz t_i zu arbeiten. Da wir zunächst von einer EKST absehen, beträgt das Steueraufkommen

$$T = \sum_{i=1}^{m} t_i X_i, \quad t_i = P_i - q_i. \tag{VII.2}$$

Die Produzentenpreise werden als fix angenommen. Die Gütersteuern beeinflussen daher ausschliesslich die Nachfrage- bzw. Konsumentenpreise. Wenn wir von einer Ricardianischen Technologie ausgehen, die mit fixen Input-Output-Koeffizienten Arbeit in Güter transformiert, dann kann das vorliegende Nachfragemodell auch als allgemeines Gleichgewichtsmodell interpretiert werden, wie in einer separaten Übung gezeigt wird. Der Leser beachte den entsprechenden Hinweis in den Lektürevorschlägen am Ende des Kapitels. Kapitel XVIII mit dem mathematischen Anhang entwickelt das formale mikroökonomische Rüstzeug und wendet dieses zur Herleitung einer Reihe von weiteren Ergebnissen der optimalen Güterbesteuerung an.

Die Güternachfrage, das Arbeitsangebot und die maximal erzielbare Wohlfahrt der Haushalte resultiert aus folgenden, dualen Optimierungsproblemen. Die Präferenzen werden wie üblich mit einer quasikonkaven Nutzenfunktion $U(X_1, \ldots, X_m, L)$ beschrieben:

$$\begin{aligned}
V(P, w, I) &= \max_{X, L} U(X, L) + \lambda \cdot \left[I + wL - P'X \right], \\
E(P, w, u) &= \min_{x, l} P'x - wl + \mu \cdot [u - U(x, l)].
\end{aligned} \tag{VII.3}$$

Die Lösung des Maximierungsproblems ergibt die unkompensierten, Marshall'schen Nachfragen $X_i(P, w, I)$, das Arbeitsangebot $L(P, w, I)$, den Schattenpreis $\lambda(P, w, I)$ und die indirekte Nutzenfunktion $V(P, w, I)$. Die Ableitungen der indirekten Nutzenfunktion zeigen, wie eine Änderung der Preise und des exogenen Einkommens die maximal erzielbare Wohlfahrt der Haushalte beeinflusst. Die Anwendung des Envelopen-Theorems ergibt

$$V_i \equiv \frac{\mathrm{d}V}{\mathrm{d}P_i} = -\lambda X_i, \quad V_w \equiv \frac{\mathrm{d}V}{\mathrm{d}w} = \lambda L, \quad V_I \equiv \frac{\mathrm{d}V}{\mathrm{d}I} = \lambda. \tag{VII.4}$$

Aus der letzten Ableitung wird deutlich, dass der Schattenpreis λ den Grenznutzen des Einkommens bezeichnet.

Die Lösung des dualen Minimierungsproblems ergibt die kompensierten, Hicks'-schen Nachfragen $x_i(P, w, u)$, das kompensierte Arbeitsangebot $l(P, w, u)$ und die marginale Ausgabenerhöhung $\mu(P, w, u)$, die zur Erzielung eines marginalen Nutzenzuwachses notwendig ist. Die Ableitungen der Ausgabenfunktion lauten

$$E_i \equiv \frac{\mathrm{d}E}{\mathrm{d}P_i} = x_i, \quad E_w \equiv \frac{\mathrm{d}E}{\mathrm{d}w} = -l, \quad E_u \equiv \frac{\mathrm{d}E}{\mathrm{d}u} = \mu. \tag{VII.5}$$

Ziel einer optimalen Güterbesteuerung ist, das notwendige Steueraufkommen mit einer möglichst geringen Wohlfahrtseinbusse der Haushalte zu erzielen. Eine effiziente Besteuerung kann dabei nur auf eine möglichst geringe Mehrbelastung abstellen, da die Einkommenseffekte der Besteuerung unvermeidbar sind. Die Mehrbelastung hängt nur von den Substitutionseffekten der Besteuerung ab. Daher müssen Einkommens- und Substitutionseffekte mit einer Slutzky-Zerlegung aufgespalten werden. Dies kann besonders einfach geschehen, indem man folgende Identität zwischen kompensierter (x_i klein geschrieben) und unkompensierter Nachfrage (X_i gross) berücksichtigt, die aus der Dualität der Optimierungsprobleme in (VII.3) folgt:

$$x_i(P,w,u) = X_i[P,w,E(P,w,u)], \quad I = E(P,w,u). \tag{VII.6}$$

Die Preiseffekte der kompensierten Nachfrage spiegeln den Substitutionseffekt S_{ik} wider. Die Ableitung von (VII.6) ergibt die Slutzky-Zerlegung, wenn man zusätzlich $dE/dP_k = x_k$ und $x_k = X_k$ nach (VII.5)–(VII.6) berücksichtigt:

$$S_{ik} \equiv \frac{dx_i(P,w,u)}{dP_k} = \frac{dX_i}{dP_k} + X_k \frac{dX_i}{dI}. \tag{VII.7}$$

Bevor wir in die Analyse des Optimalsteuerproblems einsteigen, wollen wir anschaulich darstellen, wie eine spezielle Steuer auf ein einzelnes Gut die Verbrauchsstruktur verändert und wie sie den Reallohn und damit das Arbeitsangebot mindert. Dabei arbeiten wir gleichzeitig die Implikationen von *homothetischen Präferenzen* mit schwacher Separabilität zwischen Konsum und Arbeitsleid heraus. Diese Annahme hat weitreichende Konsequenzen für die Güterbesteuerung, wie sich noch zeigen wird. Homothetische Präferenzen drücken sich in einer Nutzenfunktion der Form $u = U(C(X),L)$ aus, wobei der Nutzen $C(X_1,\ldots,X_m)$ aus dem Güterkonsum linearhomogen ist. Damit kann das Haushaltsproblem in zwei Schritte zerlegt werden. Zuerst wird die optimale *Verbrauchsstruktur* ermittelt, im zweiten Schritt das Arbeitsangebot, welches das Einkommen und in der Folge das *Verbrauchsniveau* bestimmt. Die Verbrauchsstruktur ergibt sich aus der Eigenschaft, dass bei einer linearhomogenen Nutzenfunktion die Güterpräferenzen vollständig durch die Indifferenzkurve $C(x) = 1$ für eine Einheit des Nutzenindex beschrieben sind. Dieser Nutzenindex kann auch als Warenkorb interpretiert werden. Abbildung VII.2 zeigt, wie die Haushalte den Güterverbrauch optimal zusammenstellen, so dass die notwen-

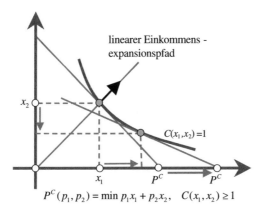

$$P^C(p_1,p_2) = \min p_1 x_1 + p_2 x_2, \quad C(x_1,x_2) \geq 1$$

Abbildung VII.2: Preisindex und Verbrauchsstruktur

digen Ausgaben für den Warenkorb minimal werden,

$$P^C(P) = \min_{x_i} \sum_i P_i x_i(P) \quad s.t. \quad C(x) \geq 1. \tag{VII.8}$$

Die Ausgabenminimierung ergibt als Lösung die Einheitsnachfragen $x_i(P)$ und den exakten Konsumentenpreisindex $P^C(P)$, der den minimalen Ausgaben für einen Warenkorb entspricht. In Abbildung VII.2 ist der Konsumentenpreis für Gut 1 implizit auf $P_1 = 1$ festgelegt, so dass auf der Abszisse Mengen und Ausgaben zusammenfallen. Die Lage der Ausgabengerade ist mit dem Preisindex auf der Abszisse festgelegt, der die minimalen Ausgaben für einen Warenkorb angibt. Multipliziert man diese Gleichung mit der Anzahl der konsumierten Warenkörbe C, dann folgen die Gesamtnachfragen $X_i = x_i(P)C$ und die gesamten Konsumausgaben $P^C(P)C = \sum_i P_i X_i$, die als Produkt von Preis- und Mengenindex geschrieben werden können. Alle Nachfragen werden proportional mit dem Konsumniveau C entlang des Einkommensexpansionspfades ausgedehnt. Wenn nun eine spezielle Gütersteuer auf Gut 2 erhoben wird, dann steigt der Konsumentenpreis von Gut 2. Dies hat zwei Konsequenzen. Die Verbrauchsstruktur verlagert sich von Gut 2 zu Gut 1, und der Preisindex für den Warenkorb nimmt zu, wie in Abbildung VII.2 gezeigt wird. Das Konsumniveau folgt aus der Arbeitsangebotsentscheidung, welche das Einkommen und damit die maximal zulässigen Konsumausgaben nach der Budgetbeschränkung $P^C C = wL + I$ bestimmt. Man beachte, dass der Preisindex ausschliesslich von den Preisen und nicht vom Nutzenniveau abhängt. Wenn die Konsumenten die Preise beobachten, können sie bei homothetischen Präferenzen die Verbrauchsstruktur unabhängig vom Niveau bestimmen. Je höher der Preisindex, desto geringer ist das Realeinkommen, $C = (w/P^C)L + I/P^C$, gemessen in Warenkörben. Abbildung VII.3 illustriert für den Fall $I = 0$ die Ausgangssituation im Punkt 0. Eine spezielle Gütersteuer schlägt je nach

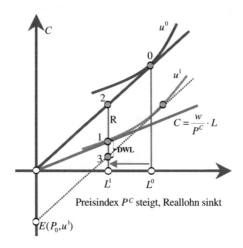

Abbildung VII.3: Gütersteuern und Arbeitsangebot

Ausgabenanteil s_i auf den Preisindex durch,

$$\frac{dP^C}{dP_i} = x_i \quad \Rightarrow \quad \frac{dP^C}{P^C} = s_i \cdot \frac{dP_i}{P_i}, \quad s_i = \frac{P_i x_i}{P^C}. \qquad \text{(VII.9)}$$

Die erste Gleichung in (VII.9) folgt aus der Anwendung des Envelopen-Theorems auf (VII.8). Eine einfache Umformung zeigt, dass eine Preiserhöhung für Gut i um 1% einen Anstieg des Konsumentenpreisindex um s_i Prozent verursacht. In der Folge sinkt der Reallohn, dreht sich die Budgetgerade in Abbildung VII.3 nach unten und schränkt damit das Arbeitsangebot ein. Der Abstand 1–2 entspricht dem erzielten Aufkommen aus der Güterbesteuerung, gemessen in Einheiten des Warenkorbes. Die Strecke 2–3 gibt den einkommensäquivalenten Wohlfahrtsverlust als Differenz der Ausgabenfunktionen an, bewertet mit den Preisen der Ausgangssituation. Der Abstand 1–3 zeigt schliesslich die Mehrbelastung, nämlich $DWL = E\left(P_0, u^0\right) - E\left(P_0, u^1\right) - R$. Abbildung VII.3 macht deutlich, dass die Mehrbelastung einer speziellen Verbrauchsteuer nicht nur auf die Verzerrung der Verbrauchsstruktur, sondern auch des Arbeitsangebots zurückzuführen ist.

VII.1.2 Optimale Besteuerung

Die Wahl der Gütersteuersätze bestimmt über die Konsumentenpreise die erzielbare Wohlfahrt der Haushalte. Man beachte, dass vorerst nur die *Effizienz* eine Rolle spielt. Nachdem alle Individuen per Annahme gleich sind, kann es kein Verteilungsproblem geben. Wenn nicht anders erwähnt, beschränken wir uns auf den Fall $I = 0$, wo die Haushalte nur Arbeitseinkommen, aber kein anderes exogenes Einkommen erzielen. Das *Optimalsteuerproblem* besteht nun darin, das vorgegebene, erforderliche Aufkommen T mit dem geringstmöglichen Wohlfahrtsverlust für den privaten Sektor zu erheben. Dabei ist sowohl die Verzerrung der Verbrauchsstruktur als auch des Arbeitsangebots zu berücksichtigen:

$$L = \max_{t_i} V(P, w, I) + \zeta \cdot \left[\sum_{i=1}^{m} t_i X_i(P, w, I) - T \right], \qquad P_i = t_i + q_i. \qquad \text{(VII.10)}$$

Der Multiplikator $\zeta > 0$ bezeichnet den marginalen Wohlfahrtsverlust $dV/dT = -\zeta < 0$ der Haushalte aus einer Anhebung des Steueraufkommens T. Mit anderen Worten misst ζ die Grenzkosten der Besteuerung (marginal cost of public funds).

Die BEO für die Wahl des Steuersatzes auf Gut k lautet

$$\frac{dL}{dt_k} = V_k + \zeta \left[X_k + \sum_{i=1}^{m} t_i \frac{dX_i}{dP_k} \right] = 0, \quad k = 1, \ldots, m. \qquad \text{(VII.11)}$$

Nach (VII.4) beträgt der Wohlfahrtseffekt eines höheren Steuersatzes $V_k = -\lambda X_k$, so dass

$$\sum_{i=1}^{m} t_i \frac{dX_i}{dP_k} = -\upsilon \cdot X_k, \qquad \upsilon \equiv \frac{\zeta - \lambda}{\zeta}, \quad \zeta > \lambda > 0. \qquad \text{(VII.12)}$$

Die Ungleichung $\zeta > \lambda$ bedeutet, dass die Grenzkosten der indirekten Besteuerung, also der marginale Wohlfahrtsverlust ζ des privaten Sektors aus einer Anhebung der indirekten Steuern, den Grenznutzen des Einkommens λ übersteigt. Die indirekte Besteuerung verursacht neben dem Einkommensentzug eben auch eine Mehrbelastung, die in der Differenz $\zeta - \lambda$ zum Ausdruck kommt.

Nun wird gezeigt, dass eine optimale Güterbesteuerung eine gleichmässige Mengenreduktion von kompensierten Nachfragen erfordert. Dazu ersetzt man mit der Slutzky-Zerlegung aus (VII.7) den Nachfrageeffekt $\mathrm{d}X_i/\mathrm{d}P_k$ und dividiert das Ergebnis durch X_k. Nach einer geringfügigen Umformung folgt (man beachte, dass alle Koeffizienten jeweils positiv definiert sind)

$$\sum_{i=1}^{m} \frac{t_i \cdot S_{ik}}{X_k} = -\theta < 0, \quad \theta \equiv \upsilon - \sum_{i=1}^{m} t_i \frac{\mathrm{d}X_i}{\mathrm{d}I} > 0. \tag{VII.13}$$

Im mathematischen Anhang wird mit dem Ergebnis 2 des Abschnitts XVIII.3 gezeigt, dass $\theta > 0$ gilt. Da bei normaler Nachfrage die Einkommenseffekte positiv sind, muss mit $\theta > 0$ erst recht $\upsilon > 0$ wie in (VII.12) gelten. Wenn nun ausgehend von Null kleine Steuersätze eingeführt werden, so dass $\mathrm{d}t_i = t_i$, dann gilt $\sum_i t_i \cdot S_{ik} = \sum_i S_{ki} \cdot \mathrm{d}t_i = \mathrm{d}x_k(P,w,u)$. Dabei nutzt die erste Gleichheit die Symmetrie der Substitutionseffekte aus, $S_{ik} = S_{ki}$ (siehe mathematischer Anhang, Ergebnis 1). In diesem Fall folgt aus (VII.10) als Grundregel für eine optimale Güterbesteuerung das Erfordernis einer gleichmässigen, relativen Reduktion der kompensierten Nachfragen:

$$\frac{\mathrm{d}x_k(P,w,u)}{X_k} = -\theta < 0. \tag{VII.14}$$

Die Änderung $\mathrm{d}x_k$ gibt den Einfluss *aller* Steuersätze auf die kompensierte Nachfrage x_k an! Bedingung (VII.14) bestimmt die optimalen Steuersätze nur implizit, indem die Gütersteuern bei gegebenen Produzentenpreisen q_k die Konsumentenpreise $P_k = t_k + q_k$ beeinflussen. *Unter Effizienzgesichtspunkten soll also die Struktur der Gütersteuersätze so gestaltet werden, dass die kompensierten Nachfragen für alle Güter im gleichen Verhältnis (mit dem gleichen Prozentsatz) reduziert werden.* Eine gleiche relative Nachfragereduktion für alle Güter erfordert im Allgemeinen unterschiedliche Steuersätze. Die nächsten Abschnitte leiten aus den allgemeinen Bedingungen in (VII.12) und (VII.14) speziellere Aussagen über eine optimale Differenzierung von Gütersteuersätzen her.

Damit dieses Kapitel sich stärker auf die wesentlichen inhaltlichen Einsichten konzentrieren kann, werden eine Reihe von zusätzlichen, mehr formalen Ergebnissen im mathematischen Anhang im Abschnitt XVIII.3 gezeigt. Ergebnis 3 zeigt dort, dass θ den Wohlfahrtsgewinn ausdrückt, wenn die optimal gewählten Gütersteuern marginal durch eine Pauschalsteuer ersetzt werden können. Ergebnis 4 geht in dieselbe Stossrichtung und zeigt, dass das erzielbare Steueraufkommen aus den Gütersteuern in (VII.2) nicht ausreicht, um die Konsumenten für den Wohlfahrtsverlust der Besteuerung zu kompensieren. Diese Aussage ist lediglich eine andere Ausdrucksweise für die Mehrbelastung der optimalen Besteuerung, die zwar die Mehrbelastung minimieren, aber nicht vollständig beseitigen kann. Ergebnis 5 geht das Problem anders an und leitet dieselbe Lösung in (VII.14) für eine optimale indirekte Steuerstruktur her, indem die Mehrbelastung minimiert wird. Ergebnis 6 im mathematischen Anhang zeigt schliesslich, dass die optimale Struktur der Gütersteuersätze die marginale

Mehrbelastung, also die Zunahme der Mehrbelastung pro zusätzlicher Einheit des Steueraufkommens, für alle Güter angleicht.

VII.1.3 Differenzierung der Steuersätze

VII.1.3.1 Differenzierung nach Preiselastizitäten

Die ökonomische Intuition sagt uns, dass die Besteuerung jener Güter, bei denen das Ausweichverhalten besonders ausgeprägt ist, eine überdurchschnittlich hohe Mehrbelastung verursacht. Aus Effizienzgründen sollten daher die Steuersätze auf diese Güter niedrig bleiben. Am einfachsten wird diese Intuition für den Spezialfall bestätigt, in welchem alle Kreuzpreisableitungen Null sind, $dX_i/dP_k = 0$. Dann reduziert sich die Bedingung (VII.12) zu $t_k \cdot dX_k/dP_k = -\upsilon X_k$. Indem wir diesen Ausdruck entsprechend erweitern, mit $\varepsilon_{kk} = -\frac{dX_k}{dP_k}\frac{P_k}{X_k}$ die eigene Preiselastizität der Nachfrage und mit τ_k den Wertsteuersatz bezeichnen (der Steuerbetrag ist dann $t_k = \tau_k P_k$), erhalten wir in diesem Fall die *inverse Elastizitätenregel*:

$$\left(\frac{dX_k}{dP_k}\frac{P_k}{X_k}\right) \cdot \frac{t_k}{P_k} = -\upsilon \quad \Rightarrow \quad \tau_k = \frac{\upsilon}{\varepsilon_{kk}}. \tag{VII.15}$$

Eine hohe Preiselastizität bedeutet, dass eine Anhebung des Steuersatzes eine grosse Mengenreduktion, d. h. eine starke Steuerausweichung, auslöst und damit eine hohe Mehrbelastung verursacht. *Unter Effizienzgesichtspunkten empfiehlt sich daher eine mässige Besteuerung von Gütern mit einer hohen eigenen Preiselastizität der Nachfrage.* Wenn umgekehrt die eigene Preiselastizität der Marshall'schen, einkommensabhängigen Nachfrage gering ist ($\varepsilon \to 0$), dann sollten diese Güter stark besteuert werden. Da bei starrer Nachfrage kaum ein nennenswertes Ausweichverhalten möglich ist, kann in diesem Fall die Besteuerung ohne Schaden für die Effizienz erfolgen.

VII.1.3.2 Differenzierung nach Einkommenselastizitäten

Im Allgemeinen sind jedoch die Kreuzpreiselastizitäten *nicht* Null. Die Nachfrage nach Gut k hängt von *allen* Preisen und damit von *allen* Steuersätzen ab! In diesem Fall kann die Differenzierung der Steuersätze an den Einkommenselastizitäten festgemacht werden. Man nutze dazu die Symmetrie der Substitutionseffekte (Ergebnis 1 aus Kapitel XVIII),

$$\frac{dX_i}{dP_k} + X_k\frac{dX_i}{dI} = S_{ik} = S_{ki} = \frac{dX_k}{dP_i} + X_i\frac{dX_k}{dI}. \tag{VII.16}$$

Indem man daraus den Preiseffekt dX_i/dP_k in die Bedingung (VII.12) einsetzt und durch X_k dividiert, erhält man

$$\frac{1}{X_k}\sum_{i=1}^{m} t_i\frac{dX_k}{dP_i} = -\upsilon - \frac{1}{X_k}\sum_{i=1}^{m} t_i\left(X_i\frac{dX_k}{dI} - X_k\frac{dX_i}{dI}\right). \tag{VII.17}$$

Wenn ausgehend von Null kleine Steuersätze eingeführt werden, gilt $t_i = dt_i = dP_i$, so dass der Ausdruck auf der linken Seite sich auf $\sum_i \frac{\partial X_k}{\partial P_i} dP_i = dX_k$ reduziert. Nach einer kleinen Umformung folgt

$$\frac{dX_k}{X_k} = -(\upsilon + \phi_k), \quad \phi_k \equiv \sum_{i=1}^{m} t_i X_i \cdot \left(\frac{1}{X_k} \frac{dX_k}{dI} - \frac{1}{X_i} \frac{dX_i}{dI} \right) \gtreqless 0, \quad \upsilon > 0.$$

$$(\text{VII.18})$$

Der Ausdruck ϕ_k kann als Steuergewicht bezeichnet werden. Das Steuergewicht ist positiv, wenn X_k im Vergleich zu den anderen i Gütern eine überdurchschnittlich hohe Einkommenselastizität aufweist. In diesem Fall wird $\upsilon + \phi_k$ auf der rechten Seite sehr gross, so dass die relative Nachfragereduktion für Gut k besonders stark sein sollte. *Wenn Gut k eine überdurchschnittlich hohe Einkommenselastizität aufweist, dann sprechen Effizienzgründe für eine besonders starke, prozentuale Nachfragereduktion. Diese Güter sollen daher stark besteuert werden.* Intuitiv kann diese Regel wie folgt verstanden werden. Bei Gütern mit hoher Einkommenselastizität dominiert der Einkommenseffekt den Substitutionseffekt. Nur der Substitutionseffekt verursacht eine Mehrbelastung, während der Einkommenseffekt ähnlich wie die Pauschalsteuer für die Effizienz unschädlich ist. Daher kann durch eine starke Besteuerung dieses Gutes ein gegebenes Aufkommen mit geringer Mehrbelastung erzielt werden.

VII.1.3.3　Differenzierung nach Freizeitkomplementarität

In der Änderung der kompensierten Nachfragemengen kommen die Substitutionseffekte zum Ausdruck, von denen allein die Mehrbelastung der Besteuerung abhängt. Welche operationalen Regeln für die Differenzierung der Steuersätze ergeben sich nun aus dem Erfordernis in (VII.14), dass eine optimale Steuersatzstruktur die kompensierten Nachfragemengen aller Güter im gleichen Verhältnis reduzieren soll? Eine solche Regel ist die sogenannte *Corlett-Hague-Regel*, welche die optimalen Steuersätze nach der Freizeitkomplementarität der Güternachfrage differenziert. Dazu betrachten wir den einfachen Fall mit nur zwei Gütern. Die Preiselastizitäten der kompensierten Nachfragen, die mit Kleinbuchstaben bezeichnet sind, seien $\sigma_{ki} \equiv \frac{P_i}{x_k} \frac{dx_k}{dP_i}$. Die Lohnelastizität der kompensierten Güternachfrage beträgt $\sigma_{k0} = \frac{w}{x_k} \frac{dx_k}{dw}$. Der Anhang zu diesem Kapitel leitet aus (VII.13) folgende optimalen Wertsteuersätze $\tau_i = t_i / P_i$ für die beiden Güter her:

$$\tau_1 = \theta' \cdot (-\sigma_{11} - \sigma_{22} - \sigma_{10}), \quad \tau_2 = \theta' \cdot (-\sigma_{11} - \sigma_{22} - \sigma_{20}), \quad \theta' > 0, \quad (\text{VII.19})$$

wobei θ' ein positiver Koeffizient ist. Man beachte, dass die eigene, kompensierte Preiselastizität die Stärke des Substitutionseffektes misst und immer negativ ist, $\sigma_{ii} < 0$. Der einzige Unterschied in den Gütersteuersätzen in (VII.19) liegt in der Lohnelastizität $\sigma_{i0} \gtreqless 0$ der kompensierten Nachfrage nach Gut i, die positiv oder negativ sein kann, je nachdem ob Gut i ein Substitut oder Komplement zur Freizeit ist. Eine positive Lohnelastizität σ_{i0} bedeutet, dass die kompensierte Nachfrage nach Gut i mit dem Lohn zunimmt. Mit steigendem Lohn wird Freizeit teurer, so dass die Haushalte mehr arbeiten und damit Freizeit durch mehr Konsum von Gut i substituieren. Im Fall $\sigma_{i0} > 0$ ist also Gut i ein Substitut für Freizeit (bzw. ein Komplement zur Arbeitszeit).

Je positiver die Lohnelastizität $\sigma_{i0} > 0$ der Nachfrage nach Gut i ist, desto kleiner ist (wegen $\sigma_{ii} < 0$) der Klammerausdruck in (VII.19), und desto geringer ist der optimale Wertsteuersatz τ_i. *Nach der Corlett-Hague-Regel (VII.19) sollen jene Güter stark besteuert werden, die komplementär zur Freizeit sind* ($\sigma_{i0} < 0$). Umgekehrt sind Güter, die zur Arbeitszeit komplementär und zur Freizeit substitutiv sind ($\sigma_{i0} > 0$), schwach zu besteuern. Die Anwendung der Regel ermöglicht damit eine indirekte Besteuerung der Freizeit (bzw. allgemeiner, eines unbesteuerten Gutes), indem die zur Freizeit komplementären Güter stark belastet werden. Dies ist eine Ersatzlösung für eine Besteuerung der Freizeit bzw. eine Subventionierung der Arbeit, welche in der Regel ausgeschlossen ist.

VII.1.4 Einheitliche Steuersätze

Abschnitt VII.1.3 hat ergeben, dass wichtige Gründe für differenzierte Gütersteuersätze in unterschiedlichen Preis- und Einkommenselastizitäten der Nachfrage und in der unterschiedlichen Komplementarität der Güternachfrage zum Arbeitsangebot bestehen. Wenn hingegen das Arbeitsangebot fix bleibt oder die Güter eine gleiche Einkommenselastizität aufweisen, dann fallen offensichtlich wichtige Gründe für die Differenzierung von Steuersätzen weg.

VII.1.4.1 Fixes Arbeitsangebot

Ein fixer Faktor kann ohne Schaden für die Effizienz besteuert werden. Bei fixem Arbeitsangebot kann das gesamte Steueraufkommen mit einer unschädlichen Lohnsteuer erzielt werden, ohne auf unterschiedliche Gütersteuersätze zurückgreifen zu müssen. Differenzierte Gütersteuern würden die Verbrauchsstruktur verzerren. Diese Mehrbelastung kann bei fixem Arbeitsangebot vermieden werden. Die Besteuerung des Verbrauchs sollte in diesem Fall mit einem einheitlichen Satz erfolgen, so dass die relativen Preise zwischen verschiedenen Gütern nicht verändert werden. Dabei ist es egal, ob die Besteuerung des Verbrauchs mit einer Lohnsteuer oder einer *einheitlichen* Konsumsteuer erfolgt, da diese beiden Alternativen äquivalent sind:

$$(1 - \tau_L)wL = \sum_{i=1}^{m} q_i X_i \quad \Leftrightarrow \quad wL = \sum_{i=1}^{m}(1 + \tau_C)q_i X_i, \quad 1 + \tau_C = \frac{1}{1 - \tau_L}.$$

$$(VII.20)$$

Ein proportionaler Lohnsteuersatz von 20% ist dasselbe wie ein einheitlicher Konsumsteuersatz von 25%.

VII.1.4.2 Homothetische Präferenzen

Auch bei endogenem Arbeitsangebot kann ein einheitlicher Gütersteuersatz optimal sein, wenn die Elastizität der Nachfrage bezüglich des exogenen Einkommens I für alle Güter gleich ist. Zumindest für ein geringes Steueraufkommen, das bereits mit kleinen Steuersätzen realisiert werden kann ($\mathrm{d}P_i = \mathrm{d}t_i = t_i$), ergibt sich aus (VII.17)–(VII.18) die Bedingung[1]

$$\frac{1}{X_k}\frac{\mathrm{d}X_k}{\mathrm{d}I} = \frac{1}{X_i}\frac{\mathrm{d}X_i}{\mathrm{d}I} \quad \Rightarrow \quad \frac{1}{X_k}\sum_{i=1}^{m}t_i\frac{\mathrm{d}X_k}{\mathrm{d}P_i} = \frac{\mathrm{d}X_k}{X_k} = -\upsilon < 0. \qquad \text{(VII.21)}$$

Bei gleichen Einkommenselastizitäten sollte die Struktur der Steuersätze so gewählt werden, dass alle Marshall'schen Nachfragen im gleichen Verhältnis bzw. mit dem gleichen Prozentsatz reduziert werden.

Wegen der möglichen Interaktion der Güternachfrage mit dem Arbeitsangebot wird jedoch eine gleichmässige, proportionale Nachfragereduktion nicht automatisch durch Anwendung eines einheitlichen Steuersatzes erreicht. Hinreichende Bedingungen für die Optimalität eines einheitlichen Steuersatzes sind, dass (a) die Präferenzen zwischen Konsum und Freizeit bzw. Arbeitsleid separabel und (b) die Präferenzen über die Zusammensetzung des Konsumgüterbündels homothetisch sind:

$$u(X_1,\ldots,X_m,L) = u[C(X_1,\ldots,X_m),L]. \qquad \text{(VII.22)}$$

Separabilität bedeutet, dass die Indifferenzkurven für den Güterkonsum unabhängig vom Arbeitsangebot sind. Wegen Separabilität gilt $u_{X_i} = u_C \cdot C_{X_i}$. Indem wir die BEO $u_{X_i} = \lambda P_i$ aus dem Haushaltsproblem in (VII.3) durch einander dividieren, erhalten wir die übliche Bedingung $MRS = MRT$ bzw.

$$\frac{C_{X_i}(X_1,\ldots,X_m)}{C_{X_j}(X_1,\ldots,X_m)} = \frac{P_i}{P_j}. \qquad \text{(VII.23)}$$

Wegen der Separabilität ist die Steigung C_{X_i}/C_{X_j} der Indifferenzkurve unabhängig vom gewählten Arbeitsangebot. Die Tangentialbedingung kommt in Abbildung VII.4 dadurch zum Ausdruck, dass im optimalen Konsumpunkt die Steigungen der Budgetgerade $\sum_i P_i X_i = wL + I \equiv M$ und der Indifferenzkurve gleich sind.

Wenn nun zusätzlich die Präferenzen $C(X_1,\ldots,X_m)$ homothetisch sind, dann ist der Einkommensexpansionspfad, der sich aus $\max_{X_i} C(X_1,\ldots,X_m)$ unter der Budgetbeschränkung $\sum_i P_i X_i = M$ ergibt, linear. Dies bedeutet, dass ein Einkommenszuwachs M bei gleich bleibenden Preisen das Verhältnis der Güternachfragen $X_i(P,M)/X_j(P,M)$ unverändert lässt. Mit anderen Worten steigert M die Nachfrage nach allen Gütern mit demselben Prozentsatz η, also $\mathrm{d}X_i/X_i = \eta \cdot \mathrm{d}M$. Mit dieser Präferenzstruktur beeinflusst das exogene Einkommen I das Arbeitsangebot L möglicherweise direkt, aber die Güternachfragen X_i eben nur über den Umweg von $M = wL + I$, so dass $\mathrm{d}X_i/\mathrm{d}I = \mathrm{d}X_i/\mathrm{d}M \cdot \mathrm{d}M/\mathrm{d}I$. Wenn man nun die Einkommenselastizitäten in (VII.21) berechnet und die Linearität des Einkommensexpansionspfades ausnutzt, $\mathrm{d}X_i/X_i = \eta \cdot \mathrm{d}M$, stellt man fest, dass diese für alle Güter identisch sind:

$$\frac{1}{X_i}\frac{\mathrm{d}X_i}{\mathrm{d}I} = \frac{1}{X_i}\frac{\mathrm{d}X_i}{\mathrm{d}M} \cdot \frac{\mathrm{d}M}{\mathrm{d}I} = \eta \cdot \left(w\frac{\mathrm{d}L}{\mathrm{d}I} + 1\right).$$

---

[1] Keinesfalls darf die linke Seite von (VII.17) mit derjenigen von (VII.12) verwechselt werden. In (VII.12) werden verschiedene Nachfragen nach demselben Preis P_k abgeleitet. Hingegen wird in (VII.17) dieselbe Nachfrage nach verschiedenen Preisen abgeleitet.

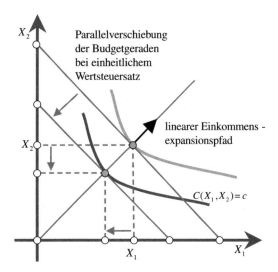

Abbildung VII.4: Homothetische Präferenzen

Die Präferenzstruktur in (VII.22) erfüllt also die Bedingung, dass die Einkommens-elastizitäten für alle Güter gleich sind. Nach (VII.21) muss in diesem Fall eine optimale Güterbesteuerung alle Marshall'schen Nachfragen mit demselben Prozentsatz reduzieren. Dieses Erfordernis ist in Abbildung VII.4 mit einer Bewegung entlang des linearen Einkommensexpansionspfades erfüllt. Entlang des Expansionspfades bleiben die Steigungen der Indifferenzkurven und der sie tangierenden Budgetgeraden gleich. Daher muss die optimale Güterbesteuerung die Konsumentenpreisverhältnisse P_i/P_j vor und nach Besteuerung unverändert lassen, was nur bei einem einheitlichen Wertsteuersatz $\tau = t_i/q_i$ möglich ist:

$$\frac{P_i}{P_j} = \frac{(1+\tau)q_i}{(1+\tau)q_j} = \frac{q_i}{q_j}. \tag{VII.24}$$

Wir fassen zusammen: *Wenn die Präferenzen (a) separabel zwischen Konsum und Arbeitsleid und (b) homothetisch in der Güternachfrage sind, dann ist ein einheitlicher Wertsteuersatz optimal.*

Wenn nun die Präferenzen nicht nur homothetisch, sondern sogar linearhomogen sind, dann können, wie im Zusammenhang mit Abbildung VII.2 erörtert, die Konsumausgaben als Produkt von Preis- und Konsumindex ausgedrückt werden, $\sum_i P_i X_i = P^C C$. Der Preisindex ist in (VII.8) angegeben und drückt die minimalen Ausgaben für eine Einheit des Konsumnutzens aus ($C = 1$). In Abbildung VII.4 entspricht der Indifferenzkurve $C = 1$ eine minimale tangierende Ausgabengerade, deren Lage den Preisindex als Kosten für eine „Einheit des Warenkorbes" angibt. Die dazugehörenden Nachfragemengen sind die „Einheitsnachfragen" $x_i(P)$. Die tatsächliche Nachfrage für c Warenkörbe ist das entsprechende Vielfache, nämlich $X_i = x_i(P)C$. Anhand von (VII.8) macht man sich klar, dass der Preisindex linearhomogen bezüglich der Preise ist, so dass $P^C(P) = P^C((1+\tau)q) = (1+\tau)P^C(q)$ gilt. Dies bedeutet, dass in Abbildung VII.3 der Preisindex mit dem einheitlichen Gütersteuersatz zunimmt, damit den Reallohn w/P^C reduziert und das Arbeitsangebot einschränkt. Als Folge sinkt das private Einkommen und damit das Konsumniveau auf $C = (w/P^C)L$. Nachdem die relativen Güterpreise bei einem einheitlichen Gütersteuersatz unverändert bleiben, werden alle Güternachfragen proportional eingeschränkt, $X_i = x_i(P)C$, wie Abbildung VII.4 illustriert.

VII.1.5 Güterbesteuerung und Verteilung

Dieser Abschnitt argumentiert, dass Verteilungsziele für differenzierte Steuersätze sprechen, etwa in Form einer Luxussteuer auf Güter, die hauptsächlich von den Reichen nachgefragt werden. Güter des täglichen Bedarfs, die bei den unteren Einkommensklassen einen hohen Budgetanteil einnehmen, sollten verhältnismässig gering besteuert werden. Um dies zu zeigen, unterscheiden wir nun zwischen reichen und armen Haushalten mit indirekten Nutzenpositionen $V^1, \ldots, V^H$. Die Verteilungs- und Effizienzziele der Finanzpolitik werden wie üblich in einer sozialen Wohlfahrtsfunktion operationalisiert:

$$W(V^1, \ldots, V^H), \quad W^h = \mathrm{d}W/\mathrm{d}V^h. \tag{VII.25}$$

Die Ableitung W^h bringt das „Gewicht" des Haushalts h in der Zielfunktion zum Ausdruck. Der soziale Grenznutzen des Einkommens des Haushalts h beträgt $W^h \lambda^h$ mit λ^h gleich dem privaten Grenznutzen des Einkommens wie in (VII.4). Die Nachfrage des Haushalts h nach Gut i sei X_i^h und die aggregierte Gesamtnachfrage $\sum_h X_i^h = X_i$. Die Steuerpolitik steht vor der Aufgabe, den Zielkonflikt zwischen Effizienz und Verteilung bestmöglich aufzulösen. Die Gütersteuersätze sollten so gewählt werden, dass das notwendige Steueraufkommen T mit dem geringstmöglichen Schaden für die soziale Wohlfahrt erzielt wird,

$$T = \sum_i t_i \sum_h X_i^h = \sum_i t_i X_i. \tag{VII.26}$$

Das Optimalsteuerproblem mit Effizienz- und Verteilungszielen lautet

$$W^* = \max_{t_i} W(V^1, \ldots, V^H) + \zeta \left[\sum_i t_i X_i(P) - T \right], \quad X_i = \sum_{h=1}^{H} X_i^h, \tag{VII.27}$$

wobei das exogene Einkommen I in den Nachfragefunktionen der Einfachheit halber unterdrückt wird. Die BEO für die Wahl der Steuersätze t_k sind

$$\frac{\mathrm{d}W^*}{\mathrm{d}t_k} = \sum_h W^h \frac{\mathrm{d}V^h}{\mathrm{d}P_k} + \zeta \left[X_k + \sum_i t_i \frac{\mathrm{d}X_i}{\mathrm{d}P_k} \right] = 0. \tag{VII.28}$$

Nach (VII.4) beträgt die Ableitung der indirekten Nutzenfunktion nach dem Konsumentenpreis $\mathrm{d}V^h/\mathrm{d}P_k = -\lambda^h X_k^h$. Somit folgt eine allgemeine Bedingung für optimale Steuersätze

$$X_k \cdot \left[\frac{\sum\limits_h W^h \lambda^h X_k^h}{\zeta X_k} - 1\right] = \sum_i t_i \frac{\mathrm{d}X_i}{\mathrm{d}P_k}. \qquad \text{(VII.29)}$$

Zur Vereinfachung sei nun angenommen, dass die Kreuzableitungen Null seien: $\mathrm{d}X_i/\mathrm{d}P_k = 0$. Damit kann die rechte Seite wie folgt ausgedrückt werden:

$$t_k \frac{\mathrm{d}X_k}{\mathrm{d}P_k} = X_k \cdot \left(\frac{t_k}{P_k}\right)\left(\frac{P_k}{X_k}\frac{\mathrm{d}X_k}{\mathrm{d}P_k}\right) = X_k \cdot \tau_k \varepsilon_{kk}. \qquad \text{(VII.30)}$$

Einsetzen in die vorherige Gleichung ergibt eine *verallgemeinerte Elastizitätenregel*:

$$\tau_k = \left[1 - \sum_h \left(\frac{W^h \lambda^h}{\zeta} \cdot \frac{X_k^h}{\sum\limits_h X_k^h}\right)\right] \cdot \frac{1}{\varepsilon_{kk}}. \qquad \text{(VII.31)}$$

Die einfache, inverse Elastizitätenregel (VII.15) folgt unmittelbar als Spezialfall. Wenn alle Haushalte gleich sind und gleich in die soziale Wohlfahrtsfunktion eingehen, dann gilt $W^h = 1$ und $\lambda^h = \lambda$. In diesem Fall können wir in (VII.31) konstante Terme aus der Summe herausziehen, so dass sich $\sum_h X_k^h$ schliesslich wegkürzt. Der resultierende Ausdruck mit $\upsilon > 0$ entspricht genau der Regel in (VII.15),

$$\tau_k = \frac{\zeta - \lambda}{\zeta} \cdot \frac{1}{\varepsilon_{kk}} = \frac{\upsilon}{\varepsilon_{kk}} > 0. \qquad \text{(VII.32)}$$

Die *verallgemeinerte Elastizitätenregel* (VII.31) stellt zusätzlich auf die Unterschiedlichkeit der Haushalte ab. Diese drückt sich zunächst in den Konsumanteilen X_k^h/X_k der Haushalte h an der Gesamtnachfrage aus. Die Umverteilungsabsichten der Regierung spiegeln sich im sozialen Grenznutzen $W^h \lambda^h$ wider, den eine Einkommenserhöhung beim Haushalt h stiftet. Bei reichen Haushalten ist $W^h \lambda^h$ klein, da sie bereits eine hohe Nutzenposition V^h geniessen. Wegen der Ungleichheitsaversion der Finanzpolitiker, welche in der Konkavität der sozialen Wohlfahrtsfunktion zum Ausdruck kommt, würde eine weitere Nutzensteigerung beim Haushalt h nur mehr einen kleinen Beitrag W^h zur sozialen Wohlfahrt beitragen. Zusätzlich ist der private Grenznutzen einer weiteren Einkommenserhöhung gering. Das Envelopen-Theorem, angewandt auf (VII.27), ergibt $\mathrm{d}W^*/\mathrm{d}T = -\zeta$ und zeigt, dass der Multiplikator ζ für die Grenzkosten der Besteuerung steht. Die Umverteilungspräferenzen können nun mit dem Wohlfahrtsgewicht $g^h \equiv W^h \lambda^h/\zeta$ beschrieben werden. Es gibt an, wieviel Steueraufkommen die Regierung aufzugeben bereit wäre, um die Wohlfahrt des Haushalts h um 1 Euro (genauer: um einen einkommensäquivalenten Betrag von 1 Euro) anzuheben (vgl. Abschnitt VI.2.3).

Nunmehr ist leicht zu sehen, dass *die verallgemeinerte, inverse Elastizitätenregel (VII.31) eine „Luxusbesteuerung" mit hohem Steuersatz rechtfertigt, wenn sich der Konsum des Gutes k bei reichen Haushalten h konzentriert und daher ihr Anteil X_k^h/X_k am Gesamtkonsum gross ist.* Für reiche Haushalte ist das Wohlfahrtsgewicht

$W^h \lambda^h / \zeta$ nur sehr gering. Dies bedeutet, dass der Nachfrageanteil X_k^h / X_k gerade dann gross ist, wenn das Wohlfahrtsgewicht klein ist. Der Summenausdruck in (VII.31) ist daher klein, weil er grosse Terme sehr schwach und kleine Werte entsprechend stark gewichtet. Die eckige Klammer nimmt damit einen grossen Wert an. Dementsprechend sollte unter sonst gleichen Umständen der Steuersatz τ_k für das Gut k verhältnismässig hoch sein, wenn die Nachfrage danach vorwiegend bei den Reichen konzentriert ist. Dies entspricht einer Luxusbesteuerung.

Die Luxusbesteuerung reduziert vor allem die Kaufkraft der hohen Einkommen. Der soziale Grenznutzen dieser Einkommensminderung ist aber gering, so dass die soziale Wohlfahrt dadurch nur wenig verringert wird. Eine Besteuerung von Gütern des täglichen Bedarfs, deren Nachfrage eher bei den Armen konzentriert ist, würde umgekehrt gerade die Einkommen der Armen belasten, bei denen die soziale Grenzbewertung des marginalen Einkommens sehr hoch ist. Das Verteilungsziel spricht daher für eine geringere Besteuerung von Gütern des täglichen Bedarfs.

VII.1.6 Direkte versus indirekte Steuern

In welchem Verhältnis sollen direkte und indirekte Steuern zur Finanzierung der Staatstätigkeit beitragen? Bisher haben wir nur Gütersteuern betrachtet, die Lohn- bzw. Einkommensteuer wurde auf Null gesetzt. Um die unterschiedliche Bedeutung direkter und indirekter Steuern für Effizienz und Verteilung herauszuarbeiten, muss man auch die Heterogenität der Haushalte wie im Abschnitt VII.1.5 bzw. wie im Kapitel VI über die optimale EKST berücksichtigen. Wir können die Fragestellung mit unseren bisherigen Ergebnissen intuitiv diskutieren, ohne die formale Analyse neuerlich zu erweitern. Abschnitt VII.1.4.2 hat gezeigt, dass im Falle homothetischer Präferenzen die Güterbesteuerung mit einem einheitlichen Wertsteuersatz erfolgen soll, vgl. (VII.24). Nach (VII.20) ist jedoch ein einheitlicher Wertsteuersatz äquivalent zu einer proportionalen Lohnsteuer, so dass die Staatsfinanzierung genauso gut im Rahmen der EKST erfolgen könnte. Das gleiche Ergebnis gilt auch bei heterogenen Agenten wie im Abschnitt VII.1.5, wo eine nicht-lineare EKST wesentlich grössere Möglichkeiten bieten würde, das Verteilungsziel zu verfolgen, als eine differenzierte Güterbesteuerung.

Seit diesem Ergebnis ist bisweilen eine Interpretation der Optimalsteuerliteratur anzutreffen, wonach eine differenzierte Güterbesteuerung im Vergleich zur Einkommensbesteuerung nur Nachteile bringen würde. Differenzierte Gütersteuern würden nicht nur, wie die Lohnsteuer, das Arbeitsangebot verzerren, sondern zusätzlich auch die Verbrauchsstruktur. Diese zweite Verzerrung kann durch die EKST vermieden werden. Eine wichtige Voraussetzung dafür ist jedoch, dass die Präferenzen homothetisch sind. Homothetische Präferenzen zeichnen sich dadurch aus, dass die Grenzrate der Substitution zwischen verschiedenen Gütern unabhängig vom Einkommen bzw. dem Lohn ist. Es gibt jedoch eine Reihe von Gründen, warum differenzierten Gütersteuern eine wichtige Rolle zukommt, selbst wenn eine nicht-lineare EKST zur Verfügung steht.

Erstens sind die Präferenzen nicht unbedingt homothetisch. Es gibt gute Gründe, dass die Grenzrate der Gütersubstitution, anders als bei homothetischen Präferenzen, mit den Löhnen bzw. Fähigkeiten oder mit dem Arbeitsangebot der Haushalte systematisch variiert. Solche *Präferenzunterschiede* in der Bevölkerung legen nahe, jene Güter höher zu besteuern, die (i) vorwiegend von den hoch qualifizierten Haushalten konsumiert werden oder (ii) komplementär zur Freizeit sind. Dies ist ähnlich zum Ergebnis im Abschnitt VII.1.5, allerdings mit einer leicht unterschiedlichen Interpretation. Der Staat würde am liebsten, um die Effizienz möglichst wenig zu beeinträchtigen, die Bürger nach ihren Fähigkeiten besteuern, die er aber nicht beobachten kann. Um Verteilungsziele in der Einkommensbesteuerung wirksam durchzusetzen, muss der Tarif die Selbstselektionsbedingung gewährleisten. Indem jene Güter höher besteuert werden, die wie im Fall (i) vorwiegend von den hoch qualifizierten, fähigen Individuen nachgefragt werden, können diese auf indirekte Weise stärker besteuert werden, ohne dadurch ein diskretes Ausweichen auf niedrigere Einkommen (Mimicking) zu provozieren. Eine stärkere Besteuerung von Gütern, die zur Freizeit komplementär sind (Fall ii), erhöht die Attraktivität der Arbeit und macht es weniger interessant, auf niedrigere Einkommen und mehr Freizeit auszuweichen. In beiden Fällen wird die Selbstselektionsbeschränkung gelockert und erlaubt es, im Rahmen der Einkommensbesteuerung Verteilungsziele besser durchzusetzen. Dies ist ein Fall, in dem spezielle Gütersteuern die EKST sinnvoll ergänzen können.

Zweitens ist die Heterogenität der Haushalte nicht nur auf angeborene Produktivitätsunterschiede zurückzuführen, sondern auch auf unterschiedliche finanzielle Anfangsausstattungen etwa aufgrund von Erbschaften. Wenn diese Vermögensübertragungen nur unvollständig mit der Erbschaftsteuer oder Vermögensteuer korrigiert werden können, z. B. weil diese nicht beobachtbar sind, dann ist die Besteuerung von Luxusgütern ein indirekter Weg, diese Vermögen zu besteuern. Luxusgüter werden nämlich vorwiegend von den reicheren Einkommensschichten nachgefragt. Mit Gütersteuern können eben zum Zeitpunkt ihrer Verausgabung auch Einkommensbestandteile besteuert werden, die sich sonst der EKST entziehen.

Ein dritter Grund für eine Ergänzung der EKST durch indirekte Steuern, egal ob mit differenzierten oder einheitlichen Sätzen, mag in unterschiedlichen Erhebungskosten und in unterschiedlichen Möglichkeiten der Steuerhinterziehung liegen. Wenn die Verwaltungs- und Erfüllungskosten bei der EKST höher und die Möglichkeiten der Steuerhinterziehung grösser sind als bei den Gütersteuern, dann ist dies ein guter Grund, die Staatsfinanzierung auf beide Säulen zu stellen. Eine alleinige Finanzierung mit der EKST wird ausserdem sehr viel höhere Steuersätze erfordern, als sie bei einer gleichmässigen Finanzierung mit direkten und indirekten Steuern notwendig sind. Wenn die Erhebungskosten und die Anreize zur Steuerhinterziehung progressiv mit der Höhe der Steuersätze zunehmen, spricht dies für eine Diversifizierung der Steuerstruktur.

Viertens schliesslich kann der Verbrauch bestimmter Güter externe Erträge oder Kosten verursachen. Prominentes Beispiel sind die „grünen" Steuern. Diese externen Effekte können mit speziellen Verbrauchsteuern internalisiert werden. Eine EKST kann hier wenig ausrichten. Dies ist ein weiterer Grund für differenzierte Gütersteuersätze, der im nachfolgenden Abschnitt genauer erörtert wird.

VII.2 Erweiterungen

VII.2.1 Externe Effekte

Die bisherigen Betrachtungen haben auf eine optimale Güterbesteuerung unter vollkommenen Marktbedingungen abgestellt. Eine Reihe von speziellen Verbrauchsteuern zielt jedoch auf die Korrektur von Marktunvollkommenheiten ab. Prominentestes Beispiel sind die oben erwähnten „grünen" Steuern, welche die externen Umweltkosten des privaten Verbrauchs umweltschädigender Güter internalisieren sollen. Auch die Tatsache, dass verschiedene Branchen unterschiedlichen Marktformen (vollständiger Wettbewerb, oligopolistische oder monopolistische Konkurrenz, Monopol) unterliegen, wird im Allgemeinen zu einer Anpassung einer optimalen Struktur der indirekten Besteuerung führen.

Die primäre Motivation für diese korrigierenden Steuern ist die Verhaltenslenkung, also z.B. die Zurückdrängung des umweltschädigenden Verbrauchs durch Mineralölsteuern und Energieabgaben. Das Steuerausweichverhalten stellt hier nicht eine Verzerrung im herkömmlichen Sinn, sondern vielmehr eine erwünschte Verhaltensänderung dar. Der Begriff der Mehrbelastung muss daher qualifiziert werden. Die Tatsache, dass diese Steuern auch noch erhebliche Einnahmen generieren, ist nicht der Hauptzweck, sondern eher ein angenehmer Nebeneffekt. Die Einnahmen aus den korrigierenden Steuern helfen, die Steuersätze bei anderen verzerrenden Steuern niedrig zu halten. Wenn es damit gelingt, die Mehrbelastung des gesamten Steuersystems zu reduzieren, dann spricht man von einer „doppelten Dividende" der Umweltsteuern. Diese ist jedoch keinesfalls automatisch gegeben.

In der Folge werden die Auswirkungen von externen Effekten auf eine optimal gewählte Gütersteuerstruktur herausgearbeitet. Als Beispiel dienen die externen Kosten eines umweltschädigenden Konsums. Die Analyse kann jedoch ohne Weiteres durch einfache Uminterpretation der Variablen auf andere externe Kosten angewandt werden, wie beispielsweise Alkohol und Nikotinkonsum oder auch auf externe Erträge wie z.B. die umwelterhaltende Funktion der landwirtschaftlichen Produktion oder private Baumassnahmen, die zur Stadtverschönerung beitragen. Verteilungsfragen seien nun wieder ausgeblendet, so dass wir nur repräsentative Haushalte betrachten und ausschliesslich auf Effizienz abstellen. Die Wohlfahrt der Haushalte sei nun vom privaten Konsum des Gütervektors X, dem Arbeitsleid L und dem Grad der Umweltverschmutzung E (environment) abhängig, $U(X, L, E) = u(X, L) - \gamma E$. Die Präferenzen seien separabel im Güterkonsum und Arbeitsleid einerseits und der Umweltverschmutzung andererseits.

Da externe Effekte den Charakter eines öffentlichen Gutes bzw. eines öffentlichen Schadens haben, kommt nun der Unterscheidung zwischen individuellem und aggregiertem Verhalten eine entscheidende Bedeutung zu. Daher wird die Zahl n der Haushalte eingeführt. Ähnlich wie bei öffentlichen Gütern ist die Umweltverschmutzung bei einer grossen Anzahl n von Haushalten von einem einzelnen nicht beeinflussbar und wird aus individueller Sicht als gegeben betrachtet. Der Konsum X_m des Gutes m sei verschmutzend, alle anderen Güter seien sauber. Im Gleichgewicht wird der Grad der Umweltverschmutzung durch den aggregierten Konsum aller n

(repräsentativen) Haushalte endogen bestimmt, $E = \phi \cdot nX_m$, wobei ϕ ein fixer Verschmutzungskoeffizient sei. Einzelne, atomistische Individuen betrachten im Gegensatz dazu die Umweltverschmutzung E als nicht beeinflussbar und exogen. Die indirekte Nutzenfunktion eines einzelnen Haushaltes lautet

$$V(P,I,E) = \max_{X,L}\left\{ u(X,L) - \gamma E + \lambda\left[I + wL - \sum_{i=0}^{m} P_i X_i \right]\right\}, \quad E = \phi \cdot nX_m.$$
(VII.33)

Als Ergebnis erhalten wir die privaten Verbrauchs- und Arbeitsangebotsentscheidungen, $X_i(P,I)$ und $L(P,I)$, die wegen der Separabilität der Präferenzen nicht vom Umweltzustand abhängen. Dieser beeinflusst aber selbstverständlich die private Wohlfahrt $V(P,I,E)$. Wegen des Envelopen-Theorems sind die Ableitungen der indirekten Nutzenfunktion $V_i = -\lambda X_i$, $V_I = \lambda$, und $V_E = -\gamma$.

Das Optimalsteuerproblem mit n repräsentativen Haushalten lautet

$$L = nV(P,I,E) + \zeta \cdot \left[\sum_{i=1}^{m} t_i nX_i - T \right], \quad P_i = t_i + q_i.$$
(VII.34)

Nun ist zu beachten, dass die Nachfrage X_m nach dem verschmutzenden Gut mit einem externen Schaden für die Umweltqualität verbunden ist. Dieser wird in den privaten Entscheidungen, welche E als nicht beeinflussbar wahrnehmen, vernachlässigt. Er ist aber vom Staat aus gesamtgesellschaftlicher Perspektive zu berücksichtigen. Die Wahl der Gütersteuersätze für grösstmögliche Effizienz muss daher folgenden BEO genügen:

$$\frac{dL}{dt_k} = nV_k + nV_E \cdot \phi n\frac{dX_m}{dP_k} + \zeta\left[nX_k + \sum_{i=1}^{m} t_i n\frac{dX_i}{dP_k} \right] = 0, \quad k = 1,\dots,m.$$
(VII.35)

Nachdem man n wegkürzt, $V_k = -\lambda X_k$ verwendet und den Ausdruck $nV_E \cdot \phi n\frac{dX_m}{dP_k}$ zum m-ten Term in der Summe dazugibt, folgt

$$\sum_{i=1}^{m} t_i^* \frac{dX_i}{dP_k} = -\upsilon X_k, \quad \upsilon \equiv \frac{\zeta - \lambda}{\zeta} > 0, \quad t_i^* = t_i, \quad t_m^* = t_m + \phi \cdot \frac{nV_E}{\zeta}.$$
(VII.36)

Ohne externe Effekte ($\phi = 0$ oder $V_E = 0$) wäre die optimale Steuerstruktur mit $t_i^* = t_i$ genau wie in (VII.12) gegeben. Wenn Gut m einen externen Effekt verursacht, dann muss der optimale Gütersteuersatz wie folgt modifiziert werden,

$$t_m = t_m^* - \phi \cdot nV_E/\zeta.$$
(VII.37)

Bei einem negativen externen Effekt ($V_E < 0$) wie im Falle der Umweltverschmutzung wird der optimale Steuersatz entsprechend höher, $t_m > t_m^*$. Bei positiven externen Effekten $V_E > 0$ wäre der Satz kleiner, $t_m < t_m^*$. Im hier betrachteten Fall setzt sich der „grüne" Umweltsteuersatz aus dem optimalen Satz t_m^* ohne Berücksichtigung der Externalität und dem Korrekturterm $-\phi \cdot nV_E/\zeta > 0$ zusammen, der die externen Umweltschäden aus dem Verbrauch des verschmutzenden Gutes anlastet.

Wenn das Steueraufkommen mit einer nicht verzerrenden Kopfsteuer erzielt werden könnte, dann wären die Grenzkosten der Besteuerung $\zeta = \lambda$ gleich dem privaten Grenznutzen des Einkommens und damit $\upsilon = 0$.[2] Der Staat würde mit Ausnahme von Gut m alle Güter mit einem Nullsatz besteuern. Der erstbeste, korrigierende Steuersatz auf das verschmutzende Gut m wäre gleich $-\phi n V_E/\lambda > 0$ und würde gerade die externen Effekte internalisieren (korrigierende Pigou-Steuer). Dieser Satz ist umso kleiner, je negativer die Haushalte die Umweltschäden bewerten (V_E besonders negativ) und je verschmutzender der Konsum von Gut m ist (ϕ hoch). Wenn Pauschalsteuern nicht zur Verfügung stehen und das Steueraufkommen mit verzerrenden Gütersteuern erbracht werden muss, dann wird der Korrekturterm für das verschmutzende Gut, $-\phi n V_E/\zeta$, kleiner als der erstbeste Steuersatz, da bei verzerrender Besteuerung die Grenzkosten der Besteuerung höher sind, $\zeta > \lambda$. In der Differenz drückt sich die Mehrbelastung aus der Verzerrung der Verbrauchsstruktur und des Arbeitsangebots aus. Der Korrekturzuschlag bei den „grünen" Steuern wird also umso geringer ausfallen, je höher die Grenzkosten der Besteuerung sind.

Besonders einsichtig ist die Interpretation, wenn wir die Kreuzpreiseffekte der Nachfrage ausschalten. Mit $dX_i/dP_k = 0$ vereinfacht sich (VII.36) zu

$$\frac{t_m^*}{P_m}\frac{P_m}{X_m}\frac{dX_m}{dP_m} = -\upsilon, \quad \tau_m = \frac{\upsilon}{\varepsilon_{mm}} + \frac{\phi n V_E/\zeta}{P_m}. \tag{VII.38}$$

Der Wertsteuersatz beträgt $\tau_i = t_i/P_i$. Die eigene Preiselastizität der Nachfrage ist negativ, d. h. $\varepsilon_{ii} = -\frac{P_i}{X_i}\frac{dX_i}{dP_i} > 0$. Für alle Güter ohne Externalität beträgt der optimale Steuersatz nach der inversen Elastizitätenregel $\tau_i^* = \tau_i = \upsilon/\varepsilon_{ii}$. Das verschmutzende Gut m wird mit einem entsprechend höheren Steuersatz belegt, $\tau_m > \tau_m^* = \upsilon/\varepsilon_{mm}$, um die externen Umweltschäden anzulasten.

VII.2.2 Spezielle Probleme der Mehrwertsteuer

VII.2.2.1 Unechte Befreiungen

Die reine MWST belastet den Konsum. Die Unternehmen müssen auf die Verkaufserlöse MWST entrichten, können jedoch die Vorsteuer von der Steuerschuld abziehen. Die Vorsteuer ist die auf empfangenen Vorleistungen und Investitionen lastende MWST. Aufgrund des Vorsteuerabzuges bleiben also Investitionen und Vorleistungen steuerfrei. Tatsächlich bleibt wegen der unechten Steuerbefreiungen ein beträchtlicher Teil des MWST-Aufkommens auf Vorleistungen und Investitionen liegen. Nach Gottfried und Wiegard (1991) belasten nur etwa 63% des MWST-Aufkommens tatsächlich den Konsum, während 21% auf Intermediärgütern und 16% auf Investitionsgütern liegen bleiben. Dies führt zu weiteren Verzerrungen zusätzlich zur Einschränkung des Arbeitsangebotes und der Investitionen. Dieser Abschnitt stellt zunächst die Wirkungsweise einer reinen MWST dar und zeigt, dass diese nur den Konsum belastet und sonst keine weitere Verzerrung bewirkt. Danach analysieren wir die Folgen der MWST-Befreiung (exemption) und der Nullsatzbesteuerung (zero rating) als unter-

---

[2]Dies wird in einer separaten Übung gezeigt; man beachte den Hinweis in den Lektürevorschlägen.

schiedliche Form der Begünstigung einzelner Branchen. Der Unterschied besteht darin, dass die Befreiung zwar von der Steuer auf die Verkaufserlöse befreit, aber andererseits auch keinen Vorsteuerabzug zulässt. Bei der Nullsatzbesteuerung ist hingegen ein Vorsteuerabzug weiter möglich, so dass es bei den begünstigten Unternehmen sogar zu einer Steuerrückerstattung kommt.

Die MWST-Schuld der Unternehmen besteht aus der Steuer auf Verkäufe abzüglich der Vorsteuer auf Vorleistungen und Investitionsgüter, sofern die Lieferanten nicht befreit sind und die Steuer auf ihren Rechnungen tatsächlich ausweisen. Am Einfachsten kann die Wirkungsweise anhand von zwei Industrien dargestellt werden, die über Intermediärlieferungen miteinander verflochten sind. Arbeit l ist der einzige Produktionsfaktor und erzeugt eine Wertschöpfung $f(l_i)$ in der Branche i. Der Output y_i entsteht aus Arbeit, d. h. Wertschöpfung im eigenen Sektor, und aus Vorleistungen bzw. Intermediärinputs q_j von der anderen Branche. Von den Vorleistungen von anderen Unternehmen der eigenen Branche wird der Einfachheit halber abstrahiert. Es sei eine Leontief-Technologie angenommen, wonach eine Einheit Output eine Einheit Wertschöpfung, $y_i = f(l_i)$, und v Einheiten Vorleistungen vom anderen Sektor, $q_j = vy_i$, benötigt. Die Produzentenpreise seien p_i, der MWST-Satz τ und der Lohn w. Die Steuerschuld besteht aus der Steuer auf verkaufte Leistungen $\tau p_i y_i$ abzüglich der Vorsteuer $\tau p_j q_j$ auf die eingekauften Inputs vom anderen Sektor. Der Gewinn der Branche i beträgt daher

$$\pi_i = (1+\tau)p_i y_i - (1+\tau)p_j q_j - wl_i - T_i, \quad T_i = \tau p_i y_i - \tau p_j q_j. \quad \text{(VII.39)}$$

Indem wir die Steuerzahlungen herauskürzen, für die benötigten Intermediärinputs $q_j = vy_i$ einsetzen und die für den Output y_i benötigte Wertschöpfung $y_i = f(l_i)$ berücksichtigen, erhalten wir

$$\pi_i = \tilde{p}_i f(l_i) - wl_i, \quad \tilde{p}_i \equiv p_i - vp_j, \quad \Rightarrow \quad \tilde{p}_i f'(l_i) = w. \quad \text{(VII.40)}$$

Nach Abzug der Kosten für Vorleistungen ergibt sich ein effektiver Wertschöpfungspreis $\tilde{p}$, der von den Preisen der Vorleistungen und des eigenen Outputs abhängt. Die Beschäftigung der Branche wächst solange, bis das Wertgrenzprodukt der Arbeit gleich dem Lohn ist. Man beachte, dass die reine MWST keinen Einfluss auf die Beschäftigungsbedingung hat.

Die MWST erhöht die Konsumentenpreise, belastet den Reallohn und schränkt damit das gesamtwirtschaftliche Arbeitsangebot ein. Sie hat jedoch keinen Einfluss auf die sektorale Faktorallokation und stört daher nicht die Produktionseffizienz. Um dies zu zeigen, reicht eine partialanalytische Betrachtung mit fixen Produzentenpreisen. Aus den Beschäftigungsbedingungen (VII.40) folgt die Allokation der Arbeit auf einem wettbewerblichen Arbeitsmarkt,

$$\tilde{p}_1 f'(l_1) = w = \tilde{p}_2 f'(l_2). \quad \text{(VII.41)}$$

Die beiden Branchen müssen das gesamtwirtschaftliche Arbeitsangebot aufnehmen, $l_1 + l_2 = L$. Diese Vollbeschäftigungsbedingung bestimmt gemeinsam mit (VII.41) die sektorale Allokation und den markträumenden Lohnsatz. Abbildung VII.5 veranschaulicht das Gleichgewicht. Der horizontale Abstand der beiden Achsen entspricht dem gesamten Arbeitsangebot. Der Schnittpunkt der beiden Wertgrenzproduktkurven

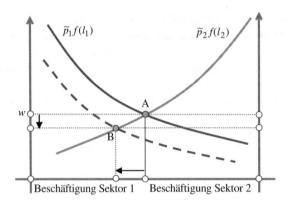

Abbildung VII.5: MWST und Produktionseffizienz

$\tilde{p}_i f'(l_i)$ bestimmt den Lohn und die sektorale Arbeitsallokation. Punkt A entspricht dem Gleichgewicht mit einer reinen MWST. Eine reine MWST hat keinen Einfluss auf die sektorale Allokation und stört die Produktionseffizienz nicht, da sie keinen Einfluss auf die Beschäftigungsentscheidungen der Unternehmen hat. Sie wird aber das Arbeitsangebot reduzieren und damit den Abstand zwischen den beiden Achsen reduzieren. Abbildung VII.5 stellt lediglich auf die sektorale Allokation ab.

Nullsatzbesteuerung: Bei Nullsatzbesteuerung (zero rating) kann weiterhin die Vorsteuer zurückverlangt werden, während die eigenen Verkäufe von der Steuer befreit sind. Dies führt bei den begünstigten Unternehmen im Sektor 1 zu einer Rückerstattung von $T_1 = -\tau p_2 q_2$, während sie selbst von der Steuer auf ihre Verkäufe befreit sind. Sektor 2 wird normal besteuert, $T_2 = \tau p_2 y_2 - \tau p_1 q_1$. Damit wird der Gewinn in (VII.39) zu

$$\begin{aligned} \pi_1 &= p_1 y_1 - (1+\tau)p_2 q_2 - wl_1 - T_1 &&= (p_1 - vp_2)f(l_1) - wl_1, \\ \pi_2 &= (1+\tau)p_2 y_2 - (1+\tau)p_1 q_1 - wl_2 - T_2 &&= (p_2 - vp_1)f(l_2) - wl_2. \end{aligned}$$
$$\text{(VII.42)}$$

Die Nullsatzbesteuerung führt also zu einer unveränderten Beschäftigungsentscheidung und zu einer ungestörten sektoralen Arbeitsallokation gemäss (VII.41), siehe Punkt A in Abbildung VII.5. Dies bedeutet allerdings nicht, dass die Begünstigung von Sektor 1 keine Folgen hätte. Die Tatsache, dass der Output von Sektor 1 zum Preis p_1 anstatt $(1+\tau)p_1$ an die Endnachfrage geliefert werden kann, wird die Nachfrage verstärkt auf diesen Sektor lenken und zu Anpassungen der markträumenden Produzentenpreise p_i führen, die in dieser Partialbetrachtung aber ausgeblendet bleiben.

Befreiung: Bei einer („unechten") Befreiung muss zwar für die Verkäufe keine MWST berechnet werden, aber es darf auf die Vorleistungen auch keine Vorsteuer zurückgefordert werden. Anders als bei der Nullsatzbesteuerung kommt es weder zu einer Steuerzahlung noch zu einer Rückerstattung der Vorsteuer, $T_1 = 0$. Da Sektor 2 auf seine Leistungen MWST entrichten muss, beträgt der Einkaufspreis des Sektors 1 für die Vorleistungen $(1 + \tau)p_2$. Es bleiben MWST auf diesen Vorleistungen liegen! Mit $T_1 = 0$ betragen die Gewinne nach (VII.39) $\pi_1 = p_1 y_1 - (1 + \tau)p_2 q_2 - wl_1$ bzw.

$$
\begin{aligned}
\pi_1 &= \tilde{p}_1 f(l_1) - wl_1, \quad \tilde{p}_1 = p_1 - v(1 + \tau)p_2, \\
\pi_2 &= \tilde{p}_2 f(l_2) - wl_2, \quad \tilde{p}_2 = p_2 - vp_1.
\end{aligned}
\tag{VII.43}
$$

Bei gegebenen Produzentenpreisen p_i wird nun der effektive Wertschöpfungspreis des Sektors 1 hinuntergedrückt, weil die Vorleistungen wegen der Steuer teurer werden. Die unechte Befreiung drückt also die Wertgrenzproduktkurve $\tilde{p}_1 f'(l_1)$ in Abbildung VII.5 hinunter und verzerrt die Faktorallokation zum Nachteil von Sektor 1 und zum Vorteil von Sektor 2 (Punkt B). In diesem Fall verursacht die MWST, zusätzlich zur Verzerrung des Arbeitsangebots, eine Mehrbelastung aus der sektoralen Fehlallokation von Arbeit.

VII.2.2.2 Freigrenze

Bisher wurden administrative Kosten der Steuerverwaltung und Erfüllungskosten bei den Steuerpflichtigen vernachlässigt. Es wäre jedoch wenig sinnvoll, eine Steuer zu erheben, wenn die Verwaltungs- und Erfüllungskosten nicht in einem angemessenen Verhältnis zum Steuerertrag stehen. Dies kann gerade bei kleinen Unternehmen relevant werden. Als grobe Richtlinie kann gelten, dass etwa 90% aller Umsätze von 10% der grössten Unternehmen getätigt werden (vgl. Ebrill, Keen, Bodin, Summers, 2001, S. 117). Für viele kleine Unternehmen mögen daher Aufwand und Ertrag aus der MWST nicht mehr im Einklang stehen. Deshalb kennen die meisten Länder eine Kleinunternehmerregelung, wonach kleine Unternehmen mit einem Umsatz geringer als eine Mindestumsatzgrenze von der MWST befreit sind. Die Freigrenze variiert jedoch je nach Land sehr stark. Die Frage ist, nach welchen ökonomischen Kriterien die Wahl der MWST-Freigrenze erfolgen kann. Eine zentrale Überlegung bei der Anhebung der Freigrenze ist, die verlorenen Steuereinnahmen den eingesparten Verwaltungs- und Erfüllungskosten bei den Unternehmen und der Steuerverwaltung gegenüberzustellen.

Die folgende Analyse geht von einem schon festgelegten Steuersatz τ aus und ermittelt eine optimale Freigrenze z. Dabei sei die Verteilung der Unternehmen nach ihrem Umsatz y mit der kumulativen Verteilungsfunktion $H(y)$ und der Dichte $h(y) = H'(y)$ beschrieben. Kleine Unternehmen mit einem geringen Umsatz $y < z$ sind von der Steuer befreit, das wäre dann eine Masse $H(z)$. Der Anteil $v < 1$ der Wertschöpfung am Umsatz sei fix, d. h. ein Umsatz y erfordert Vorleistungen von $(1 - v)y$ und generiert nach Abzug der Vorleistungen eine Wertschöpfung vy, die der MWST unterliegt. Die Steuerschuld nach Abzug der Vorsteuer beträgt $\tau y - \tau(1 - v)y = \tau vy$. Beim Staat fallen zusätzlich Verwaltungskosten A an, die pro Unternehmen fix angenommen sind und den Steuerertrag entsprechend auf $\tau vy - A$ mindern. Auf der anderen Seite müssen Unternehmen nicht nur die Steuer zahlen, sondern auch noch fixe Erfüllungskosten C tragen, so dass die Gesamtbelastung $\tau vy + C$ beträgt.

Ausgangspunkt der Überlegungen ist, dass jede Steuer zur Finanzierung der Staatsaufgaben beiträgt. Die volkswirtschaftlichen Grenzkosten eines zusätzlichen Euro an Steueraufkommen seien ζ, die Differenz $\zeta - 1$ steht für die Mehrbelastung. Der Grenzertrag der staatlichen Leistungen muss mindestens ζ betragen, um die Besteuerung zu rechtfertigen. Der Einfachheit halber sei nun der gesellschaftliche Wert ζ eines Euro an Steueraufkommen als konstant angenommen. Wenn beispielsweise mit einer Absenkung der Freigrenze das MWST-Aufkommen erhöht wird, können entweder andere Steuern mit Grenzkosten von ζ reduziert oder eben zusätzliche Leistungen mit einem Grenzertrag von ζ finanziert werden. Ein ökonomischer Ansatz für die Wahl der Freigrenze wird den gesellschaftlichen Wert der MWST-Einnahmen nach Abzug der Verwaltungskosten mit den privaten Steuerzahlungen einschliesslich Erfüllungskosten vergleichen. Eine optimale Freigrenze wird also den Überschuss aus der gesellschaftlichen über die private Verwendung der Steuerbeträge, aggregiert über alle steuerpflichtigen Unternehmen, maximieren:

$$L = \max_z \zeta \int_z^\infty (\tau v y - A)\mathrm{d}H(y) - \int_z^\infty (\tau v y + C)\mathrm{d}H(y). \tag{VII.44}$$

Unter Ausnutzung der Leibnitz-Regel im mathematischen Anhang erhält man die BEO für die optimale Freigrenze,

$$\frac{\mathrm{d}L}{\mathrm{d}z} = -\zeta(\tau v z - A)h(z) + (\tau v z + C)h(z) = 0 \quad \Rightarrow \quad z^* = \frac{C + \zeta A}{(\zeta - 1)\tau v}. \tag{VII.45}$$

Die Grenzkosten einer Anhebung der Freigrenze bestehen aus dem gesellschaftlichen Wert der Nettosteuereinnahmen $\zeta(\tau v z - A)$, die bei den zusätzlich steuerbefreiten Unternehmen verloren gehen. Der Grenzertrag besteht aus den eingesparten Steuerzahlungen und Erfüllungskosten bei den Unternehmen, die nun zusätzlich steuerbefreit werden. Im Optimum sind Grenzertrag und Grenzkosten gerade ausgeglichen.

Die Formel für die optimale Freigrenze ist intuitiv einsichtig. Je höher A und C, desto weniger können die Steuereinnahmen bei den kleinen Unternehmen die Verwaltungs- und Erfüllungskosten noch rechtfertigen, und desto höher soll die Freigrenze sein. Je höher der Steuersatz und der Wertschöpfungsanteil v am Umsatz sind, desto weniger kann auch bei kleinen Unternehmen auf die Steuer verzichtet werden, und desto geringer soll die Freigrenze sein. Schliesslich soll die Freigrenze auch bei hohen Grenzkosten der Besteuerung ζ gering sein, denn der Verzicht auf Steuereinnahmen wäre dann besonders teuer.

Welche Werte empfehlen sich für die MWST-Freigrenze aufgrund dieser Überlegungen? Cnossen (1994) schätzt die administrativen Kosten A der Steuerbehörde auf 100 \$ pro registrierter Firma und die privaten Erfüllungskosten C auf 500 \$ pro Unternehmen. Als typischer Wertschöpfungsanteil am Umsatz kann $v = 0.35$ gelten. Für die Mehrbelastung muss realistisch ein Wert von 30% angesetzt werden, dies ergibt $\zeta = 1.3$. Wenn der MWST-Satz $\tau = 0.15\%$ beträgt, dann empfiehlt sich nach (VII.42) eine optimale Freigrenze von $z^* = 40.000$\$. Der Leser mag selber die Formel mit den MWST-Sätzen in Deutschland, Österreich und der Schweiz berechnen. Nach der Aufstellung von Keen und Mintz (2004) beträgt die Freigrenze in Österreich nur 8.000 \$, in Kanada 25.000 \$, in Deutschland 60.000 \$ und in Grossbritannien 82.800 \$.

Anhang

Im Zwei-Güter-Fall werden aus der allgemeinen Bedingung (VII.13) die Wertsteuersätze in (VII.19) hergeleitet. Die Ableitungen $S_{ki} \equiv dx_k/dP_i$ und $S_{k0} \equiv dx_k/dw$ der kompensierten Nachfragen $x_k(P,w,u)$ nach Gut k geben die Substitutionseffekte der Preis- und Lohneffekte an. Die entsprechenden kompensierten Preis- und Lohnelastizitäten betragen $\sigma_{ki} \equiv S_{ki}P_i/x_k$ und $\sigma_{k0} \equiv S_{k0}w/x_k$. Wegen der Konkavität der Ausgabenfunktion in den Preisen ist die Matrix S der Substitutionseffekte negativ definit, so dass

$$S_{ii} < 0, \begin{vmatrix} S_{11} & S_{12} \\ S_{21} & S_{22} \end{vmatrix} > 0, \dots \tag{A7.1}$$

Ausserdem gilt wegen der Symmetrie der Substitutionseffekte $S_{12}S_{21} = (S_{12})^2$. Im Zwei-Güter-Fall beträgt daher die Determinante

$$|S| = S_{11}S_{22} - S_{12}S_{21} > 0. \tag{A7.2}$$

Zweitens sind die kompensierten Nachfragen $x_k(P,w,u)$ homogen vom Grad Null in den Preisen P und w. Sie hängen daher nur den relativen Preisen, aber nicht vom Preisniveau ab. Dies bedeutet $w\frac{\partial x_k}{\partial w} + \sum_i P_i \frac{\partial x_k}{\partial P_i} = 0$ oder nach einer kleinen Umformung $x_k \cdot \left(\frac{w}{x_k}\frac{\partial x_k}{\partial w} + \sum_i \frac{P_i}{x_k}\frac{\partial x_k}{\partial P_i} \right) = 0$ bzw. $\sigma_{k0} + \sum_i \sigma_{ki} = 0$. Im Zwei-Güter-Fall gilt

$$\sigma_{10} + \sigma_{11} + \sigma_{12} = 0 = \sigma_{20} + \sigma_{21} + \sigma_{22}. \tag{A7.3}$$

Die Lösung in (VII.19) erhält man, indem man (VII.13) für den Zwei-Güter-Fall anschreibt, $t_1 \cdot S_{11} + t_2 \cdot S_{21} = -\theta x_1$ und $t_1 \cdot S_{12} + t_2 \cdot S_{22} = -\theta x_2$ bzw., in Matrixschreibweise,

$$\begin{bmatrix} S_{11} & S_{12} \\ S_{21} & S_{22} \end{bmatrix} \begin{bmatrix} t_1 \\ t_2 \end{bmatrix} = -\theta \begin{bmatrix} x_1 \\ x_2 \end{bmatrix}. \tag{A7.4}$$

Man löse nach den Steuersätzen auf und berücksichtige die Symmetrie der Slutzky-Matrix,

$$\begin{bmatrix} t_1 \\ t_2 \end{bmatrix} = \frac{-\theta}{|S|} \begin{bmatrix} S_{22} & -S_{12} \\ -S_{21} & S_{11} \end{bmatrix} \begin{bmatrix} x_1 \\ x_2 \end{bmatrix}, \tag{A7.5}$$

wobei die Determinante $|S|$ wegen (A7.2) positiv sein muss. Die spezifischen Steuersätze lauten also

$$t_1 = \frac{-\theta}{|S|} \cdot (S_{22}x_1 - S_{12}x_2), \quad t_2 = \frac{-\theta}{|S|} \cdot (S_{11}x_2 - S_{21}x_1). \tag{A7.6}$$

Indem wir durch die entsprechenden Konsumentenpreise dividieren und ausserdem die kompensierten Nachfrageelastizitäten $\sigma_{ki} = S_{ki}P_i/x_k$ verwenden, erhalten wir die Wertsteuersätze $\tau_i = t_i/P_i$,

$$\tau_1 = -\theta' \cdot (\sigma_{22} - \sigma_{12}), \quad \tau_2 = -\theta' \cdot (\sigma_{11} - \sigma_{21}), \quad \theta' \equiv \frac{\theta}{|S|}\frac{x_1 x_2}{P_1 P_2} > 0. \tag{A7.7}$$

Wegen $\theta > 0$ und $|S| > 0$ gilt $\theta' > 0$. Man verwende (A7.3) und schreibe (A7.7) wie in (VII.19), nämlich $\tau_1 = \theta' \cdot (-\sigma_{11} - \sigma_{22} - \sigma_{10})$ und $\tau_2 = \theta' \cdot (-\sigma_{11} - \sigma_{22} - \sigma_{20})$.

Zusammenfassung

1. Indirekte Steuern, das sind die Mehrwertsteuer ergänzt um spezielle Verbrauchsteuern, zählen zu den ergiebigsten Steuerquellen. Neben einem Normalsatz sieht
   die Mehrwertsteuer meist ermässigte Sätze z. B. auf Güter des täglichen Bedarfs
   vor. Einige Branchen sind oft sogar ganz befreit bzw. mit einem Nullsatz besteuert.
   Einzelne Verbrauchskategorien werden ausserdem mit speziellen Verbrauchsteuern wie Mineralölsteuer, Alkoholsteuer und Tabaksteuer belastet.
2. Indirekte Steuern reduzieren den Reallohn und entmutigen das Arbeitsangebot.
   Differenzierte Steuersätze auf unterschiedliche Güter und Leistungen verursachen
   zusätzlich eine Verzerrung der Nachfragestruktur.
3. Das Effizienzziel spricht für hohe Steuersätze auf jene Güter, (i) deren Preiselastizität der Nachfrage gering ist, (ii) die komplementär zur Freizeit sind, (iii) deren
   Einkommenselastizität der Nachfrage hoch ist, und (iv) die externe Kosten im
   Konsum verursachen (Umweltsteuern).
4. Das Verteilungsziel legt eine hohe Besteuerung von Gütern nahe, die besonders
   von reichen Haushalten nachgefragt werden (Luxussteuer). Ermässigte Steuersätze wären auf Güter des täglichen Bedarfs anzuwenden, bei denen der Anteil
   der armen Haushalte an der Gesamtnachfrage besonders gross ist.
5. Auf vollkommenen Märkten ist eine Güterbesteuerung mit einem einheitlichen
   Satz optimal, wenn entweder das Arbeitsangebot fix ist oder die Präferenzen spezielle Eigenschaften erfüllen (Separabilität zwischen Konsum und Arbeitsangebot
   sowie homothetische Präferenzen über Konsumgüter). Aber auch in diesen Fällen
   ist eine Differenzierung gerechtfertigt, wenn damit externe Effekte im Verbrauch
   internalisiert werden können.
6. Bei einer Mehrwertsteuer mit Vorsteuerabzug besteht die Steuerschuld aus der
   Steuer auf die Umsätze abzüglich der Steuer auf die bezogenen Vorleistungen.
7. Eine unechte Befreiung stellt zwar die Umsätze von der Mehrwertsteuer frei, erlaubt aber auch keine Rückerstattung der Vorsteuer. Eine Nullsatzbesteuerung
   liegt vor, wenn der Steuersatz auf die Umsätze Null ist, aber die Vorsteuer auf
   empfangene Leistungen zurückerstattet wird.
8. Bei einer unechten Steuerbefreiung bleibt ein Teil der Mehrwertsteuer auf Vorleistungen und Investitionen liegen. Eine unechte Befreiung verzerrt daher die
   sektorale Faktorallokation; eine Nullsatzbesteuerung ist dagegen neutral.
9. In vielen Ländern sind Unternehmen mit kleinen Umsätzen unterhalb einer Freigrenze von der Mehrwertsteuer befreit. Damit können Verwaltungs- und Erfüllungskosten eingespart werden, ohne dass auf grosses Aufkommen verzichtet
   werden müsste. Eine optimal gewählte Freigrenze wird die damit verbundenen
   Aufkommensverluste mit den administrativen Einsparungen bei der Steuerbehörde und den Unternehmen abwägen.

Lektürevorschläge

Zentrale Beiträge zur optimalen indirekten Besteuerung sind DIAMOND und MIRRLEES (1971a,b), ATKINSON und STIGLITZ (1976) sowie SANDMO (1976). Neuere Abhandlungen finden sich beispielsweise in MYLES (1995), AUERBACH und HINES (2002) und SALANIE (2003). Auch die Lektüre von DIAMOND und McFADDEN (1974) und KAY (1980) lohnt in diesem Zusammenhang. Die Literatur zum optimalen Verhältnis von direkten und indirekten Steuern wurde von ATKINSON und STIGLITZ (1976) angestossen. Die Rolle von Präferenzunterschieden wird in SAEZ (2002b), EDWARDS, KEEN und TUOMALA (1994) und CHRISTIANSEN (1984) erörtert. CREMER, PESTIEAU und ROCHET (2001) arbeiten die Rolle unterschiedlicher Anfangsausstattungen mit Vermögen heraus. Externe Effekte werden in AUERBACH und HINES (2002) und SANDMO (2003) berücksichtigt. AUERBACH und HINES (2003) erläutern die Implikationen unvollständigen Wettbewerbs für die Güterbesteuerung. Die Umsatzgrenze für die Kleinunternehmerbefreiung wird in EBRILL, KEEN, BODIN und SUMMERS (2001) sowie KEEN und MINTZ (2004) diskutiert. GOTTFRIED und WIEGARD (1991) analysieren die Auswirkungen der unechten Befreiung und Nullsatzbesteuerung bei der Mehrwertsteuer. Auf der Homepage WWW.IFF.UNISG.CH, Seite Lehre/Keuschnigg, stehen gelöste Übungsaufgaben bereit.

Schlüsselbegriffe

Verbrauchsstruktur und -niveau

Proportionale Nachfragereduktion

Freizeitkomplementarität

Güter des täglichen Bedarfs

Mehrwertsteuer

Unechte Befreiung

Freigrenze für Kleinunternehmer

Homothetische und separable Präferenzen

Verwaltungs- und Erfüllungskosten

Luxusgüter

Externe Effekte

Vorsteuerabzug

Nullsatzbesteuerung

Preis- und Einkommenselastizität der Nachfrage

Teil 4

Besteuerung, Ersparnis und Investition

Kapitel VIII

Ersparnisbildung

Ersparnisse sind aufgeschobener Konsum. Die Sparer verzichten darauf, laufendes Einkommen sofort für Konsum auszugeben und investieren einen Teil in zinstragende Anlagen, um in späteren Perioden umso mehr konsumieren zu können. Später stehen nicht nur die angesparten Einkommensteile, sondern auch die anfallenden Zinsen und Zinseszinsen für Mehrkonsum zur Verfügung. Der Anreiz, mit Ersparnisbildung Konsum von heute auf morgen zu verlagern, ist umso grösser, je höher die Verzinsung des gesparten Einkommens ist. Für die Spareigung der Haushalte sind dabei die Nettozinsen nach Abzug der Steuern auf die anfallenden Zinserträge entscheidend. Nicht nur individuell, sondern auch gesamtwirtschaftlich dienen die Ersparnisse der Zukunftsvorsorge. Gesamtwirtschaftlich wird mit Ersparnissen der Kapitalstock aufgebaut und damit Produktion und Einkommen in der Zukunft vorbereitet. Tabelle VIII.1 zeigt die Sparquoten der deutschsprachigen Länder für 1990 und 2002 im Vergleich zu den USA und Japan. Die private Sparquote ist der Anteil der Ersparnisse am verfügbaren Einkommen der Haushalte nach Steuern einschliesslich der empfangenen Transfereinkommen. Die volkswirtschaftliche Sparquote ist als Anteil des BIP angegeben und wesentlich breiter definiert. Sie enthält insbesondere auch die Ersparnisse des Unternehmenssektors in Form von einbehaltenen Gewinnen. Die volkswirtschaftliche Sparquote schwankt im internationalen Vergleich zwischen 20 und 30%, jene der USA fällt jedoch mit 14.6% im internationalen Vergleich stark ab. Die Schweiz weist international eine der höchsten, die USA eine der niedrigsten Sparquoten auf. Die Sparquote der privaten Haushalte beträgt in den USA gar nur 2.3%. Die Sparquoten sind generell seit den 90er Jahren merklich zurückgefallen, wobei der Rückgang in Japan besonders stark ausgefallen ist.

Tabelle VIII.1: Sparquoten im internationalen Vergleich

				2002		1990	
	Netto-defizit	Leistungs-bilanz	Brutto-invest.	Vw. Ersparnis	Priv. Ersparnis	Vw. Ersparnis	Priv. Ersparnis
Deutschland	3,5	2,2	17,3	21,1	10,6	26,1	13,9
Österreich	0,4	0,4	21,0	22,9	8,2	25,0	14,0
Schweiz	−0,8[*]	8,5[*]	23,6[*]	31,5[*]	11,6	33,7	9,6
Japan	7,9	2,8	23,9	25,7	6,4	33,8	13,9
USA	3,3	−4,6	18,3	14,6	2,3	15,9	7,0

Private Ersparnis in % des verfügbaren Einkommens, volkswirtschaftliche in % des BIP
[*] Angabe für 2001
Quelle: OECD (2004a); Eurostat; eigene Berechnungen

In einer *geschlossenen Volkswirtschaft* müssen die Investitionen nach der Investitions-Spar-Identität durch inländische Ersparnisse finanziert werden. Daher ist die Spareigung einer der wichtigsten Bestimmungsfaktoren für das Wirtschaftswachstum. Länder mit hoher Sparneigung und hoher privater Sparquote wachsen im langfristigen Durchschnitt schneller als Länder mit geringer Sparneigung. Länder mit hoher privater Sparquote können ausserdem leichter eine höhere Staatsschuld finanzieren, ohne dass es zu negativen Auswirkungen auf die Investitionen käme. In einer *offenen Volkswirtschaft* können Ersparnisse im In- und Ausland investiert werden, genauso wie umgekehrt die heimischen Investitionen aus in- und ausländischen Quellen gespeist werden. Bei gegebener Investitionsneigung im Inland führen hohe Ersparnisse zu Leistungsbilanzüberschüssen, aus denen ein zunehmendes Auslandsvermögen aufgebaut wird, das die Investitionen in anderen Ländern finanziert. Auch die Leistungsbilanzüberschüsse eines Landes sind ein Ausdruck von Konsumverzicht heute, um aus den ausländischen Kapitalerträgen in künftigen Perioden mehr Einkommen zu erwirtschaften und Konsum zu tätigen. Umgekehrt führt eine hohe Investitionstätigkeit in Kombination mit einer geringen privaten und öffentlichen Sparquote zu Leistungsbilanzdefiziten und damit zu Auslandsverschuldung.

Tabelle VIII.1 zeigt für 2002 die Verwendungen der gesamtwirtschaftlichen Sparquote, die sich allerdings nicht exakt zur volkswirtschaftlichen Sparquote aufaddieren. Wiederum stechen die USA und die Schweiz heraus. Letztere weist im internationalen Vergleich nicht nur eine überdurchschnittlich hohe Sparquote, sondern auch einen der höchsten Leistungsbilanzüberschüsse auf. Auch Deutschland und Japan erzielen trotz öffentlicher Budgetdefizite beachtliche Leistungsbilanzüberschüsse in der Höhe von 2.2 bzw. 2.8% des BIP. Hingegen führt die geringe Sparquote der USA zusammen mit einem hohen Nettodefizit des Staates zu einem sehr hohen Leistungsbilanzdefizit. Man beachte, dass die Spar- und Investitionsquoten von Jahr zu Jahr stark schwanken können und hier nur ein Augenblicksbild vermittelt wird.

Ersparnisse werden aus unterschiedlichen Motiven gebildet. Nach dem *Lebenszyklusmotiv* bilden die Haushalte Ersparnisse, um den Konsum im Alter aufrecht zu erhalten. Während des Ruhestands wird kein aktives Arbeitseinkommen mehr erzielt, so dass die Haushalte ihren Konsum aus den vergangenen Ersparnissen finanzieren müssen. Die Arbeitseinkommen können nicht nur wegen des Alters, sondern auch aufgrund von Krankheit, Unfällen oder Arbeitslosigkeit während der aktiven Erwerbsphase ausfallen. Diese Einkommensrisiken sind teilweise nicht über private Versicherungsmärkte versicherbar. Nach dem *Vorsorgemotiv* sparen die Haushalte, um für solche Wechselfälle des Lebens vorzusorgen. Das *Erbschaftsmotiv* des Sparens schliesslich resultiert aus dem Wunsch, den Nachkommen ein Erbe zu hinterlassen und damit deren Wohlergehen zu fördern.

Neben dem Sparvolumen müssen die Haushalte auch entscheiden, wie das angesparte Finanzvermögen investiert wird. Der Ertrag fällt dabei in unterschiedlicher Form und mit unterschiedlichem Risiko an. Werden die Ersparnisse in Staatsschuldenpapiere, Unternehmensanleihen oder einfach nur in Bankeinlagen investiert, dann fällt ein Zinsertrag an. Beim Erwerb von Unternehmensbeteiligungen oder Aktien fallen die Kapitalerträge in Form von Dividenden und Wertsteigerungen an. Bei einer synthetischen EKST müssen die realisierten Kapitalerträge zusammen mit dem übrigen Einkommen versteuert werden. Inzwischen sind jedoch viele Staaten dazu übergegangen, Zinsen und Dividenden einer separaten Abschlagsteuer bzw. Quellensteuer mit einem proportionalen Steuersatz zu unterwerfen, wie die Tabellen I.6 und I.7 im ersten Kapitel zeigen. Zinserträge, Dividenden und Wertsteigerungen werden oft mit unterschiedlichen Steuersätzen besteuert, so dass nicht nur das Niveau, sondern auch die Struktur der Ersparnisse verzerrt wird.

Ersparnisse werden nicht nur in Finanzanlagen investiert, sondern auch für den Erwerb von Eigenheimen oder für die gesetzliche oder freiwillige Altersvorsorge verwendet. Diese Sparformen unterliegen einer grundsätzlich anderen steuerlichen Behandlung. Auch die Zwangsbeiträge zur Pensionsversicherung, die im Alter einen Anspruch auf Pension begründen, müssen wirtschaftlich betrachtet als Ersparnisse gelten. Im Unterschied zum Erwerb von Finanzanlagen sind die Beiträge zur Alterssicherung in der Regel von der EKST abzugsfähig. Der Ertrag in Form einer Pension unterliegt der EKST. Dies wird als nachgelagerte Besteuerung von Renteneinkommen bezeichnet. Wieder anders stellt sich die steuerliche Praxis beim Erwerb von Wohneigentum dar. Hier sind die angesparten Beträge, wie z. B. das steuerlich geförderte Bausparen, bis zu gewissen Höchstbeträgen ebenfalls von der EKST abzugsfähig. Gleichzeitig wird der Ertrag in Form des Eigenmietwertes meist nicht mehr weiter besteuert. Eine Ausnahme stellt die Schweiz dar, wo der Eigenmietwert des selbstgenutzten Wohneigentums im Rahmen der EKST erklärt und versteuert werden muss.

Je nach Sparmotiv und je nach Art des erworbenen Finanzvermögens werden die Ersparnisse auf ganz unterschiedliche Art und Weise steuerlich behandelt. Die Besteuerung der Zinserträge und die Vermögensteuer reduzieren die Nettoertragsrate der Sparer. Ausserdem führt das Nominalwertprinzip der Besteuerung schon bei moderater Inflation dazu, dass der effektive Steuersatz auf den Realzins deutlich höher ist als der gesetzliche Steuersatz. Andererseits wird der effektive Steuersatz gemindert, wenn die neu gebildeten Ersparnisse bei der EKST teilweise oder ganz abzugsfähig sind. Die Erbschaftsteuer beeinträchtigt die Ersparnisbildung nach dem Erbschaftsmotiv. Die Existenz und der Umfang der Sozialversicherung macht die Ersparnisse nach dem Vorsorgemotiv teilweise überflüssig. Ähnlich kann die Existenz einer Pensionsversicherung nach dem Umlageverfahren die gesamtwirtschaftlichen Ersparnisse reduzieren. Auch die staatliche Neuverschuldung wird in der Regel die gesamtwirtschaftliche Ersparnisbildung mindern, auch wenn die privaten Ersparnisse teilweise die geringeren öffentlichen Ersparnisse kompensieren.

Wie sensibel reagieren die Ersparnisse auf Zinsen und steuerliche Anreize? Die Ergebnisse der empirischen Literatur sind gemischt. Die Zinselastizität gibt an, wie stark die Ersparnisse auf eine Änderung der Nettozinsen reagieren. Die ältere empirische Literatur hat diese Elastizität auf etwa 0.4 geschätzt, wobei die Schätzungen erheblich streuen (vgl. Boskin, 1978, Sandmo, 1985, und Bernheim, 2002, S. 1208). Summers (1981) hat darauf hingewiesen, dass der Vermögenseffekt von Zinsänderungen in Lebenszyklusmodellen wesentlich höhere Zinselastizitäten der Ersparnisse impliziert. Allerdings wird dabei von einem sicheren Arbeitseinkommen ausgegangen. Wenn die Arbeitseinkommen beispielsweise wegen Gesundheits-, Unfall- und Arbeitslosenrisiken unsicher sind und die Ersparnisse zum grösseren Teil mit dem Vorsorgemotiv erklärt werden, dann fällt die Zinselastizität in den Lebenszyklusmodellen wieder geringer aus. Cagetti (2001) schätzt auf der Basis von Simulationen mit einem Lebenszyklusmodell mit unsicherem Arbeitseinkommen die Zinselastizität des Vermögens bei Eintritt in die Ruhestandsphase. Sie beträgt nur 0.19 für College-Absolventen, 0.1 für High-School-Absolventen und 0.4 für High-School-Abbrecher. Wenn der Zinssatz sich von 3 auf 4% erhöht und die Elastizität 0.19 beträgt, dann würde das Vermögen zu Pensionsbeginn um 0.19×0.33 bzw. 6.2% zunehmen. In den USA betrug dieses Vermögen 1992 etwa 465.000 $ für College-Absolventen. Eine Zunahme von 6.2% würde einem zusätzlichen Vermögen von ca. 28.000 $ entsprechen. Wenn ein grosser Teil der Ersparnisse nach dem Vorsorgemotiv erklärt wird, dann werden die Haushalte zur Abdeckung des Einkommensrisikos nur einen bestimmten Betrag ansparen, aber eben nicht mehr, so dass die Ersparnisse insgesamt sehr träge auf Änderungen der Nettozinsen reagieren.

Die neuere empirische Evidenz, vorwiegend zur Ersparnisbildung in den USA, kann wie folgt zusammengefasst werden. Erstens ist die Zinselastizität der Ersparnisse im Aggregat eher gering. Zweitens streut sie recht stark zwischen verschiedenen Bevölkerungsgruppen. Ein beträchtlicher Teil der Bevölkerung mit niedrigen Lohneinkommen bildet im Wesentlichen keine oder nur geringe Ersparnisse, die vorwiegend das Vorsorgemotiv widerspiegeln und weniger von der Ertragsrate bestimmt sind. In den oberen Einkommensschichten ist die Zinselastizität der Ersparnisse deutlich höher. Drittens scheint die Struktur der Ersparnisse viel elastischer auf Sparanreize zu reagieren als das Niveau der Ersparnisse. Die steuerlichen Begünstigungen einzelner Sparformen dürften die Struktur der Ersparnisse stärker als das Sparvolumen verzerren.

Dieses Kapitel beschäftigt sich mit den Auswirkungen der Besteuerung der Kapitalerträge, der Sozialversicherungen und der Erbschaft- und Vermögensteuer auf die privaten Ersparnisse. Das Kapitel zeigt ausserdem, wie die steuerliche Mehrbelastung quantifiziert werden kann, so dass sich der Leser ein Urteil darüber bilden kann, ob die Besteuerung der Ersparnisse schädlicher ist als z. B. die Besteuerung der Lohneinkommen. Die Auswirkungen der Staatsverschuldung und der Pensionsversicherung auf die gesamtwirtschaftlichen Ersparnisse werden separat im Kapitel IX behandelt. Kapitel X geht von einem vorgegebenen Sparvolumen aus und erläutert, wie die Besteuerung die Struktur der Ersparnisse verändert, wobei die Aufteilung des angesparten Finanzvermögens auf sichere und riskante Anlagen im Vordergrund steht. Kapitel XII erörtert schliesslich den Einfluss der Besteuerung auf die internationalen Portfolioinvestitionen, deren Umfang aus der Entscheidung der Sparer über den Erwerb von heimischen oder ausländischen Wertpapieren resultiert.

VIII.1 Lebenszyklusmotiv des Sparens

VIII.1.1 Intertemporale Budgetbeschränkung

Die Arbeitseinkommen sind ungleichmässig über den Lebenszyklus verteilt. Während des aktiven Berufslebens können hohe Einkommen aus Beschäftigung erzielt werden, aber spätestens mit dem Eintritt in den Ruhestand stehen die Löhne nicht mehr zur Verfügung. Daher müssen schon während des aktiven Arbeitslebens Ersparnisse gebildet werden, aus deren Erträge der Alterskonsum finanziert werden kann. Auch Beiträge zur Pensionsversicherung, die im Alter einen Pensionsanspruch begründen, sind eine Form der Ersparnisse. Wenn man davon ausgeht, dass die Arbeitseinkommen in der späteren Ruhestandsphase sehr gering sind oder ganz wegfallen, dann kann ein annähernd gleichmässiger Konsum über den Lebenszyklus nur erzielt werden, indem mittels Ersparnissen (Konsumverzicht heute) Einkommen in die Zukunft verlagert werden (Konsumzuwachs morgen). Dies ist das grundlegende Lebenszyklusmotiv des Sparens.

Im einfachsten Fall unterteilen wir den gesamten Lebenszyklus in nur zwei Abschnitte: Erwerbs- und Ruhestandsphase. Das Arbeitsangebot sei fix. Die Haushalte können mit einer Zeitausstattung von 1 in der Erwerbsphase ein Lohneinkommen von w_1 erzielen; im Alter befinden sich die Agenten teilweise oder ganz im Ruhestand, so dass die Lohneinkommen stark abnehmen, $w_2 < w_1$, oder mit $w_2 = 0$ auch ganz ausfallen. Durch die Wahl der Ersparnisse kann der Konsum C_1 und C_2 beliebig über den Lebenszyklus gesteuert werden, wobei in jeder Periode folgende Budgetidentität gilt:

$$(a) \; C_1 = w_1 - S,$$
$$(b) \; C_2 = w_2 + [1 + (1 - \tau^r)r]S. \tag{VIII.1}$$

Die Ersparnisse $S = w_1 - C_1$ sind aufgeschobener Konsum, d. h. nicht konsumiertes Einkommen. Sie erzielen auf dem Kapitalmarkt einen Zinssatz r und ergeben Zinseinkommen rS. Dieses Zinseinkommen wird vom Staat mit einer Zinsertragsteuer belegt, so dass die Haushalte nur einen Nettozinsertrag von $(1 - \tau^r)rS$ erzielen. Ein Teil $\tau^r rS$ fliesst als Steueraufkommen aus der Zinsertragsteuer an den Staat. Im Alter steht neben dem Zinseinkommen auch das angesparte Sparvermögen für den Verbrauch zur Verfügung. Das Kapitaleinkommen im Alter wird in (VIII.1b) allenfalls noch durch ein geringes Lohneinkommen ergänzt. Erbschaftssparen wird zunächst ausgeblendet. Daher werden alle Ersparnisse vollständig bis zum Lebensende aufgebraucht.

Die Haushalte können nach (VIII.1) durch geeignete Ersparnisbildung Konsum aufschieben oder mittels Verschuldung vorziehen. Dabei ist ein perfekter Kapitalmarkt ohne Risiko und Informationsprobleme unterstellt, auf dem zum selben Zinssatz Ersparnisse angelegt oder Schulden aufgenommen werden können. Die Haushalte dürfen jedoch insgesamt im Laufe des ganzen Lebens nicht mehr für Konsum ausgeben, als sie an Einkommen erzielen. Bei Verschuldung müssen sie spätestens gegen Lebensende allen ihren Zahlungsverpflichtungen vollständig nachkommen. Anders ausgedrückt, der *Barwert der Konsumausgaben* darf den *Barwert der Einkommen* nicht übersteigen. Diese intertemporale Budgetbeschränkung (IBB) erhalten wir, indem wir in (VIII.1) die Ersparnisse eliminieren,

$$C_1 + PC_2 = w_1 + Pw_2 \equiv M, \qquad P = 1/[1 + (1 - \tau^r)r]. \tag{VIII.2}$$

Mit $P < 1$ bezeichnen wir den relativen Preis zwischen gegenwärtigem und zukünftigem Konsum. Der Kehrwert $1/P > 1$ ist der Aufzinsungsfaktor, der 1 Euro Ersparnis heute in ein Vermögen von $1 + (1 - \tau^r)r$ Euro in der nächsten Periode verwandelt. Wenn hingegen morgen 1 Euro für Konsum zur Verfügung stehen soll, muss heute lediglich ein Betrag von $P < 1$ Euro angespart werden. Damit ist P der Preis für

1 Euro Konsum morgen, der in Form von Konsumverzicht heute dafür gezahlt werden muss. P wird häufig auch als Diskont- bzw. Abzinsungsfaktor bezeichnet. Der Barwert der zukünftigen Konsumausgaben, das sind die zukünftigen Konsumausgaben abgezinst auf die heutige Periode, beträgt PC_2. Dementsprechend entspricht die linke Seite dem Barwert der (gegenwärtigen und zukünftigen) Konsumausgaben und die rechte Seite dem Barwert der Lohneinkommen bzw. dem „Humankapital". Als Humankapital wird die Fähigkeit bezeichnet, Arbeitseinkommen zu erzielen. Die IBB schränkt den Barwert der Konsumausgaben auf den Barwert der Arbeitseinkommen ein.

VIII.1.2   Konsumprofil im Lebenszyklus

Die IBB bestimmt den Barwert des Konsums, den die Haushalte insgesamt tätigen können, sagt aber noch nichts darüber aus, wie sie den Konsum auf Gegenwart und Zukunft aufteilen wollen. Dies hängt von den intertemporalen Präferenzen $U(C_1, C_2)$ ab, wobei $U(\cdot)$ eine übliche, quasikonkave Nutzenfunktion darstellt. Das Nutzenmaximierungskalkül der Haushalte bestimmt den optimalen Konsumpfad,

$$V(P,M) = \max_{C_i} U(C_1, C_2) + \lambda \cdot [M - C_1 - PC_2]. \qquad \text{(VIII.3)}$$

Der Lagrange-Multiplikator λ bezeichnet den Schattenpreis des Vermögens bzw. des Humankapitals M. Die indirekte Nutzenfunktion $V(\cdot)$ zeigt die maximal erreichbare Wohlfahrt an. Die BEO lauten $U_1 = \lambda$ und $U_2 = \lambda P$, wobei $U_j \equiv dU(C_1, C_2)/dC_j$ die Ableitungen der Nutzenfunktion abkürzt. Die Optimalitätsbedingung für den optimalen Lebenszykluskonsum lautet

$$\frac{U_1(C_1, C_2)}{U_2(C_1, C_2)} = \frac{1}{P} \quad \Leftrightarrow \quad MRS = MRT. \qquad \text{(VIII.4)}$$

Aus (VIII.4) und (VIII.2) folgen die Marshall'schen (unkompensierten) Konsumfunktionen $C_1(P,M)$ [und auch $C_2(P,M)$]. Der Konsum heute hängt vom relativen Preis P zwischen Gegenwarts- und Zukunftskonsum und vom Lebenseinkommen M ab. Abbildung VIII.1 zeigt die Lösung als Tangentialpunkt der Indifferenzkurve (Steigung MRS) mit der Budgetgerade $C_2 = (M - C_1)/P$ an. Die Budgetgerade folgt aus der Umformung der IBB in (VIII.2) und weist die Steigung $MRT = 1/P > 1$ auf. Erst wenn der optimale Konsum in Periode 1 bestimmt ist, erhalten wir nach (VIII.1a) die Sparfunktion:

$$S = w_1 - C_1(P,M). \qquad \text{(VIII.5)}$$

Abbildung VIII.1 veranschaulicht das intertemporale Optimierungsproblem.

Für die Zerlegung der Steuersatzänderung in Substitutions- und Einkommenseffekte ist die Betrachtung des dualen Minimierungsproblems nützlich. Das Programm in (VIII.3) liefert als Ergebnis den maximal erzielbaren Nutzen V bei einem Vermögen von M. Wenn man in Abbildung VIII.1 die Indifferenzkurve auf diesem Niveau $u = V(P,M)$ festhält und den minimalen Ausgabenbarwert sucht, indem man die

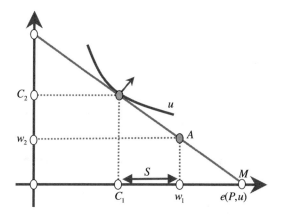

Abbildung VIII.1: Konsum und Sparen im Lebenszyklus

Budgetbeschränkung möglichst weit nach innen verschiebt, erhält man dieselbe Lösung. Formal lautet das Minimierungsproblem

$$e(P,u) = \min_{c_j} c_1 + Pc_2 + \mu \cdot [u - U(c_1,c_2)]. \tag{VIII.6}$$

Als Ergebnis folgen die Hicks'schen bzw. kompensierten Konsumfunktionen $c_i(P,u)$ sowie das geringstmögliche Vermögen $e(P,u)$, das zur Erreichung des Nutzenniveaus u notwendig ist. Wie aus Abbildung VIII.1 leicht ersichtlich ist, sind die Lösungen des Maximierungs- und des dualen Minimierungsproblems identisch. Insbesondere sind die minimalen Ausgaben $e(P,u) = M$ gleich dem Vermögen, welches für die Nutzenmaximierung vorgegeben ist. Aus der Identität der Lösungen, $c_1(P,u) \equiv C_1[P,e(P,u)]$, folgt die Slutzky-Zerlegung der Preisänderung, indem man die Ableitung der Ausgabenfunktion $de/dP = c_2$ und $c_2 = C_2$ berücksichtigt,

$$\frac{dC_1}{dP} = \frac{dc_1(P,u)}{dP} - C_2 \cdot \frac{dC_1}{dM}.$$
$$\text{PE} = \text{SE} - \text{EE} \tag{VIII.7}$$

Nach der Slutzky-Zerlegung wird also der Preiseffekt PE einer Zinsänderung in einen Substitutions- und Einkommenseffekt, SE und EE, aufgespalten.

VIII.2 Besteuerung der Sparerträge

VIII.2.1 Substitutions-, Einkommens- und Vermögenseffekt

Die Besteuerung der Zinserträge senkt bei gegebenem Marktzins r die Nettozinserträge der Sparer, so dass heute mehr gespart und ein höherer Konsumverzicht geleistet werden muss, um 1 Euro für Konsum in der nächsten Periode anzusparen. Der Preis P des zukünftigen Konsums steigt. Die Steigung der Budgetgerade nimmt zu, d. h. sie wird weniger negativ und damit flacher, $C_2 = w_2 + (w_1 - C_1)/P$ nach (VIII.2). Abbildung VIII.2 verdeutlicht die Situation. Der Ausstattungspunkt A zeigt

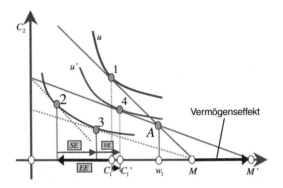

Abbildung VIII.2: Auswirkungen einer Zinssenkung

das Lohnprofil an, während Punkt 1 die optimale Konsumwahl in der Ausgangslage kennzeichnet. Die Ersparnisse $S = w_1 - C_1$ sind auf der horizontalen Achse abgetragen. Die Zinsertragsteuer senkt den Nettozins und dreht damit die Budgetgerade um den Ausstattungspunkt A. Die neue Konsumwahl liegt im Punkt 4 und verringert die Ersparnisse auf $S' = w_1 - C'_1$. Dieser gesamte Effekt spiegelt eine Reihe unterschiedlicher Einzeleffekte wider, nämlich einen Substitutions-, Einkommens- und Vermögenseffekt (bzw. Humankapitaleffekt).

Wenn wir das Lebensvermögen festhalten und die Budgetgerade um den Punkt M drehen, erhalten wir die übliche Aufspaltung des *Preiseffektes* (PE) nach der Slutzky-Zerlegung (VIII.7) in einen *Einkommenseffekt* der Zinssenkung (EE, Bewegung von Punkt 1 nach 2) und einen *Substitutionseffekt* (SE, Bewegung von 2 nach 3). Der Einkommenseffekt spiegelt einfach die Tatsache wider, dass jeder Euro Ersparnis in der Zukunft nur noch ein geringeres Einkommen erwirtschaftet und die Haushalte somit ärmer werden. Sie müssen dann alle Konsumverwendungen C_1 und C_2 einschränken. Andererseits bedeutet die Verringerung des Nettozinses auch, dass der Preis P des Zukunftskonsums relativ zum heutigen Konsum ansteigt. Die Haushalte müssten mehr sparen, um ein vorgegebenes Konsumziel zu erreichen. Nachdem also bei geringerem Nettozins die Zukunftsvorsorge teurer wird, werden sie Konsum morgen für mehr Konsum heute substituieren und weniger sparen. Dies wäre die gesamte Anpassung, wenn im Alter kein Arbeitseinkommen anfallen würde, d. h. wenn $w_2 = 0$ und $M = w_1$ wäre.

Wenn aber im Alter positive Lohneinkommen anfallen, dann entsteht neben dem *Preiseffekt* (PE) noch ein weiterer *Humankapital- bzw. Vermögenseffekt* (VE). Die Ableitung der Konsumfunktion $C_1(P, M)$ nach dem Preis und die Berücksichtigung des Einflusses auf das Lebensvermögen $M = w_1 + Pw_2$ ergibt

$$\frac{dC_1}{dP} = \frac{\partial C_1}{\partial P} + w_2 \cdot \frac{\partial C_1}{\partial M}.$$
$$\text{GE} = \text{PE} + \quad \text{VE} \tag{VIII.8}$$

Bei geringerer Abzinsung steigt der Barwert Pw_2 der zukünftigen Löhne und damit das Lebensvermögen M. Anders ausgedrückt: Um einen Einkommensbetrag gleich

w_2 aus Ersparnissen zu erzielen, müsste man wegen des geringeren Nettozinses heute mehr sparen. Dies besagt nichts anderes, als dass in diesem Fall zukünftige Lohneinkommen aus heutiger Sicht, d. h. als Barwert, einen höheren Wert besitzen, so dass ein positiver Vermögenseffekt VE entsteht. Graphisch verschiebt dieser Vermögenszuwachs die Budgetgerade durch Punkt 3 solange parallel nach aussen, bis sie durch den Ausstattungspunkt A läuft. Das Lebensvermögen bzw. Humankapital nimmt damit entlang der horizontalen Achse von M auf M' zu. Dies bedeutet, dass die optimale Konsumwahl von Punkt 3 nach 4 verlagert und damit der heutige Konsum C_1 (also auch der zukünftige Konsum C_2) gesteigert wird.

Der Humankapitaleffekt wirkt in dieselbe Richtung wie der Substitutionseffekt. Da Substitutions- und Einkommenseffekte einander entgegenlaufen, ist zunächst die Auswirkung der Zinsertragsteuer auf den Gegenwartskonsum C_1 und auf die Ersparnisse $S = w_1 - C_1$ nicht eindeutig bestimmt. Da aber der Humankapitaleffekt den Substitutionseffekt verstärkt, steigt die Wahrscheinlichkeit, dass insgesamt die Steuer den Gegenwartskonsum steigert und die Ersparnisse reduziert. Indem wir für den Preiseffekt in (VIII.8) die Slutzky-Zerlegung aus (VIII.7) einsetzen, erhalten wir als Endergebnis die Zerlegung des Gesamteffektes,

$$\frac{dC_1}{dP} = \frac{dc_1(P,u)}{dP} + (w_2 - C_2)\frac{dC_1}{dM}.$$
$$\mathrm{GE} = \quad \mathrm{SE} \quad + (\mathrm{VE} - \mathrm{EE}) \tag{VIII.9}$$

VIII.2.2 Mehrbelastung der Zinsertragsbesteuerung

Abbildung VIII.3 verdeutlicht die Mehrbelastung der Zinsertragsteuer. Punkt A gibt die Lohneinkommen w_1 und w_2 über den Lebenszyklus an. Die steile Gerade entspricht der Bruttobudgetgerade $C_2^B = (1 + r)S + w_2$ mit $S = w_1 - C_1$ vor Steuer, die flache Gerade jener nach Steuer, $C_2 = [1 + (1 - \tau^r)r]S + w_2$. Die Differenz zwischen Brutto- und Nettogerade zeigt für jedes Sparniveau die entsprechende Steuerzahlung $T_2 = C_2^B - C_2 = \tau^r r S$ in der zweiten Periode. Punkt M auf der horizontalen Achse gibt

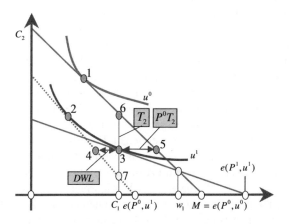

Abbildung VIII.3: Mehrbelastung der Zinsertragsteuer

das Gesamtvermögen in Gegenwartswerten an. Punkt 1 zeigt die optimale Konsum-
bzw. Sparentscheidung vor Steuer mit dem maximalen Nutzenniveau u^0. Diesem
Nutzenniveau entspricht ein Ausgabenniveau $e(P^0, u^0)$. Die Zinsertragsbesteuerung
veranlasst die Haushalte, ihre Ersparnisse $S = w_1 - C_1$ einzuschränken und den Konsum heute auszudehnen. Der Abstand 6–3 in Abbildung VIII.3 gibt die Steuerzahlung
T_2 in der zweiten Periode an, während der horizontale Abstand 3–5 den entsprechenden Barwert der Steuerzahlungen $P^1 T_2$ anzeigt. In Punkt 3 erzielen die Haushalte ein
geringeres Nutzenniveau u^1. Eine Pauschalsteuer in der zweiten Periode, welche dasselbe Wohlfahrtsniveau u^1 ermöglichen würde, könnte jeglichen Substitutionseffekt
vermeiden und würde nur einen reinen Einkommenseffekt auslösen. In diesem Fall
hätten die Haushalte Punkt 2 realisiert, so dass der Staat ein deutlich höheres Aufkommen in Periode 2 erzielen würde, nämlich Abstand 6–7. Der Abstand 4–5 entspricht
dem Barwert dieses Aufkommens und ist gleich der äquivalenten Variation bzw. der
Differenz der Ausgabenniveaus $EV = e(P^0, u^0) - e(P^0, u^1)$.

　　Die *Mehrbelastung* der Zinsertragsteuer (Deadweight Loss, *DWL* oder Excess
Burden) ist der Verlust an Steueraufkommen im Vergleich zu einer gleichwertigen
Pauschalsteuer, bei der die Haushalte dieselbe Wohlfahrt u erzielen würden. Wie Abbildung VIII.3 illustriert, resultiert die Mehrbelastung der Zinsertragsteuer aus dem
Ausweichverhalten (Substitutionseffekt), welches die Ersparnisbildung verringert
und damit Steuerausfälle verursacht. Eine Pauschalsteuer, die gleichwertig im Sinne
gleicher Nutzeneinbusse ist, würde dagegen den Substitutionseffekt und die damit
verbundene Steuerausweichung vermeiden und ein höheres Aufkommen erlauben,
ohne die Haushalte schlechter als u zu stellen. Die Mehrbelastung der Zinsertragsteuer
wird als Differenz der äquivalenten Variation und des Barwertes des (kompensierten)
Steueraufkommens berechnet.

$$DWL = EV - T, \quad EV = e(P^0, u^0) - e(P^0, u), \quad T = T_2 P^0 = \tau^r r P^0 \cdot S(P, u).$$
$$(\text{VIII.10})$$

Der Index 0 bezeichnet die Ausgangssituation, eine Variable ohne Index zeigt ihren Wert nach der Steuererhöhung an. Als Referenzpreis dient der Diskontfaktor
P^0. Auch die Veränderung des Steueraufkommens muss mit dem gleichen Referenzmassstab bewertet werden. In Abbildung VIII.3 wäre der Barwert des Steueraufkommens, berechnet mit dem Preis P^0, gleich dem horizontalen Abstand zwischen der
ursprünglichen Budgetgerade und der Gerade durch Punkt 3 mit der Steigung P^0.
Schliesslich muss bei der Ermittlung der Mehrbelastung die kompensierte Sparfunktion $S(P, u) = w_1 - C_1(P, u)$ verwendet werden. Nachdem wegen der Haushaltsdualität im neuen Gleichgewicht mit Besteuerung wie in Punkt 3 der Abbildung VIII.3
die kompensierte und Marshall'sche Sparfunktion identisch sind, entspricht das kompensierte Aufkommen dem tatsächlich erzielten. Lediglich die komparativ statische
Reaktion fällt grösser aus als jene des unkompensierten Aufkommens. Die Ermittlung
der Mehrbelastung wird ausführlich im Abschnitt III.2 beschrieben.

　　Um anhand von (VIII.10) die marginale Mehrbelastung pro Euro an *zusätzlichem* Steueraufkommen aus einer weiteren Anhebung der Zinsertragsteuer und
damit einem weiteren Anstieg von P zu berechnen, müssen wir zeigen, wie die
äquivalente Variation auf eine Änderung von P reagiert. Dazu erweitere man die Aus-

gaben $e(P^0, u^0) = M^0 = w_1 + P^0 w_2$ mit $Pw_2 - Pw_2$ und ersetze $w_1 + Pw_2 = M$ mit $e(P, u) = M$,

$$EV = e(P^0, u^0) - e(P^0, u) = e(P, u) + P^0 w_2 - Pw_2 - e(P^0, u). \qquad \text{(VIII.11)}$$

Die Ableitung der Ausgabenfunktion beträgt $de(P, u)/dP = c_2$, und der Preis nimmt um $dP/d\tau^r = rP^2$ zu. Somit ergibt sich eine Nutzeneinbusse, ausgedrückt anhand der äquivalenten Variation, von

$$\frac{dEV}{d\tau^r} = \frac{dEV}{dP} \cdot \frac{dP}{d\tau^r} = (C_2 - w_2) \cdot rP^2 = rPS. \qquad \text{(VIII.12)}$$

Die zweite Gleichung ergibt sich aus der Verwendung von (VIII.1b), $C_2 - w_2 = S/P$. Dieser Wohlfahrtsänderung muss die Zunahme des in (VIII.10) angegebenen Steueraufkommens gegenübergestellt werden. Man berechnet

$$\frac{dT}{d\tau^r} = rSP^0 - \tau^r rP^0 \frac{dc_1^u}{dP} rP^2. \qquad \text{(VIII.13)}$$

Indem man alle Ableitungen an der Stelle $P = P^0$ vornimmt, erhält man eine Zunahme der Mehrbelastung von

$$\frac{dDWL}{d\tau^r} = \frac{dEV}{d\tau^r} - \frac{dT}{d\tau^r} = \tau^r rP \frac{dc_1^u}{dP} rP^2. \qquad \text{(VIII.14)}$$

Bevor wir die marginale Mehrbelastung ermitteln, stellen wir die Beziehung zwischen dc_1^u/dP und der kompensierten Zinselastizität der Ersparnisse her. Die Ableitung der kompensierten Sparfunktion $S(P, u) = w_1 - c_1(P, u)$ ergibt

$$\frac{dc_1^u}{dP} = -\frac{dS^u}{dP} \quad \Rightarrow \quad \frac{dc_1^u}{dP} = \frac{S/r}{(1 - \tau^r)P^2} \cdot \varepsilon^c, \quad \varepsilon^c \equiv \frac{r}{S} \frac{dS^u}{dr} > 0. \qquad \text{(VIII.15)}$$

Die zweite Gleichung folgt, indem man $dP = -(1 - \tau^r)P^2 dr$ auf der rechten Seite einsetzt und mit r/S erweitert. Die kompensierte Zinselastizität der Ersparnisse ε^c ist eindeutig positiv, da eine Preiserhöhung die kompensierte Konsumfunktion $c_1(P, u)$ ansteigen lässt, so dass in (VIII.15) dc_1^u/dP positiv ist. Dies kann anhand von Abbildung VIII.3 mit einer Drehung der Budgetgerade entlang der Indifferenzkurve überprüft werden.

Nunmehr kann die marginale Mehrbelastung pro Euro an zusätzlichem Steueraufkommen ermittelt werden, indem die Reaktionen in (VIII.14) und (VIII.13) durch einander dividiert werden. Nach Einsetzen von (VIII.15) folgt

$$\frac{dDWL}{dT} = \frac{dDWL/d\tau^r}{dT/d\tau^r} = \frac{\dfrac{\tau^r}{1 - \tau^r} \cdot \varepsilon^c}{1 - \dfrac{\tau^r}{1 - \tau^r} \cdot \varepsilon^c}. \qquad \text{(VIII.16)}$$

Der Leser mag dieses Ergebnis mit (III.17) aus Kapitel III vergleichen. Die relevanten Informationen für die empirische Ermittlung der marginalen Mehrbelastung aus der Besteuerung der Zinserträge sind also die Höhe des Steuersatzes und die Grösse der kompensierten Zinselastizität der Ersparnisse. Die Zinselastizität der Ersparnisse wurde in der Literatur auf etwa 0.4 geschätzt, wobei diese Schätzungen mit erheblicher Unsicherheit behaftet sind. Da der Einkommenseffekt einer Zinssteigerung die

Ersparnisse reduziert, ist die unkompensierte Elastizität noch höher. Wenn wir konservativ diese Schätzung für die kompensierte Elastizität einsetzen und von einem Steuersatz von 0.25 ausgehen, dann ergibt sich eine marginale Mehrbelastung von 15.4%. Wäre der Steuersatz 0.5, so berechnete man einen Wert von 67%. Die marginale Mehrbelastung nimmt progressiv mit dem Steuersatz zu.

VIII.2.3　Scheingewinnbesteuerung

Der Ertrag des Sparens liegt im höheren Konsum morgen, der durch Konsumverzicht heute erst ermöglicht wird. Dabei kommt es auf den realen Ertrag an. Nur der Realzins auf die Ersparnisse steigert die Kaufkraft, während nach dem *Nominalwertprinzip* der Besteuerung der Nominalzins besteuert wird. Selbst bei geringer Inflation kann dies zu einer deutlich höheren effektiven Belastung des Realzinses führen. Bei einem Realzins von r und einer Inflationsrate von π beträgt der Nominalzins $r + \pi$. Nach Besteuerung beträgt der Nominalzins $(1 - \tau^r)(r + \pi)$ und der Realzins netto $r^n \equiv (1 - \tau^r)(r + \pi) - \pi$. Eine Einheit Konsumverzicht heute ermöglicht morgen einen Mehrkonsum von $1 + r^n$. Der relative Preis zwischen Gegenwarts- und Zukunftskonsum hängt also wie folgt von der Steuer ab:

$$P = \frac{1}{1 + (1 - \tau^r)r - \tau^r\pi}. \qquad \text{(VIII.17)}$$

Bei einem gegebenen Steuersatz und einem gegebenen Realzins vor Steuer führt eine höhere Inflationsrate zu einem geringeren Realzins nach Steuer und einem höheren relativen Preis des zukünftigen Konsums. Inflation verringert unter sonst gleichen Umständen die Spareigung.

　　Folgendes Beispiel verdeutlicht, wie die Inflation die effektive Steuerbelastung von Kapitalerträgen erhöht, ohne dass der gesetzliche Steuersatz verändert würde. Der Einfachheit halber sei ein Realzins von 4%, eine Inflationsrate von 1% und ein Steuersatz von 30% angenommen. Der Nominalzins vor Steuern beträgt daher 5%. Unter diesen Annahmen berechnet man einen Realzins nach Steuern von $(1 - 0.3) \times (0.04 + 0.01) - 0.01 = 0.025$ oder 2.5%. Da die Besteuerung am Nominalzins ansetzt, kommt es zu einer *Scheingewinnbesteuerung*, die zu einem deutlich höheren effektiven Satz der Zinsertragsbesteuerung führt. Der Keil zwischen Realzinsen vor und nach Steuer beträgt $0.04 - 0.025 = 0.015$ und ergibt einen effektiven Steuersatz von $100 \times 0.015/0.04 = 37.5$ anstatt 30%. Der Leser mag weitere Beispiele nach folgender Formel für den effektiven Steuersatz berechnen:

$$r^n = \left(1 - \tau^r\right)(r + \pi) - \pi, \quad \tau^{\text{eff}} = \frac{r - r^n}{r} \quad \Leftrightarrow \quad r^n = \left(1 - \tau^{\text{eff}}\right)r. \quad \text{(VIII.18)}$$

Je höher die Inflationsrate ist, desto grösser wird der Anteil der Scheingewinnbesteuerung und desto mehr übersteigt der effektive Steuersatz den gesetzlichen.

VIII.2.4　Vermögensbesteuerung

Die laufende Besteuerung der Zinserträge ist nicht die einzige Form der Besteuerung der Ersparnisse. Ersparnisse sind zukünftiges Vermögen und unterliegen dann zusätzlich der Vermögensteuer, die mit dem Satz τ^w erhoben werde. 1 Euro Ersparnis heute gibt zu Beginn der nächsten Periode ein Vermögen von 1 Euro. Dieses Vermögen erwirtschaftet in der nächsten Periode ein Zinseinkommen, auf das eine Zinsertragsteuer $\tau^r r$ anfällt. Ausserdem muss auf den Vermögensbestand τ^w Prozent Vermögensteuer entrichtet werden. Am Ende der Periode ist das Vermögen auf $1 + r - \tau^r r - \tau^w$ Euro angewachsen. Der relative, intertemporale Preis beträgt in diesem Fall

$$P = \frac{1}{1 + (1 - \tau^r)r - \tau^w}. \tag{VIII.19}$$

Die gleichzeitige Besteuerung des Zinsertrags und des Vermögensbestandes stellt eine Doppelbesteuerung der Ersparnisse dar. Anstatt einer Zinsertragsteuer könnte man ebenso gut eine Vermögensteuer erheben, ohne dass dadurch der intertemporale Preis und damit die Sparanreize verändert werden müssen. Der Nettoertrag der Ersparnisse wäre $(1 - \tau^r)r$, wenn ausschliesslich eine Zinsertragsteuer anfällt, und $r - t^w$, wenn nur eine Vermögensteuer zu entrichten ist. Die beiden Steuern sind offensichtlich äquivalent, wenn

$$\left(1 - \tau^r\right)r = r - \tau^w \quad \Leftrightarrow \quad \tau^r = \tau^w/r. \tag{VIII.20}$$

Bei einem Steuersatz auf Vermögen von 0.5% bzw. 5 Promille und einem Zins von 5% beträgt der Nettozins 4.5%. Derselbe Nettoertrag hätte mit einer äquivalenten Zinsertragsteuer von 10% erzielt werden können. Schon ein geringer Satz der Vermögensteuer führt zu einer erheblichen, zusätzlichen Besteuerung von Sparerträgen. Das Problem der Vermögensteuer ist, dass sie auch dann bezahlt werden muss, wenn gar kein Ertrag anfällt. Eine Steuer, die unabhängig von ihrem tatsächlichen Ertrag zu bezahlen ist, nennt man *Sollertrag-* oder auch *Substanzsteuer*. Wenn kein anderes Einkommen für die Bezahlung der Steuerschuld zur Verfügung steht, müsste in diesem Fall die Anlage veräussert werden, um der Steuerpflicht nachzukommen. Anders ausgedrückt, die Anlage muss einen Sollertrag von $r = \tau^w/\tau^r$ gleich 5% erzielen, damit eine Vermögensteuer von 0.5% zu einer Zinsertragsteuer von 10% äquivalent ist. Ist der tatsächliche Ertrag niedriger, dann führt die Vermögensteuer zu einer höheren Steuerschuld als die Zinsertragsteuer.

VIII.2.5 Neutrale Ausgabenbesteuerung

Von manchen Ökonomen wird als grundlegender Steuerreformvorschlag der Übergang von der derzeitigen EKST zu einer konsumorientierten EKST (bzw. einer Ausgabenbesteuerung) empfohlen. Die *traditionelle EKST* vom Schanz-Haig-Simons-Typ ermittelt das steuerbare Einkommen als Reinvermögenszugang. Ersparnisse, die das (Finanz-)Vermögen am Ende der Periode erhöhen, werden als Einkommen besteuert und demnach nur als Einkommensverwendung betrachtet. Gleichzeitig werden die Zinserträge aus dem Vermögen ebenfalls besteuert. Bei der (sparbereinigten) *Ausgabensteuer* bzw. konsumorientierten EKST werden zwar ebenfalls die Zinserträge besteuert, aber die Nettoersparnisse sind von der Bemessungsgrundlage abzugsfähig. Positive Ersparnisse, welche das Finanzvermögen erhöhen, mindern die Steuerschuld. Negative Ersparnisse, welche das Finanzvermögen reduzieren und dem Konsum zugeführt werden, erhöhen die Steuerschuld. Dieses Prinzip wird bereits bei der Altersvorsorge als wichtiger Teil der gesamtwirtschaftlichen Ersparnisbildung in Form einer nachgelagerten Besteuerung der Renten verwirklicht. Die Beiträge zur Altersvorsorge bedeuten Konsumverzicht heute und stellen damit Ersparnisse dar, deren Ertrag als Pension im Alter mit einer mehr oder weniger hohen impliziten Verzinsung zufliesst. Nach dem Prinzip der nachgelagerten Besteuerung der Renteneinkommen sind die Beiträge zur Altersvorsorge bei der EKST abzugsfähig, während die Auszahlungen in Form der Pensionen besteuert werden.

Im einfachsten Lebenszyklusmodell mit zwei Perioden und ohne Vererbung ist das Finanzvermögen zu Beginn der ersten Periode Null. Es werden also in der ersten Periode neue Ersparnisse gebildet, die im Alter wieder entspart und zusammen mit den Zinserträgen konsumiert werden. Wenn wir den Steuersatz der Ausgabensteuer mit t^C bezeichnen, dann ergeben sich in den beiden Perioden nach der Ausgabensteuer Steuerschulden T^1 und T^2 von

$$T^1 = t^C \cdot (w_1 - S), \quad T^2 = t^C \cdot (w_2 + S + rS). \tag{VIII.21}$$

Die positiven Ersparnisse in der ersten Periode mindern die Steuerschuld, in der zweiten Periode werden die verzinsten Ersparnisse konsumiert und erhöhen daher die Steuerschuld. Damit erhalten wir die periodischen Budgetidentitäten

$$\begin{aligned} C_1 &= w_1 - S - T^1 &= \left(1 - t^C\right)(w_1 - S), \\ C_2 &= w_2 + (1 + r)S - T^2 &= \left(1 - t^C\right)w_2 + \left(1 - t^C\right)(1 + r)S. \end{aligned} \tag{VIII.22}$$

Indem wir $\left(1 - t^C\right)S$ von der ersten in die zweite Gleichung einsetzen und leicht umformen, erhalten wir die intertemporale Budgetbeschränkung

$$C_1 + \frac{C_2}{1 + r} = \left(1 - t^C\right)\left[w_1 + \frac{w_2}{1 + r}\right]. \tag{VIII.23}$$

Der relative Preis $P = 1/(1 + r)$ zwischen Gegenwarts- und Zukunftskonsum bleibt also von der Ausgabensteuer unberührt! Die Steuer ist neutral bezüglich der intertemporalen Konsumwahl und vermeidet Ausweichreaktionen (Substitutionseffekte) bei der Sparentscheidung. Sie besteuert lediglich den Barwert der Arbeitseinkommen und verschiebt daher in Abbildung VIII.3 die Budgetgerade parallel nach innen. Wenn das Arbeitsangebot fix ist, wird eine Mehrbelastung vollständig vermieden. Die Ausgabensteuer kann jedoch nicht vermeiden, dass der Konsum relativ zur Freizeit teurer wird. Wäre neben der Sparentscheidung auch das Arbeitsangebot endogen, dann bliebe nach wie vor die Verzerrung des Arbeitsangebots, ähnlich wie bei der traditionellen EKST.

Während die EKST sowohl Ersparnisbildung als auch das Arbeitsangebot beeinträchtigt, kann die Ausgabensteuer die Verzerrung der Ersparnisbildung vermeiden und behindert nur mehr das Arbeitsangebot. Daher erscheint die Ausgabensteuer überlegen. Allerdings muss beachtet werden, dass wegen der Abzugsfähigkeit der Ersparnisse die Bemessungsgrundlage der Ausgabensteuer deutlich geringer ist als jene der traditionellen EKST. Daher ist unter normalen Umständen ein merklich höherer Steuersatz erforderlich als bei der EKST. Dies bedeutet, dass die Ausgabensteuer zwar

bezüglich der Sparentscheidungen neutral ist, aber dafür die Verzerrung des Arbeitsangebots möglicherweise deutlich verschärft. Die Berücksichtigung dieses Effekts
schwächt den Vorteil der Ausgabensteuer zumindest ab. Dennoch plädieren namhafte
Ökonomen für den Übergang zu einer Ausgabensteuer bzw. einer konsumorientierten
EKST.

VIII.3   Vorsorgesparen

VIII.3.1   Sparen und Risikoaversion

Ein wichtiges Sparmotiv ist die Vorsorge gegen die Wechselfälle des Lebens. Zwar
sind die grossen Einkommensrisiken durch die Sozialversicherungen zu einem Teil
abgedeckt, aber eben nicht vollständig. Eine Vollversicherung würde die Anreize
zur Risikovermeidung vermindern und ist daher unrealistisch. Die Ersatzquote der
Arbeitslosenversicherung (ALV) beträgt z. B. nur 50–70% des letzten Nettolohns.
Eine zu grosszügige Absicherung würde das Entlassungsrisiko steigern und auch die
Anreize der Arbeitslosen mindern, intensiv nach Beschäftigung zu suchen. So wird
die Versicherung selber zur Ursache von Arbeitslosigkeit. Ein ähnliches moralisches
Risiko ist mit allen Versicherungen verbunden. In dem Ausmass, in dem die Anreize zur Risikovorbeugung mit zunehmender Absicherung schwinden, nehmen die
Kosten der Versicherung und die notwendigen Prämien zu. Gerade die Nachfrager mit
den geringsten Risiken würden als erste auf eine Versicherung verzichten, so dass die
Versicherungen auf einer Negativauslese sitzen blieben und die Prämien noch mehr
anheben müssten. Unter Umständen können dadurch private Versicherungsmärkte
ganz zusammenbrechen.

Die Sozialversicherungen sind hingegen mit Beitragszwang ausgestattet. Doch
auch sie stehen vor dem Problem, dass eine zu grosszügige Absicherung die Anreize
zur Eigenvorsorge zerstört und die Kosten steigert. In der Regel wird daher nur eine
Grundabsicherung angeboten. Die Haushalte müssen einen erheblichen Teil der Lebensrisiken selber tragen. Sie können jedoch durch Ersparnisbildung für das Risiko
von Einkommensausfällen vorsorgen. Die Stärke dieses *Vorsorgemotivs* hängt vom
Umfang der Sozialversicherung ab. Wir zeigen nun, wie ein weiterer Ausbau der Sozialversicherungen die privaten Einkommensrisiken mindert und die Ersparnisbildung
nach dem Vorsorgemotiv beeinträchtigt. Im Unterschied zu den vorhergehenden Abschnitten seien die Individuen in der zweiten Lebensperiode einem Arbeitslosenrisiko
ausgesetzt, welches durch eine ALV teilweise, aber eben nicht vollständig abgedeckt
wird. In der ersten Lebensperiode sei das Arbeitseinkommen sicher und der Lohnsatz
der Einfachheit halber in beiden Perioden gleich. Die periodischen Budgetidentitäten
lauten

$$C_1 = w - S, \quad C_2 = RS + y, \quad y = \begin{cases} b < (1 - t^U)w & : \pi, \\ (1 - t^U)w & : 1 - \pi. \end{cases} \tag{VIII.24}$$

Im Alter sind die Individuen mit der Wahrscheinlichkeit π arbeitslos und mit der Ge-
genwahrscheinlichkeit $1 - \pi$ beschäftigt. Die ALV zahlt Arbeitslosengeld b an die

Arbeitslosen aus und finanziert die Ausgaben mit Beiträgen $t^U w$ auf die Löhne der Beschäftigten. Wie erwähnt, ist die Arbeitslosenunterstützung deutlich geringer als der Nettolohn, $b < (1 - t^U)w$. Das erwartete Arbeitseinkommen im Alter beträgt

$$E[y] = (1 - \pi) \cdot (1 - t^U)w + \pi \cdot b. \tag{VIII.25}$$

Entscheidungen bei Risiko werden mit der Erwartungsnutzentheorie erklärt. Die Haushalte richten ihre Entscheidungen an der Maximierung des Erwartungsnutzens aus,

$$V = C_1 + E[U(C_2)], \quad U'(\cdot) > 0 > U''(\cdot). \tag{VIII.26}$$

Der Erwartungsnutzen des riskanten Alterskonsums beträgt

$$E[U(C_2)] = (1 - \pi) \cdot U(C_2^E) + \pi \cdot U(C_2^U) \tag{VIII.27}$$

mit $C_2^E = RS + (1 - t^U)w$ und $C_2^U = RS + b$. Vereinfachend sei angenommen, dass der erwartete Lebensnutzen in (VIII.26) linear im Konsum der ersten Periode ist. Diese Annahme eliminiert die Einkommenseffekte, so dass der Einfluss des Lohneinkommens der ersten Periode auf Ersparnisse und Alterskonsum ausgeschaltet ist. Die Ersparnisse hängen nur noch vom Zins sowie vom Erwartungswert und Risiko des Einkommens in der zweiten Periode ab. So kann das Vorsorgemotiv am leichtesten isoliert werden.

Die Risikoaversion der Individuen kommt in der Konkavität der Nutzenfunktion $u(\cdot)$ nach von Neumann-Morgenstern zum Ausdruck. Risikoscheue Individuen müssen für die Risikotragung mit einer Risikoprämie entlohnt werden, damit ein riskantes und ein sicheres Einkommen gleichwertig eingestuft werden. Abbildung VIII.4 veranschaulicht die Situation. Die konkave Nutzenfunktion $U(C)$ gibt den Nutzen aus einem Konsumniveau C an. Die Konsumterme C_2^E und C_2^U ergeben zwei Punkte auf der Nutzenfunktion, welche durch eine Gerade verbunden sind. Punkte auf der Verbindungsgerade stellen Linearkombinationen der Nutzenniveaus $U(C_2^E)$ und $U(C_2^U)$ bzw. Erwartungsnutzenniveaus für verschiedene Wahrscheinlichkeiten π dar. Der

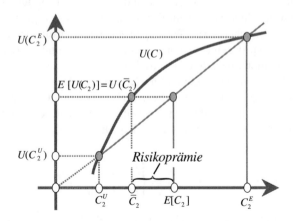

Abbildung VIII.4: Entscheidung bei Risiko

mittlere Punkt auf der Verbindungslinie gibt also für eine bestimmte Wahrscheinlichkeit π den Erwartungsnutzen $E[U(C_2)]$ an. Dieselbe Wahrscheinlichkeit ergibt ein erwartetes Konsumniveau $E[C_2]$ auf der horizontalen Achse. Die Abbildung zeigt, dass ein sicherer Konsum $\bar{C}_2 < E[C_2]$, der kleiner ist als der erwartete riskante Konsum, ausreicht, um einen Nutzen $U(\bar{C}_2) = E[U(C_2)]$ gleich dem Erwartungsnutzen aus dem riskanten Konsum zu erzielen. Die Differenz $E[C_2] - \bar{C}_2$ ist die Risikoprämie. Der Erwartungswert des riskanten Konsums muss den sicheren Konsum um eine Risikoprämie übersteigen, damit ein risikoaverses Individuum beide Alternativen als gleichwertig einstuft. Wie hoch die Risikoprämie ist, hängt von der Konkavität der Nutzenfunktion bzw. vom Grad der Risikoaversion ab.

Risikoaversion veranlasst die Haushalte, mittels Sparen für die künftigen Einkommensrisiken vorzusorgen. Die Haushalte nehmen dabei Löhne, Zinsen, das Arbeitslosenrisiko π und die Politikparameter als gegeben hin und wählen die Ersparnisse, um den erwarteten Lebensnutzen in (VIII.26) und (VIII.27) zu maximieren,

$$L(S) = C_1 + \left[\pi \cdot U\left(C_2^U\right) + (1 - \pi) \cdot U\left(C_2^E\right)\right]$$
$$s.t.\ C_1 = w - S, \quad C_2^U = RS + b, \quad C_2^E = RS + \left(1 - t^U\right)w. \tag{VIII.28}$$

Die eckige Klammer drückt den Erwartungsnutzen $E[U(C_2)]$ des Alterskonsums aus. Die Bedingungen erster und zweiter Ordnung (BEO und BZO) für ein Maximum lauten:

$$L'(S) = -1 + R \cdot E\left[U'(C_2)\right] = 0,$$
$$L''(S) = R^2 \cdot E\left[U''(C_2)\right] < 0. \tag{VIII.29}$$

Die optimalen Ersparnisse sind durch die BEO implizit bestimmt.

VIII.3.2 Wirkungen der Sozialversicherung

Die ALV fordert Beiträge von den Beschäftigten ein, um Leistungen an die Arbeitslosen zu finanzieren. Bei individuell unabhängigen Risiken ist das individuelle Arbeitslosenrisiko gleich dem Anteil π der Arbeitslosen an der Gesamtzahl der erwerbsfähigen Bevölkerung. Nach dem Gesetz der grossen Zahlen werden also die aggregierten Einnahmen und Ausgaben der ALV zu sicheren Grössen. Wenn die Grösse der Erwerbsbevölkerung auf 1 normalisiert wird, dann bezeichnet π nicht nur den Anteil, sondern auch die gesamte Masse der Arbeitslosen, für die insgesamt Leistungen in der Höhe von πb ausgezahlt werden müssen. Die Budgetbeschränkung der ALV lautet daher

$$\pi b = (1 - \pi)t^U w \quad \Rightarrow \quad b = \frac{1 - \pi}{\pi}t^U w \quad \Rightarrow \quad \frac{\mathrm{d}b}{\mathrm{d}t^U} = \frac{1 - \pi}{\pi}w. \tag{VIII.30}$$

Je höher das Verhältnis $\frac{1-\pi}{\pi}$ der Beschäftigten zu den Arbeitslosen ist, desto grosszügiger kann das Arbeitslosengeld bei gegebenem Beitragssatz bemessen werden. Ein höherer Beitragssatz erlaubt einen besseren Versicherungsschutz gegen Arbeitslosigkeit. Wir nehmen an, dass die ALV, z.B. wegen des drohenden moralischen Risikos, keine Vollversicherung anbieten kann, so dass $b < \left(1 - t^U\right)w$.

Die BEO in (VIII.29) gibt die Ersparnisse in impliziter Form an. Sie hängen von den Politikparametern und auch von den exogenen Preisen w und R ab, die aber in diesem Abschnitt nicht interessieren. Wir fragen nun, wie ein besserer Versicherungsschutz gegen Arbeitslosigkeit durch Ausdehnung der ALV das private Vorsorgesparen beeinflusst. Dabei berücksichtigen wir den Zusammenhang zwischen Beitragssatz und Arbeitslosengeld nach (VIII.30). Nachdem die BEO in (VIII.29) vor und nach einer Politikänderung gelten muss, bilden wir das Differential davon und setzen es gleich Null, $dL' = \frac{\partial L'}{\partial S} dS + \frac{\partial L'}{\partial t^U} dt^U = 0$. Die Auflösung ergibt $\frac{dS}{dt^U} = -\frac{\partial L'/\partial t^U}{L''}$, wobei $L'' < 0$ wegen der BZO gilt. Bei der Bildung der Ableitung $\partial L'/\partial t^U$ müssen wir auch berücksichtigen, dass eine Anhebung des Beitragssatzes das Arbeitslosengeld b nach (VIII.30) erhöht. Indem wir die Definitionen in (VIII.27) berücksichtigen, erhalten wir

$$\partial L'/\partial t^U = R\left\{(1-\pi)U''\left(C_2^E\right) \cdot (-w) + \pi U'\left(C_2^U\right) \cdot \partial b/\partial t^U\right\}.$$

Einsetzen von (VIII.30) ergibt schliesslich

$$\frac{dS}{dt^U} = \frac{R(1-\pi)w \cdot \left[U''\left(C_2^E\right) - U''\left(C_2^U\right)\right]}{L''(S)} < 0 \tag{VIII.31}$$
$$\Leftrightarrow \quad U''\left(C_2^E\right) - U''\left(C_2^U\right) > 0.$$

Wenn die ALV keine Vollversicherung anbietet, dann ist das Einkommen eines Beschäftigten auf alle Fälle höher als die Arbeitslosenunterstützung, so dass $C_2^E > C_2^U$ gilt. Die Risikoabneigung der Individuen wird häufig mit dem Fall konstanter relativer Risikoaversion beschrieben, $-CU''(C)/U'(C) = \gamma$ konstant. Die Ableitung von $CU''(C) = -\gamma U'(C)$ nach C ergibt $U'' + CU''' = -\gamma U''$ bzw. $U''' = -(1+\gamma)U''/C > 0$. Zumindest in diesem Fall ist die dritte Ableitung positiv, so dass $dU''(C) = U''' \cdot dC$ gilt. Wenn wir die infinitesimalen Änderungen mit $dU''(C) = U''\left(C_2^E\right) - U''\left(C_2^U\right)$ und $dC = C_2^E - C_2^U$ ersetzen, erhalten wir bei konstanter relativer Risikoaversion als Abschätzung $U''\left(C_2^E\right) - U''\left(C_2^U\right) = U'''(C) \cdot \left(C_2^E - C_2^U\right) > 0$. Damit ist die Ableitung in (VIII.31) negativ, denn es gilt $L'' < 0$ wegen der BZO.

Alle Versicherungen, private und öffentliche, verteilen zwischen den Beitragszahlern und Leistungsempfängern um. Dadurch wird ein relativ sicheres Durchschnittseinkommen ermöglicht. Diese Umverteilung erfolgt, ohne dass gesamtwirtschaftlich ein Kapitalstock oder Vermögen angesammelt wird. Die Einnahmen der Versicherungsinstitution sind in jeder Periode gleich den Ausgaben. Auch die Existenz privater Versicherungen reduziert, im Vergleich zu einem versicherungslosen Zustand, die private Ersparnisbildung nach dem Vorsorgemotiv. In vielen Bereichen, insbesondere bei den grossen makroökonomischen Risiken wie Arbeitslosigkeit, können die Einkommensrisiken nicht oder nur geringfügig über private Versicherungen abgedeckt werden. Der Staat sichert zu einem beträchtlichen Teil die grossen Lebensrisiken wie Arbeitslosigkeit, Krankheit, Unfall usw. über die Sozialversicherung als Zwangsinstitution ab. Das Ergebnis in (VIII.31) bedeutet, dass die Sozialversicherung das private Vorsorgesparen und damit die Eigenvorsorge verringert. Alternativ würden sich die Haushalte durch Sparen nach dem Vorsorgemotiv gegen diese Einkommensrisiken absichern. Da dem Rückgang der privaten Ersparnisse keine Zunahme der öffentlichen Ersparnisse gegenübersteht, weil die Sozialversicherung alle Einnahmen sofort wieder ausgibt, bleibt eine verringerte gesamtwirtschaftliche Ersparnis übrig.[1]

Allerdings ist damit noch wenig darüber ausgesagt, ob dies aus volkswirtschaftlicher Perspektive wünschenswert ist oder nicht. Risikoaverse Individuen ziehen einen Nutzen aus der Verringerung von Einkommensrisiken, für die (annahmegemäss) auf privaten Märkten keine (ausreichende) Versicherung angeboten wird. Den Einkommensverlusten aufgrund verringerter Ersparnisse steht ein Wohlfahrtsgewinn aus der verbesserten Absicherung gegen Einkommensrisiken gegenüber. Ein optimaler Umfang der Sozialversicherung wird von der relativen Bedeutung dieser beiden Effekte abhängen.

VIII.4 Erbschaftsbesteuerung

VIII.4.1 Vererbungsentscheidung

In den entwickelten Industrienationen werden riesige Vermögen von einer zur nächsten Generation übertragen. Empirisch dürfte das Erbschaftssparen mindestens ebenso bedeutend sein wie das Sparen nach dem Lebenszyklusmotiv zur eigenen Altersvorsorge. Um uns auf das Vererbungsmotiv zu konzentrieren, schalten wir zur Vereinfachung das Lebenszyklusmotiv ganz aus, indem wir die Lebenszeit einer Generation auf eine Periode beschränken und nicht mehr weiter unterteilen. In Periode t existiere eine Generation mit dem Index t, welche von der Elterngeneration $t-1$ ein Erbe S_{t-1} empfängt und aus den eigenen Ersparnissen am Ende der Periode ein Bruttovermögen S_t an die Nachfolgegeneration $t+1$ hinterlässt. Wir bezeichnen mit B_t das verfügbare Einkommen bzw. Vermögen, welches Generation t einschliesslich der Verzinsung mit dem Faktor $R = 1 + r$, aber nach Abzug der Erbschaftsteuer mit dem Satz t^B aus dem empfangenen Erbe erzielt,

$$B_t = R \cdot \left(1 - t^B\right) S_{t-1}. \tag{VIII.32}$$

Löhne w und Zinsen r seien exogen und über die Zeit konstant. Das Erbschaftssparen S_t, und damit das am Ende der Periode hinterlassene Vermögen, ist die Differenz zwischen Einkommen $B_t + w$ und eigenem Konsum C_t,

$$S_t = B_t + w - C_t. \tag{VIII.33}$$

Die Entscheidung über die Höhe der Hinterlassenschaft hängt ab von der Bewertung des eigenen Konsums C_t relativ zum verfügbaren Einkommen B_{t+1}, welches den Nachkommen durch Vererbung ermöglicht wird. Dies wird durch eine quasikonkave Nutzenfunktion $u_t = U(C_t, B_{t+1})$ ausgedrückt. Man beachte, dass das verfügbare Einkommen B_{t+1}, welches aus dem Erbe nach Erbschaftsteuer erwächst, nicht gleich dem Nutzen des Erbempfängers ist. In diesem Sinne ist das postulierte Vererbungsmotiv *egoistisch*: Nicht der Nutzen des Empfängers ist für die Erbschaftsentscheidung

---

[1]Die Pensionsversicherung nach dem Umlageverfahren hat ähnliche Wirkungen auf die gesamtwirtschaftlichen Ersparnisse, wie im nächsten Kapitel deutlich wird.

massgeblich, sondern die eigene Befriedigung darüber, dem Empfänger ein Einkommen zu geben.[2]

Damit das verfügbare Einkommen des Erbempfängers um einen Betrag B_{t+1} gesteigert werden kann, muss der Erblasser nach (VIII.32) einen Konsumverzicht und damit eine Sparleistung von $S_t = B_{t+1}/\left[(1 - t^B)R\right]$ tätigen. Die Erbschaftsentscheidung lautet daher

$$\max_{C_t, B_{t+1}} U(C_t, B_{t+1}) \quad s.t. \quad C_t + \frac{B_{t+1}}{(1 - t^B)R} = B_t + w. \tag{VIII.34}$$

VIII.4.2 Wirkung der Erbschaftsteuer

Generation t empfängt selber ein Nettoerbe B_t von der Elterngeneration und hinterlässt ein Nettoerbe B_{t+1} den Kindern. Abbildung VIII.5 veranschaulicht die Lösung graphisch, wobei die Budgetbeschränkung in (VIII.34) zu $B_{t+1} = (1 - t^B) \cdot R[B_t + w - C_t]$ umgeformt wird. Die Erbschaftsteuer dreht die Budgetgerade des Erblassers um den Ausstattungspunkt $B_t + w$ nach innen. Punkt 0 bezeichnet die Ausgangssituation, Punkt 2 die Entscheidung bei Erbschaftsbesteuerung. Der vertikale Abstand 2–3 zwischen der Brutto- und Nettobudgetgerade steht für das Steueraufkommen. Die Erbschaftsteuer löst wie üblich einen Preiseffekt aus, der in einen Einkommenseffekt (Bewegung 0–1 aufgrund einer Parallelverschiebung wie bei einer Pauschalsteuer) und einen Substitutionseffekt (Bewegung 1–2 aufgrund der Drehung der Budgetgerade entlang der Indifferenzkurve) zerlegt werden kann. Die Stärke des Substitutionseffektes bestimmt die Höhe der Mehrbelastung (Abstand *DWL* unterhalb von 2). Mehrbelastung bedeutet, dass die Erbschaftsteuer wegen des Ausweichverhaltens (Substitutionseffekt) bei gleicher Nutzeneinbusse des Erblassers ein geringeres Steueraufkommen erzielt und daher im Vergleich zu einer gleichwertigen Pauschalsteuer weniger ergiebig ist.

Der Betrag $B_t + w$ kann von der Empfängergeneration t nicht kontrolliert werden und ist aus ihrer Sicht ein exogenes Einkommen. Der relative Preis zwischen eigenem Konsum und Nettoerbe der Nachkommen ist $P \equiv 1/\left[(1 - t^B)R\right]$. Die Lösung des Problems in (VIII.34) ergibt wie üblich Marshall'sche Nachfragefunktionen $B_{t+1} = B(P, B_t + w)$ und $C_t = C(P, B_t + w)$, die vom relativen Preis und vom exogenen Einkommen abhängen. Abbildung VIII.5 verdeutlicht, wie das empfangene Nettoerbe der nachfolgenden Generation von den Entscheidungen der gegenwärtigen Generation abhängt,

$$B_{t+1} = B(P, B_t + w), \quad \frac{dB_{t+1}}{dB_t} > 0, \quad \frac{dB_{t+1}}{dP} < 0. \tag{VIII.35}$$

Der relative Preis P gibt an, auf wieviel eigenen Konsum der Erblasser verzichten muss, um seinen Nachkommen ein Nettoerbe von 1 Euro zu hinterlassen. Die

---

[2]Ein *altruistisches Vererbungsmotiv* orientierte sich hingegen am Nutzen der Nachfolger. Dann würden wir die Präferenzen des Erblassers $u_t = u(C_t, u_{t+1})$ mit $u_{t+1} = U(C_{t+1}, u_{t+2})$ anschreiben, wobei die Konsummöglichkeiten und damit der Nutzen der Nachfolger über die Vererbung beeinflusst werden. Das altruistische Vererbungsmotiv wird im nächstem Kapitel im Zusammenhang mit der Staatsverschuldung besprochen.

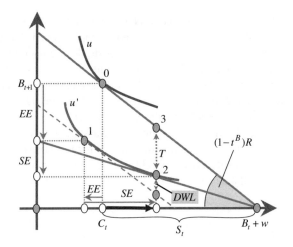

Abbildung VIII.5: Erbschaftsbesteuerung

Erbschaftsteuer erhöht den relativen Preis P des Nettoerbes und macht daher die Vererbung für den Erblasser teurer. Daher verringert dieser das Nettoerbe der nachfolgenden Generation und erhöht den eigenen Konsum. Einkommens- und Substitutionseffekt verstärken sich, wie aus Abbildung VIII.5 hervorgeht. Wenn der Erblasser selber mehr Vermögen von seinen Eltern empfängt, dann gibt er dies teilweise auch an die Nachfolger weiter. Dies kann in Abbildung VIII.5 anhand einer Parallelverschiebung der Budgetbeschränkung nach aussen veranschaulicht werden. Die Nachfolger geben ihrerseits wieder einen Teil an ihre Nachkommen weiter usw.

Diese Dynamik im Vererbungsverhalten können wir graphisch veranschaulichen. In Abbildung VIII.6 tragen wir die Beziehung (VIII.35) als ansteigende Funktion ein. Im Schnittpunkt mit der 45°-Linie ist ein stationärer Zustand erreicht, d.h.

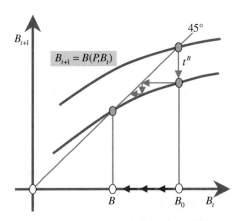

Abbildung VIII.6: Vererbungsdynamik

das empfangene und das weitergegebene Nettoerbe sind genau gleich gross. Eine Erhöhung der Erbschaftsteuer verringert für jeden empfangenen Betrag B_t das weitergegebene Nettoerbe B_{t+1} und verschiebt daher die Kurve nach unten. Es sei die Ausgangssituation ein stationäres Gleichgewicht mit einem Nettoerbe von B_0. Wenn die Erbschaftsteuer permanent erhöht wird, hinterlässt Generation 0 den Nachfolgern ein geringeres Nettoerbe B_1 (erster vertikaler Pfeil nach unten). Die nächste Generation empfängt nun ein geringeres Nettoerbe B_1, wobei der Unterschiedsbetrag $B_0 - B_1$ dem ersten horizontalen Pfeil entspricht, und hinterlässt ihrerseits ein geringeres Nettoerbe (zweiter vertikaler Pfeil nach unten). Dieser Prozess setzt sich fort, bis wieder ein stationäres Vererbungsniveau B erreicht ist. Die Wirkungen einer permanenten Erhöhung der Erbschaftsteuer sind also nicht auf die gegenwärtige Generation beschränkt.

Zusammenfassung

1. Das Lebenszyklusmotiv des Sparens drückt das Bestreben der Haushalte aus, durch Ersparnisbildung die Schwankungen des Lohneinkommens auszugleichen und den Konsum zu glätten. Der grösste Teil dient der Vorsorge für den Konsum im Ruhestand, wenn das aktive Lohneinkommen ganz ausfällt.

2. Die Besteuerung der Kapitalerträge mindert den Nettozins und verteuert damit den zukünftigen Konsum relativ zum gegenwärtigen Konsum. Diese Veränderung des relativen Preises verursacht einen Einkommens- und Substitutionseffekt. Ein geringerer Nettozins steigert ausserdem den Wert zukünftiger Arbeitseinkommen und verursacht damit einen zusätzlichen Vermögenseffekt. Der Vermögenseffekt verstärkt den Substitutionseffekt.

3. Die Mehrbelastung der Kapitalertragsbesteuerung hängt von der Höhe der Steuersätze und der Höhe der kompensierten Zinselastizität der Ersparnisse ab.

4. Die Vermögensteuer ist äquivalent zu einer Besteuerung des laufenden Zinsertrags, sofern ein normaler Ertrag bzw. ein Sollertrag erzielt wird. Je geringer der tatsächliche Kapitalertrag ist, desto höher ist der Ertragsteuersatz, der mit dem Satz der Vermögensteuer äquivalent ist.

5. Das Nominalwertprinzip der Besteuerung führt zur Besteuerung von Scheingewinnen aufgrund von Inflation.

6. Bei einer Ausgabensteuer erhöhen sowohl die anfallenden Zinserträge als auch die aufgelösten Sparbeträge die Bemessungsgrundlage, während eine positive Ersparnis abzugsfähig ist. Die Ausgabensteuer ist intertemporal neutral, hat aber eine kleinere Bemessungsgrundlage wie die synthetische Einkommensteuer und erfordert daher einen höheren Steuersatz, wenn dasselbe Aufkommen erzielt werden soll.

7. Die Haushalte bilden auch Ersparnisse, um für nicht vollständig versicherbare Einkommensrisiken wie Arbeitslosigkeit, Krankheit und andere Notlagen Vorsorge zu treffen. Eine umfangreichere Sozialversicherung mindert die Ersparnisbildung nach dem Vorsorgemotiv.

8. Die Erbschaftsteuer mindert die gesamtwirtschaftliche Ersparnisbildung, weil sie das Sparen zwecks Vererbung an die Nachkommen verteuert.

Lektürevorschläge

BROWNING und LUSARDI (1996) enthalten eine Übersicht über verschiedene Sparmotive und besprechen die empirische Evidenz. Gute Darstellungen über die Beeinflussung der Ersparnisbildung durch den öffentlichen Sektor finden sich z. B.
in ATKINSON und STIGLITZ (1980), SANDMO (1985), AUERBACH und KOTLIKOFF
(1987), KOTLIKOFF (1989, 2001) und BRADFORD (2000). KOTLIKOFF (1989, 2001) erörtert in mehreren Kapiteln die verschiedenen Erbschaftsmotive und die empirische
Evidenz dazu. Die Konzepte einer Ausgabenbesteuerung bzw. einer konsumorientierten (sparbereinigten) Einkommensteuer werden dargestellt in BRADFORD (2000),
ROSE (1998) oder auch KIRCHGAESSNER (1999) für die Schweiz. GORDON (2000)
fasst die Argumente für eine unterschiedliche Besteuerung von Kapital- und Arbeitseinkommen zusammen. HUBBARD, SKINNER und ZELDES (1995) analysieren den
Einfluss der Sozialversicherung auf das Vorsorgemotiv des Sparens. SUMMERS (1981)
hat darauf hingewiesen, dass der Vermögenseffekt von Zinsänderungen im Lebenzy-
klusmodell die Zinselastizität der Ersparnisse deutlich erhöht. Nach CAGETTI (2001)
wird der Einfluss jedoch deutlich reduziert, wenn zusätzlich ein Vorsorgemotiv berücksichtigt wird. BOSKIN (1978) enthält eine ältere Schätzung für die Zinselastizität
der Ersparnisse. BERNHEIM (2002) sowie JAPPELLI und PISTAFERRI (2003) fassen die
neuere empirische Literatur über Besteuerung und Ersparnisbildung zusammen. PO-
TERBA, VENTI und WISE (1996) sowie ENGEN, GALE und SCHOLZ (1996) stellen die
empirische Evidenz speziell über die Wirksamkeit von Steuerbegünstigungen für die
Altersvorsorge vor. Auf der Homepage WWW.IFF.UNISG.CH, Seite Lehre/Keuschnigg,
stehen gelöste Übungsaufgaben bereit.

Schlüsselbegriffe

Lebenszyklusmotiv des Sparens	Vererbungsmotiv
Nominalwertprinzip	Scheingewinnbesteuerung
Zinsertragsbesteuerung	Vermögensbesteuerung
Ausgabenbesteuerung	Vorsorgemotiv des Sparens
Sozialversicherungen	Substitutions-, Einkommens-
Erbschaftsteuer	und Vermögenseffekt

Kapitel IX

Staatsverschuldung und Alterssicherung

Staatsverschuldung und staatliche Alterssicherung können die gesamtwirtschaftliche Ersparnisbildung und damit Investition und Wachstum beeinträchtigen. In den meisten Industrieländern hat die Staatsverschuldung ein bedeutendes Ausmass angenommen. Abbildung IX.1 zeigt die Zunahme der Staatsschuld in den deutschsprachigen Ländern seit Beginn der 90er Jahre. Tabelle IX.1 zeigt die Schulden- und Nettodefizitquoten von 1990 und 2003 und berücksichtigt auch die USA und Japan. Die Verschuldung des gesamten öffentlichen Sektors beträgt in Deutschland im Jahr 2003 mehr als 65% des BIP, während sie 1990 noch bei etwa 41% lag. Einen Teil dieses Anstiegs dürften die Sonderlasten der Finanzierung der deutschen Einigung widerspiegeln. Das Nettodefizit entspricht dem Überschuss der gesamten öffentlichen Ausgaben über die Einnahmen und zeigt damit die Veränderung der Staatsschuld an. Mit einer Nettodefizitquote von 3.9% des BIP wird die Schuldenquote in Deutschland noch weiter anwachsen. Mit einer deutlich geringeren Nettodefizitquote von 1.4% des BIP präsentiert sich die Entwicklung der Staatsschuld in Österreich stabiler, obwohl die Schuldenquote derzeit noch geringfügig höher liegt. Auch in der Schweiz hat die Staatsschuld seit Beginn der 90er Jahre um mehr als 25 Prozentpunkte des BIP stark zugenommen, auch wenn die Schuldenquote im internationalen Vergleich mit 55% noch relativ vorteilhaft erscheint. In den USA ist die Schuldenquote seit Beginn der 90er Jahre sogar leicht zurückgegangen und liegt 2003 bei 63.4%. Mit einem Nettodefizit von 4.8% des BIP nimmt sie nunmehr wieder stark zu. In Japan ist die Staatsschuld seit 1990 auf weit mehr als das Doppelte angestiegen; sie beträgt 2003 154.6% des BIP und wächst mit einer Nettodefizitquote von 8% weiterhin rasch an. Dieser Wert zeigt einen massiven Bedarf nach Budgetsanierung auf, um die weitere Entwicklung der Staatsschuld nachhaltig zu stabilisieren.

Tabelle IX.1: Verschuldungs- und Defizitquoten

	Staatsschuldenquote in % des BIP		Nettodefizitquote in % des BIP	
	1990	2003	1990	2003
Deutschland	41,4	65,3	2,0	3,9
Österreich	57,2	66,8	2,4	1,4
Schweiz	29,9	55,5	−0,6	1,2
Japan	68,3	154,6	−2,1	8,0
USA	66,6	63,4	4,2	4,8

Quelle: OECD (2004a); Bundesamt für Statistik (2004)

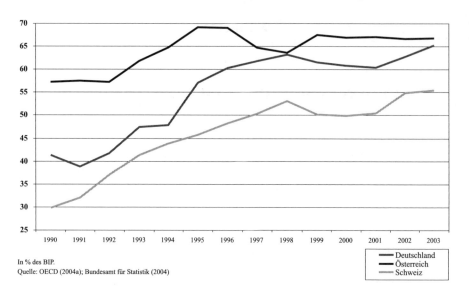

In % des BIP.
Quelle: OECD (2004a); Bundesamt für Statistik (2004)

Abbildung IX.1: Entwicklung der Staatsschuldenquote

Viele Ökonomen befürchten, dass eine ausufernde Staatsschuld das Wachstum bremst. Das Wesen der Staatsschuld ist es, die Finanzierung eines gegebenen Stroms von öffentlichen Ausgaben mit Steuern in die Zukunft zu verschieben. Im Vergleich zur vollen Steuerfinanzierung der laufenden Ausgaben können die Steuern heute niedrig gehalten werden, wenn die Einnahmelücke mit Neuverschuldung geschlossen wird. Dies stärkt die verfügbaren privaten Einkommen heutiger Generationen und damit die privaten Ersparnisse. Diese Ersparnisse stehen zur Finanzierung des öffentlichen Defizits zur Verfügung, so dass die gesamtwirtschaftlichen Nettoersparnisse des privaten und öffentlichen Sektors nur teilweise oder gar nicht zurückgehen. Andererseits müssen zur Bedienung der höheren Staatsschuld in künftigen Perioden die Steuern angehoben werden, damit eine nachhaltige Finanzierung der Staatsausgaben gesichert ist. Die Nachhaltigkeit der Staatsfinanzen ist sichergestellt, wenn der Staat seine intertemporale Budgetbeschränkung erfüllt, wonach der Barwert öffentlicher Ausgabeverpflichtungen (einschliesslich einer vorhandenen Staatsschuld) nicht den Barwert der Steuereinnahmen übersteigen darf.

Häufig wird die Ansicht vertreten, dass der Staat durch Neuverschuldung wertvolles Investitionskapital absorbiert und damit private Investitionen behindert. Ob dies tatsächlich der Fall ist, hängt von der Anpassung der privaten Ersparnisbildung ab. Entscheidend ist, ob die private Ersparnis im selben Ausmass wie die staatliche Neuverschuldung zunimmt und so eine Finanzierung der Staatsschuld ohne Beeinträchtigung der Investitionstätigkeit erlaubt oder eben nicht. Theoretisch kann, je nach Ansicht über die Art des privaten Sparmotivs, die *Neutralitätshypothese* vertreten werden. Wenn die Haushalte die hohe zukünftige Steuerlast voraussehen und gleichzeitig die Wohlfahrt ihrer Nachfahren im Blick haben, dann werden sie darauf verzichten, von der temporär niedrigen Steuerlast heute zu profitieren und den Konsum auszudehnen. Vielmehr werden sie den Zugewinn an verfügbaren Einkommen sparen, um den Wohlstand ihrer Nachfahren durch eine höhere Vererbung abzusichern. Mit anderen Worten werden schon heute die zukünftig notwendigen Steuererhöhungen vollständig angespart, so dass die private Ersparnis im selben Ausmass zunimmt, wie die öffentliche Ersparnis durch Neuverschuldung abnimmt. Sollte dieser Mechanismus vollständig zum Tragen kommen, dann wäre die Staatsschuld neutral. Man beachte, dass es bei der Diskussion um die Neutralität der Staatsschuld nur um eine Verschiebung der Steuerlasten bei gegebenem Ausgabenstrom geht. Eine Änderung staatlicher Konsumausgaben kann niemals neutral sein, da diese Ausgaben eine direkte Inanspruchnahme des BIP darstellen und damit per Definition andere Verwendungen des BIP zurückdrängen.

Sobald sich die Individuen in ihrem Sparverhalten nicht mehr an der Wohlfahrt der Nachfahren orientieren, sondern nur noch auf ihre eigenen Interessen abstellen, wird die *Verdrängungshypothese* relevant. Am offensichtlichsten ist dies, wenn ein Vererbungsmotiv unberücksichtigt bleibt und die private Ersparnisbildung ausschliesslich durch das Lebenszyklusmotiv erklärt wird. Wenn wegen des fehlenden Vererbungsmotivs die Wohlfahrt nachfolgender Generationen nicht berücksichtigt wird, dann existiert auch kein Anreiz, die höheren Steuerlasten der nachfolgenden Generationen mittels höherer Vererbung auszugleichen. Die geringere öffentliche Ersparnis als Resultat der Neuverschuldung wird also nicht mehr durch höhere private Ersparnisse kompensiert. Die gesamtwirtschaftliche Ersparnisbildung geht zu Lasten von Investition und Wachstum zurück. Empirisch ist nicht eindeutig klar, ob Staatsverschuldung tatsächlich zu einer Verringerung der volkswirtschaftlichen Ersparnisse und damit zu einer Verdrängung von Investitionen führt.

Ähnliche Probleme wie bei der Staatsschuld können sich aus der staatlichen Alterssicherung ergeben. Die meisten Länder haben das Pensionssystem nach dem *Umlageverfahren* organisiert, wonach die Pensionen der Rentner aus den laufenden Beiträgen der Arbeitsbevölkerung bezahlt werden, ohne dass ein Kapitalvermögen gebildet wird. Das Umlagesystem ist daher ein Transfermechanismus von den Erwerbstätigen zu den Pensionisten. Wenn die Beitragszahlergeneration alt wird, sind die eigenen Beitragsleistungen schon ausgegeben. Die Pension muss dann mit den Beiträgen der nächsten Generation finanziert werden. Dieses Prinzip funktioniert auf der Grundlage eines *impliziten Generationenvertrags*. Die heutige Arbeitsbevölkerung zahlt Beiträge zum Unterhalt der Pensionisten und vertraut darauf, im Alter selber eine Pension von der nächsten Beitragszahlergeneration zu erhalten. Nach dem Generationenvertrag erwirbt der Beitragszahler einen Anspruch auf „Rückzahlung" seiner Beiträge in Form einer Pension, genauso wie der Erwerber einer Staatsschuld ein Versprechen auf Rückzahlung mit Zins erhält. In der Tat kann eine Pensionsversicherung nach dem Umlageverfahren als versteckte Staatsschuld aufgefasst werden, sofern die künftig entstehenden Rentenanwartschaften nicht durch zukünftig zu erwartende Beiträge gedeckt sind. Eine ökonomische Ermittlung der Staatsschuld wird solche ungedeckten Rentenanwartschaften in die Berechnung miteinbeziehen. Die so ermittelte ökonomische Staatsschuld stellt ein Mass für die Nachhaltigkeit der Staatsfinanzen dar, denn sie zeigt, in welchem Ausmass zukünftige Leistungsversprechen, wie sie sich aus der heutigen Rechtslage ergeben, noch nicht mit Steuern gedeckt sind.

Mit der Überalterung der Bevölkerung gerät allerdings das Umlageverfahren stark unter Reformzwang. Die neueren demographischen Prognosen schätzen, dass der Alterslastquotient, das ist der Anteil der über 60-Jährigen an den 15 bis 60-Jährigen, in Deutschland von 37.5 im Jahr 2000 auf 68.4% im Jahr 2050 zunehmen wird, in Österreich von 32.4 auf 66.8% und in der Schweiz von 32.2 auf 54.3%, siehe Abbildung IX.2. Dieser Anstieg des Alterslastquotienten resultiert im Wesentlichen aus einer geringeren Fertilität und zunehmender Lebenserwartung. Der Anteil der Pensionsausgaben am BIP macht im Jahr 2000 in Deutschland etwa 13% aus, in Österreich 13.8 und in der Schweiz 12.2%. Weil den aktiven Beitragszahlern immer mehr Pensionisten gegenüberstehen, müssen zwecks Stabilisierung des Pensionssystems entweder die Beitragszahlungen stark angehoben oder die Pensionen gekürzt werden. Mit anderen Worten wird das Verhältnis der Beitragszahlungen zur Pensionsleistung immer unattraktiver, so dass die implizite Rendite der Beiträge zum Umlageverfahren sinkt. Nachdem die Pensionsbeiträge einer Altersvorsorge entsprechen, stellen sie ein unvollständiges Substitut zu anderen Sparformen dar. Das Substitut ist unvollständig, weil die implizite Beitragsrendite geringer ist als die Kapitalmarktrendite. Mit dem Versicherungszwang werden also die Beitragszahler in eine Sparform mit geringerer Rendite gezwungen. Dies bedeutet, dass die Beiträge zum Umlagesystem je nach Ausmass der Renditedifferenz einen versteckten Steueranteil aufweisen und damit die Ersparnisbildung hemmen. Dieser Steueranteil der Beiträge macht gemäss Schnabel (1998) und Sinn (2000) heute schon mehr als 50% aus. Die Ertragsraten des Umlagesystems werden im Zuge der fortschreitenden Alterung noch weiter fallen und damit den impliziten Steueranteil der Beiträge erhöhen.

Die Beiträge zum Umlagesystem stellen nicht nur eine implizite Steuer auf die Ersparnisbildung, sondern auch auf das Arbeitsangebot dar. Der Einfluss auf das gesamtwirtschaftliche Arbeitsangebot ist ein zweifacher. Indem die Pensionsbeiträge

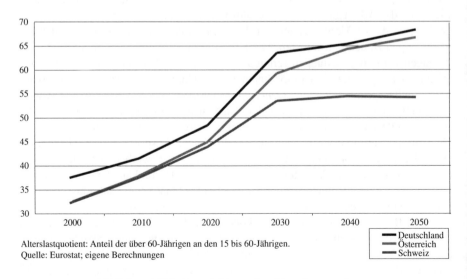

Alterslastquotient: Anteil der über 60-Jährigen an den 15 bis 60-Jährigen.
Quelle: Eurostat; eigene Berechnungen

Abbildung IX.2: Entwicklung des Alterslastquotienten

den verfügbaren Lohn reduzieren, beeinträchtigen sie zunächst die Arbeitsanreize der Erwerbstätigen. Der implizite Lohnsteuercharakter der Beiträge ist umso höher, je weniger die künftige Pension an das Arbeitseinkommen in der Erwerbsphase gekoppelt ist. Wenn ein höheres Erwerbseinkommen für die spätere Pension irrelevant ist, dann steht den höheren Beitragsleistungen eben keine spezifische Gegenleistung in Form einer höheren Pension gegenüber, so dass sie als Steuer empfunden werden und das Arbeitsangebot mindern. Neben dieser Auswirkung auf das intensive Arbeitsangebot der Erwerbstätigen verursacht der Steuercharakter der Beiträge eine Tendenz zu vorzeitigem Ruhestand (extensive Angebotsreaktion). Je mehr Arbeitnehmer früher in den Ruhestand gehen, desto geringer ist das gesamtwirtschaftliche Arbeitsangebot. Während das gesetzliche Ruhestandsalter in allen drei Ländern für Männer 65 beträgt, lag im Jahr 1995 das durchschnittliche Ruhestandsalter in Deutschland bei 60.5 und in Österreich sogar bei 58.6 Jahren, in der Schweiz hingegen noch bei 64.6 Jahren (Blöndal und Scarpetta, 1998). Im Vergleich etwa zu den 60er Jahren ist dies ein erheblicher Rückgang, der sich nunmehr auch in den Arbeitsmarktstatistiken niederschlägt. Nach Daten von Eurostat beträgt im Jahr 2003 die Erwerbsquote der 55 bis 64-Jährigen in Deutschland 45% und in Österreich nur 31.8%, während die Erwerbsquote der 15 bis 64-Jährigen in beiden Ländern bei etwa 72% liegt. In der Schweiz betragen dieselben Quoten 81% und 67.3%. Nach Börsch-Supan (2000a, S. 28) ist die Tendenz zum vorzeitigen Ruhestand zu einem grossen Teil auf die Anreize des Pensionssystems nach dem Umlageverfahren zurückzuführen, welche die Entscheidung, den Ruhestand hinauszuschieben, mit einem hohen impliziten Steuersatz belegen. Gemäss seinen Schätzungen könnte eine versicherungsmässig faire Pensionsberechnung den Anteil der vorzeitigen Ruheständler unter 60 um mehr als ein Drittel reduzieren.[1]

Aufgrund der zunehmenden Probleme des Umlagesystems wird in vielen Ländern über eine Ergänzung durch eine kapitalgedeckte Komponente bzw. sogar über eine volle Umstellung auf das Kapitaldeckungsverfahren diskutiert. Das Kapitaldeckungssystem funktioniert ähnlich wie die private Lebensversicherung. Die Beiträge akkumulieren sich mit Zins und Zinseszins. Aus dem vorhandenen Kapitalstock wird im Alter nach versicherungstechnischen Grundsätzen eine Pension berechnet, die bis zum Lebensende bezahlt wird. Die Rendite der Beiträge entspricht dem Kapitalmarktzins. Der individuelle Pensionsanspruch ist mit eigenem Beitragskapital gedeckt. Makroökonomisch werden dabei grosse Sparvermögen gebildet, die von den Pensionsfonds in Unternehmen und andere Anlagen investiert werden. Ein kapitalgedecktes Pensionssystem stärkt im Vergleich zum Umlageverfahren die gesamtwirtschaftliche Kapitalbildung. Ausserdem kann die implizite Besteuerung der Arbeit vollständig vermieden werden, so dass weder das intensive noch das extensive Arbeitsangebot behindert wird. Die Schweiz hat mit dem Drei-Säulen-System schon einen kapitalgedeckten Teil; in Deutschland und Österreich wird in beschränktem Umfang eine kapitalgedeckte Komponente neu aufgebaut. Der zweite Teil dieses Kapitels wird die Funktionsweise und die Auswirkungen der Alterssicherungssysteme

---

[1]Börsch-Supan (2000b) sichtet die empirische Literatur mit besonderem Bezug zur deutschen Rentenreformdiskussion.

auf Ersparnisbildung und Arbeitsmarkt herausarbeiten. Der erste Teil wendet sich zunächst der Staatsverschuldung zu.

IX.1   Staatsverschuldung

IX.1.1   Vererbungsmotive

Die Wirtschaftstheorie hat im Wesentlichen zwei alternative Hypothesen über die Wirkungen der Staatsschuld herausgearbeitet: die Verdrängungs- und die Neutralitätshypothese. Nach der Verdrängungshypothese verringert eine zunehmende Staatsverschuldung die gesamtwirtschaftlichen Ersparnisse, verdrängt damit private Investitionen und hemmt das Wachstum. Diese Hypothese ist mit dem Lebenszyklusmotiv des Sparens verknüpft. Sie gilt aber auch bei Vererbung, solange das Vererbungsverhalten nicht altruistisch motiviert ist. Die Neutralitätshypothese baut dagegen auf einem altruistischen Vererbungsmotiv auf. Um diese rivalisierenden Theorien möglichst einfach darzustellen, reduzieren wir den Lebenszyklus auf eine einzige Periode. Es geht nur mehr darum, wie sich alternative Annahmen über das Vererbungsverhalten und damit auf die private Ersparnisbildung auswirken und welche Wirkungen dadurch die Staatsschuld entfaltet. Es sei C_t der Konsum und V_t der maximal erzielbare Nutzen der Generation t. Die Haushalte sparen, um den Nachkommen ein Erbe B_{t+1} hinterlassen zu können. Das Erbschaftssparen kann dann anhand folgender Alternativen über die Präferenzen erklärt werden, wobei $U(\cdot)$ eine übliche, quasikonkave Nutzenfunktion darstellt:

$$V_t = U(C_t, B_{t+1}), \text{ egoistisches Motiv,}$$
$$V_t = U(C_t, V_{t+1}), \text{ altruistisches Motiv.} \tag{IX.1}$$

Im ersten Fall stiftet die Höhe des hinterlassenen Erbes Nutzen, ohne dass der Erblasser dabei auf die wirtschaftliche Position bzw. auf die Wohlfahrt des Empfängers abstellt. Die Vererbung eines Betrages B_{t+1} stiftet dem Erblasser einen Nutzen, der unabhängig von den wirtschaftlichen Umständen des Empfängers ist, also nicht von der Höhe der sonstigen Einkommen der Nachfahren und damit von deren tatsächlicher Wohlfahrt V_{t+1} abhängt. Somit ist die Vererbung *egoistisch* motiviert. Beim *altruistischen* Motiv fliessen nicht nur die Höhe des hinterlassenen Vermögens, sondern alle wirtschaftlich relevanten Umstände, welche die Wohlfahrt der Nachkommen bestimmen, in die Entscheidung ein. Die Elterngeneration wird dann weniger vererben, sobald klar ist, dass der Empfänger im Vergleich zur eigenen ohnehin eine überdurchschnittlich hohe Wohlfahrt geniesst. Dies kann z.B. sein, weil die Nachkommen mit einer ausserordentlich hohen Leistungsfähigkeit geboren werden. Je nach Vererbungsmotiv reagiert die private Ersparnisbildung ganz unterschiedlich auf eine Erhöhung der Staatsverschuldung, welche die Steuerbelastung von den heutigen auf zukünftige Generationen verlagert. Als Folge ergeben sich grundlegend verschiedene Auswirkungen der Staatsverschuldung.

IX.1.2 Erbschaftssparen

Es genügt, nur zwei Generationen und zwei Perioden zu betrachten. Generation 0 hinterlässt der nächsten Generation ein Erbe B_1. Ihre Präferenzen sind mit den beiden Alternativen in (IX.1) angegeben. Mit dem Ende der Periode 1 endet die Wirtschaft, so dass Generation 1 das gesamte Einkommen und Vermögen verbraucht und nichts mehr weitervererbt. Die Generationen sind mit eigenem Arbeitseinkommen w_0 und w_1 ausgestattet. Ausserdem werden sie vom Staat mit Pauschalbeträgen T_0 und T_1 besteuert. Die Elterngeneration 0 unterliegt also den Budgetbeschränkungen

$$C_0 = w_0 - T_0 - S^H, \qquad B_1 = RS^H. \tag{IX.2}$$

Sie muss einen Betrag S^H sparen und in dieser Höhe auf eigenen Konsum verzichten, damit sie ihren Nachkommen einen Betrag B_1 einschliesslich Verzinsung ($R = 1+r$) überlassen kann. Da die Ökonomie nur für zwei Perioden existiert, bleibt die Generation 1 ohne Nachkommen und braucht daher das gesamte Einkommen bzw. Vermögen auf,

$$C_1 = w_1 - T_1 + B_1 = V_1. \tag{IX.3}$$

Die Wohlfahrt der Generation 1 kann ohne Beschränkung der Allgemeinheit mit dem Konsum gleichgesetzt werden, $V_1 = U(C_1, 0) = C_1$.

Das *egoistische Vererbungsmotiv* berücksichtigt die Wohlfahrt der Nachkommen nicht. Die Lösung für das Erbschaftssparen stellt also nicht auf (IX.3) ab, sondern maximiert den Eigennutz unter der Budgetbeschränkung in (IX.2):

$$V_0 = \max_{C_0, B_1} U(C_0, B_1) = C_0^{1-\beta} B_1^{\beta}, \quad B_1 = RS^H = R \cdot (w_0 - T_0 - C_0). \tag{IX.4}$$

Man setze $C_0 = w_0 - T_0 - B_1/R$ aus der Budgetbeschränkung (IX.2) in die Nutzenfunktion ein und leite das Ergebnis nach B_1 ab. Man erhält

$$\frac{1-\beta}{w_0 - T_0 - B_1/R} \cdot \frac{1}{R} = \frac{\beta}{B_1} \quad \Rightarrow \quad B_1 = RS^H, \quad S^H = \beta \cdot (w_0 - T_0). \tag{IX.5}$$

Für diesen Fall spezieller, egoistischer Präferenzen wird also ein konstanter Anteil β des verfügbaren Einkommens zum Zwecke der Vererbung gespart.

Das *altruistische Vererbungsmotiv* stellt auf die Wohlfahrt der Nachkommen V_1 ab. Diese ist in (IX.3) angegeben. Ein höheres Erbe stärkt die Wohlfahrt der Nachkommen und erzeugt damit auch beim Erblasser eine Wohlfahrtssteigerung. Diesem Zugewinn steht aber ein Nutzenverlust aus geringerem Eigenkonsum gegenüber, denn eine höhere Erbschaft wird nur durch eigenen Konsumverzicht wie in (IX.2) möglich. Nach Einsetzen von (IX.3) und (IX.2) in die Nutzenfunktion $U(C_0, V_1) = C_0^{1-\beta} V_1^{\beta}$ des Erblassers folgt

$$V_0 = \max_{B_1}(w_0 - T_0 - B_1/R)^{1-\beta} \cdot (w_1 - T_1 + B_1)^{\beta}. \tag{IX.6}$$

Aus der BEO folgt die Lösung für das Erbschaftssparen. Im Falle altruistischer Präferenzen ergibt sich ein Erbschaftssparen in der Höhe von

$$\frac{B_1}{R} = S^H = \beta(w_0 - T_0) - (1 - \beta)(w_1 - T_1)/R. \tag{IX.7}$$

Wir sehen unmittelbar, dass die Vererbung mit höherem eigenem Einkommen $w_0 - T_0$ zunimmt. Der Nachlass sinkt jedoch, wenn die Nachkommen ein höheres verfügbares Einkommen $w_1 - T_1$ aus eigenen Quellen erzielen! Dieser entscheidende Unterschied zu (IX.5) resultiert daraus, dass bei Altruismus der Erblasser auf die wirtschaftliche Situation der Nachkommen abstellt und nicht auf die eigene Befriedigung aus dem Akt des Vererbens.

IX.1.3 Nachhaltige Staatsfinanzen

Der Staat muss in beiden Perioden Ausgaben G finanzieren, die wir als konstant annehmen. Mittels Verschuldung kann der Staat jedoch die Steuerfinanzierung in die Zukunft verlagern. Umgekehrt ist es möglich, mittels starker Besteuerung heute ein Vermögen aufzubauen, aus dessen Erträgen die künftigen Staatsausgaben teilweise finanziert werden können, so dass die zukünftige Steuerlast umso geringer ausfallen kann. Die Verschuldung ist also eine Abwägung darüber, ob die Besteuerung eher in der Gegenwart oder stärker in der Zukunft erfolgen soll. Die entscheidende Frage ist nun, ob Staatsverschuldung das gesamtwirtschaftliche Sparvolumen verringert und damit Investitionen verdrängt.

Wie durch Neuverschuldung die Steuerlast aufgeschoben werden kann, ist aus der laufenden Budgetidentität des Staates ersichtlich,

$$D_1 = RD_0 + G - T_0 \quad \Leftrightarrow \quad D_1 - D_0 = rD_0 + G - T_0, \qquad \text{(IX.8)}$$

wobei D_0 eine historisch vorhandene Schuld am Beginn der Periode 0 darstellt. Die Gleichungen (IX.8) zeigen zwei Defizitkonzepte, die in der finanzpolitischen Diskussion eine wichtige Rolle spielen. Das *Primärdefizit* $G - T_0$ ist der Überschuss der Ausgaben G *ohne* Zinszahlungen über die Steuereinnahmen T_0. Das *Nettodefizit* $D_1 - D_0$, welches die Erhöhung der Staatsschuld anzeigt, ist gleich dem Überschuss der gesamten Ausgaben $rD_0 + G$ einschliesslich des Zinsendienstes über die Steuereinnahmen. Aus (IX.8) ist auch ersichtlich, dass der Staat einen Primärüberschuss von $T_0 - G = rD_0$ gleich dem Zinsendienst auf die existierende Schuld erzielen muss, wenn er die Schuld konstant halten wollte, $D_1 = D_0$. Wenn die Verschuldung heute ausgedehnt wird, dann wächst in der nächsten Periode der Zinsendienst rD_1 und schränkt den Budgetspielraum entsprechend ein. Die Budgetidentität in Periode 1 lautet

$$D_2 = RD_1 + G - T_1, \quad D_2 = 0 \quad \Rightarrow \quad T_1 = G + RD_1. \qquad \text{(IX.9)}$$

Eine nachhaltige Finanzpolitik muss die Zahlungsverpflichtungen des Staates einhalten. Wenn die Ökonomie am Ende der Periode 1 aufhört und keine Nachkommen mehr vorhanden sind, dann werden alle Haushalte ihr Vermögen ganz aufbrauchen und die Rückzahlung der Staatsschuld fordern. Nachhaltige Staatsfinanzierung bedeutet in unserem Zwei-Perioden-Modell, dass die Schuld spätestens bis zum Ende der Periode 1 vollständig zurückgezahlt werden muss. Wenn der Staat zahlungsfähig bleiben soll, dann muss er also die Endbedingung $D_2 = 0$ erfüllen und in Periode 1 die Steuern wie in (IX.9) entsprechend erhöhen. Indem wir $D_1 = (T_1 - G)/R$ aus

(IX.9) in (IX.8) einsetzen, erhalten wir die *intertemporale Budgetbeschränkung* des Staates,

$$RD_0 = (T_0 - G) + \frac{(T_1 - G)}{R} \quad \Leftrightarrow \quad RD_0 + G + \frac{G}{R} = T_0 + \frac{T_1}{R}. \quad (IX.10)$$

Wenn der Staat den Zahlungsverpflichtungen aus der existierenden Staatsschuld einschliesslich Verzinsung, RD_0, vollständig nachkommen will, muss er einen Barwert von Primärüberschüssen in gleicher Höhe erzielen. Eine andere Interpretation ergibt sich aus der zweiten Darstellung der intertemporalen Budgetbeschränkung, die völlig äquivalent ist. Danach muss der Barwert der zu erzielenden Steuereinnahmen auf der rechten Seite ausreichen, um den Barwert der Ausgaben, in dem sich die Leistungsversprechen des Staates ausdrücken, plus den Wert der existierenden Schuld einschliesslich Verzinsung zu finanzieren.[2]

Die Einhaltung der intertemporalen Budgetbeschränkung setzt voraus, dass die Finanzpolitik in der Zukunft die nötigen Anpassungen tatsächlich vornimmt. Wenn man die Ausgabenansprüche und die zu erwartenden Steuereinnahmen auf der Basis der momentanen Rechtslage in die Zukunft fortschreibt, dann wäre die Beschränkung (IX.10) nur zufällig erfüllt. Im Normalfall wird sich eine *Nachhaltigkeitslücke* $NL = RD_0 + G + G/R - T_0 - T_1/R$ bilden. Sie zeigt an, in welchem Ausmass die heute absehbaren Ausgabenansprüche im Barwert die zu erwartenden Steuereinnahmen übersteigen. Sie wird in der Literatur auch als „ökonomische Staatsschuld" bezeichnet. Sie gibt an, welcher Teil der zukünftigen Leistungsversprechen des Staates nicht durch entsprechende Steuereinnahmen gedeckt ist. Diese ökonomische Schuld ist ein in die Zukunft schauendes Konzept und hat nichts mit der in der Statistik ausgewiesenen Staatsschuld zu tun, welche die in der Vergangenheit akkumulierten Defizite angibt. Die Nachhaltigkeitslücke zeigt auf, wie gross der Sanierungsbedarf der Staatsfinanzen ist.

Wenn die Nachhaltigkeitslücke nicht beseitigt wird, dann bedeutet dies, dass die akkumulierende Staatsschuld immer schneller anwächst und der Staat in Ermangelung vorbeugender Massnahmen in die Zahlungsunfähigkeit steuert. Technisch gesprochen kann die Endbedingung in der letzten Fussnote, bzw. die Endbedingung $D_2 = 0$ in der Zwei-Perioden-Betrachtung, nicht mehr erfüllt werden. Die Staatsschuld kann sich nicht permanent erhöhen, wenn der Staatshaushalt *nachhaltig* finanziert sein soll. In einer wachsenden Wirtschaft gilt die Anforderung der Nachhaltigkeit in dem Sinne, dass die Schuldenquote, d. h. der *Anteil* der Staatsschuld am BIP, nicht permanent zunehmen darf. Wenn die Staatsschuld mit derselben Rate wie das BIP wächst, dann bleibt die Schuldenquote konstant. Der Staatshaushalt wäre

---

[2]Wenn der Zeithorizont der Ökonomie sich über T Perioden erstreckt, dann würden wir durch rekursives Einsetzen aus (IX.8) die intertemporale Budgetbeschränkung

$$RD_0 = \sum_{t=0}^{T} (T_t - G) \frac{1}{R^t} + \frac{D_{T+1}}{R^T}$$

erhalten und anstatt $D_2 = 0$ als Endbedingung $D_{T+1} = 0$ fordern. Für unendlichen Zeithorizont $T \to \infty$ erfordert eine nachhaltige Finanzierung, dass die Endbedingung $\lim_{T \to \infty} D_{T+1}/R^T = 0$ eingehalten wird.

trotz positivem Nettodefizit nachhaltig finanziert, wie man sich anhand einer separaten Übung vergewissern kann.

IX.1.4 Wirkung der Staatsverschuldung

Für die weitere Argumentation ist die Höhe der historischen Schuld nicht weiter wichtig. Zur Vereinfachung setzen wir daher $D_0 = 0$ und betrachten anhand von (IX.8) und (IX.9), wie durch Verschuldung in Periode 0 die Steuerlast auf die nächste Periode verlagert wird. Die Finanzierung der Ausgaben mittels Verschuldung erlaubt es, die Steuern heute auf $T_0 = G - D_1$ zu senken. Als Folge müssen in Periode 1 die Steuern auf $T_1 = G + RD_1$ erhöht werden, um neben der Finanzierung der Staatsausgaben auch die aufgenommene Staatsschuld mit Verzinsung zu bedienen. Staatsverschuldung bedeutet also, heute weniger Steuern T_0 zu erheben und die Steuerlast auf morgen zu verschieben.

Neuverschuldung ist negatives öffentliches Sparen $S^{\ddot{O}}$. Der Staat absorbiert damit einen Teil der gesamtwirtschaftlichen Ersparnisse S, welche für die Investitionsfinanzierung ($S = I$) zur Verfügung stehen,

$$S = S^{\ddot{O}} + S^H, \quad S^{\ddot{O}} = T_0 - G = -D_1. \tag{IX.11}$$

Ob die gesamtwirtschaftlichen Ersparnisse als Folge der Staatsverschuldung sinken und damit die Investitionstätigkeit einschränken, hängt entscheidend davon ab, wie die privaten Haushalte in ihrem Sparverhalten S^H auf diese Politik reagieren.

Wenn wir von einem *egoistischen Vererbungsmotiv* ausgehen, dann werden die privaten Ersparnisse wie in (IX.5) gebildet, so dass von jeder Steuersenkung $dT_0 = -dD_1$ ein Anteil $0 < \beta < 1$ gespart und weitervererbt wird. Die privaten Ersparnisse steigen daher um $dS^H = -\beta dT_0 = \beta dD_1$. Nach (IX.11) senkt die Neuverschuldung die öffentlichen Ersparnisse eins zu eins um $dS^{\ddot{O}} = -dD_1$. Damit nehmen die gesamtwirtschaftlichen Ersparnisse ab, weil die Steuersenkung die privaten Ersparnisse nur teilweise erhöht, aber die öffentlichen Ersparnisse eins zu eins senkt. Die Ableitung von (IX.11) ergibt

$$\frac{dS}{dD_1} = \frac{dS^H}{dT_0} \cdot \frac{dT_0}{dD_1} - 1 = -(1 - \beta) < 0. \tag{IX.12}$$

Eine höhere Staatsverschuldung reduziert also die gesamtwirtschaftlichen Ersparnisse, wie mit der *Verdrängungshypothese* behauptet wird. Beim egoistischen Vererbungsmotiv berücksichtigt die heutige Generation nicht, dass der Staat die Steuersenkung heute mit höheren Steuern morgen finanzieren muss, wenn er seine intertemporale Budgetbeschränkung erfüllen will. Dass dabei die nachfolgende Generation schlechter gestellt wird, spielt für das Vererbungsverhalten der heutigen Generation keine Rolle. Beim egoistischen Vererbungsmotiv wird ein Teil der Steuersenkung selbst konsumiert und nur ein Teil gespart. Dasselbe Resultat ergibt sich, wenn das Sparen ausschliesslich vom Lebenszyklusmotiv bestimmt wird und Vererbung gänzlich ausgeschlossen ist. Dann leben die Haushalte zwei Perioden und sparen in der Arbeitsphase für die Ruhestandsphase. Insbesondere berücksichtigen heutige Generationen nicht, wenn zukünftige Generationen mehr Steuern zahlen müssen. Jede

Steuersenkung wird dann nur teilweise gespart und zum anderen Teil sofort konsumiert.

Wir gehen nun von einem *altruistischen Vererbungsverhalten* wie in (IX.7) aus. Neuverschuldung bedeutet, dass die Steuern heute um $dT_0 = -dD_1$ gesenkt werden, dafür aber morgen um $dT_1 = RdD_1$ angehoben werden müssen, um die Schuld mit Verzinsung zurückzuzahlen. Aus (IX.7) geht hervor, dass bei altruistisch motiviertem Vererbungsverhalten die Haushalte auch auf die wirtschaftliche Position der Nachkommen abstellen. Die Ersparnisse nehmen um

$$dS^H = -\beta \cdot dT_0 + (1 - \beta)\frac{1}{R} \cdot dT_1 = dD_1 \qquad \text{(IX.13)}$$

zu. Dies ergibt sich, wenn wir die mit der Neuverschuldung verbundenen Steueränderungen $dT_0 = -dD_1$ und $dT_1 = RdD_1$ einsetzen. Nachdem die öffentlichen Ersparnisse mit der Neuverschuldung eins zu eins abnehmen, $dS^{\ddot{O}} = -dD_1$, bleiben die gesamtwirtschaftlichen Ersparnisse unverändert,

$$dS = dS^H + dS^{\ddot{O}} = 0. \qquad \text{(IX.14)}$$

Dies ist die *Neutralitätshypothese*, wonach die Staatsschuld keine Wirkung auf die gesamtwirtschaftlichen Ersparnisse und damit die Investitionstätigkeit entfaltet. Beim altruistischen Vererbungsverhalten berücksichtigt die heutige Generation vollständig, dass der Staat eine Steuersenkung heute mit höheren Steuern morgen erkauft, welche die Nachfahren schlechter stellt. Die Verschuldungspolitik verteilt also von zukünftigen zu gegenwärtigen Generationen um. Aber die heutige Generation macht diese Umverteilung wieder rückgängig, indem sie die Steuersenkung voll spart und der nachfolgenden Generation ein höheres Erbe hinterlässt, aus dem diese die höheren Steuern bezahlen kann. Die Wirkung der Staatsverschuldung wird also vollständig durch das Vererbungsverhalten ausgeglichen. Es ergeben sich keine negativen Folgen für Investition und Wachstum, weil die gesamtwirtschaftliche Ersparnis unverändert bleibt.

Das Neutralitätsresultat ist als nützlicher, theoretischer Referenzfall zu betrachten, der auf einer Reihe von wichtigen Annahmen beruht. Eine Voraussetzung ist, dass das *Vererbungsverhalten operativ* ist. Die Erbschaften müssen also in der Ausgangssituation positiv sein, damit sie als Reaktion auf die Schuldenpolitik tatsächlich angepasst werden können. Zumindest für gewisse Gruppen kann es durchaus sein, dass die wirtschaftliche Position der Nachfahren aufgrund besonderer Talente oder anderer glücklicher Umstände sehr viel besser ist als jene der Elterngeneration. Wenn in (IX.7) das Einkommen w_1 der Nachkommen sehr hoch wäre, dann würde die Elterngeneration gerne ein negatives Erbe festsetzen, um am Wohlstand der Nachfahren teilzuhaben. Dies ist aber im Allgemeinen nicht möglich, da ein negatives Erbe jederzeit ausgeschlagen werden kann, so dass das Erbschaftsverhalten auf eine Ecklösung beschränkt ist, $B_1 = 0$. Die Wahrscheinlichkeit für eine solche Ecklösung nimmt ebenfalls zu, wenn der Altruismus gegenüber den Nachfahren nur schwach ausgeprägt ist. Dies wäre in (IX.7) bei einem geringen Wert für β der Fall. Bei einer solchen Ecklösung mag es sein, dass auch nach einer Neuverschuldung, die zugunsten der Elterngeneration umverteilt, immer noch nichts vererbt wird. Die Haushalte würden die Neuverschuldung nicht mehr durch höheres Erbschaftssparen ausgleichen, so dass trotz prinzipiell altruistischer Präferenzen die Staatsverschuldung die gesamtwirtschaftliche Ersparnis verringert.

Eine andere Voraussetzung ist die Verfügbarkeit von *Pauschalsteuern*, so dass die Steuerlast ohne Kosten für die Effizienz zwischen den Generationen verlagert werden kann. Wenn der Staat aber auf verzerrende Steuern zurückgreifen muss, dann ist es insgesamt wohlfahrtssteigernd, für eine intergenerativ gleichmässige Besteuerung zu sorgen. Eine Abweichung von diesem Prinzip hat wegen der negativen Anreizwirkungen auf alle Fälle reale Konsequenzen und führt zu Wohlfahrtseinbussen. Die Staatsschuld ist nicht länger neutral. Schliesslich sind wir von einem vollkommenen Kapitalmarkt ausgegangen. Bei Kapitalmarktfriktionen kann eine grössere staatliche Schuldaufnahme auch Auswirkungen auf die *Kapitalmarkteffizienz* und damit auf das Wachstum erlangen. Trotz all dieser Einschränkungen kann die Gültigkeit der Staatsschuldenneutralität empirisch nicht eindeutig widerlegt werden und bleibt weiterhin umstritten.

IX.2 Alterssicherung

Warum bedarf es einer staatlich organisierten Altersvorsorge, wenn die Haushalte mit Lebenszyklussparen selber für den Konsum im Alter vorsorgen können? Manche Individuen mögen zum freiwilligen Konsumverzicht nicht bereit sein und sich im Alter auf die altruistische Unterstützung durch andere verlassen. Solches Trittbrettfahrerverhalten kann mit einem Versicherungszwang vermieden werden. Ein paternalistisches Argument für die Notwendigkeit der staatlichen Vorsorge ist, dass viele Individuen die Notwendigkeit der Altersvorsorge nicht rechtzeitig erkennen würden und dann im Alter der Gesellschaft leicht zur Last fallen können. Ein anderer Grund ist kurzsichtiges Verhalten, wonach die Haushalte die nähere Zukunft deutlich stärker diskontieren als die ferne Zukunft. Eine solche Kurzsichtigkeit führt dazu, dass das Ansparen des Vorsorgekapitals immer wieder hinausgeschoben wird. Solche Haushalte könnten im Prinzip von einem Mechanismus der Selbstbindung wie z.B. einem staatlichen Versicherungszwang profitieren. Schliesslich mag die Einführung einer staatlichen Alterssicherung nach dem Umlageverfahren auch politökonomisch begründet sein, da die einführende Generation zunächst nur von den Vorteilen in Form der Einführungsgewinne profitiert. Wir gehen nun von der Existenz einer staatlichen Alterssicherung aus, beschreiben deren Funktionsweise und untersuchen ihre ökonomischen Auswirkungen.

Grundsätzlich sind zwei alternative Systeme einer staatlich organisierten Alterssicherung möglich, das Umlageverfahren (ULV) und das Kapitaldeckungsverfahren (KDV). Das KDV funktioniert wie privates Sparen. Die Beiträge werden in ein individuelles Konto eingezahlt. Das Sparkapital akkumuliert sich mit Zins- und Zinseszins. Im Alter werden die verzinsten Beiträge in Form einer Pension oder als Alterskapital zurückgezahlt. Beim ULV wird dagegen in jeder Periode das Beitragsaufkommen der aktiven Arbeitnehmer für die Pensionszahlungen an die Pensionisten aufgebracht, ohne dass ein Kapitalbestand angespart wird. Die Alterssicherung kann nach dem

Beitrags- oder Leistungsprimat organisiert sein. *Beitragsprimat* bedeutet, dass die Beitragssätze konstant bleiben und die Pensionen je nach finanziellen Gegebenheiten der Pensionskasse angepasst werden. Bei einem System mit *Leistungsprimat* ist dagegen die Pensionshöhe fest oder an das vergangene Arbeitseinkommen geknüpft, so dass die Beitragssätze endogen angepasst werden müssen. Beim Leistungsprimat tragen die Erwerbstätigen die Risiken der Beitragsanpassung, in einem System mit Beitragsprimat liegt das Einkommensrisiko hingegen bei den Rentnern.

Die beiden Systeme können natürlich auch parallel existieren; z. B. hat die Schweiz ein Drei-Säulen-System der Altersvorsorge entwickelt, welches aus einer Grundsicherung nach dem ULV (1. Säule), einer Zusatzsicherung nach dem KDV (2. Säule) und einer freiwilligen, privaten Vorsorge (3. Säule) besteht. Während die Schweiz schon eine starke, kapitalgedeckte Komponente der Alterssicherung aufgebaut hat, dominiert in den meisten Industrieländern einschliesslich Deutschland und Österreich das ULV. Das Problem des ULV ist seine Anfälligkeit bei zunehmender Überalterung der Bevölkerung. Je mehr Rentner auf einen Arbeiter entfallen, desto höher müssen die Beiträge und desto geringer die Pensionsleistungen sein. Aus der Sicht der Beitragszahler verschlechtert sich damit die Rendite. Die Beiträge werden in der gleichen Periode als Pensionen wieder ausgegeben, ohne dass ein entsprechender Kapitalbestand akkumuliert wird. Das ULV ist also ein intergenerativer Transfermechanismus von jungen zu alten Generationen. Die Umverteilung von Sparern (Beitragszahlern) zu Entsparern (Pensionsbeziehern) verringert die gesamtwirtschaftliche Ersparnisbildung. Dies gilt zumindest solange, als ein operatives altruistisches Vererbungsmotiv fehlt. Im Gegensatz zum ULV stellen die Beiträge zu einem kapitalgedeckten System echte Ersparnisse dar, die sich ähnlich wie private Ersparnisse verzinsen.

IX.2.1 Pensionssysteme im Vergleich

Wie sich die Alterssicherung auf das Konsum- und Sparverhalten der privaten Haushalte auswirkt, kann am einfachsten anhand eines Lebenszyklusmodells mit zwei Perioden erörtert werden. Vererbung schliessen wir in diesem Abschnitt ganz aus. Bezüglich der Wirkungen staatlicher, intergenerativer Umverteilung verschreiben wir uns damit automatisch der Verdrängungshypothese und schliessen die Neutralitätshypothese per Annahme aus. Jedes Pensionssystem besteht aus Beiträgen in der Erwerbsphase, die zu Pensionszahlungen im Alter führen. Die staatliche Alterssicherung verändert also den Strom der verfügbaren Arbeitseinkommen und beeinflusst damit die Ersparnisse,

$$C^1 = w - \tau_t - S, \quad C^2 = b_{t+1} + RS \quad \Rightarrow \quad C^1 + \frac{C^2}{R} = M \equiv w - \tau_t + \frac{b_{t+1}}{R}.$$
$$\text{(IX.15)}$$

Wir bezeichnen die Beiträge mit τ_t und die Pensionsleistung mit b_{t+1}. Der Rest der Notation folgt dem Kapitel über Ersparnisbildung. Der Konsum in der ersten Periode ist nun gleich dem verfügbaren Einkommen $w - \tau_t$ abzüglich der privaten Ersparnisse, die über das Pensionssparen τ_t hinausgehen. Im Alter wird die Pension, ergänzt um die

Erträge aus privater Zusatzvorsorge (verzinste private Ersparnisse RS), konsumiert. Die Parameter des Pensionssystems sind gesetzlich vom Staat vorgegeben, während die privaten Ersparnisse frei gewählt werden:

$$V = \max_{C^i} U(C^1, C^2) + \lambda[M - C^1 - C^2/R] \quad \Rightarrow \quad S = w - \tau - C^1(R, M).$$
(IX.16)

Mit der Wahl des nutzenmaximierenden Konsums $C^1(R, M)$ sind auch die Ersparnisse nach dem Budget der ersten Periode bestimmt. Die beiden Pensionssysteme unterscheiden sich in der Art und Weise, wie der Pensionsanspruch an die Beiträge geknüpft ist.

IX.2.1.1 Kapitaldeckungsverfahren

Im KDV zahlt man die Beiträge τ_t in ein individuelles Pensionskonto ein, wo sie sich zum gängigen Marktzins verzinsen. Im Alter wird das akkumulierte Sparkapital mit Zins- und Zinseszins als Pension zurückgezahlt. Im Zwei-Perioden-Modell ergibt sich eine Pension von

$$b_{t+1} = R\tau_t, \quad R = 1 + r.$$
(IX.17)

Die Rückzahlung der Beiträge ergäbe eine Pension von τ_t. Tatsächlich beträgt die Pension aber $b_{t+1} = R\tau_t$, so dass ein Ertrag gleich $b_{t+1} - \tau_t$ anfällt. Bezogen auf die geleisteten Beiträge ergibt dies eine Rendite gleich dem Marktzins, $(b_{t+1} - \tau_t)/\tau_t = r$. Damit ist die kapitalgedeckte Pension ein perfektes Substitut zur privaten Altersvorsorge über andere marktübliche Sparformen. Jede Generation sorgt für sich selber. Weder empfängt sie Zuschüsse von anderen Generationen, noch leistet sie Zuschüsse an diese. Die Beiträge τ stellen eine echte volkswirtschaftliche Ersparnis dar, welche für Investitionen zur Verfügung stehen. In einem kapitalgedeckten Pensionssystem sind die Pensionsfonds Grossinvestoren, die auf den Kapitalmärkten eine bedeutende Rolle spielen.

Weil die Beiträge sich marktüblich verzinsen, stellen sie perfekte Substitute zu anderen Sparformen dar. Die gesamtwirtschaftlichen Ersparnisse betragen $\tau + S$. Die Ausdehnung eines kapitalgedeckten Pensionssystems führt bei den Haushalten nur zu einer Umschichtung zwischen verschiedenen Sparformen, ohne dass das gesamte Sparvolumen $\tau + S = w - C^1$ verändert wird. Das KDV ist daher neutral bezüglich der gesamtwirtschaftlichen Kapitalbildung. Um dies zu sehen, setzen wir (IX.17) in (IX.15) ein und erhalten $M = w - \tau_t + b_{t+1}/R = w$. Das Vermögen der Haushalte M und damit der Konsum $C^1(R, M)$ bleiben unverändert. Infolgedessen verändert sich auch das Volumen der gesamtwirtschaftlichen Ersparnisse $S + \tau_t = w - C^1$ nicht. Es verschiebt sich lediglich die Struktur zwischen Pensionssparen τ und privatem Zusatzsparen S. Die Neutralität gilt allerdings nur solange, als die Haushalte im Alter mehr konsumieren wollen als die Pension bzw. insgesamt mehr sparen wollen als die Beiträge zum Pensionskonto. Angenommen, der Pensionsbeitrag τ sei genau so gewählt, dass die optimale private Zusatzvorsorge gerade $S = 0$ bzw. das bevorzugte Konsumniveau $C^1 = w - \tau$ beträgt. In dieser Situation würden die privaten Haushalte auf eine weitere Ausdehnung des gesetzlich vorgeschriebenen Pensionssparens durch

Erhöhung der Beiträge mit einer Reduktion ihrer privaten Ersparnisse reagieren, d. h. einen Kredit aufnehmen wollen, $S = w - \tau_t - C^1 < 0$. Wenn die Kreditaufnahme hingegen beschränkt ist, bleibt nur mehr eine Reduktion des Konsums, so dass die Ausdehnung des Pensionssparens zu einer Erhöhung der volkswirtschaftlichen Ersparnisse (Zwangssparen) führt. Dann wäre das KDV nicht mehr neutral.

IX.2.1.2 Umlageverfahren

Das ULV funktioniert nach dem *Generationenvertrag*. Die junge, erwerbstätige Generation zahlt mit ihren Beiträgen die Pensionen der alten Generation. Damit sind die Beiträge wieder ausgegeben und stehen in der nächsten Periode nicht mehr für die eigene Alterssicherung zur Verfügung. Anstatt dessen erhält die Erwerbsbevölkerung im Alter eine Pension von der nächsten Generation der Beitragszahler. Das ULV ist also ein Transfermechanismus zwischen den Generationen. In jeder Periode leisten die Jungen einen Transfer an die Alten. Im Alter empfängt diese Generation einen Beitrag von der nächsten Generation der Erwerbstätigen. Abbildung IX.3 veranschaulicht den intergenerativen Transfermechanismus, wie er im ULV angelegt ist.

Die Höhe der Pension im Vergleich zu den eigenen Beiträgen, und damit die Rendite der eigenen Beiträge, folgt aus der Budgetbeschränkung der Pensionsversicherungsanstalt und wird wesentlich von der Altersstruktur der Bevölkerung bestimmt. In einer rasch wachsenden Bevölkerung ist der Anteil der Jungen an der Bevölkerung gross. Ihre Beiträge verteilen sich dann auf verhältnismässig wenige Pensionisten, so dass die individuelle Pension und damit die implizite Rendite der Beiträge gross sein können. Um dies zu verdeutlichen, gehen wir nun von einem Bevölkerungswachstum mit der Rate n aus. Die Grösse der in Periode t neugeborenen Generation und damit der Erwerbsbevölkerung sei L_t. Demnach bezeichnet L_{t-1} die Erwerbsbevölkerung der Vorperiode und damit die Anzahl der Pensionisten in der laufenden Periode,

$$L_t = N L_{t-1}, \quad N = 1 + n. \tag{IX.18}$$

Das eingangs besprochene demographische Problem besteht darin, dass mit geringerem Bevölkerungswachstum aufgrund einer abnehmenden Geburtenrate n die Anzahl der Beitragszahler pro Pensionist, $L_t / L_{t-1} = N$, zurückgeht. Der Kehrwert bezeichnet den Alterslastquotienten $L_{t-1} / L_t = 1/N$. Dieser nimmt mit abnehmendem Bevölkerungswachstum zu, so dass ein Beitragszahler immer mehr Pensionisten

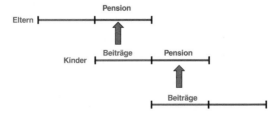

Abbildung IX.3: Umlageverfahren

erhalten muss. Neben der abnehmenden Fertilität trägt vor allem auch die zuneh-mende Lebenserwartung zur Alterung der Bevölkerung bei. Dies kommt jedoch in (IX.18) nicht zum Ausdruck, weil die Lebensdauer im Zwei-Perioden-Modell fix ist.

Die Pensionsversicherungsanstalt erhebt Beiträge τ_t von der Erwerbsbevölkerung und zahlt eine Pension b_t pro Kopf der L_{t-1} Rentner. Die Pensionsversicherung muss in jeder Periode ein ausgeglichenes Budget aufweisen; eine Schuldaufnahme ist nicht möglich. Wenn also ein Beitragssatz τ_t festgesetzt wird, dann ergibt die Budgetbe-schränkung eine Pension b_t pro Kopf der Rentner,

$$\tau_t L_t = b_t L_{t-1} \quad \Rightarrow \quad \tau_t N = b_t. \tag{IX.19}$$

Auch wenn wir τ und b über die Zeit konstant halten, geben wir im Folgenden häufig den Zeitindex an, um zu verdeutlichen, in welcher Periode der Beitrag und die Pension anfallen. Wenn also die Beiträge über die Zeit konstant gehalten werden, kann man aus (IX.19) leicht die individuelle Rendite der Pensionsbeiträge berechnen,

$$\frac{b_t - \tau_{t-1}}{\tau_{t-1}} = \frac{\tau_t N}{\tau_{t-1}} - 1 = n < r. \tag{IX.20}$$

Die Rendite der Pensionsbeiträge im ULV ist also gleich der Wachstumsrate n der Lohnsumme, die hier ausschliesslich von der Wachstumsrate der Bevölkerung ab-hängt. In der Realität spiegelt die Wachstumsrate auch das Produktivitätswachstum wider. Im langfristigen Durchschnitt muss der Realzins immer grösser sein als die Wachstumsrate, $r > n$.[3] Die individuelle Rendite der Beitragszahlungen im ULV ist somit geringer als im KDV. In Zeiten eines hohen Bevölkerungswachstums ist das ULV aus individueller Sicht noch verhältnismässig attraktiv. Wenn aber die Bevölke-rung wie in den meisten Industrieländern langsamer wächst oder das Wachstum ganz zum Erliegen kommt, dann wird es immer schwieriger, den Beitragszahlern eine ak-zeptable Rendite zu versprechen.

Warum ist dann das ULV jemals eingeführt worden? Ein Grund mag darin liegen, dass das ULV auch ein Instrument zur Umverteilung innerhalb einer Generation dar-stellt und damit sozialpolitischen Zielen dienen kann. Ein anderer Grund mag in der tendenziellen Kurzsichtigkeit finanzpolitischer Entscheidungen im politischen Pro-zess liegen. Bei der Einführung ist es möglich, *Einführungsgewinne* zu verteilen, d. h. Pensionen an die Rentner auszuschütten, ohne dass diese in der Jugend Beiträge bezahlt hätten. Als in den meisten Ländern das ULV eingeführt wurde, war das Be-völkerungswachstum noch relativ hoch. Damit konnte auch den Beitragszahlern noch eine gute Rendite versprochen werden. Die Einführungsgewinne sind nun jedoch ver-braucht. Wenn das ULV erst einmal eingeführt ist, dann muss bei einer Abschaffung und einem Ersatz durch ein KDV eine Doppelbelastung in Kauf genommen werden. Die Übergangsgenerationen, die zum KDV überwechseln, müssen nicht nur die ei-genen Pensionen ansparen, sondern zusätzlich noch die Pensionsansprüche der alten

---

[3]Andernfalls wäre eine Reihe von wichtigen ökonomischen Gesetzmässigkeiten nicht mehr er-füllt. Wenn z. B. im Wachstumsgleichgewicht die Steuereinnahmen mit der konstanten Rate $n > r$ wachsen würden, dann wären bei infinitem Planungshorizont die Barwerte der Steuereinnahmen und der Staatsausgaben nicht mehr bestimmt. Der Staat könnte permanent Schulden akkumulieren, ohne je eine intertemporale Budgetbeschränkung zu verletzen.

Bevölkerung tragen, welche diese in gutem Vertrauen auf den Generationenvertrag mit ihren Beiträgen in der Vergangenheit erworben haben. Diese Doppelbelastung ist das Gegenstück der Einführungsgewinne und macht einen Wechsel zum KDV so schwierig.[4]

Ein anderer Nachteil des ULV ist, dass es die gesamtwirtschaftlichen Ersparnisse verringert. Die Pensionsversicherung nimmt Beiträge ein, zahlt sie aber in derselben Periode wieder an die Pensionisten aus, ohne dass Sparkapital angesammelt würde. Das gesamtwirtschaftliche Sparen kann dann wie in (IX.15) nur noch aus den zusätzlichen privaten Ersparnissen zur Ergänzung der Altersvorsorge kommen.[5] Wenn wir die Pensionszahlung in (IX.19) einsetzen, dann ergibt sich, dass das Pensionssparen nach dem ULV das Lebensvermögen M_t der Generation t um den Betrag $\tau \cdot (r - n)/R$ mit $r - n > 0$ vermindert,

$$S = w - \tau_t - C^1(M_t, R), \quad M_t = w - \tau_t + \frac{b_{t+1}}{R} = w - \frac{r-n}{R} \cdot \tau, \quad R > N.$$
(IX.21)

Die Beiträge zum ULV mindern das verfügbare Einkommen $w - \tau$ und damit eins zu eins die private Ersparnisbildung. Andererseits mindert das ULV das Lebensvermögen und deshalb auch den gegenwärtigen Konsum C^1, was die Ersparnisse teilweise wieder erhöht. Die Vermögenseinbusse ergibt sich, weil das ULV die Individuen in eine Sparform mit einer geringeren Rendite zwingt. Wegen der ungünstigen Rendite erhalten die Individuen im Alter eine Pension $b_{t+1} = N\tau$, die geringer ist als die Pension $R\tau$, die bei Veranlagung der Beiträge τ zum Kapitalmarktzins r möglich gewesen wäre. Eine weitere Ausdehnung des ULV durch Anhebung der Beiträge und Pensionszahlungen verringert das Vermögen um $dM/d\tau = -(r-n)/N < 0$. Ein geringeres Vermögen führt zu einer Einschränkung des Konsums. Bei einer marginalen Konsumquote von $C_M^1 = dC^1/dM$ wird heute um einen Betrag $dC^1/d\tau = -C_M^1(r-n)/N < 0$ weniger konsumiert, was zu höheren Ersparnissen beiträgt. Eine Ausdehnung des ULV reduziert allerdings das verfügbare Einkommen stärker als den Konsum. Mit $0 < C_M^1 < 1$ und $0 < (r-n)/(1+n) < 1$ gilt auch $0 < C_M^1 \cdot (r-n)/N < 1$. Der Gesamteffekt auf die Ersparnisse beträgt also

$$\frac{dS}{d\tau} = -1 + \frac{r-n}{N} C_M^1 < 0.$$
(IX.22)

Der Rückgang der Ersparnisbildung schlägt sich in der Folge in geringeren Investitionen und langsamerem Wachstum nieder.

In der Praxis wird die Methode der Generationenbuchhaltung (generational accounting) angewandt, um den Einfluss der Steuern und Staatsausgaben auf das Lebensvermögen zu ermitteln. Das *Generationenkonto* berechnet die Nettosteuerleistung über den gesamten Lebenszeitraum als Differenz zwischen dem Barwert der Steuerzahlungen und dem Barwert der Transfers. Im vorliegenden Fall hätten

---

[4]Die Effizienz von Umlagesystemen und der mögliche Übergang zu einem Kapitaldeckungsverfahren wurden in Deutschland unter anderem von Homburg (1990), Breyer und Straub (1993), Fenge und Schwager (1995) und Brunner (1996) diskutiert.

[5]Die anderen Sparmotive wie Vererbung oder Vorsorge für Lebensrisiken werden vernachlässigt.

wir einen Steuerbarwert von τ_t, dem ein Barwert von Pensionszahlungen b_{t+1}/R gegenübersteht, was einer Nettosteuerleistung und damit einer Minderung des Lebensvermögens von $\tau(r - n)/R$ entspricht. Dies wäre das Generationenkonto der jungen Generation in Periode t. Die Nettosteuerleistung der jungen Generation entspricht gerade der Verringerung des Lebensvermögens durch das Pensionssystem nach dem ULV. Das Generationenkonto der Rentnergeneration in Periode t wäre einfach b_t.

IX.2.2 Alterssicherung und Wachstum

Während das KDV keine Auswirkungen auf die gesamtwirtschaftlichen Ersparnisse hat, zeigen wir nun, wie sich eine Einführung bzw. Ausdehnung des ULV auf Einkommen, Investition und Wachstum im Gleichgewicht auswirkt.[6] Dazu führen wir eine Produktionsfunktion $Y_t = F(K_t, L_t)$ ein, die wir der Einfachheit halber auf den Cobb-Douglas-Fall spezialisieren. Pro Kopf der Erwerbsbevölkerung L_t (der jungen Generation) beträgt der Output

$$Y_t = K_t^\alpha L_t^{1-\alpha} \quad \Rightarrow \quad y_t \equiv Y_t/L_t = k_t^\alpha, \quad k_t \equiv K_t/L_t. \tag{IX.23}$$

Auf wettbewerblichen Faktormärkten werden Arbeit und Kapital mit ihren Grenzprodukten entlohnt. Mit höherer Kapitalausstattung $k = K/L$ pro Arbeiter steigen die Löhne und fallen die Zinsen. Im wettbewerblichen Faktormarktgleichgewicht entsprechen die Faktorpreise den Wertgrenzprodukten $w_t = \mathrm{d}Y_t/\mathrm{d}L_t$ und $R_t = \mathrm{d}Y_t/\mathrm{d}K_t$. Für den Fall der Cobb-Douglas-Produktionsfunktion folgt

$$w_t = (1 - \alpha)k_t^\alpha, \quad R_t = \alpha/k_t^{1-\alpha}. \tag{IX.24}$$

Die privaten Ersparnisse finanzieren Investition und Kapitalbildung. Die Ersparnisse stammen von der jungen Generation, welche nach (IX.21) für das Alter vorsorgt, und finanzieren im Kapitalmarktgleichgewicht eine Kapitalbildung von $K_{t+1} = S_t \cdot L_t$, wobei S_t die Ersparnis pro Kopf und L_t die Erwerbsbevölkerung darstellt. Indem wir durch L_{t+1} dividieren, das Kapital/Arbeit-Verhältnis mit $k_t = K_t/L_t$ anschreiben und das Bevölkerungswachstum nach (IX.18) berücksichtigen, erhalten wir das Kapitalmarktgleichgewicht

$$k_{t+1} = \frac{1}{N} \cdot S(k_t, \tau), \quad \frac{\mathrm{d}S_t}{\mathrm{d}\tau} < 0, \quad \frac{\mathrm{d}S_t}{\mathrm{d}k_t} > 0. \tag{IX.25}$$

In (IX.22) haben wir gezeigt, dass eine Ausdehnung des ULV durch Anhebung des Beitragssatzes τ und der Pensionsleistungen b an die Rentner die privaten Ersparnisse reduziert, so dass $\mathrm{d}S_t/\mathrm{d}\tau < 0$.

Im Gleichgewicht wirkt jedoch ein höherer Kapitalstock in den Folgeperioden wieder auf die private Spartätigkeit zurück. Mit zunehmender Kapitalausstattung

---

[6]Demmel und Keuschnigg (2000), Corneo und Marquardt (2000) sowie Keuschnigg und Keuschnigg (2004) zeigen, wie der implizite Steuercharakter der Pensionsbeiträge die Arbeitslosigkeit steigert. Holzmann (1997) findet empirische Evidenz dafür, dass der Übergang zum KDV die Kapitalmarkteffizienz verbessern kann. Fehr (2000) demonstriert die quantitativen Auswirkungen von Pensionsreformen im demographischen Übergang.

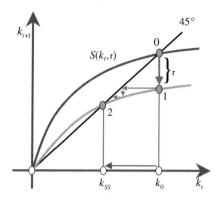

Abbildung IX.4: Kapitalakkumulation

steigen die Löhne und damit die Ersparnisse. Die Lohnsteigerungen vermehren das Arbeitseinkommen, aus dem die junge Generation spart. Zwar reduziert eine höhere Kapitalbildung auch die Zinsen, was den Sparanreiz mindert, doch wird dieser negative Effekt auf die Spartätigkeit von den Lohnerhöhungen dominiert. Daher stellen wir $dS_t/dk_t > 0$ fest. Der Einfluss einer höheren Kapitalintensität k auf die Ersparnisse kann besonders einfach gezeigt werden, wenn wir im Moment vom Pensionssystem abstrahieren und die Präferenzen der Haushalte mit $u_t = (C_t^1)^{1-\beta}(C_{t+1}^2)^{\beta}$ spezifizieren. Der Leser mag für diesen Fall die Ersparnisse selber herleiten, indem er das Problem (IX.16) für $\tau = b = 0$ und $M = w$ löst:

$$S_t = \beta w_t, \quad k_{t+1} = \frac{1}{N} \cdot \beta(1 - \alpha)k_t^{\alpha}. \tag{IX.26}$$

In diesem Fall beeinflusst der Realzins das Sparen nicht, weil sich Einkommens- und Substitutionseffekt einer Zinsänderung gerade aufheben und wegen $\tau = b = 0$ auch kein Vermögenseffekt auftritt. Die zweite Gleichung folgt aus (IX.25), indem man (IX.24) für die Löhne verwendet und in die Sparfunktion einsetzt. Damit sind die Ersparnisse eine konkav ansteigende Funktion der Kapitalintensität, wie in Abbildung IX.4 dargestellt wird. Die Situation ändert sich auch nicht grundlegend, wenn ein „kleines" ULV mit kleinen Beitragssätzen und Pensionsbeträgen eingeführt wird.

Abbildung IX.4 zeigt, wie eine Erhöhung des Beitragssatzes zum ULV die Kapitalakkumulation beeinträchtigt. Die konkav ansteigenden Kurven stellen die Sparfunktion (IX.25) für verschiedene Beitragssätze dar. Die Kapitalintensitäten k_t und k_{t+1} schlagen sich nach (IX.24) in Löhnen und Zinsen, w_t und R_{t+1}, und damit in Ersparnissen S_t nieder, welche den Kapitalstock bzw. die Kapitalintensität in der nächsten Periode bestimmen. Die Sparfunktion ist konkav ansteigend und hat bei höheren Kapitalintensitäten eine Steigung kleiner als 1.[7] Dort, wo die Sparfunktion die 45°-Linie kreuzt, ruht die Wirtschaft in einem stationären Gleichgewicht (Punkt 0).

---

[7]Die Sparfunktion kann theoretisch die 45°-Linie auch mehrmals kreuzen. In diesem Fall gäbe es multiple Gleichgewichte. Für die finanzpolitischen Anwendungen sind diese Fälle jedoch weniger interessant.

Wenn ausgehend von dieser Situation das ULV ausgebaut wird, so ist zunächst die Kapitalintensität k_0 historisch bestimmt und kann sich nicht sofort ändern. Damit ist auch der Lohn in dieser Periode fix. Die Verringerung der Ersparnisse nach (IX.25) (Bewegung von Punkt 0 nach 1) führt allerdings in der nächsten Periode zu einem kleineren Kapitalstock (Bewegung nach links). Bei geringerer Kapitalintensität fallen die Löhne und reduzieren trotz steigendem Zins die Ersparnisse weiter (erneute Bewegung nach unten). Dieser Prozess wiederholt sich, bis die Wirtschaft nach mehreren Perioden der Anpassung im Punkt 2 in einem neuen stationären Gleichgewicht zu ruhen kommt. Abbildung IX.4 zeigt, dass die längerfristigen Auswirkungen über den Anstosseffekt in der ersten Periode (Bewegung von 0 zu 1) hinausgehen. Die Anpassung des Kapitalstocks multipliziert also die Anstosswirkung der Pensionsreform. Parallel zum Rückgang der Kapitalintensität beobachten wir entlang des Anpassungspfades zunehmende Lohneinbussen, aber steigende Zinsen. Das Bruttonationalprodukt geht ebenfalls mit fallendem Kapitaleinsatz zurück.

IX.2.3 Implizite Staatsschuld

Wir zeigen nun, dass die Pensionsansprüche aus dem ULV eine implizite oder versteckte Staatsschuld darstellen. Die staatliche Budgetbeschränkung in (IX.9) zeigt, wie sich die Schuld in Abhängigkeit vom Primärüberschuss $T - G$, dem Überschuss der Einnahmen über die Ausgaben (ohne Zinszahlungen), entwickelt: $D_t = R_t D_{t-1} - (T_t - G)$. Wenn wir den Primärüberschuss in Periode t mit $T_t^2 L_{t-1}$ bezeichnen, die Budgetbeschränkung durch L_{t-1} dividieren und die Schuld pro Kopf der Erwerbsbevölkerung mit $d_t = D_t/L_t$ bezeichnen, erhalten wir als Pro-Kopf-Verschuldung

$$Nd_t = R_t d_{t-1} - T_t^2. \tag{IX.27}$$

Wie können die Beiträge und Leistungen aus dem ULV als Staatsschuld aufgefasst werden? Zunächst können wir die Tatsache, dass die Beiträge zum ULV eine unterdurchschnittliche Rendite aufweisen und die Individuen per Versicherungszwang in diese Sparform gedrängt werden, als Steuer betrachten. Wären die Beiträge τ_{t-1} auf dem Kapitalmarkt angelegt worden, dann hätten sie einen Ertrag r erzielt, und im Alter wäre eine Rückzahlung von $R_t \tau_{t-1}$ angefallen. Das ULV zahlt demgegenüber nur eine Pension von $b_t = N\tau_t$, die aus den Beiträgen der heutigen Erwerbstätigen stammt und wegen der geringeren Rendite kleiner ist. Im stationären Zustand beträgt der Verlust an Pensionseinkommen $R\tau - N\tau = (r - n)\tau$, da längerfristig der Realzins immer höher ist als die Bevölkerungswachstumsrate. Dieser Verlust an möglichem Pensionseinkommen ist nichts anderes als eine versteckte Steuer,

$$T_t^2 = R_t \tau_{t-1} - b_t = R_t \tau_{t-1} - N\tau_t. \tag{IX.28}$$

Die Rentnergeneration in t hat in der Vergangenheit Beiträge in das ULV einbezahlt und damit einen gesetzlich festgelegten Anspruch auf eine Alterspension erworben. Dieser Leistungsanspruch wird aus den Beitragszahlungen der heute erwerbstätigen Generation eingelöst. Der Pensionsanspruch stellt genauso ein Leistungsversprechen des Staates dar, wie der Besitz eines Staatsschuldentitels einen Anspruch auf Rückzahlung begründet. Ökonomisch besteht kein Unterschied. Wir können also sagen, dass der Staat die Beitragszahlungen gegen ein Versprechen auf Rückzahlung in Form einer Alterspension nach dem impliziten Generationenvertrag erhält. Mit dem Leistungsversprechen geht der Staat genauso wie bei der Ausgabe eines offiziellen Staatsschuldenpapiers eine Zahlungsverpflichtung ein. Damit stellen die Beitragszahlungen nichts anderes als eine staatliche Neuverschuldung dar, $d_{t-1} = \tau_{t-1}$. Im Alter zahlt der Staat eine Pension, die der Rückzahlung der Schuld zum Marktzins, $R_t \tau_{t-1}$, abzüglich einer Steuer T_t^2 entspricht, also $b_t = R_t \tau_{t-1} - T_t^2$. Die Pension b_t wird aus den Beiträgen der Erwerbstätigen, $b_t = N\tau_t$, und damit durch neue Schuldaufnahme $\tau_t = d_t$ bei der jungen Generation finanziert. Damit erhalten wir eine äquivalente Darstellung des ULV als Staatsschuld wie in (IX.27),

$$b_t = R_t \tau_{t-1} - T_t^2 \quad \Rightarrow \quad Nd_t = R_t d_{t-1} - T_t^2. \tag{IX.29}$$

Die Pensionsansprüche aus dem ULV sind äquivalent mit einer Staatsschuld! Für die grossen Industrieländer wurde die im ULV versteckte Staatsschuld berechnet und in manchen Ländern auf weit über 100% des BIP beziffert, wobei diese versteckte Schuld zwar zu einem wesentlichen Teil, aber nicht ausschliesslich auf das Pensionssystem zurückzuführen ist. Für Deutschland wurde die ökonomische Staatsschuld, also die Summe aus offiziell ausgewiesener und versteckter Schuld, im Jahre 1995 auf 136% des BIP und für Österreich gar auf 192% geschätzt (Jägers und Raffelhüschen, 1999, S. 6). Die Schweiz hat schon lange eine starke, kapitalgedeckte Komponente der Alterssicherung aufgebaut. Nur die erste Säule ist nach dem ULV organisiert. Daher ist die verdeckte Schuld im internationalen Vergleich sehr gering. Borgmann und Raffelhüschen (2000, Abbildung 5.3) haben die gesamte, ökonomische Staatsschuld der Schweiz 1995 mit 50% und die versteckte Schuld mit nur 16% des BIP beziffert.

IX.2.4 Arbeitsmarkteffekte

Die vorausgehenden Abschnitte haben betont, dass der Beitrag zum ULV eine geringere Rendite abwirft als die Veranlagung desselben Beitrags auf dem Kapitalmarkt. Diese Renditedifferenz stellt eine implizite Steuer auf das Sparen dar. Nun werden die Wirkungen auf das Arbeitsangebot betrachtet. Die Beiträge zur Pensionsversicherung machen einen nicht unbeträchtlichen Teil der Lohnnebenkosten aus. Ob diese Beiträge eine Steuer auf Arbeitseinkommen darstellen oder nicht, hängt ganz davon ab, ob ihnen eine *individuell* zurechenbare Gegenleistung in Form einer höheren Pension gegenübersteht. In der Regel wird nur ein Teil des gesamten Beitrags als Steuer aufzufassen sein. Es sollen nun dieser implizite Steueranteil herausgerechnet und die Auswirkungen auf das Arbeitsangebot beschrieben werden. Dabei ist zwischen der Arbeitsleistung während der Erwerbsphase (intensives Arbeitsangebot) und der Entscheidung über den Zeitpunkt des Ruhestands (extensives Angebot) zu unterscheiden.

IX.2.4.1 Intensives Arbeitsangebot

Um die Auswirkungen auf das intensive Arbeitsangebot während der Erwerbsphase zu beschreiben, erweitern wir das Lebenszyklusmodell um eine endogene Arbeitsangebotsentscheidung, wobei zunächst der Zeitpunkt der Pensionierung fest vorgegeben ist. Der Einfachheit halber blenden wir in diesem Abschnitt das Bevölkerungswachstum aus und gehen von einer fixen Erwerbsbevölkerung aus, die auf 1 normalisiert ist. Es sei $L < 1$ das Arbeitsangebot und $v(L)$ das damit verbundene Arbeitsleid. Die Präferenzen seien in der Erwerbsphase separabel zwischen Konsum und Arbeitsangebot, so dass Einkommenseffekte auf das Arbeitsangebot ausgeblendet werden,

$$U(Q^1, C^2), \quad Q^1 = C^1 - v(L), \quad v' > 0, \quad v'' > 0. \tag{IX.30}$$

Die Budgetbeschränkungen sind ähnlich wie in (IX.15). Der Unterschied besteht darin, dass die Pensionsbeiträge nun auf die Lohnsumme bezogen werden und τ einen Wertsteuersatz bezeichnet: $C^1 = (1 - \tau_t)wL - S$ und $C^2 = RS + b_{t+1}$. Indem man von der Budgetbeschränkung in der ersten Periode das Arbeitsleid auf beiden Seiten abzieht und den Nutzenbeitrag $Q^1 = C^1 - v(L)$ in der Erwerbsperiode berücksichtigt, folgt $Q^1 = (1 - \tau_t)wL - v(L) - S$. Nach Einsetzen von S aus der zweiten Budgetbeschränkung für das Alter erhält man die intertemporale Budgetbeschränkung $Q^1 + C^2/R = M$. Das Lebensvermögen M ist der Barwert der arbeitsbezogenen Einkommen, verringert um die individuellen Kosten der Arbeitsleistung,

$$M_t = \max_L (1 - \tau_t)wL - v(L) + b_{t+1}/R. \tag{IX.31}$$

Die Annahme über die Separabilität der Präferenzen erlaubt eine zweistufige Lösung des Haushaltsproblems. Zuerst wird durch Wahl des Arbeitsangebots das Lebensvermögen in (IX.31) maximiert. Dieses bestimmt die Lohneinkommen in der ersten Periode. Im zweiten Schritt wird durch geeignete Wahl der Ersparnisse die intertemporale Konsumentscheidung über Q^1 und C^2 getroffen. Die Sparentscheidung bei endogenem Arbeitsangebot kann anhand einer separaten Übung studiert werden. In diesem Abschnitt interessieren die Auswirkungen auf das Arbeitsangebot. Je nach Art des Pensionssystems können dabei die Regeln zur Pensionsberechnung eine Verbindung db_{t+1}/dL zwischen der Höhe der Pension und dem Umfang des Arbeitsangebotes in der Erwerbsphase herstellen. Unter Berücksichtigung dieses Effektes erhalten wir als BEO

$$(1 - \tau_t)w + \frac{1}{R}\frac{db_{t+1}}{dL} = v'(L). \tag{IX.32}$$

Umlagefinanzierte Pensionssysteme können in der Pensionsberechnung auf das vergangene Arbeitseinkommen und damit auf die Höhe der eingezahlten Beiträge abstellen oder nicht. Beim *ULV vom Typ ‚Beveridge'* ist die Pensionshöhe unabhängig vom vergangenen Arbeitseinkommen. Dieses System sieht eine Grundpension vor, die unabhängig vom Einkommen für alle gleich hoch ist. Sie soll das Abrutschen in die Altersarmut verhindern und ist mit Umverteilungszielen motiviert. Die *Ersatzquote*, das ist der Anteil der Pension am vergangenen Arbeitseinkommen, nimmt dabei mit zunehmendem Einkommen ab. Aus individueller Sicht ist die Höhe der Grundpension unabhängig vom eigenen Erwerbseinkommen und kann daher nicht durch ein höheres Arbeitsangebot beeinflusst werden, $db_{t+1}/dL = 0$. Die Bedingung für das optimale Arbeitsangebot in (IX.31) reduziert sich auf

$$(1 - \tau_t)w = v'(L). \tag{IX.33}$$

Der Beitragssatz und die Pensionshöhe sind zwar im Aggregat durch die Budgetbeschränkung des Pensionssystems miteinander verknüpft; die Höhe der Pension kann aber aus individueller Sicht nicht gesteigert werden, indem ein einzelner Arbeitnehmer mehr Arbeitsangebot leistet und sein Lohneinkommen steigert. Von jedem zusätzlichen Lohneinkommen muss ein Beitrag τ abgeliefert werden, ohne dass dem eine individuelle Gegenleistung in Form einer höheren Pension gegenüberstünde. Der Pensionsbeitrag hat vollständig den Charakter einer Lohnsteuer, so dass der Steueranteil 100% beträgt.

In Deutschland, Österreich und der Schweiz wird das *ULV vom Typ Bismarck* angewandt, wonach die Pensionsberechnung auf die Höhe des vergangenen Lohneinkommens abstellt. Dabei wird im Wesentlichen eine Ersatzquote festgelegt, welche die Pension als Anteil des individuellen Nettolohneinkommens festlegt,

$$b_{t+1} = \theta_{t+1} \cdot (1 - \tau_t) wL. \tag{IX.34}$$

Die mögliche Ersatzquote θ_{t+1} folgt bei gegebenem Beitragssatz aus dem aggregierten Beitragsaufkommen und ergibt sich aus der Budgetbeschränkung der Pensionsversicherung,

$$\tau_t w_t L_t = b_t = \theta_t (1 - \tau_{t-1}) w_{t-1} L_{t-1} \quad \Rightarrow \quad \theta_t = \frac{\tau_t}{1 - \tau_{t-1}} \frac{w_t L_t}{w_{t-1} L_{t-1}}. \tag{IX.35}$$

Wie bei jedem ULV müssen die laufenden Beiträge der jungen Generation die Pensionen b_t der Alten finanzieren, deren Pensionsanspruch an das eigene Nettolohneinkommen der Vorperiode geknüpft ist. Die Ersatzquote kann dabei umso grosszügiger sein, je höher der Beitragssatz der Erwerbsgeneration und je höher die Wachstumsrate der Lohnsumme ist.

Die Pensionsregel (IX.34) bedeutet, dass mit höherem Arbeitseinkommen auch die Pension ansteigt, $db_{t+1}/dL = \theta_{t+1} \cdot (1 - \tau_t) w$. Diese individuell zurechenbare Pensionskomponente stärkt den Arbeitsanreiz. Eine Einheit mehr Arbeitsleistung steigert nicht nur das Nettoeinkommen um $(1 - \tau_t) w$ in der Erwerbsphase, sondern zusätzlich auch die Alterspension. Das Arbeitsangebotskalkül in (IX.32) lautet nun

$$\left(1 - \tau_t^*\right) w = v'(L), \quad \tau_t^* \equiv \tau_t - \theta_{t+1} \cdot (1 - \tau_t)/R < \tau_t. \tag{IX.36}$$

Die Festschreibung der Ersatzquote führt dazu, dass den Beiträgen der Erwerbsgeneration eine individuell zurechenbare Gegenleistung in Form einer Alterspension gegenübersteht. Von jedem zusätzlichen Euro an Lohneinkommen muss zwar ein Anteil τ in das System eingezahlt werden, ein Anteil $\theta_{t+1}(1 - \tau_t)$ fliesst jedoch im Alter wieder zurück. Nur die Differenz zwischen τ und der abgezinsten Rückzahlung ist als Steuer aufzufassen und stellt den impliziten Steueranteil $\tau_t^* < \tau_t$ der Pensionsbeiträge dar. Nur dieser mindert das Arbeitsangebot. Wie aus dem Vergleich von (IX.36) und (IX.33) sofort ersichtlich ist, führt ein Bismarck'sches Pensionssystem zu geringeren Arbeitsmarktverzerrungen als ein System nach Beveridge.

Die geringste Arbeitsangebotsverzerrung verursacht das KDV, welches die Beiträge auf einem individuellen Konto verzinst und eine Pension von $b_{t+1} = R \cdot \tau_t wL$ ermöglicht. Höhere Beitragsleistungen durch mehr Arbeit und Lohneinkommen ergeben eine höhere Pension von $db_{t+1}/dL = R \cdot \tau_t w$. Einsetzen in (IX.32) führt zu

$w = v'(L)$ und zeigt damit, dass das KDV die Arbeitsmarktverzerrung vollständig beseitigt.

IX.2.4.2 Extensives Arbeitsangebot

Eines der grossen Probleme der Pensionsversicherungen nach dem ULV ist die Überalterung der Gesellschaft aufgrund einer zunehmenden Lebenserwartung, so dass die Anzahl der Pensionisten pro Erwerbstätiger steigt. Diese Verschlechterung des Alterslastquotienten erfordert, bei gleich bleibenden Beitragssätzen die Pensionen zu reduzieren oder eben die Beitragssätze anzuheben. Um dem entgegenzuwirken und das finanzielle Gleichgewicht des ULV zu sichern, müssten die Individuen länger arbeiten und später in Pension gehen. In vielen Ländern ist jedoch im Gegenteil eine Tendenz zu vorzeitigem Ruhestand festzustellen. Tatsächlich liegt das durchschnittliche Pensionseintrittsalter in vielen Ländern Europas erheblich unter dem gesetzlichen Pensionsalter. Die Regeln zur Pensionsberechnung nach dem ULV sind Teil des Problems, weil sie gerade die finanziellen Anreize für einen vorzeitigen Ruhestand verstärken, wie nun gezeigt wird. Die Ruhestandsentscheidung betrifft den extensiven Rand des aggregierten Arbeitsangebots. Die Zahl der Erwerbstätigen nimmt ab, wenn ein grösserer Anteil der pensionsberechtigten Arbeitnehmer in den vorzeitigen Ruhestand wechselt und sich vom aktiven Erwerbsleben zurückzieht.

Das Problem kann am einfachsten unter folgenden Annahmen zum Arbeitsangebot studiert werden. In der gesamten ersten Lebensperiode ist das Arbeitsangebot fix und auf 1 normiert. In der zweiten Periode wird ein erster Teil z gearbeitet, wobei die Arbeitsleistung pro Zeiteinheit auf 1 fixiert ist, während ein zweiter Teil $1 - z$ im Ruhestand verbracht wird. Anstatt des Arbeitseinkommens wird dann eine Pension b pro Zeiteinheit bezogen. Die Variable z bezeichnet den Zeitpunkt des Pensionseintritts in der zweiten Periode und wird nun als variabel betrachtet. Die Budgetbeschränkungen lauten

$$C^1 = (1 - \tau)w - S, \quad C^2 = RS + (1 - \tau)w \cdot z + b \cdot (1 - z). \tag{IX.37}$$

Die Wohlfahrt einer Person hängt vom Konsum in der ersten und zweiten Periode und von der Länge der Erwerbsdauer z ab. Die Präferenzen seien $U\left(C^1, Q^2\right)$ mit $Q^2 = C^2 - v(z)$ und $v', v'' > 0$. Die konvex ansteigende Funktion $v(z)$ drückt eine zunehmende Abneigung gegen eine weitere Verlängerung der Erwerbsphase aus. Je länger die Erwerbsdauer bereits ist, desto höher ist die notwendige Einkommenskompensation, damit das Individuum den Pensionseintritt um eine weitere Zeiteinheit hinauszuschieben bereit ist. Die Funktion v kann auch den Einfluss des Gesundheitszustandes ausdrücken. Je älter eine Person wird, desto schwieriger ist es für sie allein aus Gesundheitsgründen, die Erwerbstätigkeit aufrechtzuerhalten. Die Separabilitätsannahme erlaubt wieder, die intertemporale Konsumentscheidung von der Ruhestandsentscheidung zu trennen. Indem man $v(z)$ von beiden Seiten abzieht, erhält man $Q^2 = RS + (1 - \tau)wz + b(1 - z) - v(z)$. Einsetzen von S aus der ersten

Gleichung in (IX.37) ergibt die intertemporale Budgetbeschränkung $C^1 + Q^2/R = M$ mit dem Lebensvermögen

$$M = \max_z \ (1-\tau)w + \frac{(1-\tau)w \cdot z + b \cdot (1-z) - v(z)}{R}. \tag{IX.38}$$

Die Höhe der Pension kann grundsätzlich von der Länge der aktiven Erwerbsperiode abhängig sein. Alternative Pensionssysteme wenden verschiedene Regeln db_{t+1}/dz für die Pensionsberechnung an. Unter Berücksichtigung dieses Effektes lautet die BEO für die Ruhestandsentscheidung z

$$(1-\tau)w - b + (1-z)\frac{db}{dz} = v'(z). \tag{IX.39}$$

Wenn der Ruhestand um eine Zeiteinheit hinausgeschoben wird, kann einerseits ein zusätzlicher Nettolohn erzielt werden, andererseits muss auf die Pension verzichtet werden. Der finanzielle Nettovorteil beträgt $(1-\tau)w - b$ und ist positiv, da b nur einen Teil des Nettolohns ersetzt. Das Hinausschieben des Ruhestands kann allerdings etwas attraktiver werden, wenn für die verbleibende Lebenszeit $1-z$ eine höhere Pension ausbezahlt wird. Umgekehrt wird in den meisten Fällen die Pension gekürzt, falls der Ruhestand vorgezogen, d. h. z kleiner wird. Die optimale Ruhestandsentscheidung ist dadurch charakterisiert, dass der gesamte finanzielle Nettovorteil eines marginalen Aufschubs der Pensionierung auf der linken Seite die marginale Nutzeneinbusse der verlängerten Erwerbstätigkeit kompensieren muss. Wenn der Nettovorteil ansteigt, dann wird der Ruhestand weiter hinausgeschoben.

Im ULV nach Beveridge wird eine fixe Pension gewährt, deren Höhe unabhängig vom Pensionsantrittsalter ist, $db/dz = 0$. Das Kalkül (IX.39) zeigt, wie ein solches Pensionssystem die Anreize zur Frühpensionierung auf zweifache Weise verstärkt. Einerseits reduzieren die Beiträge das Lohneinkommen bei Weiterbeschäftigung, andererseits steigen die Opportunitätskosten, weil bei Vorliegen eines Erwerbseinkommens auf die Pension verzichtet werden muss. Das Pensionssystem nach Beveridge führt zu einem hohen impliziten Steuersatz τ^* auf die Weiterbeschäftigung und erzeugt damit einen starken Anreiz zur Frühverrentung,[8]

$$\left(1 - \tau^*\right)w = v'(z), \quad \tau^* \equiv \tau + b/w. \tag{IX.40}$$

In einem Pensionssystem nach Bismarck wird hingegen die Höhe der Pension in Abhängigkeit vom vergangenen Nettoeinkommen des Arbeitnehmers berechnet. In einem solchen System kann der spätere Renteneintritt mit einer höheren Pension belohnt werden, $db_{t+1}/dz > 0$. Eine geringfügige Umformung von (IX.39) zeigt, dass eine solche Regelung den impliziten Steuersatz auf die Weiterbeschäftigung mindert. Der implizite Steuersatz $\tau^* = \tau + \frac{b}{w} - \frac{1-z}{w}\frac{db}{dz}$ ist nun geringer als in (IX.40).

Im Vergleich zu den Umlagesystemen wird die Pension in einem kapitalgedeckten System versicherungstechnisch fair berechnet. Dies bedeutet, dass die Pensionszah-

---

[8]Der Leser mag diesen impliziten Steuersatz mit dem Partizipationssteuersatz (III.27) für das extensive Arbeitsangebot in Kapitel III vergleichen und wird dieselbe Logik erkennen.

lungen für den Rest der Lebenszeit der Summe der verzinsten Beitragszahlungen entspricht, wobei innerhalb der zweiten Periode der Zins Null ist,

$$(1 - z)b_{t+1} = R\tau_t w + \tau_{t+1} wz. \qquad (IX.41)$$

Einsetzen in (IX.38) ergibt ein Lebensvermögen $M = w + (wz - v(z))/R$, welches nicht mehr durch das Pensionssystem beeinflusst ist. Die Beiträge zum KDV sind ein perfektes Substitut zu anderen Sparformen, so dass nur die Struktur der Ersparnisse, aber nicht das Volumen verändert wird. Nachdem das KDV das Lebensvermögen unberührt lässt, kann es auch keinen Einfluss auf die Wahl des Pensionsantrittsalters haben, $w = v'(z)$. Die Ruhestandsentscheidung z ist dieselbe wie im Laissez-faire-Zustand ohne Pensionsversicherung.

Um den Vergleich mit dem ULV herauszuarbeiten, ermitteln wir aus der Budgetbeschränkung (IX.41), um wieviel die Rente versicherungstechnisch fair für die restliche Lebenszeit erhöht werden kann, wenn der Beitragszahler seinen Ruhestand um eine Zeiteinheit hinausschiebt. Das Differential nach z und b ergibt $(1 - z)\mathrm{d}b/\mathrm{d}z = (\tau + b/w)w$. Man beachte, dass die Anpassung gerade proportional zum impliziten Steuersatz in (IX.40) ist. Der implizite Steuersatz rührt also daher, dass im Beveridge-System die Pension trotz längerer Beitragszeit konstant bleibt und eine versicherungstechnisch faire Anpassung unterbleibt. Im KDV kann hingegen bei längerer Erwerbstätigkeit die Rente gesteigert werden, weil einerseits die Beiträge länger bezahlt werden und andererseits die Pension weniger lang ausbezahlt werden muss. Setzt man nun dieses Ergebnis für die Rentenanpassung in (IX.39) ein, folgt dieselbe Ruhestandsentscheidung wie im Laissez-faire-Zustand, nämlich $w = v'(z)$. Zusammenfassend stellt man fest, dass das ULV im Vergleich zum KDV erhebliche finanzielle Anreize zur Frühverrentung schafft und eine längere Beschäftigung bestraft. Die Anreize zur Frühverrentung können entschärft werden, wenn die Rente für den Rest der Lebenszeit mit zunehmendem Pensionsantrittsalter steigt. Das KDV vermeidet den Anreiz zur Frühverrentung vollständig.

Zusammenfassung

1. Das Primärdefizit ist der Überschuss der Staatsausgaben ohne Zinszahlungen über die Steuereinnahmen. Das Nettodefizit ist die Zunahme der Staatsschuld. Der Staatshaushalt ist nachhaltig finanziert, wenn die intertemporale Budgetbeschränkung erfüllt ist. Dies bedeutet, dass der Barwert der Ausgaben und die Verbindlichkeiten aus der existierenden Staatsschuld durch den Barwert der Steuereinnahmen gedeckt sind.

2. Nach dem altruistischen Vererbungsmotiv ist das Erbschaftssparen von der Wohlfahrt der nachfolgenden Generationen abhängig. Nach dem egoistischen Motiv ist die Freude am Geben entscheidend, während die tatsächliche wirtschaftliche Position der Nachkommen unberücksichtigt bleibt.

3. Bei gegebenen Ausgaben führt eine höhere Staatsverschuldung zu geringeren Steuern heute und zu höheren Steuern in der Zukunft. Nach der Verdrängungshypothese reduziert die Neuverschuldung die gesamtwirtschaftlichen Ersparnisse. Die geringeren öffentlichen Ersparnisse werden nicht vollständig durch höhere

private Ersparnisse aufgewogen, weil ein Teil der Steuersenkung von der gegenwärtigen Generation konsumiert wird. Die Neutralitätshypothese gilt, wenn die Generationen nicht durch altruistisch motivierte Erbschaften miteinander verknüpft sind.

4. Nach der Neutralitätshypothese bleiben die gesamtwirtschaftlichen Ersparnisse auch nach einer Neuverschuldung unverändert. Die Zunahme der privaten Ersparnisse kompensiert vollständig die Abnahme der öffentlichen Ersparnisse. Altruistisch motivierte Haushalte realisieren über die Anpassung von Erbschaften eine nutzenmaximale intergenerative Wohlfahrtsverteilung. Wenn der Staat mittels Staatsverschuldung zugunsten der heutigen Generation umverteilt, dann passt diese ihr Erbschaftsverhalten an, um die bevorzugte intergenerative Verteilung wieder herzustellen. Die Staatsverschuldung wird neutralisiert und die Steuersenkung vollständig gespart, um die zukünftigen Generationen mit höheren Erbschaften für die zusätzlichen Steuern zur Bedienung der Staatsschuld zu kompensieren.

5. Die empirischen Ergebnisse liefern kein eindeutiges Bild über die Verdrängungswirkungen der Staatsschuld bezüglich der gesamtwirtschaftlichen Ersparnisse und sind mit beiden Hypothesen vereinbar.

6. In einem Pensionssystem nach dem Kapitaldeckungsverfahren werden die Pensionsbeiträge mit Zins- und Zinseszins akkumuliert und im Alter als Pension ausgeschüttet. Nach dem Umlageverfahren wird das Beitragsaufkommen in derselben Periode als Pensionen an die Rentner ausgeschüttet. Dabei wird kein Sparkapital gebildet.

7. Die individuelle Rendite der Beiträge entspricht im Kapitaldeckungsverfahren dem Marktzins. Die Beitragsrendite im Umlageverfahren ist gleich der Wachstumsrate der Lohnsumme und damit geringer als der Marktzins. Die Renditedifferenz kann als implizite Steuer auf die Ersparnisbildung aufgefasst werden. Das Umlageverfahren zwingt die Haushalte in eine niedrig verzinsliche Sparform, reduziert damit das Lebensvermögen und mindert die Ersparnisbildung. Im Kapitaldeckungsverfahren sind Pensionssparen und privates Zusatzsparen vollständige Substitute, so dass die gesamtwirtschaftliche Ersparnis unberührt bleibt.

8. Eine Pensionsversicherung nach dem Umlageverfahren und Staatsschuld sind äquivalent.

9. Das Umlageverfahren führt zu einer impliziten Steuer sowohl auf das intensive als auch das extensive Arbeitsangebot. Die implizite Steuer auf das intensive Arbeitsangebot der Erwerbstätigen kann reduziert werden, wenn die Pensionshöhe auf das vergangene Erwerbseinkommen derselben Person abstellt. Die implizite Steuer auf das extensive Arbeitsangebot (Ruhestandsentscheidung) kann gemindert werden, wenn der vorzeitige Ruhestand mit einem Rentenabschlag verbunden ist. Das Kapitaldeckungsverfahren vermeidet beide Verzerrungen des Arbeitsangebots.

Lektürevorschläge

Ein klassischer Beitrag zur Verdrängungswirkung der Staatsschuld im Rahmen eines Lebenszyklusmodells ohne Vererbung ist DIAMOND (1965). Die Neutralitätshypothese wurde erstmals von BARRO (1974) formalisiert, vgl. auch BLANCHARD und FISCHER (1980). Gute Übersichtsartikel zur theoretischen und empirischen Literatur sind SEATER (1993) und ELMENDORF und MANKIW (1999). WEIL (1987) zeigt, dass für ein operatives Vererbungsmotiv der Altruismus gegenüber zukünftigen Generationen ausreichend stark sein muss. SMETTERS (1999) analysiert eine Reihe möglicher Abweichungen von den Annahmen zur Ricardianischen Äquivalenz und betont, dass unter diesen Bedingungen die Staatsschuld kurzfristig zu Verdrängungseffekten führt, aber langfristig neutral bleibt, solange wenigstens ein Teil der Haushalte mit einem operativen, altruistischen Vererbungsmotiv ausgestattet ist. BARRO (1979) weist auf den wohlfahrtssteigernden Einsatz der Staatsschuld zwecks zeitlicher Glättung von Steuersätzen hin, um die steuerliche Mehrbelastung über die Zeit gering zu halten. KOTLIKOFF (2002) erörtert Staatsverschuldung und Alterssicherung zusammen als intergenerative Transferpolitik. Die Literatur zur Alterssicherung und Pensionsreform ist unter anderem in SIEBERT (1998), FELDSTEIN und LIEBMAN (2002), LINDBECK und PERSSON (2003) und BOVENBERG (2003) zusammengefasst. CREMER und PESTIEAU (2003) zeigen, wie das Umlageverfahren einen Anreiz zum vorzeitigen Ruhestand schafft. AUERBACH, GOKHALE und KOTLIKOFF (1994) sowie RAFFELHUESCHEN (1999b) stellen den Ansatz der Generationenbuchhaltung dar. Auf der Homepage WWW.IFF.UNISG.CH, Seite Keuschnigg/Lehre, stehen gelöste Übungsaufgaben bereit.

Schlüsselbegriffe

Primärdefizit	Nettodefizit
Intertemporale Budgetbeschränkung	Nachhaltigkeitslücke
Egoistisches Vererbungsmotiv	Altruistisches Vererbungsmotiv
Verdrängungshypothese	Neutralitätshypothese
Kapitaldeckungsverfahren	Umlageverfahren
Generationenvertrag	Generationenkonto
Implizite Staatsschuld	Impliziter Steuersatz
Ruhestandsentscheidung	

Kapitel X

Risikobereitschaft

Ein Grossteil der Produktion und Einkommenserzielung unterliegt einem erheblichen Risiko. Innovation und Strukturwandel erfordern riskante Investitionen, deren Ertrag oft sehr unsicher ist. Insbesondere junge und rasch wachsende Unternehmen sind daher auf Risikokapital angewiesen. Zwar können die Institutionen des Kapitalmarktes wie Banken, Versicherungen und Investmentfonds einen beträchtlichen Teil der Risiken diversifizieren. Indem sie sich an einer Vielzahl von Unternehmen beteiligen, können sie einen durchschnittlichen Ertrag mit deutlich geringerem Risiko erzielen, da sich unabhängig verteilte Risiken gegeneinander aufheben. So können sie den Sparern einen Ertrag mit geringerem Risiko versprechen, als es mit einer direkten Beteiligung an einzelnen Unternehmen möglich wäre. Auch auf dem Aktienmarkt kann durch Erwerb eines diversifizierten Portfolios das Risiko reduziert werden. Es ist jedoch nicht möglich, ein makroökonomisches Risiko zu diversifizieren, das alle Unternehmen in gleicher Weise betrifft. Selbst wenn die unabhängigen Risiken vollständig diversifiziert sind, bleiben Eigenkapitalanteile riskant.

Damit die Investoren gewillt sind, Risikokapital für Unternehmen bereitzustellen, müssen sie für die Risikoübernahme mit einem im Durchschnitt höheren Ertrag als bei vergleichsweise sicheren Anlagen entschädigt werden. Diese Risikoprämie kann umso niedriger sein, je grösser die Risikobereitschaft der Investoren ist. Das Angebot von Risikokapital hängt also von den Portfolioentscheidungen der Investoren ab. Riskante Anlagen wie Aktien werfen im langen Durchschnitt höhere Erträge ab als Wertpapiere mit einem vergleichsweise sicheren Ertrag. Wegen des überdurchschnittlichen Ertrags sind sie trotz des Risikos auch für konservative Investoren interessant. Diese werden aber zwischen Risiko und durchschnittlicher Rendite von verschiedenen Anlagealternativen sorgfältig abwägen und je nach Risikobereitschaft ein gemischtes Portfolio aus sicheren und riskanten Assets zusammenstellen. Steuern können den erwarteten Ertrag und das Risiko unterschiedlicher Vermögensanlagen bzw. Assets erheblich verändern und so die privaten Portfolioentscheidungen bei der Vermögensveranlagung beeinflussen.

Empirische Evidenz liegt vor allem für die USA vor; für andere Länder gibt es leider nur wenige Untersuchungen. Sie liefert einige wichtige Einsichten. Erstens ist nach Poterba (2002) für die USA festzustellen, dass vor allem das Finanzvermögen sehr konzentriert ist. Die obersten 0.5% in der Vermögensverteilung der Haushalte halten etwa 26% des Nettovermögens. Vom Aktienvermögen, das direkt von den Haushalten gehalten wird, entfallen sogar 41% auf die obersten 0.5% und ganze 80% auf die obersten 5% der Haushalte. Zweitens entfallen vom gesamten Finanzvermögen in den USA etwa 23% auf Aktien und Beteiligungen an Kapitalgesellschaften, 9% auf Investmentfonds und 13% auf weniger liquide Anteile an Personenunternehmen.

Knapp 17% entfallen auf Staatsanleihen, Sparkonten und Unternehmensanleihen und beinahe 30% auf steuerlich begünstigte Guthaben bei Pensionsfonds. Immobilien und langlebige Konsumgüter machen etwa ein Drittel des gesamten Finanzvermögens aus. Drittens reduziert die Besteuerung erheblich den Ertrag und das Risiko von Finanzanlagen. Über den Zeitraum 1926-1996 betrug in den USA die reale Ertragsrate von Aktien vor Steuern 9.45% und nach Steuern 5.94%; die Standardabweichung verringert sich von 20.9% auf 17.9% nach Steuern. Dagegen betrug die reale Ertragsrate von langfristigen Staatsanleihen nur 2.2% vor Steuern und 0.17% nach Steuern. Die Standardabweichung wird nur geringfügig reduziert (Poterba, 2002, S. 1119).

Steuern können die Portfoliozusammensetzung signifikant beeinflussen. Poterba und Samwick (2002) finden, dass ein höherer Grenzsteuersatz auf Kapitalerträge nicht nur die Wahrscheinlichkeit eines direkten Aktienbesitzes steigert, sondern auch den Portfolioanteil der Aktien erhöht, während beispielsweise der Anteil von verzinslichen Anlagen fällt. Im Jahr 1998 betrug der Anteil der Haushalte mit direktem Aktienbesitz 21.35%. Eine Zunahme des Grenzsteuersatzes um 10 Prozentpunkte würde den Anteil der Haushalte mit direktem Aktienbesitz um 10% bzw. um 2.15 Prozentpunkte auf 23.5% erhöhen. Der Anteil direkt gehaltener Aktien am Gesamtwert des Portfolios nähme um 10.7% zu, d. h. der Anteil würde von 6.12% in 1998 auf 6.77% ansteigen, während der Anteil von verzinslichen Anlagen um 3% (von 48.31 auf 46.86%) fallen würde. Nach Poterba (2002) hat also die Besteuerung einen signifikanten und beträchtlichen Einfluss auf Portfoliostruktur und Risikotragung der privaten Haushalte.

Die Auswirkung der Besteuerung auf die Risikoallokation hängt allerdings auch von der Verwendung der Steuereinnahmen ab. Aus gesamtwirtschaftlicher Perspektive taucht dabei die Frage auf, ob der Staat über den Steuer-Transfer-Mechanismus Risiken konsolidieren kann, die auf dem freien Kapitalmarkt nicht diversifiziert werden. Die Analyse wird zeigen, dass weder der Markt noch der Staat perfekt korrelierte, makroökonomische Risiken konsolidieren kann. Die Einkommensteuer (EKST) ist neutral, wenn die Einnahmen an die Investoren wieder als Pauschaltransfer zurückerstattet werden. Bei systematisch korrelierten Risiken wie z. B. Konjunkturschwankungen ist eine Risikodiversifikation weder auf dem Kapitalmarkt noch über den Steuer-Transfer-Mechanismus möglich, weil dann die Steuereinnahmen denselben Risiken unterworfen sind wie die privaten Gewinne. Es kann jedoch auch unabhängig verteilte Einkommensrisiken geben, die im Prinzip diversifiziert werden können, aber auf dem Markt nicht diversifiziert werden. Tatsächlich sind viele private Portfolios nicht ausreichend diversifiziert und damit einem erheblichen Risiko ausgesetzt. Ein Grund mag in den Informations- und Transaktionskosten der Portfolioverwaltung liegen. In solchen Fällen kann eine zusätzliche wohlfahrtssteigernde Risikokonsolidierung über den staatlichen Steuer- und Transfer-Mechanismus gelingen, indem im öffentlichen Budget viele unabhängige Risiken gesammelt und nach dem Gesetz der grossen Zahlen individuell riskantes in sicheres Transfereinkommen transformiert wird.

Eine der wichtigsten Risikoentscheidungen ist die Wahl zwischen einer riskanten Unternehmerkarriere und einer sicheren, lohnabhängigen Beschäftigung. Der steuerliche Einfluss auf die Rate der Unternehmensgründungen hängt zunächst von der relativen Höhe der Besteuerung der Gewinne und der Lohneinkommen ab. Eine proportionale Gewinnsteuer reduziert allerdings nicht nur den Nettogewinn, sondern kann zusätzlich einen günstigen Versicherungseffekt bewirken, weil sie das Risiko der Gewinne nach Steuer reduziert. Gerade bei jungen Unternehmen kann dieser Versicherungseffekt bedeutend sein, weil die Unternehmer den grössten Teil ihres Vermögens im eigenen Unternehmen investiert haben und nur schwer neues Eigenkapital auftreiben können, um mit externen Risikokapitalgebern das Risiko teilen zu können. Wenn nun die EKST gesenkt wird, dann wird zwar das Niveau der Besteuerung reduziert, aber nicht die relative Belastung der Lohn- und Gewinneinkommen verändert. Der günstige Versicherungseffekt, der die Entscheidung zur Selbständigkeit begünstigt, wird jedoch schwächer. Tatsächlich schätzen Cullen und Gordon (2002, S. 31) für die USA, dass eine Senkung der EKST in allen Stufen um 5 Prozentpunkte den Anteil der Selbständigen von 2% auf 1.4%, also um 30%, absenken könnte. Dies deutet auf einen starken Einfluss der Besteuerung auf die Neigung zur Selbständigkeit hin.

X.1 Portfoliowahl und Risikoabneigung

X.1.1 Risikoabneigung

Die Investoren seien mit einem Anfangsvermögen W_0 ausgestattet, welches aus den akkumulierten Ersparnissen der Vergangenheit resultiert. Dieses Vermögen soll nun in verschiedene Anlagen (Assets) investiert werden, welche sich im Ertrag und im Risiko unterscheiden. So ist die Rendite auf Aktien oder Beteiligungen an nicht kotierten Unternehmen im Durchschnitt deutlich höher als etwa der Ertrag von Staatsschuldenpapieren, die als relativ sicher gelten. Andererseits unterliegen Aktien einem erheblichen Risiko und können unter Umständen auch ganz wertlos werden. In einer stilisierten Betrachtung der Portfoliowahl sei angenommen, dass r die feste Ertragsrate des risikolosen Assets und x der stochastische Ertrag des riskanten Assets sei. Die riskante Anlage kann auch als ein Marktportfolio risikobehafteter Anlagen betrachtet werden. Die graphischen Darstellungen werden sich auf den Fall mit zwei Zuständen beschränken, wobei ein hoher Ertrag x_1 mit Erfolgswahrscheinlichkeit p und ein niedriger Ertrag $x_2 < x_1$ mit der (Miss-)Erfolgswahrscheinlichkeit $1 - p$ eintrete. Der erwartete Ertrag der riskanten Anlage sei höher als der Ertrag der sicheren Anlage, so dass eine Abwägung zwischen (durchschnittlichem) Ertrag und Risiko einer Anlage erfolgen muss,

$$x_1 > r > x_2, \quad E[x] = px_1 + (1 - p)x_2 > r. \tag{X.1}$$

In der Folge kann es nützlich sein, eine sichere Ertragsrate von $r = 0$ anzunehmen. Damit die Anlageentscheidung nicht trivial wird, muss in diesem Fall das riskante Asset im ungünstigen Zustand einen Verlust $x_2 < 0$ ergeben. Wäre der Ertrag des riskanten Assets in allen Zuständen positiv, dann würde es die sichere Anlage dominieren.

Das Portfolioproblem des Anlegers besteht darin, einen Anteil a des Anfangsvermögens in die riskante Anlage und einen Anteil $1 - a$ in die sichere zu investieren. Je mehr in die riskante Anlage investiert wird, desto unsicherer wird das Endvermögen. Je nach Portfoliostruktur und Umweltzustand beträgt das Endvermögen W_1 oder W_2 bzw.

$$W = W_0[(1 + x)a + (1 + r)(1 - a)] = W_0[1 + r + (x - r)a]. \qquad (X.2)$$

Die Präferenzen seien in Form einer konkaven (von Neumann-Morgenstern) Nutzenfunktion gegeben,

$$u(W), \quad u'(W) > 0 > u''(W). \qquad (X.3)$$

Je nach Risiko und Ertrag erzielen die Investoren einen Erwartungsnutzen

$$E[u(W)] = pu(W_1) + (1 - p)u(W_2). \qquad (X.4)$$

Wenn das Endvermögen sicher ist, $\bar{W} = W_1 = W_2$, dann ist der Erwartungsnutzen offensichtlich gleich dem Nutzen des sicheren Endvermögens, $E[u(\bar{W})] = u(\bar{W})$.

Die Risikoeinstellung der Individuen kommt in der Konkavität der Nutzenfunktion $u(W)$ zum Ausdruck und kann anhand zweier Aussagen charakterisiert werden. Erstens stiftet ein sicheres Endvermögen $\bar{W}$ höheren Nutzen als ein riskantes Endvermögen mit dem gleichen Erwartungswert,

$$\bar{W} = E[W] \quad \Rightarrow \quad u(\bar{W}) = u(E[W]) > E[u(W)]. \qquad (X.5)$$

Die Ungleichung gilt ganz allgemein für streng konkave Funktionen und wird als Jensen'sche Ungleichung bezeichnet, siehe Varian (1992, S. 182). Abbildung X.1 illustriert diese Aussage in den Punkten A und B, wobei A der Nutzen aus dem sicheren Endvermögen darstellt. Wenn hingegen $E[W]$ der Erwartungswert aus W_1 und W_2 ist und nach Realisierung des Risikos ein Nutzen von $u(W_1)$ oder $u(W_2)$ erzielt wird,

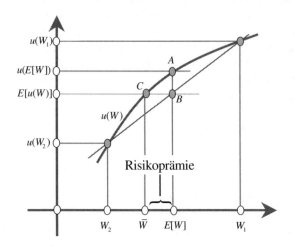

Abbildung X.1: Erwartungsnutzen und Risikoaversion

dann ist der erwartete Nutzen $E[u(W)]$ ex ante gleich der Linearkombination dieser Nutzenwerte im Punkt B unterhalb von A.

Zweitens folgt aus der Konkavität, dass beide Alternativen nur dann den gleichen Nutzen stiften, wenn der Erwartungswert des riskanten Vermögens um eine Risikoprämie höher ist als der Wert des sicheren Vermögens $\bar{W}$,

$$u(\bar{W}) = E[u(W)] \quad \Rightarrow \quad E[W] > \bar{W}. \tag{X.6}$$

Diese Aussage ist in Abbildung X.1 durch die Punkte B und C dargestellt.

Im Folgenden wird es notwendig sein, den Grad der Risikoabneigung genauer zu spezifizieren. Aus Abbildung X.1 ist unmittelbar ersichtlich, dass ein Individuum umso risikoscheuer ist, je konkaver seine Nutzenfunktion verläuft, d.h. je negativer die zweite Ableitung im Vergleich zur ersten ist. Auf der Basis dieser Überlegung können zwei Masse der Risikoabneigung definiert werden, nämlich der Grad der absoluten und der relativen Risikoaversion, ρ_A und ρ_R:

$$\rho_A(W) = -\frac{u''(W)}{u'(W)}, \quad \rho_R(W) = -\frac{Wu''(W)}{u'(W)}. \tag{X.7}$$

Entsprechende Annahmen über den Grad der Risikoabneigung werden die Vermögenselastizität der Nachfrage nach riskanten Anlagen bestimmen und damit die Wirkungen der Besteuerung wesentlich beeinflussen.

X.1.2 Portfoliowahl

Da die erwartete Ertragsrate der riskanten Anlage nach (X.1) höher als die sichere Ertragsrate ist, besteht ein nicht triviales Problem der Abwägung zwischen Ertrag und Risiko. Um spätere Doppelberechnungen zu vermeiden, berücksichtigen wir schon an dieser Stelle eine proportionale EKST mit dem Satz τ. Die optimale Portfoliostruktur maximiert den Erwartungsnutzen des Investors,

$$\max_a E[u(W)], \quad W = [1 + (r + (x - r)a)(1 - \tau)]W_0. \tag{X.8}$$

Der optimale Portfolioanteil a der riskanten Anlage erfüllt folgende notwendigen und hinreichenden Bedingungen:

$$\begin{aligned} (a) \ & E\big[u'(W)(x - r)\big] = 0, \\ (b) \ & E\big[u''(W)(x - r)^2\big] < 0. \end{aligned} \tag{X.9}$$

Wir gehen von einer inneren Lösung aus, so dass die BEO in (X.9a) mit Gleichheit gilt. Da eine Konstante aus dem Erwartungswert herausgezogen werden kann, fällt der Ausdruck $(1 - \tau)W_0$ aus beiden Bedingungen heraus.

Bei nur zwei Umweltzuständen kann die BEO graphisch veranschaulicht werden. Sie lautet dann $pu'(W_1)(x_1 - r) + (1 - p)u'(W_2)(x_2 - r) = 0$ bzw.

$$-\frac{pu'(W_1)}{(1 - p)u'(W_2)} = \frac{x_2 - r}{x_1 - r} \quad \Leftrightarrow \quad MRS = MRT. \tag{X.10}$$

Die linke Seite ist gleich der Grenzrate der Substitution MRS und drückt die Steigung der Indifferenzkurve aus. Entlang der Indifferenzkurve bleibt der Erwartungsnutzen

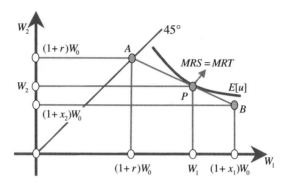

Abbildung X.2: Portfoliowahl

konstant, so dass man aus $dE[u(W)] = 0$ eine MRS von $\frac{dW_2}{dW_1}\big|_{dEu=0} = -\frac{pu'(W_1)}{(1-p)u'(W_2)}$ berechnet. Die rechte Seite entspricht der Grenzrate der Transformation MRT bzw. der Steigung der Budgetgerade. Mit dieser Rate kann Vermögen im Zustand 1 gegen Vermögen im Zustand 2 ausgetauscht werden. Aus der Budgetgerade folgt $dW_1 = (1-\tau)W_0(x_1 - r)da$ und ähnliches für dW_2. Nach Division ergibt sich die Grenzrate der Transformation, $MRT = \frac{dW_2}{dW_1} = \frac{x_2-r}{x_1-r}$. Diese ist wegen $x_1 > r > x_2$ ebenfalls negativ.

Abbildung X.2 illustriert das Portfolioproblem, der Einfachheit halber ohne Steuer. Mit Besteuerung müssen die Ertragsraten r und x mit $(1-\tau)$ multipliziert werden. Punkt A auf der 45°-Linie gibt das sichere Endvermögen in beiden Zuständen an, wenn das gesamte Vermögen in das sichere Asset investiert ist ($a = 0$). Wenn hingegen wie in B alles in das riskante Asset investiert wird, dann ist wegen $x_1 > r > x_2$ das Endvermögen im günstigen Zustand wesentlich höher, im ungünstigen Zustand jedoch geringer. Alle Punkte dazwischen können durch Wahl eines geeigneten Portfolioanteils a erreicht werden. Das optimale Portfolio ist durch den Tangentialpunkt P der Indifferenzkurve mit der Budgetgerade bestimmt und ergibt eine Auszahlungsstruktur, welche den Erwartungsnutzen maximiert. Der optimale Portfolioanteil entspricht dem Verhältnis der Strecken PA zu BA. Punkt A gibt das sichere Vermögen $W = W_0[1 + r]$ an, Punkt B das riskanteste Vermögen $W = W_0[1 + x]$ und Punkt P die zustandsabhängige Vermögenskombination mit Portfolioanteil a, also $W = W_0[1 + r + (x - r)a]$. Indem wir die Differenz der entsprechenden Vermögensvektoren bilden, erhalten wir die Strecken $PA = W_0(x - r)a$ und $BA = W_0(x - r)$ und damit den Portfolioanteil als Streckenverhältnis $PA/BA = a$.

Nunmehr bestimmen wir die Vermögenselastizität der Nachfrage nach riskanten Anlagen. Dabei ist zwischen dem Portfolioanteil a und der Gesamtnachfrage $A = aW_0$ des riskanten Assets zu unterscheiden. Wir fragen nun, wie sich einerseits der Anteil a und andererseits die Gesamtnachfrage A mit zunehmendem Anfangsvermögen W_0 verändern. Dazu bilden wir das Differential der BEO, $dE\big[u'(W)(x - r)\big] =$

$E\left[u''(W)(x-r) \cdot \mathrm{d}W\right] = 0$, und setzen das Differential des Endvermögens in (X.8) ein. Wir erhalten

$$W_0 \frac{\mathrm{d}a}{\mathrm{d}W_0} = -\frac{E\left[u''(W)(x-r)\{1 + (r + (x-r)a)(1-\tau)\}\right]}{(1-\tau)E\left[u''(W)(x-r)^2\right]}. \tag{X.11}$$

Das Vorzeichen dieses Ausdrucks ist nicht so ohne weiteres klar. Der Nenner entspricht der BZO in (X.9b) und ist negativ. Das Vorzeichen des Zählerausdrucks ist aber zunächst nicht bestimmt. Wir können zeigen, dass das Anfangsvermögens die Portfolioentscheidung wie folgt beeinflusst, wobei $A = aW_0$ die gesamte Nachfrage nach dem riskanten Asset bezeichnet,

$$\begin{aligned} &(a) \ \rho_R \text{ konstant} \Rightarrow \tfrac{\mathrm{d}a}{\mathrm{d}W_0} = 0, \\ &(b) \ \rho_A \text{ konstant} \Rightarrow \tfrac{\mathrm{d}A}{\mathrm{d}W_0} = 0. \end{aligned} \tag{X.12}$$

Das erste Resultat folgt, indem man den Zähler von (X.11) mit $u'(W)$ erweitert, die geschwungene Klammer mit (X.8) ersetzt und konstante Terme aus dem Erwartungswert herauszieht. Man erhält $E[\frac{Wu''(W)}{u'(W)} \cdot u'(W)(x-r)]/W_0$. Wenn die relative Risikoaversion in (X.7) unabhängig vom Endvermögen W konstant bleibt, dann kann auch ρ_R aus dem Erwartungswert herausgezogen werden, so dass der Zähler in (X.11) wegen der BEO in (X.9a) Null wird, $-\rho_R E\left[u'(W)(x-r)\right]/W_0 = 0$. Dies beweist (X.12a). Um (X.12b) zu zeigen, beachte man, dass mit ρ_A konstant $E\left[u''(W)(x-r)\right] = -\rho_A E\left[u'(W)(x-r)\right] = 0$ wegen der BEO (X.9a) gilt. Man schreibe den Zähler in (X.11) als Summe von zwei Teilen und benütze dieses Ergebnis,

$$W_0 \frac{\mathrm{d}a}{\mathrm{d}W_0} = -\frac{(1+(1-\tau)r)E\left[u''(W)(x-r)\right] + (1-\tau)aE\left[u''(W)(x-r)^2\right]}{(1-\tau)E\left[u''(W)(x-r)^2\right]} = -a.$$

Wir haben eben gezeigt, dass mit ρ_A konstant der erste Term im Zähler Null ist. Damit erhält man $\mathrm{d}A/\mathrm{d}W_0 = a + W_0 \cdot \mathrm{d}a/\mathrm{d}W_0 = 0$. Dies beweist (X.12b).

Aus dem Ergebnis in (X.12) folgt, dass der Grad der Risikoaversion die Vermögenselastizität der Nachfrage nach riskanten Assets $A = aW_0$ bestimmt. Mit $\mathrm{d}A/\mathrm{d}W_0 = a + W_0 \cdot \mathrm{d}a/\mathrm{d}W_0$ erhalten wir eine Elastizität

$$\varepsilon_W = \frac{W_0}{A} \frac{\mathrm{d}A}{\mathrm{d}W_0} = 1 + \frac{W_0}{a} \frac{\mathrm{d}a}{\mathrm{d}W_0} = \begin{cases} 1: & \rho_R \text{ konstant,} \\ 0: & \rho_A \text{ konstant.} \end{cases} \tag{X.13}$$

Im Falle konstanter absoluter Risikoaversion ρ_A gilt nach (X.12) $\mathrm{d}A/\mathrm{d}W_0 = 0$, so dass die Vermögenselastizität Null ist. Im Falle konstanter relativer Risikoaversion ρ_R beträgt wegen (X.12) die Vermögenselastizität genau 1.

Abbildung X.3 stellt die beiden Grundhypothesen über die Vermögensabhängigkeit der privaten Risikobereitschaft gemessen an der Nachfrage nach riskanten Assets dar. Neben diesen beiden Grenzfällen sind natürlich auch mittlere Fälle für den „Vermögensexpansionspfad" möglich. Das Portfoliogleichgewicht in der Ausgangssituation ist durch den Punkt P gegeben. Ein höheres Vermögen W_0 verschiebt die Budgetgerade nach $A'B'$. Bei *konstanter relativer Risikoaversion* bleibt nach

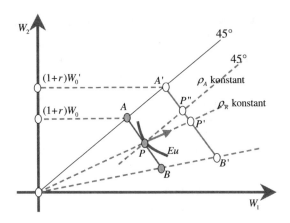

Abbildung X.3: Vermögenselastizität der Risikonachfrage

(X.12) der Portfolio*anteil* des riskanten Assets konstant. Die Investoren dehnen die Nachfrage nach allen Assets proportional aus und halten damit die Portfoliostruktur konstant. Dies entspricht in Abbildung X.3 dem linearen Expansionspfad durch den Ursprung, so dass das neue Portfolio durch Punkt P' bestimmt ist. Die Vermögenselastizität der Nachfrage nach dem riskantem Asset beträgt 1. Im Falle *konstanter absoluter Risikoaversion* hingegen fragen die Investoren einen unveränderten *Betrag A* der riskanten Anlage nach und reduzieren damit laufend den Anteil des riskanten Assets am Gesamtvermögen. Dies entspricht dem Expansionspfad PP'' mit dem neuen Portfoliogleichgewicht P''. Die Vermögenselastizität der Risikonachfrage ist Null.

X.2   Besteuerung und Risikokapital

Die Bereitstellung von ausreichendem Risikokapital für unternehmerische Investition ist eine Grundvoraussetzung für Innovation und Wachstum. Dies setzt voraus, dass die Haushalte bereit sind, einen Teil ihrer Ersparnisse in riskante Unternehmensanteile oder Aktien anstatt in sichere Staatsschuldenpapiere zu investieren. Risikoscheue Individuen müssen für ihre Risikobereitschaft kompensiert werden. Sie sind nur dann bereit, in riskante Anlagen zu investieren, wenn sie mit einer entsprechend hohen Risikoprämie kompensiert werden. Dies ist die zentrale Begründung für die Existenz einer Eigenkapitalprämie (equity premium).[1] Im Folgenden werden die Auswirkungen einer Reihe von steuerlichen Massnahmen auf die Risikobereitschaft untersucht.

X.2.1   Vermögensteuer

Die Vermögensteuer ist besonders einfach zu verstehen, indem wir einfach W_0 in allen früheren Ableitungen durch $(1 - \tau_w)W_0$ ersetzen. Eine *Verringerung* der Steuer kann

---

[1]In der Realität können allerdings überdurchschnittliche Eigenkapitalrenditen ihrer Höhe nach nicht ausschliesslich mit Risikoabneigung erklärt werden.

vollständig anhand von Abbildung X.3 diskutiert werden. Vor der Steuersenkung sei die Budgetlinie durch die Gerade AB gegeben, so dass Punkt P das optimale Portfolio beschreibt. Eine *Senkung* der Vermögensteuer begünstigt alle Assets gleichermassen, so dass sich die Budgetlinie parallel nach aussen zur Linie $A'B'$ verschiebt. Die Auswirkung auf die Risikobereitschaft und Portfolioanpassung der Investoren hängt von der Art der Risikoabneigung ab. Nach (X.12) ändert sich bei *konstanter relativer Risikoabneigung* der Portfolioanteil des riskanten Assets nicht. Mit zunehmendem Vermögen werden jeweils Punkte entlang des Vermögensexpansionspfades PP' gewählt. Das neue Portfolio liegt im Punkt P'. Die Individuen dehnen die Nachfrage nach riskanten Assets proportional zum Vermögen aus, um den Portfolioanteil a konstant zu halten. Bei konstanter *absoluter Risikoabneigung* bleibt hingegen der investierte Betrag A des riskanten Assets unverändert (Bewegung von P nach P''), so dass sein Anteil am Gesamtvermögen fällt.

Aus der Definition der Elastizität in (X.13) erhalten wir $da/a = (\varepsilon_W - 1)dW_0/W_0$. Im allgemeinen Fall gilt daher, dass eine *Senkung* der Vermögensteuer den Anteil der riskanten Assets im Portfolio senkt, unverändert lässt oder erhöht, wenn die Vermögenselastizität geringer, gleich oder grösser als 1 ist.

X.2.2 Einkommensteuer

Bei der EKST werden in (X.8) die Erträge der sicheren und riskanten Anlagen gleich besteuert. Ausserdem ist ein voller Verlustausgleich vorgesehen. Falls im ungünstigen Fall der Ertrag negativ ist, $x_2 < 0$, dann bekommt der Investor eine Steuererstattung τx_2 pro investierter Vermögenseinheit. Indem der Staat einen Teil des Verlustes als Steuergutschrift ersetzt und sich damit neben den Erträgen auch an den Verlusten beteiligt, verringert sich der private Verlust. Die EKST besteuert nicht das Anfangsvermögen W_0, sondern nur den Ertrag $W_0[r + (x - r)a](1 - \tau)$. Der optimale Portfolioanteil a der riskanten Anlage folgt aus der Maximierung des Erwartungsnutzens in (X.8). Indem wir konstante Terme einschliesslich des Steuerfaktors $(1 - \tau)$ wegkürzen, erhalten wir wieder dieselben Bedingungen in (X.9), wobei nun allerdings das Endvermögen von der EKST abhängt.

Die Wirkung der EKST mit vollem Verlustausgleich erhalten wir aus dem Differential von (X.9a), wobei wir die Abhängigkeit des Endvermögens von der Steuer berücksichtigen müssen, $W = W_0[1 + (r + (x - r)a)(1 - \tau)]$. Nach Wegkürzen von W_0 folgt

$$\frac{da}{d\tau} = \frac{E\left[u''(W)(x - r)((x - r)a + r)\right]}{(1 - \tau)E\left[u''(W)(x - r)^2\right]}. \tag{X.14}$$

Der Einfluss der Steuer auf die Portfoliowahl in (X.14) ist etwas unübersichtlich, weil verschiedene, sich überlagernde Einzeleffekte zum Tragen kommen. Diese können durch Betrachtung von Spezialfällen isoliert werden.

Bei der EKST ist es wichtig, die Wirkung auf die soziale und private Risikobereitschaft zu unterscheiden. Die *soziale Risikotragung* kann mit dem Portfolioanteil a gemessen werden, der bei gegebenem Anfangsvermögen das *Endvermögen vor Steuern* bestimmt, $W = W_0[1 + (r + (x - r)a)]$, welches der Gesellschaft insgesamt zum Verbrauch zur Verfügung steht. Die *private Risikotragung* bestimmt das *Endvermögen nach Steuern*, $W = W_0[1 + (r + (x - r)a)(1 - \tau)]$, welches dem Investor für den privaten Verbrauch zur Verfügung steht. Das Risiko des Endvermögens nach Steuern hängt vom Ausdruck $(1 - \tau)a$ ab, so dass die private Risikotragung mit $(1 - \tau)a$ gemessen werden kann.

X.2.2.1   Domar-Musgrave-Effekt

Wir nehmen an, dass der Ertrag der sicheren Anlage Null ist, $r = 0$. In diesem Fall kann der Anteil a aus der Klammer im Zähler von (X.14) herausgehoben werden, so dass sich der Ausdruck $E[u''(W)x^2]$ wegkürzt. Es bleibt

$$\frac{\mathrm{d}a}{\mathrm{d}\tau} = \frac{a}{1 - \tau} > 0. \tag{X.15}$$

Dieses Ergebnis gilt unter der Voraussetzung, dass der Ertrag des risikolosen Assets Null ist und wird nach Domar und Musgrave (1944) als Domar-Musgrave-Effekt bezeichnet. Danach wird eine proportionale EKST mit vollem Verlustausgleich die *soziale Risikobereitschaft*, gemessen am Portfolioanteil a, erhöhen. Das privat getragene Vermögensrisiko, gemessen am Nettoanteil $(1 - \tau)a$, bleibt hingegen unverändert, wie wir gleich sehen werden.

Abbildung X.4 illustriert den Domar-Musgrave-Effekt. Die Steuer reduziert einerseits den Ertrag x_1 und damit das Endvermögen $W_1 = W_0[1 + (1 - \tau)x_1a]$ im Erfolgsfall, andererseits mindert sie aufgrund des Verlustausgleichs im gleichen Verhältnis auch den Verlust $x_2 < 0$ und damit das Endvermögen $W_2 = W_0[1 + (1 - \tau)x_2a]$ im Misserfolgsfall. Das Endvermögen W schrumpft also von beiden Seiten gegen W_0 wie im Punkt A und verkürzt damit die Budgetgerade in Abbildung X.4, ohne ihre Steigung zu verändern. Punkt B mit $a = 1$ bewegt sich zu B'. Wenn die Investoren keine riskanten Assets halten ($a = 0$) und der Ertrag der sicheren Anlage Null ist ($r = 0$), dann sind sie von der Steuer überhaupt nicht betroffen. Punkt A bleibt un-

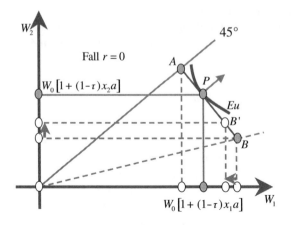

Abbildung X.4: Domar-Musgrave-Effekt

verändert. Die Steuer verändert das Verhältnis der Ertragsraten nicht, $\frac{(1-\tau)x_2}{(1-\tau)x_1} = \frac{x_2}{x_1}$, so dass die Steigung der Budgetgerade unverändert bleibt.

Solange wir in der Ausgangssituation eine innere Lösung haben und die Steuererhöhung nicht zu gross ist, bleibt die optimale Verteilung des Endvermögens über die Umweltzustände im Punkt P unverändert. Insofern gibt es keinen Effekt auf die *private Risikotragung*. Dies kann allerdings nur gelingen, indem der *Anteil* des riskanten Assets am Gesamtvermögen *erhöht* wird. Der neue, höhere Portfolioanteil, der dasselbe Endvermögen in allen Zuständen ermöglicht, beträgt nun $a' = AP/AB'$ anstatt $a = AP/AB$ wie in der Ausgangssituation. Es gilt $a' > a$, wie in (X.15) formal gezeigt wurde. Damit steigt die soziale Risikotragung, da vom Anfangsvermögen ein höherer Anteil riskant investiert wird.

Offensichtlich gelingt es den Individuen, das Endvermögen $W = W_0[1 + (1 - \tau)xa']$ durch Portfolioanpassung konstant zu halten, d. h. $dW = 0$. Aus dem Differential nach a' und τ, $dW = W_0[(1 - \tau)xda - xad\tau] = 0$, erhalten wir nach geringfügiger Umformung wieder (X.15). Wenn der Portfolioanteil ohne Besteuerung a und mit Besteuerung a' beträgt, dann kann die Verteilung des Endvermögens und damit die private Risikotragung nur unverändert bleiben, wenn der Anteil genau auf $a' = a/(1 - \tau)$ erhöht wird. Nur in diesem Fall bleibt das Endvermögen in allen Zuständen gleich, $W = W_0[1 + x(1 - \tau)a'] = W_0[1 + xa]$.

X.2.2.2 Vermögenseffekt

Die Analyse vorhin hat gezeigt, dass eine proportionale EKST mit vollem Verlustausgleich die private Risikotragung $(1 - \tau)a$ nicht berührt, aber die soziale Risikoübernahme erhöht. Allerdings gilt dies zunächst nur unter der Voraussetzung $r = 0$. Wenn die sichere Anlage einen positiven Ertrag erwirtschaftet, $r > 0$, dann reduziert die EKST das Endvermögen auch dann, wenn das gesamte Vermögen in die sichere Anlage investiert ist, $W = [1 + (1 - \tau)r]W_0$. In Abbildung X.4 würde Punkt A entlang der 45°-Linie nach innen wandern. Es stellt sich die Frage, ob der dadurch ausgelöste Vermögenseffekt den vorhin erwähnten Domar-Musgrave-Effekt abschwächt oder sogar verstärkt.

Um den Vermögenseffekt zu isolieren, charakterisieren wir die Vermögenselastizität der Risikonachfrage allgemein und nicht nur in Spezialfällen. Dazu schreiben wir den Zähler in (X.11) in zwei Teilen und erhalten

$$W_0 \frac{da}{dW_0} = -\frac{[1 + (1 - \tau)r]E[u''(W)(x - r)]}{(1 - \tau)E[u''(W)(x - r)^2]} - a.$$

Einsetzen in (X.13) ergibt nun für die Vermögenselastizität

$$\varepsilon_W = 1 + \frac{W_0}{a} \frac{da}{dW_0} = -\frac{1 + (1 - \tau)r}{(1 - \tau)a} \cdot \frac{E[u''(W)(x - r)]}{E[u''(W)(x - r)^2]}. \tag{X.16}$$

Diese Charakterisierung erlaubt es, die Auswirkung der EKST auf den Portfolioanteil in (X.14) in Abhängigkeit von der Vermögenselastizität auszudrücken. Man schreibe den Zähler von (X.14) in zwei Teilen und benütze (X.16) für den zweiten Summanden:

$$\frac{\mathrm{d}a}{\mathrm{d}\tau} = \frac{a}{1-\tau} - \frac{ar}{1+(1-\tau)r} \cdot \varepsilon_W. \qquad (X.17)$$

Bei gegebenem Anfangsvermögen bestimmt der Portfolioanteil die Verteilung des Endvermögens vor Steuer und damit die soziale Risikotragung durch Staat und Private. Die Auswirkung der EKST kann nun gut anhand von (X.17) charakterisiert werden. Das Ergebnis vom vorausgehenden Unterabschnitt wird anhand von $r = 0$ sofort wiedererkannt. Wenn nun die sichere Ertragsrate positiv ist, dann wird der Domar-Musgrave-Effekt, wonach die EKST aufgrund ihres Versicherungseffektes die soziale Risikotragung erhöht, durch eine positive Vermögenselastizität der Risikonachfrage geschwächt. Die Besteuerung des sicheren Ertrags mindert das Endvermögen in allen Umweltzuständen und wirkt damit wie eine Reduktion des Anfangsvermögen durch eine Vermögensteuer. Im Falle einer konstanten, absoluten Risikoabneigung mit $\varepsilon_W = 0$ bleibt der Domar-Musgrave-Effekt bezüglich des Anteils a unverändert. Mit positiver Elastizität wird der Effekt abgeschwächt. Bei konstanter relativer Risikoabneigung gilt $\varepsilon_W = 1$, so dass die Steuer den Portfolioanteil gemäss $\frac{\mathrm{d}a}{\mathrm{d}\tau} = \frac{a}{(1-\tau)(1+(1-\tau)r)}$ verändert, d.h. die soziale Risikotragung nimmt immer noch zu. Nur bei sehr hoher Elastizität könnte sich das Ergebnis umkehren.

Die private Risikobereitschaft, ein hohes Risiko bezüglich des Nettoeinkommens nach Steuern zu tragen, kann mit $(1-\tau)a$ gemessen werden. Der Einfluss der EKST ist diesbezüglich auf alle Fälle negativ, jedenfalls solange die Vermögenselastizität positiv ist,

$$\frac{\mathrm{d}(1-\tau)a}{\mathrm{d}\tau} = -a + (1-\tau)\frac{\mathrm{d}a}{\mathrm{d}\tau} = -\frac{(1-\tau)ra}{1+(1-\tau)r} \cdot \varepsilon_W. \qquad (X.18)$$

Abbildung X.5 illustriert die Wirkung der EKST graphisch. Die Ausgangssituation ist mit P bezeichnet. Da die EKST nun auch den Ertrag der sicheren Anlage besteuert, wandert A entlang der 45°-Linie nach innen zu A'. Die Budgetgerade verschiebt sich parallel nach innen und wird ausserdem noch wie im vorigen Abschnitt verkürzt. Bei einer Besteuerung zu 100% würde jeglicher Ertrag voll weggesteuert, so dass der Investor nicht über sein Anfangsvermögen W_0 hinauskommen könnte. Wenn er alles in die sichere Anlage investiert, wird jeder positive Ertrag sein Endvermögen entlang der 45°-Linie gleichmässig in allen Umweltzuständen erhöhen, $W = [1+(1-\tau)r]W_0$. Bei ausschliesslich riskanter Investition kann er das zustandsabhängige Endvermögen entlang der Linie $W_0B'B$ gestalten.[2]

Die EKST verschiebt die Budgetgerade parallel nach innen. Die Vermögensexpansionspfade geben die Tangentialpunkte der Indifferenzkurven mit den jeweiligen Budgetgeraden wieder und zeigen die optimalen Portfolioanpassungen. Diese hängen von der spezifischen Risikoeinstellung ab. *Konstante absolute Risikoaversion*

---

[2]Wenn alles in das riskante Asset gesteckt wird, ist ein zustandsabhängiges Endvermögen von $W_1 = [1+(1-\tau)x_1]W_0$ und $W_2 = [1+(1-\tau)x_2]W_0$ möglich. Der Zuwachs bzw. Verlust im Vergleich zum Anfangsvermögen beträgt $W_2 - W_0 = (1-\tau)x_2W_0$ und $W_1 - W_0 = (1-\tau)x_1W_0$. Indem man die beiden Gleichungen dividiert und leicht umformt, erhält man $W_2 = W_0 + (x_2/x_1)(W_1 - W_0)$ für die Linie $W_0B'B$, deren Steigung für $x_2 < 0$ negativ ist.

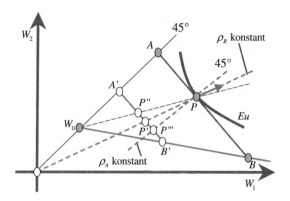

Abbildung X.5: Einkommensteuer

entspricht dem Expansionspfad durch die Punkte PP''' parallel zur 45°-Linie. Die Vermögenselastizität der Risikonachfrage ist in diesem Fall Null, $\varepsilon_W = 0$, so dass die Investoren ausgehend von ihrem sicheren Endvermögen in A bzw. A' ein betragsmässig gleich bleibendes Risikovermögen nachfragen. In der Abbildung sind daher die Abstände AP und AP''' gleich gross, so dass das Endvermögen im Zustand 1 um den jeweils gleichen Betrag erhöht und jenes im Zustand 2 um den jeweils gleichen Betrag gesenkt wird. Dies erreichen die Investoren, indem sie den Portfolioanteil a des riskanten Assets nach (X.17) um $\frac{da}{d\tau} = \frac{a}{1-\tau}$ erhöhen bzw. den Term $(1-\tau)a$ konstant halten.[3]

Bei *konstanter relativer Risikoaversion* läuft der Expansionspfad durch PP', so dass wir das Gleichgewicht bei Einkommensbesteuerung mit P' identifizieren. Wegen der Vermögenselastizität der Risikonachfrage ($\varepsilon_W = 1$ in diesem Fall) wird bei geringerem Vermögen nun verhältnismässig weniger Risikonachfrage getätigt, so dass die Erhöhung des Portfolioanteils in (X.17) entsprechend geringer ausfällt. Nach wie vor erhöht die EKST die soziale Risikotragung a, während die private Risikoübernahme $(1-\tau)a$ abnimmt. Bei noch höherer Vermögenselastizität $\varepsilon_W > 1$ wird die Erhöhung von a immer geringer, siehe (X.17). Entlang der Linie $W_0 P'' P$ würden die Anteile a konstant bleiben, d. h. die Streckenverhältnisse AP/AB und $A'P''/A'B'$ wären gleich. Bei so hoher Vermögenselastizität würde also die EKST die soziale Risikotragung nicht mehr erhöhen; bei noch höheren Werten von ε_W würde sie diese sogar beeinträchtigen. Die private Risikoübernahme würde dementsprechend noch schärfer gebremst, siehe (X.18).

---

[3]Gemäss der Budgetbeschränkung in (X.8), $W = (1 + (1-\tau)r)W_0 + (x-r)(1-\tau)aW_0$, reduziert die Steuer den Teil $(1 + (1-\tau)r)W_0$ des Endvermögens, was der Bewegung AA' entspricht. Wenn $(1-\tau)a$ konstant bleibt, dann wird zu A bzw. A' jeweils der gleiche Betrag $(x_1 - r)(1-\tau)aW_0$ im Zustand 1 dazugenommen und im Zustand 2 ein gleicher Vermögensbetrag $(x_2 - r)(1-\tau)aW_0$ aufgegeben, so dass gerade die Punkte P bzw. P''' erreicht werden.

X.2.2.3 Beschränkter Verlustausgleich

In der Realität ist im Rahmen der EKST eine vollständige Verrechnung von Verlusten mit Gewinnen nicht immer möglich. In Ermangelung anderer positiver Einkünfte können Verluste steuerlich entweder gar nicht oder nur beschränkt geltend gemacht werden. Verlustvor- und Rückträge sind über einen bestimmten Zeitraum möglich. Trotz dieser mildernden Massnahmen beteiligt sich der Staat in der Regel an Verlusten nicht im selben Ausmass wie an Gewinnen. Um die Beschränkung des Verlustausgleichs zu erörtern, lassen wir nun explizit ein Verlustrisiko zu, indem wir $x_2 < 0$ annehmen. Wenn nur ein Anteil $0 < \alpha < 1$ der Verluste steuerlich geltend gemacht werden kann, dann beträgt das Endvermögen in den beiden Zuständen

$$
\begin{aligned}
W_1 &= (1 + (1 - \tau)r)(1 - a)W_0 + (1 + (1 - \tau)x_1)aW_0, \\
W_2 &= (1 + (1 - \tau)r)(1 - a)W_0 + (1 + (1 - \alpha\tau)x_2)aW_0.
\end{aligned}
\tag{X.19}
$$

Im Gewinnfall ist eine Steuerschuld $\tau x_1 A$ fällig, während nur ein Teil α des Verlustes $x_2 A$ berücksichtigt wird und die Steuerrückerstattung nur $\tau \alpha x_2 A$ beträgt. Man bilde die Ableitungen dW_1/da und dW_2/da und dividiere die beiden Ausdrücke durch einander, um die Steigung dW_2/dW_1 der Budgetgerade zu erhalten,

$$
\frac{dW_2}{dW_1} = \frac{x_2(1 - \alpha\tau)/(1 - \tau) - r}{x_1 - r} < \frac{x_2 - r}{x_1 - r} < 0.
\tag{X.20}
$$

Bei einer Beschränkung des Verlustausgleichs verläuft die Budgetgerade steiler als mit vollständigem Verlustausgleich wie in (X.10).

Es interessieren zwei verschiedene Fragen, nämlich einerseits die Wirkung einer EKST bei beschränktem Verlustausgleich im Unterschied zu vollem Verlustausgleich und andererseits die Wirkung einer Einschränkung des Verlustausgleichs bei gegebenem Steuersatz. Die Wirkung der EKST kann am einfachsten am Fall $r = \alpha = 0$ veranschaulicht werden, d. h. der Ertrag der sicheren Anlage ist Null, und Verluste werden überhaupt nicht berücksichtigt. Die Wirkung ist in Abbildung X.6 für den Fall konstanter relativer Risikoabneigung dargestellt. Vor Steuer wird das Portfoliogleichgewicht in P realisiert. Die EKST mit vollem Verlustausgleich würde lediglich die Budgetgerade auf AB' verkürzen. Die Investoren würden den Portfolioanteil a derart erhöhen, dass sie nach Besteuerung in allen Zuständen wieder dasselbe Endvermögen wie in P realisieren. Wenn Verluste gar nicht berücksichtigt, aber Erträge im Erfolgsfall voll besteuert werden, dann dreht sich die Budgetgerade um A in die neue Lage AB''. Wenn alles riskant investiert wird, reduziert die Steuer das Endvermögen im günstigen Fall auf $W_1 = [1 + (1 - \tau)x_1]W_0$, während das Endvermögen im Verlustfall unverändert bei $W_2 = [1 + x_2]W_0$ bleibt. Die Budgetgerade ist steiler und bringt damit ein ungünstigeres Austauschverhältnis von zustandsabhängigen Einkommen zum Ausdruck. Das riskante Asset wird eindeutig unattraktiver. Zum Vermögenseffekt (Bewegung PP'') kommt nun ein Substitutionseffekt (Bewegung $P''P'$) hinzu, der eindeutig die Veranlagung in riskanten Assets reduziert.

Die andere Situation ist die Verbesserung des Verlustausgleichs im Rahmen einer EKST, die mit einem positiven, konstant bleibendem Steuersatz τ erhoben wird. Dieses Experiment wird in Abbildung X.7 dargestellt. In der Ausgangssituation wird auf

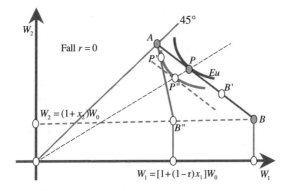

Abbildung X.6: Einkommensteuer ohne Verlustausgleich

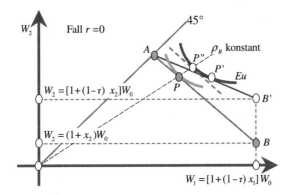

Abbildung X.7: Verbesserung des Verlustausgleichs

der Budgetgerade AB das Portfoliogleichgewicht P realisiert. Eine ausschliesslich riskante Investition realisiert die Auszahlungsstruktur B. Im guten Zustand werden die Erträge besteuert, so dass ein Endvermögen $W_1 = [1 + (1 - \tau)x_1]W_0$ möglich ist, während das Endvermögen im Verlustfall nur $W_2 = [1 + x_2]W_0$ beträgt, da Verluste $x_2 < 0$ steuerlich nicht berücksichtigt werden. Wenn nun bei gleich bleibendem Steuersatz voller Verlustausgleich zugelassen wird, bleibt für $a = 1$ das Endvermögen W_1 unverändert, während die Steuererstattung die privaten Verluste mindert und damit das Endvermögen auf $W_2 = [1 + (1 - \tau)x_2]W_0$ anhebt. Es wird die neue Budgetgerade AB' möglich. Das neue Portfoliogleichgewicht liegt in P' und reflektiert wieder einen Vermögens- (Strecke PP'') und einen Substitutionseffekt (Bewegung $P''P'$). Letzterer steigert eindeutig die Risikobereitschaft.

X.2.3 Begünstigung von Risikokapitalanlagen

Die Erträge auf Risikokapital fallen häufig in Form von Wertsteigerungen bzw. Kapitalgewinnen an, insbesondere wenn es in junge Unternehmen investiert wird, die rasch wachsen und keine laufenden Dividenden ausschütten. Die Besteuerung der Kapitalgewinne ist in den meisten Ländern deutlich begünstigt. Häufig werden sie mit geringeren Steuersätzen belastet als übrige Einkommen. Ausserdem wird beinahe ohne Ausnahme das Realisationsprinzip angewandt. Danach bleiben Wertsteigerungen unbesteuert, solange sie nicht im Zuge einer Veräusserung realisiert werden. Im Unterschied zu laufend anfallenden Einkommen wie Löhne und Dividenden können die Investoren die Steuerschuld aufschieben, indem sie die Assets über einen längeren Zeitraum halten und die Realisation der laufend eintretenden Wertsteigerungen hinauszögern. Der Aufschub der Steuerzahlung bis zur Veräusserung ist nichts anderes als ein zinsloser Steuerkredit. Die mit dem Realisationsprinzip verbundenen Zinsgewinne der Steuerpflichtigen schaffen einen Anreiz, Assets nicht zu veräussern und länger zu halten. Dies führt dazu, dass die Investoren aus steuerlichen Gründen ihre Portfolios nicht anpassen, obwohl es vielleicht unter Ertrags-Risiko-Gesichtspunkten angebracht wäre (Lock-in-Effekt).

Das Realisationsprinzip begünstigt Assets mit Kapitalgewinnen gegenüber anderen Anlagen mit laufend besteuerten Erträgen. Darüber hinaus wird die Bereitstellung von Risikokapital für unternehmerische Investitionen häufig steuerlich gefördert, unabhängig davon, ob die Erträge als Kapitalgewinne anfallen oder nicht. Kann eine solche Begünstigung die Bereitstellung von Risikokapital tatsächlich anregen? Dabei sind zwei Aspekte zu unterscheiden. Erstens: Wie wirkt eine EKST, die nur die Erträge der sicheren Assets besteuert, aber jene aus Risikokapitalinvestitionen befreit? Und zweitens: Wie wirkt die Einführung einer Steuerbegünstigung, wenn in der Ausgangssituation alle Assets mit dem gleichen Satz besteuert werden?

Zur Beantwortung der ersten Frage sei angenommen, dass der Ertrag der riskanten Anlage steuerbefreit ist bzw. als steuerbegünstigter Kapitalgewinn anfällt, während das sichere Asset einen steuerpflichtigen Zins generiert. Die Portfolioentscheidung der Investoren unterliegt damit folgender Budgetbeschränkung:

$$W = \left[1 + (1-a)r^n + xa\right]W_0, \quad r^n \equiv (1-\tau)r. \qquad (\text{X.21})$$

Die Steigung der Budgetgerade nimmt mit dem Steuersatz zu.[4] Abbildung X.8 illustriert die Situation. Im unbesteuerten Zustand wird die Portfolioentscheidung im Punkt P auf der Budgetlinie AB getroffen. Nun werde eine EKST eingeführt. Wenn die Erträge aus Risikoanlagen vollständig steuerbefreit sind, dann kann die Besteuerung ganz vermieden werden, indem nur in das riskante Asset investiert wird. Punkt B bleibt daher unverändert. Der laufende Ertrag des sicheren Assets wird hingegen von der EKST erfasst, so dass sich die Budgetgerade um den Punkt B in die neue Lage $A'B$ dreht. Die Portfolioanpassung des Investors kann in einen Vermögenseffekt PP'' und einen Substitutionseffekt $P''P'$ aufgespalten werden. Einen Versicherungseffekt kann es in diesem Szenario nicht geben, da Punkt B und damit das Risiko des riskanten Assets von der Steuer unberührt bleibt.

---

[4]Sie wird flacher, d. h. weniger negativ. Man merke sich $x_1 > r^n > x_2$. Aus dW_2/da und dW_2/da folgt

$$MRT = \frac{dW_2}{dW_1} = \frac{x_2 - r^n}{x_1 - r^n} < 0, \quad \frac{dMRT}{d\tau} = r \cdot \frac{x_1 - x_2}{(x_1 - r^n)^2} > 0.$$

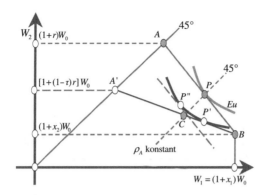

Abbildung X.8: Besteuerung des sicheren Assets

Der Substitutionseffekt fördert ganz klar die Risikobereitschaft. Der Nettoertrag des sicheren Wertpapiers fällt, während Risiko und Ertrag des riskanten Assets unverändert bleiben. Die Anleger investieren daher einen höheren Anteil ihres Portfoliovermögens in das riskante Asset und stossen einen Teil der sicheren Wertpapiere ab. Der Vermögenseffekt rührt daher, dass die Besteuerung des sicheren Assets den Anleger ärmer macht. Im Punkt P ist ein Portfolioanteil gleich dem Streckenverhältnis $a = AP/AB$ bestimmt, so dass ein Endvermögen wie in (X.21) resultiert. Eine höhere Besteuerung des sicheren Assets bedeutet nun, dass das Endvermögen in jedem Umweltzustand um einen gleichen Betrag von $\tau r(1-a)W_0$ reduziert wird. Dies entspricht für einen fixen Portfolioanteil a der Bewegung von P nach C auf der gestrichelten 45°-Linie. Wenn man diese Reduktion für jeden beliebigen Anteil a durchführt, erhält man die neue Budgetgerade $A'B$.

Gleichzeitig ist die gestrichelte Linie durch PC der Vermögensexpansionspfad, wenn die absolute Risikoaversion konstant und daher die Vermögenselastizität der Risikonachfrage Null ist, siehe (X.13). Wenn nur das sichere Asset besteuert wird, dann bedeutet also eine Vermögenselastizität von Null einen konstant bleibenden Anteil a, so dass in diesem Fall der Vermögenseffekt auf die Wahl des Portfolioanteils Null ist. Es bleibt nur mehr der Substitutionseffekt, der die Risikobereitschaft eindeutig erhöht. Wenn hingegen die Vermögenselastizität der Risikonachfrage positiv ist, dann verläuft der Vermögensexpansionspfad durch P auf alle Fälle flacher, so dass die Investoren mit geringerem Vermögen den Portfolioanteil a reduzieren, wie z. B. in P''. In diesem Fall wird der Vermögenseffekt den Substitutionseffekt teilweise neutralisieren. Bei einem hohen Wert der Vermögenselastizität ist also nicht garantiert, dass die Steuerfreiheit der Kapitalgewinne die Bereitstellung von Risikokapital $A = aW_0$ tatsächlich stärkt. Dies kann nur der Fall sein, wenn der Substitutionseffekt dominant ist. In einer separaten Übung wird die graphische Analyse in Abbildung X.8 formalisiert.

Etwas anders stellt sich die Anpassung dar, wenn von einem einheitlichen Steuersatz ausgehend die Erträge der Risikoanlagen steuerlich begünstigt werden. Die Budgetbeschränkung (X.21) lautet nun $W = [1 + (1-a)r^n + x^n a]W_0$, wobei der

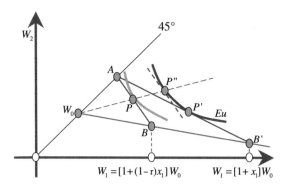

Abbildung X.9: Begünstigung von Risikokapital

Nettoertrag des riskanten Assets $x^n = (1 - \tau^x)x$ beträgt. In der Ausgangssituation werden mit $\tau^x = \tau$ die Erträge beider Assets einheitlich besteuert. Dies ist in Abbildung X.9 durch den Portfoliopunkt P auf der Budgetgerade AB dargestellt. Wenn nun wie im Punkt B' der Ertrag der Risikoanlage vollständig steuerbefreit ist, dann dreht sich die Budgetgerade in die neue Lage AB'. Man beachte, dass in B' der Ertrag im guten Zustand höher, aber gleichzeitig im schlechten Zustand niedriger ist, da bei einem geringeren Steuersatz τ^x auch die Verluste nur noch zu einem geringeren Anteil steuerlich berücksichtigt werden. Es ist voller Verlustausgleich angenommen, aber eben nur zum geringeren Satz τ^x.

Das neue Portfoliogleichgewicht kommt in P' zu liegen und spiegelt drei Effekte wider, nämlich den Substitutions-, Vermögens- und Versicherungseffekt. Die Bewegung von P nach P'' stellt den Vermögens- und Versicherungseffekt gemeinsam dar. Die Parallelverschiebung führt zum Vermögenseffekt, die Verlängerung der Budgetgerade entlang der Linie $W_0 B B'$ verursacht den Versicherungs- bzw. Domar-Musgrave-Effekt. Der Versicherungseffekt einer EKST auf den riskanten Ertrag ist in (X.15) bzw. Abbildung X.4 dargestellt, wobei hier eine geringere Besteuerung des riskanten Assets anstatt einer Steuererhöhung betrachtet wird. Ein geringerer Steuersatz erhöht die Varianz bzw. das Risiko der Auszahlungen, so dass die Anleger aus diesem Grund mit einer Verringerung des Portfolioanteils reagieren. Da eine geringere Besteuerung des riskanten Ertrags wie eine Vermögenserhöhung wirkt, dehnen die Anleger den Portfolioanteil des riskanten Assets aus, sofern die Vermögenselastizität der Risikonachfrage positiv ist. Der Substitutionseffekt schliesslich führt eindeutig zu einem höheren Portfolioanteil. Die Begünstigung des riskanten Assets steigert den erwarteten Nettoertrag relativ zum Ertrag des sicheren Assets, so dass die Anleger ihr Portfolio zugunsten des riskanten Assets umschichten. Der Substitutionseffekt entspricht der Bewegung $P''P'$ in Abbildung X.9. Der Vermögens- und Substitutionseffekt steigern also den Portfolioanteil des riskanten Assets, der Domar-Musgrave-Effekt verringert ihn. Die steuerliche Begünstigung von Risikoanlagen führt also nicht unbedingt zur beabsichtigten Portfolioumschichtung.

X.2.4 Risiko und Umverteilung

Eine vollständige Beurteilung der Steuerwirkungen erfordert, dass auch eventuelle Rückwirkungen aus der Verwendung der Steueraufkommen berücksichtigt werden. Die bisherige Analyse bleibt gültig, wenn die Steuereinnahmen beispielsweise für öffentliche Güter ausgegeben werden und diese die privaten Portfolioentscheidungen nicht beeinflussen. Eine solche Rückwirkung wäre bei separablen Präferenzen über den Konsum von öffentlichen und privaten Gütern (Einkommen) ausgeschaltet. Eine Rückerstattung der Steuereinnahmen in Form von Pauschaltransfers löst hingegen Vermögenseffekte aus, welche die Wirkungen der Besteuerung auf die private Risikobereitschaft überlagern. Dieser Fall ist Gegenstand folgender Überlegungen.

X.2.4.1 Systematische Risiken

Systematische Risiken wie z. B. Konjunkturschwankungen sind perfekt miteinander korreliert und können nicht nach dem Gesetz der grossen Zahlen diversifiziert werden. Dies bedeutet, dass auch die Steuereinnahmen des Staates unsicher sind. Die Steuereinnahmen schwanken auch in der Realität sehr stark im Konjunkturzyklus. Bei perfekter Korrelation individueller Risiken unterliegen die Steuereinnahmen und damit die zurückerstatteten Transfers exakt dem gleichen Risiko wie private Einkommen. Bei identischen Individuen betragen die Steuereinnahmen pro Kopf und damit die Transfers

$$T = \tau[r + (x - r)a]W_0. \qquad (X.22)$$

Die Transfers T sind wie der Ertrag x der riskanten Anlage eine Zufallsvariable. Die Steuerzahlung eines einzelnen Investors hat jedoch keinen bzw. nur einen vernachlässigbar kleinen Einfluss auf das gesamtwirtschaftliche Steueraufkommen. Daher können die Transfers nicht an die Portfolioentscheidungen eines einzelnen Investors gekoppelt sein. Sie hängen zwar im Gleichgewicht von den Portfolioentscheidungen aller Investoren ab, sind jedoch aus der Sicht eines einzelnen Anlegers ein nicht beeinflussbarer Einkommensbestandteil. Die individuelle Budgetbeschränkung lautet

$$\max_a E[u(W)], \quad W = [1 + (1 - \tau)r + (1 - \tau)(x - r)a]W_0 + T. \qquad (X.23)$$

Der optimale Portfolioanteil erfüllt folgende BEO und hängt implizit auch von der Höhe der Transfers ab,

$$E\big[u'(W)(x - r)\big] = 0. \qquad (X.24)$$

Die EKST kann im Prinzip das Endvermögen W und damit die Risikobereitschaft, gemessen am Portfolioanteil des riskanten Assets, beeinflussen. Wenn allerdings die Steuereinnahmen wie in (X.22) zurückerstattet werden, dann bleibt der Steuer-Transfer-Mechanismus ohne Einfluss auf das Endvermögen! Einsetzen von (X.22) in (X.23) ergibt $W = [1 + r + (x - r)a]W_0$, so dass das Endvermögen in der Tat unabhängig von Steuern und Transfers wird. Wenn wir dies in (X.24) berücksichtigen, wird klar, dass eine EKST mit vollem Verlustausgleich und pauschaler Rückerstattung der Steuereinnahmen die Risikobereitschaft nicht zu beeinflussen vermag und damit neutral ist. In Abbildung X.5 würde die Rückerstattung der Steuereinnahmen die Budgetgerade wieder in ihre ursprüngliche Lage zurückverschieben.

Diese Neutralität gilt allerdings nur für einen Steuer-Transfer-Mechanismus, der alle Assets symmetrisch besteuert und damit die Steigung der Budgetgerade nicht verändert. Wenn beispielsweise, wie in Abbildung X.8 im vorigen Abschnitt, nur das sichere Asset besteuert wird, dann verändert die EKST die Steigung der Budgetgerade. Auch wenn der Vermögenseffekt durch die Rückerstattung wieder neutralisiert wird, bleibt noch der Substitutionseffekt übrig, der auf jeden Fall eine Umschichtung des Portfolios zugunsten eines grösseren Anteils des riskanten Assets bewirkt.[5] In diesem Fall lautet die Budgetbeschränkung $W = [1 + (1 - a)(1 - \tau)r + xa]W_0 + T$ und die BEO $E[u'(W)(x - (1 - \tau)r)] = 0$. Setzt man die Steuereinnahmen $T = (1 - a)\tau r W_0$ ein, dann zeigt sich wieder, dass im Gleichgewicht das Endvermögen vom Steuer-Transfer-Mechanismus unabhängig ist, $W = [1 + (1 - a)r + xa]W_0$, jedoch beeinflusst die Steuer die BEO über den Term $x - (1 - \tau)r$.

X.2.4.2 Diversifizierbare Risiken

Viele Risiken sind unabhängig verteilt und nicht miteinander korreliert. Daher können sie im Prinzip durch Finanzintermediäre auf dem Kapitalmarkt nach dem Gesetz der grossen Zahlen diversifiziert und versichert werden. Allerdings wird in vielen Fällen eine vollständige Risikokonsolidierung auf privaten Märkten nicht möglich sein. Tatsächlich sind die Finanzportfolios privater Anleger oft nur unzureichend diversifiziert, obwohl dies prinzipiell möglich wäre. Die Gründe mögen in Transaktionskosten oder Informationskosten der Marktbeobachtung und anderen Aspekten liegen. Der Einfachheit halber sei jedoch angenommen, dass auf privaten Märkten überhaupt keine Versicherung bzw. Risikokonsolidierung möglich ist. Diese Situation wird unter dem Stichwort *fehlende Kapitalmärkte* diskutiert. Bei fehlenden Märkten ist aber immer noch über das Steuersystem eine gewisse Risikokonsolidierung möglich, sofern die Risiken unkorreliert sind. Während die individuelle Steuerzahlung riskant ist, heben sich im Staatsbudget die Risiken nach dem Gesetz der grossen Zahlen auf. Der Staat kann aus dem aggregierten Steueraufkommen einen sicheren Transfer bezahlen. Dessen Höhe entspricht dem erwarteten Steueraufkommen pro Kopf, wobei der durchschnittliche, erwartete Ertrag der riskanten Anlage mit $\bar{x} = E[x]$ bezeichnet wird,

$$T = \tau[r + (\bar{x} - r)a]W_0. \tag{X.25}$$

Dies ist eine linear progressive EKST. „Linear" bezieht sich auf den proportionalen Steuersatz τ und „progressiv" auf den Umverteilungscharakter des Steuer-Transfer-Mechanismus'. Die Individuen erhalten nur den Anteil τ des *durchschnittlichen Einkommens* zurück. Daher werden die Bezieher von überdurchschnittlich hohen

---

[5]Einen Versicherungseffekt gibt es in diesem Szenario nicht, da das riskante Asset nicht besteuert wird.

Einkommen zu Nettozahlern und die unterdurchschnittlich Verdienenden zu Netto-empfängern.[6]

Das Optimierungsproblem ist mit (X.23) identisch, wobei die erwarteten Transfers T pro Kopf aus individueller Sicht exogen sind. Das Optimum wird wieder durch die BEO in (X.24) charakterisiert, wobei nun allerdings wegen $x \neq \bar{x}$ das Endvermögen W sowohl vom Steuersatz als auch von den Transfers abhängt. Nach Rückerstattung von T in (X.25) folgt für das Endvermögen in (X.23) $W = \left[1 + r + \left(x - r + (\bar{x} - x)\tau\right)a\right]W_0$. Der Einfachheit halber gehen wir von einem unbesteuerten Gleichgewicht aus und beschränken uns auf die Einführung einer kleinen, linear progressiven EKST. Die Ableitungen werden daher an der Stelle $\tau = 0$ gebildet. Das Endvermögen ändert sich dabei mit $dW = (x - r)W_0 da + (\bar{x} - x)aW_0 d\tau$. Einsetzen in das Differential der BEO, $E\left[u''(W)(x - r)dW\right] = 0$, ergibt

$$E\left[u''(W)(x - r)^2\right]\frac{da}{d\tau} = -aE\left[u''(W)(x - r)(\bar{x} - x)\right].$$

Auf der rechten Seite erweitert man $\bar{x} - x = (\bar{x} - r) - (x - r)$ und schreibt den Erwartungswert als Summe von zwei Ausdrücken. Nach einer geringfügigen Umformung folgt

$$\frac{da}{d\tau} - a = -\frac{(\bar{x} - r)aE\left[u''(W)(x - r)\right]}{E\left[u''(W)(x - r)^2\right]} = \frac{(\bar{x} - r)a^2}{1 + r} \cdot \varepsilon_W.$$

Wenn man dies in folgende Gleichung einsetzt und ausserdem die Definition der Vermögenselastizität nach (X.16) an der Stelle $\tau = 0$ berücksichtigt, dann folgt

$$\left.\frac{d(1 - \tau)a}{d\tau}\right|_{\tau=0} = \frac{da}{d\tau} - a = \frac{(\bar{x} - r)a^2}{1 + r} \cdot \varepsilon_W. \tag{X.26}$$

Gleichung (X.26) gibt den Einfluss einer kleinen, linear progressiven EKST auf die private Risikotragung wieder, gemessen an $(1 - \tau)a$. Nachdem für den erwarteten Ertrag des riskanten Assets $\bar{x} > r$ gilt, *fördert die Steuer die private Risikobereitschaft*, sofern die Vermögenselastizität der Risikonachfrage positiv ist. Dies kehrt das Ergebnis in (X.18) um, wonach die lineare EKST ohne Rückerstattung die private Risikobereitschaft hemmt! Der Unterschied zur partialanalytischen Betrachtungsweise ist, dass hier das Steueraufkommen als sicherer Transfer zurückerstattet wird, wobei der empfangene Pro-Kopf-Transfer sich am durchschnittlichen Assetertrag $\bar{x} > r$ orientiert. Mit der EKST beteiligt sich der Staat proportional am privaten Risiko, konsolidiert dieses im Staatsbudget und verwandelt riskantes Kapitaleinkommen in sicheres Transfereinkommen. Diese Risikoreduktion macht es attraktiv, noch weiteres Risiko zugunsten eines höheren erwarteten Einkommens einzugehen. Mit der privaten Risikobereitschaft steigt erst recht die soziale Risikotragung, gemessen am Portfolioanteil a.

---

[6]Es seien Y und $\bar{Y}$ das individuelle und durchschnittliche Bruttoeinkommen. Mit Berücksichtigung des Staatsbudgets $T = \tau\bar{Y}$ beträgt das individuelle Nettoeinkommen $(1 - \tau)Y - T = Y - \tau \cdot (Y - \bar{Y})$, so dass die Nettozahlerposition $\tau(Y - \bar{Y})$ entspricht.

Risikoscheue Individuen würden angesichts des Einkommensrisikos eine Versicherung nachfragen, wenn sie zum Preis einer versicherungstechnisch fairen Prämie verfügbar wäre. Wenn trotz unabhängiger Risiken eine Risikokonsolidierung auf dem Kapitalmarkt nicht möglich ist, dann kann der Staat Risiko konsolidieren und mittels einer linear progressiven EKST eine „Versicherung" bereitstellen. Die linear progressive EKST wird daher die Wohlfahrt erhöhen, weil ihr Versicherungscharakter ein wichtiges Bedürfnis risikoscheuer Individuen befriedigt. Dies gilt zumindest für einen kleinen Umfang der Steuer, wie in einer separaten Übung gezeigt wird. Allerdings ist zu beachten, dass dieser Wohlfahrtsgewinn allein auf der Annahme fehlender Risikomärkte beruht. Angesichts eines möglichen moralischen Risikos kann es optimal sein, dass private Akteure aus Anreizgründen bewusst am Risiko beteiligt werden, auch wenn eine vollständige Versicherung möglich wäre. Eine weitergehende Risikodiversifikation über das Steuersystem würde in einer solchen Situation keine Wohlfahrtsgewinne mehr bringen oder könnte sogar kontraproduktiv werden. Darauf wird im Kapitel XVI zur Finanzierung bei moralischem Risiko noch ausführlicher eingegangen.

X.3 Unternehmertum und Risiko

Neben der Zusammenstellung eines geeigneten Portfolios unter Ertrags- und Risikogesichtspunkten gibt es eine Reihe anderer, wichtiger Entscheidungen mit einer Abwägung zwischen Einkommen und Risiko. Eine der wichtigsten ist der Schritt in die Selbständigkeit. Ein Unternehmer gibt ein sicheres Lohneinkommen in Erwartung eines riskanten, aber potentiell hohen Gewinneinkommens auf. Es wird angenommen, dass das unternehmerische Risiko nicht versicherbar ist. Wie wir vorhin ausführlich erörtert haben, können Steuern die Bereitschaft zur Risikoübernahme und damit die Neigung zur Unternehmensgründung beeinflussen. Die Frage ist, ob der Staat den Zutritt zu riskanten Tätigkeiten unterstützen und z. B. Existenzgründungen fördern soll.

X.3.1 Unternehmerische Produktion

Wir erörtern diese Frage in einem einfachen Gleichgewichtsmodell. Alle Individuen sind risikoscheu. Die Bevölkerung $N + L = 1$ setzt sich aus N Unternehmern und L Arbeitnehmern zusammen. Die Unternehmer beschäftigen Arbeitnehmer und zahlen ihnen einen sicheren Lohn w.[7] Ein einzelner Unternehmer heuert l Beschäftigte an, so dass die gesamte unselbständige Beschäftigung $L = lN$ beträgt. Ein Unternehmen wird mit einer Unternehmerperson gleichgesetzt. Die Produktionstechnologie sei $y = x f(l)$, wobei $x > 0$ eine Zufallsvariable ist und das Produktionsrisiko zum Ausdruck bringt. Der deterministische Teil der Produktionsfunktion ist konkav ansteigend, $f'(l) > 0 > f''(l)$. Alles Einkommen wird konsumiert; der Güterpreis ist auf 1 normiert.

---

[7]Wir schliessen das Bankrottrisiko aus und nehmen an, dass die Unternehmer auch im ungünstigsten Zustand den vereinbarten Lohn bezahlen und noch einen positiven Gewinn erzielen können.

Die Individuen sind wettbewerbliche Preisnehmer und müssen ein zweistufiges Entscheidungsproblem lösen. Zunächst ist die Berufswahl relevant. Bei der Entscheidung für eine unselbständige Beschäftigung wird ein sicheres Lohneinkommen erzielt. Wählt das Individuum den Schritt in die Selbständigkeit, dann heuert es als Unternehmer eine variable Anzahl von Arbeitnehmern an. Während die Arbeitnehmer einen sicheren Lohn erhalten, gehen die Unternehmer mit ihrem Gewinneinkommen π ein erhebliches Risiko ein, da der Produktionserlös stochastisch ist. Zudem muss eine Gewinnsteuer τ entrichtet werden. Das Entscheidungsproblem des Unternehmers lautet also

$$V(w,\tau) = \max_{l} E[u(\pi)], \quad \pi = (1-\tau)(xf(l) - wl). \tag{X.27}$$

Dieses Problem bestimmt eine optimale Beschäftigung $l(w,\tau)$ und einen maximal erzielbaren Erwartungsnutzen $V(w,\tau)$, wobei beide vom Steuersatz und Marktlohn abhängen. Die Beschäftigung ist implizit durch folgende BEO charakterisiert:

$$E\big[u'(\pi)\big(xf'(l) - w\big)\big] = 0. \tag{X.28}$$

Die Anwendung des Envelopen-Theorems zeigt für den maximalen Erwartungsnutzen folgende Abhängigkeit:

$$\begin{aligned}
(a) \ & V_w \equiv \mathrm{d}V(w,\tau)/\mathrm{d}w = -(1-\tau)lE\big[u'(\pi)\big] < 0, \\
(b) \ & V_\tau \equiv \mathrm{d}V(w,\tau)/\mathrm{d}\tau = -E\big[u'(\pi)\pi\big]/(1-\tau) < 0.
\end{aligned} \tag{X.29}$$

X.3.2 Entscheidung zur Selbständigkeit

Ein Unternehmer erzielt einen maximalen Erwartungsnutzen $V(w,\tau)$, der sowohl bezüglich Gewinnsteuersatz als auch bezüglich Lohn abnimmt. Als Arbeitnehmer könnte dasselbe Individuum einen Nutzen von $u((1+s)w)$ erzielen, wobei s eine Subvention des Lohneinkommens bezeichnet, auf deren Bedeutung wir gleich eingehen werden. Identische Individuen würden sich im Falle $V > u$ alle für die Selbständigkeit entscheiden und im anderen Fall für eine lohnabhängige Beschäftigung. Output kann aber nur unter Beteiligung von Unternehmern und Arbeitern produziert werden. Im Gleichgewicht müssen also beide Gruppen aktiv und somit folgende Indifferenzbedingung erfüllt sein:

$$V(w,\tau) = u((1+s)w). \tag{X.30}$$

Abbildung X.10 illustriert die Entscheidung zur Selbständigkeit und die Lohnfindung im Gleichgewicht mit freier Berufswahl. Die Lohnanpassung führt das Gleichgewicht mit endogener Berufswahl herbei. Der Lohn bestimmt dann die Beschäftigung $l(w,\tau)$ in den Unternehmen. Aus $L = lN$ und der Ressourcenbeschränkung $N + L = 1$ folgt schliesslich die gleichgewichtige Anzahl von Unternehmern,

$$N = 1/[1 + l(w,\tau)] < 1. \tag{X.31}$$

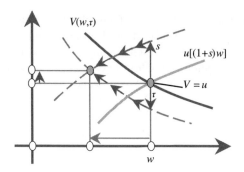

Abbildung X.10: Berufswahl

X.3.3 Rolle des Staates

Da die Individuen risikoscheu sind, müssen sie als Unternehmer für ihre Risikobereitschaft mit einer Prämie entschädigt werden. Aus der Definition von (X.27) in Verbindung mit (X.30) ergibt sich $u((1+s)w) = E[u(\pi)] < u(E[\pi])$, wobei der letzte Schritt die Ungleichung von Jensen nach (X.5) nutzt. Daher ist das erwartete Nettoeinkommen der Unternehmer grösser als das verfügbare Arbeitseinkommen, $\bar{\pi} = E[\pi] > (1+s)w$. Bei einer linear progressiven Steuer wie im vorigen Abschnitt wären die Unternehmer im Durchschnitt Nettozahler und die Arbeitnehmer Nettoempfänger. Dieser Umverteilungsmechanismus kann als Kombination von Gewinnsteuer und Subvention der Lohneinkommen repliziert werden. Damit erhalten wir die staatliche Budgetbeschränkung

$$\tau\big[\bar{x}f(l) - wl\big]N = swL, \tag{X.32}$$

wobei der Staat anders als der einzelne Unternehmer wegen dem Gesetz der grossen Zahlen im Durchschnitt mit einem sicheren Bruttogewinn $\bar{x}f(l) - wl$ rechnen kann. Um komplizierte Berechnungen zu vermeiden, beschränken wir uns wieder auf die Wirkung von kleinen Steuersätzen, d. h. wir betrachten die Einführung eines kleinen Steuer-Transfer-Mechanismus', ausgehend vom unbesteuerten Zustand. In der Ausgangssituation fallen daher Brutto- und Nettogewinn zusammen, $\bar{\pi} = \bar{x}f(l) - wl$.

Die Frage ist, ob der Staat die Bürger zu riskantem Unternehmertum ermutigen soll und ob er mittels Besteuerung bzw. Transfers eine Wohlfahrtssteigerung erreichen kann. Dazu führen wir ausgehend von $\tau = 0$ eine kleine Steuer $d\tau$ ein, kombiniert mit einer entsprechenden Anpassung der Lohnsubvention ds. Aus (X.32) folgt mit $1 = N + L$

$$d\tau = \frac{(1 - N)w}{\bar{\pi}N}ds. \tag{X.33}$$

Eine höhere Lohnsubvention erfordert eine stärkere Besteuerung der Gewinne.

Anhand der Zutrittsbedingung (X.30) und (X.32) bzw. (X.33) können wir die Lohnanpassung im Gleichgewicht ermitteln. An der Stelle $\tau = s = 0$ beträgt das Differential von (X.30) $V_w dw + V_\tau d\tau = u'(w)(wds + dw)$. Wir fassen die Terme mit dw zusammen, setzen (X.33) ein und berücksichtigen zur Bestimmung des Vorzeichens die Effekte in (X.29),

$$\frac{1}{w}\frac{dw}{ds} = -\frac{\bar{\pi}N \cdot u' - (1-N)V_\tau}{\bar{\pi}N \cdot (u' - V_w)} < 0. \tag{X.34}$$

Die Auswirkungen auf das Gleichgewicht sind in Abbildung X.10 dargestellt. Für einen gegebenen Lohn verschiebt die Lohnsubvention die Nutzenkurve der Arbeiter nach oben. Die höhere Gewinnsteuer drückt den Erwartungsnutzen aus Unternehmertätigkeit nach unten. Wenn der Nutzen der unselbständigen Beschäftigung den Erwartungsnutzen der Unternehmertätigkeit übersteigt, werden die Individuen sich zunehmend für eine lohnabhängige Beschäftigung entscheiden. Der Lohn muss also fallen, um wieder ein neues Gleichgewicht mit Berufswahl herzustellen, wie wir in (X.34) analytisch ermittelt haben. Im Schnittpunkt der beiden Kurven erzielen beide Bevölkerungsgruppen eine gleich hohe Wohlfahrt. Ob diese im Vergleich zur Ausgangssituation zunimmt, hängt davon ab, ob die Lohnsubvention das verfügbare Lohneinkommen $(1+s)w$ trotz fallendem Marktlohn w zu steigern vermag. In diesem Fall würde $u((1+s)w)$ und damit wegen der Zutrittsbedingung (X.30) auch der Erwartungsnutzen der Unternehmer ansteigen, wie es eingezeichnet ist. Ob dies tatsächlich zutrifft, hängt davon ab, um wieviel der Gewinnsteuersatz τ erhöht und wie weit daher die Kurve $V(w,\tau)$ in Abbildung X.10 nach unten verschoben wird. Dass die Wohlfahrt tatsächlich steigt, kann nur analytisch gezeigt werden. Dazu berechnen wir du/d$s = u'(w)(w + dw/ds)$ und setzen (X.34) ein,

$$\frac{du}{ds} = wu'(w)\frac{(1-N)V_\tau - \bar{\pi}NV_w}{\bar{\pi}N \cdot (u' - V_w)}.$$

Zuletzt werden die Koeffizienten in (X.29) verwendet, die an der Stelle $\tau = 0$ zu bewerten sind. Indem man $Nl = L = 1 - N$ berücksichtigt und $\bar{\pi} = E[\pi]$ schreibt, folgt

$$\frac{du}{ds} = \frac{u'}{u' - V_w} \cdot \frac{wL}{\bar{\pi}N} \cdot \left\{ E[\pi]E\left[u'(\pi)\right] - E\left[u'(\pi)\pi\right] \right\} > 0. \tag{X.35}$$

Mit $V_w < 0$ hängt das Vorzeichen nur von der letzten Klammer ab. Da $u'(\pi)$ und π negativ korreliert sind, gilt $E[\pi]E[u'(\pi)] > E[u'(\pi)\pi]$. Der Wohlfahrtseffekt ist also positiv.

Zunächst begünstigt der Steuer-Transfer-Mechanismus die Lohneinkommen. Wenn ein zunehmender Bevölkerungsanteil sich gegen eine Unternehmerkarriere und für die unselbständige Tätigkeit entscheidet, dann entsteht ein Überangebot von Arbeit und eine Verknappung der „Unternehmerressource".[8] Daher müssen die Löhne fallen, was die Wohlfahrt der Arbeiter senkt und jene der verbleibenden Unternehmer steigert (Bewegung entlang der Nutzenkurven in Abbildung X.10), bis im Gleichgewicht der Anreiz zum Berufswechsel zum Erliegen kommt. Wegen $V_w < 0$ profitieren

---

[8]Die Steuer sollte im Gleichgewicht zu einer geringeren Anzahl von Unternehmern führen. Die Berechnung ist wegen des Vermögenseffektes, dessen Höhe von der Art der Risikoaversion abhängt, etwas aufwendig und wird hier nicht nachvollzogen. Die EKST kann auch nach dem Zutritt ungünstige Effekte entfalten und das Unternehmenswachstum behindern, siehe z. B. Carroll, Holtz-Eakin, Rider und Rosen (2001).

die verbleibenden Unternehmer an den fallenden Löhnen derart stark, dass sie im Endeffekt trotz höherer Besteuerung besser gestellt sind. Die Arbeiter gewinnen durch die Subventionen, auch wenn sie durch Lohneinbussen einen Teil wieder verlieren.

Dieses Ergebnis bedeutet, dass das Erfordernis von unternehmerischer Risikotragung noch kein Grund ist, den Eintritt in die Selbständigkeit zu fördern. Es zeigt sich im Gegenteil, dass *eine Besteuerung der riskanten und eine Subventionierung der sicheren Tätigkeit wohlfahrtssteigernd* wirkt. Dies gilt unter der Voraussetzung, dass es keine Kapitalmärkte für die Risikokonsolidierung gibt, aber der Staat über das Budget solche Risiken konsolidieren kann. Der Staat beteiligt sich über die EKST am Gewinnrisiko und kann unter Ausnutzung des Gesetzes der grossen Zahlen im öffentlichen Budget riskante Gewinneinkommen in sichere Lohneinkommen (Transfers an die Arbeitnehmer) umwandeln. Daran können auch die Unternehmer teilhaben, weil die Löhne fallen müssen und damit der Erwartungsnutzen der verbleibenden Unternehmer steigt.

Kapitel XVI wird noch einmal die Entscheidung zur Selbständigkeit bei moralischem Risiko betrachten und dabei eine Risikokonsolidierung auf dem privaten Kapitalmarkt zulassen. Die unvollständige Risikokonsolidierung ergibt sich dort endogen aus der Notwendigkeit, einem möglichen moralischen Risiko vorzubeugen. Eine noch weitergehende Risikotransformation über das Steuersystem kann in diesem Fall keine weiteren Wohlfahrtsgewinne mehr ergeben.

Zusammenfassung

1. Ein risikoscheues Individuum wird nur dann den gleichen Nutzen aus einer riskanten und sicheren Einkommensalternative ziehen, wenn der Erwartungswert des riskanten Einkommens das sichere Einkommen übersteigt. Die Risikobereitschaft der Investoren muss mit einer Risikoprämie entschädigt werden.

2. Die Risikoeinstellung kann anhand der absoluten und relativen Risikoaversion beschrieben werden. Bei konstanter absoluter Risikoaversion ist die Vermögenselastizität der Risikonachfrage Null, bei konstanter relativer Risikoaversion beträgt sie 1.

3. Die Einkommensteuer mit vollem Verlustausgleich erfasst die Erträge aller Assets gleichmässig mit demselben Steuersatz. Sie reduziert nicht nur den Erwartungswert, sondern auch die Streuung der Erträge nach Steuer. Dieser Versicherungseffekt (Domar-Musgrave-Effekt) begünstigt das riskante Asset und erhöht ihren Portfolioanteil. Der Versicherungseffekt erhöht die soziale Risikobereitschaft, gemessen am Portfolioanteil des riskanten Assets, während die private Risikobereitschaft, gemessen am realisierten Endvermögen, nach Steuer konstant bleibt.

4. Die Einkommensteuer reduziert den Nettoertrag aller Assets gleichmässig. Dieser Vermögenseffekt senkt den Portfolioanteil des riskanten Assets, wenn die Vermögenselastizität der Risikonachfrage positiv ist.

5. Eine Einkommensteuer mit beschränktem Verlustausgleich benachteiligt einseitig das riskante Asset. Dies löst einen zusätzlichen Substitutionseffekt aus, der den Portfolioanteil des riskanten Assets mindert. Ein Substitutionseffekt entsteht

immer dann, wenn die Erträge der sicheren und riskanten Assets mit unterschiedlichen Sätzen besteuert werden.

6. Bei nicht diversifizierbaren Risiken ist eine Einkommensteuer mit vollem Verlustausgleich und pauschaler Rückerstattung des Steueraufkommens bezüglich der Portfolionachfrage neutral. Dies gilt, solange die Erträge aller Assets mit demselben Satz besteuert werden.

7. Bei diversifizierbaren Risiken, aber fehlenden Kapitalmärkten kann über den Steuer-Transfer-Mechanismus eine Versicherungswirkung erzielt werden. Dies steigert die private und soziale Risikobereitschaft.

8. Wenn private Risikomärkte fehlen, dann kann eine Konsolidierung riskanter Gewinneinkommen im Staatsbudget erfolgen. Ein Steuer-Transfer-Mechanismus, der die riskante Tätigkeit besteuert und die sichere Tätigkeit subventioniert, kann wohlfahrtssteigernd wirken.

Lektürevorschläge

Die Erwartungsnutzentheorie zur Erklärung von Entscheidungen mit Risiko ist in mikroökonomischen Lehrbüchern wie z. B. MAS-COLELL, WHINSTON und GREEN (1995) und VARIAN (1992) dargestellt. Fortgeschrittene Lehrbuchdarstellungen finden sich in ATKINSON und STIGLITZ (1980) und MYLES (1995). BUCHHOLZ und KONRAD (2000) enthalten einen sehr guten Überblick über die formalen Ergebnisse der neueren Literatur. Klassische Beiträge sind DOMAR und MUSGRAVE (1944), MOSSIN (1968), STIGLITZ (1969), FELDSTEIN (1969) sowie SANDMO (1977), der die Analyse auf mehrere riskante Assets ausdehnt. SANDMO (1985) und POTERBA (2002) fassen die theoretische und empirische Literatur zusammen. KAPLOW (1994) zeigt, wie bei nicht diversifizierbaren, makroökonomischen Risiken die Verwendung des Steueraufkommens die Risikoallokation im Gleichgewicht beeinflusst. KANBUR (1981), PECK (1989) und BOADWAY, MARCHAND und PESTIEAU (1991) haben den Einfluss der Besteuerung auf die Berufswahl zwischen riskantem Unternehmertum und sicherer Beschäftigung herausgearbeitet. CULLEN und GORDON (2002) finden empirisch einen starken Einfluss der Besteuerung auf die Entscheidung zur Selbständigkeit. Auf der Homepage WWW.IFF.UNISG.CH, Seite Keuschnigg/Lehre, stehen gelöste Übungsaufgaben bereit.

Schlüsselbegriffe

Erwartungsnutzen	Absolute Risikoaversion
Relative Risikoaversion	Risikoprämie
Portfolioentscheidung	Einkommensteuer
Vermögensteuer	Kapitalgewinnbesteuerung
Verlustausgleich	Versicherungseffekt
Vermögenseffekt	Substitutionseffekt
Systematische Risiken	Diversifizierbare Risiken
Fehlende Kapitalmärkte	Steuer-Transfer-Mechanismus
Staatliche Risikokonsolidierung	Berufswahl

Kapitel XI

Investition und Finanzierung

Einkommen und Wohlfahrt in einer Volkswirtschaft hängen von ihrer Ressourcenausstattung mit Arbeit, Kapital und technologischem Wissen ab. Mit Investitionen wird der Kapitalstock aufgebaut, mit dem in Zukunft ein höheres Einkommen erwirtschaftet werden kann. Die Kapitalbildung steigert nicht nur die künftigen Gewinne, sondern auch die Löhne, denn die Arbeitsproduktivität und damit die erzielbaren Löhne der Arbeitnehmer hängen von ihrer Kapitalausstattung ab. Eine Investition bedeutet, dass auf verfügbares Einkommen heute verzichtet wird, um künftig ein höheres Einkommen zu ermöglichen. Dies gilt für Maschinen genauso wie für die Investitionen in Forschung und Entwicklung. Auch dieser Aufwand erfordert einen Einkommensverzicht, damit künftig eine höhere Produktivität und mehr Einkommen möglich werden. Die Einkommensentwicklung hängt allerdings nicht nur vom Niveau, sondern auch von der Effizienz des Kapitaleinsatzes ab, wie sie z. B. aus den Finanzierungsentscheidungen und der Rechtsformwahl der Unternehmen folgt. Wenn beispielsweise Steuern eine übermässige Verschuldung fördern, dann tragen sie zu höherer Konkursanfälligkeit bei und führen makroökonomisch zu einem höheren Anteil von Investitionen, die wegen Konkurs ungenutzt bleiben. Dieses Kapitel zeigt, wie die Besteuerung über ihren Einfluss auf Investition, Finanzierung und Rechtsformwahl der Unternehmen das Niveau und die Effizienz des Kapitaleinsatzes bestimmt und damit auf das Wachstum wirkt.

Um den Einfluss der Besteuerung auf die Unternehmensentscheidungen festzumachen, sind die Steuern sowohl auf Unternehmens- als auch auf Personenebene zu berücksichtigen. Dabei werden in der Regel die Kapitalerträge ganz unterschiedlich behandelt, je nachdem, ob es sich um Eigen- oder Fremdkapital handelt und ob der Eigenkapitalertrag als Ausschüttung oder als Wertsteigerung zufliesst. Die Gewinne von Kapitalgesellschaften werden zunächst auf der Unternehmensebene durch die Körperschaftsteuer (KÖST) oder Gewinnsteuer belastet. Für die effektive Steuerbelastung sind die Bestimmungen zur Bemessungsgrundlage mindestens ebenso wichtig wie die Höhe der tariflichen Steuersätze. Während die Zinsen für Fremdkapital von der Bemessungsgrundlage der KÖST abzugsfähig sind, können die Opportunitätskosten des Eigenkapitals, also der auf dem Kapitalmarkt alternativ erzielbare Ertrag, steuerlich nicht geltend gemacht werden. Dies bedeutet, dass der Eigenkapitalertrag mit KÖST belastet ist, der Fremdkapitalertrag jedoch nicht. Sofern es keine oder nur unvollständige Regelungen zur Vermeidung wirtschaftlicher Doppelbelastung gibt, wird der Kapitalertrag auf Personenebene noch einmal besteuert, und zwar je nachdem, in welcher Form er anfällt. Die Zinsen auf Fremdkapital sind im Prinzip genauso wie die Dividendeneinkünfte der Eigenkapitalgeber und die realisierten Wertsteigerungen aus einem Anteilsverkauf im Rahmen der persönlichen

Einkommensteuer (EKST) zu versteuern. Kapitel I gibt Auskunft, wie die deutsch-sprachigen Länder im Vergleich zu den USA und Japan die Unternehmenseinkommen besteuern.

Tatsächlich unterliegen in den meisten Ländern die verschiedenen Formen der Kapitalerträge einer recht unterschiedlichen Belastung auf der Personenebene. Daher kann es sich für die Unternehmen auszahlen, die Finanzierungswege nach steuerlichen Gesichtspunkten zu optimieren. Sie haben einen Spielraum, ihre Investitionen mit mehr Eigen- oder Fremdkapital zu finanzieren und das nötige Eigenkapital durch Einbehaltung von Gewinnen (Selbstfinanzierung) oder durch Ausgabe neuer Anteile (Anteilsfinanzierung) zu beschaffen. Bei Selbstfinanzierung erhalten die Investoren die Erträge in Form von Dividenden, bei Anteilsfinanzierung als Kapitalgewinne (bzw. Beteiligungsgewinne oder Wertsteigerungen). Da die Kapitalgewinne effektiv meist weniger stark besteuert werden als Ausschüttungen, begünstigt die Besteuerung die Investitionsfinanzierung mit einbehaltenen Gewinnen gegenüber der Eigenfinanzierung von aussen (Anteilsfinanzierung). Dies wirkt auf die Investitionskosten und die Investitionsneigung zurück.

Die European Commission (2001) hat unlängst eine umfangreiche Studie zur Unternehmensbesteuerung in Europa veröffentlicht. In dieser Studie wird der Einfluss der Besteuerung auf die Kapitalnutzungskosten und auf die effektive Grenz- und Durchschnittssteuerbelastung in Europa quantifiziert. Die Kapitalnutzungskosten geben die notwendige Bruttorendite vor Steuern an, welche die Unternehmen erzielen müssen, damit sie dem Kapitalgeber eine marktübliche Nettorendite nach Steuern versprechen können. Je mehr die Besteuerung die Kapitalnutzungskosten in die Höhe treibt, desto geringer ist die Zahl der noch profitablen Investitionsprojekte und desto schädlicher sind die Auswirkungen auf das Wachstum. Die Studie geht von einem Marktzins von 5% aus. Tabelle XI.1 fasst die wesentlichsten Ergebnisse für Deutschland zusammen, wobei die Steuerreform von 2001 berücksichtigt ist. Neben den Steuersätzen werden auch die relevanten Investitionsbegünstigungen und andere Aspekte der Bemessungsgrundlage verarbeitet. Demnach treibt die Besteuerung auf Unternehmensebene die Kapitalnutzungskosten für eine durchschnittlich finanzierte Investition auf 6.8% hoch. Im Vergleich zu einem Marktzins von 5% ergibt dies eine effektive Grenzsteuerbelastung von $100 \times (6.7 - 5)/6.8 = 26\%$, wie sie in Tabelle I.11 im ersten Kapitel aufgeführt ist. Aus Tabelle XI.1 geht hervor, dass die Kapitalkosten einer fremdfinanzierten Investition mit 4.4% wesentlich geringer sind als bei

Tabelle XI.1: Besteuerung und Kapitalnutzungskosten

	Selbstfinanzierung (55%)	Anteilsfinanzierung (10%)	Fremdfinanzierung (35%)	Gesamt
Gewinnsteuern (KÖST)	8,0	8,0	4,4	6,8
mit persönlichen Steuern	4,5	5,1	4,6	4,6

Kapitalnutzungskosten in %; die Kapitalnutzungskosten entsprechen der notwendigen Rendite vor Steuern, damit nach Steuern eine marktübliche Nettorendite erzielt werden kann.
Quelle: European Commission (2001), Tabellen 10 und 12, S. 103 und S. 107

Investitionen, die mit Eigenkapital finanziert werden. Nachdem die Unternehmensbesteuerung nicht zwischen einbehaltenen und ausgeschütteten Gewinnen diskriminiert, macht es keinen Unterschied, ob Selbst- oder Anteilsfinanzierung gewählt wird. In beiden Fällen betragen die Kapitalnutzungskosten 8%. Diese Zahlen bedeuten, dass die Unternehmensbesteuerung die durchschnittlichen Kapitalnutzungskosten verteuert und damit das Wachstum hemmt und dass sie die Fremdfinanzierung deutlich begünstigt. Die Fremdkapitalzinsen sind steuerlich abzugsfähig, die Opportunitätskosten des Eigenkapitals jedoch nicht.

Das Bild ändert sich, wenn die Besteuerung auf der Personenebene mitberücksichtigt wird. Zunächst stellt man fest, dass die Kapitalnutzungskosten für Inlandsinvestitionen generell fallen. Der Grund liegt im Wohnsitzprinzip der Zinsenbesteuerung (vgl. nächstes Kapitel). In einer offenen Wirtschaft ist der internationale Kapitalmarktzins weitgehend exogen vorgegeben. Die Zinsenbesteuerung des weltweiten Kapitaleinkommens senkt damit den Nettozins der heimischen Investoren ab. Dies bedeutet, dass auch die Nettorendite des Eigenkapitals sinken kann, wenn die Nettoertragsrate der alternativen Anlagen schrumpft. Dies mindert in Tabelle XI.1 die erforderliche Bruttorendite des Eigenkapitals auf 4.5 bzw. 5.1% und damit die durchschnittlichen Kapitalnutzungskosten auf 4.6%. Es fallen zwei Aspekte auf. Erstens verschwindet die Benachteiligung des Eigenkapitals, wenn man die persönlichen Steuern mitberücksichtigt. Aus Tabelle I.7 geht hervor, dass wegen des Teileinkünfteverfahrens auf Personenebene Dividenden deutlich geringer besteuert werden als die Zinserträge. Berücksichtigt man auch noch die effektiv niedrige Belastung der Kapitalgewinne, dann werden auf Personenebene in Deutschland die Erträge des Eigenkapitals geringer besteuert als die Fremdkapitalzinsen. Zweitens begünstigt die Besteuerung in Deutschland die Selbstfinanzierung gegenüber der Anteilsfinanzierung von aussen. Der Grund liegt darin, dass der Ertrag der selbstfinanzierten Investition als gering besteuerter Kapitalgewinn, jener der anteilsfinanzierten Investition als vergleichsweise höher besteuerte Dividende anfällt.

Je nach spezifischer Ausgestaltung des Steuersystems verzerrt der Staat die Investitions- und Finanzierungsentscheidungen der Unternehmen. Die eben erwähnte steuerliche Begünstigung der Selbst- gegenüber der Anteilsfinanzierung diskriminiert die jungen gegenüber reifen und gewinnstarken Unternehmen. Junge und rasch wachsende Unternehmen haben einen hohen Investitionsbedarf, aber meist noch wenig Gewinne und sind daher auf die teurere Eigenkapitalfinanzierung von aussen (Anteilsfinanzierung) angewiesen. Darüber hinaus erlauben die meisten Steuersysteme den Abzug von Fremdkapitalzinsen auf der Unternehmensebene im Rahmen der KÖST, während die Opportunitätskosten des Eigenkapitals (kalkulatorische Eigenkapitalzinsen) in der Regel nicht berücksichtigt werden. Je nach Besteuerung von Zinsen, Dividenden und Wertsteigerungen auf Personenebene begünstigt diese Regelung die Fremdfinanzierung und trägt so zu höherer Verschuldung und Konjunkturanfälligkeit des Unternehmenssektors bei. Ein anderer wichtiger Aspekt ist die steuerliche Verzerrung der Rechtsformwahl, die aus einer ungleichen Besteuerung von Personenunternehmen und Kapitalgesellschaften resultiert. Die KÖST wird nur auf Kapitalgesellschaften erhoben und resultiert in einer Doppelbelastung, sofern nicht andere kompensierende Massnahmen vorgesehen sind. Auch eine differentielle Besteuerung von Kapitalgesellschaften diskriminiert zwischen grossen und kleinen Unternehmen, da Personenunternehmen typischerweise nur wenige Beschäftigte haben, während die grösseren Unternehmen fast vollständig als Kapitalgesellschaften organisiert sind.

Eine Kernbotschaft dieses Kapitels ist schliesslich, dass die effektive Grenzsteuerbelastung der Investitionen nicht nur von den gesetzlichen Steuersätzen, sondern ganz wesentlich auch von Investitionsbegünstigungen und anderen Bestimmungen zur Bemessungsgrundlage, wie etwa Abschreibungsregelungen, abhängt. Internationale Steuerbelastungsvergleiche dürfen sich daher nicht nur auf die Gegenüberstellung von nominalen Steuersätzen beschränken, sondern müssen auch berücksichtigen, wie die Bemessungsgrundlagen berechnet werden. Andernfalls wird das steuerlich verursachte Investitionshemmnis unter Umständen irreführend beurteilt. Das Konzept der effektiven Grenzsteuerbelastung fasst alle relevanten Parameter der Besteuerung zusammen, so dass die investitionshemmende Wirkung der Besteuerung an einer einzigen Masszahl abgelesen werden kann. Dieses Mass bestimmt die Mehrbelastung, die in der Unternehmensbesteuerung tatsächlich angelegt ist. Wie hoch die Mehrbelastung tatsächlich ausfällt, hängt davon ab, wie elastisch die Unternehmen in ihren Entscheidungen reagieren. Die empirische Literatur schätzt, dass die Nachfrageelastizität des Kapitals bezüglich der Kapitalnutzungskosten zwischen 0.5 und 1 liegt (Hassett und Hubbard, 2002, S. 1325). Eine Elastizität von 1 bedeutet, dass die Kapitalnachfrage längerfristig um 1% zurückgeht, wenn die Kapitalnutzungskosten um 1% ansteigen. Gordon und Lee (2001) schätzen, dass eine Absenkung des KÖST-Satzes um 10 Prozentpunkte die Verschuldungsquote um 3–4% mindern würde, da ein geringerer Steuersatz den Vorteil der Fremdfinanzierung reduziert. MacKie-Mason und Gordon (1997) kommen für die USA zum Ergebnis, dass die unterschiedliche steuerliche Behandlung von Personenunternehmen und Kapitalgesellschaften die Rechtsformwahl deutlich beeinflusst. Sie beziffern die Mehrbelastung auf etwa 16% der Steuerzahlungen der Kapitalgesellschaften und Personenunternehmen.

Das Kapitel geht wie folgt vor. Abschnitt XI.1 leitet aus der Unternehmenswertmaximierung das grundlegende Investitionskalkül ab. Abschnitt XI.2 untersucht die Auswirkungen der Unternehmensbesteuerung auf die Investitionstätigkeit und die damit verbundene Mehrbelastung. Abschnitt XI.3 geht auf die Wahl zwischen Fremd- und Eigenkapitalfinanzierung ein. Schliesslich illustriert Abschnitt XI.4, wie eine unterschiedliche Steuerbelastung von Kapitalgesellschaften und Personenunternehmen die Wahl der Rechtsform beeinflusst.

XI.1　Investition und Finanzierung

XI.1.1　Unternehmensfinanzierung

Wir gehen von einer kleinen, offenen Volkswirtschaft aus, welche sich zum Weltmarktzins r beliebig hoch im Ausland verschulden bzw. ein beliebig hohes Auslandsvermögen anhäufen kann. Der Zinssatz ist daher international vorgegeben und vom kleinen Land nicht beeinflussbar. Die Unternehmen produzieren mit Arbeit L^D und Kapital K unter Einsatz einer quasikonkaven Produktionsfunktion einen Output $F(K, L^D)$. Der Güterpreis sei auf 1 normiert, so dass der Output gleich dem Erlös ist.

Ein einzelnes, kleines Unternehmen kann auf einem wettbewerblichen Arbeitsmarkt zum Lohn w eine beliebige Arbeitsnachfrage tätigen. Wir beschränken uns auf eine Wirtschaft mit zwei Perioden, wobei der tief gestellte Index $t \in \{0,1\}$ die Zeitperiode angibt.[1] Der Cash-Flow in Periode t beträgt

$$\pi(K_t) = \max_{L}\{F(K_t, L_t^D) - w_t L_t^D\}, \quad \pi'(K) > 0 > \pi''(K). \tag{XI.1}$$

Die Unternehmen dehnen die Arbeitsnachfrage aus, bis nach der BEO $F_L(K, L^D) = w$ das Grenzprodukt der Arbeit gleich dem Marktlohn ist. Das Arbeitsangebot sei exogen auf L fixiert. Der Wettbewerb auf dem Arbeitsmarkt bestimmt einen gleichgewichtigen Lohn, der die Arbeitsnachfrage dem Angebot angleicht, $L^D = L$. Einsetzen des Arbeitsangebots in die BEO ergibt den gleichgewichtigen Lohn, $F_L(K, L) = w$. Der Leser mag zeigen, dass der Cash-Flow π eine konkave Funktion des Kapitalstocks ist und dass $\pi'(K) = F_K(K, L)$.

Der Kapitalstock K_0 der ersten Periode ist als Resultat vergangener Investitionen fix vorgegeben. Mit neuen Investitionen kann der Kapitalstock und damit die Produktion in der nächsten Periode ausgedehnt werden. Dabei stehen für die Investitionsfinanzierung drei Finanzierungswege zur Verfügung: *Fremdfinanzierung* und zwei Formen der Eigenkapitalfinanzierung, nämlich *Selbstfinanzierung* mit einbehaltenen Gewinnen und *Anteilsfinanzierung*. Die Anteilsfinanzierung erfolgt durch Verkauf von neuen Unternehmensanteilen. Das Vermögen aller Anteilseigner muss sich zum gesamten Unternehmenswert V aufsummieren. Wenn es z Anteile zum Preis v gibt, dann gilt

$$V_t = z_t \cdot v_t \quad \Rightarrow \quad \Delta V_t \equiv V_{t+1} - V_t = v_{t+1} \cdot \Delta z_t + z_t \cdot \Delta v_t, \quad V_t^N \equiv v_{t+1} \cdot \Delta z_t. \tag{XI.2}$$

Die Änderung des Unternehmenswertes muss sich bei den Anteilseignern in zwei Formen niederschlagen. Entweder werden $\Delta z_t = z_{t+1} - z_t$ neue Anteile zum Preis v_{t+1} ausgegeben oder die existierenden Anteile besitzen einen höheren Wert, $\Delta v_t = v_{t+1} - v_t$. Daher steht $z_t \cdot \Delta v_t$ für die Kapitalgewinne bzw. Wertzuwächse der Alteigentümer. Mit der Ausgabe von Δz_t neuen Anteilen erzielt die Unternehmung Einnahmen von $V_t^N \equiv v_{t+1} \cdot \Delta z_t$, die für die Investitionsfinanzierung zur Verfügung stehen (Anteilsfinanzierung). Wenn hingegen Investitionen aus einbehaltenen Gewinnen finanziert werden und diese den Unternehmenswert erhöhen, dann fliesst den Alteigentümern der Ertrag in Form von Wertzuwächsen $z_t \cdot \Delta v_t = V_{t+1} - V_t - V_t^N$ zu.

Investitionen können auf drei Arten finanziert werden. Die Fremdfinanzierung erfolgt durch Neuverschuldung B^N, welche den Schuldenbestand $B_{t+1} = B_t + B_t^N$ in der nächsten Periode erhöht. Die beiden Formen der Eigenkapitalfinanzierung sind die Selbstfinanzierung mit einbehaltenen Gewinnen E und Anteilsfinanzierung V^N:

$$I_t = E_t + V_t^N + B_t^N, \quad B_{t+1} = B_t + B_t^N. \tag{XI.3}$$

---

[1]Zur Vereinfachung der Notation wird in der Folge, sofern keine Unklarheit besteht, der Zeitindex oft unterdrückt.

Der buchhalterische Gewinn G nach Abzug der Zinsen rB auf Fremdkapital wird entweder einbehalten, E, oder ausgeschüttet, D (für Dividende):

$$G_t = \pi_t - r_t B_t = E_t + D_t. \tag{XI.4}$$

XI.1.2   Unternehmenswert

Die Unternehmensanteile sind Bestandteil des privaten Finanzvermögens, welches in unterschiedliche Anlagen bzw. „Assets" investiert werden kann: Eigenkapitalanteile mit Wert V, Unternehmensanleihen B und ausländische Anleihen B^F,

$$A = V + B + B^F. \tag{XI.5}$$

Mit dem Erwerb von Beteiligungsanteilen erhält man einen Anspruch auf die Unternehmenserträge. Der Gesamtwert der z Beteiligungsanteile beträgt V. Die Alteigentümer sind solange bereit, Anteile z zu halten, als die Gesamtrendite zumindest der üblichen Kapitalmarktverzinsung entspricht. Bei gegebenem Wert V_{t+1} muss daher die Bewertung der Anteile in Periode t folgender Bedingung der *Arbitrage-Freiheit* genügen:

$$r_t = \frac{D_t + \left(V_{t+1} - V_t - V_t^N\right)}{V_t}. \tag{XI.6}$$

Der Unternehmensertrag fliesst in zwei Formen zu, nämlich mittels laufenden Dividenden D_t und Beteiligungsgewinnen $\left(V_{t+1} - V_t - V_t^N\right)$. Die rechte Seite drückt also die Gesamtrendite der Unternehmensanteile aus, die linke Seite zeigt die alternativ mögliche Rendite auf dem Kapitalmarkt, wenn der Betrag V_t in verzinslichen Anleihen investiert wird. In einer deterministischen Welt ohne Risiko muss im Kapitalmarktgleichgewicht diese Bedingung mit Gleichheit erfüllt sein, sonst würden die Haushalte nur jene Anlage halten wollen, welche die höchste Rendite erzielt. Bei gegebenen Erwartungen über den zukünftigen Unternehmenswert V_{t+1} werden die Anleger das Unternehmen heute mit V_t bewerten, so dass der Gesamtertrag gerade den Opportunitätskosten $r_t V_t$ entspricht. Die Opportunitätskosten entsprechen der Verzinsung, die bei Investition des Betrags V_t auf dem Kapitalmarkt erzielbar gewesen wäre. Arbitragefreiheit muss in allen Perioden gelten. Damit können wir aus (XI.6) den Unternehmenswert wie folgt ermitteln: Mit $R = 1 + r$ folgt aus (XI.6) $R_0 V_0 = D_0 - V_0^N + V_1$ und $R_1 V_1 = D_1 - V_1^N + V_2$. Im Zwei-Perioden-Modell endet die ökonomische Aktivität mit dem Ende der Periode 1. Ein positives Vermögen kann keinen weiteren Nutzen stiften, weil danach kein Konsum mehr möglich ist. Daher sinkt der Unternehmenswert am Ende der ersten bzw. zu Beginn der zweiten Periode auf Null. Wir berücksichtigen diese „Endbedingung" $V_2 = 0$, setzen V_1 von der zweiten in die erste Gleichung ein und erhalten damit

$$R_0 V_0 = \left(D_0 - V_0^N\right) + \left(D_1 - V_1^N\right)/R_1, \quad R_t \equiv 1 + r_t. \tag{XI.7}$$

Der Unternehmenswert am Ende der Periode 0 ist gleich dem Barwert der Nettoauszahlungen $D_t - V_t^N$.[2] Indem die Investoren neue Anteile erwerben, führen sie den

---

[2]Der Wert beträgt V_0 zu Beginn der Periode und wächst durch Verzinsung zu einem Wert $R_0 V_0$ am Ende der Periode an.

Unternehmen zusätzliche Mittel zu. Die Nettoauszahlung ist die Differenz zwischen den erhaltenen Dividendenzahlungen und dem Wert der neu erworbenen Anteile.

Wir unterstellen, dass die Eigentümer ihre finanziellen Interessen im Unternehmen durchsetzen können. Von speziellen Problemen der Unternehmenskontrolle (Corporate Governance), wie sie sich aus unvollständiger Information über die Aktionen von Managern ergeben können, abstrahieren wir in diesem Kapitel. Mit anderen Worten unterstellen wir vollkommene Information der Eigentümer über die Unternehmung, so dass die Manager auf die Ertragsziele der Eigentümer verpflichtet und Interessenkonflikte leicht verhindert werden können.[3] Die Investitionspolitik eines Unternehmens muss dann an der Maximierung des Vermögens der Anteilseigner orientiert sein („Shareholder Value"), da ein maximales Vermögen den Eigentümerhaushalten die grössten Konsummöglichkeiten sichert. Die Wertmaximierung als Zielfunktion der Unternehmen begründen wir auf einfache Weise, indem wir aus den periodischen Budgetidentitäten die intertemporale Budgetbeschränkung der Eigentümerhaushalte ableiten. Die Haushalte seien am Beginn der Periode 0 mit einem Finanzvermögen A_0 ausgestattet, welches ihnen eine Rückzahlung einschliesslich Zins von $R_0 A_0$ sichert. Das Lohneinkommen sei w_0 und das Arbeitsangebot konstant gleich 1. Die Konsumwahl bestimmt das am Ende der Periode akkumulierte Vermögen A_1,[4]

$$C_0 = w_0 + R_0 A_0 - A_1, \quad C_1 = w_1 + R_1 A_1. \tag{XI.8}$$

Indem wir A_1 eliminieren, erhalten wir die intertemporale Budgetbeschränkung

$$C_0 + C_1/R_1 = R_0 A_0 + w_0 + w_1/R_1. \tag{XI.9}$$

Nach (XI.5) ist der Unternehmenswert V Bestandteil des gesamten Finanzvermögens A. Die Maximierung des Unternehmenswertes sichert also die grössten Konsummöglichkeiten und damit die grösste Wohlfahrt.

XI.1.3 Investition bei Selbstfinanzierung

Zunächst betrachten wir die Investitionsentscheidung bei vollständiger Selbstfinanzierung. Indem wir Anteils- und Fremdfinanzierung ausschalten, setzen wir B_t, B_t^N und V_t^N gleich Null. Mit $I_t = E_t$ erhalten wir in unserem einfachen Modell aus (XI.3) und (XI.4) eine Ausschüttung (Dividende) von $D_t = G_t - E_t = \pi(K_t) - I_t$. Wenn wir von Abschreibungen absehen, dann erhöhen Investitionen den Kapitalstock in der nächsten Periode um

$$K_{t+1} = I_t + K_t, \quad K_2 = 0. \tag{XI.10}$$

Am Beginn der Periode 0 gibt es eine exogene Anfangsausstattung K_0. Nachdem es in Periode 2 keine weiteren Aktivitäten gibt, wäre es eine Verschwendung, wenn am

---

[3] Kapitel XVI und XVII werden auf die Interessenkonflikte zwischen Kapitalgebern und der Unternehmensleitung näher eingehen.

[4] Das Finanzvermögen wächst mit $\Delta A_t = A_{t+1} - A_t = r_t A_t + w_t - C_t$. Man merke sich, dass das Finanzvermögen A auch den Unternehmenswert V enthält und der Ertrag von V teilweise als nicht realisierter Kapitalgewinn zufliesst. Indem wir (XI.5) und (XI.6) in ΔA_t einsetzen, erhalten wir die Ersparnisse als realisierten Zahlungsstrom $S_t^H \equiv \Delta B_t + \Delta B_t^F + V_t^N = r_t (B_t + B_t^F) + D_t + w_t - C_t$.

Ende der Periode 1 noch ein ungenutzter Kapitalstock übrig bliebe. In einer Zwei-Perioden-Welt lautet die Endbedingung $K_2 = 0$, so dass in Periode 1 der gesamte Kapitalstock desinvestiert wird, $I_1 = -K_1$. Die Ausschüttung beträgt $D_1 = \pi_1 - I_1 = \pi(K_1) + K_1$. Das Investitionsproblem ist nun ein Spezialfall von (XI.7) und lautet max $D_0 + D_1/R_1$ bzw.

$$\max_{I_0}(\pi_0 - I_0) + \frac{\pi(K_1) + K_1}{R_1}, \quad K_1 = I_0 + K_0. \qquad (XI.11)$$

Die optimale Investition folgt aus der BEO,

$$1 = \frac{\pi'(K_1) + 1}{1 + r_1} \quad \Leftrightarrow \quad \pi'(K_1) = r_1. \qquad (XI.12)$$

Die erste Schreibweise der BEO spiegelt die Barwertmethode der Investitionsrechnung wider. Nachdem der (Kapital-)Güterpreis auf 1 normiert ist, betragen die Anschaffungskosten für eine zusätzliche Kapitaleinheit auch 1. Bei Selbstfinanzierung erfordert die Investition einen Dividendenverzicht des Eigentümers heute und einen Aufschub der Dividendenzahlung auf morgen. Ausserdem wird durch den höheren Kapitalstock der Cash-Flow gestärkt, so dass die Dividende morgen um $1 + \pi'(K_1)$ zunimmt. Diese vermehrte Ausschüttung wird auf heute abgezinst. Die marginale Investition erzielt also einen Barwert von Grenzerträgen gleich den Grenzkosten bzw. Anschaffungskosten heute. Die zweite Version der BEO folgt aus einer einfachen Umformung und vergleicht die Rendite π' der Kapitalinvestition mit den Opportunitätskosten r_1. Wenn der Eigentümer auf 1 Euro Dividende verzichtet und durch das Unternehmen investieren lässt, wirft diese selbstfinanzierte Investition einen Ertrag π' ab. Alternativ hätte er auf die Dividende bestehen können und diesen Euro selber auf dem Kapitalmarkt zu einem Zins von r_1 anlegen können. Die selbstfinanzierte Investition ist nur dann rentabel, wenn der Investitionsertrag $\pi'(K_1)$ zumindest die Eigenkapitalkosten gleich den Opportunitätskosten r_1 erwirtschaftet. Diese letzte Bedingung wird in Abbildung XI.1 veranschaulicht.

Nach (XI.1) ist $\pi'(K_1)$ eine fallende Funktion des Kapitaleinsatzes. Bei jedem Zinssatz lesen wir also von der Grenzertragskurve den optimalen Kapitaleinsatz K_1 bzw. die Investition $I_0 = K_1 - K_0$ ab. Je höher der Zins, desto geringer die Investition.

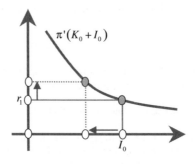

Abbildung XI.1: Optimale Investition

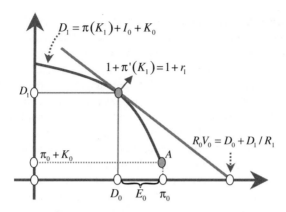

Abbildung XI.2: Investition und Unternehmenswert

Abbildung XI.2 verdeutlicht für den Fall der Selbstfinanzierung ($I = E$) die optimale Investition in einer Darstellung, welche die Folgen der Investitionspolitik für die Unternehmenswerte betont. Auf den Achsen werden die Dividendenzahlungen abgetragen, $D_0 = \pi_0 - I_0$ und $D_1 = \pi(K_1) + I_0 + K_0$. Der Ausstattungspunkt A bezeichnet die Dividendenströme, die ohne Investition möglich sind. Jede Investition bedeutet einen Verzicht auf Ausschüttung zugunsten einer grösseren Dividende morgen. Die Investition erhöht den künftigen Kapitalstock und steigert den Cash-Flow, aber mit einer abnehmenden Rate, $\pi'(K_1) > 0 > \pi''(K_1)$. Daher entspricht die zukünftige Dividende der konkaven Kurve, ausgehend von A. Die gerade Linie mit der Steigung $R_1 = 1 + r_1$ gibt alle Kombinationen von Dividenden an, welche den gleichen Unternehmenswert ergeben. Je mehr die Gerade nach aussen verschoben wird, desto höher ist der Unternehmenswert. Der Tangentialpunkt zeigt jene Investition I_0 und den notwendigen Umfang der Gewinneinbehaltung (Thesaurierung) E_0, welche den Unternehmenswert als Barwert der Ausschüttungen maximieren.

XI.1.4 Finanzierungsneutralität ohne Steuern

Ohne Steuern gilt auf einem perfekten Kapitalmarkt (mit vollständiger Information der Eigentümer bzw. Kapitalgeber über die Unternehmung) eine grundlegende Finanzierungsneutralität (Modigliani-Miller-Theorem).[5] Neutralität bedeutet, dass die Wahl des Finanzierungsweges für reale Investitionsentscheidungen irrelevant bleibt. Die Investitionsneigung hängt nicht davon ab, ob eine Unternehmung auf Eigen- oder Fremdkapital bzw. auf Innen- oder Aussenfinanzierung angewiesen ist. Für alle alternativen Finanzierungsarten folgt stets die gleiche Investitionsregel. Zum Beweis

---

[5]Unvollständige Information der Kapitalgeber eröffnet den Managern hingegen einen Handlungsspielraum für eigennütziges Verhalten, welches leicht in Konflikt zu den Ertragsansprüchen der Kapitalgeber geraten kann. In dieser Situation kann die Kapitalstruktur die Anreize der Manager und damit den Unternehmenserfolg beeinflussen und ist nicht mehr neutral. Siehe z. B. Tirole (2001) zur Unternehmenskontrolle bei unvollständiger Information.

zeigen wir zunächst, dass bei Anteilsfinanzierung dieselbe Investitionsregel $\pi'(K_1) = r_1$ optimal ist, wie sie in (XI.12) für den Fall der Selbstfinanzierung ermittelt wurde. Dazu schliessen wir wie vorhin die Fremdfinanzierung aus, $B_t^N = B_t = 0$. Bei voller Anteilsfinanzierung wird der gesamte Gewinn ausgeschüttet, d.h. $E = 0$ und $D = \pi$ in (XI.4), während die Investitionsmittel durch Ausgabe neuer Anteile aufgebracht werden, d.h. $I = V^N$ in (XI.3). Die Anteilsfinanzierung entspricht also einer „Schütt-aus-hol-zurück"-Politik. Indem wir $D = \pi$ und $I = V^N$ in den Unternehmenswert in (XI.7) einsetzen und die Endbedingung $K_2 = I_1 + K_1 = 0$ berücksichtigen, wird ersichtlich, dass die Wahl der Anteilsfinanzierung exakt zur selben Zielfunktion in (XI.11) führt, die auch für den Fall der Selbstfinanzierung hergeleitet wurde. Damit bleibt die Investitionsfunktion in (XI.12) unverändert, so dass Selbst- und Anteilsfinanzierung ohne Besteuerung äquivalent sind. Der Leser mag in einer separaten Übung zeigen, dass auch eine vollständige Fremdfinanzierung zu keiner anderen Investitionsentscheidung führt.

XI.1.5 Gesamtwirtschaftliches Gleichgewicht

In der Darstellung des gesamtwirtschaftlichen Gleichgewichts beschränken wir uns wieder auf den Fall der Selbstfinanzierung mit $I_t = E_t$, wobei B_t, B_t^N und V_t^N alle auf Null gesetzt werden. Damit betragen nach (XI.4) die Ausschüttungen $D_t = \pi_t - I_t$.[6] Eine einfache Umformung von (XI.1) zeigt, dass (bei linearhomogener Technologie) die Faktorzahlungen den Produktionserlös ausschöpfen. Im Gleichgewicht mit einem fixen Arbeitsangebot von 1 folgt $\pi_t + w_t = F_t = F(K_t, 1)$. Die Dividendengleichung ergibt damit ein Einkommen $D_t + w_t = F_t - I_t$, wie es an die Haushalte nach Innenfinanzierung der Investition ausbezahlt wird. Damit kann das Investitionsgleichgewicht in Abbildung XI.2 äquivalent als Produktionsgleichgewicht wie in Abbildung XI.3 dargestellt werden, welches die gesamten Einkommen (Löhne und Kapitaleinkommen, $w_t + D_t$) erklärt. Abbildung XI.3 listet auf der horizontalen Achse die empfangenen Einkommen $F_0 - I_0$ sowie den Konsum in Periode 0 auf, während die vertikale Achse Einkommen und Konsum in Periode 1 angibt.

Die optimale Investition maximiert den Barwert der Einkommen und damit den Barwert des Konsums der Volkswirtschaft, der durch den Schnittpunkt der Budgetlinie mit der horizontalen Achse angegeben ist.[7] Die Tangentialbedingung ist identisch mit jener von Abbildung XI.2, da $\pi'(K_1) = F_K(K_1, 1)$ gilt, wie die Diskussion von (XI.1) gezeigt hat. Damit wird klar, dass die optimale Investition die Konsummöglichkeiten maximiert. Wenn I_0 investiert wird, steht vom Bruttonationalprodukt F_0 nur

---

[6]Im allgemeinen Fall werden alle drei Finanzierungsarten verwendet, so dass mit $E_t = I_t - V_t^N - B_t^N$ nach (XI.3) die Ausschüttungen gemäss (XI.4) $D_t = \pi_t + V_t^N + B_t^N - I_t$ betragen.

[7]Den Barwert erhalten wir aus der intertemporalen Budgetbeschränkung in (XI.9). Da wir von Fremd- und Anteilsfinanzierung abstrahieren (B, B^N, V^N sind Null), sind Vermögen der Haushalte und Unternehmenswert in (XI.5) und (XI.7) gleich $A = V + B^F$ und $R_0 V_0 = D_0 + D_1/R_1$. Einsetzen in (XI.9) ergibt die intertemporale Budgetbeschränkung der Volkswirtschaft,

$$C_0 + \frac{C_1}{R_1} = R_0 B_0^F + (w_0 + D_0) + \frac{w_1 + D_1}{R_1} = R_0 B_0^F + (F_0 - I_0) + \frac{F(K_1, 1) + K_1}{R_1}.$$

In Abbildung XI.3 setzen wir der Einfachheit halber die Auslandsverschuldung auf Null, $B_0^F = 0$.

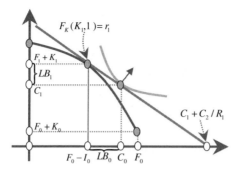

Abbildung XI.3: Leistungsbilanz

mehr $F_0 - I_0$ aus inländischen Einkommen zur Verfügung. So wie die Indifferenzkurve eingezeichnet ist, wählen die Haushalte ein höheres Konsumniveau, welches sie dann durch Verschuldung im Ausland (Leistungsbilanzdefizit $LB = F_0 - I_0 - C_0 < 0$) finanzieren müssen. In der Zukunft muss allerdings die Schuld zurückgezahlt werden, so dass der Konsum geringer als das heimische Einkommen ist und ein Leistungsbilanzüberschuss (gleich $F_1 + K_1 - C_1$) erzielt werden muss.

XI.2 Besteuerung und Investition

XI.2.1 Gewinnsteuer auf Unternehmensebene

Wir betrachten eine einfache Gewinnsteuer, die auf Unternehmensebene erhoben wird und einbehaltene und ausgeschüttete Gewinne einheitlich besteuert: $(1 - \tau)\pi_0 = E_0 + D_0$. Bei Kapitalgesellschaften entspräche dies der KÖST (bzw. der Gewinnsteuer in der Schweiz), bei Personenunternehmen der persönlichen EKST des Unternehmers. Die Steuer reduziert den Cash-Flow, der nach Steuer noch für Thesaurierung und Ausschüttung verfügbar ist. Da sie nicht zwischen Ausschüttung und Einbehaltung diskriminiert, kommt der Unterscheidung zwischen Eigenkapitalfinanzierung durch Thesaurierung oder durch Anteilsfinanzierung von aussen keine besondere Bedeutung zu. Wir beschränken uns in diesem Abschnitt auf den Fall der Selbstfinanzierung, $E = I$, und blenden Anteils- und Fremdfinanzierung aus der Betrachtung aus (V^N, B und B^N sind alle Null). Ausserdem seien zunächst Investitionsausgaben von der Steuer nicht absetzbar. Die Ausschüttungen betragen daher (vgl. XI.3 und XI.4)

$$D_t = (1 - \tau)\pi_t - I_t, \quad K_{t+1} = I_t + K_t. \tag{XI.13}$$

In einer Ökonomie mit zwei Perioden darf am Ende der zweiten Periode kein Vermögen mehr übrig bleiben. Als Endbedingung gilt daher $K_2 = I_1 + K_1 = 0$. In der letzten Periode wird der bis dahin akkumulierte Kapitalstock vollkommen desinvestiert und der entstehende Gewinn ausgeschüttet und dem Konsum zugeführt, d. h. $I_1 = -K_1$.

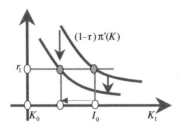

Abbildung XI.4: Besteuerung und Investition

Die Investitionspolitik folgt aus der Maximierung des Unternehmenswertes,

$$\max_{I_0} D_0 + \frac{D_1}{R_1} = (1-\tau)\pi_0 - I_0 + \frac{(1-\tau)\pi(K_1) + I_0 + K_0}{R_1}. \tag{XI.14}$$

Der Kapitalstock K_0 zu Beginn der ersten Periode ist das Resultat vergangener Investitionen und historisch vorgegeben. Aus der BEO folgt die Investitionsfunktion

$$(1-\tau)\pi'(K_1) = r_1 \quad \Rightarrow \quad \frac{\mathrm{d}I_0}{\mathrm{d}\tau} = \frac{\mathrm{d}K_1}{\mathrm{d}\tau} = \frac{\pi'}{(1-\tau)\pi''} < 0. \tag{XI.15}$$

Die BEO kann als $\pi'(K_1) = r_1/(1-\tau)$ geschrieben werden. Dies zeigt, welche Bruttorendite π'_1 die Unternehmen vor Steuern erzielen müssen, damit sie dem Kapitalgeber eine marktübliche Nettorendite r_1 sichern können. Die notwendige Bruttorendite vor Steuern entspricht den *Kapitalnutzungskosten* $r_1/(1-\tau)$. Das Differential der BEO, $(1-\tau)\pi''(K_1)\mathrm{d}K_1 - \pi'(K_1)\mathrm{d}\tau = 0$, mit $\pi' > 0 > \pi''$, bestimmt die Ableitung der Investitionsfunktion. Abbildung XI.4 veranschaulicht die Wirkung der Steuer auf die Investitionsneigung.

XI.2.2   Mehrbelastung

Das Vermögen des Haushaltssektors besteht aus dem Barwert der Kapital- und Lohneinkommen, die für den privaten Konsum zur Verfügung stehen. Nachdem der relative Preis $1/R_1$ exogen gegeben ist, fällt die Wohlfahrtseinbusse mit der Reduktion des Haushaltsvermögens in (XI.9) zusammen. Der Einfachheit halber abstrahieren wir von verzinslichen Anlagen ($B = B^F = 0$), so dass das Finanzvermögen der Haushalte gleich dem Unternehmenswert ist, $R_0 A_0 = R_0 V_0 = D_0 + D_1/R_1$. Dazu kommt der Barwert der Lohneinkommen. Die Minderung des Haushaltsvermögens als Folge der Besteuerung wäre die äquivalente Variation als Mass für die private Wohlfahrtseinbusse, welche aber die Verwendung des Steueraufkommens noch nicht berücksichtigt. Die Gewinnsteuer mindert die Nettoauszahlungen an die Anteilseigner und damit ihr Vermögen V_0. Diese Einkommenseinbussen sind für die Gesellschaft nicht endgültig verloren, denn die Steuereinnahmen können für andere Zwecke verwendet werden. Der Barwert der Steuerzahlungen beträgt $\bar{T}_0 = \tau\pi_0 + \tau\pi(K_1)/R_1$. Indem wir den Steuerbarwert zum privaten Vermögen in (XI.9) dazuzählen, ergibt sich das gesamtwirtschaftliche Vermögen $\bar{W}_0 = R_0 V_0 + \bar{T}_0 + w_0 + w_1/R_1$. Wir setzen den Steuerbarwert und den Unternehmenswert (XI.14) ein und berücksichtigen gemäss

(XI.1), dass die Summe aus Cash-Flow und Lohnzahlung gleich dem Output Y_t ist, $\pi_t + w_t = Y_t$ mit $Y_t = F(K_t, 1)$. Es folgt

$$\bar{W}_0 = Y_0 - I_0 + \frac{F(K_1, 1) + K_1}{R_1}, \quad K_1 = I_0 + K_0. \qquad (\text{XI}.16)$$

Wenn mit zunehmendem Steuersatz das private Vermögen in (XI.9) stärker sinkt als das „staatliche Vermögen" T_0 steigt und damit das konsolidierte Vermögen abnimmt, dann entspricht dies einer Zunahme der Mehrbelastung.[8] Man beachte, dass der Steuersatz in (XI.16) nur über den Einfluss auf die Investition wirkt, $dK_1 = dI_0$. Mit $F_K = \pi'$ nach (XI.1) ergibt die Ableitung von (XI.16)

$$\frac{dDWL}{d\tau} = -\frac{d\bar{W}_0}{d\tau} = -\frac{\pi_1' - r_1}{R_1} \frac{dK_1}{d\tau} = \frac{\tau}{1 - \tau} \frac{\pi_1' K_1}{R_1} \cdot \varepsilon, \quad \varepsilon \equiv \frac{1 - \tau}{K_1} \frac{dK_1}{d(1 - \tau)}. \qquad (\text{XI}.17)$$

Die Besteuerung treibt einen Keil $\pi_1' - r_1$ zwischen die Bruttoertragsrate π_1' vor Steuer (marginaler Cash-Flow, Grenzprodukt des Kapitals) und Kapitalmarktzins r_1. Das private Investitionskalkül spiegelt diesen Keil wider. Die letzte Gleichung folgt, wenn man $\pi_1' - r_1 = \tau \pi_1'$ aus (XI.15) einsetzt, $dK_1/d(1 - \tau) = -dK_1/d\tau$ schreibt und die Elastizität der Kapitalnachfrage ε verwendet.

Man merke sich, dass die Besteuerung des alten Kapitals K_0 keine Mehrbelastung verursacht. Dieses ist historisch akkumuliert und in Periode 0 unveränderlich. Die Besteuerung von π_0 verteilt zwischen Unternehmen und Staat um, ohne dass damit eine Ausweichreaktion und ein Verlust an Steueraufkommen verbunden wäre. Die Besteuerung des neu investierten Kapitals $K_1 = I_0 + K_0$ ist hingegen kostspielig. Die Gewinnsteuer hemmt die Investitionstätigkeit, $dK_1/d\tau < 0$, so dass in der nächsten Periode nur mehr ein geringerer Kapitalstock K_1 zur Verfügung steht und der Cash-Flow um $\pi'(K_1)$ pro Kapitaleinheit fällt. Die Aushöhlung der Bemessungsgrundlage aufgrund des Ausweichverhaltens führt zu Steuerausfällen von $\tau \pi'(K_1)$ pro nicht investierter Kapitaleinheit. In diesem Ausmass kommt es zu einer Mehrbelastung bzw. einem Nettoverlust für die Gesellschaft, weil das Steueraufkommen um weniger zunimmt, als die privaten Einkommen (Dividenden und Löhne) fallen. Je höher die Kapitalnachfrageelastizität ist, desto stärker ist die Steuerausweichung, und desto mehr nimmt die Mehrbelastung zu. Die Mehrbelastung kann vernachlässigt werden, wenn der Steuersatz in der Ausgangssituation sehr klein ist ($DWL \to 0$ für $\tau \to 0$). Je höher der Ausgangssteuersatz τ ist, desto grösser ist aber die Mehrbelastung bei einer weiteren Anhebung auf $\tau + d\tau$.

Abbildung XI.5 veranschaulicht die Mehrbelastung der Gewinnsteuer graphisch. Vor Steuer gibt der Ausstattungspunkt A die Dividenden $D_0 = \pi_0$ und $D_1 = \pi_0 + K_0$ an, die ohne Investition erzielt werden können. Jede innenfinanzierte Investition senkt

---

[8]Es sei Ω^0 das private Vermögen ohne und Ω^1 mit Steuern sowie T^1 das Steuervermögen, wobei der obere Index die Situation vor und nach einer Steuererhöhung bezeichnet. Dann wäre in Analogie zu vorausgehenden Kapiteln die äquivalente Variation $EV = \Omega^0 - \Omega^1$ und die Mehrbelastung $DWL = \Omega^0 - \Omega^1 - T^1$. Das gesamtwirtschaftliche Vermögen beträgt $\bar{W}^1 = \Omega^1 + T^1$. Die Zunahme der Mehrbelastung nach einer Anhebung des Steuersatzes entspricht der Reduktion des konsolidierten Vermögens, $dDWL/d\tau = -d\bar{W}^1/d\tau$.

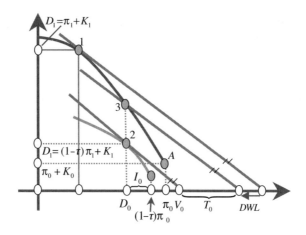

Abbildung XI.5: Mehrbelastung

die Ausschüttung heute und erhöht sie morgen, wobei jede weitere Investition wegen abnehmender Kapitalproduktivität einen immer geringeren zukünftigen Dividendenzugewinn ergibt. Die Transformationskurve durch die Punkte A, 3 und 1 ist daher konkav. Die parallelen Linien mit der Steigung R_1 geben alle Kombinationen von Dividendenzahlungen mit dem jeweils gleichen Barwert an. Eine weiter aussen liegende Linie entspricht einem höheren Unternehmenswert (Barwert von Dividenden). Punkt 1 gibt jene Dividenden- und Investitionspolitik an, welche den Unternehmenswert maximiert. Die Gewinnsteuer verschiebt den Ausstattungspunkt A nach links unten und neigt die Transformationskurve nach innen. Nach Steuer ist also eine Ausschüttungspolitik wie im Punkt 2 optimal. In Periode 1 beträgt die Nettodividende $(1 - \tau)\pi(K_1) + K_1$, während bei derselben Investition und Ausschüttung heute die Bruttodividende $\pi(K_1) + K_1$ beträgt, siehe Punkt 3. Der vertikale Abstand 2–3 zeigt die Steuerzahlung $\tau\pi(K_1)$ in Periode 1 an. Bei der Investitions- und Dividendenpolitik, wie sie im Punkt 2 festgelegt ist, verläuft durch Punkt 3 eine Linie, die auf der horizontalen Achse den Barwert der Bruttodividenden angibt. Dieser Barwert ist geringer als der Unternehmenswert ohne Besteuerung (Tangente an Punkt 1). Der Unterschiedsbetrag ist die Mehrbelastung.

Die marginale Mehrbelastung, also die zusätzliche Mehrbelastung pro zusätzlichem Euro an Steueraufkommen, bestimmt die Grenzkosten der Staatstätigkeit. Um dieses Mass zu ermitteln, ist anzugeben, um wieviel eine marginale Erhöhung des Gewinnsteuersatzes den Barwert $\bar{T}_0 = \tau\pi_0 + \tau\pi(K_1)/R_1$ des Steueraufkommens zu erhöhen vermag:

$$\frac{d\bar{T}_0}{d\tau} = \pi_0 + \frac{\pi_1}{R_1} + \frac{\tau\pi_1'}{R_1}\frac{dK_1}{d\tau} = \pi_0 + \left[1 - \frac{\tau}{1-\tau}\varepsilon\right]\frac{\pi_1'K_1}{R_1}. \qquad (XI.18)$$

Der letzte Term wendet dieselben Umformungen wie in (XI.17) an. Der zweite Term benutzt $\pi_1 = \pi_1'K_1$. Diese Beziehung folgt aus $\pi_1' = F_K$ gemäss (XI.1). Indem man mit K_1 multipliziert und die Linearhomogenität der Produktionsfunktion berücksichtigt, ergibt sich $\pi_1' K_1 = K_1 F_K = F(K_1, 1) - w_1 = \pi_1$ Die letzte Gleichung benützt die Definition des Cash-Flows in (XI.1). Die marginale Mehrbelastung ist die Zunahme der Mehrbelastung in (XI.17), dividiert durch die Zunahme des Steueraufkommens in (XI.18),

$$MDWL = \frac{\mathrm{d}DWL}{\mathrm{d}\bar{T}_0} = \frac{\frac{\tau}{1-\tau}\varepsilon}{\pi_0 \frac{R_1}{\pi_1' K_1} + 1 - \frac{\tau}{1-\tau}\varepsilon}. \qquad (XI.19)$$

Das alte, in der Vergangenheit investierte Kapital K_0 ist historisch fixiert. Eine Besteuerung des Altkapitals kann scheinbar ohne Mehrbelastung erfolgen, weil im Nachhinein keine Ausweichreaktion mehr möglich ist. Eine höhere Besteuerung des alten Kapitalstocks liefert in (XI.18) ein zusätzliches Aufkommen von π_0, ohne dass die Mehrbelastung in (XI.17) zunehmen würde. Insofern eine Besteuerung des Altkapitals möglich ist, kann also die marginale Mehrbelastung der Gewinnsteuer gering gehalten werden, weil die Masszahl in (XI.19) durch den Term π_0 im Nenner reduziert wird. Dies suggeriert eine Politik, wonach die Erträge des alten Kapitals K_0 hoch und die Erträge des neu investierten Kapitals K_1 dagegen nur gering besteuert werden sollten. Die geringe Besteuerung des neuen Kapitals soll die Investitionsanreize erhalten. Allerdings würde sich der Staat bei dieser Vorgehensweise ein Glaubwürdigkeitsproblem einhandeln. Wenn die Zukunft zur Gegenwart wird, dann ist das neue Kapital bereits investiert und wird zu altem Kapital. Wenn also die nächste Periode tatsächlich da ist, dann wäre es für die Regierung optimal, ihre angekündigte Steuerpolitik nach der Regel „altes Kapital hoch besteuern" zu revidieren. Dies bedeutet, dass vorausschauende Investoren die Ankündigungen auf künftig niedrige Steuern auf Kapitaleinkommen nicht glauben können, wenn die Regierung tatsächlich das alte Kapital heute hoch besteuert. Dieses Problem ist unter dem Begriff der *Zeitinkonsistenz* der Wirtschaftspolitik bekannt (vgl. dazu Fischer, 1980).

Wenn wir von einer Besteuerung des Altkapitals absehen, dann fällt der Term mit π_0 weg, und es folgt die übliche Formel $MDWL = \frac{\tau}{1-\tau}\varepsilon / \left(1 - \frac{\tau}{1-\tau}\varepsilon\right)$, wie in Gleichung (III.17). Die marginale Mehrbelastung ist umso höher, je höher der Steuersatz und die Nachfrageelastizität des Kapitals sind. Nach Hassett und Hubbard (2002, S. 325) schätzt die ökonometrische Literatur die Nachfrageelastizität des Kapitals zwischen 0.5 und 1. Ein Wert von $\varepsilon = 1$ bedeutet, dass die Kapitalnachfrage längerfristig um 1% zurückgeht, wenn beispielsweise wegen einer Erhöhung der Gewinnsteuer die Kapitalnutzungskosten (hier $r_1/(1 - \tau)$) um 1% ansteigen. Die Elastizität der Kapitalnachfrage liegt damit deutlich höher als die in (III.17) verwendete kompensierte Arbeitsangebotselastizität. Die Besteuerung der Gewinne wird also im Durchschnitt eine deutlich höhere Mehrbelastung verursachen wie die Besteuerung der Arbeitseinkommen. Aus diesem Grund fordern Ökonomen häufig, im Rahmen einer *dualen EKST* die Kapitaleinkommen mit einem separaten, geringeren Steuersatz zu belasten als die Arbeitseinkommen.

XI.2.3 Steuerbegünstigungen

In der Realität der Kapitaleinkommensbesteuerung sind in der Bemessungsgrundlage eine Reihe von Investitionsbegünstigungen angelegt. Diese reichen von den günstige-

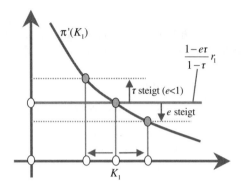

Abbildung XI.6: Besteuerung und Investition

ren steuerlichen Abschreibungsregelungen bis zu direkten Investitionsprämien. Wir berücksichtigen dies, indem wir einen Teil der Investitionsausgaben abzugsfähig machen. Die Steuerschuld in Periode 0 beträgt dann $\tau(\pi_0 - eI_0)$ und ähnlich in Periode 1. Wir berechnen die Nettodividende als $D_0 = \pi_0 - I_0 - \tau(\pi_0 - eI_0)$ bzw.

$$D_0 = (1 - \tau)\pi_0 - (1 - \tau e)I_0, \quad D_1 = (1 - \tau)\pi(K_1) + (1 - \tau e)(K_0 + I_0),$$
$$(XI.20)$$

wobei wir die Endbedingung $K_2 = 0$ verwendet haben, so dass $K_1 = -I_1$. Die Maximierung des Unternehmenswertes $D_0 + D_1/R_1$ ergibt die Barwertmethode der Investitionsrechnung als BEO:

$$\frac{(1 - \tau)\pi'(K_1) + (1 - e\tau)}{1 + r_1} = 1 - e\tau \quad \Rightarrow \quad \pi'(K_1) = \frac{1 - e\tau}{1 - \tau} \cdot r_1. \quad (XI.21)$$

Die zweite Gleichung zeigt, welche Bruttoertragsrate π_1' vor Steuer erzielt werden muss, damit nach Steuer eine Rendite gleich dem Kapitalmarktzins r_1 erzielt wird. Nachdem π_1' gleich dem Grenzprodukt des Kapitals ist, ergibt sich die Lösung wie in Abbildung XI.6. Die rechte Seite des Investitionskalküls in (XI.21) gibt die *Kapitalnutzungskosten* an und ist als horizontale Linie eingezeichnet, die sich nach unten verschiebt, wenn der absetzbare Anteil e erhöht wird. Die Investitionen nehmen zu, da die Begünstigung e die effektiven Anschaffungskosten mindert, aber den Investitionsertrag nicht beeinträchtigt. Dies steigert die Investitionsrentabilität. Wir sehen aber auch, dass bei voller Absetzbarkeit ($e = 1$) der Steuersatz wirkungslos bleibt.

Bei entsprechend umfangreichen Investitionsbegünstigungen kann es zu einem *Steuerparadoxon* kommen, wonach die Erhöhung des Steuersatzes die Investitionen sogar fördert. Um diese Möglichkeit auch formal deutlich zu machen, bilden wir zunächst das totale Differential von (XI.21):

$$dK_1 = dI_0 = \frac{r_1}{(1 - \tau)\pi_1''}\left[\frac{1 - e}{1 - \tau}d\tau - \tau de\right].$$

Wie schon in Abbildung XI.6 gezeigt, folgt für die Investitionsbegünstigung $\frac{dK_1}{de} > 0$, da $\pi_1'' < 0$. Die Wirkung des Steuersatzes auf die Investition beträgt

$$\frac{dI_0}{d\tau} = \frac{(1-e)r_1}{(1-\tau)^2\pi_1''}d\tau \lesseqgtr 0 \quad \Leftrightarrow \quad e \lesseqgtr 1. \tag{XI.22}$$

Wenn die Investitionsausgaben voll absetzbar sind ($e = 1$), dann hat der Steuersatz überhaupt keine Wirkung und ist damit investitionsneutral. Die Steuer mit voller Absetzbarkeit wird als *Cash-Flow-Steuer* bezeichnet. Wie aus (XI.21) ersichtlich ist, beteiligt sich in diesem Fall der Staat wie ein stiller Teilhaber zu gleichen Teilen an den Erträgen und Kosten. Der Steuerfaktor $1 - \tau$ fällt aus (XI.21) weg, so dass die private Investitionsrechnung von der Steuer nicht mehr berührt wird. Wie im Zustand ohne Steuer erfüllt die Grenzinvestition die Bedingung $\pi'(K_1) = r_1$. Wenn allerdings die Investitionsausgaben zu mehr als 100% abzugsfähig sind ($e > 1$), dann taucht das erwähnte Steuerparadoxon auf, wonach eine Erhöhung des Steuersatzes die Investitionen fördert, $\frac{dI_0}{d\tau} > 0$. Der Grund liegt darin, dass ein höherer Steuersatz die Steuerersparnis τe pro investiertem Euro vergrössert. Dieser Vorteil schlägt bei $e > 1$ so stark zu Buche, dass die Steuer die Investitionskosten $(1 - e\tau)r_1$ stärker subventioniert, als sie den Ertrag $(1 - \tau)\pi_1'$ besteuert, so dass sich das Investitionskalkül $(1 - \tau)\pi_1' = (1 - e\tau)r_1$ verbessert. Im Fall $e < 1$ hat die Steuer die üblichen Wirkungen. Der Fall $e = 0$ ist mit der einfachen Gewinnsteuer aus Abschnitt XI.2.1 identisch.

XI.2.4 Effektiver Grenzsteuersatz

Die Wirkung der Steuer auf Investitionen hängt also nicht nur von der Höhe des Steuersatzes, sondern auch von der Ausgestaltung der Bemessungsgrundlage ab, insbesondere vom Umfang der Investitionsbegünstigungen. Dies wird bei der Beurteilung von Steuerreformen oder bei internationalen Steuerbelastungsvergleichen allzu oft übersehen. Mit dem Konzept des „effektiven Grenzsteuersatzes" können jedoch alle relevanten Bestimmungen in einem einheitlichen Indikator zusammengefasst werden, der die Investitionswirkung richtig beschreibt. Dazu benützen wir (XI.21), um im Steuerkeil $\pi_1' - r_1$ den Realzins zu ersetzen, und erhalten

$$\pi_1' - r_1 = \left[1 - \frac{1-\tau}{1-e\tau}\right]\pi_1'.$$

Der effektive Grenzsteuersatz τ^* misst, wie gross der Anteil dieses Steuerkeils an der Bruttoertragsrate π_1' ist. Eine leichte Umformung ergibt

$$\tau^* = \frac{\pi_1' - r_1}{\pi_1'} = \frac{(1-e)\tau}{1-e\tau} \quad \Rightarrow \quad (1 - \tau^*)\pi'(K_1) = r_1. \tag{XI.23}$$

Man beachte, dass die Investitionsbedingungen in (XI.21) und (XI.23) identisch sind, so dass der effektive Grenzsteuersatz τ^* die Investitionswirkung der Besteuerung vollständig beschreibt. Wir haben in (XI.22) gezeigt, dass die Cash-Flow-Steuer mit $e = 1$ investitionsneutral ist. Dann muss auch der effektive Grenzsteuersatz gleich Null sein, wovon man sich leicht anhand (XI.23) überzeugt. Für $e > 1$ wird der effektive

Grenzsteuersatz negativ und zeigt damit eine effektive Subventionierung des Kapital-einsatzes an.

Der effektive Grenzsteuersatz fasst in einem einzigen Indikator zusammen, wie die verschiedenen steuerlichen Bestimmungen einschliesslich des Steuersatzes auf den Steuerkeil zwischen Brutto- und Nettoertragsrate, π_1' und r_1, wirken. In der Reali-tät gehen neben dem Steuersatz eine ganze Reihe von steuerlichen Bestimmungen in die Berechnung des effektiven Grenzsteuersatzes ein: vorzeitige Abschreibungen, In-vestitionsprämien, besondere Investitionsbegünstigungen beispielsweise für Energie-sparen, Absetzbarkeit von Fremdfinanzierungskosten, Beihilfen für Unternehmens-gründungen (Anfangsinvestition), kumulative Steuerbelastung bei unvollständiger Integration der KÖST in die persönliche EKST usw. Wenn der effektive Grenzsteu-ersatz richtig ermittelt ist, kann sofort die Bruttoertragsrate $\pi'(K_1) = r_1/(1 - \tau^*)$ errechnet werden, die notwendig ist, damit nach Besteuerung die Investition eine Ren-dite gleich dem Kapitalmarktzins (Ertrag der alternativen Investition) erwirtschaftet. Wenn die Elastizität der Investitionsnachfrage bezüglich der Kapitalnutzungskosten bekannt ist, kann ähnlich wie in Abbildung XI.6 die Investitionswirkung auch quan-titativ berechnet werden (vgl. dazu die separaten Übungen).

XI.2.5 Besteuerung auf Personenebene

Personenunternehmen, die nicht in der Rechtsform einer Kapitalgesellschaft organi-siert sind, werden steuerlich transparent behandelt, d. h. der gesamte Gewinn wird dem Unternehmer als Einkommen zugerechnet und im Rahmen der persönlichen EKST besteuert. Die Unterscheidung zwischen einbehaltenen und ausgeschütte-ten Gewinnen ist irrelevant. Personenunternehmen sind in den Abschnitten XI.2.1 bis XI.2.4 schon vollständig behandelt. Dagegen werden bei Kapitalgesellschaften die Gewinne nicht nur auf Unternehmensebene (KÖST bzw. Gewinnsteuer), son-dern zusätzlich noch auf der persönlichen Ebene besteuert. Im *klassischen System* der Körperschaftsbesteuerung, wie z. B. in der Schweiz, kommt es zu einer ech-ten Doppelbesteuerung. In vielen Ländern gibt es jedoch spezielle Massnahmen zur Milderung der wirtschaftlichen Doppelbelastung. Eine Alternative ist das *Anrech-nungsverfahren*, indem die auf der Dividende (oder auf dem Kapitalgewinn) lastende KÖST dem Eigentümer gutgeschrieben wird, so dass die Gesamtbelastung des Ge-winns gleich dem persönlichen EKST-Satz ist. Damit kann die Doppelbelastung im Prinzip vollständig vermieden werden. Eine andere Alternative ist das *Teileinkünf-teverfahren*, welches eben nur einen Teil der ausgeschütteten Erträge besteuert. Das Teileinkünfteverfahren wird in manchen Ländern noch dadurch ergänzt, dass im Ver-gleich zu thesaurierten Gewinnen auf Ausschüttungen ein niedrigerer KÖST-Satz angewandt wird. Mit dem Teileinkünfteverfahren und einem gespaltenen KÖST-Satz kann die wirtschaftliche Doppelbelastung weitgehend, aber je nach persönlichem EKST-Satz des Investors nicht immer vollständig vermieden werden. In Deutschland wurde bis 2001 das Anrechnungsverfahren angewandt; ab 1.1.2001 wurde auf das Halbeinkünfteverfahren umgestellt, wonach die Hälfte der Dividenden bei der EKST steuerfrei bleibt. Das erste Kapitel schildert im Abschnitt I.2.2 die Besteuerung der

Gewinne auf Unternehmens- und Personenebene in den drei deutschsprachigen Ländern.

In diesem Abschnitt interessiert nur die Besteuerung auf der Personenebene, unabhängig davon, ob es eine Doppelbelastung gibt oder nicht. Der Einfachheit halber setzen wir den Gewinnsteuersatz auf Null. Es sei t^D der persönliche EKST-Satz auf Dividendenerträge und t^V der effektive Steuersatz auf Kapitalgewinne. Nach dem Reinvermögenszugangsprinzip der Einkommensbesteuerung ist das *Realisationsprinzip* massgebend, d. h. Kapitalgewinne werden erst als Einkommen gezählt, wenn sie tatsächlich realisiert werden. Zugewachsene, aber nicht realisierte Kapitalgewinne werden nicht als Einkommen erfasst. Werden die Anteile über längere Zeiträume gehalten, dann kann die Steuerschuld aufgeschoben werden, bis der Kapitalgewinn beim Verkauf realisiert wird. Dieser Aufschub entspricht einem unverzinsten Steuerkredit. Unter Berücksichtigung dieses Zinsvorteils fällt also der effektive Steuersatz deutlich geringer aus als der gesetzliche, so dass typischerweise $t^D > t^V$ gilt. Die interessante Frage ist nun, inwiefern diese Steuern tatsächlich die Investitions- und Finanzierungspolitik behindern. Zur Beantwortung dieser Frage leiten wir wie in (XI.6) den Unternehmenswert aus der Bedingung der Arbitrage-Freiheit her,

$$r_t V_t = \left(1 - t^D\right) D_t + \left(1 - t^V\right)\left(V_{t+1} - V_t - V_t^N\right). \tag{XI.24}$$

Die Steuer auf Dividenden beträgt $t^D D$ und jene auf Beteiligungsgewinne $t^V\left(\Delta V_t - V_t^N\right)$. Nach Division durch $1 - t^V$ erhalten wir

$$R_t V_t = \frac{1 - t^D}{1 - t^V} D_t - V_t^N + V_{t+1}, \quad R_t = 1 + \frac{r_t}{1 - t^V}. \tag{XI.25}$$

Wenn man den Ausdruck für $t = 0$ anschreibt, V_1 wieder durch (XI.25) ersetzt und die Endbedingung $V_2 = 0$ anwendet, erhält man ähnlich wie in (XI.7) den Unternehmenswert

$$R_0 V_0 = \left(\frac{1 - t^D}{1 - t^V} D_0 - V_0^N\right) + \frac{1}{R_1}\left(\frac{1 - t^D}{1 - t^V} D_1 - V_1^N\right). \tag{XI.26}$$

Wie die Besteuerung von Dividenden und Beteiligungsgewinnen die Investitionsanreize bestimmt, hängt sehr von der Annahme über die Finanzierung der marginalen Investition ab. Insbesondere ist in der Literatur ein Streit über die Wirkung der Dividendenbesteuerung entbrannt. Gemäss der „neuen Sicht" werden Investitionen mit einbehaltenen Gewinnen finanziert. Die Dividendensteuer wirkt sich dann überhaupt nicht auf die Investitionsanreize aus, sondern hat allenfalls Vermögenseffekte. Hingegen wirkt die Dividendensteuer gemäss der „alten Sicht" als Investitionsbremse. Nach dieser Auffassung werden Gewinne ausgeschüttet und Investitionen mit neuen Anteilen finanziert. Wir verdeutlichen nun diese unterschiedlichen Wirkungen für die beiden alternativen Arten der Investitionsfinanzierung. Eine Wahlfreiheit bezüglich der Finanzierungsart wird dabei nicht zugelassen.

XI.2.5.1 Selbstfinanzierung

Der Einfachheit halber unterdrücken wir die Gewinnsteuer auf Unternehmensebene, so dass der ganze Cash-Flow für Ausschüttung und Einbehaltung zur Verfügung steht,

$\pi_t = D_t + E_t$. Selbstfinanzierung bedeutet also $E_t = I_t$ und daher $D_t = \pi_t - I_t$. Die Anteilsfinanzierung wird per Annahme nicht genutzt, $V_t^N = 0$. Die Investitionspolitik soll den Unternehmenswert in (XI.26) maximieren,

$$\max_{I_0} \frac{1 - t^D}{1 - t^V}\left[(\pi_0 - I_0) + \frac{\pi(K_1) + I_0 + K_0}{R_1}\right], \quad R_1 = 1 + \frac{r_1}{1 - t^V}. \quad \text{(XI.27)}$$

Wie bisher wird der Kapitalstock in Periode 1 vollkommen desinvestiert, $I_0 + K_0 = K_1 = -I_1$. Die optimale Investition erfüllt die BEO

$$\frac{\pi'(K_1) + 1}{1 + r_1/(1 - t^V)} = 1 \quad \Leftrightarrow \quad (1 - t^V)\pi'(K_1) = r_1. \quad \text{(XI.28)}$$

Dies ist das zentrale Ergebnis nach der „neuen Sicht", wonach Investitionen an der Grenze selbstfinanziert sind und die Dividendensteuer die Investitionsneigung nicht beeinflusst. Sie ist wirkungslos. Der Grund liegt darin, dass eine selbstfinanzierte Investition die Ausschüttung in Periode 0 mindert und damit die effektiven Anschaffungskosten um $1 - t^D$ senkt. Der Ertrag der Investition besteht in höheren Ausschüttungen in der Folgeperiode, die ebenfalls mit dem Faktor $1 - t^D$ belastet werden. Die Dividendensteuer mindert also die zukünftigen Erträge und die Anschaffungskosten in gleicher Weise und bleibt daher ohne Wirkung auf das Investitionskalkül. Allerdings wird aus (XI.27) unmittelbar klar, dass die Steuer im Unternehmenswert kapitalisiert wird und daher die Anteilseigner ärmer macht (Vermögenseffekt).

Investitionen reduzieren die Ausschüttungen heute zugunsten höherer Ausschüttungen morgen. Diese Verlagerung des Dividendenstroms in die Zukunft bedeutet gleichzeitig, dass der Unternehmenswert morgen höher als heute ist, und geht daher mit entsprechenden Wertzuwächsen einher. Werden diese Wertzuwächse mit einer Beteiligungsgewinnsteuer belastet, dann findet eine einseitige Ertragsbesteuerung statt, ohne dass der Staat sich an den Anschaffungskosten beteiligen würde. Die Beteiligungsgewinnsteuer beeinträchtigt also ganz klar die Investitionsanreize, sofern die Investitionen selbstfinanziert sind, siehe (XI.28). Je umfassender die Besteuerung der Beteiligungsgewinne ist, desto höher fällt die effektive Grenzsteuerbelastung von selbstfinanzierten Investitionen aus.

XI.2.5.2 Anteilsfinanzierung

Gemäss der „alten Sicht" stellt die Dividendensteuer hingegen eine Investitionsbremse dar. Nach dieser Auffassung werden Gewinne ausgeschüttet und Investitionen mit neuen Anteilen finanziert. Bei der Gewinnausschüttung kommt jedoch die Last der Dividendensteuer voll zum Tragen. Anteilsfinanzierung bedeutet $I_t = V_t^N$ und $E_t = 0$ per Annahme. Der gesamte Gewinn wird ausgeschüttet, $D_t = \pi_t$. Indem wir dies in (XI.26) einsetzen, erhalten wir nun die relevante Zielfunktion im Falle der Anteilsfinanzierung,

$$\max_{I_0}\left(\frac{1 - t^D}{1 - t^V}\pi_0 - I_0\right) + \frac{1}{R_1}\left(\frac{1 - t^D}{1 - t^V}\pi(K_1) + I_0 + K_0\right), \quad R_1 = 1 + \frac{r_1}{1 - t^V}.$$
$$\text{(XI.29)}$$

Die BEO für die optimale Investition lautet

$$\frac{\frac{1-t^D}{1-t^V}\pi'(K_1) + 1}{1 + r_1/(1 - t^V)} = 1 \quad \Leftrightarrow \quad (1 - t^D)\pi'(K_1) = r_1. \tag{XI.30}$$

Zunächst sei betont, dass bei Anteilsfinanzierung tendenziell keine Kapitalgewinne entstehen, weil die durch die Investition ausgelöste Zunahme des gesamten Unternehmenswertes nur die Ausgabe neuer Anteile widerspiegelt und nicht eine Wertsteigerung existierender Anteile. Wenn den Alteigentümern der Investitionsertrag nicht als Wertsteigerung, sondern als Ausschüttung zufliesst, dann ist die Beteiligungsgewinnsteuer nicht relevant und bleibt ohne Wirkung auf das Investitionskalkül. Bedingung (XI.30) entspricht der „alten Sicht", wonach die Dividendensteuer für die Kapitalbildung unschädlich ist.

Der Vergleich von (XI.28) und (XI.30) ist auch im Hinblick auf die Messung der Grenzsteuersätze nach Finanzierungsarten interessant. Für den effektiven Grenzsteuersatz auf selbstfinanzierte Investitionen ist hauptsächlich die Beteiligungsgewinnsteuer relevant, während der Grenzsteuersatz auf anteilsfinanzierte Investitionen hauptsächlich von der Dividendensteuer abhängt. Bisher haben wir allerdings die beiden Alternativen der Eigenkapitalfinanzierung getrennt betrachtet. Im gesamtwirtschaftlichen Aggregat werden jedoch alle Finanzierungsarten gleichzeitig verwendet. Die Wahl der Finanzierungswege hat einige wichtige Implikationen für die Wirkungen der Besteuerung. Erstens sind beide Steuern gleichzeitig relevant, wenn die Unternehmen beide Finanzierungswege gleichzeitig beschreiten. Zweitens dürften die Unternehmen auf die steuerliche Diskriminierung der Dividenden gegenüber Beteiligungsgewinnen mit stärkerer Nutzung der Innenfinanzierung und Verzicht auf Anteilsfinanzierung reagieren. Tatsächlich trägt die Anteilsfinanzierung nur einen sehr kleinen Teil zur gesamtwirtschaftlichen Investitionsfinanzierung bei. Drittens ist es in der praktischen Steuerpolitik sehr schwer, eine vollständige Neutralität bezüglich der beiden Formen der Eigenkapitalfinanzierung sicherzustellen. Zwar ist die Besteuerung auf Unternehmensebene (Gewinnsteuer bzw. KÖST mit einheitlichem Satz auf ausgeschütteten und einbehaltenen Gewinnen) neutral, aber auf Personenebene ist eine Gleichbehandlung nur sehr schwer herzustellen. Selbst wenn Dividenden und Beteiligungsgewinne mit den gleichen, gesetzlichen Steuersätzen belastet werden, so ist die effektive Belastung der Beteiligungsgewinne deutlich geringer als diejenige der Dividenden. Der Grund ist, dass Beteiligungsgewinne erst bei Realisation besteuert werden und der Steuerpflichtige bei längeren Halteperioden erhebliche Zinsgewinne aus der aufgeschobenen Steuerzahlung erwirtschaften kann, während Dividenden laufend und ohne Steueraufschub besteuert werden. Eine Neutralität auf Personenebene wäre also nur erreichbar, wenn auch diese Zinsvorteile steuerlich erfasst würden, was praktisch allerdings schwierig und kompliziert sein dürfte, vgl. dazu Auerbach (1991).

XI.2.5.3 Junge und alte Unternehmen

Bezüglich der Wirkungen der Dividendenbesteuerung stehen sich zwei konträre Ansichten gegenüber. Nach der neuen Sicht hat die Dividendenbesteuerung nur Vermögenseffekte zur Folge, behindert aber die Investitionsanreize nicht, da nach dieser Ansicht die marginalen Investitionen selbstfinanziert sind. Nach der alten Sicht werden marginale Investitionen hingegen mit neuen Anteilen finanziert. In diesem Fall jedoch hemmt die Dividendensteuer die Investitionsneigung. Ausserdem wurde betont, dass die effektive Steuerbelastung von Dividenden jene von Beteiligungsgewinnen übersteigt. Die Investoren können also Steuern sparen, wenn sie für eine vollständige Selbstfinanzierung von Investitionen votieren und auf eine Ausschüttung der Gewinne verzichten. Aufgrund der geringeren Steuerbelastung genügt bereits eine geringere Ertragsrate, um die Investoren für die Opportunitätskosten des Eigenkapitals gleich einer marktüblichen Nettorendite zu entschädigen. Das Problem ist, dass nicht alle Unternehmen diesen Steuervorteil voll ausnützen können. Insbesondere bei jungen und rasch wachsenden Unternehmen übersteigt der Investitionsbedarf die eigenen Gewinne und damit ihre Selbstfinanzierungskraft. Diese Unternehmen unterliegen einer *Finanzierungsbeschränkung* und sind gezwungen, einen Teil ihrer Investitionen mittels steuerlich benachteiligter Anteilsfinanzierung auf dem Kapitalmarkt zu finanzieren. Die Besteuerung diskriminiert daher die Investitionsneigung junger, rasch wachsender Unternehmen stärker als bei reifen, gewinnstarken Unternehmen.

Wir lassen nun eine endogene Wahl zwischen Selbst- und Anteilsfinanzierung zu und betonen damit die unterschiedliche Wirkung der Besteuerung auf junge und alte Unternehmen. Viele Länder besteuern Kapitalgewinne mit einem geringeren Steuersatz als Dividenden. Selbst bei einem gleich hohen tariflichen Steuersatz führt das Realisationsprinzip wegen der damit verbundenen Zinsgewinne auf die aufgeschobene Steuerschuld zu einer geringeren Belastung von Kapitalgewinnen im Vergleich zur laufenden Besteuerung von Dividenden. Die effektiven Steuersätze erfüllen damit die Ungleichheit $t^D > t^V$. Die beiden Formen der Eigenkapitalfinanzierung sind nun $I_t = V_t^N + E_t$. Die Ausschüttung entspricht dem Gewinn abzüglich der Thesaurierung, $D_t = \pi_t - E_t$. Wir setzen $V_t^N = I_t - E_t$ sowie $D_t = \pi_t - E_t$ in (XI.26) ein. Ausserdem nehmen wir der Einfachheit halber an, dass in Periode 1 der gesamte Ertrag aus der Desinvestition als Ausschüttung und nicht als Rückkauf von Anteilen an die Eigentümer transferiert wird, d.h. $D_1 = \pi_1 - I_1 = \pi_1 + K_1$. Mit anderen Worten lassen wir eine Finanzierungswahl nur in Periode 0 zu und setzen in Periode 1 $E_1 = I_1$ mit $V_1^N = 0$. Unter Berücksichtigung dieser Endbedingungen folgt mit $R_1 = 1 + r_1/(1 - t^V)$ ein Nettovermögen der Investoren von

$$R_0 V_0 = \max_{I_0, E_0} \frac{1 - t^D}{1 - t^V}(\pi_0 - E_0) - (I_0 - E_0) + \frac{1}{R_1}\frac{1 - t^D}{1 - t^V}(\pi_1 + K_1). \quad \text{(XI.31)}$$

Mit der Wahl von E_0 ist die Finanzierungsentscheidung bestimmt. Als BEO ergibt sich

$$\frac{dR_0 V_0}{dE_0} = -\frac{1 - t^D}{1 - t^V} + 1 = \frac{t^D - t^V}{1 - t^V} > 0 \quad \Leftrightarrow \quad t^D > t^V. \quad \text{(XI.32)}$$

Offensichtlich ist es nach (XI.32) günstig, die Gewinneinbehaltung maximal auszudehnen. Aber es kann nicht mehr einbehalten werden, als an Gewinn vorhanden ist, und ebenso kann nicht mehr als die Investitionssumme durch einbehaltene Gewinne finanziert werden. Daher gelten folgende Finanzierungsschranken:

$$E_0 \leq \min\{I_0, \pi_0\}. \tag{XI.33}$$

Unternehmen unterscheiden sich nach der Höhe ihrer Gewinne und nach ihren Investitionsmöglichkeiten. Junge, rasch wachsende Unternehmen haben zunächst noch wenig Gewinne, aber einen hohen Investitionsbedarf. *Reife Unternehmen* weisen dagegen hohe Gewinne auf und haben ihre Investitionsmöglichkeiten schon weitgehend ausgeschöpft. Sie haben genügend Gewinne und können tatsächlich alle Investitionen selbstfinanzieren,

$$\pi_0 > I_0 \quad \Rightarrow \quad E_0 = I_0. \tag{XI.34}$$

Indem wir diese Lösung in (XI.31) einsetzen, erhalten wir als Investitionsproblem

$$\max_{I_0} \frac{1 - t^D}{1 - t^V} \left\{ (\pi_0 - I_0) + \frac{1}{R_1}(\pi_1 + K_1) \right\} \tag{XI.35}$$

und leiten daraus folgende BEO ab:

$$\frac{1 - t^D}{1 - t^V} = \frac{1}{R_1} \frac{1 - t^D}{1 - t^V} \left(\pi'(K_1) + 1 \right) \quad \Rightarrow \quad \pi'(K_1) = \frac{r_1}{1 - t^V}. \tag{XI.36}$$

Dies entspricht der Lösung (XI.28), wonach bei selbstfinanzierten Investitionen die Dividendensteuer für die Investitionsanreize unschädlich ist. Nur die Beteiligungsgewinnsteuer mit einem niedrigeren, effektiven Steuersatz t^V hemmt die Investition.

Junge, rasch wachsende Unternehmen haben im Vergleich zu ihren geringen Gewinnen einen hohen Investitionsbedarf und sind daher nicht in der Lage, die gesamten Investitionen selbst zu finanzieren. Auch wenn sie die Selbstfinanzierung voll ausschöpfen, müssen sie auf die teure Anteilsfinanzierung auf dem Kapitalmarkt zurückgreifen:

$$\pi_0 < I_0 \quad \Rightarrow \quad E_0 = \pi_0, \quad V_0^N = I_0 - \pi_0. \tag{XI.37}$$

Indem man dies in (XI.31) einsetzt, erhält man den Unternehmenswert

$$\max_{I_0} -(I_0 - \pi_0) + \frac{1}{R_1} \frac{1 - t^D}{1 - t^V}(\pi_1 + K_1). \tag{XI.38}$$

In der ersten Periode erhält der Investor keine Ausschüttung und muss zusätzlich auf Einkommen verzichten, um die Anteile $V_0^N = I_0 - \pi_0$ zu erwerben und damit neues Eigenkapital für die Investitionsfinanzierung bereitzustellen. Mit $K_1 = I_0 + K_0$ und $R_1 = 1 + r_1/(1 - t^V)$ erhalten wir als BEO

$$\frac{1 - t^D}{1 - t^V}(\pi_1' + 1) = R_1 \quad \Rightarrow \quad \pi_1' = \frac{r_1 + t^D - t^V}{1 - t^D}. \tag{XI.39}$$

Aus dem Vergleich von (XI.36) mit (XI.39) wird klar, dass die Besteuerung (mit $t^D > t^V$) die Kapitalnutzungskosten junger Unternehmen stärker erhöht als bei reifen, gewinnstarken Unternehmen. Daher müssen junge Unternehmen wegen der diskriminierenden, steuerlichen Behandlung der Anteilsfinanzierung einen höheren

Kapitalertrag π'_1 vor Steuern erwirtschaften als grosse, gewinnstarke Unternehmen, die schon einen hohen Kapitalstock aufgebaut haben und die verbleibenden Investitionen leicht selbstfinanzieren können.[9]

Man beachte, dass die Bedingung in (XI.39) von (XI.30) abweicht. Der Grund liegt in der unterschiedlichen Behandlung der Anteilsfinanzierung. Wir sind in (XI.30) davon ausgegangen, dass einer höheren Anteilsfinanzierung in Periode 0 eine geringere Anteilsfinanzierung in Periode 1 gegenübersteht.[10] Die Endbedingung in einer Zwei-Perioden-Welt verlangt die vollständige Desinvestition des Kapitalstocks, so dass in Periode 1 die Anteilsfinanzierung negativ wird. Wir haben also bei der reinen Anteilsfinanzierung implizit angenommen, dass die Unternehmen den Investoren das Kapital durch Rückkauf von Anteilen und eben nicht als Dividende zurückzahlen können. Demgegenüber haben wir in diesem Abschnitt unterstellt, dass das Kapital nur in Form von Dividenden zurückgezahlt werden kann und damit die Dividendensteuer ausgelöst wird. Im vorliegenden Fall haben wir eine Mischfinanzierung. Die Unternehmen nutzen die Anteilsfinanzierung nur residual, soweit eben die Gewinne zur günstigeren Selbstfinanzierung nicht ausreichen. Wenn wir jedoch annehmen, dass in Periode 1 ein Rückkauf von Anteilen (negative Anteilsfinanzierung) genau im Ausmass der Anteilsfinanzierung in Periode 0 möglich ist, $V_1^N = -V_0^N$, dann erhalten wir wieder Bedingung (XI.30), wie eine separate Übung zeigt.

XI.3   Besteuerung und Kapitalstruktur

XI.3.1   Eigenkapital und Fremdkapital

In den meisten Ländern begünstigt die Unternehmensbesteuerung die Fremdfinanzierung. Fremdfinanzierte Investitionen haben aus steuerlichen Gründen häufig geringere Kapitalnutzungskosten als eigenfinanzierte Investitionen. In diesem Abschnitt behandeln wir den Einfluss der Besteuerung auf die Kapitalstruktur, also die Wahl zwischen Eigen- und Fremdkapital. Die wesentliche Verzerrung der meisten Steuersysteme bezüglich der Kapitalstruktur besteht darin, dass Fremdkapitalzinsen bei der Gewinnsteuer abzugsfähig sind, während die Opportunitätskosten des Eigenkapitals steuerlich nicht berücksichtigt werden. Finanzierungsneutralität erfordert hingegen eine Gleichbehandlung.

Zur Vereinfachung betrachten wir beim Eigenkapital ausschliesslich die Selbstfinanzierung, so dass sich die Identität (XI.3) auf $I_t = B_t^N + E_t$ reduziert. Wir beschränken uns auf die Gewinnsteuer τ. Die Ausschüttungen betragen

$$D_t = (1 - \tau)(\pi_t - r_t B_t) - E_t, \quad I_t = B_t^N + E_t. \tag{XI.40}$$

---

[9]Sinn (1991) gelangt auch ohne Finanzierungsbeschränkungen zum Ergebnis, dass Startinvestitionen bei Firmengründung mit neuen Anteilen finanziert und Folgeinvestitionen mit einbehaltenen Gewinnen selbstfinanziert werden. Die Dividendenbesteuerung reduziert die Startinvestitionen der jungen Firmen.

[10]Vgl. dazu auch die Vorgehensweise im technischen Anhang zum „Ruding II"– Report der European Commission (2001).

Das gesamte Anlagevermögen des Unternehmens beträgt K_t, wovon ein Teil B_t Fremdkapital und ein Teil $K_t - B_t$ Eigenkapital ist. Die Akkumulation der Bestandsgrössen muss die Endbedingungen $K_2 = B_2 = 0$ erfüllen, d. h.

$$K_{t+1} = I_t + K_t, \quad B_{t+1} = B_t^N + B_t, \quad B_1^N = -B_1, \quad I_1 = -K_1. \qquad (XI.41)$$

Man ersetze E_t in (XI.40), beachte (XI.41) und ermittle als Dividenden

$$\begin{aligned} D_0 &= (1 - \tau)(\pi_0 - r_0 B_0) + B_0^N - I_0, \\ D_1 &= (1 - \tau)(\pi_1 - r_1 B_1) + K_1 - B_1. \end{aligned} \qquad (XI.42)$$

In Periode 1 wird das gesamte Eigenkapital $K_1 - B_1$ zurückgezahlt.

Bei reiner *Selbstfinanzierung* setzen wir alle Fremdkapitalterme gleich Null und erhalten gemäss (XI.42) $D_0 = (1 - \tau)\pi_0 - I_0$ und $D_1 = (1 - \tau)\pi(K_1) + K_1$. Die Maximierung des Unternehmenswertes ergibt

$$\max_{I_0} D_0 + D_1/R_1 \quad \Rightarrow \quad (1 - \tau)\pi'(K_1) = r_1. \qquad (XI.43)$$

Dies entspricht exakt der Bedingung (XI.15), welche ja ebenfalls Selbstfinanzierung unterstellte. Die Gewinnsteuer erhöht also die Kapitalnutzungskosten bzw. die erforderliche Bruttoertragsrate $\pi_1' = r_1/(1 - \tau)$ und hemmt damit die Kapitalbildung.

Bei reiner *Fremdfinanzierung* gilt $I_0 = B_0^N$ und damit $B_1 = I_0 + B_0$. Die Dividenden in (XI.42) werden somit zu $D_0 = (1 - \tau)(\pi_0 - r_0 B_0)$ und $D_1 = (1 - \tau)(\pi_1 - r_1 B_1) + K_1 - B_1$. Es ist unmittelbar ersichtlich, dass die Dividende D_0 durch die Wahl des Investitionsniveaus bei Fremdfinanzierung nicht mehr beeinflusst werden kann. Die Unternehmenswertmaximierung reduziert sich also auf die Maximierung der Dividende D_1,

$$D_1 = (1 - \tau)(\pi(K_1) - r_1 B_1) + K_1 - B_1, \quad K_1 = I_0 + K_0, \quad B_1 = I_0 + B_0. \qquad (XI.44)$$

Somit folgt als BEO für die optimale Investition I_0, die bei Fremdfinanzierung neben dem Kapitalstock auch die Verschuldung erhöht,

$$dD_1/dI_0 = 0 \quad \Rightarrow \quad \pi'(K_1) = r_1. \qquad (XI.45)$$

Wegen der Abzugsfähigkeit der Fremdkapitalzinsen reduziert der Gewinnsteuersatz nicht nur den Ertrag, sondern gleichermassen auch die Fremdkapitalkosten. Daher wird die Beeinträchtigung des Investitionskalküls vermieden. Der Vergleich von (XI.45) und (XI.43) zeigt also, dass Fremdfinanzierung günstiger ist und zu höheren Investitionen führt als Eigenkapitalfinanzierung. Der Grund liegt darin, dass die Fremdkapitalzinsen abzugsfähig sind, die Opportunitätskosten des Eigenkapitals jedoch nicht.

Allerdings sind bei der Finanzierungsentscheidung auch die Steuern auf Personenebene zu berücksichtigen. Der Ertrag des Fremdkapitals fliesst als Zins, der Ertrag des Eigenkapitals als Dividende oder als Kapitalgewinn zu. Ob auf der Personenebene Fremd- oder Eigenkapital begünstigt wird, hängt davon ab, ob eher die Zinserträge oder die Dividenden und Kapitalgewinne höher besteuert werden. Im Rahmen der synthetischen EKST werden im Prinzip alle Formen von Kapitaleinkommen mit dem gleichen Steuersatz belastet. Die Anwendung des Realisationsprinzips und die damit verbundenen Zinsgewinne aus dem Aufschub der Steuerschuld während der Halteperiode verringern allerdings den effektiven Steuersatz auf Kapitalgewinne. Damit wird auf Personenebene ceteris paribus das Eigenkapital begünstigt.

XI.3.2 Endogene Kapitalstruktur

Die steuerliche Absetzbarkeit von Schuldzinsen setzt einen Anreiz zu stärkerer Fremdfinanzierung von Investitionen. Mit zunehmender Verschuldung und damit schwindendem Eigenkapitalanteil wird es allerdings immer schwieriger, weiteres Fremdkapital aufzutreiben. Überschuldete Unternehmen werden von den Kreditgebern als riskant eingestuft und müssen höhere Zinsen bezahlen, während Unternehmen mit starker Eigenkapitalbasis und geringer Verschuldung eine hohe Bonität aufweisen und Kredite zu günstigeren Konditionen erhalten. Wir nehmen an, dass die Banken mit höherer Verschuldungsquote $b = B/K$ eines Unternehmens einen zunehmenden *Zinszuschlag* m fordern,

$$m_t = m(b_t), \quad m(0) = 0, \quad m'(b) > 0, \quad m''(b) > 0. \tag{XI.46}$$

Die Unternehmen zahlen einen Fremdkapitalzins $r + m$, die Investoren erhalten davon r. Auf die Mikrofundierung des Zinszuschlags wird hier der Einfachheit halber verzichtet. Der Zinszuschlag soll zum Ausdruck bringen, dass mit zunehmender Überschuldung die Bankrottwahrscheinlichkeit eines Unternehmens steigt. Die Banken müssen daher von den erfolgreichen Unternehmen höhere Zinsen verlangen, um die Kosten der Kreditausfälle zu decken. Gesamtwirtschaftlich entspricht der Zinszuschlag einem realen Ressourcenverbrauch, also den Investitionskosten in den gescheiterten Unternehmen, die zu keinem Ertrag führen. Eine Mikrofundierung müsste das Kreditrisiko spezifizieren und ähnlich wie im Kapitel XVII eine Budgetbeschränkung des Bankensektors einführen.

Unter Berücksichtigung des Zinszuschlages betragen die Dividenden

$$\begin{aligned} D_0 &= (1-\tau)[\pi_0 - (r_0 + m_0)B_0] + B_0^N - I_0, \\ D_1 &= (1-\tau)[\pi_1 - (r_1 + m(b_1))B_1] + K_1 - B_1. \end{aligned} \tag{XI.47}$$

In Periode 0 sind Kapitalstock, Fremdkapitalbestand, Schuldenquote und der sich ergebende Zinszuschlag historisch bestimmt und damit exogen. Erst in Periode 1 kann der Zinszuschlag beeinflusst werden. Die Maximierung des Unternehmenswertes $D_0 + D_1/R_1$ bezüglich Neuverschuldung B_0^N und Investition I_0 ergibt die BEO

$$\begin{aligned} B_0^N &: \left[1 + (1-\tau)\left(r_1 + m_1 + b_1 m_1'\right)\right]/R_1 = 1, \\ I_0 &: \left[1 + (1-\tau)\left(\pi_1' + (b_1)^2 m_1'\right)\right]/R_1 = 1. \end{aligned} \tag{XI.48}$$

Eine höhere Neuverschuldung erlaubt bei gleicher Investition eine höhere Ausschüttung in Periode 0. Dies ist der Grenzertrag von 1 auf der rechten Seite. Im Gegenzug dazu sinken allerdings in Periode 1 die Dividenden aus zwei Gründen. Erstens muss eine höhere Schuld mit Verzinsung zurückgezahlt werden, was die zukünftige Dividende um $1 + (1-\tau)(r_1 + m_1)$ reduziert. Da Schuldzinsen steuerlich abzugsfähig sind, sind die effektiven Zinskosten gleich $(1-\tau)(r_1 + m_1)$. Zweitens muss mit zunehmender Schuldenquote auf den gesamten ausstehenden Kredit ein höherer Zins gezahlt werden. Diese zusätzlichen Zinskosten entsprechen dem Ausdruck $(1 - \tau) \cdot b_1 m'_1$. Das Investitionskriterium kann wie bisher interpretiert werden, mit dem einen Unterschied, dass der zukünftige Grenzertrag der Investition vor Steuern nun höher als π'_1 ist. Da jede Investition den Kapitalstock K_1 erhöht, trägt dies bei gegebenem Schuldenbestand zu einer Verringerung der Schuldenquote $b_1 = B_1/K_1$ bei, verbessert die Bonität des Unternehmens und verringert damit den Zinszuschlag. Dieser zusätzliche Ertrag drückt sich im Term $(b_1)^2 m'_1$ aus.

Um den steuerlichen Einfluss auf das Investitions- und Finanzierungsverhalten anschaulich darzustellen, ist es günstig, die BEO in (XI.48) umzuschreiben. Die Investitionsbedingung I_0 folgt aus (XI.48), $(1 - \tau)\pi'_1 = r_1 - b_1 \cdot (1 - \tau)b_1 m'_1$, indem man aus der Bedingung für B_0^N den Term $(1 - \tau)b_1 m'_1 = r_1 - (1 - \tau)(r_1 + m_1)$ einsetzt:

$$B_0^N : r_1 = (1 - \tau)\big(r_1 + m_1 + b_1 m'_1\big),$$
$$I_0 : \pi'_1 = (1 - b_1) \cdot r_1/(1 - \tau) + b_1 \cdot (r_1 + m_1). \tag{XI.49}$$

Die Unternehmen dehnen die Neuverschuldung soweit aus, bis die Grenzkosten des Eigenkapitals r_1 gerade den marginalen Fremdkapitalkosten auf der rechten Seite entsprechen. Die marginalen Fremdkapitalkosten enthalten einen zusätzlichen Term $b_1 m'_1$. Wenn das Unternehmen 1 Euro mehr Fremdkapital aufnimmt und damit die Fremdkapitalquote ansteigt, dann muss es aufgrund der verringerten Bonität einen höheren Zinszuschlag auf den gesamten Fremdkapitalbestand akzeptieren. Die marginalen Fremdkapitalkosten sind umso höher, je stärker das Unternehmen bereits verschuldet ist. Die Abzugsfähigkeit der Schuldzinsen bei der Gewinnsteuer subventioniert die marginalen Fremdkapitalkosten und verbilligt damit die Fremdkapital- relativ zur Eigenkapitalfinanzierung. Abbildung XI.7 veranschaulicht, wie ein höherer Steuersatz den Wert der Steuerersparnis aus der Abzugsfähigkeit der Fremdkapitalzinsen steigert, so dass die Unternehmen eine höhere Verschuldungsquote wählen. In der Tat schätzen Gordon und Lee (2001), dass eine Absenkung des KÖST-Satzes um 10 Prozentpunkte die Verschuldungsquote um 3–4% mindern würde, da ein geringerer Steuersatz den Vorteil der Fremdfinanzierung reduziert.

Die Investitionsneigung der Unternehmen hängt von den Finanzierungskosten ab. Wäre die Fremdkapitalquote b_1 Null, dann würde das Ergebnis (XI.43) für den Fall

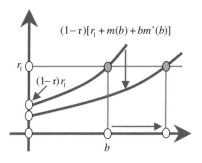

Abbildung XI.7: Besteuerung und Verschuldung

einer reinen Eigenkapitalfinanzierung folgen. Die Unternehmen müssen eine Vorsteu-errendite $r_1/(1 - \tau)$ erzielen, damit sie den Investoren eine marktübliche Nettorendite r_1 bieten und für die Opportunitätskosten des Eigenkapitals entschädigen können. Bei vollständiger Fremdfinanzierung ($b_1 = 1$) folgt das Ergebnis (XI.45), mit dem einen Unterschied, dass nun die Fremdkapitalzinsen der Unternehmen um den Zinszuschlag m_1 höher sind als die Zinsen, die der Investor erzielt. Wegen der Abzugsfähigkeit der Zinsen hat die Gewinnsteuer keinen weiteren Einfluss auf die Fremdfinanzie-rungskosten. Bei Mischfinanzierung sind die Kapitalnutzungskosten ein gewogener Durchschnitt der Vorsteuerrendite des Eigenkapitals und der Fremdkapitalkosten. Je höher die Verschuldungsquote b_1 ist, desto mehr schlagen die Fremdkapitalko-sten im Vergleich zu den Eigenkapitalkosten zu Buche. Diese Überlegung macht den Zusammenhang zwischen Investitions- und Finanzierungsentscheidung deutlich. Die Unternehmen wählen die Neuverschuldung, um die Finanzierungskosten der In-vestitionen zu minimieren. Um dies zu sehen, bilde man die BEO zu $\min_{b_1}(1 - b_1) \cdot r_1/(1 - \tau) + b_1 \cdot (r_1 + m_1)$. Das Ergebnis ist $-r_1/(1 - \tau) + r_1 + m_1 + b_1 m_1' = 0$ bzw. die Finanzierungsbedingung in (XI.49).

XI.3.3   Neutralität der Besteuerung

In den meisten Ländern ist Fremdkapital gegenüber der Finanzierung mit Eigen-kapital steuerlich begünstigt. Die Besteuerung trägt so zur Überschuldung des Un-ternehmenssektors bei. Eine zunehmende Überschuldung macht die Unternehmen krisenanfälliger und erhöht die Insolvenzrate. Neutralität bezüglich der Kapitalstruk-tur ist nur erreichbar, wenn Fremd- und Eigenkapital steuerlich gleichgestellt werden. Dazu gibt es im Prinzip zwei Möglichkeiten. Die erste Alternative für eine steuerliche Gleichbehandlung von Fremd- und Eigenkapital ist eine *umfassende Gewinnsteuer* (Comprehensive Business Income Tax, CBIT), bei der die Fremdkapitalzinsen nicht abzugsfähig sind, genauso wie die Opportunitätskosten des Eigenkapitals nicht be-rücksichtigt werden.[11] Dies dehnt die Bemessungsgrundlage aus – daher die Bezeich-nung „umfassend". Wenn die Zinsen auf Unternehmensebene besteuert werden, dann sollten sie auf der Personenebene überhaupt nicht oder nur mehr mit einem geringe-ren Satz besteuert werden, um eine Doppelbesteuerung zu vermeiden. Anstatt (XI.47) betragen die Ausschüttungen nun

$$D_0 = (1 - \tau)\pi_0 - (r_0 + m_0)B_0 + B_0^N - I_0,$$
$$D_1 = (1 - \tau)\pi_1 - (r_1 + m(b_1))B_1 + K_1 - B_1. \tag{XI.50}$$

Die Maximierung des Unternehmenswertes $D_0 + D_1/R_1$ bezüglich Neuverschuldung B_0^N und Investition I_0 ergibt als BEO

$$r_1 = r_1 + m_1 + b_1 m_1', \quad (1 - \tau)\pi'(K_1) = r_1, \quad b_1 = 0. \tag{XI.51}$$

Da per Annahme $m(0) = 0$ gilt, kann die erste Bedingung nur erfüllt werden, wenn die Verschuldungsquote Null ist, wie sie auch ohne Steuer gelten würde. Die Besteuerung

---

[11]Vgl. Bond (2000). Der Vorschlag einer umfassenden Gewinnsteuer geht auf das US Department of the Treasury (1992) zurück. Hall und Rabushka (1985) haben das Konzept mit einer Sofortab-schreibung von Investitionen kombiniert.

verändert also das Verschuldungsverhalten nicht und ist somit neutral bezüglich der Unternehmensschuld. Das Investitionskriterium lautet $\left[1 + (1 - \tau)\pi'_1 + (b_1)^2 m'_1\right]/R_1 = 1$ und reduziert sich auf die Bedingung in (XI.51), wenn $b_1 = 0$ berücksichtigt wird. Die umfassende Gewinnsteuer ist also nicht investitionsneutral, sofern nicht weitere Massnahmen vorgesehen werden. Sie kann jedoch wie in Hall und Rabushka (1985) mit einer Sofortabschreibung von Investitionsausgaben kombiniert werden ($e = 1$ ähnlich wie im Abschnitt XI.2.3), um im Interesse einer wachstumsfreundlichen Besteuerung auch die Investitionsneutralität sicherzustellen.

Die zweite Alternative für eine neutrale Besteuerung ist die *Zinsbereinigung* der Gewinnsteuer. Nach diesem Konzept werden neben den Fremdkapitalzinsen auch die Opportunitätskosten des Eigenkapitals abzugsfähig gemacht.[12] Der Abzug solcher kalkulatorischer Eigenkapitalzinsen schmälert die Bemessungsgrundlage, so dass das gleiche Steueraufkommen nur mit höheren Steuersätzen erzielt werden kann oder auf Steueraufkommen verzichtet werden muss. Die Investitions- und Finanzierungsneutralität dieses Konzepts folgt daraus, dass beide Finanzierungsformen steuerlich gleichgestellt und *alle* Finanzierungskosten, nicht nur die Kosten des Fremdkapitals, steuerlich berücksichtigt werden. Mit einem Eigenkapital von $K_t - B_t$ beträgt der Steuervorteil aus der Abzugsfähigkeit $\tau r_t(K_t - B_t)$. Anstatt (XI.47) sind die Dividenden nun

$$
\begin{aligned}
D_0 &= (1 - \tau)[\pi_0 - (r_0 + m_0)B_0] + \tau r_0(K_0 - B_0) + B_0^N - I_0, \\
D_1 &= (1 - \tau)[\pi_1 - (r_1 + m(b_1))B_1] + (1 + \tau r_1)(K_1 - B_1).
\end{aligned}
\tag{XI.52}
$$

Die optimale Investitions- und Verschuldungspolitik folgt aus den BEO (man berücksichtige $B_1 = B_0^N + B_0$ und $K_1 = I_0 + K_0$)

$$
\begin{aligned}
B_0^N &: \left[(1 + \tau r_1) + (1 - \tau)\big(r_1 + m_1 + b_1 m'_1\big)\right]/R_1 = 1, \\
I_0 &: \left[(1 + \tau r_1) + (1 - \tau)\big(\pi'_1 + (b_1)^2 m'_1\big)\right]/R_1 = 1.
\end{aligned}
\tag{XI.53}
$$

Nach einigen Umformungen erhalten wir

$$
r_1 = r_1 + m_1 + b_1 m'_1, \quad (1 - \tau)\big(\pi'_1 + (b_1)^2 m'_1\big) = (1 - \tau)r_1.
\tag{XI.54}
$$

Die erste Bedingung in (XI.54) impliziert wie vorhin eine Schuldenquote von $b_1 = 0$ und ist damit wieder identisch mit der Schuldenquote ohne Steuern. Die Gewinnsteuer mit kalkulatorischen Eigenkapitalzinsen ist also neutral bezüglich der Kapitalstruktur. In der Investitionsbedingung kürzt sich nunmehr der Steuerfaktor $1 - \tau$ weg. Indem wir ausserdem den Term $b_1 m'_1 = r_1 - (r_1 + m_1)$ aus der Finanzierungsbedingung einsetzen, folgt für die Investitionsregel $\pi'_1 = (1 - b_1)r_1 + b_1(r_1 + m_1)$, wonach die Bruttorendite gleich dem gewogenen Durchschnitt der Eigen- und Fremdkapitalkosten sein soll. Die optimale Finanzierungsentscheidung $b_1 = 0$ reduziert das Investitionskriterium auf $\pi'(K_1) = r_1$. Es gibt keinen steuerlichen Einfluss mehr. Damit ist gezeigt, dass eine Gewinnsteuer mit Abzugsfähigkeit von kalkulatorischen Eigenkapitalzinsen nicht nur finanzierungs-, sondern auch investitionsneutral ist.

---

[12]Diese Alternative (Allowance for Corporate Equity, ACE) wurde von Boadway und Bruce (1984a) vorgeschlagen und vom Londoner Institute for Fiscal Studies (1991) und für Deutschland von Rose (1998) empfohlen.

Nachdem die Abzugsfähigkeit der gesamten Zinskosten die Bemessungsgrundlage einengt, muss der Steuersatz nun allerdings tendenziell höher angesetzt werden, wenn das Steueraufkommen erhalten bleiben soll.

XI.4 Besteuerung und Rechtsformwahl

Ein wichtiger Aspekt der Unternehmensbesteuerung ist ihr Einfluss auf die Wahl der Rechtsform. Sie erfolgt typischerweise nach der ersten Phase des Lebenszyklus eines Unternehmens. Ein typisches Muster ist, dass neue Unternehmen zunächst als Personenunternehmen geführt werden und sich erst ab einer bestimmten Grösse in eine Kapitalgesellschaft umwandeln. In der Tat sind fast alle grossen Unternehmen Kapitalgesellschaften, während bei sehr kleinen Unternehmen mit nur wenigen Beschäftigten der Anteil der Personenunternehmen erheblich ist. Die Wahl der Rechtsform wird von einer Reihe von ökonomischen Aspekten bestimmt. Für sehr kleine Unternehmen mag die Form der Personenunternehmung natürlich sein, z. B. wegen weniger anspruchsvoller Bilanzierungsvorschriften oder auch weil die Umwandlung in die Kapitalgesellschaft mit Transaktionskosten verbunden ist. Mit zunehmendem Kapitaleinsatz werden jedoch die beschränkte Haftung und die Möglichkeit des Handels von Unternehmensanteilen auf dem freien Kapitalmarkt wichtig, so dass ab einer gewissen Unternehmensgrösse eine Umwandlung in eine Kapitalgesellschaft notwendig wird. Gordon und MacKie-Mason (1994) zeigen empirisch, dass der Anteil von Kapitalgesellschaften in jenen Branchen besonders gross ist, die einem überdurchschnittlichen Risiko unterliegen und in denen grosse Unternehmen dominieren. Diese nicht-steuerlichen Bestimmungsgründe sind in der mikroökonomischen Theorie nur unvollständig modelliert. Wir folgen daher dem empirischen Ansatz von MacKie-Mason und Gordon (1997) und nehmen an, dass es eine natürliche Grössenverteilung von Unternehmen gibt und die Rechtsform der Personenunternehmung hauptsächlich für kleine und die Kapitalgesellschaft für grosse Unternehmen „geeignet" ist.

Die Besteuerung diskriminiert typischerweise zwischen den Rechtsformen. *Personenunternehmen* werden steuerlich transparent behandelt. Der gesamte Gewinn (einschliesslich eventueller Kapitalgewinne bei Veräusserung und Übertragung) wird dem Einkommen des Unternehmers zugerechnet und unterliegt der persönlichen EKST. Eine Unterscheidung zwischen einbehaltenen und ausgeschütteten Gewinnen ist dabei steuerlich nicht relevant. *Kapitalgesellschaften* sind hingegen der wirtschaftlichen Doppelbelastung ausgesetzt. Gewinne unterliegen zunächst auf Unternehmensebene der KÖST bzw. Gewinnsteuer. Ausschüttungen und Beteiligungsgewinne werden noch einmal auf der Personenebene der EKST der Anteilseigner unterworfen, wobei zur Milderung oder Beseitigung der Doppelbelastung Dividenden und Beteiligungsgewinne häufig begünstigt besteuert werden. In den meisten Ländern sind diese Entlastungsmassnahmen jedoch unvollständig, so dass es zu einer differentiellen Besteuerung von Kapitalgesellschaften kommt. Im Folgenden berücksichtigen wir diese *differentielle Belastung*, indem die Gewinne der Kapitalgesellschaften mit einem Satz von τ besteuert werden, während Personenunternehmen keiner Steuer unterliegen. Eine solche differentielle Besteuerung führt dazu, dass sich weniger Unternehmen für eine Umwandlung in eine Kapitalgesellschaft entscheiden und im gesamtwirtschaftlichen Gleichgewicht Kapital und Arbeit vom Sektor der Kapitalgesellschaften in den Sektor der Personenunternehmen umgelenkt werden. Dadurch können bedeutsame Effizienzverluste entstehen. Für die USA schätzen MacKie-Mason und Gordon (1997) diese Verluste auf etwa 16% des gesamten Aufkommens der KÖST.

Wir gehen nun von einer Verteilung von Unternehmen im Intervall $[0,1]$ aus, die unterschiedlich gut für die beiden Rechtsformen geeignet sind. Ein bestimmtes Unternehmen $j \in [0,1]$ unterscheidet sich von anderen Unternehmen im ökonomischen Vorteil, den es aus der Rechtsform der Kapitalgesellschaft ziehen kann. Wird j als Kapitalgesellschaft geführt, dann kann es bei einem Kapitaleinsatz von K_j einen Gewinn von $A_j \cdot \pi(K_j)$ erwirtschaften, während dasselbe Unternehmen als Personenunternehmung einen Gewinn von $1 \cdot \pi(K_j)$ erzielen würde. Der Parameter A_j verkörpert in reduzierter Form die Vorteile ($A_j > 1$) oder auch Nachteile ($A_j < 1$), die dem Unternehmen j aus der Rechtsform der Kapitalgesellschaft gegenüber der Personenunternehmung erwachsen. Wenn $A_j > 1$ gilt, kann das Unternehmen bei gleichem Faktoreinsatz mehr Gewinn erzielen, wenn es als Kapitalgesellschaft anstatt als Personenunternehmen geführt wird. Dieser Ansatz drückt die relativen Vorteile der beiden Rechtsformen in reduzierter Form ohne detaillierte Mikrofundierung aus. Im Einklang mit den empirischen Fakten ist die Rechtsform Kapitalgesellschaft gerade für grosse Unternehmen ein ökonomischer Vorteil, während sehr kleine mit $A_j < 1$ als Personenunternehmen mehr Einkommen erwirtschaften. Es gilt

$$A_j' = \mathrm{d}A_j/\mathrm{d}j > 0, \quad A_{j^*} = 1 \quad \Leftrightarrow \quad j = j^* \in [0,1]. \tag{XI.55}$$

Der Einfachheit halber seien die Unternehmen im Intervall $[0,1]$ gleichverteilt, so dass wir die Verteilungsfunktion für j nicht näher betrachten müssen.

Um die volkswirtschaftlichen Kosten einer differentiellen Gewinnsteuer festzumachen, sind zunächst ihre Auswirkungen auf das Investitionsverhalten zu zeigen. Zuerst ist die Rechtsform zu wählen (extensive Investition). Anschliessend wird der optimale Kapitaleinsatz entschieden (intensive Investition), der von der vorausgehenden Wahl der Rechtsform abhängen wird. Die Lösung des Problems erfolgt zweistufig. Zunächst bestimmt Unternehmen j für jede Rechtsform den wertmaximierenden Kapitaleinsatz und ermittelt den entsprechenden Unternehmenswert. Anschliessend wird jene Rechtsform gewählt, die den höchsten Unternehmenswert ermöglicht.

Wenn das Unternehmen als Kapitalgesellschaft geführt wird (oberer Index C), dann unterliegt es der differentiellen Gewinnsteuer mit dem Satz τ. Der Einfachheit halber sei Selbstfinanzierung angenommen. Der Unternehmenswert beträgt

$$V_j^C \equiv V(A_j, \tau) = \max_{K_j} \frac{(1-\tau)A_j\pi(K_j) + K_j}{R} - K_j. \tag{XI.56}$$

Der optimale Kapitaleinsatz einer Kapitalgesellschaft folgt aus der BEO

$$(1-\tau)A_j\pi'(K_j) = r, \quad \frac{\mathrm{d}K_j}{\mathrm{d}A_j} > 0 > \frac{\mathrm{d}K_j}{\mathrm{d}\tau}. \tag{XI.57}$$

Der Kapitaleinsatz ist umso grösser, je besser das Unternehmen für die Rechtsform der Kapitalgesellschaft geeignet ist. Mit A_j steigt der Grenzertrag $A_j \pi'_j$ des Kapitals und damit der Investitionsanreiz, $\mathrm{d}K_j/\mathrm{d}A_j > 0$. Die Gewinnsteuer reduziert den Investitionsanreiz. Nach Anwendung des Envelopen-Theorems wird deutlich, dass der Unternehmenswert der Kapitalgesellschaft mit dem Vorteil A_j steigt, während der Gewinnsteuersatz den Unternehmenswert reduziert,

$$\frac{\mathrm{d}V_j^C}{\mathrm{d}A_j} = \frac{(1-\tau)\pi_j}{R} > 0, \quad \frac{\mathrm{d}V_j^C}{\mathrm{d}\tau} = \frac{-A_j \pi_j}{R} < 0. \tag{XI.58}$$

Wird die Betriebsstätte als Personenunternehmen geführt (oberer Index N), so beträgt die Produktivität $A_j = 1$. Die differentielle Gewinnsteuer wird vermieden. In diesem Fall ist folgender Unternehmenswert möglich:

$$V^N = \max_K \frac{\pi(K) + K}{R} - K \quad \Leftrightarrow \quad \pi'(K) = r. \tag{XI.59}$$

Der Kapitaleinsatz ist für alle Personenunternehmen gleich, da die Kapitalkosten r identisch sind und auch sonst keine Heterogenität der Personenunternehmen vorliegt ($A_j = 1$).

Wenn ein Unternehmer nun aus einer Verteilung ein spezifisches Projekt $j \in [0,1]$ zieht, dann kann er dieses Projekt entweder als Personenunternehmung oder als Kapitalgesellschaft realisieren und dabei jeweils Unternehmenswerte wie in (XI.56) und (XI.59) erzielen. Ganz offensichtlich wird er sich für jene Rechtsform entscheiden, die den höheren Unternehmenswert ergibt,

$$V_j = \max\{V^N, V_j^C\}. \tag{XI.60}$$

Abbildung XI.8 veranschaulicht die Situation. Die ansteigenden Kurven geben den Unternehmenswert als Kapitalgesellschaft an, wobei die obere Kurve der Situation ohne Steuer und die untere dem besteuerten Zustand entspricht. Da mit höherem Index j auch der Vorteil A_j zunimmt, muss gemäss (XI.58) der Wert der Kapitalgesellschaft ansteigen. Unabhängig vom konkreten Index j erzielt ein Projekt als Personenunternehmen immer denselben Wert V^N, was in Abbildung XI.8 der horizontalen Linie entspricht. Damit ist klar, dass für einen kleinen Index $j < j^*$ mit $A_j < 1$ das Projekt als Personenunternehmung einen höheren Wert erzielt, während bei anderen Projekten mit höherem j die Kapitalgesellschaft vorteilhafter ist. Aus der gesamten Masse der neuen Unternehmen wählen also alle $j < j^*$ die Rechtsform der Personenunternehmung. Bei Gleichverteilung gibt j^* gerade den *Anteil* der Personenunternehmen an der gesamten Masse der Unternehmen an.

Mit $A'_j > 0$ gibt es ein kritisches Projekt j^*, für welches die beiden Rechtsformen gerade gleich gut sind. Die Identität dieses marginalen Unternehmens wird implizit durch folgende Indifferenzbedingung bestimmt:

$$V^N = V_{j^*}^C = V(A_{j^*}, \tau). \tag{XI.61}$$

In (XI.58) haben wir festgestellt, dass eine differentielle Körperschaftsbesteuerung den Unternehmenswert einer Kapitalgesellschaft reduziert, während Personenunternehmen davon nicht berührt werden. Daher verschiebt sich mit höherem Steuersatz

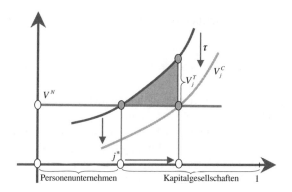

Abbildung XI.8: Rechtsformwahl und Mehrbelastung

die Kurve V_j^C nach unten und schneidet die Linie V^N bei einem höheren Index-wert j, d. h. $\mathrm{d}j^*/\mathrm{d}\tau > 0$. Die ökonomischen Vorteile einer Kapitalgesellschaft müssen also entsprechend grösser werden, damit die steuerlichen Nachteile kompensiert werden können, wie Abbildung XI.8 zeigt. Die differentielle Gewinnsteuer führt somit dazu, dass nur mehr ein geringerer Teil der Unternehmen die Rechtsform der Kapitalgesellschaft wählt und ein entsprechend grösserer Teil den Status eines Personenunternehmens beibehält. Aus dem totalen Differential von (XI.61) ermittelt man, wie sich die Identität des kritischen Unternehmens verändert,

$$\frac{\mathrm{d}V_{j^*}^C}{\mathrm{d}A_j} A'_{j^*} \cdot \mathrm{d}j^* + \frac{\mathrm{d}V_{j^*}^C}{\mathrm{d}\tau} \cdot \mathrm{d}\tau = 0 \quad \Rightarrow \quad \frac{\mathrm{d}j^*}{\mathrm{d}\tau} > 0. \qquad (\text{XI.62})$$

Die entscheidende Frage ist, welche Einkommensverluste in der Volkswirtschaft entstehen, wenn die Besteuerung die Rechtsformwahl verzerrt. Die differentielle Gewinnsteuer führt dazu, dass ein Teil der Unternehmen aus rein steuerlichen Gründen die Rechtsform der Personenunternehmung beibehält, obwohl diese durch Umwandlung in eine Kapitalgesellschaft vor Steuern höhere Gewinne erwirtschaften und damit höhere Unternehmenswerte erzielen könnten. Es werden also Einkommensmöglichkeiten nicht realisiert, obwohl sie eigentlich im gesamtwirtschaftlichen Kalkül möglich wären. Dieser Effizienzverlust aus der verzerrten Rechtsformwahl entspricht dem schraffierten Dreieck in Abbildung XI.8 und wird nun auch formal charakterisiert. Dabei wird ersichtlich, dass neben dem Effizienzverlust aus der Rechtsformwahl auch weiterhin der traditionelle Effizienzverlust aus der steuerlichen Verzerrung der (intensiven) Investitionsentscheidung bestehen bleibt. Dieser Teil ist in Abbildung XI.8 nicht ersichtlich, weil die intensive Investitionsentscheidung (Variation des Kapitaleinsatzes bei gegebener Rechtsform) graphisch nicht gleichzeitig dargestellt werden kann.

Der gesellschaftliche Wert einer Kapitalgesellschaft j besteht aus dem privaten Unternehmenswert V_j^C (Barwert der Nettodividenden nach Steuern) sowie dem Barwert der Steuerzahlungen, $V_j^T = \tau A_j \pi_j/R$. Nach (XI.56) beträgt er $V_j^C + V_j^T = (A_j \pi_j + K_j)/R - K_j$. Dem steht der Wert einer Personenunternehmung V^N wie in

(XI.59) gegenüber. Die Gesamtheit der Unternehmen erwirtschaftet daher einen gesellschaftlichen Wert

$$\bar{W}_0 = \int_0^{j^*} V^N \mathrm{d}j + \int_{j^*}^1 \left(V_j^C + V_j^T\right)\mathrm{d}j, \quad V_j^T = \tau A_j \pi_j / R. \tag{XI.63}$$

Wegen der Annahme der Gleichverteilung beträgt die Dichte an der Stelle j gleich 1 und muss nicht explizit angeschrieben werden.

Eine Mehrbelastung entsteht, wenn die Besteuerung den Barwert der gesellschaftlichen Einkommen unter Mitberücksichtigung der erzielten Steuereinnahmen mindert. Zunächst entsteht eine Mehrbelastung, weil die differentielle Gewinnsteuer die Investitionen der Kapitalgesellschaften behindert. Nach Anwendung des Envelopen-Theorems erhalten wir für diesen Teil

$$\frac{\mathrm{d}V_j^C}{\mathrm{d}\tau} + \frac{\mathrm{d}V_j^T}{\mathrm{d}\tau} = \frac{-A_j \pi_j}{R} + \left(\frac{A_j \pi_j}{R} + \tau \frac{A_j \pi_j'}{R} \frac{\mathrm{d}K_j}{\mathrm{d}\tau}\right) = \tau \frac{A_j \pi_j'}{R} \frac{\mathrm{d}K_j}{\mathrm{d}\tau} < 0. \tag{XI.64}$$

Die gesamte Mehrbelastung der differentiellen Gewinnsteuer erhalten wir aus der Ableitung von (XI.63) nach dem Steuersatz. Indem wir die Leibnitz-Regel über die Ableitung von Integralen anwenden (siehe mathematischer Anhang in Kapitel XVIII), erhalten wir

$$\frac{\mathrm{d}\bar{W}_0}{\mathrm{d}\tau} = \left[V^N - \left(V_{j^*}^C + V_{j^*}^T\right)\right]\frac{\mathrm{d}j^*}{\mathrm{d}\tau} + \int_{j^*}^1 \tau \frac{A_j \pi_j'}{R} \frac{\mathrm{d}K_j}{\mathrm{d}\tau} \mathrm{d}j.$$

Die optimale Rechtsformwahl nach (XI.61) führt zu $V^N = V_{j^*}^C$. Die Mehrbelastung beträgt daher

$$\frac{\mathrm{d}\bar{W}_0}{\mathrm{d}\tau} = -V_{j^*}^T \cdot \frac{\mathrm{d}j^*}{\mathrm{d}\tau} + \int_{j^*}^1 \tau \frac{A_j \pi_j'}{R} \frac{\mathrm{d}K_j}{\mathrm{d}\tau} \mathrm{d}j. \tag{XI.65}$$

Die Mehrbelastung der (differentiellen) Gewinnsteuer bzw. KÖST ist eine zweifache. Der zweite Teil in (XI.65) resultiert aus der Verzerrung der intensiven Investitionsentscheidung, entspricht dem Ausdruck (XI.17) im Abschnitt XI.2.2 und ist graphisch in Abbildung XI.5 dargestellt. Weil die Steuer im Sektor der Kapitalgesellschaften Investitionen verhindert, ist das Aufkommen der KÖST geringer, als es ohne diese Verzerrung wäre. Der erste Teil in (XI.65) resultiert aus der Verzerrung der Rechtsformwahl bzw. einer Steuerausweichung in der „extensiven" Dimension. Die Steuer verhindert für eine Reihe von Unternehmen die Umwandlung in eine Kapitalgesellschaft, obwohl sie mit dieser Rechtsform höhere Gewinne erwirtschaften könnten. Der Anteil der Personenunternehmen steigt, $\mathrm{d}j^*/\mathrm{d}\tau > 0$. Mit jeder „verhinderten" Kapitalgesellschaft geht ein Barwert von Steuereinnahmen gleich V_j^T verloren. Dieser Barwert entspricht dem vertikalen Abstand zwischen den beiden Kurven in Abbildung XI.8. Wenn man alle „verhinderten" Kapitalgesellschaften summiert, dann erhält man den gesamten Verlust an Steueraufkommen und damit an gesellschaftlichen Einkommen (in Barwerten); einen Betrag gleich dem schraffierten „Wohlfahrtsdreieck" in Abbildung XI.8. Die Frage ist, wie bedeutsam diese zusätzliche Effizienzeinbusse aus der Verzerrung der Rechtsformwahl tatsächlich ist.

MacKie-Mason und Gordon (1997, S. 499) schätzen für die USA die Mehrbelastung auf etwa 16% der Steuerzahlungen von Kapitalgesellschaften und Personenunternehmen!

Zusammenfassung

1. Der Unternehmensertrag kann in Form von Dividenden oder Kapitalgewinnen auf die Eigenkapitalanteile und als Zins auf das Fremdkapital zuwachsen. Arbitrage-Freiheit erfordert, dass die Eigenkapitalrendite dem Marktzins entspricht. Der Unternehmenswert ist der Barwert der Ausschüttungen.
2. Die Unternehmen wählen Investition, Finanzierung und Rechtsform, um den Unternehmenswert zu maximieren. Es wird investiert, solange der Barwert künftiger Grenzerträge die Grenzkosten der Investition übersteigt.
3. Investitionen werden mit Eigenkapital in Form von Selbst- oder Anteilsfinanzierung oder mit Fremdkapital finanziert. Ohne Besteuerung und auf einem vollkommenen Kapitalmarkt hat die Wahl der Finanzierung keinen Einfluss auf die Investition (Finanzierungsneutralität nach dem Modigliani-Miller-Theorem).
4. Die Gewinnsteuer bzw. Körperschaftsteuer hemmt im Allgemeinen die Investition, weil die Steuer die Investitionserträge stärker reduziert als die Kosten. Investitionsneutralität ist möglich, wenn die Investitionsausgaben vollständig absetzbar sind (Sofortabschreibung nach dem Konzept der Cash-Flow-Steuer).
5. Die Unternehmen müssen vor Steuern eine höhere Bruttoertragsrate erzielen, damit sie nach Steuern dem Kapitalgeber eine marktübliche Nettorendite sichern können. Der Steuerkeil gibt die Differenz zwischen Brutto- und Nettoertragsrate an. Der effektive Grenzsteuersatz ist das Verhältnis des Steuerkeils zur notwendigen Bruttoertragsrate und fasst alle relevanten Aspekte der Besteuerung in einem einheitlichen Mass zusammen, welches den Einfluss auf die Investitionsneigung beschreibt.
6. Die Mehrbelastung bezüglich der Kapitalbildung resultiert aus der Steuerausweichung durch Einschränkung der Investitionen. Die Minderung der privaten Einkommen übersteigt im Barwert den Zuwachs der Steuereinnahmen, so dass per Saldo Einkommen verloren gehen. Die Höhe der Mehrbelastung hängt von der Elastizität der Kapitalnachfrage bezüglich der Kapitalnutzungskosten ab.
7. Die Mehrbelastung resultiert ausschliesslich aus der Besteuerung der Investitionen und damit des neuen Kapitals. Das in der Vergangenheit investierte Altkapital kann im Prinzip ohne Schaden besteuert werden. Dies spricht für eine hohe Besteuerung des alten und eine Entlastung des neuen Kapitals in Form von Investitionsbegünstigungen. Allerdings entsteht dabei ein Zeitkonsistenzproblem.
8. Die Besteuerung der Dividenden und Kapitalgewinne im Rahmen der persönlichen Einkommensteuer führt im klassischen System zu einer Doppelbesteuerung der Eigenkapitalerträge. Diese Doppelbelastung kann durch Anrechnungs- oder Teileinkünfteverfahren gemildert oder ganz beseitigt werden.
9. Die Dividendenbesteuerung hemmt Investitionen, die mit neuen Anteilen finanziert werden, und ist neutral bezüglich selbstfinanzierter Investitionen. Nach der neuen Sicht der Dividendenbesteuerung finanzieren Unternehmen ihre Investi-

tionen an der Grenze selbst, so dass die Dividendenbesteuerung neutral ist. Die Besteuerung der Kapitalgewinne hemmt die Investitionsneigung in allen Fällen. Nach dem Realisationsprinzip wird der effektive Steuersatz auf Kapitalgewinne wegen der Zinsgewinne aus dem Steueraufschub während der Haltedauer der Beteiligung geringer.

10. Junge und rasch wachsende Unternehmen sind tendenziell finanzierungsbeschränkt und müssen häufig auf die teurere Anteilsfinanzierung zurückgreifen. Reife Unternehmen haben hohe Gewinne und weniger Investitionsbedarf, so dass sie ihre Investitionen vollständig selbstfinanzieren können. Die Dividendenbesteuerung diskriminiert daher zwischen jungen und reifen Unternehmen.

11. Mit zunehmender Verschuldungsquote steigen der Zinszuschlag und damit die Fremdkapitalkosten. Die Unternehmen erhöhen die Verschuldungsquote solange, bis die Grenzkosten des Fremdkapitals jenen des Eigenkapitals gleich sind. Damit können die Finanzierungskosten der Investitionen minimiert werden.

12. Investitions- und Finanzierungsneutralität kann mit einer zinsbereinigten Gewinnsteuer (ACE, Allowance for Corporate Equity) oder mit einer umfassenden Gewinnsteuer (CBIT, Comprehensive Business Income Tax) erreicht werden. Bei der zinsbereinigten Gewinnsteuer sind neben den Fremdkapitalzinsen auch kalkulatorische Eigenkapitalzinsen steuerlich abzugsfähig. Dagegen sind bei der umfassenden Gewinnsteuer weder Fremd- noch Eigenkapitalzinsen abzugsfähig. Die Investitionsneutralität kann in diesem Fall durch Sofortabschreibung von Investitionen gesichert werden.

13. Eine differentielle Besteuerung der Gewinne der Kapitalgesellschaften und der Personenunternehmen verzerrt die Rechtsformwahl. Eine steuerliche Diskriminierung von Kapitalgesellschaften verursacht eine Mehrbelastung, wenn dadurch ein Teil der Personenunternehmen davon abgehalten wird, sich in eine Kapitalgesellschaft umzuwandeln, obwohl sie aufgrund der Vorteile dieser Rechtsform vor Steuern höhere Gewinne erwirtschaften könnten.

Lektürevorschläge

Gute Einführungen in Grundfragen der Unternehmensbesteuerung bieten AUERBACH (2002), FRENKEL, RAZIN und SADKA (1991), POTERBA und SUMMERS (1985), EUROPEAN COMMISSION (2001), SINN (1985), SORENSEN (1995) sowie die entsprechenden Kapitel in SORENSEN (2004b). Umfangreiche Berechnungen zur effektiven Grenz- und Durchschnittsbelastung von Investitionen in Europa sind in EUROPEAN COMMISSION (2001) zusammengestellt. Die Diskussion um die alte und neue Sicht der Dividendenbesteuerung wird unter anderem von AUERBACH (2002), POTERBA und SUMMERS (1985), SORENSEN (1995) und ZODROW (1991) geführt. AUERBACH und HASSETT (2003) zeigen empirisch, dass die Relevanz der alten oder neuen Sicht sehr von den Firmencharakteristiken abhängt und beide Sichtweisen gleichzeitig bedeutend sind. Wichtige empirische Untersuchungen zum Verschuldungsverhalten und zur Rechtsformwahl sind GORDON und LEE (2001), GORDON und MACKIE-MASON (1994) sowie MACKIE-MASON und GORDON (1997). Das Konzept der umfassenden Gewinnsteuer geht zurück auf U.S. DEPARTMENT OF THE TREASURY (1992) und HALL und RABUSHKA (1985), wobei letztere zusätzlich die Sofortabsetzbarkeit von Investitionen (Cash-Flow Besteuerung) vorschlagen. Die steuerliche Berücksichtigung einer Eigenkapitalverzinsung geht auf BOADWAY und BRUCE (1984a) zurück und wurde vom INSTITUTE FOR FISCAL STUDIES (1991) und in Deutschland z. B. von ROSE (1998) popularisiert. BOND und DEVEREUX (1995) haben gezeigt, dass die Neutralität des ACE-Konzepts auch bei Risiko gilt. Auf der Homepage WWW.IFF.UNISG.CH, Seite Keuschnigg/Lehre, stehen gelöste Übungsaufgaben bereit.

Schlüsselbegriffe

Investition	Selbstfinanzierung
Anteilsfinanzierung	Fremdfinanzierung
Arbitrage-Freiheit	Unternehmenswert
Investitionsbegünstigungen	Kapitalnutzungskosten
Cash-Flow-Steuer	Effektiver Grenzsteuersatz
Klassisches System	Anrechnungsverfahren
Teileinkünfteverfahren	Realisationsprinzip
Neue und alte Sicht	Finanzierungsbeschränkung
Opportunitätskosten des Eigenkapitals	Verschuldungsquote
Zinszuschlag	Umfassende Gewinnsteuer
Zinsbereinigung	Kapitalgesellschaften
Personenunternehmen	Rechtsformwahl

Teil 5

Internationale Besteuerung

Kapitel XII

Prinzipien der internationalen Besteuerung

Die Globalisierung der Wirtschaft bedeutet, dass Kapital und Arbeit zunehmend international mobil werden und Anlage- und Beschäftigungsmöglichkeiten weltweit suchen. Die nationalen Güter- und Faktormärkte gehen in integrierten Weltmärkten auf. In einer globalen Wirtschaft werden die Besteuerungsmöglichkeiten ganz wesentlich durch die hohe Faktormobilität eingeschränkt. Die Besteuerung der Kapitalerträge kann einerseits die Ersparnisbildung im Inland hemmen und andererseits starke Kapitalflucht auslösen, indem heimische Ersparnisse im Ausland investiert werden. Die Angst vor Kapitalflucht dominiert regelmässig die steuerpolitische Diskussion über die Besteuerung der Zins- und Kapitalerträge. Ausserdem kann leicht ein nachteiliger Steuerwettbewerb entstehen, indem einzelne Staaten durch niedrige Steuersätze Kapital aus dem Ausland anziehen wollen. Wenn allerdings andere Länder ebenfalls nachziehen, dann ist die Standortattraktivität wieder verloren. Wenn die Länder auf diese Weise die Steuersätze hinunterkonkurrenzieren, sinkt ihre Fähigkeit, Einnahmen zur Finanzierung wichtiger Staatsaufgaben zu erzielen. Aus diesen Gründen gibt es internationale Bestrebungen über eine koordinierte Vorgehensweise bei der Besteuerung der Kapitalerträge. Dies schliesst die Einigung auf ein gemeinsam angewandtes Besteuerungsprinzip (Wohnsitz- oder Quellenlandprinzip), gegenseitigen Informationsaustausch der Steuerbehörden, die verstärkte Anwendung von Quellensteuern und die Beseitigung von „Steueroasen" ein, indem Länder mit weitgehenden Steuerbefreiungen zu einer effektiven Besteuerung von Kapitalerträgen angehalten werden. Insbesondere in Europa gibt es zur Vermeidung eines nachteiligen Steuerwettbewerbs auch Bemühungen zu einer stärkeren Steuerharmonisierung durch Annäherung von Steuersätzen bzw. Einführung von Mindeststeuersätzen.

In offenen Volkswirtschaften sind nationale Ersparnisse und Investitionen weitgehend entkoppelt. Wenn die Kapitalertragsteuern auf den Sparern liegen bleiben, sinken die Nettozinsen und fallen die Ersparnisse. Werden die Steuern überwälzt, dann müssen die Bruttoertragsraten ansteigen. Dies hemmt Investitionen und Kapitalbildung. Die Überwälzungsvorgänge und damit die Wirkung der Kapitalertragsbesteuerung auf Ersparnisse und Investitionen werden im Wesentlichen durch das angewandte Besteuerungsprinzip bestimmt. Dieses Kapitel untersucht die sich daraus ergebenden Folgen für die internationale Allokation der Ersparnisse und der Investitionen und diskutiert die Vor- und Nachteile der beiden Besteuerungsprinzipien (Wohnsitz- und Quellenlandprinzip) für die weltweite Effizienz. Anschliessend erörtern wir, wie eine rein auf das nationale Interesse bedachte Regierung angesichts hoher internationaler Kapitalmobilität ein gegebenes Staatsausgabenniveau optimal mit Arbeits- und Kapitaleinkommensteuern finanzieren würde. Danach geht das Kapitel auf die Probleme in der Anwendung des Wohnsitzprinzips in der Besteuerung internationaler Zinserträge ein und erörtert, welche Konsequenzen die Einführung eines Informationsaustauschs und die Anwendung von Quellensteuern auf Zinserträge haben. Der erste Teil das Kapitels schliesst mit einer Darstellung der Besteuerung von Direktinvestitionen multinationaler Unternehmen.[1]

Auch die Gütersteuersätze fallen international weit auseinander. In Europa schwanken Mehrwertsteuersätze von 7.6% in der Schweiz bis zu 25% in einzelnen nordischen Ländern, vgl. auch Tabelle VII.1. Solche Unterschiede können die Handelsströme und die im Inland geltenden Preise wesentlich beeinflussen. Die Gütersteuern treiben einen Keil zwischen Konsumenten- und Produzentenpreise. Die Konsumentenpreise beeinflussen den Reallohn der Konsumenten und setzen damit Anreize für das Arbeitsangebot. Die Beschäftigungsnachfrage hingegen orientiert sich am Reallohn der Produzenten, also dem Verhältnis zwischen Lohnsatz und Produzentenpreis. Wenn der Arbeitsmarkt global ist, sind Beschäftigung und Arbeitsangebot eines Landes entkoppelt. Eine Beschäftigungslücke oder ein Arbeitsüberschuss kann durch einen Wanderungssaldo (Grenzgänger, Saisonarbeiter usw.) ausgeglichen werden.

Ob nun die Güterbesteuerung eher auf das Arbeitsangebot oder auf die Beschäftigungsnachfrage wirkt, hängt hauptsächlich vom angewandten Besteuerungsprinzip (Ursprungs- oder Bestimmungslandprinzip) und den damit verbundenen Überwälzungsvorgängen ab. Wenn die Mehrwertsteuer auf die Konsumentenpreise überwälzt werden kann, sinkt der Reallohn der Arbeitnehmer, so dass die Steuer hauptsächlich das Arbeitsangebot einschränkt. Ein Land kann dann immer noch Beschäftigung und Produktion im Inland wenigstens zum Teil aufrecht erhalten, indem es Arbeitskräfte importiert. Wenn die Mehrwertsteuer hingegen auf den Produzenten liegen bleibt, weil der Wettbewerb zu Preissenkungen zwingt, dann schlägt sich die Steuer in einem Beschäftigungsrückgang aufgrund niedrigerer Produzentenpreise und damit höherer Reallöhne nieder. Die freigesetzten Arbeitskräfte werden zunehmend eine Beschäftigung in anderen Ländern in Erwägung ziehen. Das Kapitel erörtert die Vor- und Nachteile der beiden alternativen Besteuerungsprinzipien für die internationale Allokation im Konsum- (Arbeitsangebot) und Produktionsbereich (Beschäftigung) und geht auf die Möglichkeiten für Wohlfahrtssteigerungen durch Steuerharmonisierung ein. Ausserdem werden kurz die Probleme der Güterbesteuerung in der EU angesprochen, wo es keine Grenzkontrollen mehr gibt und damit das Bestimmungslandprinzip nur noch schwer aufrecht erhalten werden kann.

XII.1   Besteuerung der Kapitaleinkommen

XII.1.1   Ersparnisbildung und Investition

In einer globalen Wirtschaft mit freien Kapitalbewegungen gibt es einen Weltkapitalmarkt, auf dem Kapitalangebot (Ersparnisse S) und Kapitalnachfrage (Investitio-

---

[1]Kapitel I enthält einen internationalen Vergleich von Steuersätzen und bespricht in Abschnitt I.3.2 die empirischen Ergebnisse über die Auswirkungen der Besteuerung auf Ersparnisbildung, Inlandsinvestitionen und multinationale Direktinvestitionen.

nen K) durch entsprechende Anpassungen der Zinsen ausgeglichen werden. Offene Volkswirtschaften können daher eine vorhandene Angebots- oder Nachfragelücke auf dem nationalen Kapitalmarkt durch Kapitalimporte oder -exporte ausgleichen. Auf dem Weltmarkt insgesamt müssen sich jedoch die Summe der Kapitalexporte, d. h. die Überschüsse der Ersparnisse über die Investitionen, $S - K$, auf Null aufaddieren. In der Folge beschränken wir uns auf nur zwei Regionen, In- und Ausland, wobei ausländische Grössen mit einem Stern gekennzeichnet sind. Ein Gleichgewicht auf dem Weltkapitalmarkt erfordert

$$S + S^* = K + K^* \quad \Leftrightarrow \quad (S - K) + (S^* - K^*) = 0. \qquad \text{(XII.1)}$$

Es seien i und i^* die Marktzinsen im jeweiligen Land. Ein Land mit hoher Sparneigung wird Kapital exportieren, $S > K$, und einen Teil seiner Ersparnisse im Ausland investieren. Das Vermögen setzt sich dann aus in- und ausländischen Anlagen zusammen, $S = S_{HH} + S_{HF}$. Der erste Index bezeichnet das Wohnsitzland des Anlegers (H für home), der zweite Index das geographische Ziel der Anlage bzw. das Quellenland der Zinserträge (F für foreign). Für ausländische Anleger gilt Ähnliches, $S^* = S_{FF} + S_{FH}$, wobei die Indizes vertauscht sind. Die internationalen Portfolioinvestitionen führen ausserdem dazu, dass der im Inland investierte Kapitalstock teilweise in den Händen der Ausländer ist,

$$S = S_{HH} + S_{HF}, \quad K = S_{HH} + S_{FH} \quad \Rightarrow \quad A \equiv S - K = S_{HF} - S_{FH}. \qquad \text{(XII.2)}$$

Die Nettoauslandsposition A ist der Überschuss der heimischen Portfolioinvestitionen S_{HF} im Ausland über die ausländischen Portfolioinvestitionen im Inland, S_{FH}. Die Vermögenserträge fliessen über die Grenzen an die jeweiligen Anteilseigner zurück.

Das Finanzkapital ist mobil. Die Ersparnisse werden ausschliesslich dort angelegt, wo die höchsten Nettoertragsraten möglich sind. Von Risiko und anderen Anlagegesichtspunkten wird abstrahiert; der Ertrag sei sicher. Mit anderen Worten sind die in- und ausländischen Assets perfekte Substitute. Das Anlegerverhalten erzwingt in diesem Fall *Arbitragefreiheit*, so dass ohne Besteuerung die Zinssätze gleich sein müssen, $i = i^*$. Wären die Zinsen in einem Land höher, dann würden die Anleger keine Assets in diesem Land erwerben wollen, so dass die Kapitalnachfrage nicht mehr befriedigt und die Investitionen nicht mehr finanziert werden könnten. Es muss dann der Zins soweit ansteigen, bis die Anleger gerade indifferent zwischen der Investition ihrer Ersparnisse im In- und Ausland sind. Die Anpassung der Zinsen beeinflusst ihrerseits Investitionsneigung und Kapitalnachfrage.

Die Ersparnisse werden in in- und ausländische Anlagen investiert und stehen für die Investitionsfinanzierung weltweit zur Verfügung. Die Unternehmen müssen in- und ausländische Investoren jeweils mit derselben Rendite bedienen. Der Bruttozins i vor Steuern im Land des Unternehmensstandortes bestimmt die Kapitalkosten. Im In- und Ausland wird dasselbe Gut produziert, dessen Preis auf 1 normalisiert ist. Das Arbeitsangebot L sei in jedem Land exogen. Die Unternehmen wählen Investition und Arbeitsnachfrage, um den Unternehmenswert zu maximieren,

$$\max_{K,L} \frac{F(K,L) - wL + K}{1 + i} - K. \qquad \text{(XII.3)}$$

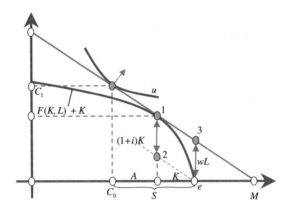

Abbildung XII.1: Ersparnisbildung und Investition

Die optimale Arbeitsnachfrage $w = F_L$ bestimmt für einen gegebenen Kapitalstock den gleichgewichtigen Lohn, der mit Vollbeschäftigung vereinbar ist. Das Investitionskalkül folgt aus der BEO für die Kapitalnachfrage,

$$F_K(K,L) = i, \quad F_K\big(K^*,L^*\big) = i^*. \tag{XII.4}$$

Das ausländische Investitionsniveau unterliegt demselben Kalkül, wobei der ausländische Marktzins relevant ist. Abbildung XII.1 illustriert, wie bei gegebenem Bruttozins i die Kapitalnachfrage bestimmt wird. Der Kapitaleinsatz wird ausgehend von Punkt e nach links abgetragen. Die Kurve durch die Punkte e und 1 bezeichnet den verfügbaren Output $F(K,L) + K$ in Periode 1, wobei von einer Abschreibung des Kapitalstocks abstrahiert wird. Die Linie $(1 + i)K$ gibt die Opportunitätskosten des Kapitals an. Der Tangentialpunkt 1 legt den optimalen Kapitaleinsatz fest, bei dem die Steigungen der beiden Kurven identisch sind, was der Optimalitätsbedingung (XII.4) entspricht. Bei linearhomogener Technologie gilt $F(K,L) = KF_K + LF_L$, so dass der gesamte Output auf Arbeits- und Kapitalkosten entfällt. Der gesamte Abstand unterhalb von Punkt 1 wird daher auf $F(K,L) + K = wL + (1 + i)K$ aufgespaltet. Die Strecke 1–2 bzw. 3–e gibt daher das Lohneinkommen wL an, das den Haushalten in Periode 1 zur Verfügung steht. Man erkennt, dass der optimale Kapitaleinsatz, der mit in- und ausländischen Portfolioinvestitionen finanziert wird, die Lohnsumme maximiert.

Die Ersparnisse eines Landes resultieren aus den intertemporalen Konsumentscheidungen. Die Haushalte seien in der ersten Periode mit einem exogenen Einkommen e bzw. e^* ausgestattet, welches sie konsumieren oder sparen können, $C_0 = e - S$. In der zweiten Periode erzielen sie ein Lohneinkommen aus einem fixen Arbeitsangebot L (bzw. L^*). Die Ersparnisse werden im In- oder im Ausland investiert. Arbitragefreiheit erfordert, dass die Haushalte auf alle ihre Anlagen denselben Nettozins r erzielen, unabhängig davon, wo das Vermögen investiert wird.[2] In Periode 1

---

[2]Obwohl wir zunächst von einer Besteuerung der Zinserträge abstrahieren, so dass Brutto- und Nettozinsen zusammenfallen, $r = i$, verwenden wir für spätere Zwecke den Nettozins.

verfügen die Haushalte neben dem Arbeitseinkommen aus der heimischen Produktion auch über die Ersparnisse und die daraus erwachsenden Zinseinkommen,

$$C_0 = e - S, \quad C_1 = wL + (1 + r)S. \tag{XII.5}$$

Indem man die Ersparnisse eliminiert, erhält man die intertemporale Budgetbeschränkung. Die Ersparnisse folgen dann aus der intertemporalen Konsumentscheidung, wobei $u(C_0, C_1)$ eine wohlgeartete Nutzenfunktion ist,

$$\max_{C_0, C_1} u(C_0, C_1), \quad C_0 + \frac{C_1}{1 + r} = e + \frac{wL}{1 + r} \equiv M. \tag{XII.6}$$

Abbildung XII.1 veranschaulicht die Ersparnisbildung, wobei ohne Besteuerung $i = r$ gilt. In Periode 0 steht ein exogenes Einkommen von e zur Verfügung. Davon wird ein Teil S gespart, um in Periode 1 das Arbeitseinkommen von wL um den Betrag $(1 + r)S$ zu ergänzen. Die Budgetlinie durch die Punkte M–3–1 zeigt, wie durch Konsumverzicht heute Einkommen und Konsum morgen gesteigert werden können. Die optimale Konsum-Spar-Entscheidung wird im Tangentialpunkt der Budgetlinie mit der Indifferenzkurve u abgelesen. Damit liegen die Ersparnisse $S = e - C_0$ auf der horizontalen Achse fest.

Bevor wir auf die Implikationen der Besteuerung eingehen, soll zunächst das internationale Gleichgewicht ohne Staat dargestellt werden. Brutto- und Nettozinsen sind in diesem Fall in beiden Ländern identisch, $r = i$ und $r^* = i^*$. Die internationalen Portfolioinvestitionen erzwingen ausserdem eine Angleichung der Zinsniveaus, $i = i^*$, so dass ein einziger Weltmarktzinssatz i relevant ist. Für eine vollständige graphische Darstellung des internationalen Gleichgewichts ist es günstig, das Lebensvermögen M anders zu schreiben. Indem wir für die Löhne $wL = F(K, L) - iK$ einsetzen und $r = i$ berücksichtigen, folgt

$$\max_{C_0, C_1} u(C_0, C_1), \quad C_0 + \frac{C_1}{1 + i} = e + \frac{F(K, L) + K}{1 + i} - K = M. \tag{XII.7}$$

Die Maximierung des Lebensvermögens nach K ergibt wieder die Investitionsbedingung (XII.4).

Abbildung XII.2 illustriert die internationale Allokation mit dem gleichgewichtigen Weltmarktzinssatz $i = i^*$. Die linke untere Seite reproduziert Abbildung XII.1 für das Inland. Punkt 1 entspricht dem inländischen Produktionsgleichgewicht wie in Abbildung XII.1 und legt damit die Lage der Budgetgerade der Haushalte fest. Der Tangentialpunkt der Indifferenzkurve u mit der Budgetlinie gibt das Konsumgleichgewicht wieder. Die inländischen Haushalte bevorzugen einen hohen Zukunftskonsum, der durch Konsumverzicht und Ersparnisbildung heute ermöglicht wird. Das Inland ist Kapitalexporteur, denn die inländischen Ersparnisse $S = e - C_0$ übersteigen deutlich die Investitionen im Inland.

Im Ausland, ausgehend von der rechten oberen Seite aus dargestellt, erfolgen die Spar-Investitions-Entscheidungen ganz identisch. Das Produktionsgleichgewicht im Punkt 1 spiegelt hohe Investitionen und damit ein hohes zukünftiges Einkommen im Ausland wider. Die ausländischen Ersparnisse $S^* = e^* - K^*$ sind im Vergleich dazu relativ gering, denn der Tangentialpunkt der Budgetgerade mit der Indifferenzkurve

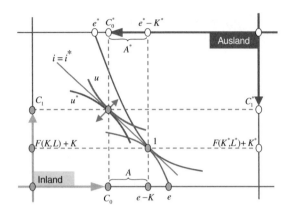

Abbildung XII.2: Internationales Gleichgewicht

u^* resultiert in einem hohen Gegenwartskonsum auf Kosten des Zukunftskonsums. Das Ausland muss daher seine hohen Investitionen mit Kapitalimporten in der Höhe von A^* finanzieren. Wie aus der Abbildung ersichtlich ist, muss $A + A^* = 0$ gelten. Das Inland ist Gläubigerland (Kapitalexportland), das Ausland ist Schuldner bzw. Kapitalimporteur. Nachdem die Forderungen bzw. Schulden am Ende beglichen werden müssen, kann das Inland in Periode 1 mehr konsumieren, als es an Einkommen erwirtschaftet, während das Ausland auf einen Teil des Einkommens verzichten muss, um die Schulden mit Verzinsung zurückzuzahlen. Das internationale Gleichgewicht ist pareto-optimal: Kein Land kann seine Wohlfahrt erhöhen, ohne dass das andere Land schlechter gestellt wird.

XII.1.2 Besteuerung der Zinserträge

XII.1.2.1 Arbitragefreiheit

Die Höhe der Ersparnisse hängt von den Nettozinsen nach Besteuerung der Zinserträge ab. In einer globalen Wirtschaft entscheiden die Sparer nicht nur über die Höhe ihrer Ersparnisse, sondern auch, wo sie diese Ersparnisse investieren. Das Sparvolumen wird nach (XII.2) auf internationale Portfolioinvestitionen aufgeteilt. Die Zinserträge fliessen daher aus verschiedenen Ländern zurück. Im Prinzip haben beide Länder darauf Zugriff, so dass es eine Mehrzahl von Kombinationen der Steuerbelastung gibt, die in Tabelle XII.1 zusammengestellt sind:

Tabelle XII.1: Internationale Kapitalertragsbesteuerung

Inland	Steuerpflichtiger	Herkunft des Eink.	Ausland
τ_{HH}	Inländer	inl. Einkommen	τ^*_{FF}
τ_{HF}	Inländer	ausl. Einkommen	τ^*_{FH}
τ_{FH}	Ausländer	inl. Einkommen	τ^*_{HF}

Parallel zur Kennzeichnung der internationalen Portfolioinvestitionen bezeichnen wir mit τ_{ij} und τ_{ij}^* die Steuersätze, welche das In- und Ausland auf die verschiedenen Sparanlagen anwenden. Der erste Index gibt die Nationalität bzw. das Wohnsitzland des Steuerzahlers an (Home H oder Foreign F). Der zweite Index identifiziert den Ursprung bzw. die Quelle des Einkommens (Home source H oder Foreign source F). Das Inland kann im Prinzip die Erträge der Inländer unterschiedlich besteuern, je nachdem, ob sie aus einer heimischen oder ausländischen Quelle stammen, τ_{HH} oder τ_{HF}. Ausserdem kann das Inland auch noch die Zinserträge der Ausländer im Inland mit einer Quellensteuer τ_{FH} besteuern. Für das Ausland gelten spiegelbildliche Möglichkeiten. Um die internationalen Veranlagungen im jeweils anderen Land zu verfolgen, ist streng auf die Reihenfolge der Indizes zu achten!

Die Finanzinvestoren legen ihre Ersparnisse ausschliesslich dort an, wo die höchsten Nettoertragsraten möglich sind. Wenn bei Veranlagung im Ausland der Nettoertrag nach Steuer nur geringfügig höher ist, werden die Sparer ihr gesamtes Portfolio in ausländische Anlagen umschichten. Dies wäre mit einem Kapitalmarktgleichgewicht nicht vereinbar. Damit auch inländische Assets auf willige Anleger treffen, müssen die Bruttozinsen im Inland steigen, bis die Nettozinsen aus der Veranlagung in beiden Ländern wieder gleich sind. Nur gleiche Nettorenditen stellen sicher, dass die Anleger bezüglich der Alternativen, wo sie ihre Ersparnisse investieren sollen, indifferent sind. Nur dann sind sie tatsächlich bereit, beide Anlagen in ihr Portfolio aufzunehmen. Im Kapitalmarktgleichgewicht muss also *Arbitragefreiheit* gelten,

$$
\begin{aligned}
r &= (1 - \tau_{HH})i &= i^*\left(1 - \tau_{HF}^* - \tau_{HF}\right) && \text{inländischer Anleger,} \\
r^* &= \left(1 - \tau_{FF}^*\right)i^* = i\left(1 - \tau_{FH} - \tau_{FH}^*\right) && \text{ausländischer Anleger.}
\end{aligned}
\tag{XII.8}
$$

Die erste Bedingung beschreibt die Anlageentscheidung des inländischen Sparers, der auf eine heimische Anlage einen Bruttozins i erwirtschaftet. Das Inland besteuert den Zinsertrag des Inländers auf die heimischen Erträge mit dem Satz τ_{HH}. Zinserträge des Inländers (Home resident) aus dem Ausland (Foreign source) werden im Inland (Heimatstaat des Steuerpflichtigen) mit dem Satz τ_{HF} besteuert. Zusätzlich kann das Ausland den Zinsertrag des Inländers aus der ausländischen Quelle mit dem Satz τ_{HF}^* besteuern. Der inländische Anleger erzielt aus der Veranlagung im Ausland also einen Nettoertrag von $i^*\left(1 - \tau_{HF}^* - \tau_{HF}\right)$, während bei Veranlagung im Inland ein Nettoertrag von $i(1 - \tau_{HH})$ möglich ist. Die erste Bedingung in (XII.8) stellt Arbitragefreiheit sicher und macht den inländischen Investor indifferent bezüglich einer Anlage in den beiden Ländern. Die zweite Bedingung stellt Arbitragefreiheit für ausländische Investoren her.

Wie (XII.8) aufzeigt, kann bei einer Veranlagung im jeweils anderen Land leicht eine Doppelbesteuerung entstehen. Erstes Ziel in der Besteuerung internationaler Kapitalerträge ist es, eine solche Doppelbesteuerung zu vermeiden, indem sich die Länder auf die beidseitige Anwendung eines einheitlichen Besteuerungsprinzips einigen. Nach dem *Wohnsitzprinzip* der Zinsertragsbesteuerung (WSP, residence principle) erhebt jeder Staat auf das weltweite Kapitaleinkommen seiner Bürger einen einheitlichen Satz, $\tau_{HH} = \tau_{HF}$ und $\tau_{FF}^* = \tau_{FH}^*$. Dagegen verzichten beide Staaten auf eine Besteuerung der Zinserträge der Ausländer, $\tau_{FH} = \tau_{HF}^* = 0$. Nach dem *Quellenlandprinzip* (QLP, source principle) werden In- und Ausländer jeweils im Ursprungsland der Kapitalerträge einheitlich besteuert, $\tau_{HH} = \tau_{FH}$ und $\tau_{FF}^* = \tau_{HF}^*$. Dagegen stellt jedes Land die ausländischen Kapitalerträge der eigenen Bürger steuerfrei, denn diese unterliegen bereits im Quellenland der dort geltenden Steuer, $\tau_{HF} = \tau_{FH}^* = 0$.

Welche allokativen Folgen ergeben sich aus der Anwendung der beiden Besteuerungsprinzipien? Zunächst stellt man mit Tabelle XII.2 fest, dass bei einer beidseitigen Anwendung eines der beiden Besteuerungsprinzipien das Arbitrageverhalten der Anleger entweder die Bruttozinsen oder die Nettozinsen in den beiden Ländern angleicht. Beim WSP besteuert der Wohnsitzstaat das Welteinkommen seiner Bürger mit dem einheitlichen Satz $\tau_{HH} = \tau_{HF}$ bzw. $\tau_{FF}^* = \tau_{FH}^*$, während die Einkommen der Ausländer jeweils freigestellt werden $\tau_{FH} = \tau_{HF}^* = 0$. Indem wir diese Restriktionen in (XII.8) einsetzen, erhalten wir die Bedingungen der Arbitragefreiheit, wie sie für die in- und ausländischen Anleger im Kapitalmarktgleichgewicht gelten müssen. Nachdem die Anleger in ihrem Heimatland mit ihrem Welteinkommen einheitlich besteuert werden, erzielt jeder Anleger nur dann gleiche Nettozinsen auf seine in- und ausländischen Anlagen, wenn auch die Bruttozinsen gleich sind, $i = i^*$. Dies gilt für die Anleger in allen Ländern. Das WSP führt also zu einer Angleichung der Bruttozinsen. Wenn aber die einzelnen Länder mit unterschiedlich hohen Steuersätzen besteuern, $\tau_{HH} \neq \tau_{FF}^*$, dann wird sich in den beiden Ländern ein unterschiedliches Nettozinsniveau einpendeln, wie Tabelle XII.2 zeigt. Für jeden einzelnen Investor gilt dabei natürlich die Gleichheit der Nettorenditen für die in- und ausländischen Anlagealternativen (Arbitragefreiheit), allerdings eben auf einem unterschiedlichen Niveau.

Beim QLP besteuert der Quellenstaat die Zinserträge, die allen in- und ausländischen Investoren zufliessen, mit dem einheitlichen Satz $\tau_{HH} = \tau_{FH}$ bzw. $\tau_{FF}^* = \tau_{HF}^*$, während die ausländischen Zinseinkommen der eigenen Bürger freigestellt werden, weil diese ja schon im Quellenstaat der dortigen Besteuerung unterliegen, $\tau_{HF} = \tau_{FH}^* = 0$. Indem wir wieder diese Restriktionen in (XII.8) einsetzen, erhalten wir die Bedingungen der Arbitragefreiheit bei Anwendung des QLP. Nachdem jeweils an der Quelle besteuert wird, zahlen in- und ausländische Anleger im selben (Quellen-)Land jeweils den gleichen Nettozins. Nach der Bedingung der Arbitragefreiheit muss ausserdem jeder Anleger in allen Ländern den gleichen Nettozins erhalten, so dass die Nettozinsen international angeglichen werden. Damit aber die Nettozinsen international gleich sein können, müssen im Kapitalmarktgleichgewicht die Bruttozinsen in

Tabelle XII.2: Besteuerungsprinzip und Arbitrage

	beidseitiges WSP $\tau_{HF}^* = 0 = \tau_{FH}$	beidseitiges QLP $\tau_{HF} = \tau_{FH}^* = 0$
inl. Anleger	$i(1 - \tau_{HH}) = i^*(1 - \tau_{HH})$	$i(1 - \tau_{HH}) = i^*\left(1 - \tau_{FF}^*\right)$
ausl. Anleger	$i\left(1 - \tau_{FF}^*\right) = i^*\left(1 - \tau_{FF}^*\right)$	$i(1 - \tau_{HH}) = i^*\left(1 - \tau_{FF}^*\right)$
aus $\tau_{HH} \neq \tau_{FF}^*$ folgt	$\Downarrow$	$\Downarrow$
Bruttozinsen	$i = i^*$	$i \neq i^*$
Nettozinsen	$r \neq r^*$	$r = r^*$

Ländern mit hohen Steuern entsprechend höher sein als in Niedrigsteuerländern. Das QLP führt also im internationalen Vergleich zu gleichen Nettozinsen, aber zu unterschiedlichen Bruttozinsen.

XII.1.2.2 Internationale Kapitalallokation

Welche Folgen ergeben sich aus der Anwendung der beiden Prinzipien der internationalen Zinsertragsbesteuerung für Ersparnisse und Investition? Dies wird einerseits davon abhängen, wie sich im internationalen Gleichgewicht die Zinsen anpassen und wie weit damit die Steuer überwälzt werden kann oder nicht. Wir klammern zunächst diese schwierige Frage aus. Es ist jedoch leicht möglich, für ein gegebenes Spar- und Investitionsvolumen die Auswirkungen auf die internationale Allokation festzustellen, ohne die gesamte Gleichgewichtsanpassung nachzuvollziehen. Wir wenden uns zunächst der Investitionsseite zu. Dabei geht es ausschliesslich um die Folgen der internationalen Zinsbesteuerung bzw. der Besteuerung der Kapitalerträge auf der Ebene des Investors. Unternehmenssteuern werden zunächst vernachlässigt.

Die beidseitige Anwendung des WSP führt nach Tabelle XII.2 zu gleichen Bruttozinsen, $i = i^*$, das QLP zu gleichen Nettozinsen, $r = r^*$. Das Zinsniveau pendelt sich dabei jeweils so ein, dass der Weltkapitalmarkt geräumt wird, siehe (XII.1). Die Angleichung der entsprechenden Zinssätze ist eine Folge des Arbitrageverhaltens, wobei die Anlagealternativen als perfekt substituierbar angenommen sind. Wir beschränken uns auf eine partielle Betrachtung, indem wir nur die Allokation des Spar- bzw. Investitionsvolumens auf die beiden Länder diskutieren, aber nicht das Niveau. Abbildung XII.3 zeigt die Folgen für die internationale Allokation der Kapitalinvestitionen, wobei die Auswirkungen auf die weltweiten Ersparnisse und damit auf den gesamten Weltkapitalstock vernachlässigt werden. Wir fragen lediglich, wo die weltweiten Ersparnisse investiert werden bzw. wo die Investitionsstandorte liegen. In jedem Land ist das Grenzprodukt des Kapitals bei fixem Arbeitsangebot eine

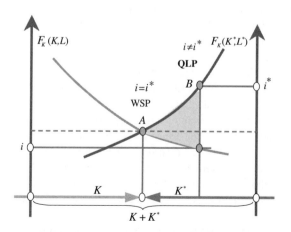

Abbildung XII.3: Internationale Kapitalallokation

fallende Funktion des Kapitaleinsatzes bzw. des Investitionsniveaus, wobei die Investitionen im Inland vom linken Ursprung und die ausländischen Investitionen vom rechten Ursprung ausgehend aufgetragen werden. Das WSP (Punkt A) gleicht die Bruttozinsen und damit die Grenzproduktivitäten des Kapitals aus. Der Kapitalstock ist international effizient investiert! Dies wird gelegentlich als Kapitalexportneutralität bezeichnet. Eine Reallokation des Kapitals brächte keine Einkommenssteigerung, weil die Grenzprodukte in beiden Ländern gleich sind. Dies gilt unabhängig davon, ob die Steuersätze in den beiden Ländern identisch sind oder nicht. Beim QLP (Punkt B) hingegen fallen die Bruttozinsen bei unterschiedlichen Steuersätzen auseinander. Das Grenzprodukt im Ausland ist höher (Punkt B). Wird eine Kapitaleinheit aus dem Inland (niedriges Grenzprodukt) abgezogen und im Ausland (hohes Grenzprodukt) investiert, so entsteht ein Einkommenszuwachs in der Höhe des Unterschiedsbetrages der Grenzprodukte. Wiederholt man diese Reallokation bis zum Punkt A, so entsteht ein Einkommensgewinn gleich der unterlegten Dreiecksfläche. Dies entspricht dem Wohlfahrtsverlust aus der ineffizienten Kapitalallokation beim QLP. Eine Harmonisierung der Steuersätze würde jedoch auch beim QLP die Bruttozinsen und damit die Grenzprodukte angleichen. Die unterlegte Fläche zeigt also auch den möglichen Wohlfahrtsgewinn aus einer Steuersatzharmonisierung beim QLP.

XII.1.2.3   Internationale Konsumallokation

In offenen Volkswirtschaften kommt es regelmässig vor, dass in einigen Ländern die Ersparnisse gross, aber die Investitionen gering sind. Ein sparfreudiges Land mit starken Präferenzen für zukünftigen Konsum bildet hohe Ersparnisse und wird einen grossen Teil davon im Ausland investieren. Die Zinserträge und das Kapital fliessen dann in der nächsten Periode aus dem Ausland zurück, so dass der Konsum höher als die eigene Produktion sein kann. Wie beeinflusst nun die Besteuerung der Zinserträge die internationale Konsumallokation und damit die Vermögensbildung und Wohlfahrt der beiden Länder? Abbildung XII.4 zeigt die internationale Konsumallokation, wobei nun die Einkommensentstehung nicht mehr eingezeichnet ist. Unterschiedliche Steuersätze führen beim WSP zu international unterschiedlichen Nettozinsen wie im Punkt A. Das Inland besteuert gering und hat daher einen höheren Nettozins als das Ausland. Die Inländer verlagern mit verstärkten Ersparnissen den Konsum von heute auf morgen. Die Ausländer werden hoch besteuert, haben einen geringen Nettozins und ziehen daher Konsum von morgen auf heute vor (C_0 klein, C_0^* gross und umgekehrt für C_1, C_1^*). Das Ausland verschuldet sich beim Inland.

Die Konsumallokation ist nicht optimal abgestimmt, was das internationale Verschuldungsverhalten verzerrt. Die Linse zwischen den Indifferenzkurven zeigt die Möglichkeiten für eine Pareto-Verbesserung, die beispielsweise durch eine Harmonisierung (Angleichung) der Steuersätze erreicht werden könnte. Nachdem beim WSP die Bruttozinsen ohnehin gleich sind ($i = i^*$), führen gleiche Steuersätze zu einer Angleichung auch der Nettozinsen, so dass eine Situation wie im Punkt B realisiert werden könnte.

Im Unterschied zum WSP führt die beidseitige Anwendung des QLP zu gleichen Nettozinsen, auch wenn die Steuersätze unterschiedlich sind. Dies erlaubt eine

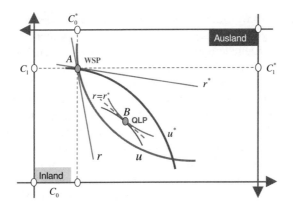

Abbildung XII.4: Internationale Konsumallokation

effiziente Abstimmung des Konsums und der Ersparnisse (bzw. der internationalen Verschuldung) wie im Punkt B. Es ist keine weitere Wohlfahrtserhöhung durch eine bessere Konsumabstimmung mehr möglich. Allerdings fallen im Allgemeinen beim QLP die Bruttozinsen auseinander, so dass die Kapitalallokation ineffizient und damit die Produktionseffizienz gestört ist, wie aus Abbildung XII.1 hervorgeht. Die Allokationswirkungen der beiden Besteuerungsprinzipien können in folgender Matrix zusammengefasst werden:

Allokation	Konsum	Produktion
WSP	nicht effizient	effizient
QLP	effizient	nicht effizient

XII.1.3 Optimale Besteuerung

XII.1.3.1 Kleine offene Volkswirtschaft

In einer zunehmend globalisierten Welt mit integrierten Kapitalmärkten stellt sich für kleine offene Länder das schwierige Problem, wie sie ihre Steuerpolitik gestalten sollen, um die Staatsausgaben zu finanzieren und angesichts der hohen internationalen Mobilität des Kapitals als Investitionsstandort steuerlich attraktiv zu bleiben. Das Land muss genügend Unternehmensinvestitionen und ausreichendes Portfoliokapital zur Investitionsfinanzierung anziehen, damit im Inland die Beschäftigung zu hohen Löhnen gesichert bleibt. Dieses Problem analysieren wir nun für den Fall einer kleinen offenen Volkswirtschaft, welche ein exogen vorgegebenes Niveau von Staatsausgaben G mit Lohnsteuern, Gewinnsteuern und Kapitalertragsteuern finanzieren muss. Dabei können Gütersteuern ohne Verlust der Allgemeinheit vernachlässigt werden, da sie mit einer Lohnsteuer (weitgehend) äquivalent sind. Die Gewinnsteuer wird auf Unternehmensebene erhoben und ist eine Quellensteuer, da sie die Gewinne aus allen im Inland getätigten Investitionen, egal ob in in- oder ausländischem Besitz, besteuert. Die Besteuerung der Kapitalerträge erfolgt auf Personenebene nach dem WSP, so dass die weltweiten Kapitalerträge der heimischen Investoren mit Wohnsitz im Inland besteuert werden, während die Kapitalerträge der ausländischen Portfolioinvestoren im Inland unbesteuert bleiben. Die weltweite Anwendung des WSP bedeutet, dass die Bruttozinsen international gleich sind. Für ein kleines offenes Land ist daher der Weltmarktzins $i = i^*$ nicht beeinflussbar und exogen vorgegeben.

Die Kapitaleinkommensbesteuerung kann an der Quelle auf der Unternehmensebene ansetzen und treibt damit einen Steuerkeil zwischen die Vorsteuerrendite (Faktorpreis) w_K und den Bruttozins i, wobei t_K den Gewinnsteuersatz bezeichnet. Je höher der Gewinnsteuersatz ist, desto höher muss die Vorsteuerrendite der Investitionen sein, damit die Unternehmen den Investoren den marktüblichen Bruttozins nach Steuern sichern können. Die Kapitalertragsbesteuerung auf Personenebene zum Satz t_S reduziert bei gegebenem Weltmarktzins den Nettozins r der Sparer.[3] Die Lohnsteuer mit dem Satz t_L drückt einen Keil zwischen die Arbeitskosten w_L der Unternehmen und die Nettolöhne der Haushalte,

$$r = (1 - t_S)i, \quad i = (1 - t_K)w_K, \quad w = (1 - t_L)w_L. \qquad \text{(XII.9)}$$

Während die Kapitaleinkommensbesteuerung die Ersparnisse und Investitionen verzerrt, hemmt die Lohnsteuer Arbeitsangebot und Beschäftigung. Die Gestaltung der Steuerstruktur wird darauf Rücksicht nehmen, welche der Steuern eine besonders hohe Mehrbelastung verursacht. Um die unterschiedlichen Implikationen für Ersparnisbildung und Beschäftigung zu erfassen, müssen wir das Haushaltsmodell im vorausgehenden Abschnitt um ein endogenes Arbeitsangebot erweitern. Wir schränken die Präferenzen auf die spezielle Form $U(C_0, C_1, L) = u(C_0) + C_1 - \varphi(L)$ ein. Der Nutzen des Gegenwartskonsums C_0 sei konkav ansteigend, $u' > 0 > u''$, während das Arbeitsleid mit höherem Arbeitsangebot konvex zunimmt, $\varphi' > 0$ und $\varphi'' > 0$. Diese Spezialisierung dient lediglich dem Zweck, die nachfolgende Analyse möglichst einfach zu halten, und schaltet Einkommenseffekte auf die Ersparnisse und das Arbeitsangebot aus. Eine Berücksichtigung von Einkommenseffekten würde die qualitativen Ergebnisse der Analyse nicht verändern. Indem man die Budgetbeschränkungen (XII.5) einsetzt, kann das Haushaltsproblem mit der folgenden indirekten Nutzenfunktion zusammengefasst werden:

$$V(w, r) = \max_{S, L} u(e - S) + (1 + r)S + wL - \varphi(L). \qquad \text{(XII.10)}$$

Aus den BEO folgen die Spar- und Arbeitsangebotsfunktionen,

$$u'(e - S) = 1 + r \Rightarrow S(r), \quad \varepsilon_S = \frac{1}{S}\frac{dS}{dr} = \frac{1}{-Su''(C_0)} > 0,$$
$$\varphi'(L) = w \quad \Rightarrow L(w), \quad \varepsilon_L = \frac{1}{L}\frac{dL}{dw} = \frac{1}{L\varphi''(L)} > 0. \qquad \text{(XII.11)}$$

Sparen und Arbeitsangebot hängen ausschliesslich von den Preisen, aber nicht vom Einkommen ab. Wie vorhin erwähnt, sind Einkommenseffekte ausgeschaltet. Die Verhaltenselastizitäten folgen aus den Differentialen der BEO, $-u''(C_0)dS = dr$ und

---

[3]Der Satz t_S entspricht den Sätzen $\tau_{HH} = \tau_{HF}$ in (XII.8), siehe auch Tabelle XII.2.

$\varphi''(L)\mathrm{d}L = \mathrm{d}w$, wobei für die jeweiligen Vorzeichen die Eigenschaften $u'' < 0$ und $\varphi'' > 0$ zu beachten sind. Die Elastizitäten folgen per Definition.

Die Ableitungen der indirekten Nutzenfunktion zeigen, wie sich Änderungen der Nettolöhne und Nettozinsen auf die Wohlfahrt der Haushalte auswirken. Die Anwendung des Envelopen-Theorems ergibt

$$\frac{\mathrm{d}V}{\mathrm{d}r} = S, \quad \frac{\mathrm{d}V}{\mathrm{d}w} = L. \tag{XII.12}$$

Die Produktion im Inland erfolgt mit einer linearhomogenen Technologie $Y = F(K,L)$. Eine Abschreibung des Kapitalstocks wird der Einfachheit halber nicht berücksichtigt. In der Periode 0 müssen mit in- und ausländischen Ersparnissen Investitionen in der Höhe von K finanziert werden, welche in Periode 1 Gewinne von $Y - w_L L$ ermöglichen, die mit der Gewinnsteuer (Körperschaftsteuer) t_K besteuert werden, unabhängig davon, ob sie an die in- oder ausländischen Investoren zurückfliessen,

$$\max_{L,K} \frac{(1 - t_K)[F(K,L) - w_L L] + K}{1 + i} - K. \tag{XII.13}$$

Die Gewinnsteuer ist eine Quellensteuer. Die im Inland operierenden Unternehmen können entweder den In- oder Ausländern gehören. Bei weltweiter Anwendung des WSP verlangen die in- und ausländischen Investoren die gleiche Bruttoertragsrate $i = i^*$. Mit diesem Zins müssen die Unternehmen diskontieren, damit sie den Anteilseignern die notwendige Rendite sichern können.

Die BEO für die Wertmaximierung bestimmen implizit die Faktornachfragen,

$$F_L = w_L, \quad F_K = \frac{i}{1 - t_K} \equiv w_K. \tag{XII.14}$$

Bei linearhomogener Technologie kann der Output in intensiver Form angeschrieben werden, $Y = f(k)L$, wobei $f(k)$ den Output pro Arbeitseinheit und $k \equiv K/L$ das Kapital/Arbeits-Verhältnis bzw. den Kapitaleinsatz pro geleisteter Arbeitseinheit bezeichnen. Der Leser mag zeigen, dass in diesem Fall die Grenzprodukte wie folgt vom Kapital/Arbeits-Verhältnis abhängen,

$$F_K = f'(k), \quad F_L = f(k) - kf'(k), \quad \mathrm{d}w_K = f''(k) \cdot \mathrm{d}k, \quad \mathrm{d}w_L = -k \cdot \mathrm{d}w_K. \tag{XII.15}$$

Aus den Differentialen der BEO folgt die Faktorpreisgrenze $\mathrm{d}w_L/\mathrm{d}w_K = -k$. Die Anpassung der Kapitalnachfrage pro Arbeitseinheit wird mit folgender Kapitalnachfrageelastizität beschrieben:

$$\mathrm{d}k = \frac{1}{f''}\mathrm{d}w_K \quad \Rightarrow \quad \varepsilon_K \equiv -\frac{1}{k}\frac{\mathrm{d}k}{\mathrm{d}w_K} = -\frac{1}{kf''} > 0. \tag{XII.16}$$

Die gewählten Steuersätze beeinträchtigen einerseits durch ihre negativen Auswirkungen auf Arbeitsangebot, Investition und Ersparnisbildung die Einkommensentstehung und damit den Umfang der steuerlichen Bemessungsgrundlagen. Andererseits

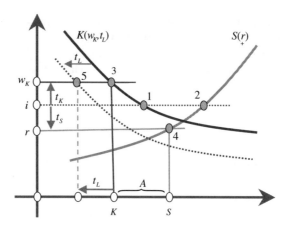

Abbildung XII.5: Kleine offene Volkswirtschaft

müssen sie ausreichen, um das vorgegebene Niveau der Staatsausgaben in Periode 1 zu finanzieren,

$$G = t_L w_L L + t_s i S + t_K (Y - w_L L). \tag{XII.17}$$

Für eine kleine offene Volkswirtschaft ist somit eine besonders einfache Lösung des Gleichgewichts möglich, die in Abbildung XII.5 illustriert wird. Nach (XII.14) hängen die Kapitalnutzungskosten w_K ausschliesslich vom exogen vorgegebenen Weltmarktzins i und dem Gewinnsteuersatz ab. Die Investitionsbedingung $w_K = f'(k)$ führt dazu, dass das Kapital/Arbeits-Verhältnis mit zunehmenden Kapitalnutzungskosten sinkt. Damit verringert sich nach (XII.15) der Bruttolohn und in der Folge das Arbeitsangebot L. Dieses wird ausserdem durch hohe Lohnsteuersätze beeinträchtigt. In Abhängigkeit vom Arbeitsangebot beträgt schliesslich der Kapitaleinsatz $K = kL$ bzw. $K(w_K, t_L)$. Das Niveau der Kapitalnachfrage sinkt mit höheren Kapitalnutzungskosten und einem höheren Lohnsteuersatz, wie Abbildung XII.5 anzeigt. Die Ersparnisse $S(r)$ hängen bei gegebenem Weltmarktzins von der inländischen Kapitalertragsbesteuerung nach dem WSP ab, siehe (XII.9).

Investition und Ersparnis sind in einer offenen Volkswirtschaft im Allgemeinen nicht identisch. Wie in (XII.1) ergibt sich aus dem inländischen Investitions-Spar-Gleichgewicht ein Kapitalexport von $A = S - K$. In Abbildung XII.5 entsprechen die Kapitalexporte ohne Besteuerung der Strecke 1–2. Die Gewinnsteuer reduziert den im Inland investierten Kapitalstock wie im Punkt 3. Eine höhere Lohnsteuer würde ebenfalls die Investitionen senken (Bewegung 3–5), weil bei gleicher Kapitalintensität und geringerem Arbeitsangebot eben auch weniger Kapital eingesetzt wird. Eine höhere Kapitalertragsteuer auf Personenebene senkt den Nettozins der Haushalte und reduziert die Ersparnisse (Bewegung 2–4), was für sich genommen den Kapitalexport reduziert.

XII.1.3.2 Auswirkungen der Besteuerung

Ziel dieses Abschnittes ist es, zu zeigen, wie ein kleines Land seine Steuerstruktur bei hoher Kapitalmobilität optimal gestalten soll, um eine höchstmögliche nationale Wohlfahrt zu erzielen. Dazu arbeiten wir zunächst die komparativ statischen Auswirkungen der Besteuerung heraus.[4] Der Weltmarktzins ist für ein kleines Land exogen. Aus dem Differential von (XII.9) ergeben sich unter Berücksichtigung der Faktorpreisgrenze in (XII.15), $dw_L = -kdw_K$, folgende Auswirkungen auf Kapitalrenditen und Nettolöhne:

$$dr = -idt_S, \quad dw_K = \frac{w_K}{1 - t_K}dt_K, \quad dw = -w_L dt_L - (1 - t_L)kdw_K. \quad \text{(XII.18)}$$

Das Produktionsgleichgewicht ist in (XII.14)-(XII.16) beschrieben. Danach kann einzig die Gewinnsteuer die Kapitalintensität und damit die Bruttolöhne beeinflussen. Indem man das Differential von $w_K = f'(k)$ bildet und (XII.18) benutzt, folgt für die Kapitalintensität k und die Bruttolöhne

$$\frac{dk}{dt_K} = -\frac{w_K k}{1 - t_K} \cdot \varepsilon_K, \quad \frac{dw_L}{dt_K} = -\frac{w_K k}{1 - t_K}. \quad \text{(XII.19)}$$

Arbeitsangebot und Beschäftigung hängen vom Nettolohn ab, der neben der Lohnsteuerbelastung vor allem den erzielbaren Bruttolohn widerspiegelt. Damit hängt das Arbeitsangebot auch vom Gewinnsteuersatz ab, da dieser wegen seiner Wirkung auf die Investitionen die heimische Arbeitsproduktivität beeinflusst. Aus dem Differential von (XII.11) folgt unter Berücksichtigung von (XII.19)

$$\frac{dL}{dt_L} = \frac{dL}{dw}\frac{dw}{dt_L} = -w_L L \cdot \varepsilon_L, \quad \frac{dL}{dt_K} = -(1 - t_L)\frac{w_K K}{1 - t_K} \cdot \varepsilon_L. \quad \text{(XII.20)}$$

Mit Kenntnis der Beschäftigungseffekte kann nun die Auswirkung auf das Investitionsvolumen ermittelt werden, $dK = kdL + Ldk$, wobei k von t_K, aber nicht von t_L abhängt. Die vorausgehenden Effekte ergeben zusammen mit dem Differential $dL = L\varepsilon_L dw$ des Arbeitsangebots aus (XII.11)

$$\frac{dK}{dt_L} = -w_L Lk\varepsilon_L, \quad \frac{dK}{dt_K} = L\frac{dk}{dt_K} + k\frac{dL}{dt_K} = -\frac{w_K K}{1 - t_K}[\varepsilon_K + (1 - t_L)k\varepsilon_L].$$

$$\text{(XII.21)}$$

In Abbildung XII.5 sind die Wirkungen der Lohn- und Gewinnsteuer mit den Bewegungen 3–5 und 1–3 eingezeichnet.

Die Ersparnisse hängen in diesem stilisierten Modell ausschliesslich vom Nettozins und damit von der Kapitalertragsbesteuerung auf der persönlichen Ebene nach dem WSP ab, wobei der Weltmarktzins für ein kleines Land als exogen angenommen wird. Da der Steuersatz t_S keinen Einfluss auf die Faktorpreise hat, ergeben sich keine

---

[4]Die Staatsausgaben haben keine separaten Auswirkungen, wenn sie in Periode 1 pauschal zurückerstattet werden. Unter den gegebenen Annahmen hängt keine der Entscheidungen vom Einkommen in Periode 1 ab.

weiteren Effekte. Nach (XII.11) führt die Steuer zu folgendem Effekt, der in Abbildung XII.5 als Bewegung 2–4 zum Ausdruck kommt:

$$\frac{\mathrm{d}S}{\mathrm{d}t_S} = \frac{\mathrm{d}S}{\mathrm{d}r}\frac{\mathrm{d}r}{\mathrm{d}t_S} = -iS \cdot \varepsilon_S. \tag{XII.22}$$

XII.1.3.3   Optimale Steuerstruktur

Nun sind die Steuersätze und damit die Steuerstruktur so zu wählen, dass die nationale Wohlfahrt maximiert wird und gleichzeitig die Steuereinnahmen ausreichen, um ein vorgegebenes Ausgabenniveau G wie in (XII.17) zu finanzieren. Indem man für die Steuerbasis der Gewinnsteuer $w_K K = Y - w_L L$ verwendet, lautet das Optimalsteuerproblem

$$\max_{t_S, t_L, t_K} V(w,r) + \xi \cdot [t_L w_L L + t_S i S + t_K w_K K - G]. \tag{XII.23}$$

Der Lagrange-Multiplikator ξ gibt den sozialen Grenznutzen aus der Verwendung eines zusätzlichen Euro an Steueraufkommen an.

Die BEO für den Satz t_S der Kapitalertragsteuer ist besonders einfach, da diese Steuer die Faktorpreise und damit das Faktorangebot K und L nicht beeinflusst. Die einzige Auswirkung betrifft das Niveau der Ersparnisbildung und damit der Kapitalexporte. Die BEO lautet $\frac{\mathrm{d}V}{\mathrm{d}r}\frac{\mathrm{d}r}{\mathrm{d}t_S} + \xi[iS + t_S i(\mathrm{d}S/\mathrm{d}t_S)] = 0$. Der erste Term gibt den Wohlfahrtsverlust der Haushalte an. Die Anhebung des Steuersatzes spült bei gegebener Bemessungsgrundlage ein zusätzliches Aufkommen von iS Euro in die Staatskasse. Andererseits schrumpft die Steuerausweichung in Form von geringeren Ersparnissen die Bemessungsgrundlage und führt bei gegebenem Steuersatz zu Einnahmeverlusten von $t_S i \mathrm{d}S/\mathrm{d}t_S$. Die eckige Klammer beziffert den Nettoeffekt auf das Steueraufkommen. Multipliziert mit dem Schattenpreis ξ erhält man den sozialen Grenznutzen eines zusätzlichen Euro an Aufkommen der Kapitalertragsteuer. Der Steuersatz ist optimal gewählt, wenn damit die sozialen Grenzkosten der Steuer gleich dem ersten Term gerade aufgewogen werden. Indem man die Ergebnisse (XII.12), (XII.18) und (XII.22) verwendet, erhält man das Ergebnis in (XII.25a).

Die BEO für den Lohnsteuersatz lautet

$$\frac{\mathrm{d}V}{\mathrm{d}w}\frac{\mathrm{d}w}{\mathrm{d}t_L} + \xi\left[w_L L + (t_L w_L + t_K w_K k)\frac{\mathrm{d}L}{\mathrm{d}w}\frac{\mathrm{d}w}{\mathrm{d}t_L}\right] = 0.$$

In der kleinen offenen Volkswirtschaft hat die Lohnsteuer keine Auswirkungen auf den Nettozins r und die Kapitalnutzungskosten w_K, so dass sie auch keinen Effekt auf die Kapitalintensität k und den Bruttolohn w_L entfaltet. Sie mindert lediglich das Arbeitsangebot und damit auch das Investitionsniveau $K = kL$, so dass sie die Steuerbasis nicht nur der Lohnsteuer, sondern auch der Gewinnsteuer schmälert. Einsetzen der entsprechenden Teilergebnisse ergibt die Bedingung (XII.25b).

Am aufwendigsten ist die BEO für den Gewinnsteuersatz t_K zu ermitteln. Wir untersuchen zuerst die Auswirkungen auf das Gewinn- und Lohnsteueraufkommen, $T_K = t_K w_K K$ und $T_L = t_L w_L L$. Das Aufkommen der Kapitalertragsteuer reagiert nicht, weil der Weltmarktzins exogen ist und damit der Nettozins und die Ersparnisse unberührt bleiben. Die Gewinnsteuer beeinflusst beide Faktorpreise, die Kapitalintensität, das Arbeitsangebot und das Niveau der Kapitalnachfrage. Das Lohnsteueraufkommen ist nur über die Wirkung auf die Bemessungsgrundlage betroffen, während bei der Gewinnsteuer zusätzlich ein direkter Aufkommenseffekt aus der Anhebung des Steuersatzes anfällt. Unter Berücksichtigung der vorausgehenden Teilergebnisse folgt

$$\frac{dT_K}{dt_K} = w_K K + t_K \frac{dw_K K}{dt_K} = w_K K + t_K [1 - (\varepsilon_K + (1 - t_L) k \varepsilon_L) w_K] \frac{w_K K}{1 - t_K},$$

$$\frac{dT_L}{dt_K} = t_L \frac{dw_L L}{dt_K} = -t_L [1 + (1 - t_L) \varepsilon_L w_L] \frac{w_K K}{1 - t_K}. \tag{XII.24}$$

Die BEO für den Gewinnsteuersatz lautet $\frac{dV}{dw} \frac{dw}{dt_K} + \xi \left[\frac{dT_K}{dt_K} + \frac{dT_L}{dt_K} \right] = 0$. Einsetzen der Teilergebnisse, einschliesslich (XII.12) und (XII.18) und Verwendung von $K = kL$, ergibt nach einigen Umformungen die Bedingung (XII.25c). Die letzte Bedingung für eine optimale Steuerstruktur ist die staatliche Budgetbeschränkung,

$$
\begin{aligned}
&\text{(a)} \quad t_S : 1/\xi = 1 - t_S i \varepsilon_S, \\
&\text{(b)} \quad t_L : 1/\xi = 1 - (t_L w_L + t_K w_K k) \varepsilon_L, \\
&\text{(c)} \quad t_K : 1/\xi = 1 - (t_L w_L + t_K k w_K) \varepsilon_L - \frac{t_K}{1-t_L} w_K \varepsilon_K, \\
&\text{(d)} \quad \xi : \quad G = t_L w_L L + t_S i S + t_K w_K K.
\end{aligned}
\tag{XII.25}
$$

Dieses System bestimmt die optimale Steuerstruktur. Gleichsetzen von (XII.25b) und (XII.25c) zeigt, dass der optimale Gewinnsteuersatz Null sein sollte, wenn Arbeitseinkommen und Zinserträge besteuert werden können,

$$\frac{t_K}{1 - t_L} w_K \varepsilon_K = 0 \quad \Rightarrow \quad t_K^* = 0. \tag{XII.26}$$

Indem man (XII.25a) und (XII.25b) gleichsetzt und (XII.15) berücksichtigt, erhält man das optimale Verhältnis der Steuersätze der persönlichen Kapitalertrag- und Lohnsteuer,

$$t_S i \cdot \varepsilon_S = t_L w_L \cdot \varepsilon_L. \tag{XII.27}$$

Das Verhältnis der Steuersätze hängt davon ab, wie elastisch Ersparnisse und Arbeitsangebot auf die Besteuerung reagieren. Je höher die Zinselastizität der Ersparnisse im Vergleich zur Lohnelastizität des Arbeitsangebots ist, desto geringer sollte der Kapitalertragsteuersatz im Vergleich zum Lohnsteuersatz sein. Die Höhe der Steuersätze muss ausreichen, um die Ausgaben zu finanzieren. Indem man (XII.26) und (XII.27) in die staatliche Budgetbeschränkung einsetzt, erhält man

$$t_L^* w_L = \frac{\varepsilon_S}{\varepsilon_S L + \varepsilon_L S} \cdot G, \quad t_S^* i = \frac{\varepsilon_L}{\varepsilon_S L + \varepsilon_L S} \cdot G. \tag{XII.28}$$

Ein kleines offenes Land sollte also auf eine Gewinnsteuer, welche die Kapitalbildung hemmt, verzichten und den Ausgabenbedarf lediglich mit Lohn- und persönlichen Kapitalertragsteuern finanzieren.[5] Die Besteuerung auf der Personenebene wird mehr

---

[5]Es kann aus exogenen Gründen notwendig sein, dass die Steuern auf Kapitaleinkommen einen Mindestanteil zu den öffentlichen Einnahmen beisteuern. Mit dieser zusätzlichen Beschränkung ist es unter Umständen optimal, die Gewinnsteuer mit einem positiven Satz zu erheben, vgl. Huizinga (1995).

auf Lohn- oder auf Kapitalertragsteuern zugreifen, je nachdem, wo die grösseren Ausweichreaktionen stattfinden. Je elastischer die Ersparnisse auf die Nettozinsen reagieren (ε_S hoch), desto weniger sollte die Einnahmeerzielung auf Kapitalertragsteuern und desto mehr auf Lohnsteuern abstellen. Eine höhere Arbeitsangebotselastizität verlangt hingegen einen verhältnismässig geringeren Einsatz der Lohnsteuer.

Ein grundlegendes Ergebnis der Steuertheorie ist, dass Steuern, welche die Produktionseffizienz stören, wenn immer möglich vermieden werden sollten. Im vorliegenden Fall reduziert die Gewinnsteuer das Kapital/Arbeits-Verhältnis. Weil die Gewinnsteuer die Kapitalnutzungskosten verteuert, reduzieren die Unternehmen den Kapitaleinsatz pro Arbeitseinheit. In der kleinen offenen Volkswirtschaft kann dieser Effekt mit Lohn- und Kapitalertragsteuern vermieden werden. Diese haben keinen Einfluss auf den Zins und damit auf die Faktorpreise. Sie reduzieren lediglich die Nettorenditen und den Nettolohn und hemmen so das Arbeitsangebot und die Ersparnisse. Bei geringerer Beschäftigung wird zwar auch das Niveau des Kapitaleinsatzes zurückgefahren, aber das Kapital/Arbeits-Verhältnis und damit die Produktionseffizienz bleiben unverändert.

Ein kleines Land kann also eine höhere Wohlfahrt realisieren, wenn es seine Gewinnsteuern senkt und die Steuerlast auf die Arbeitseinkommen verlagert. Dabei kann sogar der scheinbar benachteiligte Faktor Arbeit profitieren. Unter den vereinfachenden Annahmen dieses Abschnittes wird eine aufkommensneutrale Erhöhung von t_L zugunsten einer Absenkung von t_K die Ersparnisse und den Nettozins nicht verändern, so dass die Wohlfahrt in (XII.10) lediglich über $wL - \varphi(L)$ beeinflusst wird. Da eine marginale Rücknahme des Arbeitsangebots wegen der BEO $w = \varphi'(L)$ die Wohlfahrt nicht berührt, kann der behauptete Wohlfahrtsgewinn nur aus einem höheren Nettolohn stammen. Die Verlagerung der Steuerstruktur weg von Gewinnsteuern hin zu Lohnsteuern steigert das Kapital/Arbeits-Verhältnis und damit die Bruttolöhne so stark, dass trotz höherer Lohnbesteuerung der Nettolohn ansteigt. Diese Reform begünstigt also letzten Endes auch die heimischen Arbeitnehmer. Dies ist unter anderem deshalb möglich, weil die Bemessungsgrundlage der Lohnsteuer im Vergleich zur Gewinnsteuer sehr gross ist. Eine Anhebung des Lohnsteuersatzes um einen Prozentpunkt ermöglicht eine wesentlich stärkere Absenkung des Gewinnsteuersatzes und damit einen verhältnismässig starken Effekt auf das Kapital/Arbeits-Verhältnis und die Bruttolöhne. Das in diesem Absatz geschilderte Szenario kann in einer separaten Übung formal nachvollzogen werden.

Wie schon angedeutet verlangt die optimale Steuerpolitik lediglich, dass die effektive Grenzsteuerbelastung von Investitionen, die aus dem Steuerkeil $w_K - i$ resultiert, auf Null gesetzt werden sollte. Dies kann mit einem positiven Gewinnsteuersatz erreicht werden, wenn wie im Kapitel XI entweder eine Sofortabschreibung von Investitionen (Cash-Flow-Steuer) oder eine steuerliche Absetzbarkeit einer Eigenkapitalverzinsung möglich ist. In beiden Fällen ist die Grenzsteuerbelastung trotz positivem Steuersatz Null. Der Satz kann und soll positiv sein, wenn die Gewinne nicht nur eine kompetitive Kapitalrendite, sondern auch Bestandteile von Renten enthalten, wie sie sich z. B. aus einer monopolistischen Marktstellung ergeben. Renteneinkommen können ohne weitere Verzerrung besteuert werden, so dass im Gegenzug andere verzerrende Steuern geringer ausfallen können.

XII.1.4 Probleme der Zinsertragsbesteuerung

Die weltweite Anwendung des WSP hätte den Vorteil der globalen Produktionseffizienz, wie in Abbildung XII.3 illustriert wird. Dies wäre im gemeinsamen Interesse aller Länder. Die Anwendung des WSP sichert auch die Produktionseffizienz in einer kleinen offenen Volkswirtschaft, wie der vorige Abschnitt gezeigt hat. Das grosse Problem besteht jedoch darin, dass eine einheitliche Besteuerung der weltweiten Kapitalerträge nach dem WSP für die inländischen Steuerbehörden schwer durchzusetzen ist. Wenn die heimischen Kapitalanleger im Ausland investieren, dann entziehen sie sich der Reichweite der heimischen Steuerbehörden. Diesen stehen wenig bis gar keine Informationen über die ausländischen Kapitalerträge der heimischen Investoren zur Verfügung. Es ist daher ein Leichtes, diese Kapitalerträge zu hinterziehen. Besonders in Hochsteuerländern haben die Investoren einen sehr starken Anreiz, ihr Vermögen im Ausland zu investieren und die entsprechenden Kapitalerträge im Inland nicht zu erklären. Dieser Anreiz zur Kapitalflucht wird gemindert, wenn das Ausland eine Quellensteuer auf Kapitalerträge erhebt oder mittels eines Informationsaustausches die entsprechenden Kapitaleinkünfte an die inländischen Steuerbehörden meldet.

Um das Problem etwas präziser zu erörtern, benötigen wir ein einfaches Modell von Portfolioinvestitionen. Die Anzahl der Investoren im Inland sei n, jene im Ausland n^*. Jeder Investor habe genau eine Vermögenseinheit zur Verfügung, die im In- oder Ausland investiert werden kann. Die Investoren $s' \in [0,1]$ unterscheiden sich bezüglich der Transaktionskosten (Informationskosten) $\delta s'$ für Auslandsinvestitionen. Investoren vom Typ $s' \to 1$ haben also hohe Transaktionskosten bei einer Anlage im Ausland. Der Bruttozins i sei im In- und Ausland identisch; wir stellen nur auf steuerliche Unterschiede ab. Wird die Vermögenseinheit im Inland angelegt, fällt also eine Rendite von i an. Wird sie dagegen im Ausland investiert, beträgt der Kapitalertrag abzüglich Transaktionskosten lediglich $i - \delta s'$. Wegen $i > i - \delta s'$ wird also niemand im Ausland investieren, wenn nicht steuerliche Gründe dafür sprechen.

Die heimischen Anlagen im Wohnsitzland des Investors werden jeweils mit einer einheitlichen, spezifischen Steuer τ belastet, die exogen sei. Es geht hier nur um die Besteuerung von grenzüberschreitenden Portfolioinvestitionen. Das Ausland erhebt eine Quellensteuer t^* und das Inland eine solche von t.[6] Der Inländer würde nun sein Vermögen im Ausland investieren, wenn $i - \tau < i - t^* - \delta s'$. Dabei wird unterstellt, dass der heimische Fiskus den Zinsertrag im Ausland nicht besteuern kann, weil er keine Informationen darüber hat, wenn keine Kontrollmitteilungen erfolgen. Die ausländischen Zinserträge bleiben also ausschliesslich mit der ausländischen Quellensteuer belastet. Je höher diese jedoch gewählt wird, desto geringer ist die Chance, dass die Ungleichung noch erfüllt ist. Eine höhere ausländische Quellensteuer reduziert daher die Neigung der heimischen Investoren, ihr Vermögen im Ausland zu investieren. Sie werden ihr Vermögen eher im Inland investieren und darauf die inländische Kapitalertragsteuer τ zahlen. Aus der Sicht des heimischen Fiskus gelingt auf diesem Weg eine effektivere Besteuerung der Zinserträge.

---

[6]In der Notation von (XII.8) würde t dem Satz τ_{FH}, t^* dem Satz τ_{HF}^* und τ den Sätzen τ_{HH} und τ_{FF}^* entsprechen.

Eine ähnliche Wirkung kann erreicht werden, wenn das Ausland zu einem Informationsaustausch bereit ist und die ausländischen Kapitaleinkünfte der Inländer an die inländischen Steuerbehörden meldet. Dann können die heimischen Steuerbehörden wenigstens mit einer positiven Wahrscheinlichkeit p die ausländischen Zinserträge ihrer Bürger feststellen und auch diese genauso wie die heimischen Zinserträge mit dem Satz τ besteuern. Dabei wird im Normalfall die im Ausland gezahlte Quellensteuer angerechnet. Der Investor zahlt also im Ausland die Quellensteuer t^* und im Inland einen zusätzlichen Betrag $\tau - t^*$, und zwar mit der Wahrscheinlichkeit p. Eine Strafe bei Aufdeckung der hinterzogenen ausländischen Zinseinkünfte ist dabei der Einfachheit halber nicht berücksichtigt. Die heimischen Anleger werden ihr Vermögen nur mehr dann im Ausland anlegen, wenn dort nach wie vor die Nettoerträge höher sind, $i - \tau < i - t^* - p \cdot (\tau - t^*) - \delta s$. Eine Investition im Ausland wird entsprechend weniger attraktiv, weil nun als Folge der ausländischen Kontrollmitteilung zusätzlich zur ausländischen Quellensteuer mit Wahrscheinlichkeit p die Differenz $\tau - t^*$ zur heimischen Kapitalertragsteuer nachgezahlt werden muss. Die heimische Steuerbasis für die Kapitalertragsbesteuerung wird nun auf zweifache Weise gestärkt. Einmal reduziert die ausländische Quellensteuer die Neigung, im Ausland zu investieren, und unterbindet damit die Kapitalflucht, und zum anderen können die verbleibenden ausländischen Erträge mit Wahrscheinlichkeit p effektiv mit dem heimischen Steuersatz versteuert werden, was ein zusätzliches Steueraufkommen sichert.

Selbst bei automatischem Informationsaustausch wird es Friktionen geben, wie Sprachprobleme bei der Auswertung der Kontrollmitteilungen oder technische Probleme, so dass die Besteuerung ausländischer Kapitalerträge mit dem heimischen Steuersatz nur mit Wahrscheinlichkeit p gelingt. Die zuletzt genannte Ungleichung bleibt daher für Investoren mit geringen Transaktionskosten $s' \to 0$ einer grenzüberschreitenden Investition nach wie vor erfüllt, wenn der ausländische Quellensteuersatz $t^* < \tau$ ist. Für solche mit hohen Transaktionskosten $s' \to 1$ ist es nicht attraktiv, im Ausland zu investieren. Es gibt daher einen kritischen Investor mit Transaktionskosten $s' = s$, der gerade indifferent ist. Ähnliches gilt für ausländische Investoren, für die jedoch die inländische Quellensteuer t relevant ist,

$$i - \tau = i - t^* - p \cdot (\tau - t^*) - \delta s, \text{ inländische Anleger,}$$
$$i - \tau = i - t - p \cdot (\tau - t) - \delta s^*, \text{ ausländische Anleger.} \qquad \text{(XII.29)}$$

Alle Anleger $s' < s$ mit geringen Transaktionskosten investieren also ihr (gesamtes) Vermögen im Ausland, falls $s' > s$ im Inland. Die Identität des kritischen Anlegers und damit der Anteil s (s^*) aller heimischen (ausländischen) Anleger, die grenzüberschreitend investieren, ist daher

$$s = (1 - p)(\tau - t^*)/\delta, \quad s^* = (1 - p)(\tau - t)/\delta. \qquad \text{(XII.30)}$$

Nachdem jeder Investor mit genau einer Vermögenseinheit ausgestattet ist, beträgt das Volumen der heimischen Portfolioinvestitionen im Ausland sn und das im Inland verbleibende Volumen $(1 - s)n$. Ein Teil s^* der ausländischen Anleger investiert im Inland. Die Lösung bestätigt die vorhin erwähnte Intuition. Ein höherer ausländischer Quellensteuersatz t^* und ein effektiverer Informationsaustausch mit höherem *p* reduzieren die Kapitalflucht, d. h. der Anteil *s* der heimischen Investoren, die ihre Ersparnisse ins Ausland bringen, nimmt ab. Umgekehrt wird das Inland ausländische Portfolioinvestitionen abschrecken (s^* nimmt ab), wenn es eine höhere Quellensteuer *t* erhebt.

Um die Auswirkungen auf die öffentlichen Einnahmen und die strategischen Interessen der Länder im internationalen Steuerwettbewerb anzudeuten, sei das Aufkommen der beiden Länder aus der Besteuerung der Zinseinkommen angeschrieben:

$$\begin{aligned} G &= \tau(1-s)n + ts^*n^* + (\tau - t^*)pns, \\ G^* &= \tau(1-s^*)n^* + t^*sn + (\tau - t)pn^*s^*. \end{aligned} \qquad \text{(XII.31)}$$

Man beachte, dass die spezifischen Steuersätze den Steuerbetrag pro investierter Vermögenseinheit angeben. Der erste Term beziffert das Aufkommen aus der Besteuerung der heimischen Anleger mit ihren Investitionen im Inland. Wenn das Ausland eine Quellensteuer t^* erhebt oder Informationen über die ausländischen Anlagen der Inländer bereitstellt, so dass diese vom inländischen Fiskus erfasst werden können (höheres *p*), dann wirkt dies der Kapitalflucht entgegen (geringeres *s* nach XII.30) und stärkt das heimische Aufkommen. Der zweite Term ts^*n^* entspricht den Einnahmen aus der heimischen Quellensteuer auf Kapitalerträge der Ausländer im Inland. Ein höherer Quellensteuersatz *t* ermöglicht zusätzliche Einnahmen aus der Besteuerung der Ausländer. Dabei ist zu berücksichtigen, dass ein hoher Satz *t* die Attraktivität des Inlandes für ausländische Portfolioinvestitionen schwächt (*t* reduziert s^* nach XII.30). Derselbe Effekt auf s^* tritt nach (XII.30) ein, wenn das Inland Steuerinformationen an das Ausland übermittelt (höheres *p*). Der letzte Term $(\tau - t^*)pns$ gibt das zusätzliche Steueraufkommen an, wenn das Inland aufgrund ausländischer Kontrollmitteilungen einen höheren Anteil *p* der Kapitalerträge der Inländer im Ausland mit dem vollen heimischen Steuersatz τ besteuern kann. Allerdings wird dabei üblicherweise die ausländische Quellensteuer in Abzug gebracht, so dass zusätzliche Einnahmen nur proportional zur Differenz der Steuersätze anfallen.

Aus den vorausgehenden Überlegungen wird klar, dass das Inland im nationalen Interesse einen positiven Quellensteuersatz erheben wird, aber gleichzeitig diesen nicht zu hoch ansetzen will, um nicht die hereinfliessenden Portfolioinvestitionen zu verschrecken. Bei gegebenem Steuersatz τ auf heimische Anlagen würde der folgende Quellensteuersatz *t* das Steueraufkommen maximieren:

$$\frac{\mathrm{d}G}{\mathrm{d}t} = n^*\left[s^* + t\frac{\mathrm{d}s^*}{\mathrm{d}t}\right] = 0 \quad \Rightarrow \quad t = \tau/2, \quad t^* = \tau/2. \qquad \text{(XII.32)}$$

Dieser Quellensteuersatz erlaubt aber auch eine effektivere Besteuerung der Zinseinkommen im Ausland, weil dadurch die grenzüberschreitenden Portfolioinvestitionen eingedämmt werden und somit ein höherer Teil des ausländischen Finanzvermögens im Ausland bleibt und dort zum normalen Satz τ versteuert werden kann.

Das Inland profitiert davon, im Rahmen eines Informationsaustausches vom Ausland Kontrollmitteilungen zu erhalten. Diese Mitteilungen führen tendenziell zu einer vollen Besteuerung der Zinseinkommen der Inländer auf ihre ausländischen Investitionen. Eine Veranlagung im Ausland wird damit weniger attraktiv, was die inländische Steuerbasis erhält (*s* sinkt in XII.30, so dass der im Inland investierte Teil

$1 - s$ steigt). Ausserdem entstehen gemäss dem letzten Term in (XII.31) zusätzliche, inländische Steuereinnahmen aus der effektiveren Besteuerung von Zinseinkünften im Ausland. Welchen Anreiz hat jedoch das Inland, solche Steuerinformationen selber preiszugeben? Die Kontrollmitteilungen an das Ausland würden lediglich die hereinfliessenden Portfolioinvestitionen der Ausländer s^* verschrecken und damit das Aufkommen der Quellensteuer nach dem zweiten Term in (XII.31) schmälern. Das Interesse, Informationen preiszugeben, kann jedoch gestärkt werden, indem das Land, welches Informationen bereitstellt, an den zusätzlichen Steuereinnahmen beteiligt wird, die dadurch im anderen Land möglich werden.[7] Diese Beteiligung wirkt wie eine Kompensationszahlung für die Bereitstellung von wertvollen Steuerinformationen und könnte die Bereitschaft der Länder stärken, sich tatsächlich am Informationsaustausch zu beteiligen.

XII.1.5 Besteuerung von Direktinvestitionen

XII.1.5.1 Multinationale Unternehmen

Ausländische Direktinvestitionen von multinationalen Unternehmen (Multis), sind inzwischen in vielen Ländern zu einem wichtigen Wirtschaftsfaktor geworden. Aus der Perspektive eines einzelnen Landes sind zwei Aspekte von zentraler Bedeutung. Die hereinfliessenden Investitionen ausländischer Konzerne tragen im Inland zu Einkommen und Beschäftigung bei. Die Direktinvestitionen heimischer Konzerne im Ausland lösen regelmässig Befürchtungen über die Auslagerung von Jobs aus. Die im Ausland erzielten Gewinne der heimischen Unternehmen sind andererseits eine Quelle von Einkommen, ähnlich wie die Kapitalerträge von Portfolioinvestitionen im Ausland. Neben anderen Standortfaktoren versuchen die Länder, auch die Steuerpolitik unter dem Gesichtspunkt der Standortattraktivität zu optimieren. In diesem Abschnitt wird anhand eines einfachen Modells multinationaler Direktinvestitionen herausgearbeitet, wie die Steuerpolitik Direktinvestitionen beeinflussen kann und wie Direktinvestitionen unter dem Gesichtspunkt nationaler und globaler Wohlfahrt besteuert werden sollen.

Um die Analyse möglichst einfach zu halten, aber dennoch die Auswirkungen auf das in- und ausländische Gleichgewicht zu erkennen, betrachten wir zwei Länder mit fixen Ausstattungen von Kapital und Arbeit, K und K^* sowie L und L^*, wobei ausländische Grössen mit einem Stern gekennzeichnet sind. Wir beschränken uns lediglich auf die Frage, wo die vorgegebene Kapitalausstattung investiert werden soll, und klammern die Auswirkungen auf das Niveau der Kapitalbildung aus. Ausserdem beschränken wir uns auf den Fall, dass das Inland ein Kapitalexportland ist, wie es in den meisten hoch entwickelten Industrieländern der Fall ist. Die heimischen Unternehmen operieren also global und entscheiden über die (abfliessenden) Direktinvestitionen Z, um ihren weltweiten Gewinn aus der Investition des Kapitalstocks im Inland, $K - Z$, und im Ausland, Z, zu maximieren. Gemeinsam mit der ausländischen Kapitalausstattung steigt im Ausland der Kapitaleinsatz auf $K^* + Z$ an. Das

---

[7]Vgl. Keen und Ligthart (2005). Sehr erhellend ist auch die Diskussion in Keen und Ligthart (2004) über die Verhandlungen der EU-Länder über die Zinsenbesteuerung in Europa.

Ausland ist also Empfänger von Direktinvestitionen. Der globale Gewinn der heimischen Multis beträgt

$$\Pi = \pi + \pi^Z, \quad \pi = F(K - Z, L) - wL, \quad \pi^Z = F^*(Z, L^Z) - w^* L^Z. \quad \text{(XII.33)}$$

Im Ausland operieren neben den Tochtergesellschaften der Multis lokale Unternehmen, die einen Gewinn von $\pi^* = F^*(K^*, L^* - L^Z) - w^*(L^* - L^Z)$ erzielen. Da das ausländische Arbeitsangebot exogen auf L^* beschränkt ist, reduziert die Beschäftigung der Multis die Beschäftigung der lokalen Unternehmen auf $L^* - L^Z$, so dass es auch zu einer teilweisen Verdrängung der Produktion kommt. Unter der Annahme, dass die Multis und die lokalen Unternehmen im Ausland dieselbe linearhomogene Technologie verwenden, steigt der ausländische Output (BIP) auf $F^*(Z, L^Z) + F^*(K^*, L^* - L^Z) = F^*(K^* + Z, L^*)$. Die Gewinne der Tochtergesellschaften im Ausland betragen $\pi^Z = F^*(Z, L^Z) - w^* L^Z = Z F_K^*$ und werden an die Konzernmutter im Inland zurücküberwiesen. Unter Berücksichtigung dieser Faktorströme beträgt das Einkommen (BNP) jeweils $Y = wL + \pi + \pi^Z$ bzw. $Y^* = w^* L^* + \pi^*$ oder

$$Y = F(K - Z, L) + Z F_K^*, \quad Y^* = w^* L^Z + F^*(K^*, L^* - L^Z). \quad \text{(XII.34)}$$

Vernachlässigt man Verteilungsgesichtspunkte, dann liegt das nationale Interesse in einem möglichst hohen Einkommen Y bzw. Y^*. Die gemeinsame, weltweite Wohlfahrt verlangt hingegen nach einem maximalen Welteinkommen gleich der Summe der BNP. Sie kann durch Wahl der Direktinvestitionen maximiert werden. Indem man $F^*(Z, L^Z) + F^*(K^*, L^* - L^Z) = F^*(K^* + Z, L^*)$ berücksichtigt, ergibt sich daraus eine global effiziente Kapitalallokation,

$$\max_Z Y + Y^* = F(K - Z, L) + F^*(K^* + Z, L^*) \quad \Rightarrow \quad F_K = F_K^*. \quad \text{(XII.35)}$$

Abbildung XII.6 illustriert die globale Produktionseffizienz. Wären die Direktinvestitionen Null und würde jedes Land nur mit seiner eigenen Kapitalausstattung (Punkt E) produzieren, dann wäre im Ausland das Grenzprodukt des Kapitals höher als im Inland. Mit einer marginalen Direktinvestition wird eine zusätzliche Einheit Kapital im

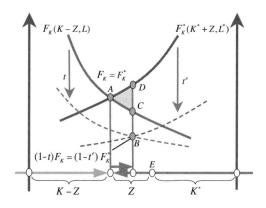

Abbildung XII.6: Multinationale Direktinvestitionen

Ausland anstatt im Inland investiert. Der damit verbundene Einkommensgewinn im Ausland übersteigt den Einkommensverlust im Inland, $F_K^* > F_K$, so dass das Welteinkommen zunimmt. Die heimischen Multis können im Ausland höhere Gewinne erzielen als im Inland. Die Multis dehnen ihre Direktinvestitionen solange aus, bis die Reallokation der Kapitalausstattung keine weiteren Einkommensgewinne mehr erlaubt. Im Punkt A ist das Welteinkommen maximal. Ob dies auch im nationalen Interesse der beiden Länder liegt, wird die nachfolgende Analyse zeigen.[8]

XII.1.5.2 Besteuerung von grenzüberschreitenden Direktinvestitionen

Die Gewinne aller Unternehmen werden zunächst am Standort bzw. im Ursprungsland mit der lokalen Körperschaftsteuer besteuert. Wenn die Tochterunternehmen im Ausland ihre Gewinne an die Mutter zurücküberweisen, kann es im Heimatland zu einer nochmaligen Besteuerung der Auslandsgewinne und damit zu einer Doppelbelastung kommen. Es sei t^* der ausländische Gewinnsteuersatz. Die ausländische Tochtergesellschaft kann daher nur einen Nettobetrag von $1 - t^*$ pro Euro Gewinn an die Mutter überweisen. Das Inland besteuert diesen Nettobetrag im Prinzip ein zweites Mal mit dem Satz t. Um eine Doppelbesteuerung zu vermeiden, sehen die meisten Länder spezielle Massnahmen vor. Je nach Entlastungsmethode, die in einem Abzugsfaktor $\alpha(t,t^*)$ zum Ausdruck kommt, beträgt die effektive Gesamtbelastung der repatriierten Gewinne von ausländischen Niederlassungen

$$t^e = t^* + t - \alpha(t,t^*). \qquad (\text{XII.36})$$

Unter Berücksichtigung der effektiven Steuerbelastung der Auslandsgewinne erzielen die multinationalen Unternehmen einen globalen Gewinn nach Steuern von Π, wobei die Bruttogewinne π und π^Z an den beiden Standorten in (XII.33) angegeben sind,

$$\Pi = (1 - t)\pi + (1 - t^e)\pi^Z. \qquad (\text{XII.37})$$

Unterlägen die Gewinne im Ausland keiner Besteuerung, dann würde das Inland die weltweiten Gewinne ihrer Multis einheitlich mit dem Satz t besteuern. In aller Regel werden jedoch die Gewinne im Quellenland besteuert. Im Wesentlichen stehen dem Inland drei Methoden zur Linderung bzw. vollständigen Vermeidung der Doppelbelastung von Auslandsgewinnen zur Verfügung. Nach der *Abzugsmethode* (deduction method) ist die im Ausland bezahlte Gewinnsteuer von der Bemessungsgrundlage im Inland abzugsfähig. Wenn der Gewinn der Auslandstochter vor Steuer 1 Euro beträgt, dann bleibt nach Abzug der ausländischen Steuer ein Nettobetrag von $1 - t^*$ übrig, und nur dieser wird mit dem Satz t besteuert. Die Steuerersparnis beträgt $\alpha(t,t^*) = t \cdot t^*$, so dass sich eine effektive Gesamtbelastung von $t^e = t^* + t \cdot (1 - t^*)$ ergibt. Nach allen Steuern bleibt dem Konzern $1 - t^e = (1 - t)(1 - t^*)$ übrig. Nach der *Freistellungsmethode* (exemption method) bleiben die Auslandsgewinne überhaupt steuerfrei. Die Steuerersparnis beträgt $\alpha(t,t^*) = t$, so dass sich die Gesamtbelastung für 1 Euro Auslandsgewinn auf $t^e = t^*$ reduziert. Dem Konzern bleibt $1 - t^e = 1 - t^*$.

Schliesslich ist auch die *Anrechnungsmethode* (credit method) möglich. Danach wird die ausländische Körperschaftsteuer angerechnet, aber nur maximal bis zur Höhe

---

[8]Eine separate Übung zeigt ausführlicher, wie das dezentrale Gleichgewicht zustande kommt.

der heimischen Steuerschuld. Wenn der inländische Steuersatz höher ist, $t > t^*$, dann wird der Differenzbetrag $t - t^*$ nachgezahlt, so dass die Gesamtbelastung $t^e = t$ beträgt und damit die in- und ausländischen Gewinne der heimischen Multis gleich behandelt werden. Im anderen Fall $t < t^*$ bleibt es bei der ausländischen Belastung, $t = t^*$; eine Rückerstattung von „zu viel bezahlter" ausländischer Steuer gibt es nicht. Die Steuerersparnis aus der Anrechnung beträgt $\alpha = \min\{t,t^*\}$. Im Fall $t < t^*$ fällt im Inland keine weitere Steuer an, im anderen Fall muss maximal die Differenz $t - t^*$ nachgezahlt werden. Die Gesamtbelastung beträgt $t^e = t^* + \max\{t - t^*, 0\} = \max\{t,t^*\}$, so dass dem Konzern von 1 Euro Auslandsgewinn netto noch $1 - t^e = 1 - \max\{t,t^*\}$ bleibt. Die drei Methoden zur Minderung der Doppelbelastung können wie folgt zusammengefasst werden:

$$t^e = t^* + t \cdot (1 - t^*), \quad 1 - t^e = (1 - t)(1 - t^*) : \text{Abzugsmethode,}$$

$$t^e = t^*, \qquad\qquad 1 - t^e = 1 - t^* : \qquad \text{Freistellungsmethode,} \quad \text{(XII.38)}$$

$$t^e = \max\{t,t^*\}, \qquad 1 - t^e = 1 - \max\{t,t^*\} : \text{Anrechnungsmethode.}$$

XII.1.5.3 Steuerlicher Einfluss auf Direktinvestitionen

Die Unternehmen sind Preisnehmer auf dem Arbeitsmarkt. Die Beschäftigung der Multis im In- und Ausland ergibt sich aus der Maximierung von (XII.37) in Verbindung mit (XII.33) und orientiert sich an den Grenzproduktregeln

$$F_L(K - Z, L) = w, \quad F_L^*(Z, L^Z) = w^*. \tag{XII.39}$$

Analog dazu genügt die Arbeitsnachfrage der lokalen ausländischen Firmen im Gleichgewicht der Bedingung $F_L^*(K^*, L^* - L^Z) = w^*$. Nachdem alle Unternehmen denselben Lohn bezahlen und eine identische Technologie anwenden, arbeiten alle mit derselben Arbeitsintensität $l^* = l(w^*)$.[9] Das Niveau der Arbeitsnachfrage hängt jeweils vom Kapitaleinsatz ab, $L^Z = l^* Z$ und $L^* - Z = l^* K^*$. Der Lohnsatz muss sich so einstellen, dass beide Sektoren zusammen gerade eine gesamte Arbeitsnachfrage gleich dem exogenen Arbeitsangebot tätigen, $L^* = l(w^*)(K^* + Z)$. Wenn alle Sektoren mit demselben Arbeitseinsatz l^* pro Kapitaleinheit arbeiten, ist auch die Grenzproduktivität des Kapitals in allen Sektoren gleich. Da F_K^* homogen vom Grade Null ist, gilt $F_K^*(1, l^*) = F_K^*(Z, l^* Z) = F_K^*(Z, L^Z)$ und ähnlich für die lokalen Unternehmen. Damit hängt das im Ausland erzielbare Grenzprodukt (wie im Inland) ausschliesslich von der gesamten Faktorausstattung ab, die sich aus den Direktinvestitionen ergibt, $F_K^* = F_K^*(K^* + Z, L^*)$.

Die heimischen Multis dehnen ihre Direktinvestitionen solange aus, bis sie nach Steuern im In- und Ausland den gleichen Nettoertrag erzielen, $(1 - t)F_K = (1 - t^e)F_K^*$. Diese Regel maximiert den globalen Gewinn in (XII.37). Nachdem die erzielbaren Grenzprodukte von der gesamten Faktorausstattung am jeweiligen Standort abhängen, ergeben sich die Direktinvestitionen aus folgender Bedingung,

$$(1 - t)F_K(K - Z, L) = (1 - t^e)F_K^*(K^* + Z, L^*). \tag{XII.40}$$

---

[9] Das Kapital/Arbeits-Verhältnis ist gleich dem Kehrwert $1/l^*$.

Die Direktinvestitionen hängen also von der relativen Höhe der effektiven Körperschaftsteuersätze ab. Abbildung XII.6 zeigt im Punkt A die Investitionsbedingung ohne Besteuerung und im Punkt B jene mit Besteuerung. Wenn als Folge einer unvollständig beseitigten Doppelbesteuerung die Gewinne aus Auslandsinvestitionen relativ stärker besteuert werden, $t^e > t$, wie es in der Abbildung XII.6 eingezeichnet ist, dann gehen die Direktinvestitionen zurück. Im besteuerten Gleichgewicht sind im Ausland die Grenzerträge vor Steuer höher (Punkt D) als im Inland (Punkt C), so dass der Weltkapitalstock ineffizient investiert ist. Das unterlegte Dreieck ACD zeigt den damit verbundenen Einkommensverlust für die Weltwirtschaft.

Für die nachfolgenden Überlegungen müssen wir die Anpassung der Direktinvestitionen in Abhängigkeit von empirisch messbaren Kapitalnachfrageelastizitäten ermitteln. Aus dem Differential der Investitionsbedingung $F_K(K - Z, L) = w_K$ im Kapitalexportland ermittelt man die Kapitalexportelastizität ε bezüglich der Kapitalnutzungskosten w_K. Die Elastizität misst, um wieviel Prozent die Direktinvestitionen Z zunehmen, wenn die Kapitalnutzungskosten im Exportland um 1% steigen, $dZ/Z = \varepsilon \cdot dw_K/w_K$. Analog ermitteln wir für das Empfängerland der Direktinvestitionen aus $F_K^* = w_K^*$ eine Kapitalimportelastizität ε^*, $dZ/Z = -\varepsilon^* \cdot dw_K^*/w_K^*$. Das totale Differential der Investitionsbedingung (XII.40) ergibt nun $dZ = \frac{F_K^* dt^e - F_K dt}{(1-t)F_{KK} + (1-t^e)F_{KK}^*}$. Ersetzt man im Nenner die zweiten Ableitungen F_{KK} bzw. F_{KK}^* durch diese Elastizitäten, dann folgt nach Verwendung der Investitionsbedingung (XII.40) und einigen weiteren Umformungen

$$dZ = -\frac{\varepsilon\varepsilon^* Z}{\varepsilon + \varepsilon^*} \cdot \left[\frac{dt^e}{1 - t^e} - \frac{dt}{1 - t}\right], \quad \varepsilon \equiv -\frac{F_K}{ZF_{KK}} > 0, \quad \varepsilon^* \equiv -\frac{F_K^*}{ZF_{KK}^*} > 0.$$

$$\text{(XII.41)}$$

Die in- und ausländische Besteuerung kann die in das Ausland abfliessenden Direktinvestitionen der heimischen multinationalen Unternehmen beeinflussen. Wie sich dieser Einfluss genau niederschlägt, hängt von der angewandten Entlastungsmethode zur Vermeidung der Doppelbesteuerung ab. Wenn mit t^e die Auslandsgewinne der Muttergesellschaft wegen unvollständiger Beseitigung der Doppelbesteuerung effektiv stärker besteuert werden als die Gewinne aus dem heimischen Standort, dann nehmen die in das Ausland fliessenden Direktinvestitionen ab. Wenn z. B. das Ausland die zufliessenden Direktinvestitionen mit einem höheren Satz t^* besteuert, dann nimmt nach (XII.38) mit einer Ausnahme der effektive Steuersatz t^e zu, während t gleich bleibt. Dies reduziert die Direktinvestitionen. Nur im Falle der Anrechnungsmethode hat der ausländische Steuersatz keinen Einfluss, solange $t > t^*$ gilt.

XII.1.5.4   Optimale Besteuerung von Direktinvestitionen

Viele Länder räumen der steuerlichen Standortattraktivität für multinationale Direktinvestitionen ausserordentlich hohe Bedeutung bei. Was wäre dann im nationalen Interesse eine optimale Besteuerung von Direktinvestitionen? Der Einfachheit halber ignorieren wir die Besteuerung der lokalen Unternehmen im Ausland. Es geht also lediglich um die Steuern, welche das In- und Ausland auf die heimischen und

ausländischen Niederlassungen der Multis erheben. Das Steueraufkommen in den
beiden Ländern beträgt daher

$$T = t\pi + (t - \alpha)\pi^Z, \quad T^* = t^*\pi^Z, \tag{XII.42}$$

wobei die inländischen Einnahmen aus der Besteuerung von Auslandsgewinnen je
nach Umfang der gewährten Entlastung α gemäss (XII.38) entsprechend gering ausfallen.

Die Steuerpolitik soll sich am Kriterium maximaler Wohlfahrt orientieren. Bei fi-
xer Faktorausstattung hängt die nationale Wohlfahrt ausschliesslich vom jeweiligen
BNP Y und Y^* ab, das für den Konsum zur Verfügung steht. Das BNP besteht aus der
Lohnsumme, den Nettogewinnen und den Steuereinnahmen, die vom Staat zurück-
erstattet werden. Indem man die einzelnen Komponenten in (XII.33), (XII.37) und
(XII.42) verwendet, folgt

$$\begin{aligned}
Y &= wL + \Pi + T &= F(K - Z, L) + (1 - t^*)ZF_K^*, \\
Y^* &= w^*L^* + \pi^* + T^* &= F^*(K^*, L^* - L^Z) + w^*L^Z + t^*ZF_K^*.
\end{aligned} \tag{XII.43}$$

Im Kapitalexportland besteht das BNP aus dem Wert der heimischen Produktion,
zuzüglich der Auslandsgewinne der Multis nach Abzug der im Ausland erhobenen
Gewinnsteuer. Im Kapitalimportland besteht das BNP aus dem Output der heimischen Firmen, der Lohnsumme der ausländischen Töchter der heimischen Multis
und aus der Quellensteuer auf die Gewinne der multinationalen Tochterunternehmen.
Das weltweite, konsumierbare Einkommen besteht aus der Summe der nationalen
Einkommen. Indem wir für die ausländischen Töchter $ZF_K^* + w^*L^Z = F^*(Z, L^Z)$
schreiben und die Produktion der lokalen und multinationalen Unternehmen im Ausland aufaddieren, folgt aus der Linearhomogenität $F^*(Z, L^Z) + F^*(K^*, L^* - L^Z) =$
$F^*(K^* + Z, L^*)$ und damit das Welteinkommen in (XII.35). Die Bedingung für globale Effizienz im Sinne eines maximalen Welteinkommens ist ebenfalls in (XII.35)
und im Punkt A der Abbildung XII.6 angegeben. Das Welteinkommen kann nicht
mehr weiter gesteigert werden, indem durch höhere oder geringere Direktinvestitionen Kapital zwischen den Ländern realloziert wird.

Im dezentralen Gleichgewicht entscheiden die Multis über die Höhe der Direktinvestitionen. Um globale Produktionseffizienz sicherzustellen, müssten also die Länder eine Steuerpolitik betreiben, welche eine nicht diskriminierende Besteuerung der
Gewinne der Multis sicherstellt, unabhängig davon, an welchen Standorten die Gewinne entstehen, $t^e = t$. In diesem Fall sind (XII.40) und (XII.35) identisch. Dies wäre
beispielsweise nach (XII.36) erreicht, wenn das Inland alle in- und ausländischen
Gewinne gleichmässig mit dem Satz t ohne weitere Entlastung ($\alpha = 0$) besteuert
und gleichzeitig das Ausland auf eine Besteuerung der Gewinne von multinationalen
Tochterunternehmen verzichtet, $t^* = 0$. Dies ist nichts anderes als die Übertragung
des WSP auf die Besteuerung von Direktinvestitionen multinationaler Unternehmen.
Schon bei der Besteuerung von Zinserträgen aus ausländischen Portfolioinvestitionen
wurde gezeigt, dass das WSP die Angleichung der Bruttozinsen und damit Kapitalexportneutralität im Sinne einer effizienten Kapitalallokation sicherstellt.

Eine andere Möglichkeit, um Kapitalexportneutralität zu erzielen, ist die Anwendung der *Anrechnungsmethode*, wenn der Körperschaftsteuersatz im Inland höher als

im Ausland ist, $t > t^*$. In diesem Fall gilt mit (XII.36) und (XII.38) $\alpha = t^*$ und daher $t^e = t$. Die Freistellungsmethode hingegen führt zu $t^e = t^*$ und entspricht damit dem QLP. Schon im Abschnitt XII.1 wurde gezeigt, dass die Anwendung des QLP die globale Produktionseffizienz verletzt, siehe Abbildung XII.3. Auch bei der Abzugsmethode ist globale Effizienz nicht erreichbar, weil die Abzugsmethode die Doppelbesteuerung nur unvollständig beseitigt.

Im internationalen Steuerwettbewerb gestalten die Länder ihre Steuerpolitik nach dem nationalen Interesse. Wir gehen davon aus, dass sich die Staaten zunächst im Rahmen von Doppelbesteuerungsabkommen auf eines der Entlastungsprinzipien einigen, aber die Autonomie über die Höhe der Steuersätze behalten. Die Frage lautet daher, wie hoch die Länder ihre Gewinnsteuersätze wählen, um die nationale Wohlfahrt zu maximieren, nachdem sie sich auf eines der Besteuerungsprinzipien zur Minderung der Doppelbesteuerung geeinigt haben. Zunächst ermitteln wir die optimale Besteuerung der Direktinvestitionen im *Kapitalimportland*, hier dem Ausland. Dabei gibt es eine Konstellation, bei der das Ausland die zufliessenden Direktinvestitionen nicht beeinflussen kann, nämlich dann, wenn die Anrechnungsmethode vereinbart wurde und das Inland einen höheren Steuersatz wählt, $t > t^*$. Nach (XII.38) gilt in diesem Fall $t^e = t$, so dass in (XII.40) das Ausland die Standortentscheidung nicht mehr beeinflussen kann. Die Steuer fällt aus dem Standortkalkül heraus. Eine Erhöhung des Steuersatzes t^* würde daher ohne Abschreckung von Direktinvestitionen mehr Einnahmen generieren, so dass das Ausland den Steuersatz ohne negative Konsequenzen erhöhen könnte. In unserer vereinfachten Betrachtung haben wir allerdings von der Besteuerung der lokalen Unternehmen abstrahiert. Wenn das Ausland realistischerweise eine nicht diskriminierende Besteuerung praktiziert und daher heimische und multinationale Unternehmen mit demselben Steuersatz belasten muss, dann wird der gewählte Steuersatz ausschliesslich auf die Auswirkungen auf lokale Unternehmen abstellen und nach oben beschränkt bleiben.

In den beiden anderen Fällen in (XII.38) mindert das Ausland mit einem höheren Gewinnsteuersatz t^* den Zufluss von Direktinvestitionen. Was ist dann der optimale Steuersatz t^*, der das ausländische BNP in (XII.43) maximiert? Er wird positiv sein, weil damit zusätzliche Steuereinnahmen generiert werden können. Andererseits wird er nicht zu hoch werden, weil damit zufliessende Direktinvestitionen abgehalten werden. Der optimale Steuersatz folgt aus dem Differential von Y^*,

$$\mathrm{d}Y^* = ZF_K^*\mathrm{d}t^* + t^*F_K^*\mathrm{d}Z + t^*Z\mathrm{d}F_K^* + L^Z\mathrm{d}w^* + \left(w^* - F_L^*\right)\mathrm{d}L^Z. \qquad \text{(XII.44)}$$

Der erste Term steht für die Zunahme des Steueraufkommens, welches mit der Anhebung des Steuersatzes bei gegebener Bemessungsgrundlage erzielt werden kann. Die nächsten beiden Ausdrücke zeigen die Reaktion der Bemessungsgrundlage. Gemäss dem zweiten Term sinkt das Steueraufkommen, weil die ausländische Gewinnsteuer die Direktinvestitionen vermindert. Der geringere Kapitaleinsatz im Ausland steigert dort die Kapitalrendite F_K^* und trägt damit zu höherem Aufkommen bei; gleichzeitig mindert er die Löhne und damit das BNP im Ausland. Der letzte Term fällt wegen $w^* = F_L^*$ weg. Eine Reallokation der Beschäftigung von den multinationalen zu den lokalen Unternehmen hat keinen Einfluss auf das BNP, weil das Grenzprodukt in beiden Sektoren gleich dem Lohn ist. Die Löhne fallen mit geringeren Direktinvestitionen und damit geringerem Kapitaleinsatz im Ausland gemäss $\mathrm{d}w^* = F^*_{KL}\mathrm{d}Z$, wobei wir $F^*_{LK} = F^*_{KL}$ verwenden. Da das Grenzprodukt $F^*_K(Z, L^Z)$ homogen vom Grade Null ist, gilt $ZF^*_{KK} + L^Z F^*_{KL} = 0$, so dass der vierte Term $L^Z\mathrm{d}w^* = -ZF^*_{KK}\mathrm{d}Z$ ergibt. Für den dritten Ausdruck setzt man $t^*ZF^*_{KK}\mathrm{d}Z$ ein. Indem man die Terme $\mathrm{d}Z$ zusammenfasst und die Definition der Kapitalimportelastizität $\varepsilon^* = -F^*_K/(ZF^*_{KK})$ verwendet, erhält man schliesslich

$$\mathrm{d}Y^* = ZF^*_K\mathrm{d}t^* + \left[t^* + (1 - t^*)/\varepsilon^*\right]F^*_K\mathrm{d}Z = 0. \tag{XII.45}$$

Der zweite Ausdruck mit der eckigen Klammer fasst den Einfluss auf das Lohneinkommen und auf das von den Direktinvestitionen generierte Gewinnsteueraufkommen (bei gegebenem Steuersatz) zusammen. Der Nettoeffekt ist eindeutig negativ, wenn die Direktinvestitionen zurückgehen, und ist dem zusätzlichen Aufkommen aus der Anhebung des Steuersatzes gegenüberzustellen.

Um den optimalen Steuersatz zu bestimmen, muss noch der Einfluss auf die Direktinvestition ermittelt werden. Nach (XII.41) hängt die Anpassung nach allen Methoden zur Minderung der Doppelbesteuerung in (XII.38) von der Änderung $\mathrm{d}t^e/(1 - t^e) = \mathrm{d}t^*/(1 - t^*)$ ab. Gemäss (XII.38) folgt aus der Abzugsmethode $\mathrm{d}t^e = (1 - t)\mathrm{d}t^*$ und $1 - t^e = (1 - t)(1 - t^*)$. Indem man dividiert, erhält man das behauptete Ergebnis. Dasselbe gilt für die Freistellungsmethode mit $\mathrm{d}t^e = \mathrm{d}t^*$ und $1 - t^e = 1 - t^*$. Für die Anrechnungsmethode folgt schliesslich für $t < t^*$ genau dasselbe Ergebnis. Einzig im Fall $t > t^*$ hat der ausländische Steuersatz keinen Einfluss auf die ins Ausland fliessenden Direktinvestitionen. Indem man $\mathrm{d}t^e/(1 - t^e) = \mathrm{d}t^*/(1 - t^*)$ in (XII.41) berücksichtigt und das Ergebnis $\mathrm{d}Z = -\frac{\varepsilon\varepsilon^*Z}{\varepsilon+\varepsilon^*} \cdot \frac{\mathrm{d}t^*}{1-t^*}$ oben einsetzt, folgt nach einigen Umformungen $(\varepsilon + \varepsilon^*)(1 - t^*) = [t^* + (1 - t^*)/\varepsilon^*]\varepsilon\varepsilon^*$ bzw.

$$t^* = \frac{1}{1 + \varepsilon}. \tag{XII.46}$$

Das Ausland wird also die Gewinne aus zufliessenden Direktinvestitionen mit einem positiven Steuersatz t^* belasten. Der ausländische Steuersatz ist optimal, wenn das zusätzliche Aufkommen aus einer weiteren marginalen Anhebung des Satzes gerade den Einkommensverlust aus dem Rückgang der Löhne und der Anpassung der Bemessungsgrundlage bei gegebenem Steuersatz aufwiegt. Je elastischer die Direktinvestitionen reagieren, d. h. je höher ε ist, desto geringer muss der Steuersatz bleiben. Dabei ist nur die heimische Kapitalnachfrageelastizität relevant. Dies kann intuitiv anhand von Abbildung XII.6 verstanden werden. Wenn nur das Ausland den Steuersatz erhöht, dann verschiebt sich lediglich die ausländische Nettoertragskurve $(1 - t^e)F^*_K$ nach unten, bis sie z. B. durch Punkt C geht. Wie stark eine gegebene Erhöhung von t^e die Direktinvestitionen einschränkt, hängt davon ab, wie flach die Kurve F_K durch Punkt A (Ausgangssituation) verläuft. Eine hohe inländische Kapitalnachfrageelastizität ε bedeutet eine flache Kurve F_K und damit einen starken Rückgang der Direktinvestitionen, der im Ausland bei gegebenem Steuersatz zu grossen Einkommensverlusten führt. Das Ausland wird dann nur einen moderaten Steuersatz wählen.

Zuletzt charakterisieren wir noch die optimale Besteuerung multinationaler Konzerne im Kapitalexportland, dem Sitz der Konzernmutter. Bei gegebenem ausländischem Steuersatz t^* kann das heimische BNP nur über den Einfluss auf die hinausgehenden Direktinvestitionen beeinflusst werden. Das Differential von Y in (XII.43) ergibt $dY = -F_K dZ + (1 - t^*)F_K^* dZ + (1 - t^*)ZF_{KK}^* dZ$. Die Direktinvestitionen der heimischen Multis im Ausland reduzieren einerseits die heimische Produktion (erster Term), andererseits steigen damit die Faktoreinkommen aus dem Ausland in Form der Gewinnüberweisungen (zweiter Term). Schliesslich reduzieren höhere Direktinvestitionen im Empfängerland das Grenzprodukt des Kapitals und mindern so die Gewinne der bereits etablierten Auslandstöchter (dritter Term). Man verwende $ZF_{KK}^* = -F_K^*/\varepsilon^*$ und ersetze F_K durch den entsprechenden Ausdruck aus der BEO in (XII.40), $F_K = \frac{1-t^e}{1-t}F_K^*$,

$$\frac{dY}{dt} = \left[(1 - t^*)(1 - 1/\varepsilon^*) - \frac{1 - t^e}{1 - t}\right]F_K^* \cdot \frac{dZ}{dt}. \qquad \text{(XII.47)}$$

Wie sich die heimische Besteuerung auf den Kapitalexport Z auswirkt, hängt von der vereinbarten Entlastungsmethode zur Minderung der Doppelbesteuerung ab. Die Anwendung der *Abzugsmethode* impliziert nach (XII.38) $dt^e = (1 - t^*)dt$ und $1 - t^e = (1 - t)(1 - t^*)$. Daher fällt der heimische Steuerfaktor $1 - t$ aus der Bedingung (XII.40) heraus, so dass der Einfluss des heimischen Steuersatzes auf die Direktinvestitionen schwindet. Nach der *Freistellungsmethode* gilt $t^e = t^*$, und die Investitionsbedingung lautet $(1 - t)F_K = (1 - t^e)F_K^*$. Die heimische Gewinnsteuer löst stärkere Direktinvestitionen aus, nämlich $\frac{dZ}{dt} = \frac{\varepsilon\varepsilon^* Z}{\varepsilon + \varepsilon^*}\frac{1}{1-t} > 0$ nach (XII.41), und reduziert damit das BNP. Mit der *Anrechnungsmethode* schliesslich bleibt der heimische Steuersatz für den Fall $t > t^*$ mit $t^e = t$ ohne Auswirkungen auf Direktinvestitionen. Interessanter ist der umgekehrte Fall, $t < t^*$ mit $t^e = t^*$. Der heimische Steuersatz steigert wie vorhin die Direktinvestitionen und senkt das BNP des Inlands. Zusammenfassend stellt man fest:

$$\frac{dZ}{dt} = 0, \ \frac{dY}{dt} = -\frac{(1-t^*)F_K^*}{\varepsilon^*}\frac{dZ}{dt} = 0, \qquad \text{Abzugsmethode,}$$

$$\frac{dZ}{dt} > 0, \ \frac{dY}{dt} = -\left[\frac{t}{1-t} + \frac{1}{\varepsilon^*}\right](1 - t^*)F_K^*\frac{dZ}{dt} < 0, \ \text{Freistellungsmethode,} \quad \text{(XII.48)}$$

$$\frac{dZ}{dt} > 0, \ \frac{dY}{dt} = -\left[\frac{t}{1-t} + \frac{1}{\varepsilon^*}\right](1 - t^*)F_K^*\frac{dZ}{dt} < 0, \ \text{Anrechnungsmethode.}$$

Das Inland bevorzugt daher die Abzugsmethode, da die anderen Entlastungsmethoden bei positivem Steuersatz Direktinvestitionen ins Ausland lenken (Kapitalexport), was das BNP mindert. Bei Anwendung der anderen Methoden ist der optimale inländische Steuersatz Null. Jeder positive Satz würde nur zu einem Abfluss von Direktinvestitionen führen und damit das BNP senken.

XII.1.5.5 Gewinnverlagerung

Bei multinationalen Unternehmen erfolgen meist umfangreiche Lieferungen bzw. Leistungen zwischen den verschiedenen Standorten innerhalb des Konzerns. Um das Problem besonders einfach zu veranschaulichen, wird angenommen, dass die Muttergesellschaft genau eine Outputeinheit an die ausländische Tochtergesellschaft liefert. Damit sinkt der Erlös im Inland und steigt der Erlös am ausländischen Standort. Im Gegensatz zu rein lokalen Unternehmen können multinationale Konzerne ihre Gewinne durch geeignete Wahl von Verrechnungspreisen für konzerninterne Leistungen von Hochsteuerländern zu Niedrigsteuerländern verlagern und damit ihre weltweiten Steuerverbindlichkeiten minimieren. Wenn die Konzernleitung für die gelieferte Outputeinheit einen Verrechnungspreis von $q > 1$ wählt, entsteht bei der leistenden Muttergesellschaft ein zusätzlicher Gewinn von $q - 1$. Die ausländische Tochtergesellschaft muss damit mehr zahlen, als sie an Leistung empfängt, und erleidet einen Verlust von $q - 1$.

Der wahre Verrechnungspreis wäre gleich den tatsächlichen Produktionskosten von 1 und damit gleich dem Preis für eine Outputeinheit. In der Realität gibt es jedoch für die konzerninternen Lieferungen häufig keinen direkt vergleichbaren Marktpreis, der von den Steuerbehörden leicht feststellbar wäre. Daher haben multinationale Unternehmen einen Gestaltungsspielraum bezüglich der Festsetzung des Verrechnungspreises q. Je weiter der Verrechnungspreis vom wahren Wert abweicht, desto schwieriger wird es, den Preis gegenüber den Steuerbehörden noch zu rechtfertigen, und desto grösserer Aufwand muss betrieben werden, um den wahren Preis zu verschleiern. Angenommen, diese Kosten $c(q)$ steigen konvex mit dem Abstand des Verrechnungspreises vom wahren Preis an. Der Einfachheit halber wird eine quadratische Form angenommen. Der globale Gewinn der Multis beträgt damit

$$\Pi = (1 - t)[\pi + (q - 1)] + \left(1 - t^e\right)\left[\pi^Z - (q - 1)\right] - c(q), \quad c(q) = \frac{(q - 1)^2}{2c_0},$$
(XII.49)

wobei π und π^Z wie in (XII.33) zu lesen sind. Der Verrechnungspreis q ist optimal gewählt, wenn $d\Pi/dq = 0$ bzw.

$$t^e - t = c'(q) \quad \Rightarrow \quad q = 1 + c_0 \cdot \left(t^e - t\right).$$
(XII.50)

Ein überhöhter Verrechnungspreis $q > 1$ bläht den Gewinn bei der Konzernmutter künstlich auf, ein zu niedriger Preis reduziert ihn. Der Gewinn der ausländischen Tochter verändert sich gerade umgekehrt. Mit einem überhöhten Verrechnungspreis können also Gewinne von der Tochter- zur Muttergesellschaft verlagert werden. Dies ist dann steuergünstig, wenn die Auslandsgewinne effektiv höher als die im Inland erzielten Gewinne besteuert werden, $t^e > t$. Wenn hingegen der ausländische Steuersatz sehr gering ist und damit die Effektivbelastung der Auslandsgewinne geringer ist, $t^e < t$, dann werden die Verrechnungspreise künstlich tief angesetzt und Gewinne vom Inland in das Ausland verlagert. Damit kann das Inland trotz höherem Steuersatz nur mehr ein verhältnismässig geringes Aufkommen aus der Gewinnsteuer erzielen.

XII.2 Güterbesteuerung

XII.2.1 Besteuerung und Arbitragefreiheit

Die Besteuerung der Kapitalerträge beeinflusst die Spar- und Investitionsentscheidungen; die Güterbesteuerung bestimmt demgegenüber den Reallohn und wirkt hauptsächlich auf Arbeitsangebot und Beschäftigung. Während die Arbeitsnachfrage sich an den Produzentenpreisen (Reallohn aus Produzentensicht) ausrichtet, orientieren sich die Angebotsentscheidungen an den Konsumentenpreisen (Reallohn aus Konsumentensicht). Je nach Besteuerungsprinzip (Ursprungs- und Bestimmungslandprinzip) werden Konsumenten- und Produzentenpreise international auseinander fallen, wenn die Staaten unterschiedlich besteuern. Dies stört die internationale Allokation der Beschäftigung und des Arbeitsangebots. Um die Probleme in der Güterbesteuerung zu diskutieren, wenden wir ein Modell mit einem homogenen, handelbaren Gut an, welches im In- oder Ausland produziert werden kann. Die Arbeit ist international mobil in dem Sinne, dass die Arbeitnehmer eines Landes als Grenzgänger im anderen Land Beschäftigung finden können. Die nationalen Arbeitsangebots- und Nachfragemengen können also in Höhe eines Wanderungs- bzw. Grenzgängersaldos voneinander abweichen. Wir fragen: Wo wird produziert und Arbeit beschäftigt, und wo wird Arbeit angeboten und das Einkommen konsumiert?

Die Güterbesteuerung (Mehrwertsteuer) kann die Güter aus heimischer Produktion für den Inlandsabsatz und den Export sowie die Importwaren für den Inlandsverbrauch besteuern. Tabelle XII.3 zeigt die verschiedenen Steuersätze, die im Prinzip vom Inland oder Ausland erhoben werden können:

Tabelle XII.3: Internationale Güterbesteuerung

Inland	Produktionsort	Konsumort	Ausland
τ_D	Inland	Inland	τ_D^*
τ_X	Inland (Export)	Ausland	τ_X^*
τ_M	Ausland (Import)	Inland	τ_M^*

Es gibt zwei grundsätzliche Besteuerungsprinzipien, welche bei beidseitiger Anwendung Doppelbesteuerung vermeiden. Nach dem *Bestimmungslandprinzip* (BLP, destination principle) wird der Verbrauch im Land des Konsums einheitlich besteuert und zwar unabhängig davon, ob es sich um eine Importware oder ein heimisches Erzeugnis handelt, $\tau_D = \tau_M$. Exporte werden steuerfrei gestellt, da der Verbrauch im Bestimmungsland der dortigen Steuer unterliegt, $\tau_X = 0$. Das Ausland besteuert symmetrisch: $\tau_D^* = \tau_M^*, \tau_X^* = 0$. Nach dem *Ursprungslandprinzip* (ULP, origin principle) wird der Verbrauch im Land der Produktion einheitlich besteuert und zwar unabhängig davon, ob das Gut für den Inlandsverbrauch oder Export (Verbrauch im Ausland) bestimmt ist, $\tau_D = \tau_X$. Importe sind steuerfrei, da die Ware schon im Ursprungsland besteuert wurde, $\tau_M = 0$. Die Besteuerung im Ausland erfolgt spiegelbildlich mit $\tau_D^* = \tau_X^*$ und $\tau_M^* = 0$.

Wie wirken sich Steuern auf den internationalen Güterhandel einschliesslich des Cross Border Shoppings aus? Wir betrachten ein homogenes, international gehandeltes Gut. Die in- und ausländischen *Produzentenpreise* seien p und p^*, die *Konsumentenpreise* enthalten zusätzlich noch die Gütersteuern. Ein Konsument wird das Gut nur von jenem Anbieter kaufen, welcher es zum günstigeren Konsumentenpreis anbietet. Weil schon ein kleiner Preisnachteil die gesamte Nachfrage verschwinden lässt, müssen die Produzenten die Preise immer so anpassen, dass die Konsumenten gerade indifferent sind, das Gut aus in- oder ausländischer Quelle zu kaufen. Im Gütermarktgleichgewicht muss also mit anderen Worten *Arbitragefreiheit* gelten, wonach ein Käufer denselben Konsumentenpreis bezahlt, unabhängig davon, ob er das Gut von einem in- oder ausländischen Anbieter erwirbt,

$$(1 + \tau_D)p = p^*\left(1 + \tau_X^* + \tau_M\right) \text{ inländischer Käufer,}$$
$$\left(1 + \tau_D^*\right)p^* = p\left(1 + \tau_X + \tau_M^*\right) \text{ ausländischer Käufer.}$$

(XII.51)

Kauft ein Inländer aus dem Inland, dann bezahlt er den heimischen Produzentenpreis p plus die inländische Mehrwertsteuer $\tau_D\,p$. Kauft er ein Importgut aus dem Ausland, zahlt er den ausländischen Produzentenpreis p^* plus die Einfuhrumsatzsteuer $\tau_M\,p^*$ plus eine Exportsteuer $\tau_X^*\,p^*$, welche das Ausland beim Export erhebt. Die Gleichheit des Konsumentenpreises nach (XII.51), unabhängig von der Herkunft des Gutes, sichert die Arbitragefreiheit. Ähnliche Überlegungen gelten für den ausländischen Käufer.

Die beidseitige Anwendung eines der beiden Besteuerungsprinzipien koppelt in ganz bestimmter Weise die Konsumenten- und Produzentenpreise in den beiden Ländern. Werden die Restriktionen für die Besteuerung nach dem BLP in (XII.51) eingesetzt, erhalten wir die Bedingungen für Arbitragefreiheit wie in der zweiten Spalte von Tabelle XII.4. Nachdem Güter aus heimischer Produktion und Importe gleich besteuert werden, müssen sich die Produzentenpreise international angleichen, damit der Käufer für heimische Güter und Importe jeweils die gleichen Konsumentenpreise bezahlt, siehe Tabelle XII.4. Bei gleichen Produzentenpreisen wird jedoch das Konsumentenpreisniveau von Land zu Land unterschiedlich sein, wenn unterschiedlich hohe Steuersätze zur Anwendung kommen. Der inländische Käufer zahlt dann andere Konsumentenpreise für heimische Erzeugnisse und Importwaren wie der ausländische Käufer. Trotzdem ist für beide Käufer Arbitragefreiheit sichergestellt. Beim ULP wird der Kauf im Land der Produktion einheitlich besteuert, unabhängig davon, ob es sich um einen in- oder ausländischen Käufer handelt. Der inländische Käufer zahlt also auf Importwaren den Steuersatz des Produktionslandes, auf heimische Erzeugnisse den heimischen Steuersatz. Die Bedingung der Arbitragefreiheit bedeutet dann, dass gleichzeitig auch die Konsumentenpreise in beiden Ländern gleich sein müssen. Bei unterschiedlichen Besteuerungsniveaus werden daher zwangsläufig die Produzentenpreise verschieden sein, wie Tabelle XII.4 zeigt.

Tabelle XII.4: Besteuerungsprinzip und Arbitragefreiheit

	beidseitiges BLP $\tau_X = \tau_X^* = 0, \tau_D = \tau_M$	beidseitiges ULP $\tau_M = \tau_M^* = 0, \tau_D = \tau_X$
inl. Käufer	$(1 + \tau_D)p = p^*(1 + \tau_D)$,	$(1 + \tau_D)p = p^*\left(1 + \tau_D^*\right)$,
ausl. Käufer	$\left(1 + \tau_D^*\right)p^* = p^*\left(1 + \tau_D^*\right)$,	$(1 + \tau_D)p = p^*\left(1 + \tau_D^*\right)$,
aus $\tau_D \neq \tau_D^*$ folgt	$\Downarrow$	$\Downarrow$
Produzentenpreise	$p = p^*$	$p \neq p^*$
Konsumentenpreise	$(1 + \tau_D)p \neq p^*\left(1 + \tau_D^*\right)$	$(1 + \tau_D)p = p^*\left(1 + \tau_D^*\right)$

XII.2.2 Internationale Allokation in der Produktion

Arbeit ist international mobil und wird auf einem Weltarbeitsmarkt gehandelt. Das Arbeitsangebot L^S in jedem Land steht also für Beschäftigung in in- und ausländischen Unternehmen zur Verfügung. Das weltweite Arbeitsangebot muss gleich der Weltnachfrage sein,

$$L^S + L^{S*} = L + L^*. \tag{XII.52}$$

Das Gleichgewicht auf dem einheitlichen Weltarbeitsmarkt impliziert, dass die Wanderungssaldos der beiden Länder sich auf Null aufaddieren müssen, $\left(L^S - L\right) + \left(L^{S*} - L^*\right) = 0$. Die im Ausland beschäftigten Inländer $L^S - L$ überweisen ihr Einkommen zurück und konsumieren im Heimatland (Grenzgänger). Die Haushalte sind indifferent bezüglich der Beschäftigung im In- oder Ausland, wenn die Löhne gleich sind. Die Löhne werden daher auf $w = w^* = 1$ normalisiert.

Wo wird produziert? Die internationale Allokation des Faktors Arbeit hängt von den Beschäftigungsentscheidungen der Unternehmen ab, $\max_L pF(L) - L$. Nachdem die Löhne auf 1 normalisiert sind, bestimmen die BEO die nationale Arbeitsnachfrage in Abhängigkeit von den Produzentenpreisen p und p^*, welche die Reallöhne $1/p$ und $1/p^*$ determinieren:

$$F'(L) = 1/p, \quad F'\left(L^*\right) = 1/p^*. \tag{XII.53}$$

Abbildung XII.7 veranschaulicht die internationale Allokation der Beschäftigung in Abhängigkeit vom Besteuerungsprinzip. Das BLP führt zu einer Angleichung der Produzentenpreise und damit der Reallöhne. Damit sind nach (XII.53) die Grenzproduktivitäten der Arbeit in beiden Ländern gleich, wie im Punkt A angezeigt wird. Die Arbeit ist international effizient beschäftigt; das Welteinkommen kann nicht mehr weiter gesteigert werden. Das ULP führt jedoch zu unterschiedlichen Produzentenpreisen, wenn die Länder verschieden hohe Steuersätze anwenden, und damit zu unterschiedlichen Reallöhnen. Im Punkt B z. B. ist der Produzentenpreis im Ausland

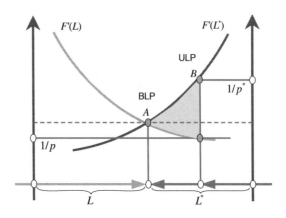

Abbildung XII.7: Internationale Arbeitsallokation

niedriger bzw. der Reallohn $1/p^*$ höher als im Inland. Die Beschäftigung im Ausland ist daher relativ gering. Da das Grenzprodukt der Arbeit im Ausland höher ist, würde eine Reallokation der Arbeit vom Inland zum Ausland das gemeinsame Einkommen beider Regionen erhöhen, nämlich um den Unterschiedsbetrag $F'(L^*) - F'(L)$. Wenn diese Reallokation bis zum Punkt A fortgesetzt wird, ergeben sich weitere Einkommenssteigerungen in der Höhe der schattierten Dreiecksfläche. Globale Produktionseffizienz wie im Punkt A könnte auch bei beidseitiger Anwendung des ULP erreicht werden, wenn beide Länder ihre Steuersätze angleichen würden (Steuerharmonisierung).

XII.2.3 Internationale Konsumallokation

Die Güterbesteuerung ändert die Konsumentenpreise $p^C = (1 + \tau_D)p$ und $p^{C*} = \left(1 + \tau_D^*\right)p^*$ und damit die Reallöhne $1/p^C$ und $1/p^{C*}$ aus Sicht der Haushalte. Diese wiederum bestimmen die Arbeitsanreize in beiden Ländern, indem sie auf die Abwägung zwischen Konsum (Einkommenserzielung) und Freizeit wirken,

$$\max_{C,H}\Big\{U(C,H) \quad s.t. \quad p^C C + H \le \bar{H}\Big\}. \tag{XII.54}$$

Das Arbeitsangebot $L^S = \bar{H} - H$ entspricht dem Arbeitseinkommen im Inland, da der Lohn auf 1 normalisiert ist, und finanziert die Konsumausgaben $p^C C = L^S$. Die Höhe des Arbeitsangebots, relativ zur Beschäftigung in einem Land, bestimmt dann nach (XII.52) den Saldo der Grenzgänger, $L - L^S = -\left(L^* - L^{S*}\right)$. Abbildung XII.8 veranschaulicht die internationale Allokation von Konsum (Einkommen) und Freizeit.

Die beidseitige Anwendung des BLP führt bei unterschiedlichen Mehrwertsteuersätzen zu abweichenden Konsumentenpreisen und damit zu einer Konsum-Freizeit-Abstimmung wie im Punkt A. Wenn die Konsumentenpreise im Inland höher als im Ausland sind, dann verläuft die Budgetgerade in Abbildung XII.8, $H = \bar{H} - p^C C$,

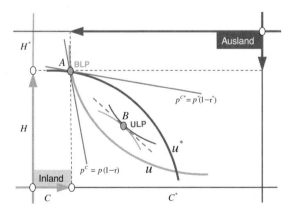

Abbildung XII.8: Internationale Konsumallokation

verhältnismässig steil. Da die Reallöhne gering sind, wählt das Inland hohe Freizeit und erzielt wenig Einkommen und Konsum. Im Ausland reagiert das Arbeitsangebot gerade entgegengesetzt. Punkt A zeigt dann die Aufteilung des weltweiten Konsums und der Freizeit auf die beiden Länder. Die Linse zwischen den Indifferenzkurven u und u^* zeigt die potentiellen Wohlfahrtssteigerungen, welche die beiden Länder noch realisieren könnten. Wenn sie neben der beidseitigen Anwendung des BLP auch gleiche Steuersätze wählen würden (Steuerharmonisierung), dann könnten sie die Konsumentenpreise angleichen und eine Situation wie im Punkt B realisieren. Beide gelangen auf eine höhere Indifferenzkurve und erzielen ein höheres Wohlfahrtsniveau. Land A leistet dann ein höheres Arbeitsangebot und konsumiert mehr, während Land B das Arbeitsangebot zurücknimmt und den Konsum zugunsten von mehr Freizeit einschränkt.

Wenn beide Länder das ULP anwenden, werden durch das Arbitrageverhalten im Güterhandel gleiche Konsumentenpreise realisiert. Damit realisiert das ULP eine effiziente Allokation von Konsum und Freizeit wie im Punkt B. Eine weitere Wohlfahrtssteigerung ohne Beeinträchtigung des anderen Landes ist nicht mehr möglich, d. h. Punkt B zeigt eine pareto-optimale Abstimmung im Konsumbereich an. Allerdings führt das ULP wie in Abbildung XII.7 zu einer ineffizienten Arbeitsallokation in der Produktion. Die Auswirkungen der beiden Besteuerungsprinzipien auf die internationale Allokation im Konsum- (Arbeitsangebot) und Produktionsbereich (Arbeitsnachfrage) können wie folgt zusammengefasst werden:

Allokation	Konsum	Produktion
BLP	nicht effizient	effizient
ULP	effizient	nicht effizient

Die beiden Besteuerungsprinzipien können nur teilweise Allokationseffizienz sicherstellen, entweder im Konsum- oder im Produktionsbereich. In beiden Fällen existieren potentielle Wohlfahrtsgewinne aus einer Harmonisierung von Steuersätzen. Allerdings stehen der Harmonisierung die unterschiedlichen Einnahmeerfordernisse der Staaten gegenüber. Innerhalb der EU ist die Harmonisierung der Güterbesteuerung relativ weit fortgeschritten. Da sich Verzerrungen im Produktionsbereich tendenziell nachteiliger auswirken, scheint das BLP überlegen. In der EU ergibt sich allerdings ein besonderes Problem bei der Anwendung des BLP. Dieses sieht vor, dass Exporte an der Grenze von der heimischen Steuer entlastet und als Importe im Bestimmungsland mit den dortigen Mehrwertsteuersätzen besteuert werden. Es sind also Grenzkontrollen erforderlich. In der EU ist daher ein reines BLP nicht haltbar, weil die Grenzkontrollen abgeschafft worden sind. Daher wird ein Mischsystem angewandt. Bei Direktkäufen von Konsumenten wird das ULP angewandt, während das BLP weiterhin für den Handel zwischen Unternehmen gültig ist. Die Unternehmen werden mit einer sogenannten MWST-Identifikationsnummer registriert. Im externen Handel der EU mit dem Rest der Welt wird ebenfalls das BLP angewandt. Da an der gemeinsamen EU-Aussengrenze weiterhin Grenzkontrollen stattfinden, bereitet die Anwendung des BLP auf den EU-Aussenhandel keine grossen Probleme.

Zusammenfassung

1. Arbitragefreiheit erfordert, dass die Nettorenditen der Investoren nach Besteuerung gleich sein müssen, damit sie zwischen perfekt substituierbaren Anlagen indifferent sind. Arbitragefreiheit im Güterhandel erfordert gleiche Konsumentenpreise für perfekt substituierbare Güter.

2. Eine Doppelbesteuerung von internationalen Zinserträgen kann vermieden werden, indem alle Länder entweder das Wohnsitz- oder Quellenlandprinzip anwenden. Nach dem Wohnsitzprinzip besteuert jedes Land die weltweiten Zinseinkommen der Inländer, während die Zinserträge der Ausländer im Inland unbesteuert bleiben. Nach dem Quellenlandprinzip besteuert jedes Land die Zinseinkommen der In- und Ausländer aus heimischer Quelle, während die Zinserträge aus ausländischer Quelle im Inland unbesteuert bleiben.

3. Die weltweite Anwendung des Wohnsitzprinzips führt zu einem einheitlichen Bruttozins in allen Ländern und damit zu einer effizienten Kapitalallokation (Produktionseffizienz). Unterschiedliche Steuersätze führen jedoch zu abweichenden Nettozinsen und damit in verschiedenen Ländern zu unterschiedlich starken Sparanreizen (Störung der Konsumeffizienz).

4. Die weltweite Anwendung des Quellenlandprinzips spreizt bei unterschiedlichen Steuersätzen die Bruttozinsen und stört damit die internationale Kapitalallokation (Produktionseffizienz). Das Quellenlandprinzip führt jedoch zu gleichen Nettozinsen und sichert damit in verschiedenen Ländern gleiche Sparanreize (Konsumeffizienz).

5. Die meisten Länder wenden in der Unternehmensbesteuerung (Körperschaftsteuer bzw. Gewinnsteuer) das Quellenlandprinzip und in der Besteuerung der Zinserträge das Wohnsitzprinzip an. Eine optimale Besteuerung der Lohn-, Zinsertrags- und Gewinneinkommen würde auf eine Quellensteuer auf Gewinne verzichten und je nach Höhe der Preiselastizitäten der Ersparnisse und des Arbeitsangebots auf Lohn- und persönliche Zinsertragsteuern zugreifen.

6. Die Besteuerung ausländischer Zinserträge nach dem Wohnsitzprinzip ist nur schwer durchzusetzen, da die heimischen Steuerbehörden nur unvollkommene Informationen über die ausländischen Kapitalerträge ihrer Bürger haben und diese leicht hinterzogen werden können. Um eine effektivere Besteuerung ausländischer Zinseinkommen durchzusetzen, können international entweder die Erhebung von Quellensteuern oder ein automatischer Informationsaustausch vereinbart werden.

7. Die Auslandsgewinne multinationaler Unternehmen werden in den meisten Ländern an der Quelle besteuert und teilweise noch einmal im Land des Konzernsitzes, wenn die Gewinne an die Muttergesellschaft zurücküberwiesen werden. Eine solche Doppelbesteuerung reduziert internationale Direktinvestitionen. Um eine Doppelbesteuerung von Auslandsgewinnen zu vermeiden, stehen alternativ die Abzugs-, Freistellungs- und Anrechnungsmethode zur Verfügung.

8. Eine Doppelbesteuerung von Güterexporten und Importen kann vermieden werden, indem alle Länder entweder das Bestimmungs- oder das Ursprungslandprinzip in der Güterbesteuerung anwenden. Nach dem Bestimmungslandprinzip

besteuert jedes Land einheitlich den gesamten heimischen Güterverbrauch, egal ob Importe oder Güter aus heimischer Produktion. Exporte bleiben steuerfrei. Nach dem Ursprungslandprinzip besteuert jedes Land die Güter aus heimischer Produktion ohne Unterschied, ob sie für den heimischen Absatz oder den Export bestimmt sind. Importe bleiben dagegen im Inland unbesteuert.

9. Wenn in- und ausländische Güter perfekte Substitute in der Nachfrage sind, dann führt die weltweite Anwendung des Bestimmungslandprinzips zu international einheitlichen Produzentenpreisen und damit zu gleichen Produzentenreallöhnen. Dies sichert Produktionseffizienz im Sinne einer effizienten internationalen Allokation des Arbeitseinsatzes. Unterschiedliche Gütersteuersätze führen jedoch zu abweichenden Konsumentenpreisen und -reallöhnen. Dies führt zu international unterschiedlich starken Arbeitsangebotsanreizen und stört die Konsumeffizienz.

10. Die weltweite Anwendung des Ursprungslandprinzips spreizt bei unterschiedlichen Steuersätzen die Produzentenpreise und -reallöhne und stört damit die internationale Arbeitsallokation (verletzte Produktionseffizienz). Das Ursprungslandprinzip führt jedoch zu gleichen Konsumentenpreisen und sichert damit in verschiedenen Ländern gleiche Arbeitsanreize (Konsumeffizienz).

Lektürevorschläge

Übersichtsbeiträge zur internationalen Besteuerung finden sich in FRENKEL, RAZIN und SADKA (1991), HAUFLER (2001), RAZIN und SADKA (2001) sowie GORDON und HINES (2002). Wichtige Beiträge zur optimalen Kapitaleinkommensbesteuerung in offenen Volkswirtschaften sind GORDON (1986), GORDON (1992) sowie JANEBA und PETERS (1999) spezifisch zur Besteuerung von Zinserträgen. Vereinfachte Darstellungen finden sich in HUIZINGA (1995) sowie KEEN und PIEKKOLA (1997). BACCHETTA und ESPINOSA (1995), HUIZINGA und NIELSEN (2003) sowie KEEN und LIGTHART (2005) befassen sich mit der Quellenbesteuerung und dem Informationsaustausch in der Besteuerung internationaler Zinserträge. WEICHENRIEDER (1995), JANEBA (1997), GRESIK (2001) und DAVIES (2004) stellen den Einfluss der Besteuerung auf multinationale Direktinvestitionen dar. FUEST und HUBER (2004) erörtern die Möglichkeiten einer differenzierten Besteuerung von multinationalen Direktinvestitionen und Inlandsinvestitionen heimischer Firmen. Nach HINES (1999) reagieren Direktinvestitionen sehr elastisch auf unterschiedliche, internationale Steuerbelastungen. Die internationale Güterbesteuerung wird beispielsweise in FRENKEL, RAZIN und SADKA (1991), HAUFLER (2001) und KEEN und WILDASIN (2004) abgehandelt. KANBUR und KEEN (1993) analysieren die Folgen des Steuerwettbewerbs und der Steuerharmonisierung im Bereich der Güterbesteuerung mit grenzüberschreitenden Direktkäufen der Konsumenten. KEEN und SMITH (1996) und GENSER (2002) gehen auf spezielle Probleme der Mehrwertsteuer in Europa ein. Auf der Homepage WWW.IFF.UNISG.CH, Seite Keuschnigg/Lehre, stehen gelöste Übungsaufgaben bereit.

Schlüsselbegriffe

Doppelbesteuerung   Arbitragefreiheit
Wohnsitzprinzip   Quellenlandprinzip
Produktionseffizienz   Konsumeffizienz
Portfolioinvestitionen   Quellenbesteuerung
Informationsaustausch   Direktinvestitionen
Ursprungslandprinzip   Bestimmungslandprinzip
Abzugs-, Freistellungs-
und Anrechnungsverfahren

Kapitel XIII

Steuerwettbewerb

Ein besonders eindrückliches Anschauungsbeispiel für Steuerwettbewerb und Föderalismus ist die Schweiz. Sie ist im internationalen Vergleich einer der am stärksten föderal organisierten Staaten. Einkommen und Steuerbelastung zwischen den Kantonen sind sehr unterschiedlich, wobei die Unterschiede in der Steuerbelastung neben der Finanzkraft auch die Präferenzen für den Umfang öffentlicher Leistungen widerspiegeln. Das Ausmass dieser Unterschiede wird aus einer Statistik der Eidgenössischen Finanzverwaltung deutlich, wonach der Index der Finanzkraft zwischen 30 und 157 schwankt, mit 100 für den Durchschnitt der Kantone. Dieser Index spiegelt die grossen Einkommensunterschiede wider. Der Finanzausgleich soll die Unterschiede in der Steuerkraft zum Teil ausgleichen und damit die wirtschaftliche Konvergenz der Regionen unterstützen. Er ist horizontal und vertikal organisiert. Der horizontale Finanzausgleich regelt die Zahlungen zwischen den Kantonen und zwischen den Gemeinden. Der vertikale Ausgleich betrifft die Zahlungen zwischen Bund und Kantonen einerseits und zwischen Kantonen und Gemeinden andererseits. Die Situation ist in Deutschland und Österreich nicht grundsätzlich verschieden, auch wenn die Steuerautonomie der Länder und Gemeinden deutlich schwächer ist und dem Bund ein wesentlich grösseres Gewicht zukommt (vgl. auch Tabelle I.10 im ersten Kapitel). Dieses Kapitel beschäftigt sich mit den Folgen des Steuerwettbewerbs, wobei die prinzipiellen Einsichten sowohl auf den nationalen als auch den internationalen Steuerwettbewerb angewandt werden können. Das Kapitel analysiert in diesem Zusammenhang auch wichtige allokative und distributive Funktionen des Finanzausgleichs in einem föderal organisierten Staat.

Auf der Suche nach den höchsten Einkommen und Renditen wandern die mobilen Produktionsfaktoren in die attraktivsten Regionen. Die Zuwanderung von Kapital und hoch qualifizierter Arbeit stärkt die Steuerkraft einer Region, während die Zuwanderung von wenig qualifizierten Personen mit hohem Arbeitslosenrisiko bzw. von Personen, die auf Sozialhilfe angewiesen sind, die öffentlichen Budgets belasten. Die Kehrseite der Betrachtung ist, dass eine Region durch zu hohe Besteuerung oder ein unattraktives Angebot lokaler, öffentlicher Leistungen Gefahr läuft, finanzkräftige Steuerzahler, seien es Unternehmen oder natürliche Personen, an andere Regionen zu verlieren. Die hohe Mobilität von Kapital und Arbeit schränkt den finanzpolitischen Handlungsspielraum ein und zwingt die Teilstaaten in eine Konkurrenz um die mobilen Produktionsfaktoren. Jeder Teilstaat wird daher seine finanzpolitischen Entscheidungen auch von der Politik in anderen Regionen abhängig machen. Umgekehrt kann die Steuerpolitik einer Region bedeutende externe Effekte auf andere Regionen entfalten. Lokale Regierungen können Einkommen und Finanzkraft auf Kosten anderer Regionen stärken, indem sie mit niedrigen Steuern und einem attraktiven Angebot öffentlicher Leistungen Kapital und hoch qualifizierte Arbeit anziehen. Der Zufluss von produktiven Ressourcen steigert Einkommen und Steuerkraft in der eigenen Region. Die anderen Regionen haben ähnliche Anreize. Eine entscheidende Frage ist dabei, ob der Steuerwettbewerb im gemeinsamen Interesse der gesamten Föderation ist oder ob der Wettlauf um die günstigsten Standortbedingungen zu einem ungesunden Druck auf die Steuersätze führt und damit die Erfüllung der grundlegenden Staatsaufgaben wohlfahrtsmindernd einschränkt.

Der Steuerwettbewerb kann das lokale Angebot öffentlicher Güter oder die Wahrnehmung der Umverteilungsaufgaben einschränken, indem er die regionalen Grenzkosten der Besteuerung erhöht. Abwanderung von Kapital und Arbeit ist genauso eine Ausweichreaktion wie etwa die Verringerung des Arbeitsangebotes oder der Investitionen. Kapitalflucht und Abwanderung verursachen damit eine Zusatzbelastung, die umso grösser ausfällt, je höher die Mobilität von Arbeit und Kapital ist. Mit zunehmender Mobilität nehmen die Grenzkosten der Besteuerung in der Region zu und erhöhen die Kosten der Staatsaufgaben. Die Regionen werden also tendenziell die Bereitstellung öffentlicher Leistungen einschränken, wenn sie sich einer höheren Mobilität der Steuerzahler ausgesetzt sehen. Aus denselben Gründen wird in einer zunehmend globalisierten Wirtschaft die Besteuerung des mobilen Kapitals schwieriger. Eine hohe Besteuerung ist nicht nur für die eigene Region sehr teuer, sondern erzeugt bei anderen Regionen einen externen, fiskalischen Ertrag. Indem sie Kapital und Arbeit in andere Regionen treibt, stärkt sie dort die Finanzkraft (positive fiskalische Spillovers) und erhöht die Preise für lokale Produktionsfaktoren wie Arbeit oder Land (pekuniäre Externalitäten). Jede Region wird aber vorwiegend auf die eigenen Interessen abstellen und die externen Erträge für andere Regionen in ihrer Entscheidung nicht berücksichtigen. Sie wird aus diesem Grund geringere Steuersätze wählen und weniger öffentliche Leistungen anbieten, als es bei einer koordinierten Politik der Fall wäre. Im Vergleich zu einer gemeinsam abgestimmten Politik der Regionen kann der Steuerwettbewerb zu einer Unterversorgung mit öffentlichen Gütern führen.

Allerdings konkurrieren die Gliedstaaten nicht nur mit einer niedrigen Steuerbelastung, sondern auch mit einer hohen Qualität öffentlicher Leistungen wie wirtschaftsnahe Infrastruktur für das mobile Kapital oder kulturelle Gemeingüter, hochwertiges Schulwesen oder gut ausgebaute Kinderbetreuung als Standortfaktor für mobile Arbeit. Die Nutzung lokaler öffentlicher Güter ist regelmässig mit Überfüllungs- oder Ballungskosten verbunden. Insofern die Zuwanderung des mobilen Faktors zu Ballungskosten führt, ist selbst unter dem alleinigen Gesichtspunkt der ökonomischen Effizienz eine positive Besteuerung der mobilen Faktoren wünschenswert. Steuerwettbewerb kann also durchaus mit einer effizienten Bereitstellung öffentlicher Güter und positiver Besteuerung der mobilen Faktoren vereinbar sein. Eine Voraussetzung dafür ist, dass die entsprechenden öffentlichen Güter dem mobilen Faktor nutzen. Selbst wenn dies nicht der Fall ist, gibt es noch weitere Gründe, warum Steuerwettbewerb nicht schädlich sein muss oder sogar günstige Wirkungen entfaltet.

Ein Grund ist der vertikale Steuerwettbewerb. In einer Föderation konkurrieren die Gliedstaaten nicht nur untereinander, sondern auch mit dem Zentralstaat um dieselbe Besteuerungsquelle. In der Schweiz werden beispielsweise Einkommen- und Gewinnsteuern auf allen drei Ebenen von Bund, Kantonen und Gemeinden erhoben und führen von Ort zu Ort zu teilweise sehr bedeutenden Belastungsunterschieden. In diesem Fall hat die Konkurrenz der Teilstaaten nicht nur positive, sondern auch negative fiskalische Externalitäten auf die anderen Regionen. Wenn beispielsweise ein Teilstaat seine Einkommensteuer erhöht, trägt dies zur Reduktion der gemeinsamen Bemessungsgrundlage bei und zwingt den Zentralstaat zur Budgetkonsolidierung, die wiederum mit negativen Konsequenzen für alle anderen Teilstaaten verbunden ist. Ein solcher negativer externer Effekt führt für sich genommen zu einer zu hohen Besteuerung und wirkt den Konsequenzen des horizontalen Steuerwettbewerbs entgegen. Ein anderer Grund für positive Auswirkungen des Steuerwettbewerbs hat politökonomische Ursachen. Wenn die politischen Entscheidungsträger im demokratischen Prozess nicht vollständig durch die Wähler kontrolliert werden können, dann entsteht ein Spielraum für unproduktive Ausgaben, die hauptsächlich dem Eigeninteresse von Politikern und weniger dem Allgemeinwohl dienen. Dies führt zu einer tendenziell übermässigen Besteuerung. Der Steuerwettbewerb hat in diesem Fall eine disziplinierende Wirkung und kann den politischen Prozess in der Verhinderung eines unproduktiven Wachstums der Staatstätigkeit nützlich ergänzen.

Die möglichen Ineffizienzen des Steuerwettbewerbs begründen eine im Bundesstaat gemeinsam wahrzunehmende Aufgabe, im Rahmen eines „intelligent" konzipierten Finanzausgleichs durch Ausgleichszahlungen an die Regionen ein richtiges Besteuerungsniveau und damit eine effiziente Versorgung mit öffentlichen Leistungen sicherzustellen. Neben diesen Aspekten werden zwei weitere wichtige Aufgaben des Finanzausgleichs erörtert, wobei eine die Abgeltung von überregionalen Wirkungen von lokal bereitgestellten öffentlichen Gütern durch die bevorteilten Nachbarregionen ist. Eine der wichtigsten Aufgaben ist schliesslich die Abschwächung von asymmetrischen, regionalen Einkommensschocks und die Förderung von wirtschaftlicher Konvergenz. Wenn die regionalen Einkommensschwankungen in einer Föderation voneinander statistisch unabhängig oder zumindest unvollständig miteinander korreliert sind, dann kann über den Finanzausgleich eine wohlfahrtserhöhende Versicherungswirkung erzielt werden.

Im nächsten Abschnitt beschreiben wir zunächst, wie eine kleine, offene Region seine Finanzpolitik optimal wählt, wenn sie bei hoher Kapitalmobilität einem scharfen Steuerwettbewerb ausgesetzt ist, aber die Faktorpreise und die Finanzpolitik in anderen Regionen nicht zu beeinflussen vermag. Der zweite Abschnitt berücksichtigt die strategischen Interaktionen zwischen Regionen, die gross genug sind, um merkliche Einflüsse auf das gesamtwirtschaftliche Gleichgewicht in der Föderation auszuüben. Abschnitt XIII.3 erörtert grundlegende Aufgaben des Finanzausgleichs. Abschnitt XIII.4 analysiert die allokativen Effekte des Steuerwettbewerbs, wenn der Faktor Arbeit mobil ist. Schliesslich geht Abschnitt XIII.5 auf den vertikalen Steuerwettbewerb und auf die disziplinierenden Wirkungen des horizontalen Steuerwettbewerbs zur Eindämmung eines möglichen übermässigen Ausgabenwachstums ein.

XIII.1 Mobiles Kapital

XIII.1.1 Kleine Regionen

Die Bürger sind identisch innerhalb einer Region, aber heterogen zwischen den Regionen. Region i ist durch einen repräsentativen Bürger mit Präferenzen $u^i(x^i, G^i)$ vertreten, wobei x^i den privaten Konsum und G^i den Konsum des regional angebotenen, öffentlichen Gutes bezeichnet. Der Index i der Nutzenfunktion bedeutet, dass die Präferenzen für öffentliche Güter regional unterschiedlich sind. Die Region i verfügt über eine fixe Ausstattung an Kapital $\bar{K}^i$ und Arbeit $L^i = 1$. Da die Versorgung mit dem öffentlichen Gut vom Staat festgelegt wird, die Faktorausstattung fix und Arbeit per Annahme immobil ist, können die Bürger privat nur entscheiden, ob sie ihr Kapital in der Heimatregion oder auswärts investieren.

Kapital sei also perfekt mobil, d. h. die Ausstattung $\bar{K}^i$ kann in allen Regionen investiert werden. Die Regionen konkurrieren um Betriebsansiedlungen. Ausstattung und investiertes Kapital sind im Allgemeinen nicht gleich, $K^i \neq \bar{K}^i$. Allerdings muss der Kapitalmarkt für die Föderation insgesamt geräumt sein, $\sum_i \bar{K}^i = \sum_i K^i$. Eine kleine offene Region kann den Nettozins r nicht beeinflussen. Wenn r exogen ist, dann hängen die Kapitalnutzungskosten $R^i = r + t^i$ von der Höhe des (Quellen-)Steuersatzes ab, wobei t^i der Einfachheit halber ein spezifischer und nicht ein proportionaler Steuersatz ist. Die Steuer ist also wie im vorherigen Kapitel als Gewinnsteuer bzw. Körperschaftsteuer zu interpretieren. Die Technologie sei als linearhomogene Produktionsfunktion $Y^i = F(K^i, L^i) = L^i F(K^i, 1) \equiv L^i f(K^i)$ spezifiziert. Mit $L^i = 1$ ist K^i gleichzeitig auch das Kapital/Arbeits-Verhältnis K^i/L^i bzw. die Kapitalausstattung pro Arbeitskraft und $Y^i = f(K^i)$ der Output pro Kopf. Wegen abnehmendem Grenzprodukt des Kapitals gilt $f'(K^i) > 0 > f''(K^i)$. Wettbewerb auf den Faktormärkten führt zu einer Entlohnung nach Grenzprodukten,

$$r + t^i \equiv R^i = f'(K^i), \quad w^i = f(K^i) - K^i f'(K^i) = w(R^i). \tag{XIII.1}$$

Nach dem Euler-Theorem ist der Output bzw. das regionale BIP bei linearhomogener Technologie gleich der Summe der Faktorzahlungen:[1]

$$Y^i = R^i K^i + w^i, \quad w'(R^i) = -K^i/L^i. \tag{XIII.2}$$

Das BIP spaltet sich in Lohneinkommen w^i und Kapitaleinkommen $R^i K^i$ auf, wovon ein Teil rK^i an die (lokalen und auswärtigen) Eigentümer und der restliche Teil $t^i K^i$ an die regionale Gebietskörperschaft fliesst. Man beachte, dass $t^i K^i$ eine Quellensteuer (Gewinnsteuer) auf das lokal investierte Kapital darstellt und damit auch auswärtige Eigentümer erfasst, wenn diese in der Region investieren. Abbildung XIII.1 zeigt, wie die Steuer auf das Gleichgewicht wirkt. Sie vertreibt Kapital und reduziert das regionale BIP Y^i gleich der gesamten Fläche unter der Kurve $f'(K^i)$ bis zu K^i (man

---

[1]Die Faktorpreise hängen vom Kapital/Arbeits-Verhältnis $k^i = K^i/L^i$ ab, $w^i = f(k^i) - k^i f'(k^i)$ und $R^i = f'(k^i)$. Aus den Differentialen $dw^i = -k^i f''(k^i)dk^i$ und $dR^i = f''(k^i)dk^i$ ergibt sich $dw^i = -k^i dR^i$ bzw. $w'(R^i) = -k^i$. Mit $L^i = 1$ gilt $k^i = K^i$ und die entsprechenden Ergebnisse im Text.

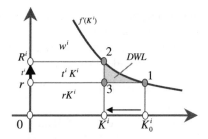

Abbildung XIII.1: Besteuerung des Kapitals

beachte, dass $Y^i = \int_0^{K^i} f'(K^i) \mathrm{d}K^i$ gilt). Das in der Region erwirtschaftete Kapitaleinkommen spaltet sich in Steueraufkommen $t^i K^i$ und Nettoeinkommen der (lokalen und auswärtigen) Eigentümer rK^i auf. Das Lohneinkommen ist gleich dem obersten Dreieck mit der Fläche w^i.

Die Ausstattung der Inländer $\bar{K}^i$ ist fix. In einer kleinen offenen Region mit perfekter Kapitalmobilität kann das Nettokapitaleinkommen der Inländer $r\bar{K}^i$ nicht beeinflusst werden, wohl aber das Lohneinkommen w^i. Die Steuer wird vollständig auf die Lohneinkommen überwälzt! Eine marginale Erhöhung der Gewinnsteuer reduziert das Lohneinkommen um $w'(R^i) = -K^i$, indem sie die Kapitalnutzungskosten $R^i = r + t^i$ anhebt. Das entspricht dem Abstand der Punkte 1 und r. Insgesamt geht die Fläche $12R^i r$ an Lohneinkommen verloren; der Teil $23rR^i$ steht dem Inland als Steueraufkommen zur Finanzierung des öffentlichen Gutes zur Verfügung. Das restliche Dreieck 123 geht als Mehrbelastung (DWL) verloren. Das Kapitaleinkommen der Inländer nach Steuern bleibt mit $r\bar{K}^i$ gleich und bestimmt mit den Löhnen das verfügbare Einkommen der Einwohner,

$$x^i = r\bar{K}^i + w^i\left(R^i\right). \tag{XIII.3}$$

XIII.1.2 Optimale Finanzpolitik

Jede Region erhebt eine Quellensteuer auf Kapitaleinkommen und finanziert damit ein regionales, öffentliches Gut G^i. Der Wirkungsbereich des öffentlichen Gutes ist auf die Region beschränkt. Spillovers auf andere Regionen, die in der Realität durchaus bedeutsam sein können, seien der Einfachheit halber ausgeschlossen. Der notwendige Steuersatz zur Ausgabenfinanzierung ergibt sich aus der lokalen Budgetbeschränkung

$$G^i = t^i \cdot K\left(r + t^i\right) \quad \Rightarrow \quad t^i = t\left(G^i\right). \tag{XIII.4}$$

Abbildung XIII.1 macht deutlich, dass die Besteuerung des Kapitaleinkommens den Kapitaleinsatz in Region i reduziert, $K'\left(r + t^i\right) < 0$, und so die Bemessungsgrundlage schmälert. Die Budgetbeschränkung impliziert einen Steuersatz, der erforderlich ist, um die Finanzierung von G^i zu sichern. Dabei muss berücksichtigt werden, dass eine Anhebung des Steuersatzes Kapital abschreckt und die Bemessungsgrundlage aushöhlt!

Das Ziel der regionalen Finanzpolitik sei es, die Wohlfahrt der eigenen Bürger zu maximieren. Dies erfordert, eine optimale Menge des öffentlichen Gutes bereitzustellen und die dazu notwendigen Steuereinnahmen zu erzielen. Unter Berücksichtigung von (XIII.3)–(XIII.4) ergibt sich folgendes Problem:

$$\max_{G^i} L^i \cdot u^i\left(x^i, G^i\right), \quad x^i = r\bar{K}^i + w^i\left(R^i\right), \quad R^i = r + t\left(G^i\right). \tag{XIII.5}$$

Ein Bürger der Region i erzielt pro Kopf eine Wohlfahrt u^i aus dem Konsum von privaten und öffentlichen Gütern, x^i und G^i. Die Regierung berücksichtigt anhand einer utilitaristischen Wohlfahrtsfunktion die Interessen aller L^i Bürger, deren Masse auf $L^i = 1$ normiert wurde.

Die Bürger mögen eine bessere Versorgung mit G^i, wollen aber andererseits keine hohen Steuern, denn diese erhöhen die Kapitalnutzungskosten $R^i = r + t^i$, schrecken Investitionen ab und verringern auf diesem Wege die Löhne, $w'\left(R^i\right) = -K^i$, und damit das konsumierbare Einkommen in (XIII.3). Die Kapitaleigner können die Steuer vollständig auf den Faktor Arbeit überwälzen. Sie weichen durch Kapitalflucht (Investition der Ausstattung $\bar{K}^i$ auswärts) der Steuer aus, bis das Grenzprodukt des Kapitals in der Region so weit ansteigt, dass nach Steuer gerade wieder ein unveränderter Nettoertrag r gleich dem exogenen Realzins auswärts erwirtschaftet wird. Der Einfachheit halber teilen wir die Kapitalausstattung gleichmässig auf alle Bürger auf, womit allerdings Verteilungswirkungen ausgeschaltet werden.

Der optimale Umfang des öffentlichen Sektors in Region i ist erreicht, wenn die marginalen Wohlfahrtsgewinne aus vermehrtem öffentlichem Konsum gerade die Wohlfahrtsverluste aus der notwendigen Verringerung des privaten Konsums ausgleichen, $u^i_G + u^i_x \cdot w'\left(R^i\right) \frac{dR^i}{dt^i} \frac{dt^i}{dG^i} = 0$, oder[2]

$$L^i \cdot \frac{u^i_G}{u^i_x} = K^i \frac{dt^i}{dG^i} \quad \Leftrightarrow \quad MB^i = MC^i. \tag{XIII.6}$$

Die Indifferenzkurve drückt die Abwägung zwischen privatem und öffentlichem Konsum aus: $du^i = 0 = u^i_x dx^i + u^i_G dG^i$ bzw. $u^i_G/u^i_x = -dx^i/dG^i|_{\bar{u}} = MRS^i$. Die Grenzrate der Substitution gibt an, wieviel privaten Konsum (bzw. verfügbares Einkommen) die Haushalte für eine Einheit mehr an öffentlichem Konsum aufzugeben bereit sind und wird daher als marginale Zahlungsbereitschaft interpretiert. Da das öffentliche Gut allen Bürgern nicht rivalisierend zur Verfügung steht, muss für seine Bewertung die Summe der marginalen Zahlungsbereitschaften herangezogen werden. Damit gibt die linke Seite von (XIII.6) den Grenzertrag (Marginal Benefits MB^i) aus höheren öffentlichen Ausgaben an. Die Grenzkosten $MC^i = K^i dt^i/dG^i$ bestehen in der Reduktion des privaten Einkommens bzw. Konsums, die notwendig ist, um die zusätzlichen Ausgaben zu finanzieren. Sie sind umso höher, je mehr der Steuersatz angehoben werden muss, damit der Einnahmezuwachs zur Finanzierung der zusätzlichen Ausgaben ausreicht.

Je elastischer die Kapitalnachfrage ist, und je stärker daher die Steuerausweichung in Form von Kapitalflucht dK^i ausfällt, desto mehr muss der Steuersatz

---

[2]Man schreibe $u^i_G \equiv du^i\left(x^i, G^i\right)/dG^i$ und verwende $w'\left(R^i\right) = -K^i/L^i$ und $dR^i/dt = 1$.

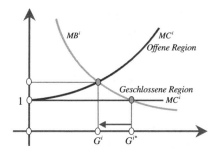

Abbildung XIII.2: Unterversorgung wegen Kapitalflucht

angehoben werden. Kapitalflucht und Lohneinbussen steigen mit der Elastizität $\varepsilon^i \equiv -\left(\mathrm{d}K^i/K^i\right)/\left(\mathrm{d}R^i/R^i\right)$ an. Aus (XIII.4) berechnen wir die notwendige Erhöhung des Steuersatzes zur Finanzierung der Ausgaben, $\mathrm{d}G^i = K^i \mathrm{d}t^i + t^i \mathrm{d}K^i$. Indem wir aus der Elastizität das Ausmass der Kapitalflucht berechnen, $\mathrm{d}K^i = -\varepsilon^i K^i \mathrm{d}R^i/R^i$ mit $\mathrm{d}R^i = \mathrm{d}t^i$, und die Steuerlast in Form eines proportionalen Steuersatzes ausdrücken, $\tau^i = t^i/R^i$, erhalten wir als Grenzkosten der Besteuerung $MC^i = K^i \mathrm{d}t^i/\mathrm{d}G^i = 1/\left(1 - \tau^i \varepsilon^i\right)$. Indem wir dies in (XIII.6) einsetzen, ergibt sich als Optimalbedingung

$$L^i \cdot \frac{u_G^i}{u_x^i} = \frac{1}{1 - \tau^i \varepsilon^i} = MC^i, \quad \varepsilon^i \equiv -\frac{\mathrm{d}K^i/K^i}{\mathrm{d}R^i/R^i}. \qquad \text{(XIII.7)}$$

Da mit zunehmender Bereitstellung von regionalen öffentlichen Gütern die Steuersätze immer mehr erhöht werden müssen, steigen die Grenzkosten der Besteuerung ausgehend von $MC^i = 1$ bei $G^i = 0$ (und damit $t^i = \tau^i = 0$) progressiv an.[3] Andererseits fällt die marginale Zahlungsbereitschaft MB^i mit zunehmender Bereitstellung.[4] Die optimale Bereitstellungsmenge ist in einer offenen Region in Abbildung XIII.2 mit G^i bestimmt. In einer geschlossenen Wirtschaft wäre Kapital vollkommen immobil, $K^i = \bar{K}^i$, und auch die Faktorpreise R^i und w^i würden sich nicht verändern. Mit fixem R^i würde die Steuer ausschliesslich den Nettokapitalertrag reduzieren, weil die Kapitaleigner nicht ausweichen können. Dann gilt $\varepsilon^i = 0$ und $MC^i = 1$, was der geraden Linie in Abbildung XIII.2 entspricht. Da es keine Steuerausweichmöglichkeiten gibt, entsteht auch keine Mehrbelastung der Besteuerung. Wie Abbildung XIII.2 zeigt, ist dann die optimale Versorgung G^* mit dem öffentlichen Gut grösser. Die effiziente Bereitstellung hätte man auch in einer offenen Volkswirtschaft erzielt, wenn die Region auf Pauschalsteuern anstatt verzerrender Quellenbesteuerung Zugriff hätte. Pauschalsteuern würden das Investitionskriterium nicht verändern und damit Kapitalflucht vermeiden.

---

[3]Vgl. (III.18) zum Begriff der Grenzkosten der Besteuerung (marginal cost of public funds), die um die marginale Mehrbelastung (Dreieck DWL in Abbildung XIII.1) höher als 1 sind.

[4]Man überprüfe anhand der Nutzenfunktion $u^i = \left(x^i\right)^\alpha \left(G^i\right)^{1-\alpha}$ mit $u_G^i/u_x^i = \frac{1-\alpha}{\alpha} \frac{x^i}{G^i}$. Wenn G^i erhöht und mittels Besteuerung x^i eingeschränkt wird, fällt die marginale Zahlungsbereitschaft u_G^i/u_x^i. Dies ist bei jeder linearhomogenen Nutzenfunktion der Fall (es gilt dann $u_{xG}^i > 0$).

Die Lokalregierung berücksichtigt in ihrer Entscheidung über das Angebot des öffentlichen Gutes G^i, dass dieses wegen der Nichttrivialität im Konsum *allen* Haushalten in der Region i Nutzen stiftet. Nachdem alle Haushalte in Region i per Annahme identisch sind, muss auch der Grenznutzen aus dem öffentlichen Gut für alle Haushalte gleich sein, $MB^i(h) = u^i_G/u^i_x$. Ausserdem haben wir die Masse der Haushalte auf 1 normalisiert, so dass $MB^i = \int_0^1 MB^i(h)\mathrm{d}h = L^i \cdot u^i_G/u^i_x$ gilt. Die Bedingung in (XIII.6) bzw. in (XIII.7) stellt also die *modifizierte Samuelson-Regel* für die optimale Bereitstellung eines öffentlichen Gutes dar, wonach die Summe der Grenzraten der Substitution (Grenzertrag der Bereitstellung) gleich der Grenzrate der Transformation (Grenzkosten der Bereitstellung) ist, $\int_0^1 MB^i(h)\mathrm{d}h = MC^i$. Nun wird das öffentliche Gut jedoch nicht mehr mit einer Pauschalsteuer finanziert, sondern mit einer verzerrenden Steuer, so dass die Grenzkosten der Bereitstellung um die Mehrbelastung der Steuer höher sind. Im Vergleich zur erstbesten Allokation kommt es zu einer Unterversorgung mit öffentlichen Leistungen.

XIII.2   Grosse Regionen

XIII.2.1   Gemeinsamer Realzins

Eine Region ist gross, wenn sie Einfluss auf den gemeinsamen Realzins hat. Auf diesem Weg beeinflusst sie Investition und Steueraufkommen auch in den anderen Regionen. Umgekehrt beeinflusst die Finanzpolitik in anderen Regionen über den Realzins das wirtschaftliche Gleichgewicht in der eigenen Region. Es entsteht eine strategische Interaktion. Wenn Region 1 die Steuern erhöht und damit den Faktorpreis $f'(K^1) = r + t^1$ für Investitionen in der eigenen Region in die Höhe treibt, löst sie Kapitalflucht aus. Dies stärkt Investition und Steueraufkommen in den anderen Regionen und senkt den gemeinsamen Nettozins.

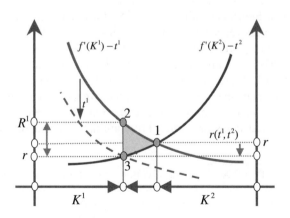

Abbildung XIII.3: Grosse Regionen

Abbildung XIII.3 verdeutlicht die Anpassung im Falle von zwei Regionen. Punkt 1 zeigt die Ausgangssituation. Der Gleichgewichtszins hängt von den Steuersätzen aller Regionen ab. Wenn nun ausschliesslich Region 1 die Steuern erhöht, fliesst Kapital in die andere Region, wo der erhöhte Kapitaleinsatz die Rendite verringert. Damit im Inland dieselbe Nettorendite $r(t^1, t^2)$ nach Steuern möglich ist, muss vor Steuern eine höhere Ertragsrate R^i erzielt werden. Dementsprechend geht der inländische Kapitaleinsatz zurück. Die linke Hälfte der Abbildung XIII.3 kann ähnlich wie Abbildung XIII.1 interpretiert werden, jedoch mit dem Unterschied, dass nun der Nettozins sinkt und damit die Steuer teilweise auf den Kapitaleignern liegen bleibt. Nach derselben Logik hängt im Falle von N Regionen oder Ländern die gemeinsame Nettorendite von allen N Steuersätzen ab. Sie sinkt, wenn irgendeine der Regionen den Steuersatz erhöht,

$$r = r(t^1, \ldots, t^N), \quad \mathrm{d}r/\mathrm{d}t^i < 0. \tag{XIII.8}$$

XIII.2.2 Optimale Finanzpolitik

Steuerwettbewerb äussert sich darin, dass die Länder (im Vergleich zu einem effizienten Zustand) ihre Steuern senken und dementsprechend die öffentlichen Ausgaben einschränken, um so die Standortattraktivität für Investitionen zu erhöhen und Einkommen in der Region zu sichern. Dies ist aus Sicht einer einzelnen Region eine rationale Politik, wie der vorherige Abschnitt gezeigt hat. Wenn nun die anderen Regionen aus denselben Überlegungen heraus ihrerseits die Steuern senken, dann ist der so geschaffene Standortvorteil wieder neutralisiert. Der Ausfall der Steuereinnahmen bleibt jedoch und erzwingt eine Einschränkung der öffentlichen Aufgabenerfüllung. In diesem Zusammenhang wird häufig von einem „Race to the bottom" gesprochen. Die strategischen Interaktionen der Regionen im Steuerwettbewerb werden nun anhand des Konzepts des Nash-Gleichgewichts herausgearbeitet.

Im *Nash-Gleichgewicht* wählt jede Region die Staatsausgaben G^i und erhebt einen Steuersatz t^i, *gegeben* die Finanzpolitik t^j, G^j in den $j \neq i$ anderen Regionen. Sie berücksichtigt jedoch, dass eine Erhöhung des Steuersatzes zu Kapitalflucht führt und den gemeinsamen Realzins senkt.[5] Bei der Maximierung der eigenen Wohlfahrt in (XIII.5) berücksichtigt die Regionalregierung nun, dass t^i (gegeben die Steuersätze t^j) den gemeinsamen Realzins in (XIII.8) beeinflusst. Aus (XIII.3) und der Reaktion des Lohnsatzes $w(r + t^i)$ nach (XIII.2) erhalten wir, für den Fall eines symmetrischen Gleichgewichts,

$$\frac{\mathrm{d}x^i}{\mathrm{d}G^i} = \left[\left(\bar{K}^i - K^i \right) \frac{\mathrm{d}r}{\mathrm{d}t^i} - K^i \right] \frac{\mathrm{d}t^i}{\mathrm{d}G^i} = -K^i \frac{\mathrm{d}t^i}{\mathrm{d}G^i}, \quad MC^i \equiv K^i \frac{\mathrm{d}t^i}{\mathrm{d}G^i}. \tag{XIII.9}$$

Die zweite Gleichheit ergibt sich aus der Symmetrie-Annahme, dass Technologie und Präferenzen in allen Regionen identisch sind und alle dieselbe Faktorausstattung, $L^i = 1$ und $\bar{K}^i = \bar{K}$, aufweisen. Daher wählen alle Regionen im symmetrischen

---

[5]Die privaten Akteure dagegen sind atomistisch und nehmen in ihren einzelwirtschaftlichen Entscheidungen den Realzins als gegeben an.

Nash-Gleichgewicht dieselbe Politik, so dass K^i in allen Regionen identisch ist und damit $\bar{K}^i = K^i$ gilt.[6]

Gleichung (XIII.9) zeigt die marginalen Kosten der Bereitstellung einschliesslich der Zusatzlast der Besteuerung. Die optimale Versorgung mit dem öffentlichen Gut ist daher wieder durch die modifizierte Samuelson-Bedingung in (XIII.6) bestimmt, $L^i u_G^i / u_x^i = K^i dt^i / dG^i$. Allerdings werden nun die Grenzkosten der Bereitstellung anders berechnet. In einer grossen Wirtschaft hängt die notwendige Steuererhöhung dt^i / dG^i auch von der Reaktion des Realzinses und dessen Rückwirkung auf die Investitionsneigung ab. Das Staatsbudget beträgt $G^i = t^i K(r + t^i)$ mit r wie in (XIII.8). Die Steuererhöhung, die zur Finanzierung von dG^i erforderlich ist, berechnen wir aus dem Differential

$$G^i = t^i K(r + t^i) \quad \Rightarrow \quad dG^i = K^i dt^i + t^i \frac{dK^i}{dR^i}\left(1 + \frac{dr}{dt^i}\right)dt^i. \qquad \text{(XIII.10)}$$

Wir benutzen die Definition der Elastizität ε^i und des Wertsteuersatzes $\tau^i = t^i / R^i$ und erhalten schliesslich

$$K^i \frac{dt^i}{dG^i} = \frac{1}{1 - \tau^i \varepsilon^i (1 + r_i)} > 1, \quad r_i \equiv \frac{dr}{dt^i} < 0 \quad \Rightarrow \quad L^i \frac{u_G^i}{u_C^i} = K^i \frac{dt^i}{dG^i}. \qquad \text{(XIII.11)}$$

Im symmetrischen Nash-Gleichgewicht sind alle Regionen identisch, so dass im Gleichgewicht alle dieselbe Politik wählen. Damit gilt, dass r_i etc. für alle Regionen identisch sind.

Eine kleine offene Region kann den Nettozins nicht beeinflussen, siehe (XIII.7). Daher führt jede Steuersatzerhöhung zu starker Kapitalflucht, was die Grenzkosten öffentlicher Ausgaben sehr hoch macht. In einer grossen Region wird der Kapitalabfluss dadurch gebremst, dass der Nettozins fällt, $dr/dt^i < 0$ wie in Abbildung XIII.3. Daher sind auch die Grenzkosten öffentlicher Ausgaben in (XIII.11) geringer, was im zusätzlichen Term $1 + dr/dt^i < 1$ im Nenner zum Ausdruck kommt. Im Vergleich zu kleinen offenen Ländern haben grosse Länder Marktmacht in dem Sinne, dass sie mit zunehmender Besteuerung den Zins senken können. Die Tatsache, dass geringere Zinsen die Investitionen stimulieren, entschärft die investitionshemmende Wirkung der Besteuerung, mindert die Mehrbelastung und damit die Grenzkosten der Bereitstellung. Eine grosse Region wird daher eine höhere Bereitstellungsmenge des öffentlichen Gutes wählen. Im Vergleich zur kleinen, offenen Region ist das Ausmass der Unterversorgung mit dem öffentlichen Gut in grossen Regionen geringer. Abbildung XIII.2 verdeutlicht das Problem der Unterversorgung, wobei der Fall ei-

---

[6]Die Lösung des symmetrischen Gleichgewichts verdeckt die Reaktionsfunktionen $t^i = h^i(t^j, j \neq i)$. Diese zeigen, wie ein Land seinen Steuersatz t^i optimal anpasst und damit strategisch auf die Wahl t^j der anderen Länder reagiert. Im Zwei-Länder-Fall würde das System $t^1 = h^1(t^2)$ und $t^2 = h^2(t^1)$ die Steuersätze bestimmen. Wenn alle Länder identisch sind, dann gilt dies auch für die Reaktionsfunktionen $h^i = h$, so dass beide Länder dieselbe Politik $t^i = t$ wählen.

ner grossen offenen Region zwischen den beiden in Abbildung XIII.2 eingezeichneten Verläufen für die Grenzkosten liegt.[7]

XIII.3 Finanzausgleich

XIII.3.1 Probleme des Steuerwettbewerbs

Steuerwettbewerb zwischen den Regionen führt zu zwei Problemen: Unterversorgung mit öffentlichen Gütern und ineffiziente regionale Kapitalallokation (verzerrte Standortentscheidungen). Da jede Steuererhöhung Kapitalflucht auslöst, ist die Mehrbelastung der Besteuerung für die einzelne Region sehr hoch. Die Versorgung mit öffentlichen Gütern wird sehr teuer und daher eingeschränkt (*Unterversorgung*). Nach der Samuelson-Regel wäre eine effiziente Versorgung erreicht, wenn $MB^i = MC^i = 1$ wäre, siehe Abbildung XIII.2. In einer Föderation kann Steuerflucht und damit Unterversorgung im Prinzip durch eine Form von Koordination vermieden werden. Eine *ineffiziente, regionale Kapitalallokation* resultiert, wenn die Regionen unterschiedliche Präferenzen für öffentliche Güter haben, was durch den Regionenindex in der Nutzenfunktion $u^i(\cdot)$ angezeigt wird. Dann werden sie verschiedene Ausgabenniveaus wählen und müssen unterschiedlich hohe Steuersätze anwenden, $t^i \neq t^j$. Unterschiede in den Steuersätzen verzerren die regionale Kapitalallokation und verursachen einen Einkommensverlust für die Föderation insgesamt gleich dem Wohlfahrtsdreieck 123 in Abbildung XIII.3. Das Einkommen in der gesamten Föderation könnte durch eine Steuerharmonisierung und Reallokation des Kapitals gesteigert werden.

XIII.3.2 Korrigierender Finanzausgleich

Der Zentralstaat könnte beide Probleme beseitigen, d. h. eine optimale Bereitstellung in allen Regionen und gleichzeitig eine effiziente interregionale Kapitalallokation erreichen, indem er folgende lineare Regel für Finanzzuweisungen implementiert:

$$S^i = s^i \cdot \left(t^i K^i\right) - a^i, \quad \sum_i S^i = 0, \quad i = 1, \dots, N. \qquad \text{(XIII.12)}$$

Diese Regel subventioniert das lokale Steueraufkommen $t^i K^i$ mit dem Satz s^i, um die Ausschöpfung der eigenen Steuerbasis anzuregen. Die Subvention senkt die Grenzkosten der Besteuerung und regt damit die Bereitstellung des öffentlichen Gutes in der Region an. Gleichzeitig müssen diese Subventionssätze sicherstellen, dass die Steuersätze t^i zwischen den Regionen angeglichen werden, damit eine effiziente regionale Kapitalallokation realisiert werden kann. Gleichzeitig wird die an das Steueraufkommen gebundene Subvention an die Regionen um einen Pauschalbetrag a^i gekürzt. Wenn diese Pauschalsteuer sehr hoch wird, $a^i > s^i \cdot \left(t^i K^i\right)$, dann rutscht die Region in eine Nettozahlerposition; im anderen Fall ist sie ein Nettoempfänger. Mit der Finanzausgleichsregel in (XIII.12) hat die Föderation insgesamt $2N$ Instrumente zur

---

[7]In einer separaten Übung werden diese Überlegungen anhand eines speziellen Beispiels verdeutlicht.

Verfügung, nämlich Subventionsraten s^i und Pauschalzahlungen $a^i > 0$, um $2N$ Restriktionen für eine effiziente Allokation zu erfüllen: N Gleichungen $MB^i = MC^i = 1$ für eine effiziente Bereitstellung öffentlicher Güter in allen Regionen (siehe Abbildung XIII.2), $N - 1$ Bedingungen $t^i = t^{i+1}$, $i = 1,\dots,N - 1$, für eine effiziente, regionale Kapitalallokation (siehe Abbildung XIII.3) und die Bedingung $\sum_i S^i = 0$ für den Budgetausgleich der Zentralregierung.

Für die einzelne Region sind a^i und s^i Parameter des Finanzausgleichs, die sie nicht kontrollieren kann, da diese von der gesamten Föderation gemeinsam festgesetzt werden. Wir nehmen nun wieder den Fall wettbewerblicher Regionen an, wo sich die Ineffizienzen nicht anders darstellen, aber der Zinssatz aus Sicht einer einzelnen Region als nicht beeinflussbar angesehen wird. Region i maximiert die eigene Wohlfahrt, $\max\ u^i(C^i, G^i)$, mit dem privaten Einkommen $x^i = r\bar{K}^i + w(R^i)$ und dem Budget

$$G^i = \left(1 + s^i\right) \cdot t^i K^i - a^i \quad \Rightarrow \quad dG^i = \left(1 + s^i\right) \cdot \left(K^i dt^i + t^i \frac{dK^i}{dR^i} dt^i\right).$$
(XIII.13)

Auch in diesem Fall wird das öffentliche Gut nach der Samuelson-Regel $L^i(u_G^i/u_x^i) = K^i(dt^i/dG^i)$ bzw. $MB^i = MC^i$ bereitgestellt. Das Budget bestimmt implizit die Höhe des notwendigen Steuersatzes t^i. Nach den Umformungen wie in (XIII.7) ergibt das Differential von (XIII.13)

$$MC^i = K^i \frac{dt^i}{dG^i} = \frac{1}{\left(1 + s^i\right)\left(1 - \tau^i \varepsilon^i\right)}, \quad MC^i = 1 \quad \Leftrightarrow \quad s^i = \frac{\tau^i \varepsilon^i}{1 - \tau^i \varepsilon^i}.$$
(XIII.14)

Wenn das regionale Steueraufkommen mit der Rate s^i wie in (XIII.14) subventioniert wird, dann wird (wie bei einer Pauschalbesteuerung, welche jegliche Zusatzkosten vermeidet) eine effiziente Bereitstellung erreicht, $MB^i = 1$. Wenn Region i die Steuern erhöht, vertreibt sie Kapital und schwemmt damit anderen Regionen Vorteile zu. Weil Region i diese fiskalischen Spillovers auf andere Regionen nicht berücksichtigt, wird sie zu niedrig besteuern und zu wenig bereitstellen. Die Subventionsrate s^i internalisiert die externen Erträge aus der Steuererhöhung und erreicht damit eine höhere Bereitstellung des öffentlichen Gutes. Die notwendige Subventionsrate ist umso höher, je elastischer die Kapitalnachfrage reagiert (Elastizität ε^i) und je höher die Besteuerung in der Region bereits ist (proportionaler Steuersatz τ^i).

Um Produktionseffizienz herzustellen, muss die Zentralregierung für einen harmonisierten, einheitlichen Steuersatz $t^i = t$ sorgen, so dass der Wohlfahrtsverlust aus ineffizienter Kapitalallokation gleich dem schattierten Dreieck in Abbildung XIII.3 verschwindet. Den harmonisierten Steuersatz können wir leicht ermitteln, indem wir das regionale Budget als $G^i = tK^i + S^i$ schreiben. Wir summieren über alle Regionen und berücksichtigen, dass das Zentralbudget ausgeglichen sein muss, $\sum_i S^i = 0$:

$$t = \bar{G}/\bar{K}, \quad \bar{G} = \frac{1}{N}\sum_i G^i, \quad \bar{K} = \frac{1}{N}\sum_i K^i = \frac{1}{N}\sum_i \bar{K}^i.$$
(XIII.15)

Der harmonisierte Steuersatz finanziert die gesamte Bereitstellung in der Föderation, indem er den gesamten Kapitalstock besteuert.

Wovon hängt die Pauschalzahlung a^i der Region i an den Finanzausgleichstopf ab? Wir schreiben das regionale Budget als $G^i = S^i + tK^i$ bzw., wegen $S^i = s^i t K^i - a^i$,

$$a^i = \left(1 + s^i\right) \cdot tK^i (r + t) - G^i. \tag{XIII.16}$$

Eine Region mit durchschnittlichem Ausgabenbedarf kommt gerade mit dem eigenen Steueraufkommen $tK^i = G^i$ aus. Aus (XIII.16) folgt damit $a^i = s^i t K^i$. Der Pauschalzahlung a^i an den Finanzausgleich steht eine gleich hohe Subvention auf das eigene Steueraufkommen gegenüber, so dass die Nettozahlerposition gerade Null ist. Eine Region mit hohen *Präferenzen für öffentlichen Konsum* hat einen überdurchschnittlichen Ausgabenbedarf $G^i > tK^i$. Damit wird die Region zu einem Nettoempfänger aus dem Finanzausgleich. Aus (XIII.16) folgt $S^i = s^i t K^i - a^i > 0$. Da die Region aus allokativen Gesichtspunkten nur mit dem harmonisierten Steuersatz t und nicht höher besteuern soll, muss sie zur Abdeckung ihrer Ausgaben eben eine Nettosubvention aus dem Finanzausgleich erhalten.[8] Eine Region mit hoher eigener *Steuerkraft*, d. h. einem hohen Kapitalstock pro Kopf (weil z. B. aus anderen Gründen wie hohem Bildungsgrad der Bevölkerung die Kapitalproduktivität sehr hoch ist), wird im Allgemeinen zu einem Nettozahler werden. Eine hohe Steuerkraft führt beim gleichen Steuersatz zu überdurchschnittlichem Aufkommen, so dass nach (XIII.16) eine Nettozahlung von $a^i - s^i t K^i = tK^i - G^i > 0$ resultiert. Diese Ergebnisse können zusätzlich anhand eines spezifizierten Beispiels in einer separaten Übung nachvollzogen werden.

XIII.3.3 Weitere Aspekte des Finanzausgleichs

Die vorausgehenden Überlegungen zum „korrigierenden Finanzausgleich" haben gezeigt, wie ein Finanzausgleich im Prinzip konstruiert werden kann, um die fiskalischen Externalitäten zwischen den Regionen zu korrigieren und so eine effiziente Allokation im Bundesstaat zu ermöglichen. Mindestens ebenso wichtig, wenn auch hier nicht explizit dargestellt, sind zwei weitere Funktionen des Finanzausgleichs: (i) Abgeltung von Spillovers aus der Bereitstellung von lokalen öffentlichen Gütern auf andere Regionen und (ii) Versicherung gegen regionale Einkommensschwankungen innerhalb des Bundesstaats.

Der Wirkungskreis von lokalen öffentlichen Gütern ist in vielen Fällen nicht nur auf die eigene Region beschränkt, sondern stiftet häufig auch den Nachbarregionen Nutzen. Eine einzelne Region, welche sich ausschliesslich an der Wohlfahrt der eigenen Bürger orientiert, würde diese externen Erträge nicht berücksichtigen und aus der Sicht der gesamten Föderation eine zu geringe Menge des lokalen öffentlichen Gutes bereitstellen. Ökonomische Effizienz erfordert, dass die externen

---

[8]Für die Zentralregierung entsteht ein Informationsproblem über die regionalen Präferenzen. Es stellt sich die Frage, wie verlässlich die Präferenzen festgestellt werden können oder ob es verlässliche Bedarfskriterien für die Pauschalzuweisungen gibt. Eine Region könnte versucht sein, hohe Zuweisungen zu erhalten, indem sie hohe Präferenzen vortäuscht und entsprechend hohe Ausgaben tätigt (moralisches Risiko).

Erträge bei der anbietenden Gebietskörperschaft internalisiert werden. Die externen Erträge können internalisiert werden, indem im Rahmen der föderalen Aufgabenteilung die überregional genutzten öffentlichen Güter vom Zentralstaat angeboten werden (vgl. z. B. Alesina und Wacziarg, 1999). Die überregionalen externen Erträge lokaler öffentlicher Güter können jedoch auch im Rahmen eines Finanzausgleichs durch Kompensationszahlungen der bevorteilten Nachbarregionen internalisiert werden. Dadurch kann ein wesentlicher Vorteil der dezentralen Bereitstellung erhalten bleiben: Dezentrale Einheiten wie Länder und Kommunen sind näher am Bürger und haben bessere Informationen über deren Präferenzen für öffentliche Güter.

Eine wichtige Funktion des Finanzausgleichs im föderalen Bundesstaat liegt in der Versicherung gegen regionale Einkommensschwankungen. In Deutschland und Österreich werden Steuern zum Grossteil zentral erhoben und dann auf die Gebietskörperschaften aufgeteilt, während sich in der Schweiz die Kantone und Gemeinden zu einem wesentlich höheren Teil aus eigenen Steuern finanzieren. In Deutschland und Österreich ist damit im Steuerverbund eine Versicherungswirkung angelegt, die noch durch ein System von vertikalen (zwischen Bund, Ländern und Gemeinden) und horizontalen Direktzahlungen (zwischen Gebietskörperschaften derselben Ebene) verstärkt wird. Das regionale Aufkommen der gemeinschaftlichen Steuern fliesst in den zentralen Topf. Von dort erhält die Region einen Anteil am durchschnittlichen Steueraufkommen aller Regionen zurück. Wenn eine Region eine im Vergleich zum Bundesdurchschnitt unterdurchschnittliche Wirtschaftsentwicklung verzeichnet und daher nur ein geringes Steueraufkommen beisteuert, aber gleichzeitig einen Anteil am durchschnittlichen Steuerertrag aller Regionen zurückerhält, wird sie bei schlechter Wirtschaftsentwicklung zum Nettoempfänger und bei überdurchschnittlich gutem Wirtschaftsgang zum Nettozahler im Steuerverbund. Auch über Arbeitslosenversicherung, Pensionsversicherung und andere Sozialwerke kann eine solche Versicherungswirkung erzielt werden.

Die empirischen Ergebnisse von Büttner (2002) zeigen, dass in Deutschland der Finanzausgleich im engeren Sinne (horizontale und vertikale Direktzahlungen und die Aufteilung der Mehrwertsteuereinnahmen zusammen) etwa 6.8% der jährlichen regionalen Einkommensunterschiede ausgleicht, wobei die vertikalen Direktzahlungen am wenigsten dazu beitragen. Die Aufteilung der anderen gemeinschaftlichen Steuern zeitigt kaum einen Beitrag zum Ausgleich der regionalen Einkommensschocks. Hingegen kann der Beitrags-Transfer-Mechanismus der Arbeitslosen- und Pensionsversicherung ganz erheblich zur regionalen Einkommensglättung beitragen. Alle genannten Komponenten zusammen können beinahe 15% der jährlichen Einkommensschwankungen ausgleichen. In einer längerfristigen Betrachtung würden diese wohlfahrtserhöhenden Versicherungswirkungen noch wesentlich höher ausfallen.

Allerdings können mit der erzielbaren Ausgleichswirkung im Rahmen des Finanzausgleichs auch erhebliche Probleme des moralischen Risikos verbunden sein, wie Konrad und Seitz (2003) betonen. In der Tat fliessen nach Baretti, Huber und Lichtblau (2002) je nach Bundesland 70–90% aus dem zusätzlichen regionalen Einkommensteueraufkommen aus der Region ab, bevor sie als Anteil am durchschnittlichen Steueraufkommen wieder zurückkommen. Diese beinahe konfiskatorischen „Grenzsteuersätze" sind für die Anreize der Regionen, ihre eigenen Steuerquellen auszuschöpfen, nicht gerade förderlich.[9] Wenn ein Bundesland in Deutschland 1 Euro mehr Steueraufkommen erzielt, indem es beispielsweise seine Anstrengungen zur Steuereintreibung verstärkt, dann kommt der grösste Teil davon, nämlich 70 bis 90 Cent, den anderen Regionen zugute, während tatsächlich nur etwa 10 bis 30 Cent in der eigenen Region verbleiben. Diese hohen externen Erträge mindern die Anstrengungen der Länder zur Steuereintreibung. Nach den ökonometrischen Ergebnissen von Baretti, Huber und Lichtblau (2002) könnten die Steuereinnahmen der Länder um etwa 15% steigen, wenn die hohen impliziten Grenzsteuersätze auf Null reduziert würden.

XIII.4   Steuerwettbewerb und Arbeitsmobilität

Hohe Faktormobilität schränkt die Finanzpolitik von kleinen Regionen ein. Die Ergebnisse aus Kapitel XII zur optimalen Besteuerung in einer kleinen offenen Volkswirtschaft haben gezeigt, dass ein kleines Land mobiles Kapital nicht mit einer Quellensteuer (Gewinnsteuer bzw. Körperschaftsteuer) belegen sollte. Die nationale Wohlfahrt verlangt, dass es sein Steueraufkommen nur mit Lohnsteuern, ergänzt um persönliche Kapitalertragsteuern, nach dem Wohnsitzprinzip erzielt, sofern dieses effektiv durchgesetzt werden kann.[10] Die vorausgehenden Abschnitte in diesem Kapitel haben gezeigt, dass der Steuerwettbewerb zu einem Druck auf die Steuersätze und damit zu einer Unterversorgung mit öffentlichen Leistungen führt, wenn die Regionen auf Einnahmen aus der Besteuerung des mobilen Kapitals angewiesen sind. Dabei wurde unterstellt, dass die mit der Quellensteuer auf Kapital finanzierten öffentlichen Güter nicht dem mobilen Kapital, sondern den Haushalten und damit dem immobilen Faktor nutzen.

In diesem Abschnitt wenden wir uns der Arbeitsmobilität zu und zeigen, dass Steuerwettbewerb nicht unbedingt zu einer Unterversorgung mit öffentlichen Leistungen führen muss, sondern durchaus mit einer effizienten Allokation vereinbar ist. Gleichzeitig lenken wir den Blick darauf, dass die Regionen nicht nur mit einer niedrigen Steuerlast, sondern auch mit öffentlichen Leistungen um den mobilen Faktor konkurrieren. Diese Überlegungen knüpfen an die Tradition von Tiebout (1956) an. Demnach konkurrieren die Regionen mit einem differenzierten Angebot an lokalen öffentlichen Gütern und Steuern um die mobilen Haushalte. Die Haushalte legen durch ihre Wahl des Wohnsitzes ihre Präferenzen für die öffentlichen Güter offen. Die Gefahr der Abwanderung (voting with their feet) zwingt die Regionen zu einem steuersparenden und auf die Bedürfnisse der Bürger abgestimmten Angebot. Nach Tiebout sichert der fiskalische Wettbewerb eine effiziente Allokation. Ähnlich wie im ersten Abschnitt können wir diese Aussagen im Wesentlichen am Fall einer kleinen offenen Region ohne Einfluss auf das Gleichgewicht in den anderen Regionen zeigen.

---

[9]Es stellt sich eine ähnliche Problematik wie beim vertikalen Steuerwettbewerb in Abschnitt XIII.5.1.

[10]Von Gütersteuern wurde dabei abgesehen, doch auch diese sind im Wesentlichen eine Steuer auf Arbeitseinkommen.

Ausserdem wird man sehen, dass der fiskalische Wettbewerb durchaus auch mit einer positiven Steuer auf den mobilen Faktor vereinbar ist.

XIII.4.1 Kleine offene Region

Eine kleine Region sei mit einem fixen, immobilen Faktor Land und mit einer mobilen Bevölkerung von $\bar{N}$ ausgestattet. In der Region wird tatsächlich nur eine Menge N beschäftigt. Die Differenz $N - \bar{N}$ stellt eine Nettowanderung dar und kann positiv (Einwanderung) oder negativ sein. Nach der Entscheidung über die Wahl des Wohnorts erfolgen alle Transaktionen wie Arbeit, Konsum, Steuerzahlungen oder Inanspruchnahme der lokalen öffentlichen Leistungen nur mehr im Wohnsitzland. Die Produktion kombiniert Arbeit und Land mit einer linearhomogenen Technologie $F(N,K)$. Die Landausstattung sei $K = 1$ und wird in der Folge unterdrückt, $F(N)$ mit $F_N > 0 > F_{NN}$. Der Outputpreis sei ebenfalls auf 1 normiert. Die Unternehmen beschäftigen N Arbeiter und maximieren den Gewinn bzw. die Landrente π,

$$\pi(w) = \max_{N} F(N) - wN \quad \Rightarrow \quad F_N(N) = w, \quad \pi'(w) = -N. \qquad \text{(XIII.17)}$$

Die Beschäftigung sinkt mit der Höhe des regionalen Lohns w, $N'(w) < 0$. Nach dem Envelopen-Theorem nimmt die Landrente mit dem Lohn der Arbeiter ab.

Die Haushalte seien in mobile Arbeitnehmer und immobile Landbesitzer unterteilt. Die Arbeitnehmer leisten ein fixes Arbeitsangebot von einer Einheit und entrichten eine Steuer τ^N, die am Wohnsitz geschuldet wird. Die Wohlfahrt der Arbeitnehmer hängt vom privaten Konsum x^N und von der Versorgung mit einem lokalen, öffentlichen Gut G ab,

$$u^N = u(x^N, G), \quad x^N = w - \tau^N. \qquad \text{(XIII.18)}$$

Bei freier Wahl des Wohnorts lassen sich die mobilen Arbeiter nur dann in der Region nieder, wenn sie dort eine höhere Wohlfahrt als anderswo erzielen, $u^N \geq \bar{u}$, wobei $\bar{u}$ den in anderen Regionen erzielbaren Reservationsnutzen bezeichnet. Eine kleine Region kann die anderswo erzielbare Wohlfahrt nicht beeinflussen. Die Zu- oder Abwanderung hängt entscheidend vom Lohn w ab. Die Region kann jedoch auch mit niedrigen Steuern und attraktiven öffentlichen Leistungen die mobilen Arbeitnehmer in der Region halten. Die Regionen konkurrieren nicht nur mit Steuern, sondern auch mit der Qualität öffentlicher Leistungen um die mobile Steuerbasis. Die Wohnsitzwahl kann als Abstimmung über die Attraktivität der Steuerbelastung und die Versorgung mit öffentlichen Leistungen aufgefasst werden.

Bei gegebener Politik und vollkommener Arbeitsmobilität hält die Zuwanderung und die Lohnanpassung solange an, bis die Wohlfahrt in allen Regionen gleich ist. Die Mobilität der Arbeitnehmer bestimmt daher einen Gleichgewichtslohn in Abhängigkeit von der lokalen Finanzpolitik. Das Differential der Wanderungsbedingung $u^N = \bar{u}$ zeigt, wie das regionale Lohnniveau auf Änderungen der Finanzpolitik reagiert:

$$u(w - \tau^N, G) = \bar{u} \quad \Rightarrow \quad w(\tau^N, G); \quad \frac{\mathrm{d}w}{\mathrm{d}\tau^N} = 1, \quad \frac{\mathrm{d}w}{\mathrm{d}G} = -\frac{u_G^N}{u_x^N}. \qquad \text{(XIII.19)}$$

Die immobilen Landbesitzer beziehen ausschliesslich ein Renteneinkommen π, das mit dem Satz τ^K besteuert wird. Ihre Masse ist auf 1 normiert, so dass x^R gleichzeitig den Konsum pro Kopf und den aggregierten Konsum der Landbesitzer bezeichnet,

$$u^R = u(x^R, G), \quad x^R = (1 - \tau^K)\pi(w). \tag{XIII.20}$$

Per Annahme bleibt die gesamte Landrente in der Region; es gibt weder einen Zufluss noch einen Abfluss von Landrenteneinkommen an andere Regionen.

Der Staat stellt ein lokales öffentliches Gut bereit, das mit Steuern finanziert wird. Im Idealfall zeichnen sich öffentliche Güter durch Nichtausschliessbarkeit und Nichtrivalität im Konsum aus. Die meisten öffentlichen Güter sind jedoch unrein in dem Sinne, dass bei Übernutzung Ballungskosten auftreten und der Konsum teilweise rivalisierend ist. Dies bedeutet, dass bei zunehmender Nutzerzahl eine höhere Kapazität bereitgestellt werden muss, damit jeder einzelne Nutzer eine unverminderte Menge G in Anspruch nehmen kann. Daher nehmen für ein gegebenes Versorgungsniveau die Gesamtkosten der Bereitstellung mit zunehmender Nutzeranzahl zu,[11]

$$C(G, N), \quad C = GN^\alpha \quad \Rightarrow \quad C_G G + C_N N = (1 + \alpha)C. \tag{XIII.21}$$

Im speziellen Fall ist die Kostenfunktion homogen vom Grade $1 + \alpha$. Der Parameter α misst den Rivalitäts- bzw. Öffentlichkeitsgrad des Gutes. Der Fall $\alpha = 0$ entspricht einem reinen öffentlichen Gut. Die Gesamtkosten $C = G$ sind von der Anzahl der Nutzer unabhängig. Die Grenzkosten C_N der Bereitstellung für einen weiteren Nutzer sind Null. Im anderen Extremfall $\alpha = 1$ liegt ein öffentlich bereitgestelltes, privates Gut vor. Für jeden weiteren Nutzer muss die Kapazität um eine Einheit ausgedehnt und das Gut erneut angeboten werden, weil der Konsum rivalisierend ist: $C_N = G$. Realistisch sind die mittleren Fälle, in denen die Zuwanderung Ballungskosten $C_N(G, N)$ verursacht.

Der Staat finanziert sich mit den Steuern der Arbeiter und Landbesitzer,

$$\tau^N N + \tau^K \pi = C. \tag{XIII.22}$$

Man beachte, dass τ^K eine Quellensteuer auf Landrenten ist, die aber neben den Verteilungswirkungen keinen weiteren Schaden anrichtet, da die Landausstattung exogen ist. Hingegen ist τ^N eine Steuer nach dem Wohnsitzprinzip. Aus den privaten und öffentlichen Budgets folgt $Nx^N + x^R = wN + \pi - C$. Einsetzen von π ergibt die Gütermarktbedingung bzw. das BIP mit privatem und staatlichem Konsum auf der Verwendungsseite,

$$F(N) = Nx^N + x^R + C(G, N). \tag{XIII.23}$$

XIII.4.2 Effiziente Allokation

Wird das wettbewerbliche Gleichgewicht eine effiziente Allokation verwirklichen oder führt der Steuerwettbewerb auch bei Arbeitsmobilität zu Unterversorgung? Um diese Frage zu beantworten, muss zuerst die erstbeste, effiziente Allokation bestimmt

---

[11]Die Kosten hängen zwar auch von der Nutzung durch die Landbesitzer ab, doch diese Zahl ist fix und kann daher unterdrückt werden.

werden. Eine effiziente Allokation ermöglicht eine maximale, aggregierte Wohlfahrt. Bei freier Wohnortwahl bindet die Wanderungsentscheidung die Wohlfahrt der mobilen Arbeitnehmer an den Reservationsnutzen, $u^N = \bar{u}$. Nach dem Pareto-Prinzip maximiert die effiziente Allokation die Wohlfahrt der Landbesitzer bei gegebener Wohlfahrt der Arbeiter. Unter Berücksichtigung der Ressourcenbeschränkung (XIII.23) lautet das Programm:

$$\max_{x^R, x^N, N, G} u(x^R, G) + \lambda \cdot [u(x^N, G) - \bar{u}]$$
$$+ \gamma \cdot [F(N) - x^N N - x^R - C(G, N)]. \tag{XIII.24}$$

Ein Maximum erfüllt folgende notwendige Bedingungen:

$$x^R : u_x^R = \gamma, \qquad x^N : \lambda u_x^N = \gamma N,$$
$$G : u_G^R + \lambda u_G^N = \gamma C_G, \quad N : F_N - C_N - x^N = 0. \tag{XIII.25}$$

Man dividiere die Bedingung für G durch γ und setze im ersten bzw. zweiten Term γ aus der Bedingung für x^R bzw. x^N ein. Es folgt

$$\frac{u_G^R}{u_x^R} + N \cdot \frac{u_G^N}{u_x^N} = C_G, \quad F_N = C_N + x^N. \tag{XIII.26}$$

Die effiziente Allokation in den vier Unbekannten x^R, x^N, N, G folgt aus vier Gleichungen, nämlich den zwei Bedingungen in (XIII.26), der Mobilitätsbedingung (XIII.19) und der Ressourcenbeschränkung (XIII.21). Die erste Bedingung in (XIII.26) ist die Samuelson-Bedingung für eine effiziente Versorgung mit dem lokalen öffentlichen Gut, wonach die Summe der Grenzraten der Substitution (Summe der marginalen Zahlungsbereitschaften) gleich den Grenzkosten der Bereitstellung C_G sein soll. Die zweite Bedingung reguliert die effiziente Bevölkerungsgrösse in der Region und kann als Ausgleich von Grenzerträgen und Grenzkosten der Zuwanderung verstanden werden. Der Grenzertrag besteht aus dem Grenzprodukt F_N, welches der letzte Zuwanderer zum regionalen BIP beisteuert. Die Grenzkosten setzen sich aus dem Verbrauch von Output durch den privaten Konsum x^N des marginalen Zuwanderers und aus den von ihm verursachten Ballungskosten C_N zusammen. Die Zunahme der ansässigen Wohnbevölkerung erfordert einen höheren Ressourcenverzehr C_N aufgrund der erhöhten Ballungskosten, damit dieselbe Versorgung G mit dem lokalen öffentlichen Gut gewährleistet werden kann.

XIII.4.3 Optimale Finanzpolitik

Kann die effiziente Allokation durch eine optimale Finanzpolitik im dezentralen Gleichgewicht realisiert werden? Dazu muss zunächst das wettbewerbliche Gleichgewicht bei gegebener Finanzpolitik und freier Zuwanderung bestimmt werden. Die Wahl des Wohnsitzes nach (XIII.19) bestimmt den regionalen Lohn $w(\tau^N, G)$ und den Konsum x^N der mobilen Arbeiter. Beschäftigung N und Landrente π folgen aus (XIII.17) und ermöglichen einen privaten Konsum x^R der Landbesitzer nach (XIII.20). Die staatliche Budgetbeschränkung (XIII.22) bestimmt implizit die Menge des öffentlichen Konsums G. Nachdem G bei freier Zuwanderung den gleichgewichtigen Lohn und damit die Beschäftigung und die Landrente beeinflusst, hängen auch die Steuereinnahmen vom Angebot des lokalen öffentlichen Gutes ab,

$$\tau^N N(w) + \tau^K \pi(w) = C(G, N(w)), \quad w(\tau^N, G) \quad \Rightarrow \quad G. \qquad \text{(XIII.27)}$$

Die regionale Finanzpolitik kann die Wohlfahrt der mobilen Haushalte nicht beeinflussen, denn diese ist bei freier Wanderung an die mögliche Wohlfahrt $\bar{u}$ anderswo gekoppelt. Die Politik kann jedoch, im Sinne des Pareto-Kriteriums, noch die Wohlfahrt u^R der Landbesitzer maximieren. Unter Berücksichtigung der vorhin erwähnten Abhängigkeiten folgt die optimale Politik aus der Maximierung von Ω nach τ^N und τ^K,

$$\Omega = u\left[(1 - \tau^K)\pi(w), G\right] + \mu \cdot \left[\tau^N N(w) + \tau^K \pi(w) - C(G, N(w))\right]. \qquad \text{(XIII.28)}$$

Dabei sind $N'(w) < 0$ nach (XIII.17) und $w(\tau^N, G)$ zu beachten.

Die Herleitung der optimalen Politik wird erleichtert, indem man zuerst die Ableitung der Lagrange-Funktion nach dem Lohnsatz berechnet. Mit $\pi'(w) = -N$ folgt

$$\frac{\mathrm{d}\Omega}{\mathrm{d}w} = -u_x^R \cdot (1 - \tau^K)N + \mu \cdot \left[(\tau^N - C_N)N'(w) - \tau^K N\right]. \qquad \text{(XIII.29)}$$

Damit können nun die BEO übersichtlich angeschrieben werden. Es gilt zu beachten, dass die Landrentensteuer τ^K ohne Einfluss auf den Lohn bleibt,

$$\tau^K : u_x^R = \mu, \quad \tau^N : \frac{\mathrm{d}\Omega}{\mathrm{d}w}\frac{\mathrm{d}w}{\mathrm{d}\tau^N} = -\mu N, \quad G : \frac{\mathrm{d}\Omega}{\mathrm{d}w}\frac{\mathrm{d}w}{\mathrm{d}G} + u_G^R = \mu C_G. \qquad \text{(XIII.30)}$$

Mit $u_x^R = \mu$ folgt $\mathrm{d}\Omega/\mathrm{d}w = \mu\left[(\tau^N - C_N)N'(w) - N\right]$. Nach (XIII.19) gilt $\mathrm{d}w/\mathrm{d}\tau^N = 1$. Damit erhält man aus der zweiten Bedingung einen optimalen Steuersatz von $\tau^N = C_N$ auf mobile Arbeit. Schliesslich dividiere man die letzte Bedingung durch $\mu = u_x^R$. Wegen $\tau^N = C_N$ vereinfacht sich der Ausdruck von vorhin zu $\mathrm{d}\Omega/\mathrm{d}w = -\mu N$. Nach (XIII.19) kann das regionale Lohnniveau im Wanderungsgleichgewicht fallen, wenn die Versorgung mit dem öffentlichen Gut besser wird, $\mathrm{d}w/\mathrm{d}G = -u_G^N/u_x^N$. Damit folgt aus der letzten Bedingung wieder die Samuelson-Regel für die effiziente Bereitstellung des lokalen öffentlichen Gutes:

$$\tau^N = C_N, \quad \frac{u_G^R}{u_x^R} + N \cdot \frac{u_G^N}{u_x^N} = C_G. \qquad \text{(XIII.31)}$$

Insoweit das Aufkommen aus der Besteuerung der mobilen Arbeit zur Finanzierung des öffentlichen Gutes nicht ausreicht, wird die Differenz mit der Landrentensteuer abgedeckt. Mit der speziellen Kostenfunktion (XIII.21) betragen die marginalen Ballungskosten $C_N = \alpha C/N$. Mit $\tau^N = C_N$ decken daher die Steuern auf Arbeitseinkommen einen Teil α der Gesamtkosten für das öffentliche Gut ab. Der Rest $C - \tau^N N$ wird gemäss der staatlichen Budgetbeschränkung (XIII.22) mit der Landrentensteuer finanziert,

$$\tau^N N = \alpha C, \quad \tau^K \pi = (1 - \alpha)C. \qquad \text{(XIII.32)}$$

Die optimale Politik im dezentralen Wettbewerbsgleichgewicht sieht ein effizientes Angebot des regionalen öffentlichen Gutes vor, wie der Vergleich der Bedingungen

(XIII.26) und (XIII.31) zeigt. Anders als bei einer Besteuerung des mobilen Kapitals wie im Abschnitt XIII.1 führt also der Steuerwettbewerb nun nicht mehr zur Unterversorgung mit öffentlichen Leistungen. Eine notwendige Bedingung dafür ist, wie die Herleitung von (XIII.31) zeigt, dass bei den Verursachern die marginalen Ballungskosten mit einer Steuer $\tau^N = C_N$ auf mobile Arbeit internalisiert werden. Wenn ein weiterer Zuwanderer in die Region kommt, dann verursacht dieser zusätzliche Nutzer marginale Ballungskosten. Damit steigen die Kosten für die Bereitstellung des öffentlichen Gutes, wenn die Versorgung mit gleich bleibender Qualität G erhalten bleiben soll. Diese Kostensteigerungen werden nicht (nur zum geringsten Teil) vom verursachenden Zuwanderer, sondern von der Allgemeinheit in Form von höheren Steuern getragen. Die Zuwanderung verursacht also externe Kosten, die ein einzelner Immigrant in seiner Wohnsitzwahl nicht berücksichtigt. Für eine effiziente Allokation müssen diese externen Kosten den Verursachern angelastet werden, damit die mobilen Haushalte eine korrekte Wohnsitzwahl treffen und die Zuwanderung ein gesellschaftlich effizientes Ausmass annimmt.

Die optimale Steuer auf mobile Arbeit, die wie bei einer Quellensteuer in der Wohnsitzregion anfällt, übernimmt die Funktion einer Benutzungsgebühr für die Inanspruchnahme eines unreinen öffentlichen Gutes. Wenn es sich hingegen um ein reines öffentliches Gut handelt, dann gibt es keinerlei Rivalität im Konsum und damit keine Ballungskosten. Dies ist der Fall mit $\alpha = 0$ und $C = G$, so dass ein weiterer Nutzer keine zusätzlichen Kosten verursacht, $C_N = 0$. In diesem Fall ist die optimale (Quellen-)Steuer auf den mobilen Faktor Arbeit Null, solange andere Steuern zur Finanzierung der öffentlichen Ausgaben herangezogen werden können.[12] Diese Ergebnisse können auch auf die Besteuerung von Kapitaleinkommen übertragen werden. Im Kapitel XII wurde gezeigt, dass die optimale Quellensteuer auf Kapitaleinkommen Null ist, wenn Kapital der mobile Faktor ist. Allerdings gilt dies nur unter der Voraussetzung, dass Kapital keine Ballungskosten verursacht. Würde hingegen auch das mobile Kapital wie in diesem Abschnitt externe Ballungskosten mit sich bringen, dann wäre der optimale Steuersatz auf das mobile Kapital positiv. Die Regionen stellen regelmässig öffentliche Infrastruktur als unreines öffentliches Gut bereit, deren Nutzung durch die Unternehmen externe Ballungskosten verursacht. Nach derselben Logik wie in diesem Abschnitt kann damit nach Sinn (2003b, Kapitel 2) eine positive Quellensteuer auf Unternehmensgewinne im Ausmass einer internalisierenden Benutzungsgebühr gerechtfertigt werden.

Das Ergebnis, dass der Steuerwettbewerb zu einer effizienten Versorgung mit dem öffentlichen Gut führt, ist im vorliegenden Fall darauf zurückzuführen, dass mit der Besteuerung von Landrenten eine verzerrungsfreie Besteuerung eines fixen Faktors möglich ist. Die am Wohnsitz erhobene Quellensteuer auf die mobile Arbeit führt tatsächlich erst bei hohen Sätzen $\tau^N > C_N$, die über das internalisierende Niveau hinausgehen, zu einer Verzerrung. Daher wird es die Region vermeiden, den Steuersatz über das Niveau der Nutzungsgebühr anzuheben, wenn anstatt dessen eine verzer-

---

[12]Wenn hingegen wie in den ersten beiden Abschnitten dieses Kapitels andere Steuern entweder überhaupt nicht verfügbar sind oder zur Finanzierung nicht ausreichen, dann führt der Steuerwettbewerb um den mobilen Faktor zu einer Unterversorgung mit dem öffentlichen Gut. Dieses Ergebnis spiegelt die Unvollständigkeit der Steuerinstrumente wider.

rungsfreie Landrentensteuer zur Verfügung steht. Der residuale Einnahmebedarf wird
also durch die Besteuerung des immobilen Faktors abgedeckt. Im Falle eines öffentlich angebotenen, rein privaten Gutes ($\alpha = 1$ und $C = GN$) würde die optimale
Steuer auf mobile Arbeit bzw. die Benutzungsgebühr sogar ausreichen, um gemäss
(XIII.32) die Bereitstellung ohne weitere Belastung des fixen Faktors vollständig zu
finanzieren. Im anderen Extremfall eines rein öffentlichen Gutes müsste hingegen die
Finanzierung vollständig mit der Steuer auf Landrenten erfolgen.

XIII.5 Erweiterungen

XIII.5.1 Vertikaler Steuerwettbewerb

Die bisherigen Betrachtungen haben sich auf horizontalen Steuerwettbewerb zwischen Gebietskörperschaften auf der gleichen Ebene beschränkt. In einem föderalen
Staat sind jedoch mehrere Staatsebenen – nämlich Gemeinden, Länder und Zentralstaat – vertikal angeordnet und konkurrieren teilweise um dieselbe Bemessungsgrundlage. Dies ist in der Schweiz besonders stark ausgeprägt, wo Kantone und Gemeinden eine hohe Steuerautonomie haben und beispielsweise die Einkommen- und
Gewinnsteuern auf allen drei Ebenen gleichzeitig erhoben werden. Damit entsteht ein
vertikaler Steuerwettbewerb um die Ausschöpfung der gleichen Bemessungsgrundlage. Während der horizontale Steuerwettbewerb tendenziell zu einem Wettrennen
um die niedrigsten Steuersätze führt, erzeugt der vertikale Steuerwettbewerb eine ge-
genläufige Tendenz zu höheren Steuersätzen. Keen und Kotsogiannis (2002) haben
dies gezeigt, indem sie im Modell mit Kapitalmobilität wie in den ersten beiden Abschnitten einen Zentralstaat eingeführt und die Kapitalausstattung der Föderation als
Resultat von Investitions- und Sparentscheidungen endogenisiert haben,

$$NS(r) = \sum_{j=1}^{N} K(r + t_j + T).$$ (XIII.33)

Die Sparentscheidung endogenisiert also die gesamtwirtschaftliche Kapitalbildung,
die auf die einzelnen Regionen verteilt wird. Pro Region werden Ersparnisse von S gebildet, so dass mit N Regionen gesamtwirtschaftliche Ersparnisse von NS entstehen.
Jede einzelne Region stellt ein lokales öffentliches Gut g_j bereit. Zusätzlich finanziert
der Zentralstaat ein öffentliches Gut G für die gesamte Föderation,

$$g_j = t_j \cdot K(r + t_j + T), \quad G = T \cdot \sum_{j=1}^{N} K(r + t_j + T).$$ (XIII.34)

Die Ergebnisse des horizontalen Steuerwettbewerbs sind aus den ersten beiden Abschnitten bekannt. Wenn eine einzelne Region ihren Steuersatz t_j erhöht, vertreibt sie
Kapital in die anderen Regionen, was dort zu höheren Steuereinnahmen führt. Nachdem jede Region ausschliesslich auf die eigene, lokale Wohlfahrt abstellt, wird dieser
externe Ertrag für die anderen Regionen vernachlässigt. Indem die Region nicht alle
Vorteile aus der Steuererhöhung berücksichtigt, wählt sie einen zu niedrigen Steuersatz. Daraus resultiert Unterversorgung.

Der vertikale Steuerwettbewerb führt nun bei den lokalen Gebietskörperschaften zu einer zusätzlichen Externalität, die über das Bundesbudget wirkt. Wenn Region j den Steuersatz t_j erhöht, entstehen nicht nur externe fiskalische Erträge, sondern auch externe fiskalische Kosten für die anderen Regionen. Der höhere Steuersatz t_j reduziert insgesamt die Kapitalbildung und verringert damit die Steuereinnahmen des Bundes. Der Bund muss damit entweder seinen Steuersatz T erhöhen oder die Ausgaben G senken. Beides hat negative gesamtwirtschaftliche Auswirkungen auf alle Regionen gleichzeitig. Region j spürt nur einen Teil $1/N$ dieser negativen Auswirkungen; der Grossteil $(N-1)/N$ geht auf Kosten der anderen Regionen. Diese spielen jedoch für die finanzpolitischen Entscheidungen in Region j keine Rolle. Region j vernachlässigt also die über das Bundesbudget wirkenden externen Kosten für die anderen Regionen und wählt aus diesem Grund einen zu hohen Steuersatz. Dieser Aspekt wirkt der Tendenz zur Unterversorgung bei horizontalem Steuerwettbewerb entgegen. Der Nettoeffekt kann in die eine oder andere Richtung schlagen oder sich weitgehend aufheben. Die Botschaft ist, dass der Steuerwettbewerb um mobiles Kapital nicht unbedingt zu einer Unterversorgung mit öffentlichen Leistungen führen muss.

XIII.5.2 Disziplinierender Steuerwettbewerb

Ein erheblicher Teil der Literatur betont, dass insbesondere der Steuerwettbewerb um mobiles Kapital einen unheilsamen Druck auf die Steuersätze auslöst und zu einer Unterversorgung mit öffentlichen Leistungen führt. Wie in den vorausgehenden Abschnitten wird dabei unterstellt, dass die politischen Entscheidungsträger ausschliesslich auf die Wohlfahrt der Bürger abstellen und keinerlei Eigeninteressen verfolgen. Ob der Druck auf die Steuersätze als Folge des Steuerwettbewerbs günstig oder ungünstig beurteilt wird, hängt allerdings ganz wesentlich von der Sichtweise über das Regierungsverhalten ab. Wenn die Politiker sich von Eigeninteressen leiten lassen, werden sie auch Ausgaben tätigen wollen, die hauptsächlich die eigenen Interessen und weniger die Wohlfahrt der Allgemeinheit fördern. Wenn nun der politische Prozess und andere institutionelle Beschränkungen das Politikerverhalten nur ungenügend zu kontrollieren vermögen, werden diese Eigeninteressen zu übermässigem Ausgabenwachstum und hoher Steuerbelastung führen (Leviathan-Hypothese), die allein nach dem Wohlfahrtskriterium nicht mehr gerechtfertigt werden können. In dieser Situation kann der Steuerwettbewerb eine heilsame, disziplinierende Wirkung auf die Höhe der Steuersätze entfalten und helfen, den Umfang der Staatstätigkeit auf das „richtige" Niveau zurückzuführen.

Diese disziplinierende Wirkung des Steuerwettbewerbs wurde unter anderem von Edwards und Keen (1996) herausgearbeitet. Sie gehen von einem Modell des horizontalen Steuerwettbewerbs um mobiles Kapital wie in den ersten beiden Abschnitten aus. Die politischen Entscheidungsträger verwenden nun das Steueraufkommen nicht nur für das öffentliche Gut, sondern auch für Ausgaben B, die nur dem Eigeninteresse der Politiker dienen und der Allgemeinheit keinen Nutzen stiften,

$$V(B,u(x,G)), \quad G + B = t \cdot K(r+t). \tag{XIII.35}$$

Die Zielfunktion der Politiker enthält nun neben der Wohlfahrt $u(x, G)$ der Bürger, welche die Wiederwahlchancen fördert, auch die im Eigeninteresse getätigten Ausgaben B. Edwards und Keen (1996) zeigen nun, dass dieses zusätzliche Ausgabenmotiv zu überhöhten Steuersätzen führen kann, aber nicht unbedingt muss. Welcher Fall eintritt, hängt von der Gestalt der Trade-offs zwischen eigennützigen Ausgaben und der Wohlfahrt der Bürger ab, wie sie in der Zielfunktion V der Politiker zum Ausdruck kommt. Wenn nun in der Ausgangssituation tatsächlich die Steuersätze und die Staatsausgaben zu hoch sind, dann kann eine koordinierte Absenkung der Steuersätze in allen Regionen die Wohlfahrt der Bürger steigern. Die disziplinierende Wirkung des Steuerwettbewerbs senkt ebenfalls die Steuersätze und kann somit die Wohlfahrt der Bürger erhöhen. Auch dieses Ergebnis deutet darauf hin, dass der Steuerwettbewerb nicht immer schädlich sein muss, sondern auch wohlfahrtssteigernd wirken kann.

Zusammenfassung

1. Eine Quellensteuer auf Kapital löst in einer kleinen offenen Region Kapitalflucht aus. Die Verringerung des Arbeitseinkommens übersteigt das erzielbare Steueraufkommen.

2. Der Steuerwettbewerb führt zu einer Unterversorgung mit lokalen öffentlichen Gütern, wenn die Ausgaben in Ermangelung anderer Einnahmen mit einer Quellensteuer auf Kapital finanziert werden müssen. Die von der Steuer ausgelöste Kapitalflucht führt zu einer Mehrbelastung, welche die Grenzkosten der Besteuerung erhöht, so dass eine Einschränkung des öffentlichen Güterangebots geboten erscheint.

3. Wenn das Kapitalangebot in der gesamten Föderation fix ist oder nur unelastisch reagiert, dann fällt mit der Steuererhöhung einer grossen Region der gemeinsame Realzins. Dies bremst den Kapitalabfluss aus der Region und mindert die Mehrbelastung der Quellensteuer auf Kapital und damit die Grenzkosten der Besteuerung. Die Tendenz des Steuerwettbewerbs zur Unterversorgung wird schwächer.

4. Bei unterschiedlichen Regionen kommt es zu einem asymmetrischen Gleichgewicht mit unterschiedlichen Steuersätzen und einer ineffizienten, regionalen Kapitalallokation.

5. Ein korrigierender Finanzausgleich kann der Unterversorgung mit öffentlichen Gütern und der ineffizienten, regionalen Kapitalallokation als Folge des Steuerwettbewerbs entgegenwirken und eine effiziente Ressourcenallokation im Gesamtstaat ermöglichen.

6. Weitere wichtige Funktionen des Finanzausgleichs sind die Abgeltung von externen Erträgen, wenn lokale öffentliche Güter überregionalen Nutzen stiften, und die Versicherung gegen regionale Einkommensschwankungen im Bundesstaat.

7. Vollständige Arbeitsmobilität führt zu einer Angleichung der Haushaltswohlfahrt, die in alternativen Destinationen der Wohnsitzwahl möglich ist. Die einzelnen Regionen können sowohl mit einem attraktiven Angebot von lokalen öffentlichen Gütern als auch mit einer niedrigen Steuerbelastung um die mobile Arbeit konkurrieren.

8. Unreine öffentliche Güter zeichnen sich durch Ballungskosten und teilweiser Rivalität im Konsum aus. Bei gleich bleibender Versorgungsqualität führt die Zuwanderung zu höheren Kosten der Bereitstellung für das öffentliche Gut, die von allen Einwohnern gemeinsam getragen werden. Die Zuwanderung ist daher mit externen Ballungskosten für die anderen Mitglieder der Region verbunden, die bei der individuellen Wanderungsentscheidung vernachlässigt werden.

9. Die externen Kosten der Zuwanderung können mit einer Quellensteuer auf Arbeit in der Höhe einer Nutzungsgebühr für das lokale öffentliche Gut internalisiert werden. Wenn für den residualen Finanzierungsbedarf des öffentlichen Gutes eine andere verzerrungsfreie Einnahmequelle, wie z. B. eine Steuer auf Landrenten, zur Verfügung steht, dann führt der Steuerwettbewerb zu einer effizienten Allokation.

10. Beim vertikalen Steuerwettbewerb konkurrieren die Teilstaaten und der Zentralstaat um eine gemeinsame Bemessungsgrundlage. Dabei ist die Steuerpolitik der Gliedstaaten mit einer negativen Externalität auf die anderen Teilstaaten verbunden. Der einzelne Gliedstaat vernachlässigt, dass ein höherer regionaler Steuersatz auch die Bemessungsgrundlage des Zentralstaats aushöhlt und diesen zur Budgetkonsolidierung mit negativen Konsequenzen für alle anderen Teilstaaten zwingt. Die Vernachlässigung dieser externen Kosten führt tendenziell zu höheren regionalen Steuersätzen.

11. Die unvollständige Kontrolle der Bürger über die Entscheidungen der Politiker kann zu überhöhten Steuern und Staatsausgaben führen, die der Wohlfahrt der Bürger nicht dienlich sind und hauptsächlich das Eigeninteresse der Politiker fördern. In diesem Fall kann die disziplinierende Wirkung des Steuerwettbewerbs einer Überversorgung entgegenwirken und eine wohlfahrtssteigernde Ausgabenreduktion bewirken.

Lektürevorschläge

Ein klassischer Beitrag zum Steuerwettbewerb ist TIEBOUT (1956). Nützliche Übersichtsbeiträge finden sich in EPPLE und NECHYBA (2004), BOADWAY (2004), WILSON (1999), KENYON (1997) sowie MIESZKOWSKI und ZODROW (1989). WILDASIN (1989, 1991) hat den Steuerwettbewerb bei Kapital- und Arbeitsmobilität und die Möglichkeiten eines korrigierenden Finanzausgleichs untersucht. RICHTER (1994), WILSON (1995) und WELLISCH (2000b) analysieren den Steuerwettbewerb bei gleichzeitiger Mobilität von Kapital und Arbeit und unter Berücksichtigung von Überfüllungskosten bei unreinen öffentlichen Gütern. KEEN und KOTSOGIANNIS (2002) analysieren die Folgen des vertikalen Steuerwettbewerbs, EDWARDS und KEEN (1996) die disziplinierende Wirkung des Steuerwettbewerbs auf das Ausgabenwachstum bei eigennützigem Politikverhalten. Empirische Ergebnisse über die Wirkungen des Steuerwettbewerbs finden sich in BUETTNER (2003), FELD und KIRCHGAESSNER (2002), FELD (2000) sowie KIRCHGAESSNER und POMMEREHNE (1996). Die Versicherungswirkungen und Anreizprobleme des deutschen Finanzausgleichs werden in BUETTNER (2002), BARETTI, HUBER und LICHTBLAU (2002) sowie KONRAD und SEITZ (2003) theoretisch und empirisch untersucht. Auf der Homepage WWW.IFF.UNISG.CH, Seite Keuschnigg/Lehre, stehen gelöste Übungsaufgaben bereit.

Schlüsselbegriffe

Steuerwettbewerb
Quellensteuer
Unterversorgung
Asymmetrisches Gleichgewicht
Überregionale externe Erträge
Arbeitsmobilität
Ballungskosten
Vertikaler Steuerwettbewerb
Versicherungseffekt des
Finanzausgleichs

Kapitalmobilität
Lokales öffentliches Gut
Nash-Gleichgewicht
Korrigierender Finanzausgleich
Disziplinierender Steuerwettbewerb
Wohnsitzwahl
Nutzungsgebühr
Eigeninteressen der Politiker

Teil 6

Besteuerung auf unvollkommenen Märkten

Kapitel XIV

Arbeitslosigkeit

Hohe Arbeitslosigkeit gehört zu den grössten Herausforderungen der Wirtschaftspolitik. Nach Daveri und Tabellini (2000) hat die durchschnittliche Arbeitslosenrate in der EU von 2.5% in den 70er Jahren auf beinahe 10% in den 90er Jahren zugenommen und sich somit in diesem Zeitraum beinahe vervierfacht. Parallel zum Anstieg der Arbeitslosenrate hat die durchschnittliche Steuerbelastung der Arbeitseinkommen erheblich zugenommen. Nach Daveri und Tabellini betrug dieser Anstieg von 1965 bis 1995 in der EU etwa 14 Prozentpunkte. Eine Tendenz zu einem stärkeren Rückgang der hohen Arbeitslosenraten in Europa ist weiterhin kaum zu erkennen, auch wenn die Entwicklung und Ursachen der Arbeitslosigkeit in einzelnen Ländern recht unterschiedlich sind. Tabelle XIV.1 vergleicht die Arbeitslosenraten nach OECD-Definition für die deutschsprachigen Länder, die USA und Japan für die Jahre 1990 und 2003. In Deutschland ist die Arbeitslosenrate besonders hoch, wobei sie sich seit 1990 beinahe verdoppelte. Gleichzeitig hat die durchschnittliche Steuerbelastung mit Ausnahme der USA in allen Ländern zugenommen, in Deutschland und Österreich je um etwa 6 Prozentpunkte. Da die Entwicklung der Arbeitslosenrate starken konjunkturellen Einflüssen unterliegt, stellt Abbildung XIV.1 die Entwicklung in Deutschland über den gesamten Zeitraum von 1987 bis 2003 dar. Die Botschaft ist dieselbe, nämlich die auffallend parallele Entwicklung der Arbeitslosenrate und der durchschnittlichen Steuerbelastung der Arbeitseinkommen.

Die Arbeitslosigkeit ist sicherlich auf eine Reihe von strukturellen Ursachen zurückzuführen und spiegelt die institutionelle Ausgestaltung des Arbeitsmarktes in verschiedenen Ländern wider. Dazu zählen beispielsweise der Organisationsgrad und der Einfluss der Gewerkschaften auf die Lohnverhandlungen oder die Effizienz der Institutionen der Arbeitsvermittlung. Angesichts der auffallend parallelen Entwick-

Tabelle XIV.1: Steuerbelastung und Arbeitslosigkeit

| | Arbeitslosenquote | | EATR | |
	2003	1990	2003	1991
Deutschland	8,7	4,5	52,0	46,4
Österreich	5,7	4,1	45,0	39,1
Schweiz	4,0	0,5	29,2	27,3
Japan	5,3	2,1	27,0	21,5
USA	6,0	5,6	29,4	31,3

EATR: Effektive Durchschnittsbelastung gesamt, inkl. AG-Beiträge, in % der Arbeitskosten
Quelle: OECD (2004a,c)

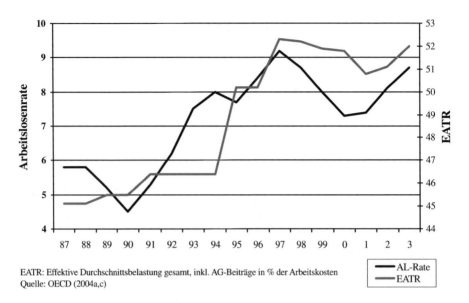

EATR: Effektive Durchschnittsbelastung gesamt, inkl. AG-Beiträge in % der Arbeitskosten
Quelle: OECD (2004a,c)

Abbildung XIV.1: Arbeitslosigkeit und Steuerbelastung in Deutschland

lung von Steuerbelastung und Arbeitslosigkeit liegt es auf der Hand, auch in der zunehmenden Steuerbelastung des Faktors Arbeit eine wesentliche Ursache für die Zunahme der Arbeitslosigkeit zu orten. Die empirischen Ergebnisse von Daveri und Tabellini (2000) stützen diese Auffassung. Der quantitative Effekt ist möglicherweise sehr stark. Nach den ökonometrischen Schätzungen dieser Autoren könnte der Anstieg der Steuerbelastung der Arbeit in der EU in den Jahren 1965–1995 zu einer Zunahme der Arbeitslosenraten um etwa 4 Prozentpunkte geführt haben. Zwar ist die Entwicklung in verschiedenen Ländern recht unterschiedlich. Die Schweiz z. B. weist einen sehr flexiblen Arbeitsmarkt und eine im internationalen Vergleich eher geringe Steuerbelastung auf und kennt nur sehr geringe Arbeitslosenraten von 2–4%. Trotzdem muss man davon ausgehen, dass die Besteuerung der Arbeit je nach Struktur der Arbeitsmärkte wesentliche Auswirkungen auf Lohnbildung, Beschäftigung und Arbeitslosigkeit hat.

Die Arbeitslosigkeit kann sehr unterschiedliche Ursachen haben. Sie kann im Niedriglohnsegment teilweise durch gesetzliche Mindestlohnvorschriften verursacht sein. Eine ähnliche Wirkung hat die Ausgestaltung des Wohlfahrtsstaates, der die Einkommensausfälle bei Erwerbslosigkeit mildert und damit effektiv einen Mindestlohn für die Beschäftigung insbesondere bei wenig qualifizierten Arbeitnehmern setzt. Besonders wichtig ist dabei die Grosszügigkeit der Arbeitslosenunterstützung und der Sozialhilfe bei langanhaltender Erwerbslosigkeit, die den Reservationslohn für die Beschäftigung anhebt. Der Reservationslohn ist die Lohnuntergrenze, bei der die Arbeitnehmer angesichts hoher Ersatzeinkommen das Interesse an einer aktiven Erwerbstätigkeit verlieren. Den verschiedenen Arbeitsmarkttheorien ist gemeinsam, dass ein höherer Reservationslohn zu höherer Arbeitslosigkeit führt. Nach der empirischen Übersicht von Krueger und Meyer (2002, S. 2346 ff.) reagieren die Haushalte ziemlich elastisch auf eine grosszügigere Arbeitslosenunterstützung. Sie geben die Elastizität der Arbeitslosenzahl bzw. der tatsächlichen Inanspruchnahme von Arbeitslosengeld bezüglich der Höhe des Arbeitslosengeldes oder der Ersatzquote mit 0.5 bis 1 an. Die geschätzten Elastizitäten liegen damit deutlich höher als die üblichen Schätzungen für die Arbeitsangebotselastizität, die bei Frauen auf etwa 0.4 geschätzt und bei Männern deutlich niedriger oder gar mit Null angegeben wird. Die Arbeitslosenversicherung beeinflusst aber nicht nur das Niveau, sondern auch die Dauer der Arbeitslosigkeit. Krueger und Meyer (2002) beziffern die Elastizität der Dauer der individuellen Arbeitslosigkeit bezüglich der Höhe der Arbeitslosenunterstützung mit etwa 0.5.

Wie genau der Reservationslohn auf Lohnbildung, Beschäftigung und Arbeitslosigkeit wirkt, hängt von der spezifischen Arbeitsmarkttheorie ab. Gewerkschaftsmacht, Effizienzlöhne und Suchfriktionen sind zentrale Erklärungen für Arbeitslosigkeit. Die Ursache der Arbeitslosigkeit ist immer in einer nicht wettbewerblichen Lohnbildung angelegt, welche in allen genannten Ansätzen nach jeweils verschiedenen Gesetzmässigkeiten erfolgt. Trotzdem stellt sich bei den drei genannten Theorien heraus, dass die Wirkungen der Besteuerung ähnlich sind. Die Lohnsteuer wird tendenziell auf die Arbeitgeber überwälzt und führt zu mehr Arbeitslosigkeit, wie die erwähnte Arbeit von Daveri und Tabellini (2000) gezeigt hat. Wichtig dabei ist allerdings, ob die Arbeitslosenunterstützung auf die Nettolöhne indexiert ist oder real konstant bleibt und ob die Lohnsteuer proportional oder progressiv ist. Die Lohnsteuerprogression hat eine eher günstige, lohndämpfende Auswirkung. Lockwood und Manning (1993) finden deutliche empirische Evidenz, dass ein höherer Durchschnittssteuersatz den Bruttolohn steigert, während ein höherer Grenzsteuersatz den Bruttolohn senkt. Nachdem das Beschäftigungsniveau und damit die Arbeitslosenrate von der Wirkung auf den Bruttolohn abhängen, bedeutet dies, dass eine höhere Durchschnittsbelastung die Arbeitslosigkeit steigert. Wenn hingegen bei gleich bleibender Durchschnittsbelastung der Grenzsteuersatz ansteigt und damit die Lohnsteuer progressiver wird, dann hat dies einen dämpfenden Effekt auf die Arbeitslosenrate. Schliesslich zeigen Gentry und Hubbard (2004), dass eine progressive Lohnbesteuerung die Mobilität der Arbeitnehmer hemmt. Nach ihren Schätzungen würde eine Reduktion des Grenzsteuersatzes um 5 Prozentpunkte die Wahrscheinlichkeit, auf einen besseren Job zu wechseln, um 0.8 Prozentpunkte bzw. um etwa 8.7% steigern.

Lohnbesteuerung und Arbeitslosenversicherung haben je nach spezifischer Ausgestaltung einen beträchtlichen Effekt auf die Lohnbildung und auf die Anreize, aktiv nach einer Beschäftigung zu suchen, und können damit die Arbeitslosenrate signifikant beeinflussen. Nun werden die Wirkungen der Besteuerung in drei wichtigen Theorien der Arbeitslosigkeit genauer analysiert. Dem Leser seien zunächst die Abschnitte im Kapitel III über extensives Arbeitsangebot und Steuerüberwälzung auf einem wettbewerblichen Arbeitsmarkt zur Wiederholung empfohlen. Das vorliegende Kapitel behandelt unvollkommene Arbeitsmärkte und beginnt im nächsten Abschnitt zunächst mit der Effizienzlohntheorie.

XIV.1 Effizienzlöhne

Wir stellen nun ein einfaches Effizienzlohnmodell vor. Der nächste Abschnitt geht
zunächst auf verschiedene Formen der Besteuerung der Arbeit ein.

XIV.1.1 Besteuerung der Arbeit

Der Staat besteuert Arbeit auf mehrfache Art und Weise. Zunächst unterliegen die
persönlichen Lohneinkommen einer progressiven Einkommensteuer. Andererseits erhalten die Haushalte im Falle der Arbeitslosigkeit eine Arbeitslosenunterstützung,
welche üblicherweise auf die (Netto-)Löhne indexiert ist, oder eine Sozialhilfe bei
lang andauernder Arbeitslosigkeit. Auf Unternehmensebene müssen Arbeitgeberbeiträge zur Sozialversicherung in Form einer proportionalen Steuer auf die Löhne
gezahlt werden. Zwar gibt es auch auf Personenebene neben der Einkommensteuer
proportionale Elemente wie z.B. die Beiträge zur Arbeitslosenversicherung bzw.
zu den Sozialversicherungen. Nachdem diesen Beiträgen jedoch konkrete Versicherungsleistungen gegenüberstehen, haben sie nur zum Teil, wenn überhaupt, Steuercharakter.[1] In der Folge vernachlässigen wir die Beitragsleistungen sowohl der
Arbeitnehmer (AN) als auch der Arbeitgeber (AG) und beschränken uns auf die
Wirkungen der progressiven Lohnsteuer und der Arbeitslosenversicherung auf die Arbeitslosenrate.

Die progressive Lohnsteuer wird durch eine Steuerschuldfunktion $T(w_i)$ beschrieben, welche die Lohnsteuerschuld in Abhängigkeit des Bruttolohns w_i eines
Steuerpflichtigen i berechnet. Der Steuertarif kann mit Durchschnitts- und Grenzsteuersätzen, t_i^A und t_i^M, und einem Progressionsgrad s charakterisiert werden,

$$t_i^A = \frac{T(w_i)}{w_i}, \quad t_i^M = T'(w_i), \quad s \equiv \frac{1 - t^M}{1 - t^A}. \qquad \text{(XIV.1)}$$

Das Nettolohneinkommen ergibt sich dann als

$$w_i^N = w_i - T(w_i) = \left(1 - t_i^A\right)w_i. \qquad \text{(XIV.2)}$$

Der Progressionsgrad entspricht der Residualeinkommenselastizität (vgl. Kapitel II),

$$s = \frac{w_i}{w_i^N}\frac{\mathrm{d}w_i^N}{\mathrm{d}w_i} = \frac{1 - T'(w_i)}{1 - T_i/w_i} = \frac{1 - t_i^M}{1 - t_i^A}. \qquad \text{(XIV.3)}$$

Eine Steuer ist progressiv, wenn der Grenzsteuersatz über dem Durchschnittssteuersatz liegt, $t^M > t^A$, so dass der Progressionsgrad kleiner als 1 ist, $s < 1$. Je kleiner
s, desto progressiver ist die Lohnsteuer. Eine proportionale Lohnsteuer zeichnet sich
durch die Gleichheit von Grenz- und Durchschnittssteuersätzen aus, $t^M = t^A$, und
weist dementsprechend einen Progressionsgrad von $s = 1$ auf.

---

[1]Vgl. beispielsweise den impliziten Steuercharakter der Pensionsversicherungsbeiträge in
(IX.36).

XIV.1.2 Unternehmen und Arbeitnehmer

Gegeben seien N Haushalte mit fixem Arbeitsangebot von 1. Die effektive, produktiv verwendete Arbeitszeit im Betrieb sei $0 < e < 1$; der restliche Teil $1 - e$ wird für unproduktive Aktivitäten (shirking) verschwendet. Nach der Effizienzlohntheorie müssen die Unternehmen entsprechende Anreize sicherstellen und Motivationsinstrumente einsetzen, damit die Arbeiter einen ausreichend hohen Arbeitseinsatz e leisten. Die Anreize bestehen darin, dass das Unternehmen einerseits einen Lohn zahlt, der den erwarteten Lohn in anderen Unternehmen übersteigt, und andererseits die Leistung überwacht und bei mangelndem Einsatz kündigt.[2] Daher müssen sich die Arbeiter ausreichend anstrengen, wenn sie nicht eine Entlassung und damit einen Lohnverlust provozieren wollen. Je höher die Leistung, desto geringer ist die Wahrscheinlichkeit $p(e)$ der Kündigung, d. h. $p'(e) < 0$. Je weniger Leistung man erbringt (shirking), desto eher riskiert man eine Kündigung. Die Entlassungswahrscheinlichkeit kann auch als das Produkt aus der Häufigkeit $1 - e$ der Leistungsverweigerung und der Wahrscheinlichkeit bzw. Häufigkeit $\gamma < 1$ der Überwachung interpretiert werden:[3]

$$p(e) = \gamma \cdot (1 - e) < 1. \tag{XIV.4}$$

Eine hohe Leistungsbereitschaft reduziert die Entlassungswahrscheinlichkeit und sichert so ein hohes, *erwartetes* Lohneinkommen $y(e)$. Andererseits ist ein hoher Arbeitseinsatz kostspielig und verursacht konvex ansteigendes Arbeitsleid $\varphi(e)$ mit $\varphi' > 0$ und $\varphi'' > 0$, das den aus dem verfügbaren Einkommen erzielbaren Nutzen reduziert. Der Parameter $\varepsilon = e\varphi''/\varphi'$ misst den Konvexitätsgrad. Wir nehmen lineare, additiv separable Präferenzen an. Damit unterstellen wir Risikoneutralität der Haushalte und schalten Einkommenseffekte auf das Anstrengungsniveau aus. Das Nutzenmaximierungsproblem eines AN, der im Betrieb i beschäftigt ist, lautet

$$U_i^* = \max_{e_i} \, y(e_i) - \varphi(e_i), \quad \varphi(e) = \frac{e^{1+1/\varepsilon}}{1+1/\varepsilon}, \quad 0 < \varepsilon < 1,$$

$$(i) \quad y(e_i) \equiv (1 - p(e_i)) \cdot w_i^N + p(e_i) \cdot w_a, \tag{XIV.5}$$

$$(ii) \quad w_a \equiv (1 - u) \cdot w^N + u \cdot b.$$

Falls ein Arbeiter entlassen wird, kann er anderswo ein Nettolohneinkommen w_a erwarten. In Abhängigkeit von der Arbeitslosenrate u beträgt die Wahrscheinlichkeit, nach der Entlassung gleich einen Job anderswo zu finden, $1 - u$. In diesem Fall kann mit dem durchschnittlichen Nettolohn w^N gerechnet werden. Mit Wahrscheinlichkeit u wird die Person jedoch arbeitslos und muss sich mit einer niedrigeren Arbeitslosenunterstützung $b < w^N$ begnügen. Ein Arbeiter, der im Unternehmen i beschäftigt ist, kann mit einem erwarteten Einkommen w_a anderswo rechnen. Dies ist seine Rückfallposition bzw. der Reservationslohn. Die anderswo erzielbaren Nettolöhne w^N und die Arbeitslosenunterstützung b werden vom Unternehmen i und vom AN als gegeben

---

[2]Die Frage, ob dies tatsächlich der optimale, anreizkompatible Arbeitsvertrag ist oder ob noch andere, effizientere Anreizsysteme möglich sind, wird in dieser Literatur üblicherweise nicht gestellt. Wir beschänken uns daher auf Löhne und Kündigungsdrohung als alleinigen Anreizmechanismus.

[3]Etwaige Kosten der Überwachung durch das Unternehmen werden vernachlässigt.

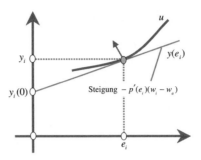

Abbildung XIV.2: Arbeitsleistung

betrachtet. Das Unternehmen kann nur den von ihm selbst gezahlten Lohn w_i wählen.[4]

Das gewählte Leistungsniveau genügt der BEO $-p'(e_i)\big(w_i^N - w_a\big) = \varphi'(e_i)$. Die Arbeitsleistung e_i ist optimal gewählt, wenn das Grenzleid $\varphi'(e_i)$ gerade der erwarteten Einkommenssteigerung $-p'(e_i)\big(w_i^N - w_a\big)$ entspricht. Bei höherem Arbeitseinsatz sinkt die Entlassungswahrscheinlichkeit p', so dass der Einkommenszuwachs $w_i^N - w_a$ über das anderswo zu erwartende Einkommen mit höherer Wahrscheinlichkeit $-p' = \gamma$ erzielt wird. Bei den in (XIV.5) spezifizierten Präferenzen beträgt die Grenzrate der Substitution zwischen Arbeitsleistung und Einkommen und damit die Steigung der Indifferenzkurve $-\mathrm{d}y_i/\mathrm{d}e_i|_{\mathrm{d}u=0} = \varphi'(e_i)$, während $-p' \cdot (w_i^N - w_a)$ die Steigung der Budgetgerade in (XIV.5i) angibt. Damit kann die Entscheidung wie in Abbildung XIV.2 illustriert werden, wobei mit $p(0) = \gamma$ das Interzept $y_i(0) = (1 - \gamma) \cdot w_i^N + \gamma \cdot w_a$ beträgt.

Mit den angenommenen funktionalen Formen ergibt die BEO eine Arbeitsleistung und eine entsprechende Nettolohnelastizität von

$$e_i = \big[(w_i^N - w_a)\gamma\big]^\varepsilon \quad \Rightarrow \quad \frac{w_i^N}{e_i}\frac{\mathrm{d}e_i}{\mathrm{d}w_i^N} = \frac{\varepsilon \cdot w_i^N}{w_i^N - w_a}. \qquad \text{(XIV.6)}$$

Die Masse der Unternehmen sei auf 1 normiert. Alle Unternehmen zusammen müssen im Arbeitsmarktgleichgewicht alle nicht arbeitslosen Haushalte beschäftigen, d. h. $(1 - u)N = \int_0^1 L_i \mathrm{d}i$. Unternehmen i beschäftigt also L_i Arbeiter zum Bruttolohn w_i. Die Unternehmen erkennen, dass ein höherer Lohn zu einer höheren Arbeitsleistung e_i führt, weil dann der Lohnabstand im Vergleich zum erwarteten Einkommen anderswo grösser wird und die Arbeiter sich mehr anstrengen, um ihren Job zu behalten. Im Gegensatz zum wettbewerblichen Arbeitsmarktmodell wird der Lohn – neben der Menge der eingestellten Arbeiter – zum strategischen Instrument der Gewinnmaximierung,

$$\pi_i = \max_{w_i, L_i} f(e_i L_i) - w_i L_i. \qquad \text{(XIV.7)}$$

---

[4]Das statische Modell vernachlässigt die Zeit- und Suchkosten, die bis zum nächsten Jobangebot anfallen. Im dynamischen Modell von Shapiro und Stiglitz (1984) werden diese explizit berücksichtigt. Später anfallende Lohneinkommen werden entsprechend abgezinst.

Man beachte, dass die Lohnsumme $w_i L_i$ beträgt und daher ein Lohn pro Kopf unabhängig von der effektiven Arbeitsleistung e_i gezahlt wird. Die Arbeitsleistung ist nicht direkt beobachtbar und unterliegt einem moralischen Risiko. Sie kann also nicht per Arbeitsvertrag festgeschrieben werden, sondern muss durch finanzielle Anreize $w_i^N - w_a$ und einer angedrohten Entlassung bei entdeckter Leistungsverweigerung, also durch die Entlassungswahrscheinlichkeit p_i, sichergestellt werden. Wie die Arbeiter auf diese Anreize reagieren, steht in der Arbeitsangebotsfunktion (XIV.6). Die Unternehmen können diesen Zusammenhang ausnutzen und durch einen höheren Lohn eine höhere Leistung induzieren. Indem sie nach (XIV.6) $de_i/dw_i > 0$ antizipieren, legen sie nach folgenden BEO die optimale Anzahl der eingestellten Arbeiter und den optimalen Lohn fest,

$$L_i : \qquad f'(e_i L_i)e_i = w_i,$$

$$w_i : f'(e_i L_i)L_i \frac{de_i}{dw_i^N}\frac{dw_i^N}{dw_i} = L_i \quad \Rightarrow \quad s \cdot \frac{w_i^N}{e_i}\frac{de_i}{dw_i^N} = 1. \tag{XIV.8}$$

Die zweite Bedingung über die Lohnelastizität der Arbeitsleistung wird auch Solow-Bedingung genannt. Eine Lohnerhöhung hat einerseits einen direkten Kosteneffekt zur Folge, andererseits steigert sie die Motivation und Arbeitsleistung der Arbeiter und erzielt so einen Produktivitätseffekt. Der Lohn wird solange erhöht, bis der Kosteneffekt gerade durch den Produktivitätsgewinn aufgewogen wird. Die rechte Seite in (XIV.8) steht für den Kosteneffekt der Lohnerhöhung. Der Produktivitätseffekt auf der linken Seite folgt, indem man $f_i' = w_i/e_i$ einsetzt. Er ist daher gleich dem Produkt $\frac{de_i/e_i}{dw_i^N/w_i^N} \cdot \frac{dw_i^N/w_i^N}{dw/w}$ aus der Nettolohnelastizität der Arbeitsleistung und der Residualeinkommenselastizität, mit der wir den Progressionsgrad messen, $s = \frac{dw_i^N/w_i^N}{dw/w}$ nach (XIV.3). Die Nettolohnelastizität der Arbeitsleistung zeigt, um wieviel nach (XIV.6) die Arbeitsleistung im Unternehmen gesteigert werden kann, wenn im Vergleich zum Reservationslohn ein höherer Nettolohn w_i^N gezahlt wird. Die Residualeinkommenselastizität gibt an, um wieviel der Nettolohn, von dem die motivationssteigernde Wirkung ausgeht, gesteigert werden kann, wenn die Unternehmen einen höheren Bruttolohn zahlen. Der Leser kann zeigen, wie die Unternehmen mit der Wahl des Lohnsatzes die Arbeitskosten $f'(e_i L_i) = w_i/e_i$ pro Effizienzeinheit minimieren und dass sie damit die Solow-Bedingung erfüllen.

Die Solow-Bedingung bestimmt unabhängig vom Grenzprodukt der Arbeit den Lohn und damit die Arbeitsleistung e_i. Wenn w_i und e_i bekannt sind, dann ist die Beschäftigung L_i durch die erste BEO in (XIV.8) implizit bestimmt. Indem wir die Lohnelastizität der Arbeitsleistung aus (XIV.6) in die Solow-Bedingung in (XIV.8) einsetzen, erhalten wir den optimalen Nettolohn

$$w_i^N = \frac{w_a}{1 - s \cdot \varepsilon}, \quad w_a = (1 - u) \cdot w^N + u \cdot b, \quad b = \beta w^N. \tag{XIV.9}$$

Nachdem per Annahme gemäss (XIV.5) $\varepsilon < 1$ gilt und bei progressiver Lohnsteuer $s < 1$ beträgt, setzt das Unternehmen den Lohn derart, dass der Nettolohn ein fixer Aufschlag $1/(1 - s\varepsilon)$ über den Reservationslohn ist, den die Arbeiter unter Berücksichtigung des Arbeitslosenrisikos anderswo erwarten können. Die Interpretation ist intuitiv. Eine höhere Arbeitslosenunterstützung b steigert den Alternativ- bzw. Reservationslohn w_a und zwingt so die Unternehmen, einen höheren Nettolohn w_i^N anzubieten. Ein höheres Arbeitslosenrisiko hat gerade den umgekehrten Effekt, so dass geringere Löhne ausreichen, um die gewünschten Leistungen zu erzielen. Dies ist der disziplinierende Effekt der Arbeitslosigkeit nach Shapiro und Stiglitz (1984). Ein kleiner Wert von ε bedeutet schliesslich, dass das Arbeitsleid mit zunehmender Leistung sehr rasch ansteigt, so dass dieses mit höheren Löhnen kompensiert werden muss. Ausserdem führt ein höherer Progressionsgrad, d.h. ein kleinerer Wert von s, bei gegebenem Reservationslohn zu einem geringeren Nettolohn. Die Steuerprogression wirkt lohndämpfend.

XIV.1.3   Besteuerung und Effizienzlohnarbeitslosigkeit

Es gibt uN Arbeitslose und $(1-u)N$ Beschäftigte, die je ein Arbeitslosengeld b pro Kopf und einen Lohn w beziehen. Die staatliche Budgetbeschränkung erfordert, dass das Lohnsteueraufkommen die Ausgaben für öffentlichen Konsum und für die Arbeitslosenversicherung abdeckt, $T(w)(1-u)N = G + buN$. Die privaten und öffentlichen Konsumausgaben seien mit C und G bezeichnet. Damit liegt ein stilisiertes Gleichgewichtsmodell vor. Im Arbeitsmarktgleichgewicht stimmt die Arbeitsnachfrage L der Unternehmen mit der Beschäftigtenzahl der Haushalte überein, $L = (1-u)N$. Als Konsequenz von Walras' Gesetz muss damit auch das Gütermarktgleichgewicht $Y = C + G$ folgen. Mit einer Masse 1 von Unternehmen beträgt das BIP im symmetrischen Gleichgewicht $Y = f(eL)$.

In der Folge beschränken wir uns auf die Bestimmung des Arbeitsmarktgleichgewichtes, ohne die Rückwirkungen vom öffentlichen Budget zu berücksichtigen. Damit wird z.B. vernachlässigt, dass eine Ausweitung der Arbeitslosenunterstützung mit einer Erhöhung der Lohnsteuer gegenfinanziert werden muss. Dementsprechend hat die Analyse eher partialanalytischen Charakter.

Um das Arbeitsmarktgleichgewicht zu bestimmen, muss berücksichtigt werden, dass das Arbeitslosengeld mit einer Ersatzquote $\beta < 1$ an die Höhe des letzten Nettolohns geknüpft ist, $b = \beta w^N$. Indem man diese Regel in (XIV.9) einsetzt, erhält man den Reservationslohn $w_a = (1 - (1-\beta)u)w^N$, der ausserhalb des Unternehmens i erwartet werden kann. Einsetzen in die Aufschlagsregel (XIV.9) zeigt den im Unternehmen i gewählten Lohn relativ zum Rest der Wirtschaft. Dieser Relativlohn beträgt

$$\frac{w_i^N}{w^N} = \frac{1 - (1-\beta)u}{1 - s\varepsilon}. \tag{XIV.10}$$

Je geringer die Arbeitslosenrate ist, desto höheren Lohn zahlt ein Unternehmen i relativ zum Rest der Wirtschaft. Wenn dagegen die Arbeitslosenrate zunimmt, dann sinkt der Reservationslohn w_a. Die Unternehmen können den Lohnabstand w_i^N/w^N verringern, weil die AN durch die drohende Arbeitslosigkeit diszipliniert werden. Abbildung XIV.3 illustriert die Bestimmung des Gleichgewichts.

Im symmetrischen Gleichgewicht handeln alle Unternehmen nach demselben Kalkül, so dass ein Lohnvorsprung immer wieder wettgemacht wird, indem die

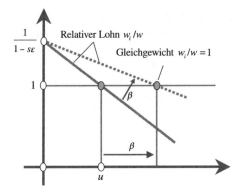

Abbildung XIV.3: Effizienzlohnarbeitslosigkeit

anderen Firmen nachziehen. Daher gilt im Gleichgewicht $w_i^N = w^N$. Nachdem Präferenzen und Technologie über alle Firmen und Haushalte identisch sind, kann es nur ein symmetrisches Nash-Gleichgewicht geben. Der Lohn pendelt sich auf einem Niveau ein, welches die Beschäftigung gerade dermassen einschränkt, dass die resultierende Arbeitslosenrate mit der Lohnaufschlagsregel (XIV.9) und mit (XIV.10) für $w_i^N = w^N$ konsistent ist. In allen Unternehmen wird derselbe Nettolohn gezahlt. Die Motivation der Belegschaft beruht auf der abschreckenden Wirkung einer drohenden Arbeitslosigkeit. Im Falle einer Kündigung verliert der AN den Nettolohn und muss einen niedrigeren Reservationslohn erwarten, $w_a < w^N$. Er kann zwar mit Wahrscheinlichkeit $1 - u$ auf einen anderen Job mit gleichem Nettolohn hoffen, muss aber mit Wahrscheinlichkeit u mit Arbeitslosigkeit und einem geringeren Ersatzeinkommen b rechnen. Im Gleichgewicht folgt die Arbeitslosenrate unmittelbar aus (XIV.10):

$$u = \frac{s \cdot \varepsilon}{1 - \beta}. \tag{XIV.11}$$

Anhand des Ergebnisses in (XIV.11) können wir nun Folgendes über die Wirkungen der Finanzpolitik auf die Arbeitslosigkeit bei Effizienzlöhnen festhalten. Eine grosszügige Absicherung gegen das Arbeitslosenrisiko in Form einer hohen Ersatzquote β führt zu einer hohen Arbeitslosenrate, siehe auch Abbildung XIV.3. Eine höhere *Arbeitslosenunterstützung* hebt den Reservationslohn w_a, den die AN im Falle eines Ausscheidens unter Berücksichtigung des Arbeitslosenrisikos erwarten können. Daher müssen die Unternehmen gemäss (XIV.9) höhere Löhne zahlen, um den Lohnabstand zu wahren und die Leistungsbereitschaft und Produktivität der Belegschaft zu erhalten. Dementsprechend wird die Beschäftigung mit höheren Löhnen zurückgehen und die Arbeitslosigkeit zunehmen.

Eine *proportionale Lohnsteuer* mit einem Progressivitätsgrad von $s = 1$ hat keinen Einfluss auf die Arbeitslosigkeit, solange die Arbeitslosenunterstützung wie in (XIV.10) auf den Nettolohn indexiert ist. Der entscheidende Grund liegt im Lohnsetzungsverhalten, welches zum Lohnaufschlag über den Reservationslohn in (XIV.9) führt. Bei einer proportionalen Steuer fallen Durchschnitts- und Grenzsteuersatz zusammen; der Progressionsgrad beträgt daher $s = 1$. Unabhängig von der Lohnhöhe stehen Brutto- und Nettolöhne in einem festen Verhältnis zueinander, $w^N = (1 - t)w$ und $w_i^N = (1 - t)w_i$ im Unternehmen i. Indem man diese Proportionalität in (XIV.9) berücksichtigt, wird deutlich, dass die proportionale Lohnsteuer sowohl den Reservationslohn als auch den Nettolohn im Unternehmen i um denselben Faktor $1 - t$ reduziert. Daher fällt der Steuerfaktor aus der Lohnaufschlagsregel heraus und hat keinen Einfluss mehr auf den Relativlohn in (XIV.10). Aus diesem Grund hat eine proportionale Lohnsteuer keinen Einfluss auf den Lohnaufschlag und, wie behauptet, auf die Arbeitslosenrate in (XIV.11). Die proportionale Lohnsteuer wird jedoch das Leistungsniveau e, den Lohn w und das Einkommen Y schmälern, wie in einer separaten Übung gezeigt werden kann. Bei fester Arbeitslosenrate und damit gegebenem gleichgewichtigem Beschäftigungsniveau $L = (1 - u)N$ folgen Lohn und Leistungsniveau aus der simultanen Lösung von $e f'(eL) = w$ in (XIV.8) und der Leistung e in (XIV.6), wobei die Definition des Reservationslohns berücksichtigt werden muss.

Eine *progressive Lohnsteuer* mit einem Progressionsgrad $s < 1$ hat den überraschenden Effekt, dass sie im Vergleich zu einer proportionalen Lohnsteuer die Arbeitslosenrate senkt und nicht etwa steigert. Die Erklärung liegt wieder im Lohnsetzungsverhalten gemäss (XIV.8)–(XIV.9). Bei einer Residualeinkommenselastizität kleiner als 1 muss jede weitere Anhebung des Nettolohns zwecks Motivation der Belegschaft mit einer überproportional starken Erhöhung des Bruttolohns erkauft werden. Nettolohnsteigerungen sind also für die Unternehmen mit progressiv ansteigenden Bruttolöhnen verbunden. Aus diesem Grund werden sie sich mit Lohnsteigerungen zwecks Anhebung der Arbeitsproduktivität zurückhalten. Ein höherer Progressionsgrad (geringeres s) führt nach (XIV.9) zu einem geringeren Lohnabstand und geringeren Nettolöhnen. Die progressive Steuer hat also eine lohndämpfende Wirkung und führt so zu mehr Beschäftigung. Die Arbeitslosenrate in (XIV.11) sinkt.

XIV.2 Gewerkschaftsarbeitslosigkeit

Eine wesentliche Ursache für Arbeitslosigkeit ist im gewerkschaftlichen Lohnsetzungsverhalten bzw. in den Lohnverhandlungen zwischen Gewerkschaften und Unternehmen angelegt. Dies gilt insbesondere in europäischen Ländern mit einem höheren gewerkschaftlichen Organisationsgrad. Die Darstellung orientiert sich am Fall einer Monopolgewerkschaft; andere Annahmen über das Gewerkschaftsverhalten führen zu ähnlichen Ergebnissen über die Steuerwirkungen.[5] Im vorliegenden Fall setzt zuerst die Monopolgewerkschaft den Lohn. Im Anschluss wählen die Unternehmen zu diesem Lohn die optimale Beschäftigung. Die Gewerkschaft wird diese Beschäftigungsentscheidung antizipieren und in ihrer Lohnsetzung berücksichtigen.

---

[5]Dies kann anhand einer separaten Übung demonstriert werden.

XIV.2.1 Unternehmen, Arbeitnehmer und Gewerkschaft

Nachdem die Gewerkschaft den Lohn festgelegt hat, wählen die Unternehmen die Beschäftigung. Die gewinnmaximale Arbeitsnachfrage l folgt aus

$$\pi = \max_l f(l) - wl \quad \Rightarrow \quad w = f'(l) = (1-\alpha)l^{-\alpha} \quad \Rightarrow \quad \varepsilon \equiv -\frac{w}{l}\frac{\mathrm{d}l}{\mathrm{d}w} = \frac{1}{\alpha}.$$
(XIV.12)

Die Cobb-Douglas-Technologie mit der Produktionsfunktion $y = f(l) = l^{1-\alpha}$, $0 < \alpha < 1$ impliziert eine konstante Lohnelastizität der Arbeitsnachfrage von $\varepsilon = 1/\alpha > 1$.

Die Haushalte seien risikoneutral und mit einem fixen Arbeitsangebot von 1 ausgestattet. Die individuelle Wohlfahrt sei gleich dem erwarteten Arbeitseinkommen, wobei die gesamtwirtschaftliche Arbeitslosenrate $1 - l$ ex ante gleich der individuellen Wahrscheinlichkeit ist, selber arbeitslos zu werden. Das erwartete Einkommen beträgt

$$y^e = w^N \cdot l + b \cdot (1-l), \quad w^N = w - T(w) = (1 - t^A)w. \tag{XIV.13}$$

Das Lohneinkommen unterliegt einer progressiven Lohnsteuer. Es sei angenommen, dass die Höhe der Arbeitslosenunterstützung b von der Gewerkschaft – und erst recht von einem einzelnen AN – als gegeben betrachtet wird.

Die AN seien in einer Monopolgewerkschaft organisiert, die ihre Interessen vertritt. Ziel der Gewerkschaft ist, die Wohlfahrt ihrer Mitglieder, also das erwartete Arbeitseinkommen in (XIV.13), zu maximieren. Als Nebenbedingung muss sie die Arbeitsnachfrage der Unternehmen berücksichtigen. Das Maximierungsproblem lautet

$$\max_w (w - T(w)) \cdot l + b \cdot (1-l), \quad \frac{w}{l}\frac{\mathrm{d}l}{\mathrm{d}w} = -\frac{1}{\alpha}. \tag{XIV.14}$$

Die Gewerkschaft antizipiert, wie die Arbeitsnachfrage der Unternehmen auf die Lohnänderung reagiert. Mit dem Grenzsteuersatz $t^M = T'(w)$ erhält man die BEO

$$(1 - t^M) \cdot l + (w^N - b) \cdot \frac{\mathrm{d}l}{\mathrm{d}w} = 0 \quad \Rightarrow \quad w^N = \frac{b}{1 - \alpha \cdot s}. \tag{XIV.15}$$

Indem man die Lohnelastizität der Arbeitsnachfrage und die Residualeinkommenselastizität $s = (1 - t^M)/(1 - t^A)$ verwendet, erhält man den Nettolohn $w^N = (1 - t^A)w$. Das Verhalten der Gewerkschaft, welche im Interesse ihrer Mitglieder das erwartete Lohneinkommen maximiert, resultiert in der Lohnsetzungsregel (XIV.15), wonach der Nettolohn ein Aufschlag auf das Arbeitslosengeld ist. Die Gewerkschaft strebt im Interesse der AN eine hohe Beschäftigung und ein hohes Nettolohnniveau an. Dabei wird sie eine gewisse Arbeitslosigkeit akzeptieren, wenn die Einschränkung der Beschäftigung höhere Nettolöhne ermöglicht.

XIV.2.2 Besteuerung und Gewerkschaftsarbeitslosigkeit

Wiederum beschränken wir uns auf eine partialanalytische Betrachtungsweise ohne Berücksichtigung der staatlichen Budgetbeschränkung. Die Auswirkungen auf die Beschäftigung hängen von den Bruttolöhnen ab; die Gewerkschaft wählt jedoch den Nettolohn, welcher für die Wohlfahrt der AN relevant ist. Der Steuerkeil bestimmt den Zusammenhang. Bei einer proportionalen Lohnsteuer mit dem Satz t kann sehr einfach vom Nettolohn w^N auf den Bruttolohn $w = w^N/(1 - t)$ hochgerechnet werden. Bei progressiver Besteuerung erfordert eine Anhebung des Nettolohns einen progressiv zunehmenden Bruttolohn, um die progressiv zunehmende Steuerbelastung zu kompensieren. Die Inverse $w = \phi(w^N)$ der Nettolohnfunktion gibt an, wie bei einer nicht-linearen Steuer vom Netto- auf den Bruttolohn hochgerechnet wird,

$$w^N = w - T(w) \quad \Rightarrow \quad w = \phi(w^N), \quad \phi' > 0, \quad \phi'' > 0. \tag{XIV.16}$$

Die Konvexität von ϕ folgt aus der Konvexität der Steuerschuldfunktion, $T'' > 0$. Das Differential $\mathrm{d}w^N = (1 - T')\mathrm{d}w$ ergibt $\phi' = \mathrm{d}w/\mathrm{d}w^N = 1/(1 - T') > 0$ und $\phi'' = \mathrm{d}^2w/\mathrm{d}(w^N)^2 = (\mathrm{d}w/\mathrm{d}w^N) \cdot T''/(1 - T')^2 > 0$.

Nunmehr kann das Arbeitsmarktgleichgewicht leicht bestimmt werden. Im Gleichgewicht wird der Staat die Arbeitslosenunterstützung b zumindest an die Entwicklung des *durchschnittlichen* Pro-Kopf-Einkommens y anpassen. Während die Gewerkschaft die Arbeitslosenunterstützung als gegeben betrachtet, hängt deren Höhe im gesamtwirtschaftlichen Gleichgewicht vom Durchschnittseinkommen ab. Mit einer Ersatzquote von $\beta < 1$ ergibt sich eine Unterstützung von $b = \beta y = \beta l^{1-\alpha}$. Daher beträgt der Lohnaufschlag (XIV.15) im Gleichgewicht $w^N = \beta l^{1-\alpha}/(1 - \alpha s)$. Unter Berücksichtigung der progressiven Lohnbesteuerung erfordert dies einen Bruttolohn nach (XIV.16), so dass wir die Lohnangebotsfunktion LS der Gewerkschaft erhalten:

$$\begin{aligned} LS &: w = \phi(w^N) = \phi(\beta l^{1-\alpha}/(1 - \alpha s)), \\ LD &: w = f'(l) = (1 - \alpha)l^{-\alpha}. \end{aligned} \tag{XIV.17}$$

Die Lohnangebotskurve ersetzt die übliche (inverse) Arbeitsangebotskurve in einem wettbewerblichen Arbeitsmarkt. Die Beschäftigungsentscheidungen der Unternehmen ergeben die (inverse) Arbeitsnachfragekurve LD nach (XIV.12). Abbildung XIV.4 illustriert die gleichgewichtige Arbeitslosigkeit bei gewerkschaftlicher Lohnsetzung.[6]

Wenn der Staat die *Arbeitslosenunterstützung* ausbaut und den Lohnausfall bei Arbeitslosigkeit grosszügig mit einer hohen Lohnersatzquote β absichert, dann führt dies zu einer höheren Arbeitslosenrate. Im Interesse ihrer Mitglieder maximiert die Gewerkschaft das erwartete bzw. durchschnittliche Lohneinkommen. Wenn im Falle der Arbeitslosigkeit eine höhere Arbeitslosenunterstützung gezahlt wird, dann wird die Gewerkschaft erst recht aggressive Lohnforderungen stellen, weil bei einem Rückgang der Beschäftigung der Einkommensausfall der Arbeitslosen verhältnismässig gering bleibt. Sie setzt also im Interesse eines möglichst hohen durchschnittlichen

---

[6]Die LS-Kurve kann konvex oder konkav sein und ist in Abbildung XIV.4 der Einfachheit halber linear eingezeichnet.

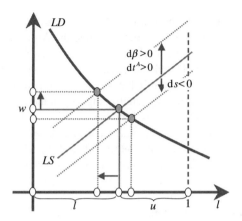

Abbildung XIV.4: Gewerkschaftsarbeitslosigkeit

Einkommens nach der Lohnaufschlagsregel (XIV.15) höhere Nettolöhne durch, die ihrerseits höhere Bruttolöhne notwendig machen. In Abbildung XIV.4 verschiebt sich mit $d\beta > 0$ die Lohnangebotskurve nach oben. Die Lohnsteigerungen schränken die Beschäftigung ein und führen im neuen Arbeitsmarktgleichgewicht zu höheren Löhnen, geringerer Beschäftigung und damit höherer Arbeitslosigkeit.

Der einfachste Fall ist eine *proportionale Lohnsteuer* mit einem Progressionsgrad von $s = 1$. Grenz- und Durchschnittssteuersätze sind identisch, $t^M = t^A = t$. Die proportionale Lohnsteuer treibt einen fixen Keil zwischen Brutto- und Nettolohn, $w = \phi(w^N) = w^N/(1 - t)$. Die Lohnangebotskurve in (XIV.17) hat nun eine konkav ansteigende Form und wird durch einen höheren Lohnsteuersatz t ($dt^A > 0$ in Abbildung XIV.4) nach oben verschoben,

$$LS: \quad w = \frac{\beta l^{1-\alpha}}{(1 - t)(1 - \alpha)}. \tag{XIV.18}$$

Die Verschiebung nach oben bedeutet, dass die Lohnsteuer teilweise auf den Bruttolohn überwälzt wird und damit entsprechend die Arbeitsnachfrage einschränkt. Die proportionale Lohnsteuer steigert also die Löhne, senkt die Beschäftigung und führt damit zu einer höheren Arbeitslosenrate $u = 1 - l$. Indem man die LS- und LD-Kurven in (XIV.17)–(XIV.18) wie im Schnittpunkt von Abbildung XIV.4 gleichsetzt, kann man die Beschäftigungsmenge explizit berechnen. Im Anschluss setze man die so ermittelte Beschäftigung in die Arbeitsnachfragekurve ein, um den Lohn zu erhalten. Man sieht unmittelbar, dass die proportionale Lohnsteuer den Bruttolohn steigert (Steuerüberwälzung) und die Beschäftigung senkt,

$$l = (1 - \alpha)^2(1 - t)/\beta, \quad w = (1 - \alpha)^{1-2\alpha}[\beta/(1 - t)]^{\alpha}. \tag{XIV.19}$$

Die Auswirkungen der *Lohnsteuerprogression* können ebenfalls aus Abbildung XIV.4 abgelesen werden. Eine höhere Progression geht mit einer geringeren Residualeinkommenselastizität $s < 1$ einher. Eine Verschärfung der Progression wird also durch d$s < 0$ abgebildet. Die Lohnangebotskurve (XIV.17) verschiebt sich nach unten.[7] Die Löhne fallen, was die Beschäftigung stimuliert und die Arbeitslosigkeit senkt.

Der Grund für diese günstige Wirkung der Lohnsteuerprogression ist wieder im Lohnsetzungsverhalten der Gewerkschaft zu suchen. Die Gewerkschaft sieht sich in der Maximierung des durchschnittlichen Lohneinkommens einer Abwägung zwischen hohen Löhnen und hoher Beschäftigung gegenüber; sie kann nicht beides erreichen. Wenn sie im Vergleich zum Arbeitslosengeld sehr hohe Löhne durchsetzt, dann kann sie damit das erwartete Lohneinkommen zunächst steigern (positiver Lohneffekt). Allerdings reagieren die Unternehmen darauf mit einem Personalabbau, so dass der Anteil der Lohnbezüger an der Bevölkerung zurückgeht und die Zahl der Arbeitslosen mit niedrigerem Arbeitslosengeld steigt (negativer Beschäftigungseffekt). Die Gewerkschaft hat den optimalen Lohn wie in (XIV.15) als Aufschlag über die Arbeitslosenunterstützung gefunden, wenn sich die beiden Effekte bei einer weiteren Lohnsteigerung gerade aufheben.

Bei einer progressiven Steuer muss für jede weitere Nettolohnsteigerung der Bruttolohn überproportional stark angehoben werden, was den negativen Beschäftigungseffekt zunehmend verstärkt. Die Steuerprogression macht also eine Anhebung des Nettolohns für die Gewerkschaft sehr teuer. Höhere Nettolohnforderungen werden damit zu einem ineffektiven Mittel, um das durchschnittliche Lohneinkommen zu steigern. Die Steuerprogression hat also eine lohndämpfende Wirkung. Je progressiver die Steuer, desto kleiner ist die Residualeinkommenselastizität s und desto geringer der Nettolohn in (XIV.15). Damit kann auch der Bruttolohn fallen, was die Beschäftigung stimuliert. Die Lohnangebotskurve in (XIV.17) verschiebt sich also mit kleinerem s nach unten, so dass nach Abbildung XIV.4 ein neues Gleichgewicht mit geringeren Löhnen, höherer Beschäftigung und geringerer Arbeitslosenrate resultiert.

XIV.3   Sucharbeitslosigkeit

Suchfriktionen sind eine weitere Ursache für Arbeitslosigkeit. Auf dem Arbeitsmarkt finden permanent Entlassungen und Neueinstellungen statt. Damit neue Beschäftigungsverhältnisse entstehen können, müssen die Stellenanforderungen von ausgeschriebenen Jobs und die spezifischen Qualifikationen von Arbeitsuchenden hinreichend übereinstimmen. Es benötigt daher Zeit und Kosten, bis eine bestimmte Stelle tatsächlich mit einem passenden AN besetzt werden kann und ein Arbeitsuchender eine für ihn geeignete Stelle gefunden hat. Es entsteht Such- bzw. Vermittlungsarbeitslosigkeit.

---

[7]Der Leser mag in einer separaten Übung die linearisierte Form der Lohnangebotskurve (XIV.17) herleiten und erhält $\hat{w} = \hat{t}^A + \hat{\beta} + (1-\alpha)\hat{l} + [\alpha s/(1-\alpha s)]\hat{s}$, wobei die Dachnotation eine prozentuale Änderung relativ zur Ausgangssituation bezeichnet. Beispielsweise zeigt $\hat{l} = \mathrm{d}l/l$ einen Anstieg der Beschäftigung um 1% relativ zu einem Ausgangsniveau von l an. Die prozentuale Änderung des Durchschnittssteuersatzes ist mit $\hat{t}^A = \mathrm{d}t^A/(1-t^A)$ definiert. Die linearisierte Lohnangebotskurve zeigt, dass bei gegebener Beschäftigung der Lohn um $\alpha s/(1-\alpha s)$ Prozent sinkt, wenn der Progressionsgrad um 1% zunimmt (d.h. $\hat{s} < 0$). Die Lohnangebotskurve verschiebt sich nach unten.

XIV.3.1 Arbeitsvermittlung, Produktion und Einkommen

Die Bevölkerungsgrösse sei wieder auf 1 normiert. Alle Haushalte (mit einem fixen Arbeitsangebot von 1) suchen nach einer Beschäftigung, aber nur ein Teil l kann einen Job finden, der Rest $1 - l$ bleibt arbeitslos. Die Variable l hat nun eine mehrfache Interpretation. Erstens bezeichnet l ex ante, bevor sich der Sucherfolg einstellt, die individuelle Wahrscheinlichkeit, einen Job zu finden. Zweitens gibt l ex post den Anteil der Bevölkerung an, der beschäftigt ist. Bei unabhängigen Risiken impliziert das Gesetz der grossen Zahlen, dass die individuelle Wahrscheinlichkeit und der makroökonomische Anteil identisch sind. Drittens gibt l auch die aggregierte Beschäftigungsmenge an, welche für die Produktion zur Verfügung steht. Das BIP beträgt $y = f(l) = l^{1-\alpha}$. Der Beitrag des letzten, noch beschäftigten AN zur Produktion ist gleich dem Grenzprodukt der Arbeit, $f'(l) = (1 - \alpha)l^{-\alpha}$.

Auf dem Arbeitsmarkt stehen sich eine Masse 1 von Arbeitsuchenden und eine Masse v von Jobangeboten der Unternehmen (v Vakanzen) gegenüber. Aufgrund eines Suchprozesses können M (für ‚matches’) passende Beschäftigungsverhältnisse realisiert werden. Pissarides (2000) folgend wird das Ergebnis des Suchprozesses durch eine linearhomogene Vermittlungsfunktion dargestellt, die als Produktionsfunktion für neue Beschäftigungsverhältnisse mit den Inputs ‚Zahl (Masse 1) der Arbeitsuchenden’ und ‚Zahl der offenen Stellen v’ aufgefasst werden kann. Die Vermittlungsfunktion drückt die Arbeitsmarktfriktionen aus. Eine Cobb-Douglas-Spezifikation hat sich empirisch als zutreffend erwiesen:

$$l \cdot 1 = M(v, 1) = q \cdot v, \qquad M = m \cdot v^\eta, \quad 0 < \eta < 1. \tag{XIV.20}$$

Der Lageparameter m drückt die Effizienz der Arbeitsmarktvermittlung aus, welche etwa durch Informationsangebote bzw. Vermittlungstätigkeit der Arbeitsmarktbehörde gesteigert werden kann.

Die Zahl der Abschlüsse M muss per Definition für Haushalte und Unternehmen identisch sein. Nach (XIV.20) ist also die Wahrscheinlichkeit eines AN, einen Job zu finden, gleich dem Anteil der Abschlüsse an der gesamten Masse der Arbeitsuchenden, $l = M/1$. Ebenso ist aus der Sicht der Unternehmen die Wahrscheinlichkeit, eine offene Stelle erfolgreich mit einem AN besetzen zu können, gleich dem Anteil der Abschlüsse an der Gesamtzahl der Vakanzen, $q = M/v$. Das Verhältnis $v/1$ der offenen Stellen zur Anzahl der Arbeitsuchenden gibt die Arbeitsmarktanspannung an und ist hier wegen der Normierung der arbeitsuchenden Bevölkerung auf 1 gleich der Zahl der offenen Stellen. Nunmehr können wir mit (XIV.20) die individuellen Wahrscheinlichkeiten für einen Abschluss (auch Übergangsraten genannt) in Abhängigkeit der Marktanspannung ausdrücken:

$$l(v) = m \cdot v^\eta, \quad l'(v) > 0; \quad q(v) = m/v^{1-\eta}, \quad q'(v) < 0. \tag{XIV.21}$$

Wenn die Anspannung auf dem Arbeitsmarkt steigt, also im Vergleich zur Zahl der Arbeitsuchenden mehr offene Stellen v geschaffen und ausgeschrieben werden, dann nimmt die Wahrscheinlichkeit der AN zu, einen Job zu finden. Dementsprechend fällt mit $l'(v) > 0$ die Arbeitslosenrate $1 - l$. Umgekehrt wird es auf einem angespannten Arbeitsmarkt für die Unternehmen schwieriger, eine offene Stelle erfolgreich mit einem geeigneten AN besetzen zu können, $q'(v) < 0$.

Im Aggregat erwirtschaften die Unternehmen einen Gewinn π, wobei neben den Lohnkosten wl auch Suchkosten von κv für die Ausschreibung offener Stellen zwecks Rekrutierung von Arbeitern anfallen, also κ pro offener Stelle. Die Arbeiter erzielen ein durchschnittliches (ex post) bzw. ein erwartetes (ex ante) Einkommen von y, welches vom vereinbarten Lohn und dem Arbeitslosengeld $b < w^N$ im Falle der Arbeitslosigkeit abhängt,[8]

$$\pi = f(l) - wl - \kappa v, \quad y = w^N l + b \cdot (1 - l), \quad w^N = w - T(w). \quad \text{(XIV.22)}$$

Die Eigenschaften der Steuerschuldfunktion, insbesondere der Progressionsgrad s, sind im Abschnitt XIV.1.1 angegeben.

XIV.3.2 Lohnverhandlungen

Auf einem wettbewerblichen Arbeitsmarkt können Arbeitssuchende und offene Stellen ohne jegliche Suchfriktion vermittelt werden. Für den Lohn gibt es keinen Verhandlungsspielraum, denn sowohl Unternehmen als auch Arbeiter können ohne Verzögerung und weitere Kosten auch mit jedem anderen Partner abschliessen. Sobald Suchfriktionen vorhanden sind, ist es für beide Marktseiten kostspielig, ein einmal eingegangenes Arbeitsverhältnis wieder aufzulösen. Bei einer paarweisen Vermittlung stehen sich ausserdem nur je ein Verhandlungspartner gegenüber. Dies eröffnet für beide Seiten einen Verhandlungsspielraum bezüglich der Höhe des Lohns. Der Lohn wird also gerade nicht nach der Grenzproduktregel $f' = w$ bestimmt, wie es auf dem Wettbewerbsmarkt der Fall wäre, sondern als Ergebnis einer Lohnverhandlung festgelegt, so dass $f' \neq w$ gilt.

Ein Unternehmen, das einen weiteren Arbeiter anheuert, kann einen zusätzlichen Output $f'(l)$ erwirtschaften. Der Lohn bestimmt dann den Anteil $f' - w$ am gemeinsamen Ertrag des Arbeitsplatzes, welcher dem Unternehmen verbleibt, während der restliche Teil w an den AN gezahlt wird. Wenn sich AN und Unternehmen nicht auf einen Lohn einigen können und es daher zu keinem Beschäftigungsverhältnis kommt, dann kann eben dieser Output nicht realisiert und auch kein Lohn bezogen werden.[9] Mit anderen Worten beträgt die Rückfallposition der Unternehmen bezüglich dieses Arbeitsverhältnisses Null. Jene der AN ist gleich der Höhe der Arbeitslosenunterstützung. Beide haben etwas zu verlieren. Wenn keine Einigung erzielt wird, verzichtet die Firma auf $f' - w$, während der Arbeiter den Überschuss $w - T(w) - b$ des Lohns über das Arbeitslosengeld verliert. Wie die gemeinsame *Jobrente* $f' - T(w) - b$ aufgeteilt wird, hängt von der jeweiligen Verhandlungsmacht ξ der Firma und $1 - \xi$ des AN ab. Nachdem diese nicht weiter im Modell bestimmt werden kann, wird

---

[8]Das staatliche Budget sei $G = T(w)l - b(1 - l)$. Das gesamte Einkommen wird für Konsum ausgegeben. Wir verwenden (XIV.22) und die staatliche Budgetrestriktion und ermitteln das aggregierte Einkommen pro Kopf als $\pi + y = f(l) - \kappa v - G = C$. Die BIP-Identität lautet $f(l) = C + \kappa v + G$.

[9]Wir betrachten hier nur eine einmalige Vermittlung von Arbeitskräften. In einem dynamischen Modell können sowohl Arbeiter als auch Unternehmen erneut auf den Arbeitsmarkt gehen und etwas später einen Abschluss tätigen.

sie als exogen angenommen. Damit können wir den Lohn als Ergebnis der Nash-Verhandlungslösung ermitteln,

$$w = \arg\max_{w} \left(f' - w\right)^{\xi} \left(w - T(w) - b\right)^{1-\xi}. \tag{XIV.23}$$

Das Ergebnis der Lohnverhandlung folgt aus der BEO bezüglich w,

$$\frac{\xi}{f' - w} = \frac{1 - \xi}{w - T(w) - b} \cdot \left(1 - t^M\right) = \frac{(1 - \xi)s}{w - b/\left(1 - t^A\right)}. \tag{XIV.24}$$

Die zweite Gleichung benutzt die Definition des Nettolohnes $w - T = \left(1 - t^A\right)w$ und der Residualeinkommenselastizität $s = \left(1 - t^M\right)/\left(1 - t^A\right)$. Nach Multiplikation mit den beiden Nennern folgt $\xi\left[w - b/\left(1 - t^A\right)\right] = (1 - \xi)s\left(f' - w\right)$. Man fasse alle Ausdrücke mit w zusammen und dividiere anschliessend durch den Koeffizienten von w,

$$\left(1 - t^A\right)w = \left(1 - \tilde{\xi}\right) \cdot \left(1 - t^A\right)f' + \tilde{\xi} \cdot b, \quad \tilde{\xi}(s) \equiv \frac{\xi}{\xi + (1 - \xi)s}. \tag{XIV.25}$$

Der dezentral vereinbarte Nettolohn ist ein gewogener Durchschnitt zwischen dem Grenzprodukt der Arbeit, reduziert um die durchschnittliche Lohnsteuerbelastung, und dem Arbeitslosengeld. Eine leicht umgeformte Darstellung des Verhandlungsergebnisses in (XIV.25) zeigt, dass Firma und AN jeweils einen Anteil am gemeinsamen Überschuss erzielen, der gerade ihrer Verhandlungsstärke entspricht. Wenn die Verhandlungsmacht der Unternehmer gegen 1 geht, $\tilde{\xi} = 1$, dann werden die AN auf ihren Reservationslohn $w = b/\left(1 - t^A\right)$ gedrückt. Im umgekehrten Fall mit dominierender Gewerkschaft, $\tilde{\xi} = 0$, wird der Lohn auf seinen maximalen Wert gleich dem Grenzprodukt der Arbeit hochgesetzt:

$$f' - w = \tilde{\xi} \cdot \left(f' - \frac{b}{1 - t^A}\right), \quad w - \frac{b}{1 - t^A} = \left(1 - \tilde{\xi}\right) \cdot \left(f' - \frac{b}{1 - t^A}\right). \tag{XIV.26}$$

Nach Division von (XIV.25) mit dem Steuerfaktor $\left(1 - t^A\right)$ folgt das Ergebnis der Lohnverhandlung in Form der LV-Kurve (vgl. Abbildung XIV.5),

$$LV: \quad w = \left(1 - \tilde{\xi}(s)\right) \cdot f'(l(v)) + \tilde{\xi}(s) \cdot \frac{b}{1 - t^A}, \quad \tilde{\xi}'(s) < 0. \tag{XIV.27}$$

Demnach sinkt der Lohn mit der Arbeitsmarktanspannung v, da nach (XIV.21) die tatsächlich realisierbare Beschäftigung $l(v)$ mit v zunimmt und damit das Grenzprodukt der Arbeit mindert.

In der Lohngleichung sind wieder die Ursachen für die Wirkungen der Finanzpolitik angelegt. Erstens verbessert eine höhere Arbeitslosenunterstützung b den Reservationslohn der AN und stärkt damit ihre Rückfallposition in der Lohnverhandlung. Daher führt eine grosszügige Arbeitslosenunterstützung zu höheren Bruttolöhnen mit ungünstigen Folgen für die Beschäftigung. Zweitens gelingt den AN, da sie mit Verhandlungsmacht ausgestattet sind, eine teilweise Überwälzung der Lohnsteuerbelastung t^A auf die AG in Form von höheren Bruttolöhnen. Und drittens wirkt ein höherer Progressionsgrad (kleineres s) dämpfend auf die Löhne, was positive Beschäftigungswirkungen erwarten lässt.

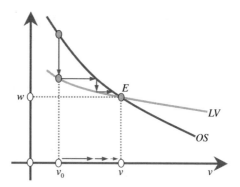

Abbildung XIV.5: Sucharbeitsmarkt

Eine stark progressive Lohnsteuer bedeutet, dass jede weitere Anhebung des Bruttolohns um 1 Euro das Unternehmen zwar immer genau denselben Betrag kostet, aber dem AN einen immer geringer werdenden Nettolohnzuwachs bringt. Oder umgekehrt formuliert: Jeder Euro mehr an Nettolohn erfordert einen progressiv zunehmenden Bruttolohn und wird für die Unternehmen überproportional teuer. Daher wird bei gegebenem Grenzprodukt der Arbeit ein umso geringerer Lohn vereinbart, je progressiver die Lohnsteuer ist. Formal kommt dies in (XIV.27) dadurch zum Ausdruck, dass wegen $\tilde{\xi}'(s) < 0$ mit *geringerer* Residualeinkommenselastizität s und damit höherer Progression die effektive Verhandlungsmacht $\tilde{\xi}$ der Unternehmen zunimmt. Damit wird der Bruttolohn im Intervall zwischen $f' > b/\left(1 - t^A\right)$ in Richtung des niedrigeren Arbeitslosengeldes gedrückt.

XIV.3.3   Offene Stellen

Der Lohn wird erst verhandelt, nachdem die Suche auf dem Arbeitsmarkt erfolgreich abgeschlossen ist und sich Arbeiter und Unternehmen konkret gegenüberstehen. Die Entscheidung, überhaupt eine Arbeit zu suchen bzw. eine freie Stelle auszuschreiben, muss erfolgen, noch bevor die Identität des konkreten Verhandlungspartners bekannt ist. Die AN rechnen damit, dass sie mit Wahrscheinlichkeit l einen Job finden und in diesem Fall einen Lohn höher als das Arbeitslosengeld erhalten werden. Der erwartete Ertrag der Arbeitssuche ist daher $l \cdot \left(w^N - b\right)$, wobei die Höhe des Überschusses durch die Verhandlungslösung gegeben ist. Wenn wir der Einfachheit halber etwaige Suchkosten der AN vernachlässigen, dann erzielen alle AN eine positive Rente in dieser Höhe, so dass sich die Arbeitssuche immer lohnt.

Eine offene Stelle kann mit Wahrscheinlichkeit q wie in (XIV.23) besetzt werden. Der erwartete Ertrag einer offenen Stelle beträgt also $q \cdot \left(f' - w\right)$, wobei der Anteil des Unternehmens am gemeinsamen Überschuss wie in (XIV.26) von seiner effektiven Verhandlungsstärke $\tilde{\xi}$ abhängt. Eine offene Stelle einzurichten und auszuschreiben, verursacht Investitions- und Suchkosten von κ pro offener Stelle, vgl. (XIV.22). Die Unternehmen werden also solange neue Stellen schaffen und ausschreiben, wie der erwartete Ertrag die Kosten übersteigt.[10] Im Gleichgewicht mit freiem Marktzutritt muss das Investitionskalkül für offene Stellen mit Gleichheit erfüllt sein (OS-Kurve in Abbildung XIV.5),

$$OS: \quad q(v) \cdot \big(f'(l(v)) - w\big) = \kappa. \tag{XIV.28}$$

XIV.3.4 Besteuerung und Sucharbeitslosigkeit

Die LV-Kurve in (XIV.27) gibt das Ergebnis der Lohnverhandlung wieder. Die OS-Kurve in (XIV.28) bringt die Anreize für die Einrichtung offener Stellen zum Ausdruck. Die Beschäftigung entspricht dem Anteil $l(v)$ des erfolgreich vermittelten Arbeitsangebots und hängt von der Arbeitsmarktanspannung ab, gemessen an der Zahl der offenen Stellen v. Die beiden Gleichgewichtsbedingungen OS und LV bestimmen die beiden Unbekannten v und w. Abbildung XIV.5 illustriert das Arbeitsmarktgleichgewicht. Die negative Steigung der OS-Kurve, $w = f'(l(v)) - \kappa/q(v)$, ergibt sich aus $f' < 0, l' > 0$ und $q' < 0$. Die Steigung geht intuitiv aus (XIV.28) hervor. Je höher der Lohn ist, desto geringer fällt der Ertrag $f' - w$ des Unternehmens aus der Einrichtung eines Arbeitsplatzes aus. Folglich werden weniger offene Stellen geschaffen. Der Arbeitsmarkt entspannt sich, so dass bei geringerer Stellenzahl v im Vergleich zur Masse der Arbeitssuchenden die Wahrscheinlichkeit der Unternehmen steigt, eine Stelle erfolgreich zu besetzen. Der Stellenabbau wird solange fortgesetzt, bis die Investitionsbedingung (XIV.28) wieder mit Gleichheit erfüllt ist.

Die Lohngleichung LV in (XIV.27) stellt ebenfalls eine negative Beziehung zwischen offenen Stellen und Löhnen her. Je mehr offene Stellen geschaffen werden, desto grösser wird der Anteil des vermittelten Arbeitsangebots l. Bei höherer Beschäftigung sinkt im Anschluss das Grenzprodukt der Arbeit und damit der mögliche Lohn nach (XIV.27). Wie Abbildung XIV.5 zeigt, muss die OS-Kurve steiler und die LV-Kurve entsprechend flacher verlaufen, damit die Anpassung zum Gleichgewicht hin stabil ist. Angenommen, es seien zunächst nur sehr wenige offene Stellen v_0 vorhanden. Es resultiert eine geringe Beschäftigungsmenge und daher ein hohes Grenzprodukt der Arbeit, so dass die Unternehmen sogar noch bei einem sehr hohen Lohn die Gewinnschwelle auf der OS-Kurve gemäss (XIV.28) schaffen würden. Tatsächlich ergeben die Verhandlungen einen niedrigeren Lohn nach der LV-Kurve, so dass weitere offene Stellen geschaffen werden. Daraus resultiert mehr Beschäftigung, bis das Grenzprodukt der Arbeit soweit sinkt, dass gerade noch die Gewinnschwelle erreicht wird. Bei geringerem Grenzprodukt ergeben jedoch die Lohnverhandlungen einen noch geringeren Lohn, was neue Stellen und noch mehr Beschäftigung generiert, bis schliesslich der Anpassungsprozess zum Gleichgewichtspunkt E konvergiert.[11]

Nun können wir eine Reihe von Politikszenarien in ihren Wirkungen durchspielen. Man beachte, dass die Finanzpolitik ausschliesslich über ihren Einfluss auf die

---

[10]Keuschnigg (2002) zeigt, wie Kapitalmarktfriktionen bei der Finanzierung von Firmengründungen und die Besteuerung junger Unternehmen die Zahl der neuen Stellen und in der Folge die gleichgewichtige Sucharbeitslosigkeit beeinflussen können.

[11]Der Leser kann graphisch zeigen, dass der Anpassungsprozess instabil wird, wenn die LV-Kurve steiler als die OS-Kurve verläuft.

Lohnbildung wirkt, während die OS-Kurve unverändert bleibt. Um die Verschiebungen der LV-Kurve zu erkennen, bilden wir das Differential von (XIV.27),

$$LV: \quad \mathrm{d}w = \left(1 - \tilde{\xi}\right) f''l' \cdot \mathrm{d}v + \tilde{\xi} \cdot \mathrm{d}\left(\frac{b}{1 - t^A}\right) - \left(f' - \frac{b}{1 - t^A}\right)\tilde{\xi}'(s) \cdot \mathrm{d}s.$$

$$(\text{XIV.29})$$

Der Koeffizient von $\mathrm{d}v$ ist wegen $f'' < 0$ negativ und bestimmt die negative Steigung der LV-Kurve. Die beiden anderen Koeffizienten geben die Verschiebung der LV-Kurve als Folge einer finanzpolitischen Intervention an, die wir nun diskutieren. Wie bisher vernachlässigen wir die Budgetrestriktion des Staates und beschränken uns auf eine partialanalytische Betrachtung des Arbeitsmarktes.

XIV.3.4.1 Arbeitslosenunterstützung

Wenn die Arbeitslosenunterstützung b ausgebaut wird, aber die Lohnbesteuerung unverändert bleibt, dann stärkt dies die Verhandlungsposition der AN in (XIV.27). Weil sie bei einem Abbruch der Lohnverhandlung weniger zu verlieren haben, können sie für eine gegebene Arbeitsmarktanspannung v einen höheren Lohn durchsetzen. Die LV-Kurve in Abbildung XIV.5 verschiebt sich nach oben (die Verschiebung möge vom Leser selber eingezeichnet werden), während die OS-Kurve unverändert bleibt, weil die Investitionsbedingung für freie Stellen nicht direkt betroffen ist. Im Übergang zum neuen Gleichgewicht steigen die Löhne, während die Zahl v der offenen Stellen zurückgeht. Aus der Sicht der Unternehmen entspannt sich der Arbeitsmarkt. Nach (XIV.21) können die Unternehmen nun mit höherer Wahrscheinlichkeit q ihre Stellen besetzen, während sich die Jobsuche der AN schwieriger gestaltet. Da sie auf weniger offene Stellen treffen, können sie nur mehr mit einer geringeren Wahrscheinlichkeit l eine geeignete Stelle finden. Damit sinken im Aggregat die Beschäftigung l und das BIP $f(l)$, während die Arbeitslosenrate $1 - l$ steigt. Ein grosszügiger Ausbau der Arbeitslosenunterstützung wird selber zur Ursache für höhere Arbeitslosigkeit.

XIV.3.4.2 Proportionale Lohnsteuer

Eine proportionale Lohnsteuer zeichnet sich durch eine Residualeinkommenselastizität von $s = 1$ aus. Die Grenz- und Durchschnittssteuersätze sind identisch. Die effektive Verhandlungsmacht der Unternehmen beträgt $\xi = \tilde{\xi}$, siehe (XIV.25). Wir zeigen nun, dass die Wirkung eines höheren, proportionalen Lohnsteuersatzes t^A davon abhängt, ob die Arbeitslosenunterstützung auf den Nettolohn indexiert ist oder real konstant bleibt. Zuerst betrachten wir den Fall einer konstanten Arbeitslosenunterstützung b. Wir sehen in (XIV.29), dass sich die LV-Kurve um den Betrag $\mathrm{d}w = [\xi b/(1 - t^A)^2]\mathrm{d}t^A$ nach oben verschiebt. Weil die AN mit Verhandlungsmacht ausgestattet sind, können sie einen Teil der zusätzlichen Lohnsteuerbelastung auf die Unternehmer überwälzen.

Mit höheren Löhnen sinkt in (XIV.28) der erwartete Ertrag aus der Einrichtung von neuen Arbeitsplätzen, so dass die Zahl offener Stellen zurückgeht (Bewegung entlang der OS-Kurve). Wenn also die LV-Kurve in Abbildung XIV.5 nach oben verschoben wird, sinkt im Übergang zum neuen Gleichgewicht die Arbeitsmarkt-anspannung, während die Löhne weiter steigen. Die Unternehmer können nun jede einzelne Stelle leichter besetzen, während die Arbeitssuchenden einer geringeren Zahl offener Stellen gegenüberstehen, so dass ihre Beschäftigungswahrscheinlichkeit l fällt. Damit geht die Beschäftigungsmenge zurück und die Arbeitslosigkeit steigt. Bei real konstanter Arbeitslosenunterstützung führt also eine höhere proportionale Lohnsteuer zu erhöhter Arbeitslosigkeit.

Anders ist es jedoch, wenn die Arbeitslosenunterstützung auf den Nettolohn in-dexiert ist, $b = \beta \cdot (1 - t^A)w$, wobei β wieder die Ersatzquote bezeichnet. In der Realität ist die Höhe der Arbeitslosenunterstützung zumindest teilweise an den letz-ten Nettolohn gebunden. Wenn nun die Lohnsteuer angehoben wird, dann sinkt nicht nur der Nettolohn eines aktiv Beschäftigten, sondern auch das Arbeitslosengeld. Während vorhin bei konstantem b die Lohnsteuer teilweise auf die AG überwälzt wurde, sinkt nun gleichzeitig auch die Rückfallposition der AN, was für sich be-trachtet ihre Verhandlungsposition schwächt und zu geringeren Löhnen führt. Dieser zweite Effekt macht die Überwälzung gerade wieder rückgängig. Wenn die Ver-handlungsparteien die Koppelung des Arbeitslosengeldes an den individuell ausge-handelten Lohn berücksichtigen, dann wird das Verhandlungsproblem (XIV.23) zu $\max_w \ (f' - w)^{\xi}((1 - \beta)(1 - t^A)w)^{1-\xi}$. Die BEO lautet $\xi/(f' - w) = (1 - \xi)/w$ und ergibt eine LV-Kurve für den Fall der Indexierung von

$$LV: \quad w = (1 - \xi)f'(l(v)). \tag{XIV.27'}$$

Der Lohnsteuersatz hat sich weggekürzt, so dass das System (XIV.27') und (XIV.28) vom Lohnsteuersatz unabhängig wird. Eine proportionale Lohnsteuer mit voller Net-tolohnindexierung der Arbeitslosenunterstützung hat keinen Einfluss auf die Lohnbil-dung und das Arbeitsmarktgleichgewicht. Die Arbeitslosenrate bleibt unverändert.

XIV.3.4.3 Lohnsteuerprogression

Bei einer progressiven Lohnsteuer wird ein gegebener Nettolohnzuwachs für die Un-ternehmen immer teurer, je höher der Nettolohn bereits ist. Wenn bei gleichem Vorteil für die Arbeiter eine Lohnsteigerung für die Unternehmen sehr teuer wird, dann führt der Verhandlungskompromiss eben zu einer geringeren Lohnvereinbarung. Dies spie-gelt sich in der LV-Kurve (XIV.27) dadurch wider, dass mit höherer Progression bzw. *geringerer* Residualeinkommenselastizität s die effektive Verhandlungsmacht $\tilde{\xi}$ der Unternehmen zunimmt und jene der AN abnimmt. Damit wird der Bruttolohn weiter unter das Grenzprodukt f' in Richtung des niedrigeren Arbeitslosengeldes $b/(1 - t^A)$ gedrückt. Die Steuerprogression entfaltet damit eine lohndämpfende Wirkung, wel-che die Beschäftigung begünstigt. Wie in (XIV.29) ermittelt wurde, verschiebt sich die LV-Kurve in Abbildung XIV.5 um den Betrag $dw = -[f' - b/(1 - t^A)]\tilde{\xi}'(s)ds < 0$ nach unten. Man beachte, dass $\tilde{\xi}'(s) < 0$ und eine höhere Progression durch $ds < 0$ ausgedrückt wird. Aufgrund des geringeren Lohns schaffen die Unternehmen mehr Arbeitsplätze (Bewegung entlang der OS-Kurve in XIV.26). Mit einer zunehmenden Anzahl von offenen Stellen nimmt die Beschäftigungswahrscheinlichkeit l der AN zu, während die Unternehmen aufgrund der angespannten Arbeitsmarktlage nur mehr einen geringeren Anteil der ausgeschriebenen Stellen besetzen können. Eine höhere Lohnsteuerprogression senkt die gleichgewichtige Arbeitslosenrate $1 - l$. Wir können also auch für den Fall der Sucharbeitslosigkeit wie in den vorherigen Abschnitten die günstige Wirkung der Lohnsteuerprogression auf die Arbeitslosigkeit bestätigen.

XIV.3.5 Effizienz

Kann die Arbeitslosigkeit zu niedrig anstatt zu hoch sein? Nicht jede Arbeitslosigkeit ist automatisch unerwünscht. Eine niedrige Arbeitslosenrate hebt zwar das durchschnittliche Einkommen der Haushalte und damit ihre Wohlfahrt, bürdet aber gleichzeitig den Unternehmen Kosten auf. Auf einem sehr angespannten Arbeitsmarkt (q gering und l hoch) wird es schwierig, offene Stellen erfolgreich mit einem geeigneten AN zu besetzen. Viele ausgeschriebene Stellen können nicht besetzt werden, so dass die damit verbundenen Investitions- und Suchkosten der Unternehmen umsonst sind. Offensichtlich gibt es dann eine Abwägung zwischen niedriger Arbeitslosigkeit und hoher Wohlfahrt der Haushalte auf der einen Seite und hohen Kosten der Unternehmen auf der anderen.

Die Frage ist also, was die effiziente Anzahl offener Stellen und damit die effiziente Beschäftigungsmenge $l(v)$ ist. Bei Risikoneutralität kann man die Wohlfahrt dem aggregierten Einkommen gleichsetzen, welches für den Konsum zur Verfügung steht. Im Marktgleichgewicht ohne Staat ist die Wohlfahrt gleich der Summe aus Arbeits- und Gewinneinkommen,[12] $C(v) = \pi + y = f(l(v)) - \kappa v$ wie in (XIV.22). Die Abhängigkeit der Beschäftigungsmenge $l(v)$ von der Zahl der offenen Stellen bedeutet, dass die Suchfriktionen auf dem Arbeitsmarkt auch aus gesellschaftlicher Sicht nicht vermieden werden können. Die BEO für die gesellschaftlich optimale Anzahl offener Stellen lautet $C'(v) = 0$ oder $f'(l)l'(v) = \kappa$. Gemäss (XIV.21) ist $l'(v) = \eta \cdot q(v)$. Daraus folgt das gesellschaftliche Kalkül OS^* für die Schaffung offener Stellen,

$$OS^* : \quad \eta \cdot f'(l(v)) \cdot q(v) = \kappa, \quad OS^M : \quad \xi \cdot f'(l(v)) \cdot q(v) = \kappa. \quad \text{(XIV.30)}$$

Die zweite Bedingung OS^M zeigt das Investitionskriterium im reinen Marktgleichgewicht ohne Staatstätigkeit. Die OS-Kurve in (XIV.28) lautet in diesem Fall $q \cdot \left(f' - w \right) = \kappa$ und die LV-Kurve gemäss (XIV.26) $f' - w = \xi \cdot f'$. Die Verbindung der beiden ergibt das Investitionskriterium OS^M im Marktgleichgewicht. Daraus wird ersichtlich, dass die Zahl offener Stellen und damit die Arbeitslosenrate im Marktgleichgewicht identisch mit dem sozialen Optimum sind, sofern die sogenannte ,Hosios-Bedingung' gilt, die von Hosios (1990) formuliert wurde:

$$\xi = \eta \quad \Rightarrow \quad v = v^*. \quad \text{(XIV.31)}$$

Die Anzahl offener Stellen und damit die Sucharbeitslosigkeit $1 - l(v)$ sind effizient, wenn die Verhandlungsmacht der Unternehmen gerade gleich der Elastizität η der vermittelten Beschäftigung bezüglich der Zahl offener Stellen ist, siehe

---

[12]Das Arbeitseinkommen beträgt $y = wl$, da ohne Staat kein Arbeitslosengeld gezahlt wird. Dies bedeutet zwar, dass die Arbeitslosen überhaupt kein Einkommen beziehen und keinen Konsum tätigen. Bei Risikoneutralität ist dieser Aspekt jedoch irrelevant. Die Ergebnisse ändern sich auch nicht, wenn die Arbeitslosen beispielsweise ein Minimaleinkommen b aus Eigenproduktion erwirtschaften.

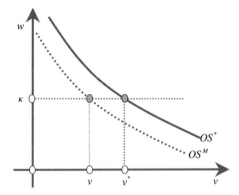

Abbildung XIV.6: Effiziente Sucharbeitslosigkeit

$(\mathrm{d}l/l)/(\mathrm{d}v/v) = \eta$ in (XIV.21).[13] Die Verhandlungsmacht gibt an, welcher Anteil am Gesamtertrag einer zusätzlich besetzten Stelle an das Unternehmen geht, $f' - w = \xi \cdot f'$, während η anzeigt, wie produktiv die Unternehmen darin sind, durch Investition in offene Stellen mehr Beschäftigung l und damit Einkommen zu schaffen. Ein effizientes Gleichgewicht auf dem Sucharbeitsmarkt erfordert, dass jene Seite mit hoher Verhandlungsmacht ausgestattet sein soll, deren Investition (Ausschreibung offener Stellen bzw. Arbeitssuche) besonders produktiv in der Schaffung von Einkommen durch mehr Beschäftigungsverhältnisse l ist. Die Verhandlungsmacht sollte so aufgeteilt sein, dass jede Marktseite gerade mit einem Anteil ξ bzw. $1 - \xi$ am gemeinsamen Überschuss beteiligt wird, der ihrem Investitionsbeitrag zur Schaffung dieses Überschusses entspricht.

Wenn nun beispielsweise die Verhandlungsmacht der Unternehmen geringer als die Elastizität der Beschäftigungsmenge bezüglich offener Stellen ist, $\xi < \eta$, dann setzen im Marktgleichgewicht die AN zu Lasten des Gewinns zu hohe Löhne durch. Wenn die Unternehmen nur einen vergleichsweise geringen Anteil am Überschuss des Beschäftigungsverhältnisses erhalten, dann ist das ihrer Bereitschaft, in offene Stellen zu investieren, abträglich. Wie Abbildung XIV.6 zeigt, werden daher im Marktgleichgewicht zu wenig Stellen geschaffen, so dass die Beschäftigung zu gering und die Arbeitslosenrate zu hoch ist. In diesem Fall sollte die Finanzpolitik die Arbeitslosigkeit bekämpfen. Wenn hingegen umgekehrt die Unternehmen sich aufgrund ihrer starken Verhandlungsmacht einen zu grossen Anteil am gemeinsamen Überschuss einer besetzten Stelle aneignen, $\xi > \eta$, dann werden sie zu viele offene Stellen schaffen, von denen dann aufgrund der angespannten Arbeitsmarktlage nur ein verhältnismässig kleiner Teil tatsächlich besetzt werden kann. Es werden also viele Investitionskosten ohne Erfolg getätigt. Die Arbeitslosenrate wird zu gering. Die Fi-

---

[13]Spiegelbildlich gibt die Elastizität $1 - \eta$ an, wieviel mehr Beschäftigung geschaffen werden könnte, wenn mehr Stellensuchende auf den Markt kämen. Die Masse der Arbeitssuchenden ist hier jedoch auf 1 normiert und als fix angenommen.

nanzpolitik sollte dann eher auf eine Entspannung des Arbeitsmarktes abzielen und eine etwas höhere Arbeitslosenrate akzeptieren.

Zusammenfassung

1. Drei wichtige Erklärungsansätze für Arbeitslosigkeit sind Effizienzlöhne, Gewerkschaftsmacht und Suchfriktionen. Die Höhe des Ersatzeinkommens bei Arbeitslosigkeit übt einen wichtigen Einfluss auf die Lohnbildung aus.

2. Der Reservationslohn ist das alternative Einkommen, das bei einem Wechsel zu einem anderen Unternehmen oder bei Arbeitslosigkeit erwartet werden kann. Der Reservationslohn bestimmt die Untergrenze für die Lohnbildung.

3. Nach der Effizienzlohntheorie setzen die Unternehmen den Lohn als strategisches Instrument zur Motivation der Belegschaft ein. Je mehr der Lohn im Unternehmen den Reservationslohn übersteigt, desto grösser ist die Motivation und Arbeitsleistung der Belegschaft. Eine höhere Arbeitslosigkeit reduziert den Reservationslohn, so dass ein geringerer Lohn zur Motivation der Belegschaft ausreicht.

4. Eine Monopolgewerkschaft kann das erwartete Arbeitseinkommen ihrer Mitglieder steigern, indem sie die Beschäftigung einschränkt und eine gewisse Arbeitslosigkeit akzeptiert, um höhere Löhne durchzusetzen.

5. Sucharbeitslosigkeit entsteht aufgrund der Friktionen in der Arbeitsvermittlung. Ein Teil der Arbeitssuchenden bleibt ohne Beschäftigung, und ein Teil der offenen Stellen kann nicht besetzt werden. Die Einigung über ein neues Arbeitsverhältnis ermöglicht eine Rente, die je nach Verhandlungsmacht auf die beiden Parteien aufgeteilt wird.

6. In allen drei Theorien erfolgt die Lohnbildung nicht wettbewerblich. Sie teilt die Jobrente auf Arbeitnehmer und Unternehmen auf und bestimmt die Anreize, wonach die Arbeiter aktiv nach Beschäftigung suchen und die Unternehmen in neue Stellen investieren.

7. Eine grosszügige Arbeitslosenunterstützung hebt den Reservationslohn der Arbeitnehmer, führt damit zu höheren Löhnen und geringerer Beschäftigung und trägt zur Arbeitslosigkeit bei.

8. Eine proportionale Lohnsteuer wird bei konstantem Niveau der Arbeitslosenunterstützung teilweise auf die Arbeitgeber überwälzt. Höhere Bruttolöhne schlagen sich in Beschäftigungsrückgang und zunehmender Arbeitslosigkeit nieder. Wenn hingegen die Arbeitslosenunterstützung mit einer fixen Ersatzquote an die Nettolöhne gekoppelt ist, dann verringert eine höhere Lohnsteuer nicht nur den Nettolohn, sondern auch die Arbeitslosenunterstützung. Die damit verbundene Verringerung des Reservationslohns neutralisiert die Steuerüberwälzung, so dass eine proportionale Lohnsteuer mit Lohnindexierung der Arbeitslosenunterstützung tendenziell ohne Wirkung auf die Arbeitslosigkeit bleibt.

9. Ein höherer Progressionsgrad der Lohnsteuer, gemessen an der Residualeinkommenselastizität, mindert die Arbeitslosigkeit. Je progressiver die Steuer, desto mehr muss der Bruttolohn angehoben werden, um einen bestimmten Nettolohnzuwachs zu realisieren. Dies macht Lohnsteigerungen für die Arbeitgeber sehr teuer, was lohndämpfend und daher günstig auf die Beschäftigung wirkt.

10. Die gleichgewichtige Arbeitslosigkeit nach der Suchtheorie ist effizient, wenn die Verhandlungsmacht der Arbeitgeber gleich der Elastizität der vermittelten Stellen bezüglich offener Stellen ist. Bei geringerer Verhandlungsmacht schrumpft die Jobrente der Arbeitgeber und damit ihre Neigung, in offene Stellen zu investieren. In der Folge übersteigt die Arbeitslosenrate das effiziente Niveau.

Lektürevorschläge

HEIJDRA und VAN DER PLOEG (2002) geben einen guten Überblick über verschiedene Theorien der Arbeitslosigkeit. PISSARIDES (1998) vergleicht die Steuerwirkungen in verschiedenen Arbeitsmarkttheorien. Zentrale Beiträge zur Effizienzlohntheorie sind PISAURO (1991) sowie SHAPIRO und STIGLITZ (1984). Verschiedene Modelle des Gewerkschaftsverhaltens findet man in LAYARD, NICKELL UND JACKMAN (1991) und BOOTH (1995). Die vorliegende Darstellung folgt dem besonders einfachen Modell einer Monopolgewerkschaft wie in DAVERI und TABELLINI (2000) und DEMMEL und KEUSCHNIGG (2000). Andere Annahmen über das Gewerkschaftsverhalten treffen z. B. CORNEO und MARQUARDT (2000), KOSKELA und VILMUNEN (1996) oder SORENSEN (1999) und gelangen dabei zu ganz ähnlichen Ergebnissen über die Steuerwirkungen. KOSKELA und SCHOEB (1999) und RASMUSSEN (1998) haben gezeigt, dass es anders als auf perfekten Arbeitsmärkten einen Unterschied macht, ob die Besteuerung der Arbeitseinkommen beim Arbeitnehmer (Lohnsteuer) oder beim Arbeitgeber (Faktorsteuern wie Arbeitgeberbeiträge zu den Sozialversicherungen) ansetzt. Empirische Ergebnisse zum Einfluss der Besteuerung auf die gewerkschaftliche Lohnbestimmung finden sich in LOCKWOOD und MANNING (1993). KRUEGER und MEYER (2002) fassen die empirische Literatur zu den Wirkungen der Arbeitslosenversicherung auf Niveau und Dauer der Arbeitslosigkeit zusammen. Eine dynamische Theorie der Sucharbeitslosigkeit findet sich in PISSARIDES (2000). HOSIOS (1990) hat die Effizienzeigenschaften auf dem Sucharbeitsmarkt charakterisiert. Die vorliegende Darstellung orientiert sich an BOONE und BOVENBERG (2002), die ein vereinfachtes statisches Modell der Sucharbeitslosigkeit für die Analyse der Steuerpolitik eingeführt haben, und SORENSEN (1999), der die Wirkungen der Steuerprogression erörtert hat. FUEST und HUBER (2000) zeigen, dass eine höhere Steuerprogression je nach Spezifikation des Arbeitsangebots nicht in allen Fällen die Arbeitslosenrate senkt. Auf der Homepage WWW.IFF.UNISG.CH, Seite Keuschnigg/Lehre, stehen gelöste Übungsaufgaben bereit.

Schlüsselbegriffe

Effizienzlohn	Monopolgewerkschaft
Sucharbeitslosigkeit	Residualeinkommenselastizität
Arbeitslosenunterstützung	Reservationslohn
Nettolohnindexierung	Lohnverhandlung
Verhandlungsmacht	Steuerüberwälzung
Stellenvermittlung	Jobrente
Offene Stellen	Suchkosten
Effiziente Arbeitslosigkeit	

Kapitel XV

Unternehmensgründung und Innovation

Innovation ist eine der wichtigsten Quellen für mehr Wohlstand. Private Unternehmen tätigen grosse Aufwendungen für Forschung und Entwicklung (F&E), um neue Anwendungen und Produkte zu entwickeln. Dabei gelten junge Startunternehmen häufig als innovativer als Grosskonzerne. Es deutet einiges darauf hin, dass junge Startunternehmen die Anreizprobleme in der F&E teilweise besser lösen können als Grossunternehmen. Zum Beispiel würde nach den ökonometrischen Ergebnissen von Kortum und Lerner (2000) ein Dollar Forschungsausgaben in jungen Startunternehmen, die mit Venture Capital finanziert werden, zu einer um das Dreifache höheren Innovations- und Patentrate führen als ein Dollar F&E-Ausgaben in anderen Unternehmen. Eine hohe Rate von Unternehmensgründungen ist also eine wichtige Voraussetzung für gesamtwirtschaftliche Innovation. In diesem Kapitel wenden wir uns daher den Einflüssen der staatlichen Finanzpolitik auf Unternehmensgründung und Innovation zu. Die Unternehmensgründung folgt aus der Karriereentscheidung der Bevölkerung zwischen lohnabhängiger Beschäftigung und selbständiger Unternehmertätigkeit. Probleme des moralischen Risikos und der Negativauswahl in der Finanzierung blenden wir zunächst aus. Diese Aspekte werden in separaten Kapiteln zur Finanzierung junger Unternehmen genauer behandelt.

Innovation fassen wir als Entwicklung von neuen, spezialisierten Gütern und Diensten auf. Mehr Innovation geht mit einem höheren Grad von Produktdifferenzierung und Spezialisierung durch eine grössere Masse von Startunternehmen einher. Dabei nehmen wir an, dass eine Firma auf genau eine differenzierte Produktvariante spezialisiert ist, auf dieses Design ein Patent besitzt und in ihrer Marktnische der alleinige Anbieter ist. Diese Situation kann mit der Theorie der monopolistischen Konkurrenz beschrieben werden. Aufgrund ihrer Marktmacht können die Unternehmen durch Einschränkung des Absatzes einen Preis über den Grenzkosten durchsetzen und Monopolgewinne erzielen. Diese Gewinne stehen für die Finanzierung der F&E-Kosten zur Verfügung. Freier Marktzutritt durch Unternehmensgründung beseitigt übermässige Renten und schränkt die Nachfrage einzelner Unternehmen auf jenes Niveau ein, welches gerade noch einen ausreichenden Gewinn zur Abdeckung der Fixkosten für F&E garantiert.

In diesem Rahmen können wir die staatliche Innovationspolitik diskutieren und wichtige Einflüsse von Steuern und Subventionen auf die Rate von Unternehmensgründungen und die gleichgewichtige Innovation aufzeigen. Der Staat hat im Wesentlichen zwei konstruktive Aufgaben. Erstens kann er durch den Ausbau der Grundlagenforschung die angewandte, private Forschung in jungen Unternehmen erleichtern. Die Grundlagenforschung ist ein klassisches, öffentliches Gut und gehört daher zu den grundlegenden Staatsaufgaben. Allerdings muss ein entsprechendes Kriterium für

den optimalen Umfang der Grundlagenforschung entwickelt werden. Zweitens kann
der Staat im Prinzip durch Steuern und Subventionen die Marktstörung korrigieren,
welche aus der monopolistischen Preissetzung der Unternehmen resultiert, und auch
den Marktzutritt durch Unternehmensgründungen beeinflussen. Neben der Grundlagenforschung diskutieren wir die Rolle und die Auswirkungen von Gewinnsteuern,
Erlössubventionen und von Subventionen der Kapitalkosten von Startinvestitionen für
F&E.

XV.1   Monopolistische Konkurrenz

Bei monopolistischer Konkurrenz treten viele Firmen auf dem Markt auf (Konkurrenz), wobei jede einzelne Firma mit einer differenzierten Produktvariante eine
spezielle Marktnische bedient und dort einen begrenzten Preisspielraum hat (Monopol). Da es viele solcher Unternehmen gibt, ist eine strategische Interaktion wie
im Oligopol ausgeschlossen. Die Anzahl der differenzierten Produktvarianten kann
als Mass für die horizontale Produktinnovation gelten. Wir nehmen an, dass ein Unternehmen durch eine Produktlinie definiert ist. Wir stellen im Folgenden ein ganz
einfaches Gleichgewichtsmodell vor, in welchem in einem traditionellen Sektor („old
economy") ein homogenes Standardgut produziert wird, während im innovativen
Sektor („new economy") Startunternehmen ein Bündel von differenzierten Produktvarianten anbieten.

XV.1.1   Nachfrage

Die Haushalte sind heterogen und werden mit dem Index $i \in [0,1]$ identifiziert. Sie
fragen neben einem Bündel von differenzierten, innovativen Gütern ein homogenes
traditionelles Gut mit der Menge Z^i nach. Das traditionelle Gut dient als *Numeraire*
mit dem Preis 1. Das innovative Gut wird in N verschiedenen Produktvarianten angeboten. Die j-te Variante wird vom Haushalt i in der Menge x^i_j nachgefragt. Die
Nachfrage nach allen $j \in [0,N]$ Varianten kann zu einem Warenkorb (Konsumindex) D^i zusammengefasst werden. Wie im klassischen Ansatz von Dixit und Stiglitz
(1977) drücken wir den Konsumindex durch eine CES-Nutzenfunktion mit konstanter Substitutionselastizität σ aus,

$$D^i = \left[\int_0^N \left(x^i_j \right)^{1/\rho} \mathrm{d}j \right]^\rho ,$$

$$\rho = \frac{\sigma}{\sigma - 1} > 1, \quad \sigma > 1.$$

(XV.1)

Der Konsumentenpreis für Variante j sei q_j. Wenn die Haushalte D^i „Warenkörbe"
erwerben und dafür möglichst wenig Einkommen ausgeben wollen, müssen sie eine

entsprechende Nachfrage nach Varianten x_j^i tätigen, welche die Ausgaben $\int_0^N q_j x_j^i \mathrm{d}j$ minimiert:[1]

$$x_j^i = \left(q^D/q_j\right)^\sigma D^i, \quad q^D \equiv \left[\int_0^N q_j^{1-\sigma} \mathrm{d}j\right]^{1/(1-\sigma)}. \tag{XV.2}$$

Es ist q^D der exakte Konsumentenpreisindex und damit der Preis für eine Einheit des Warenkorbes. Die Gesamtausgaben der Konsumenten betragen $\int_0^N q_j x_j^i \mathrm{d}j = q^D D^i$.

Die Haushalte haben verfügbares Einkommen y^i, welches noch bestimmt wird. Die Präferenzen seien separabel und linear im traditionellen Gut, während der Konsum innovativer Güter einen konkav ansteigenden Nutzen ergibt, $u(D^i) > 0 > u''(D^i)$. Die Nachfrage nach dem Bündel von innovativen Gütern folgt daher aus

$$U^i = u\left(D^i\right) + Z^i, \quad Z^i + q^D D^i = y^i \quad \Rightarrow \quad U^i = y^i + u\left(D^i\right) - q^D D^i. \tag{XV.3}$$

Mit der Linearität bezüglich des Einkommens wird automatisch *Risikoneutralität* unterstellt. Ausserdem erkennt man im Ausdruck $u(D^i) - q^D D^i$ die Konsumentenrente aus dem Konsum des innovativen Gutes. Wenn wir konkret eine isoelastische Spezifikation der Nutzenfunktion annehmen, $u(D) = \phi^{1/\lambda} \cdot \frac{D^{1-1/\lambda}}{1-1/\lambda}$, dann folgt aus der BEO für D^i eine Nachfrage

$$u'\left(D^i\right) = q^D, \quad D = \phi/\left(q^D\right)^\lambda, \quad \lambda < \sigma. \tag{XV.4}$$

Die Restriktion $\lambda < \sigma$ sichert eine Stabilitätsbedingung, wie später noch ersichtlich wird.

Aus dieser Bedingung wird deutlich, dass die Nachfrage nach dem innovativen Gut ausschliesslich vom Preisindex abhängt. Einkommenseffekte sind ausgeschaltet. Was nicht für innovative Güter ausgegeben wird, geht in die Nachfrage nach dem traditionellen Gut, $Z^i = y^i - q^D D$. Nachdem alle Haushalte denselben Preisen gegenüberstehen und identische Präferenzen haben, ist die Nachfrage D nach dem innovativen Gut für alle gleich. Einkommensunterschiede schlagen sich ausschliesslich im Konsum des traditionellen Gutes nieder. Dies ist nur dann eine gute Beschreibung, wenn der innovative Sektor im Vergleich zum Rest der Ökonomie – also zum traditionellen Sektor – klein ist.

Wenn man die Bevölkerungsgrösse auf 1 normiert, sind individuelle und aggregierte Nachfrage nach D gleich. Dies trifft dann nach (XV.2) auch auf die abgeleitete Nachfrage nach einer einzelnen Variante zu, sofern die Preise q_j für alle Varianten identisch sind. Wir beschränken uns in der Folge ausschliesslich auf symmetrische

---

[1]Das entsprechende Minimierungsproblem lautet

$$\min_{x_j} \int_0^N q_j x_j^i \mathrm{d}j, \quad \left[\int_0^N \left(x_j^i\right)^{(\sigma-1)/\sigma} \mathrm{d}j\right]^{\sigma/(\sigma-1)} \geq D^i.$$

Die Lösung bringt an sich keine weiteren Einsichten und kann mit einer separaten Übung erarbeitet werden. Der Leser mag auch Abschnitt XVIII.2.4 des mathematischen Anhangs über den Preisindex konsultieren.

Gleichgewichte, in welchen es keine Unterschiede zwischen einzelnen Varianten gibt.
In diesem Fall gilt nach (XV.1)–(XV.2)

$$D = N^{\sigma/(\sigma-1)}x, \quad q^D = q/N^{1/(\sigma-1)}, \quad q^D D = Nqx. \tag{XV.5}$$

XV.1.2   Produktion

Die Bevölkerung spaltet sich in Unternehmer und Arbeiter auf,

$$1 = E + L. \tag{XV.6}$$

Im traditionellen Sektor produziert ein Arbeiter mit einer Ricardianischen Technologie eine Einheit des traditionellen Gutes. Das Grenzprodukt der Arbeit ist daher gleich dem Input-Output-Koeffizienten von 1. Nachdem der Preis des traditionellen Gutes (*Numeraire*) auf 1 normiert ist, beträgt im Wettbewerbsgleichgewicht auch der Lohn $w = 1$, und L bezeichnet sowohl die Zahl der Arbeiter als auch den Output im traditionellen Sektor.

Im innovativen Sektor werden differenzierte Produkte erzeugt. Unternehmer tätigen F&E-Aufwendungen und erhalten daraus ein unverwechselbares Produktdesign, welches ein unvollständiges Substitut für andere Varianten ist. Dieses Design ist durch ein Patent geschützt, welches den Produzenten ein Exklusivrecht in der Verwertung zusichert. Daher gibt es in jeder Marktnische nur einen Produzenten, der wie ein Monopolist handelt. Sein Preisspielraum hängt davon ab, wie gut seine Variante durch andere substituiert werden kann, was mit der Substitutionselastizität σ im Konsum festgelegt ist, siehe (XV.1).

Ein Produzent bedient den gesamten Teilmarkt und sieht sich der Nachfrage (XV.2) gegenüber. Mit einer grossen Anzahl N verschiedener Varianten spielt ein einzelnes Produkt im Preisindex (XV.2) keine Rolle mehr. Jeder einzelne Produzent fühlt sich daher als einer von vielen und nimmt den Preisindex q^D und die aggregierte Nachfrage aller Haushalte nach dem Finalgut D als gegeben hin. Er muss aber damit rechnen, dass die Nachfrager sein Produkt durch andere Varianten substituieren, wenn er den Preis q_j anhebt. Daher kalkuliert er mit einer *wahrgenommenen Preiselastizität* der Nachfrage von $(\mathrm{d}x_j/x_j)/(\mathrm{d}q_j/q_j) = -\sigma$. Diese folgt aus (XV.2), wenn D und q^D festgehalten werden. Um das Produzentenproblem anschaulich zu illustrieren, ist es nützlich, aus (XV.2) die *inverse Nachfragefunktion* nach Variante j herzuleiten:

$$q(x_j) = q_j = q^D \cdot (D/x_j)^{1/\sigma}, \quad q'(x_j) < 0. \tag{XV.7}$$

Wenn ein Patent bzw. Design vorhanden ist, dann kann im innovativen Sektor mit einem Input-Output-Koeffizienten von 1 aus einer Einheit des traditionellen Gutes eine Einheit des differenzierten Gutes produziert werden. Der Monopolist maximiert seinen Gewinn nach

$$\pi_j = \max_{x_j}(1 - \tau)\left[(1 + z^X)q(x_j)x_j - x_j\right]. \tag{XV.8}$$

Der zweite Term $-x_j$ in der eckigen Klammer steht für die variablen Kosten aus dem Verbrauch des traditionellen Numeraire-Gutes in der Produktion. Die Gewinne werden mit einer proportionalen Gewinnsteuer τ besteuert. Der Staat gewährt ausserdem

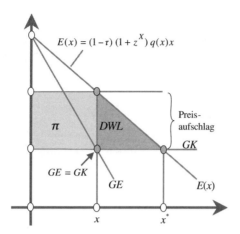

Abbildung XV.1: Preis und Absatzmenge

eine Erlös- bzw. Outputsubvention mit dem Satz z^X, so dass der *Produzentenpreis* $(1 + z^X)q_j$ den *Konsumentenpreis* q_j um den Faktor $1 + z^X$ übersteigt. Der gewinnmaximierende Absatz muss folgender BEO genügen:

$$\frac{\mathrm{d}\pi_j}{\mathrm{d}x_j} = 0 \quad \Rightarrow \quad (1 + z^X)[q(x_j) + q'(x_j)x_j] = 1. \tag{XV.9}$$

Die Grenzkosten (rechte Seite) betragen 1. Der Grenzerlös spiegelt einen positiven *Outputeffekt* $q(x_j)$ und einen negativen *Preiseffekt* $q'(x_j)x_j$ wider. Wenn mehr abgesetzt wird, dann sinkt der Preis für alle bisher schon verkauften Einheiten, was den Erlös mindert. Nachdem $q'(x_j)x_j/q_j = -1/\sigma$ gleich dem inversen Wert der Nachfrageelastizität ist, erhalten wir die Preisaufschlagsregel des Monopolisten, wonach der Produzentenpreis $(1 + z^X)q_j$ ein konstanter Aufschlag über die Grenzkosten von 1 ist,

$$(1 + z^X)q_j = \frac{\sigma}{\sigma - 1} > 1,$$

$$\pi_j = (1 - \tau)[(1 + z^X)q(x_j) - 1]x_j = \frac{1 - \tau}{\sigma - 1} \cdot x. \tag{XV.10}$$

Einsetzen des Konsumentenpreises q_j in die Nachfragefunktion ergibt die vom Monopolisten kalkulierte Absatzmenge x_j. Abbildung XV.1 illustriert das Ergebnis. Der Gewinn entspricht dann dem Stückgewinn $(1 + z^X)q_j - 1$, multipliziert mit der Absatzmenge und reduziert um den Gewinnsteuerfaktor.

Die Abbildung verdeutlicht die Einschränkung der Absatzmenge als gewinnsteigernde Strategie zur Erhöhung des Preises und des Stückgewinnes. Der maximale Gewinn wird erzielt, wenn die Absatzmenge gerade den Grenzerlös mit den Grenzkosten ausgleicht, $GE = GK$ wie in (XV.9). Bei dieser Menge ist der Gewinn gleich dem Produkt aus Stückgewinn vor Steuer und der Absatzmenge maximal. Man beachte insbesondere, dass die Gewinnsteuer die Produktions- und Absatzentscheidung des Monopolisten nicht beeinflusst. Die *Gewinnsteuer* ist also in dieser Hinsicht *neutral*. Allerdings reduziert sie, wie jede Pauschalsteuer auch, die Höhe des erzielbaren Gewinns und wird somit die Bereitschaft zur Unternehmensgründung bremsen.

XV.1.3   Unternehmensgründung

Um ein Unternehmen zu gründen, muss nicht nur ein Lohneinkommen aus der alternativen unselbständigen Beschäftigung aufgegeben, sondern auch eine als fix angenommene Startinvestition I getätigt werden. Die Neigung zur Unternehmensgründung hängt davon ab, ob eine unselbständige Karriere als Arbeiter bzw. Angestellter im traditionellen Sektor attraktiver ist als eine freie Unternehmertätigkeit. Aus (XV.3) und (XV.4) wird deutlich, dass die Konsumentenrente $C(D) = u(D) - VD$ für alle Haushalte gleich ist. Der Nutzenvergleich $U^i = y^i + C$ über verschiedene Karrierepfade reduziert sich also auf einen Vergleich des erwarteten Einkommens. Ein Arbeiter erzielt nach Steuer ein Nettoeinkommen von $y^i = w - T$, wobei T eine pauschale Kopfsteuer bezeichnet. Damit der Schritt in die Selbständigkeit attraktiv sein kann, muss das erwartete, verfügbare Einkommen eines Unternehmers wenigstens so hoch wie das Nettoeinkommen eines Arbeitnehmers im traditionellen Sektor sein. Unternehmensgründungen sind sehr riskant; nur ein Teil der Gründungen überlebt die Startphase. Die Erfolgswahrscheinlichkeit betrage $1 > p > 0$. Im Misserfolgsfall, der mit Wahrscheinlichkeit $1 - p$ eintritt, fällt der Gewinn auf Null. Zur Vereinfachung sei also angenommen, dass ein gescheitertes Projekt überhaupt keine Einnahmen erzielt, so dass in diesem Fall alle Anfangsinvestitionen verloren sind. Der erwartete Gewinn vor Steuer beträgt daher $p\pi$.

Ein Akteur wird sich also für eine Unternehmerkarriere entscheiden, wenn das erwartete Nettoeinkommen abzüglich der privaten Gründungskosten $(1 - z^I)I$ höher als das verfügbare Lohneinkommen bei unselbständiger Beschäftigung ist,

$$p\pi - (1 - z^I)I - T \geq w - T. \tag{XV.11}$$

Der Staat kann Unternehmensgründungen subventionieren und einen Anteil z^I der Startinvestitionen übernehmen, so dass die privaten Investitionskosten nur mehr $(1 - z^I)I$ betragen. Die Pauschalsteuer T ist in allen Berufsalternativen gleich hoch und beeinflusst daher die Gründungsneigung nicht. Wir haben Risikoneutralität unterstellt. Ein Individuum wird sich also nur dann für die Selbständigkeit entscheiden, wenn der erwartete Unternehmenswert nach Steuern $V = p\pi - (1 - z^I)I$ den Lohn w eines Arbeiters übersteigt oder wenigstens nicht geringer ist. Bei freiem *Marktzutritt* werden solange neue Unternehmen gegründet, bis im Gleichgewicht alle Individuen gerade indifferent sind und damit der Gewinn π folgende *Nullgewinnbedingung* erfüllt:

$$V = p\pi - (1 - z^I)I = w. \tag{XV.12}$$

An dieser Stelle muss noch auf die Finanzierung eingegangen werden. Im einfachsten Fall unterscheiden wir eine Start- und eine Reifephase. In der Startphase müssen Produktion und Verkauf erst vorbereitet werden, so dass noch keine Einnahmen bzw. Gewinne anfallen. Zuerst müssen Kapitalinvestitionen bzw. F&E-Ausgaben I getätigt werden, um das Produkt zu entwickeln und die Produktion vorzubereiten. Soweit die Unternehmer über kein ausreichendes Eigenkapital verfügen, können sie die Ausgaben in der Startphase nicht selber finanzieren, sondern müssen externe Kapitalgeber zur Finanzierung gewinnen. Wir nehmen an, dass es keinerlei Interessenkonflikte zwischen Unternehmer und Kapitalgeber gibt. Probleme der Corporate Governance sind daher von Beginn an ausgeschaltet. Sie sind Gegenstand der nachfolgenden Kapitel zu moralischem Risiko und Negativauswahl. Daher gibt es kein Finanzierungsproblem, solange die Kapitalgeber die marktübliche Rendite erhalten. Die Finanzierungskonditionen auf einem wettbewerblichen Kreditmarkt drücken sich darin aus, dass für einen Kredit in der Höhe von D eine akzeptable Rückzahlung R verlangt wird, damit die Banken gerade noch die Gewinnschwelle erreichen. In einer separaten Übung wird gezeigt, dass eine Kreditfinanzierung der Startphase zum Ergebnis in (XV.12) führt, so dass wir unter den erwähnten Annahmen auf die Finanzierung nicht näher eingehen müssen.

Nach (XV.6) ist die Bevölkerung auf eine Grösse von 1 normiert und spaltet sich in Unternehmer und Arbeitnehmer auf. Wenn jeder Unternehmer gerade eine Firma gründet, dann gibt es E Gründungen. Davon überlebt nur ein Anteil p die Startphase und erreicht die Produktionsphase. Die Anzahl der reifen Unternehmen, welche ein differenziertes Produkt produzieren und auf dem Markt absetzen, beträgt also lediglich

$$N = p \cdot E. \tag{XV.13}$$

Nachdem jedes Unternehmen ein einziges Produkt anbietet, entspricht die Anzahl der reifen Unternehmen der Anzahl N der differenzierten Güter, wie sie nach (XV.1) von den Konsumenten nachgefragt werden. Die Zahl N drückt daher auch den Grad der Produktdifferenzierung aus und kann als Masszahl für die gesamtwirtschaftliche Innovation verstanden werden.

XV.1.4 Öffentlicher Sektor

Neben Steuern und Subventionen übernimmt der Staat durch seine Aufgaben in der Grundlagenforschung eine produktive, innovationsfördernde Rolle. Die Grundlagenforschung ist als öffentliches Gut zu verstehen, welches vielen Unternehmen kommerzielle Anwendungen in den verschiedensten Bereichen ermöglicht. Die Grundlagenforschung schafft allgemeines technologisches Wissen, welches die F&E-Ausgaben privater Unternehmen in der Entwicklung differenzierter Güter senkt. Wir interpretieren nun die Startinvestitionen I als private F&E-Aufwendungen und machen diese von den staatlichen Ausgaben G für Grundlagenforschung abhängig,

$$I = I(G), \quad I'(G) < 0. \tag{XV.14}$$

Demnach senkt die öffentliche Grundlagenforschung die privaten Entwicklungskosten. Nachdem die wissenschaftlichen Erkenntnisse nicht rivalisierend und nicht ausschliessbar sind, handelt es sich bei G um ein klassisches öffentliches Gut. Nur private F&E-Ausgaben I führen zu einem kommerziell verwertbaren Produktdesign, welches mit einem Patent geschützt werden kann und daher dem innovativen Unternehmen einen Monopolgewinn π ermöglicht. Dieser Monopolgewinn ist nötig, um nach (XV.12) die privaten F&E-Ausgaben und die Opportunitätskosten der Unternehmer abzudecken. Sonst wäre die private Innovation nicht rentabel.

Die Ausgaben für Grundlagenforschung müssen mit Steuern finanziert werden. Darüber hinaus kann der Staat verschiedene innovationsfördernde Subventionen vergeben. Die Ausgaben werden teilweise mit einer Gewinnsteuer und der Rest mit einer Pauschalsteuer finanziert. Unter den erwähnten Symmetrie-Annahmen lautet die staatliche Budgetbeschränkung

$$\tau \cdot \left[\left(1 + z^X\right)q - 1 \right] xN + T = z^X qxN + z^I IE + G. \tag{XV.15}$$

Für die Bereitstellung des öffentlichen Gutes muss eine Nachfrage G für das traditionelle Gut getätigt werden. Bei N reifen Unternehmen mit Verkäufen von x und einem Produzentenpreis q belaufen sich die Kosten für die Outputsubvention auf $z^X qxN$. Alle E Startunternehmen erhalten eine Investitionssubvention mit aggregierten Budgetkosten von $z^I IE$. Nachdem Unternehmer und Arbeitnehmer die gleiche Pauschalsteuer zahlen, betragen die aggregierten öffentlichen Einnahmen daraus $(L + E)T = T$. Der erste Term in (XV.15) entspricht den Einnahmen aus der Gewinnsteuer, die von den N reifen Unternehmen gezahlt wird.

XV.2   Marktgleichgewicht

XV.2.1   Aggregiertes Einkommen

Das aggregierte Einkommen beträgt $Y = \int_0^1 y^i \mathrm{d}i = wL + VE - T$. Man setze V aus (XV.12) ein und verwende π in (XV.8) und die staatliche Budgetbeschränkung in (XV.15). Mit $N = pE$ folgt nach einigen Umformungen

$$Y = wL + VE - T = wL + [(q - 1)xp - I]E - G. \tag{XV.16}$$

Das aggregierte, verfügbare Einkommen besteht aus den Löhnen der Arbeitnehmer und den durchschnittlichen Gewinnen (abzüglich Investitionen) der Unternehmer, verringert um die Pauschalsteuer, welche alle zahlen müssen. Dieses Einkommen steht insgesamt für die Nachfrage nach traditionellen und innovativen Gütern zur Verfügung.

Es gibt drei Märkte, nämlich den Markt für Arbeit und die beiden Märkte für traditionelle und innovative Güter. Wenn zwei Märkte geräumt sind, muss nach dem Gesetz von Walras auch der dritte Markt im Gleichgewicht sein. In der folgenden Analyse verwenden wir (XV.6), so dass der Arbeitsmarkt geräumt ist. Walras' Gesetz besagt, dass die Summe der mit ihren Preisen bewerteten Überschussnachfragen Null ergeben muss, wenn alle Budgetbeschränkungen erfüllt sind. Indem man (XV.3) und (XV.5) kombiniert, erhält man das Budget des aggregierten Haushaltssektors, $Y = N^D qx + Z$. Mit dem aggregierten Einkommen wie in (XV.16) und mit $N = pE$ folgt

$$\left(N^D - N\right)qx + (Z + xN + IE + G - L) = 0. \tag{XV.17}$$

Man beachte, dass der Variantenpreis q sich nicht anpassen kann, da er nach der Preisaufschlagsregel fix an die exogenen Grenzkosten von 1 gebunden ist. Als marktäumende Grösse verwenden wir daher im symmetrischen Fall die Absatzmenge x einer repräsentativen Variante. Markträumung für innovative Güter bedeutet dann, dass die nachgefragte Zahl N^D von Varianten genau der angebotenen Zahl N entspricht. Die zweite Klammer in (XV.17) entspricht der Überschussnachfrage des traditionellen Gutes, welches als Numeraire dient und dessen Preis auf 1 normalisiert ist. Die Nachfrage kommt aus dem privaten Konsum Z, der Nachfrage xN für Vorleistungen für die Produktion des innovativen Gutes, der Investitionsnachfrage der E Startunternehmen und der Nachfrage G für die öffentliche Grundlagenforschung. Wegen des Input-Output-Koeffizienten von 1 ist L gleich dem Angebot des traditionellen Gutes. Wenn wir für das Gleichgewicht $N^D = N$ im innovativen Sektor lösen und gleichzeitig mit $1 = L + E$ ein Gleichgewicht auf dem Faktormarkt annehmen, dann muss nach (XV.17) als Folge von Walras' Gesetz auch der Markt für traditionelle Güter geräumt sein.

XV.2.2 Allgemeines Gleichgewicht

Im vorliegenden Fall ist die Gleichgewichtslösung besonders einfach und kann graphisch erfolgen. Es genügt, das Gleichgewicht auf dem Markt für innovative Güter zu lösen. Wenn wir zudem ein Faktormarktgleichgewicht in (XV.6) unterstellen, dann ist nach (XV.17) auch der Markt für traditionelle Güter geräumt. Weil der Produzentenpreis über die Preisaufschlagsregel an die Grenzkosten gebunden und daher von der Nachfrage unabhängig ist, kann dieser nicht die markträumende Variable sein. Im symmetrischen Fall wird der Markt über die Absatzmenge x pro Variante geräumt. Eine höhere Absatzmenge steigert nach (XV.10) den Gewinn und lockt somit neue Anbieter auf den Markt, welche mit neuen differenzierten Produkten das Angebot N ausweiten. Andererseits bedeutet der Einkauf von grösseren Mengen jeder einzelnen Variante, dass die Konsumenten mit ihrem Einkommen nur eine geringere Variantenanzahl nachfragen können, so dass die Nachfrage N^D mit x fällt. Dieser letzte Zusammenhang, welcher in Abbildung XV.2 die Nachfragekurve bestimmt, erschliesst sich aus (XV.2) und (XV.5), wobei der Produzentenpreis q in (XV.10) nur von der Outputsubvention abhängig ist, aber sonst exogen bleibt. Im symmetrischen Fall setzen wir in (XV.2), $x = \left(q^D/q \right)^\sigma D$, die Nachfrage D aus (XV.4) und den Preisindex q^D aus (XV.5) ein. Nach einigen Vereinfachungen erhalten wir die *inverse Nachfragefunktion*

$$x = \frac{\phi}{q^\lambda N^\mu}, \quad \mu \equiv \frac{\sigma - \lambda}{\sigma - 1} > 0. \qquad \text{(XV.18)}$$

Diese Gleichung zeigt die Abwägung zwischen Produktvielfalt und Nachfragemenge pro Variante im Konsum und definiert die fallende Nachfragekurve N^D in Abbildung XV.2. Intuitiv zusammengefasst besagt die Gleichung, dass die Konsumenten von jeder einzelnen Produktlinie nur eine geringere Menge x kaufen können, wenn sie das innovative Gut in einer grösseren Anzahl N von Varianten konsumieren wollen.

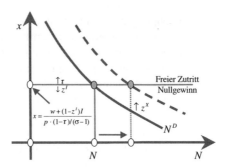

Abbildung XV.2: Marktgleichgewicht

Das Angebot an differenzierten Produkten hängt von der Neigung der Individuen ab, zugunsten einer Unternehmerlaufbahn auf eine unselbständige Karriere zu verzichten. Im vorliegenden Fall hängt die Entscheidung zur Selbständigkeit ausschliesslich vom relativen Einkommen ab. Für gegebene private Investitionskosten und für gegebene Opportunitätskosten in Form des entgangenen Lohns gibt die Zutrittsbedingung (XV.12) einen minimalen Gewinn π an, der erforderlich ist, um die Selbständigkeit attraktiv zu machen. Nachdem die Gewinnspanne in (XV.10) nur von der Substitutionselastizität (gleich der Nachfrageelastizität) σ abhängt und damit exogen ist, sind Gewinn und Absatzmenge proportional zueinander. Dem minimal erforderlichen Gewinn entspricht also eine Mindestabsatzmenge x, bei der die Unternehmensgründung gerade noch die Gewinnschwelle gegenüber einer lohnabhängigen Karriere schafft. Aus (XV.10) und (XV.12) ergibt sich

$$x = \frac{\left(1 - z^I\right)I + w}{p \cdot (1 - \tau)/(\sigma - 1)}. \qquad (XV.19)$$

Nachdem wir ein vollständig symmetrisches Gleichgewicht betrachten, gibt es keine Unterschiede zwischen Personen oder Firmen. Daher ist die Selbständigkeit entweder für alle oder für niemanden attraktiv. Ein geringfügig höherer Absatz würde einen höheren Gewinn ergeben, so dass sich in (XV.11) alle Individuen für die Selbständigkeit entscheiden würden. Wäre der Absatz und damit der Gewinn geringer als in (XV.19), dann würde überhaupt niemand ein Unternehmen gründen wollen. Mit anderen Worten ist die Angebotskurve für $N = pE$ vollkommen elastisch und daher in Abbildung XV.2 horizontal eingezeichnet. Im Gleichgewicht ist die Anzahl der angebotenen und nachgefragten Gütervarianten – und damit die Zahl der innovativen Unternehmen – nur von der Nachfrageseite her bestimmt.

Mit der gleichgewichtigen Absatzmenge x pro Variante und der Produktvielfalt N wie in Abbildung XV.2 gleich der Zahl der reifen Unternehmen sind nun auch alle anderen Grössen bestimmt. Die Absatzmenge x bestimmt den Gewinn π. Das erwartete Einkommen der Unternehmer nach Abzug der Investitionskosten ist genau gleich dem Lohn w. Die Zahl der Startunternehmen beträgt $E = N/p$, so dass im traditionellen Sektor $L = 1 - E$ Arbeiter verbleiben, die einen Output von L produzieren. Damit sind das aggregierte Einkommen Y sowie die Einnahmen und Ausgaben im

Staatsbudget bestimmt. Mit der Anzahl der Produktvarianten N und dem Variantenpreis q nach (XV.10) liegt gemäss (XV.5) der Preisindex q^D fest. Aus (XV.4) folgen damit die Nachfrage nach dem Warenkorb D von innovativen Gütern und die entsprechenden Ausgaben $Nqx = q^D D$. Alles, was nicht für innovative Güter ausgegeben wird, fliesst in die Nachfrage nach traditionellen Gütern, welche sich aus der Budgetbeschränkung des privaten Sektors erschliesst, $Z = Y - Nqx$. Wegen Walras' Gesetz ist mit dem Gleichgewicht gemäss Abbildung XV.2 auch der Markt für traditionelle Güter geräumt, siehe (XV.17).

XV.2.3 Wirkungen der Finanzpolitik

Das Modell berücksichtigt eine Reihe von Steuern und Subventionen, die für Unternehmensgründung und Innovation wichtig sind. Dabei gehen wir bei allen Experimenten davon aus, dass der Staat die entsprechenden Kosten jeweils mit einer Pauschalsteuer T gegenfinanziert. Nachdem diese keinen Einfluss auf das Gleichgewicht hat, können wir so die allokativen Effekte der entsprechenden Instrumente isoliert betrachten.

XV.2.3.1 Erlössubvention

Zuerst wird eine Erlös- bzw. Outputsubvention z^X für innovative Unternehmen betrachtet.[2] Aus (XV.10) geht hervor, dass die Unternehmen eine Preisaufschlagsregel anwenden, welche den Produzentenpreis $(1 + z^X)q$ fix an die Grenzkosten (von 1) koppelt. Eine Erlössubvention bleibt ohne Wirkung auf den Produzentenpreis und senkt eins zu eins den Konsumentenpreis q. Für eine gegebene Produktvielfalt N kaufen die Nachfrager gemäss (XV.18) eine entsprechend höhere Absatzmenge, so dass sich in Abbildung XV.2 die Nachfragekurve N^D nach oben verschiebt. Bei gegebenem N steigen mit höherer Absatzmenge die Monopolgewinne π, so dass nach (XV.11) unter Berücksichtigung entsprechender Entwicklungskosten I für ein neues Produktdesign Unternehmensgründungen attraktiver werden. Also wird sich eine zunehmende Anzahl E von Unternehmern zur Gründung entschliessen. Je mehr Startups es gibt, desto mehr Unternehmen gelangen zur Reifephase und schaffen die Produkteinführung, $N = pE$. Mit einer zunehmenden Produktvielfalt werden dann die Konsumenten geringere Mengen von jeder einzelnen Variante kaufen, so dass Absatz und Gewinne pro Unternehmen fallen, bis im neuen Schnittpunkt der Nachfragekurve mit der Angebotskurve in Abbildung XV.2 alle Individuen wieder indifferent zwischen Lohnkarriere und Selbständigkeit sind.

Eine Erlössubvention senkt also den Nachfragepreis und dehnt die Nachfrage aus, die durch neue Firmen bedient wird, ohne dass sich längerfristig die Absatzmenge und der Gewinn pro Firma verändern. Damit steigt die Produktvielfalt, welche eine Masszahl für die Innovation darstellt. Man beachte, dass ein höherer Grad von Produktdifferenzierung N den Preisindex q^D in (XV.5) absenkt und somit die

---

[2]In der Realität dürften sich hier einige schwierige Abgrenzungsprobleme bezüglich der Frage ergeben, welche Unternehmen als innovativ einzustufen sind. Viele öffentliche Förderungsprogramme sehen eine explizite Prüfung des Innovationsgehalts der beantragten Projekte vor.

reale Kaufkraft der Konsumenten stärkt. Mit anderen Worten: Aufgrund höherer Arbeitsteiligkeit und Spezialisierung in der Produktion nimmt die Produktivität in der Erzeugung des Finalgutes bzw. Warenkorbes D zu. Diese Produktivitätssteigerung ist das Resultat von Produktinnovationen durch Unternehmen mit neuen differenzierten Produkten.

XV.2.3.2 Gewinnsteuer

Abgesehen von der Erlössubvention setzen alle anderen, hier betrachteten Instrumente auf der Angebotsseite an. Von grosser Bedeutung ist die Auswirkung der Gewinnsteuer, also der Körperschaftsteuer oder der Einkommensteuer des Unternehmers bei Personenunternehmen. Aus (XV.10) ergibt sich, dass die Gewinnsteuer die Preis-Absatz-Entscheidung des Monopolisten im partiellen Gleichgewicht nicht verändert und in dieser Hinsicht neutral ist. Allerdings wirkt sie sich sehr verhängnisvoll auf die Neigung zur Unternehmensgründung aus. Wie (XV.10) zeigt, mindert die Steuer bei gegebener Absatzmenge den Nettogewinn π, so dass nach (XV.12) eine Gründung nicht mehr attraktiv ist. Anders ausgedrückt: Damit die Selbständigkeit weiter attraktiv bleibt, muss für eine gegebene Zahl von Firmen die minimal erforderliche Absatzmenge x zunehmen. Daher verschiebt sich in Abbildung XV.2 die horizontale Angebotskurve nach oben (nicht eingezeichnet), während die Nachfragekurve N^D unverändert bleibt. Wenn die Nachfrage diese höhere Absatzmenge der bisher auf dem Markt aktiven Firmen nicht aufnimmt, dann wird eine Anzahl von Unternehmen aus dem Markt ausscheiden müssen bzw. sie werden erst gar nicht gegründet. Als Resultat einer geringeren Gründungsrate E werden weniger Unternehmen die Produkteinführung schaffen, so dass $N = pE$ abnimmt. Mit einer geringeren Produktvielfalt N kann die Nachfrage von jeder einzelnen Variante eine grössere Absatzmenge aufnehmen, so dass Absatz und Gewinn der verbleibenden Unternehmen ansteigen, bis im neuen Schnittpunkt der Nachfrage- und Angebotskurve die Individuen gerade wieder indifferent zwischen Gründung und abhängiger Beschäftigung sind. Der Leser möge Abbildung XV.2 für dieses Experiment neu zeichnen.

Die Gewinnsteuer hat also keinen Einfluss auf den Preisaufschlag und die Gewinnspanne der monopolistischen Unternehmen. Sie beeinträchtigt aber die Neigung, ein Unternehmen zu gründen und die notwendigen Fixkosten für F&E aufzuwenden. Auf diese Weise mindert sie die Rate der Unternehmensgründungen und beeinträchtigt die gesamtwirtschaftliche Innovation.

XV.2.3.3 Subventionierung der Kapitalkosten

Unternehmensgründungen werden in der Realität häufig durch zinsverbilligte Kredite, Kreditgarantien, Investitionsprämien oder direkte Zuschüsse zu Investitionskosten gefördert. Diese Programme können wir im vorliegenden Modell als Subvention der Kapitalkosten auffassen, so dass die privaten Kapitalkosten für F&E nur mehr $\left(1 - z^I\right)I$ betragen. Die Wirkung ist gerade umgekehrt zur Gewinnsteuer. Wenn die privaten Investitionskosten sinken, dann genügt nach (XV.11) schon ein geringerer Gewinn in der Reifephase des Unternehmens, um eine Gründung attraktiv zu machen. Der Leser kann nun in Abbildung XV.2 die horizontale Angebotskurve nach unten verschieben, vgl. auch (XV.19). Bei gegebener Anzahl N von Produkten werden die am Markt existierenden Unternehmen angesichts der geringeren Investitionskosten übermässige Gewinne erzielen, was den Anreiz zum Marktzutritt durch Unternehmensgründung stärkt. Wenn zunehmend viele Unternehmen neue Produktvarianten auf den Markt bringen, nimmt die Nachfrage pro Variante und Unternehmen ab. Mit geringerer Absatzmenge schrumpft der Gewinn, bis schliesslich im neuen Schnittpunkt der Angebots- und Nachfragekurven ein weiterer Marktzutritt nicht mehr attraktiv ist. Die Zutrittsbedingung (XV.12) gilt dann wieder mit Gleichheit, so dass im neuen Gleichgewicht eine grössere Produktvielfalt mit geringeren Absatzmengen einhergeht. Die Subventionierung der Kapitalkosten erhöht also die Anreize zur Unternehmensgründung und steigert die Innovationsrate, gemessen am Grad der Produktdifferenzierung.

XV.2.3.4 Grundlagenforschung

Wesentliches Element der Innovationspolitik eines Landes ist die Grundlagenforschung. Diese ist ein klassisches öffentliches Gut, welches durch Nichtausschliessbarkeit und Nichtrivalität in der Nutzung gekennzeichnet ist. Die Bereitstellung dieses öffentlichen Gutes gehört damit zu den klassischen Staatsaufgaben. Wegen der Nichtausschliessbarkeit können private Unternehmen die Erkenntnisse der Grundlagenforschung kostenlos nutzen. Im vorliegenden Rahmen können auf diesem Weg für alle potentiellen Anbieter die privaten F&E-Aufwendungen $I(G)$ verringert werden, $I'(G) < 0$. Mit geringeren Fixkosten für die Entwicklung des Produktdesigns wird bei gegebenen Gewinnen in der Produktionsphase die Option der Unternehmensgründung entsprechend attraktiver. Die Anpassung und graphische Lösung ist ansonsten ganz identisch zum Fall der direkten Investitionsprämie z^I und muss nicht wiederholt werden. Mehr Grundlagenforschung verschiebt in Abbildung XV.2 die Angebotskurve nach unten und führt im Gleichgewicht zu geringeren Absatzmengen, aber mehr Innovation durch grössere Produktvielfalt. Damit nimmt die Grösse des innovativen Sektors in der Gesamtwirtschaft zu.[3]

XV.3 Effizientes Gleichgewicht

Die positive Analyse des Marktgleichgewichtes lässt zwei wirtschaftspolitisch brisante, normative Fragen offen. Erstens: Wieviele Ressourcen soll der Staat in die Grundlagenforschung stecken? Und zweitens: Soll der Staat darüber hinaus private Forschung bzw. innovative Unternehmensgründungen fördern? Wenn ja, in welchem Ausmass und auf welche Weise soll dies geschehen? Zur Beantwortung dieser Fragen muss man die wohlfahrtsmaximale Ressourcenallokation charakterisieren und mit der Allokation im dezentralen Marktgleichgewicht vergleichen. Verteilungsfragen bleiben dabei ausgeklammert, da alle Individuen risikoneutral und ex ante (vor Auflösung des Gewinnrisikos) identisch sind.

---

[3]In einem Wachstumsmodell würde sich dies in Form einer höheren Wachstumsrate auswirken.

Die optimale Allokation folgt aus der Lösung des Problems des sozialen Planers, der die Allokation nicht über das Preissystem steuert, sondern direkt bestimmt und dabei nur von der Technologie und der Ressourcenausstattung beschränkt wird. Die soziale Wohlfahrtsfunktion ergibt sich aus der Aggregation der individuellen Nutzenniveaus in (XV.3), $U^* = \int_0^1 U^i \mathrm{d}i = u(D) - q^D D + Y$. Indem man Y durch (XV.16) ersetzt, die Ausgaben für innovative Güter mit $q^D D = qxN$ anschreibt und schliesslich $w = 1, 1 = E + L$ sowie $N = pE$ berücksichtigt, erhält man folgendes Problem:

$$U^* = \max_{x_j, E, G} u(D) + 1 - [1 + I(G)]E - \int_0^N x_j \mathrm{d}j - G, \quad D = \left[\int_0^N (x_j)^{1/\rho} \mathrm{d}j\right]^\rho.$$
(XV.20)

Dabei steht $\int_0^N x_j \mathrm{d}j = xN$ für den Verbrauch von Vorleistungen aus dem traditionellen Sektor und E für die Opportunitätskosten der innovativen Produktion. Mit anderen Worten bedeuten E Unternehmer im innovativen Sektor E Arbeiter weniger im traditionellen Sektor, so dass dort ein Produktionsausfall von $-E$ entsteht.

Nunmehr kann die wohlfahrtsmaximale Ressourcenallokation ermittelt und anschliessend mit dem dezentralen Marktergebnis verglichen werden. Man ermittelt nachfolgende BEO für eine maximale Wohlfahrt in (XV.20). In (b) wird die Leibnitz-Regel angewandt und die Beziehung $N = pE$ berücksichtigt:

(a) $\partial U^*/\partial x_j = u'(D) \cdot \partial D/\partial x_j - 1 = 0,$

(b) $\partial U^*/\partial E = u'(D) \cdot \partial D/\partial N \cdot p - x_N \cdot p - [1 + I(G)] = 0,$ (XV.21)

(c) $\partial U^*/\partial G = -I'(G) \cdot E - 1 = 0.$

Auch beim sozialen Planungsproblem betrachten wir nur symmetrische Fälle, da alle Haushalte und Unternehmen als identisch angenommen sind. Im Folgenden müssen wir wissen, um wieviel die Konsumentenwohlfahrt steigt, wenn entweder eine zusätzliche Einheit einer existierenden Variante produziert oder aber eine neue Variante eingeführt wird. Wir benötigen daher die folgenden Ableitungen der Nutzenfunktion in (XV.1) für den symmetrischen Fall. In (b) benutzt man die Leibnitz-Regel und beachtet die Symmetrieannahme $x_N = x$.

(a) $\partial D/\partial x_j = \left[\int_0^N x_j^{1/\rho} \mathrm{d}j\right]^{\rho-1} \cdot x^{1/\rho-1} = N^{1/(\sigma-1)}, \quad \rho = \frac{\sigma}{\sigma-1},$

(b) $\partial D/\partial N = \rho\left[\int_0^N x_j^{1/\rho} \mathrm{d}j\right]^{\rho-1} \cdot x_N^{1/\rho} = \frac{\sigma}{\sigma-1} N^{1/(\sigma-1)} \cdot x.$
    (XV.22)

Nun können wir die Bedingungen für das soziale Optimum nach (XV.21) und (XV.22) mit dem Marktergebnis vergleichen. Eine sozial optimale Absatzmenge x^* erfordert, dass (XV.21a) erfüllt ist. Nach (XV.4) und (XV.5) gilt im Marktgleichgewicht $u'(D) = q^D = N^{1/(1-\sigma)}q$. Wenn wir in (XV.21a) $u'(D)$ durch diesen Ausdruck ersetzen und (XV.22) verwenden, dann kürzt sich der Term $N^{1/(1-\sigma)}$ weg, so dass $\partial U^*/\partial x_j = q - 1$. Es zeigt sich also, dass die soziale Wohlfahrt im Marktgleichgewicht ohne staatliche Intervention durch eine grössere Absatzmenge pro Variante noch gesteigert werden kann, da wegen der Preisaufschlagskalkulation nach (XV.10) der Konsumentenpreis über den Grenzkosten liegt, $q > 1$. Wie Abbildung XV.1 zeigt, entsteht dadurch eine Mehrbelastung, weil die Einschränkung der Absatzmenge durch den Monopolisten Konsumentenrente vernichtet (Dreieck DWL). Die Abbildung zeigt auch, dass die effiziente Menge erreicht wird, wenn der Konsumentenpreis gleich den Grenzkosten ist, $q = 1$. Der Staat kann nun mit einer Outputsubvention z^X den Konsumentenpreis auf dieses Niveau heruntersubventionieren, so dass die Marktallokation die Bedingung (XV.21a) für ein soziales Optimum erfüllt,

$$\frac{\partial U^*}{\partial x_j} = q - 1 = 0 \quad \Leftrightarrow \quad 1 + z^{X*} = \frac{\sigma}{\sigma - 1} > 1 \quad \Leftrightarrow \quad z^{X*} = \frac{1}{\sigma - 1} > 0.$$
(XV.23)

Die Outputsubvention reduziert den Konsumentenpreis auf das Niveau der Grenzkosten, verändert aber gemäss (XV.10) den Produzentenpreis nicht! Dieser muss nach der Preisaufschlagsregel immer $(1 + z^X)q = \frac{\sigma}{\sigma-1} > 1$ betragen. Ohne Subvention wären die Produzenten- und Konsumentenpreise identisch und gleich $q = \frac{\sigma}{\sigma-1}$. Eine optimale Subvention reduziert den Konsumentenpreis auf $q = 1$, während der Produzentenpreis nach wie vor auf dem Niveau $1 + z^{X*} = \frac{\sigma}{\sigma-1}$ verbleibt. Daher kann der Monopolist mit diesem Preis eine Gewinnspanne erzielen, auch wenn der Konsumentenpreis den Grenzkosten entspricht. Diese Gewinnspanne sichert ihm den Monopolgewinn, der notwendig ist, um die Fixkosten für F&E abzudecken.

Nun gehen wir davon aus, dass der Staat die optimale Erlös- bzw. Outputsubvention nach (XV.23) gewährt und somit im Marktgleichgewicht $q = 1$ gilt. Gibt es noch eine weitere Notwendigkeit, den Marktzutritt bzw. die Rate der Unternehmensgründungen zu regulieren? Dies wäre der Fall, wenn die Wohlfahrt durch weiteren Zutritt (Austritt) noch gesteigert werden könnte, d.h. $\partial U^*/\partial E > 0$ (< 0) wäre. Wir ermitteln, welchen Wert diese Ableitung im Marktgleichgewicht annimmt. Man verwende wieder $u'(D) = q^D = N^{1/(1-\sigma)}q$, $q = 1$ und (XV.22) in (XV.21b) und erhalte den Wert der Ableitung, wie er im Marktgleichgewicht resultiert,

$$q = 1 \quad \Leftrightarrow \quad \frac{\partial U^*}{\partial E} = \frac{1}{\sigma - 1} \cdot xp - [1 + I(G)] = 0.$$
(XV.24)

Für $\tau = 0$ gilt gemäss (XV.10) $\frac{1}{\sigma-1}x = \pi$. Wenn zusätzlich $z^I = 0$, dann führt der freie Marktzutritt zur Nullgewinnbedingung (XV.12), so dass im Marktgleichgewicht mit $q = 1$ die BEO $\frac{\partial U^*}{\partial E} = \pi p - [1 + I(G)] = 0$ für die sozial optimale Anzahl von Gründungen E^* erfüllt ist (beachte $w = 1$). Dies bedeutet, dass die optimale Outputsubvention genügt, um im Marktgleichgewicht eine sozial effiziente Allokation im Sinne von optimaler Produktvielfalt und Absatzmenge pro Variante sicherzustellen. Jede weitere Intervention mittels einer Gewinnbesteuerung τ oder einer Startsubvention wäre kontraproduktiv. Würde eine weitere Firma hinzutreten, dann entstünde einerseits ein Wohlfahrtsgewinn aus einer grösseren Produktvielfalt N, die den Preisindex $q^D = N^{1/(1-\sigma)}q$ sänke und damit die reale Kaufkraft steigerte. Andererseits müssten sich dann eine grössere Zahl von Firmen den Markt teilen, so dass jedes einzelne Unternehmen weniger absetzen könnte. Dadurch sänken die Gewinne und damit die Wohlfahrt. Dieser *„Business Stealing"-Effekt* hebt sich gerade mit dem *Wohlfahrtsgewinn aus höherer Produktvielfalt* auf, so dass es keinen Grund gibt, die Anzahl der Unternehmen mit differenzierten Produkten im Marktgleichgewicht zu beeinflussen.

Schliesslich beantworten wir die Frage, in welchem Umfang der Staat Grundlagenforschung finanzieren soll. Wir erkennen in (XV.21c) mit $-I'(G)E = \int_0^E -I'(G)\mathrm{d}j$ die Samuelson-Bedingung für die optimale Bereitstellung eines öffentlichen Gutes,

$$\int_0^E -I'(G)\mathrm{d}j = 1. \tag{XV.25}$$

Da die Erkenntnisse der Grundlagenforschung in der Nutzung nicht rivalisierend sind, erzielen alle Startunternehmen gleichzeitig eine Einsparung von Entwicklungskosten $I'(G)$, wenn die Grundlagenforschung um eine Einheit ausgedehnt wird. Bei Finanzierung mit einer Pauschalsteuer sind die Grenzkosten der Grundlagenforschung gleich 1. Diese Grenzkosten müssen nach der Samuelson-Regel der *Summe der privaten Kosteneinsparungen* in der angewandten F&E entsprechen.

Zusammenfassend wird festgehalten, dass sich die staatliche Innovationspolitik auf zwei Tätigkeitsfelder konzentrieren sollte. Zuallererst muss der Staat für eine ausreichende Grundlagenforschung sorgen, um die Voraussetzungen für private Innovation zu verbessern. Zudem wäre eine Erlössubvention geeignet, den Konsumentenpreis auf das Niveau der Grenzkosten zu senken und so den Wohlfahrtsverlust aus der monopolistischen Preissetzung zu vermeiden. Weitere staatliche Aktivitäten sind hingegen der Wohlfahrt abträglich. Weder die Gewinnsteuer noch die Investitionsprämie können das Problem der monopolistischen Preissetzung beheben, weil sie keinen Einfluss auf den Preisaufschlag haben. Wenn der Staat allerdings auf eine Erlössubvention verzichtet und nichts gegen die Preisaufschläge unternimmt, aus welchen Gründen auch immer, dann würden alle Massnahmen die Wohlfahrt steigern, wie z.B. Kapitalsubventionen z^I, welche die Neigung zur Gründung innovativer Unternehmen stärken und damit den Marktzutritt anregen. Die Gewinnsteuer hätte gerade den gegenteiligen Effekt und würde die Wohlfahrt senken, indem sie die Innovation durch Unternehmensgründungen hemmt.

Zusammenfassung

1. Monopolistische Konkurrenz bezeichnet eine Marktform mit vielen Anbietern (Konkurrenz), die alle auf eine ganz bestimmte Produktlinie spezialisiert sind (lokales Monopol). Differenzierte Produkte sind im Konsum nur unvollständig substituierbar. Die Substitutionselastizität im Konsum bestimmt die Preiselastizität der Nachfrage nach einzelnen Produktvarianten.

2. Produktdifferenzierung gibt den Unternehmen lokale Marktmacht, so dass sie einen Preis über den Grenzkosten durchsetzen und Monopolgewinne erzielen können. Diese sind notwendig, um die Fixkosten der Produktentwicklung und die Opportunitätskosten der Unternehmensgründung abzudecken.

3. Die Karriereentscheidung zwischen lohnabhängiger Beschäftigung und freiem Unternehmertum bestimmt die Zahl der Unternehmensgründungen. Innovation in Form von neuen Produktlinien erfolgt zu einem guten Teil durch junge Unternehmen. Ein grosser Teil der neu gegründeten Unternehmen scheidet nach kurzer Zeit wieder aus.

4. Die Nachfrage bestimmt die Marktgrösse. Dabei gibt es eine Abwägung zwischen Anzahl und Menge der nachgefragten Produktvarianten. Je mehr Produktvarianten angeboten werden, desto weniger Absatz ist für eine einzelne Produktlinie möglich.

5. Bei fixem Preisaufschlag über die Grenzkosten ist die Gewinnspanne unabhängig von der Verkaufsmenge, so dass der Gewinn sich proportional zur Absatzmenge verhält.

6. Freier Marktzutritt dehnt die Zahl der Anbieter und Produktlinien aus und reduziert damit die Verkaufsmenge und den Gewinn eines einzelnen Anbieters. Im Gleichgewicht deckt der erwartete Gewinn gerade die Fixkosten der Produktentwicklung und die Opportunitätskosten der Unternehmer in Form von entgangenen Löhnen bei unselbständiger Tätigkeit ab.

7. Die Erkenntnisse der öffentlich bereitgestellten Grundlagenforschung stehen allen Unternehmen nicht rivalisierend zur Verfügung und sind nicht ausschliessbar. Sie senken die privaten Entwicklungskosten für kommerzielle Anwendungen und fördern damit die private Innovation, gemessen an der Zahl differenzierter Produkte.

8. Eine Erlössubvention mindert den Konsumentenpreis und regt die Nachfrage an. Ein höherer Absatz steigert den erwarteten Gewinn und verstärkt die Neigung zur Unternehmensgründung. Der folgende Marktzutritt führt zu mehr Innovation durch neue Produkte und schränkt Absatz und Gewinn pro Anbieter ein, bis die Gewinnschwelle wieder erreicht ist.

9. Eine Gewinnsteuer hat keinen Einfluss auf die Preisbildung. Sie wirkt sich jedoch ungünstig auf die Innovation aus. Sie senkt den Unternehmenswert, löst Marktaustritt aus und führt so zu geringerer Produktdifferenzierung. Wenn die Gründungsrate sinkt, wachsen Absatz und Gewinn der verbleibenden Anbieter, bis diese gerade wieder die kritische Gewinnschwelle erreichen.

10. Höhere Startsubventionen für die Fixkosten der Produktentwicklung bleiben wie bei der Gewinnsteuer ohne Einfluss auf die Preisbildung. Sie steigern hingegen Unternehmenswert und Marktzutritte und fördern Innovationen in Form von Produktdifferenzierung.

11. Monopolistisches Preissetzungsverhalten führt zu überhöhten Konsumentenpreisen und schränkt die Nachfrage ein. Eine wohlfahrtsmaximale Ressourcenallokation erfordert einen Konsumentenpreis gleich den Grenzkosten und ein Niveau an Grundlagenforschung, welches gerade die Samuelson-Bedingung für die effiziente Bereitstellung eines öffentlichen Gutes erfüllt.

Lektürevorschläge

Klassische Beiträge zur Theorie der monopolistischen Konkurrenz sind Spence (1976) sowie Dixit und Stiglitz (1977). Matsuyama (1995) gibt eine exzellente Übersicht über verschiedenste Anwendungen. Murphy, Shleifer und Vishny (1989) haben das Modell monopolistischer Konkurrenz mit einer Berufswahl zwischen industriellem und traditionellem Sektor verbunden. Der Einfluss der Besteuerung auf die Entscheidung zur Selbständigkeit ist z. B. theoretisch in Boad-

WAY, MARCHAND und PESTIEAU (1991) und empirisch in CULLEN und GORDON (2002) untersucht. Die vorliegende Darstellung lehnt sich an KEUSCHNIGG (2003) an, der den Einfluss der Besteuerung auf die Gründungsneigung in einem Modell monopolistischer Konkurrenz darstellt und dabei wesentlich ausführlicher auf die Finanzierungsseite eingeht. GORDON (1998) weist darauf hin, dass eine geringere Gewinnbesteuerung relativ zur Lohnbesteuerung die Gründungsaktivitäten fördern und damit positive Spillovers von innovativen Unternehmensgründungen internalisieren könnte. Nach KORTUM und LERNER (2000) sind junge Unternehmen tatsächlich wesentlich innovativer als grosse Unternehmen. Auf der Homepage WWW.IFF.UNISG.CH, Seite Keuschnigg/Lehre, stehen gelöste Übungsaufgaben bereit.

Schlüsselbegriffe

Produktdifferenzierung	Innovation
Monopolistischer Wettbewerb	Fixkosten
Preisaufschlag	Gewinnspanne
Private Forschung und Entwicklung	Freier Marktzutritt
Unternehmensgründung	Grundlagenforschung
Gewinnsteuer	Erlössubvention
Startsubvention	

Kapitel XVI

Startinvestitionen und moralisches Risiko

Junge Unternehmen sind auf externes Risikokapital angewiesen, da noch kaum Eigenkapital vorhanden ist und in der Startphase mangels eigener Gewinne eine Selbstfinanzierung von Investitionen ausscheidet. Ein Problem für externe Kapitalgeber ist das hohe Risiko. Ein grosser Teil der Gründungen scheidet schon nach wenigen Jahren wieder aus. In den meisten Fällen kann die Ursache auf Managementversagen des Unternehmers zurückgeführt werden. Der Erfolg junger Firmen hängt also entscheidend von der Motivation und den Qualitäten des Unternehmers ab. Seine Ziele sind aber nicht ausschliesslich am monetären Ertrag, sondern auch an persönlichen Zielen wie Unabhängigkeit, Status oder der Realisierung technischer Vorhaben orientiert. Rein kommerzielle Aspekte werden oft vernachlässigt. Da die unternehmerischen Managementleistungen von externen Investoren nur schwer beurteilt bzw. verifiziert werden können, müssen die Kapitalgeber mit der Gefahr opportunistischen Verhaltens rechnen. Dieses moralische Risiko, welches erst nach Vertragsabschluss zum Tragen kommt, gefährdet die Renditeerwartungen der Investoren. Weil intangible Managementleistungen nicht vertraglich vereinbar sind, muss die Finanzierung eine entsprechende Erfolgsbeteiligung des Unternehmers vorsehen, damit dieser ausreichende finanzielle Anreize für ein wertsteigerndes Engagement erhält.

Dieses Kapitel diskutiert Probleme der Risikofinanzierung und die Rolle der Besteuerung in diesem Zusammenhang. Dabei gehen wir davon aus, dass ein Unternehmer ein einziges Projekt realisiert und dem vollen Projektrisiko ausgesetzt wird. Wenn die Erfolgswahrscheinlichkeiten einzelner Projekte voneinander unabhängig sind, dann könnten grosse Finanzintermediäre mit entsprechend umfangreichen Portfolios das Risiko vollständig konsolidieren. Der erste Teil des Kapitels zeigt zunächst, wie die Existenz moralischen Risikos eine vollständige Risikokonsolidierung auf dem Kapitalmarkt verhindert, d. h. der Grad der Risikokonsolidierung wird endogen erklärt. Die Risikotragung der Unternehmer ist von den privaten Parteien bewusst gewollt und notwendig, um die unternehmerischen Anreize für wertsteigernde Managementleistungen zu erhalten. Der Staat kann in diesem Fall nicht über die Versicherungswirkung der Besteuerung zur Risikokonsolidierung beitragen. Die privaten Marktparteien würden eine fiskalische Versicherung über das Steuer- und Transfersystem durch Anpassung der Erfolgsbeteiligung (Eigenkapitalanteile) vollständig kompensieren, so dass die private Risikotragung unverändert bliebe. Die Besteuerung wäre also neutral bezüglich der privaten Risikotragung.

Nach diesem Neutralitätsresultat wechseln wir im zweiten Teil von Risikoaversion zu Risikoneutralität, um die Anreizwirkungen der Besteuerung bei variablen Managementleistungen und *einseitigem moralischem Risiko* herauszuarbeiten. Es zeigt sich eine Tendenz zur Unterinvestition von unternehmerischen Managementleistungen, welche zu überhöhten Ausfallwahrscheinlichkeiten führen kann. Diese Tendenz existiert unabhängig davon, ob die externe Finanzierung mit Eigen- oder Fremdkapital erfolgt. Die Steuerpolitik kann in dieser Situation die Wohlfahrt steigern, indem sie die Anreize für unternehmerisches Engagement verbessert. Es zeigt sich, dass eine Reduktion der Gewinnsteuer diese Anreize direkt stärkt. In der Realität werden junge Unternehmen hingegen überwiegend durch eine Subventionierung der Kapitalkosten für Startinvestitionen (Zinsverbilligungen, Bürgschaften usw.) gefördert. Eine solche Förderung vermag hingegen die Anreize nur sehr indirekt zu verbessern. Wenn die privaten Kosten für Kapitalinvestitionen fallen, müssen die Investoren eben weniger finanzieren und können mit einem geringeren Eigenkapitalanteil zufrieden gestellt werden. Dementsprechend kann der Gewinnanteil der Unternehmer und damit ihre Erfolgsbeteiligung höher sein, was ihre Anreize stärkt.

Der letzte Teil wendet sich der Finanzierung mit Wagniskapital (Venture Capital) zu. Dieses kleine Segment der Finanzintermediation ist besonders auf innovative, aber auch sehr riskante Gründungen spezialisiert. Unternehmern mit einer vielversprechenden Geschäftsidee fehlt nicht nur Geld, sondern auch kommerzielle Managementerfahrung. Anders als Banken, die sich ausschliesslich auf die Bereitstellung von Kapital beschränken, bieten Wagnisfinanziers nicht nur Geld, sondern auch wertsteigernde Beratung an. Sie engagieren sich, indem sie wichtige Kontakte zu Kunden, Lieferanten und anderen Kapitalgebern herstellen, bei der Rekrutierung professionellen Personals helfen und mit strategischer Managementberatung beistehen. Diese Aktivitäten fördern die Professionalisierung junger Wachstumsunternehmen und tragen ähnlich wie die Unternehmerleistungen zur Wertsteigerung bei. Nicht zuletzt aus diesen Gründen stellt die empirische Literatur bei wagnisfinanzierten Firmen eine bessere Performance fest als bei anderen.

Da auch der Beitrag der Wagnisfinanziers nicht verifizierbar und vertraglich nicht vereinbar ist, entsteht nun ein *zweiseitiges moralisches Risiko*. Ein wertsteigerndes Engagement sowohl des Unternehmers als auch des Wagnisfinanziers setzt allerdings voraus, dass beide Seiten an der Wertsteigerung teilhaben. Aus diesem Grund muss der Finanzierungsvertrag eine Gewinnaufteilung vorsehen, welche die Leistungsanreize richtig auf den Unternehmer und Wagnisfinanzier verteilt. In dieser Situation beschränkt sich die Tendenz zur Unterinvestition nicht nur auf den Unternehmer, sondern auch auf den Wagnisfinanzier. Beide tragen ausschliesslich selber die Kosten ihrer Management- und Beratungsleistungen, müssen sich aber je nach Eigenkapitalaufteilung den entstehenden Wertzwachs teilen. Sie können nicht den gesamten gesellschaftlichen Wertzuwachs für sich beanspruchen. Ein Teil kommt wie in einer Teamproduktion dem jeweils anderen Partner zugute. Wieder zeigt sich, dass eine staatliche Förderung von Startunternehmen erfolgsabhängig in Form einer Gewinnsteuerermässigung gewährt werden sollte, während eine erfolgsunabhängige Subvention der Kapitalkosten zwar den Marktzutritt fördern kann, aber die Leistungsanreize bei der Projektdurchführung nicht zu stärken vermag. Eine Streichung von erfolgsunabhängigen Subventionen von Kapitalinvestitionen in der Startphase in Kombination mit einer aufkommensneutralen Gewinnsteuerentlastung in der Reifephase würde die Leistungsanreize beider Parteien stärken und könnte so die Wohlfahrt steigern.[1] Eine Förderung der Wagnisfinanzierung ist also im Prinzip sogar ohne Nettobelastung für den Staat möglich.

Dieses Kapitel erörtert den Einfluss der Besteuerung auf die Gründungsentscheidung der Unternehmer, auf die anschliessenden Managementleistungen und auf die Beratungsleistungen der Wagnisfinanziers. Die empirische Literatur zeigt, dass Steuern tatsächlich einen wichtigen Einfluss auf diese Verhaltenskanäle ausüben. Nach Gordon (1998), Gentry und Hubbard (2000) sowie Cullen und Gordon (2002) hat die relative Steuerlast auf Lohn- und Gewinnbesteuerung einen deutlichen Einfluss auf die Gründungsentscheidung. Hohe Steuern haben auch nach der Gründung einen wichtigen Einfluss auf unternehmerische Entscheidungen und beeinflussen das Unternehmenswachstum sehr stark. Nach Rosen (2005, S. 261) würde eine Reduktion des persönlichen Einkommensteuersatzes eines Alleinunternehmers von 50 auf 33% die Erlöse um etwa 28% steigern. Zusätzlich zum persönlichen Beitrag der Unternehmer zum Unternehmenserfolg stellt er auch einen deutlichen steuerlichen Einfluss auf die Investitions- und Beschäftigungsneigung fest. Hellmann und Puri (2002) untersuchen den wertsteigernden Einfluss der Wagnisfinanziers in ihren Portfoliounternehmen. Demnach entwickeln sich wagnisfinanzierte Unternehmen deutlich schneller und tätigen mehr und radikalere Innovationen als andere Unternehmen. Nach Kortum und Lerner (2000) sind wagnisfinanzierte Unternehmen in der Innovationsleistung und Verwertung den anderen Firmen weit überlegen. Sie schätzen, dass in den USA 8–14% der industriellen Innovation auf wagnisfinanzierte Unternehmen entfallen, diese aber nur etwa 3% der gesamten Forschungsaufwendungen tätigen. Es ist anzunehmen, dass professionelle Investoren wie die Wagnisfinanziers ähnlich sensibel auf Steuern reagieren wie die Unternehmer.

Das Kapitel geht zuerst auf die Startfinanzierung bei einseitigem moralischem Risiko ein, wonach ausschliesslich die unternehmerischen Leistungsanreize für den Erfolg entscheidend sind. Zunächst wird geklärt, dass in diesem Fall eine Risikotragung der Unternehmer notwendig ist, um die Leistungsanreize zu erhalten. Eine Risikokonsolidierung über das Staatsbudget ist nicht erwünscht und wird durch Anpassung der Finanzierungsverträge unterlaufen. Der anschliessende Abschnitt geht zum Fall mit variabler Managementleistung über und stellt eine Tendenz zur Unterinvestition fest. Der letzte Teil befasst sich mit der Wagnisfinanzierung und dem damit verbundenen Problem des doppelten moralischen Risikos. In diesem Fall sind nicht nur die Managementleistungen der Unternehmer, sondern auch die Beratungsleistungen der Wagniskapitalgeber aus einer gesellschaftlichen Perspektive zu gering. Es werden jeweils der Einfluss der Gewinnbesteuerung und der Subventionierung der Kapitalkosten untersucht.

---

[1] Diese Überlegungen sind ganz parallel zum Argument von Holmstrom (1982), wonach Transaktionen mit einer dritten Partei nach diesem Muster die Tendenz zur Unterinvestition beheben können. Hier übernimmt der Staat in Form des Steuer-Transfer-Mechanismus' die Rolle von Holmstroms Drittpartei.

XVI.1   Risikokonsolidierung

XVI.1.1   Moralisches Risiko

Mit dem Schritt in die Selbständigkeit wird erhebliches Risiko in Kauf genommen. Wir nehmen an, dass jeder Unternehmer genau ein riskantes Projekt verfolgt, welches eine Kapitalinvestition von I erfordert. Im Erfolgsfall kann ein Gewinn (Unternehmenswert) V realisiert werden. Wenn das Projekt scheitert, dann sei der Gewinn $V = 0$. Wir beschränken uns auf diese zwei Umweltzustände. Damit betragen die Wahrscheinlichkeiten für den Erfolg p und für den Misserfolg $1 - p$. Die Erfolgsaussichten eines jungen Unternehmens hängen entscheidend vom Einsatz des Unternehmers ab, dessen Managementleistung (Effort) entweder hoch oder niedrig sein kann, $e \in \{0,1\}$. Nur bei hoher Leistung, $e = 1$, kann überhaupt mit positiver Wahrscheinlichkeit ein Erfolg erwartet werden, aber selbst dann ist ein Scheitern jederzeit mit Wahrscheinlichkeit $1 - p$ möglich. Junge Unternehmen sind eben sehr riskant. Hingegen wird bei mangelndem Engagement des Unternehmers, $e = 0$, das Projekt immer scheitern:

$$p(e) = \begin{cases} 0 < p < 1 : & e = 1, \\ 0 : & e = 0. \end{cases} \qquad \text{(XVI.1)}$$

Die Managementleistung des Unternehmers kann von externen Investoren nur schwer beurteilt werden. Sie ist nicht beobachtbar bzw. nicht verifizierbar und kann daher auch nicht vertraglich vereinbart werden.

Wir nehmen an, dass der Gründer eine Geschäftsidee, aber kein Vermögen hat, um die Startkosten selber zu finanzieren. Die Unternehmer unterliegen also einer *Vermögensbeschränkung*. In dieser Situation kann die Gründung nur realisiert werden, wenn ein externer Investor bzw. eine Bank die Investitionskosten I im Gegenzug zu einer Beteiligung bzw. einer vereinbarten Rückzahlung vorfinanziert. Damit in der anschliessenden Startphase das Projekt gelingen kann, muss der Unternehmer einen hohen Einsatz $e = 1$ leisten, der ihm intangible, persönliche Kosten (Effortkosten, Arbeitsleid) von $\beta > 0$ verursacht. Hingegen verursacht mangelndes Engagement auch keine Managementkosten, $\beta = 0$ für $e = 0$. Wenn nun der Unternehmer erst einmal eine externe Finanzierung erhalten hat, mag er versucht sein, andere persönliche Ziele als nur die Maximierung des Unternehmenswertes zu verfolgen. Mangelndes Engagement hat nämlich den Vorteil, die persönlichen Kosten β zu vermeiden. Das *moralische Risiko* für den Investor besteht darin, dass ein mangelnder Einsatz des Unternehmers die Rückzahlung gefährdet. Der Investor wird also nur finanzieren, wenn er sich sicher sein kann, dass die finanziellen Anreize für den Unternehmer ausreichend hoch sind, um seinen kritischen Beitrag zum Unternehmenserfolg zu gewährleisten. Im Gleichgewicht *muss* die Unternehmerleistung hoch sein ($e = 1$), ansonsten kein Einkommen entstünde.

XVI.1.2   Budgetbeschränkungen

Das Risiko verschiedener Projekte sei identisch und voneinander unabhängig. Nach dem Gesetz der grossen Zahlen ist damit die individuelle Erfolgswahrscheinlichkeit p für ein einzelnes Projekt gleich dem Anteil p der erfolgreichen Fälle an der Gesamtheit aller Projekte. Damit können Finanzintermediäre, die viele Projekte gleichzeitig finanzieren, das Risiko diversifizieren. Der erwartete Erfolg entspricht dann dem durchschnittlichen Erfolg in ihrem Finanzierungsportfolio, ohne dass sie einem Risiko ausgesetzt wären (sofern der Unternehmereinsatz sichergestellt ist). Der Unternehmer hingegen ist jeweils nur an einem Projekt beteiligt und damit dem vollen Projektrisiko ausgesetzt. Bei Risikoaversion wäre eine Versicherung des Unternehmers erwünscht. Finanzintermediäre sind durch Ausnutzung der Risikokonsolidierung bzw. Diversifikation in einem grossen Portfolio in der Lage, den Unternehmer zu „versichern", indem sie ihm einen Beteiligungsanteil mit riskantem Ertragsanspruch abkaufen und dafür einen Kaufpreis entrichten, der für den Unternehmer ein sicheres Einkommen darstellt. Der Staat kann über das Budget ebenfalls Risiko konsolidieren. Er ist mit der Gewinnsteuer τ am Gewinn aller Projekte beteiligt und kann aus dem erzielten Steueraufkommen einen sicheren Transfer T auszahlen. Die staatliche Budgetbeschränkung (pro Projekt) sei

$$\tau p V = T, \tag{XVI.2}$$

wobei der erwartete und damit durchschnittliche Projekterfolg $pV + (1 - p)0 = pV$ ist.

Die Unternehmer seien risikoavers. Daher muss ihr Einkommen in allen Umweltzuständen positiv sein. Sie würden niemals den Schritt in die Selbständigkeit wagen, wenn sie nicht auch im ungünstigen Fall auf ein sicheres Basiseinkommen B zählen könnten. Um das Projekt zu finanzieren, sind sie auf Risikokapital von aussen angewiesen. Sie verkaufen daher an externe Investoren einen Anteil $1 - s$ am Unternehmen zu einem Preis von $Q = I + B$. Damit können sie sich wenigstens ein Basiseinkommen $B = Q - I$ sichern, wenn das Projekt vollkommen scheitert. Mit dem verbleibenden Gewinnanteil von s erzielen sie im Erfolgsfall noch einen zusätzlichen Gewinn von $s \cdot (1 - \tau)V$ nach Steuern, während im ungünstigen Fall dieser Einkommensteil ausfällt. Das zustandsabhängige Einkommen der Unternehmer beträgt

$$x^H = B + T + s \cdot (1 - \tau)V, \quad x^L = B + T. \tag{XVI.3}$$

Die Investoren bzw. Finanziers können nur in p Fällen mit einer Rückzahlung ihres Kapitals in Form eines Gewinnanteils rechnen. Wenn sie ein grosses Beteiligungsportfolio mit unabhängigen Risiken verwalten, sind ihre Erträge nach dem Gesetz der grossen Zahlen sicher (Risikokonsolidierung). Daher ist für jedes Projekt nur der durchschnittliche bzw. erwartete Ertrag relevant. Sie finanzieren $Q = B + I$ und erhalten aus ihrem Gewinnanteil eine Rückzahlung $(1 - s)(1 - \tau)V$. Die Finanzierung erfolgt nur dann, wenn die erwartete Rückzahlung wenigstens den Kaufpreis für die Beteiligung abdeckt. Dies wird durch die Teilnahmebedingung (participation constraint) des Finanziers ausgedrückt:

$$PC^F : \quad (1 - s)(1 - \tau)V \cdot p \geq Q = I + B. \tag{XVI.4}$$

Diese Finanzierungsbedingung eröffnet dem Unternehmer verschiedene Kombinationen von sicherem und riskantem Einkommen. Wenn der Unternehmer einen grossen

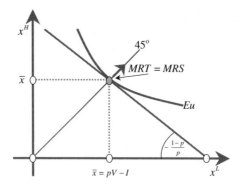

Abbildung XVI.1: Vollversicherung

Anteil $1 - s$ verkauft, erhält er einen hohen Kaufpreis und damit ein hohes sicheres Einkommen B, während ihm ein geringer Anteil s verbleibt und damit der riskante Gewinn nur mehr einen geringen Teil seines gesamten Einkommens ausmacht. So kann er riskantes gegen sicheres Einkommen austauschen und sein Risiko reduzieren. Dieses Austauschverhältnis drückt sich in der Steigung der Finanzierungs- bzw. Budgetgerade in (XVI.4) aus. Eine Umformung von (XVI.4) ergibt $(1 - \tau)Vp - I \geq B + s(1 - \tau)Vp$. Man zähle auf beiden Seiten T dazu, verwende x^H und x^L wie in (XVI.3) und erhalte

$$PC^F: \quad (1 - \tau)Vp - I + T \geq (1 - p)x^L + px^H, \quad MRT \equiv -\frac{\mathrm{d}x^H}{\mathrm{d}x^L} = \frac{1 - p}{p}.$$
$$(\text{XVI.5})$$

Abbildung XVI.1 illustriert die Finanzierungsgerade graphisch.

Indem wir das erwartete Unternehmereinkommen mit $\bar{x} = (1 - p)x^L + px^H$ bezeichnen, erhalten wir die Aufteilung des erwarteten Projektertrags $\bar{x}^* = \bar{x} + \bar{x}^F + \bar{x}^G$ auf alle beteiligten Parteien,

$$
\begin{aligned}
\bar{x} &= p \cdot (1 - \tau)V \cdot s + B + T, \\
\bar{x}^F &= p \cdot (1 - \tau)V \cdot (1 - s) - I - B, \\
\bar{x}^G &= p \cdot \tau V - T, \\
\bar{x}^* &= p \cdot V - I.
\end{aligned}
\qquad (\text{XVI.6})
$$

Die staatliche Budgetbeschränkung lautet dann $\bar{x}^G \geq 0$ und die Teilnahmebedingung des Finanziers $\bar{x}^F \geq 0$.

XVI.1.3   Erwartungsnutzen der Unternehmer

Unter Berücksichtigung der persönlichen Managementkosten beträgt der Erwartungsnutzen des Unternehmers

$$Eu = p \cdot u\left(x^H\right) + (1 - p)u\left(x^L\right) - \beta \cdot e, \quad \beta > 0. \qquad (\text{XVI.7})$$

Die Steigung der Indifferenzkurve zeigt, auf wieviel Einkommen im günstigen Zustand verzichtet werden muss, um 1 Euro mehr im ungünstigen Zustand zu erzielen, so dass der Erwartungsnutzen konstant bleibt. Das Austauschverhältnis ist die Grenzrate der Substitution (*MRS*) von zustandsabhängigem Einkommen,

$$\mathrm{d}Eu = 0 \quad \Rightarrow \quad MRS \equiv -\frac{\mathrm{d}x^H}{\mathrm{d}x^L} = \frac{1-p}{p} \cdot \frac{u'(x^L)}{u'(x^H)}. \tag{XVI.8}$$

Abbildung XVI.1 zeigt eine solche Indifferenzkurve. Die 45°-Linie gibt jeweils ein sicheres Einkommen an, welches in allen Zuständen gleich hoch ist, $x^L = x^H$. Nach (XVI.8) beträgt die Steigung einer Indifferenzkurve auf einem Punkt der 45°-Linie gerade $(1-p)/p$.

Wenn die Managementleistung nicht beobachtbar und vertraglich nicht vereinbar ist, dann kann sie nur mit entsprechenden finanziellen Anreizen sichergestellt werden. Die *Anreizverträglichkeitsbedingung* (incentive compatibility constraint) erfordert, dass der Erwartungsnutzen bei hoher Anstrengung, also die linke Seite von (XVI.9), höher als jener bei niedriger Anstrengung ist. Eine mangelnde Leistung hat den Vorteil, dass die persönlichen Managementkosten β vermieden werden können. Allerdings wird das Projekt dann auf jeden Fall scheitern, so dass mit Sicherheit nur das niedrige Einkommen x^L wie auf der rechten Seite von (XVI.9) realisiert werden kann:

$$IC^E : \quad p \cdot u(x^H) + (1-p)u(x^L) - \beta \geq u(x^L). \tag{XVI.9}$$

Schliesslich erfordert die Bereitschaft zur Unternehmensgründung ein insgesamt ausreichend attraktives Verhältnis von Einkommen und Risiko. Mit dem Schritt in die Selbständigkeit gibt der Unternehmer ein sicheres Lohneinkommen w aus unselbständiger Beschäftigung auf. Der Einfachheit halber unterstellen wir, dass die lohnabhängige Beschäftigung kein persönliches Arbeitsleid verursacht. Der Erwartungsnutzen einer Unternehmerkarriere muss also mindestens so hoch sein wie der Nutzen aus dem Lohneinkommen bei unselbständiger Beschäftigung. Die Neigung zur Selbständigkeit und damit die Bereitschaft zur Unternehmensgründung wird durch folgende Teilnahmebedingung ausgedrückt:

$$PC^E : \quad Eu = p \cdot u(x^H) + (1-p) \cdot u(x^L) - \beta \geq u(w). \tag{XVI.10}$$

XVI.1.4 Finanzierung ohne Informationsprobleme

Wir gehen von vollständigem Wettbewerb der Finanzintermediäre aus. Die Investoren sind passiv und stellen eine Finanzierung bereit, solange sie für jedes Projekt im Erwartungswert die Gewinnschwelle erreichen. Die Verhandlungsmacht liegt also bei den Unternehmern, welche die Investoren auf ihre Teilnahmebedingung drücken und jeden weiteren Überschuss für sich beanspruchen. Zunächst betrachten wir die Startfinanzierung bei vollständiger Information über die Managementleistung des Unternehmers. In diesem Fall kann die Managementleistung von den Investoren beobachtet und daher vertraglich vereinbart werden, so dass die Anreizbedingung (XVI.9) überflüssig ist. Die Unternehmer maximieren nun ihren Erwartungsnutzen, indem sie einen möglichst kleinen Anteil $1 - s$ des Unternehmens zu einem möglichst hohen Preis $B + I$ verkaufen, der wenigstens zur Finanzierung der Startkosten ausreicht. Dabei muss das Angebot aber ausreichend attraktiv sein, um die Teilnahmebedingung (XVI.4) der Investoren zu erfüllen:

$$\max_{s,B}\{E[u(x)] + \lambda \cdot [p \cdot (1 - \tau)V \cdot (1 - s) - I - B]\}. \tag{XVI.11}$$

Unter Berücksichtigung des Erwartungsnutzens in (XVI.10) und der zustandsabhängigen Einkommen in (XVI.3) lauten die notwendigen Bedingungen für den optimalen Eigenkapitalanteil s und das Basiseinkommen B

$$(a) \ B : \lambda = pu'\left(x^H\right) + (1 - p)u'\left(x^L\right),$$

$$(b) \ s : \lambda = u'\left(x^H\right).$$

Einsetzen von (b) in (a) ergibt $(1 - p)u'\left(x^H\right) = (1 - p)u'\left(x^L\right)$. Man dividiere durch $pu'\left(x^H\right)$ und erhalte die übliche Tangentialbedingung $MRS = MRT$ bzw.

$$\frac{1 - p}{p} \cdot \frac{u'\left(x^L\right)}{u'\left(x^H\right)} = \frac{1 - p}{p}. \tag{XVI.12}$$

Diese Bedingung kann nur erfüllt werden, wenn $x^L = x^H = B + T$ und $s = 0$. Dies bedeutet, dass der Gründer sein Unternehmen vollständig verkauft, um aus einem möglichst hohen Verkaufspreis ein sicheres Einkommen zu realisieren. Der Verkauf ist wie eine Vollversicherung des Unternehmers zu interpretieren. Das Risiko wird vom Investor in seinem Beteiligungsportfolio vollständig diversifiziert und in ein sicheres Einkommen B (gleich dem Überschuss des Verkaufspreises über die Investitionskosten) transferiert. Die Höhe des Verkaufspreises ergibt sich aus der Teilnahmebedingung des Investors in (XVI.4),

$$s = 0 \quad \Rightarrow \quad B = (1 - \tau)Vp - I, \quad \bar{x} = B + T = pV - I. \tag{XVI.13}$$

Die letzte Gleichung verwendet (XVI.2) und zeigt, dass sich der Unternehmer den gesamten erwarteten Überschuss des Projektes aneignen kann. Abbildung XVI.1 illustriert die Lösung. Sie beruht auf der Annahme, dass der Kapitalmarkt Risiko kostenlos diversifizieren kann, sofern eine hohe Managementleistung des Unternehmers vertraglich vereinbar und durchsetzbar ist. Damit sind Informationsprobleme per Annahme ausgeschaltet. Externe Investoren müssen also nicht aufgrund von moralischem Risiko um ihre Erträge bangen. Eine Vollversicherung der risikoaversen Unternehmer ist ohne Anreizprobleme möglich. Diese können also in allen Umweltzuständen ein gleich hohes Einkommen $\bar{x}$ erzielen.

XVI.1.5   Risikoallokation bei Informationsproblemen

Ist der unternehmerische Einsatz *nicht* beobachtbar und vertraglich vereinbar, dann wird die Finanzierung durch externe Kapitalgeber schwieriger. Nach (XVI.1) führen sowohl Pech als auch die Leistungsverweigerung $e = 0$ beide zum Misserfolg. Der Investor kann zwischen diesen Fällen nicht unterscheiden, wenn e nicht beobachtbar ist. Falls der Einsatz niedrig ist, kann der Investor niemals auf eine Rückzahlung hoffen, weil dann das Unternehmen in allen Fällen scheitert. Nur bei hohem Engagement besteht eine positive Erfolgswahrscheinlichkeit. Die Investoren müssen daher auf eine Vertragsgestaltung bestehen, die dem Unternehmer ausreichende finanzielle Anreize gibt. Sie werden nur einen beschränkten Anteil $1 - s$ am Unternehmen kaufen, damit der Unternehmer über den verbleibenden Anteil s ausreichend am Erfolg beteiligt ist und so die finanziellen Konsequenzen seines Verhaltens persönlich spürt. Die Erfolgsbeteiligung gibt den Anreiz, sich für das Unternehmen intensiv zu engagieren. Eine Vollversicherung durch den Verkauf des gesamten Gewinnanteils würde hingegen jeglichen Leistungsanreiz zerstören, da dann der Unternehmer nicht mehr an den Erträgen seiner Leistung teilhaben könnte.

Wie hoch der maximale Beteiligungsanteil $1 - s$ des Investors bzw. der minimale Anteil s des Unternehmers sein kann bzw. muss, zeigt die Bedingung der *Anreizkompatibilität* nach (XVI.9). Der Erwartungsnutzen bei hoher Anstrengung ($e = 1$) muss höher sein als der Nutzen bei geringem Engagement ($e = 0$). Eine geringfügige Umformung von (XVI.9) ergibt

$$IC^E: \quad p \cdot \left[u\!\left(x^H\right) - u\!\left(x^L\right) \right] = \beta \quad \Rightarrow \quad \frac{\mathrm{d}x^H}{\mathrm{d}x^L} = \frac{u'\!\left(x^L\right)}{u'\!\left(x^H\right)} > 1. \qquad \text{(XVI.14)}$$

Die Anreizbedingung besagt, dass $x^H > x^L$ sein muss, damit das daraus erwachsende Nutzendifferential die privaten Kosten β kompensieren kann. In Abbildung XVI.2 sind daher nur Punkte oberhalb der 45°-Linie zulässig. Ausserdem gilt in diesem Fall $u'\!\left(x^L\right) > u'\!\left(x^H\right)$, so dass die Anreizbedingung IC^E steiler verläuft und ihre Steigung grösser als jene der 45°-Linie ist. Gleichzeitig beschränkt die Finanzierungsgerade (XVI.5) den zulässigen Bereich des Endvermögens. Wegen der Anreizbedingung ist die Vollversicherung im Punkt B nicht mehr erreichbar. Die höchstmögliche Indifferenzkurve verläuft durch Punkt A.

Die formale Lösung wird nun wegen der gleichzeitigen Berücksichtigung von zwei Beschränkungen, nämlich der Finanzierungsgerade (XVI.5) und der Anreizbe-

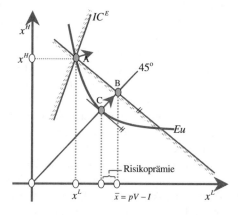

Abbildung XVI.2: Moralisches Risiko

dingung (XVI.14), schwieriger. Die zustandsabhängigen Endvermögenswerte $x^H = B + T + s \cdot (1 - \tau)V$ und $x^L = B + T$ werden durch die Wahl des Finanzierungsvertrages beeinflusst. Der Unternehmer wählt s und damit den zu verkaufenden Anteil $1 - s$ sowie den Verkaufspreis B für dieses Paket:

$$
\max_{s,B} Eu = pu\left(x^H\right) + (1 - p)u\left(x^L\right) - \beta
$$
$$
+\mu \cdot \left[p\left(u\left(x^H\right) - u\left(x^L\right)\right) - \beta\right] \tag{XVI.15}
$$
$$
+\lambda \cdot \left[(1 - \tau)Vp - I + T - px^H - (1 - p)x^L\right].
$$

Die Lösung dieses Problems kann durch die Wahl von x^H und x^L erfolgen, die dann entsprechende Werte für s und B implizieren. Die notwendigen Bedingungen lauten

$$
x^H : (1 + \mu)u'\left(x^H\right) = \lambda,
$$
$$
x^L : (1 - p - \mu p)u'\left(x^L\right) = \lambda(1 - p).
$$

Man ersetze λ in der zweiten Bedingung, dividiere durch $(1 - p - \mu p)u'\left(x^H\right)$ und multipliziere mit $(1 - p)/p$,

$$
\frac{1 - p}{p} \cdot \frac{u'\left(x^L\right)}{u'\left(x^H\right)} = \frac{1 - p}{p} \cdot \left[1 + \frac{\mu}{1 - p - \mu p}\right]. \tag{XVI.16}
$$

Wenn die Anreizbedingung bindet, dann muss der Schattenpreis μ positiv sein. Daher ist der eckige Klammerausdruck grösser als 1, so dass die Grenzrate der Substitution grösser als die Grenzrate der Transformation ist, $MRS > MRT = (1 - p)/p$. Dies kann nur erreicht werden, wenn eine riskante Endvermögensposition mit $x^H > \bar{x} > x^L$ realisiert wird (so dass mit $u'\left(x^L\right) > u'\left(x^H\right)$ das Grenznutzenverhältnis steigt). Mit anderen Worten ist die Lösung dadurch charakterisiert, dass die Steigung der Indifferenzkurve steiler als die Steigung der Budgetlinie ist, wie es im Punkt A von Abbildung XVI.2 zum Ausdruck gebracht wird.

Um dem moralischen Risiko vorzubeugen und die Leistungsanreize mittels Erfolgsbeteiligung zu erhalten, müssen die Unternehmer Risiko übernehmen ($x^H > x^L$). Die Risikokonsolidierung durch Finanzintermediäre bleibt unvollständig. Im Laissez-faire-Gleichgewicht ohne Steuern beträgt die gewünschte Endvermögensposition $x^H = B + sV$ und $x^L = B$ wie im Punkt A in Abbildung XVI.2. Die Finanzierungsgerade $pV - I = \bar{x} = B + spV$ mit $\bar{x} = px^H + (1 - p)x^L$ zeigt, wie im Laissez-faire-Gleichgewicht dasselbe erwartete Einkommen $pV - I = \bar{x}$ mit unterschiedlichen Kombinationen von sicherem Basiseinkommen B und riskantem Gewinneinkommen spV realisiert werden kann. Die Sicherstellung der Managementanreize zur Vermeidung von moralischem Risiko bedeutet für den Unternehmer, dass er nur noch einen geringeren Anteil $1 - s$ verkaufen kann. Er muss sich daher mit einem kleineren, sicheren Basiseinkommen B abfinden und wird dafür mit einem höheren Gewinnanteil s kompensiert, der im Erfolgsfall zu einem umso höheren Einkommen führt. Dies sichert seinen Anreiz, sich für eine positive Erfolgswahrscheinlichkeit anzustrengen. Der Wechsel von sicherem zu riskantem Einkommen wird in Abbildung XVI.2 durch die Bewegung von Punkt B zu Punkt A dargestellt. Damit haben wir gezeigt, wie bei moralischem Risiko der Grad der Risikokonsolidierung endogen erklärt wird. Dabei erhält der Unternehmer weiterhin den gesamten Projektüberschuss $pV - I = \bar{x}$.

Dieser Erwartungswert des riskanten Einkommens ist grösser als das nutzenäquivalente sichere Einkommen C, welches auf derselben Indifferenzkurve wie A liegt. Der Differenzbetrag ist gerade die Risikoprämie, mit welcher der Unternehmer für die Risikoübernahme kompensiert wird.

XVI.1.6 Neutralität der Besteuerung

Nach dem Gesetz der grossen Zahlen sind die Steuereinnahmen sicher, weil der Staat über die Gewinnsteuer an allen Projekten beteiligt ist. Kann die Besteuerung durch Risikokonsolidierung über das öffentliche Budget zu einer besseren Versicherung der Unternehmer führen? Nach (XVI.2) beteiligt sich der Staat über die Gewinnsteuer am riskanten Projektertrag und erstattet das Aufkommen als sicheren Transfer zurück, so dass keine Nettobesteuerung des Projekts erfolgt. Dieser Steuer-Transfer-Mechanismus wirkt wie eine Versicherung des Unternehmers. Nachdem eine Nettobesteuerung vermieden wird, bleibt die Finanzierungsgerade (XVI.5) im Vergleich zum Laissez-faire-Gleichgewicht unverändert, was durch Einsetzen von (XVI.2) in (XVI.5) bestätigt wird,

$$px^H + (1 - p)x^L = (1 - \tau)pV - I + T = pV - I. \qquad \text{(XVI.17)}$$

Dies bedeutet, dass das Problem in (XVI.15) mit und ohne Besteuerung identisch ist und die Lösung für die zustandsabhängige Einkommensposition unverändert bleibt! Die Lösung nach Abbildung XVI.2 wird nach wie vor durch Punkt A beschrieben. Unternehmer und Investoren passen den Finanzierungsvertrag so an, dass nach Besteuerung dieselbe Risikoallokation verwirklicht wird. Der Staat kann also mit dem Steuer-Transfer-Mechanismus keine weitergehende Risikokonsolidierung erreichen, weil sie vollständig durch die Vertragsanpassung der privaten Parteien unterlaufen wird. Bei moralischem Risiko ist die Risikotragung bewusst gewollt, um die Leistungsanreize der Unternehmer sicherzustellen. Eine weitere Risikokonsolidierung durch den Staat wäre bezüglich der Anreizprobleme kontraproduktiv und wird daher von den privaten Parteien vollständig kompensiert. Die Besteuerung ist deshalb grundsätzlich *neutral* bezüglich der Risikoallokation.[2]

Die Art der Vertragsanpassung kann leicht nachvollzogen werden. Damit das verfügbare Einkommen in allen Zuständen konstant bleibt, wird im Falle eines sicheren Transfers T der Kaufpreis $B + I$ eins zu eins reduziert:

$$x^L = B + T \text{ const.} \quad \Rightarrow \quad dB = -dT. \qquad \text{(XVI.18)}$$

Dementsprechend kann der Investor nur mehr einen geringeren Anteil $1 - s$ erwerben. Die höhere Steuer führt damit zu einer Erhöhung des Gewinnanteils s des Unternehmers (höherer Selbstbehalt),

$$x^H - x^L = (1 - \tau)sV \text{ const.} \quad \Rightarrow \quad (1 - \tau)s \text{ const.} \qquad \text{(XVI.19)}$$

---

[2]Die Neutralität erinnert an den Domar-Musgrave-Effekt in Kapitel X und in anderem Zusammenhang an die Neutralität der Staatsschuld in Kapitel IX.

Wenn wir den Anteil vor Besteuerung mit s_0 und nachher mit s_1 bezeichnen, dann muss der Eigenkapitalanteil des Unternehmers wie folgt erhöht werden:

$$s_0 = (1 - \tau)s_1 \quad \Rightarrow \quad s_1 = \frac{s_0}{1 - \tau}. \tag{XVI.20}$$

Trivialerweise kann diese Neutralität nicht mehr gelten, wenn das aus dem Projekt erzielte Steueraufkommen nur unvollständig zurückerstattet wird, $T < \tau p V$, oder wenn umgekehrt eine Nettosubvention erfolgt. Bei einer positiven Nettobesteuerung verschiebt sich die Finanzierungsgerade in Abbildung XVI.2 nach innen, so dass die Lösung im Punkt A entlang der IC^E-Gerade (Anreizbedingung) in Richtung Ursprung wandert. Dies bedeutet ein geringeres Einkommen in allen Zuständen und damit eine geringere Wohlfahrt.

XVI.2   Anreizprobleme bei variabler Leistung

XVI.2.1   Startinvestitionen

In der Folge unterstellen wir Risikoneutralität, um die Anreizwirkungen der Besteuerung bei variabler Managementleistung e des Unternehmers und deren Folgen für die Gründungsrate im Gleichgewicht herauszuarbeiten. Damit blenden wir den Gesichtspunkt der Risikokonsolidierung aus. Bei Risikoneutralität reduziert sich der Erwartungsnutzen auf das erwartete Einkommen, welches für den Konsum zur Verfügung steht. Ein zunehmender Einsatz e des Unternehmers steigert die Erfolgswahrscheinlichkeit $p(e) < 1$ und verursacht intangible, private Kosten $c(e)$. Der einfachste Ansatz ist, dass der Einsatz e die Erfolgswahrscheinlichkeit linear erhöht, aber zu progressiv ansteigenden privaten Kosten führt, $c'(e) > 0$ und $c''(e) > 0$. Eine spezielle funktionale Form erleichtert die Analyse:

$$p(e) = e, \quad c(e) = \beta^{-\epsilon} \cdot \frac{e^{1+\epsilon}}{1 + \epsilon}. \tag{XVI.21}$$

Der erwartete Überschuss aus dem Projekt (net present value, NPV) beträgt

$$\pi = p(e)(1 - \tau)V - (1 - z)I - c(e), \tag{XVI.22}$$

wobei τ für den Gewinnsteuersatz und z für eine Investitionsprämie für Startunternehmen steht. In der Realität laufen die meisten Programme zur Förderung von Unternehmensgründungen auf eine Subventionierung der Kapitalkosten hinaus, wie z.B. zinsverbilligte Kredite, direkte Zuschüsse, Bürgschaften usw., und können als Investitionsbeihilfe z aufgefasst werden.

Wiederum gehen wir davon aus, dass der Unternehmer kein eigenes (bzw. angesichts des notwendigen Investitionsaufwandes kein ausreichendes) Vermögen hat und daher das Projekt nur mit externer (Eigenkapital-)Finanzierung realisieren kann. Daher verkauft er an einen externen Investor einen Gewinnanteil $1 - s$ zu einem Preis, welcher gerade die Startkosten $(1 - z)I$ finanziert. Der verkaufte Anteil muss gross genug sein, damit die Investoren wenigstens eine kostendeckende Rendite erreichen können. Auf einem kompetitiven Kapitalmarkt lautet die Teilnahmebedingung der Investoren

$$PC^F : \quad (1-s)p(e)(1-\tau)V = (1-z)I. \tag{XVI.23}$$

Wenn der Unternehmer die Investoren auf ihre Teilnahmebedingung drücken kann, dann kann er sich den gesamten Überschuss (NPV) des Projektes aneignen. Nach Einsetzen in (XVI.22) ist dieser Überschuss gleich dem eigenen Gewinnanteil abzüglich der privaten Kosten,

$$\pi = sp(e)(1-\tau)V - c(e). \tag{XVI.24}$$

Eine Unternehmensgründung bedingt folgende Abfolge von Ereignissen: (i) Der Unternehmer gibt mit der Entscheidung zur Selbständigkeit ein sicheres Lohneinkommen auf. (ii) Der Unternehmer bietet potentiellen Investoren einen Eigenkapitalanteil $1 - s$ zum Kauf an, um aus dem Verkaufserlös die Startinvestition $(1 - z)I$ zu finanzieren. (iii) In der anschliessenden Startphase erbringt der Unternehmer eine Managementleistung e, welche die Erfolgschancen des Projektes $p(e)$ bestimmt. (iv) Das Risiko löst sich auf, und es zeigt sich, ob das Unternehmenskonzept ein Erfolg oder Misserfolg ist und ob die Firma die Produktionsphase erreicht oder nicht. (v) Erfolgreiche Firmen beginnen mit der Produktion, indem sie Arbeitnehmer einstellen. (vi) Aus dem Produktionsergebnis werden Gewinne und Löhne realisiert. Das verfügbare Einkommen nach Besteuerung wird für den Konsum des Numeraire-Gutes ausgegeben, dessen Preis auf 1 normalisiert ist.

Schon bei der ersten Entscheidung über die Selbständigkeit müssen die zukünftigen Erträge und Kosten richtig antizipiert werden. Daher beginnt die Lösung mit der letzten Stufe (vi) und arbeitet sich schrittweise zu früheren Entscheidungen vor. Mit anderen Worten wird das Modell nach der Methode der Rückwärtsinduktion gelöst.

Produktion: Wenn die Unternehmen die Startphase erfolgreich abgeschlossen haben, kann ohne weiteres Risiko die Produktion beginnen. Ein einzelnes Unternehmen stellt l Arbeiter zum Lohn w ein und erzielt damit einen maximalen Gewinn bzw. Firmenwert vor Steuern,

$$V(w) = \max_l f(l) - wl, \quad V'(w) = -l < 0. \tag{XVI.25}$$

Höhere Löhne reduzieren die Beschäftigungsmenge, welche aus der notwendigen Bedingung $f'(l) = w$ bestimmt wird, und reduzieren den Firmenwert V (man wende das Envelopen-Theorem an).

Unternehmerische Leistung: In der Startphase wählt der Unternehmer seine Managementleistung und antizipiert dabei den Unternehmenswert V, den er im Erfolgsfall gemäss (XVI.25) realisieren kann. Sein Eigenkapitalanteil s ist bereits vorher festgelegt worden und ist zu diesem Zeitpunkt nicht mehr beeinflussbar. Er maximiert nun seinen Überschuss nach (XVI.24) und wählt sein Engagement nach folgender Anreizbedingung:

$$IC^E : \quad sp'(e)(1-\tau)V = c'(e). \tag{XVI.26}$$

Der Grenzertrag eines intensiveren Einsatzes besteht in der Zunahme des *erwarteten* Unternehmenswertes, wenn die Erfolgswahrscheinlichkeit steigt. Der Unternehmer vergleicht also den Grenzertrag mit den Grenzkosten c' seiner Leistung. Gemäss (XVI.21) beträgt $p' = 1$ und $c' = \beta^{-\epsilon} e^{\epsilon}$, so dass wir eine Managementleistung von $e = \beta[s(1-\tau)V]^{1/\epsilon}$ berechnen. Mit der Wahl des Kostenparameters können wir immer sicherstellen, dass $p = e < 1$ gilt und damit die Erfolgswahrscheinlichkeit wohl bestimmt ist. Ausserdem stellen wir fest, dass der Unternehmereinsatz mit höherem Eigenkapitalanteil s und zunehmendem Nettofirmenwert steigt.

Finanzierung:　　Wenn ein Investor ein Finanzierungsgesuch prüft, wird er antizipieren, dass sein eigener Anteil zu Lasten des Eigenkapitalanteils (Selbstbehalts) des Unternehmers geht und dessen Anreize für ein wertsteigerndes Engagement mindert. Damit sinkt die Erfolgswahrscheinlichkeit des Startups und die erwartete Rückzahlung des Investors. Wenn er also einen gegebenen Betrag $(1-z)I$ finanzieren soll, muss er unter Berücksichtigung dieser Reaktion einen umso höheren Anteil $1-s$ fordern. Diese Überlegungen zeigen, dass der Eigenkapitalanteil s und die Managementleistung e simultan durch die Teilnahmebedingung PC^F in (XVI.23) und die Anreizbedingung IC^E in (XVI.26) bestimmt werden.

Abbildung XVI.3 verdeutlicht die Lösung. Beide Bedingungen haben im (s,e)-Raum eine positive Steigung. Aus einem Stabilitätsargument heraus wird deutlich, dass die Teilnahmebedingung PC^F des Finanziers steiler als die Anreizbedingung des Unternehmers sein muss. Angenommen, der Eigenkapitalanteil des Unternehmers sei mit s_0 sehr gering und daher jener des Finanziers sehr hoch. Auf IC^E lesen wir ein Engagement e und damit eine Erfolgswahrscheinlichkeit ab, so dass der Finanzier einen Überschuss erzielt. Mit dieser Leistung e kann daher der Unternehmer seinen eigenen Anteil solange erhöhen, bis der Investor bei s_1 gerade noch die Gewinnschwelle erreicht. Bei diesem höheren Anteil wird der Unternehmer gemäss IC^E seine Leistung und damit die Erfolgswahrscheinlichkeit noch weiter steigern, so dass der Finanzier wieder einen Überschuss erzielt. Dieser kumulative Prozess von zunehmendem Anteil und zunehmender Leistung endet im Schnittpunkt der beiden Geraden. Wäre die Steigung der Anreizbedingung grösser, würde dieser Prozess nicht mehr konvergieren.

Anhand von Abbildung XVI.3 kann auch gezeigt werden, wie ein höherer Firmenwert und die Steuerpolitik zu Anpassungen im Finanzierungsvertrag führen. Ein höherer Firmenwert steigert für jeden Anteil s den Grenzertrag der Managementleistung und führt daher zu einer Steigerung derselben. Die IC^E-Kurve verschiebt sich nach oben. Andererseits kommt der Investor, der einen fixen Betrag $(1-z)I$ finanzieren muss, bei gegebener Erfolgswahrscheinlichkeit $p = e$ mit einem geringeren Beteiligungsanteil $1-s$ aus, so dass der Anteil des Unternehmers steigen kann. Die Teilnahmebedingung PC^F verschiebt sich nach rechts. Der neue Schnittpunkt liegt rechts oberhalb des Ausgangsgleichgewichts, so dass der Eigenkapitalanteil des Unternehmers und seine Managementleistung mit zunehmendem Firmenwert steigen. Eine höhere Gewinnsteuer beeinträchtigt die Anreize des Unternehmers, indem sie den Nettofirmenwert $(1-\tau)V$ senkt. Sie hat daher genau die gegenteilige Wirkung, so dass s und e fallen. Eine Investitionsprämie bzw. Subventionierung der

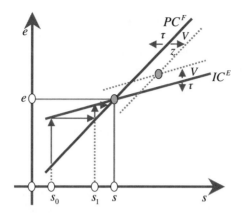

Abbildung XVI.3: Gewinnanteil und Leistung

Kapitalkosten in Form von z hat zunächst keine unmittelbare Auswirkung auf die Leistungsanreize des Unternehmers, so dass die Anreizbedingung IC^E unverändert bleibt. Die Subvention reduziert allerdings den notwendigen Investitionsbetrag des Investors, so dass er bei gegebener Erfolgswahrscheinlichkeit $p = e$ mit einem geringeren Anteil $1 - s$ auskommt. Dementsprechend kann der Unternehmeranteil s steigen, so dass sich die Teilnahmebedingung PC^F nach rechts verschiebt. Sie schneidet also die IC^E-Kurve in einem Punkt rechts oberhalb der Ausgangssituation, so dass die Managementleistung und der Eigenkapitalanteil des Unternehmers beide steigen. Wir fassen diese graphische Lösung wie folgt zusammen, wobei ein + bzw. – unterhalb einer Variablen die Richtung des Einflusses dieser Variablen auf die Leistung und den Eigenkapitalanteil angeben:

$$e(\underset{+}{V},\underset{-}{\tau},\underset{+}{z}), \quad s(\underset{+}{V},\underset{-}{\tau},\underset{+}{z}). \tag{XVI.27}$$

Gründungsentscheidung: Ein Unternehmen zu gründen, bedeutet, ein Lohneinkommen w aus unselbständiger Beschäftigung aufzugeben. Dieses wird gegen den Überschuss π des Gewinnanteils über die privaten Managementkosten in (XVI.24) eingetauscht. Bei Risikoneutralität ist der Nutzen aus jeder Alternative gleich dem erwarteten, verfügbaren Einkommen, eventuell reduziert um die intangiblen Kosten der Leistungserbringung. Ein Unternehmen zu gründen, ist vorteilhaft, wenn $\pi + T \geq w + T$, wobei T ein Pro-Kopf-Transfer des Staates ist. Der Überschuss π kann wie folgt ausgedrückt werden: Man multipliziere (XVI.26) mit e und verwende gemäss (XVI.21) $ep' = e = p$ sowie $ec' = (1 + \epsilon)c$ mit dem Ergebnis $sp(1 - \tau)V = (1 + \epsilon)c$. Eingesetzt in (XVI.24) ergibt dies einen Überschuss von

$$\pi(\underset{-}{w},\underset{-}{\tau},\underset{+}{z}) = \epsilon \cdot c(e(\underset{+}{V},\underset{-}{\tau},\underset{+}{z})), \quad V(\underset{-}{w}). \tag{XVI.28}$$

Nachdem die privaten Managementkosten konvex mit der Leistung e ansteigen, ändert sich der Überschuss in dieselbe Richtung wie das Unternehmerengagement e. Höhere Löhne beispielsweise reduzieren den Unternehmenswert nach (XVI.25).

Abbildung XVI.3 zeigt, dass sich dies negativ auf die Leistung und den Eigenkapitalanteil der Unternehmer auswirkt, so dass schliesslich der Überschuss in (XVI.28) mit dem Lohn fällt. Ein höherer Gewinnsteuersatz reduziert den Überschuss, höhere Startsubventionen steigern ihn, so dass der Investor eine geringere Investition finanzieren muss und daher mit einem kleineren Beteiligungsanteil auskommt. Der verbleibende Anteil für den Unternehmer kann daher entsprechend grösser sein, was dessen Anreize für wertsteigerndes Engagement verstärkt. Der Überschuss nimmt daher zu, was die Neigung zur Unternehmensgründung steigert.

XVI.2.2 Allgemeines Gleichgewicht

Die einzige Ressource ist Arbeit, welche nach einer Karriereentscheidung entweder in freier Unternehmertätigkeit oder in unselbständiger Lohnarbeit produktiv wird. Die Berufswahl spaltet die Bevölkerung, deren Grösse auf 1 normiert wird, in E Unternehmer und L Arbeitnehmer auf, $E + L = 1$. Es werden E Unternehmen gegründet, wovon aber nur pE bis zur Produktionsphase überleben, wo dann pro Firma l Arbeiter beschäftigt werden. Die Ressourcenbeschränkung lautet daher

$$L = l \cdot pE, \quad [1 + l(w)p(e)] \cdot E = 1. \tag{XVI.29}$$

Diese Gleichung bestimmt die Anzahl der Unternehmensgründer E und den verbleibenden Anteil der Arbeitnehmer.

Das Gleichgewicht wird durch den Lohnsatz herbeigeführt. Mit zunehmendem Lohn wird die unselbständige Beschäftigung attraktiver, während der Überschuss aus selbständigem Unternehmertum nach (XVI.28) abnimmt. Im Gleichgewicht muss der Lohn gerade so hoch sein, dass die Individuen zwischen den beiden Alternativen indifferent sind,

$$\pi(\underset{-}{w}, \underset{-}{\tau}, \underset{+}{z}) = w. \tag{XVI.30}$$

Angenommen, der Lohn sei zu niedrig, so dass wegen $\pi > w$ immer mehr Unternehmen gegründet werden. Es entsteht eine Überschussnachfrage nach Arbeitern, welche den Lohnsatz in die Höhe treibt, so dass schliesslich wieder ein Gleichgewicht herbeigeführt wird. Der gleichgewichtige Lohn wird implizit durch (XVI.30) bestimmt. Abbildung XVI.4 illustriert die Bestimmung des Gleichgewichtslohns graphisch als Schnittpunkt der steigenden Lohngerade, die der 45°-Linie entspricht, und der fallenden Überschusskurve π. Mit dem Lohn steht die Beschäftigung l pro Firma, der Unternehmenswert V, die Managementleistung e und die Überlebenswahrscheinlichkeit p fest. Aus (XVI.29) kann dann die Zahl E der Unternehmensgründungen abgelesen werden.

Abbildung XVI.4 zeigt auch die Wirkung der Steuerpolitik auf das Gleichgewicht. Ein höherer Gewinnsteuersatz verschiebt die Überschusskurve nach unten und senkt den Gleichgewichtslohn; eine höhere Startsubvention verschiebt sie nach oben und steigert den Lohn. In einer separaten Übung kann die Auswirkung auf die Gründungsrate E berechnet werden.

Ob Unternehmensgründungen gefördert werden sollen, muss anhand der Wirkung auf die Wohlfahrt beurteilt werden. Die individuelle Wohlfahrt hängt vom verfügba-

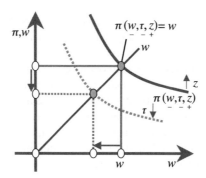

Abbildung XVI.4: Gründungsentscheidung

ren, erwarteten Einkommen und auch vom Pro-Kopf-Transfer T ab. Dieser ergibt sich aus der staatlichen Budgetbeschränkung,

$$\tau V p(e) E = z I E + T. \qquad \text{(XVI.31)}$$

Mit einer auf 1 normierten Bevölkerungsgrösse steht T sowohl für den Transfer pro Kopf als auch für die aggregierten Transfers. Alle E Gründungen erhalten eine Kapitalsubvention z, aber nur die erfolgreichen pE Unternehmen, die bis zur Produktionsphase überleben, zahlen eine Gewinnsteuer.

Bei freier Berufswahl erzielen alle Individuen im Gleichgewicht einen identischen Nutzen, so dass ein Verteilungsproblem ex ante ausgeschaltet ist. Ex post gibt es erfolgreiche und gescheiterte Unternehmer mit hohen und niedrigen Einkommen. Wir konzentrieren uns ausschliesslich auf Effizienz und postulieren eine utilitaristische, soziale Wohlfahrt. Da im Gleichgewicht $\pi = w$ und $E + L = 1$ ist, erhalten wir

$$W = (\pi + T) \cdot E + (w + T) \cdot L = w + T. \qquad \text{(XVI.32)}$$

XVI.2.3 Effizienz

Um die Wohlfahrtseffekte zu verstehen, ist es nützlich, die Eigenschaften des Marktgleichgewichts mit der erstbesten Allokation zu vergleichen, die sich aus der Maximierung des *gemeinsamen* Überschusses ergibt. Die erstbeste Allokation blendet das Informationsproblem aus, indem es von vollständiger Beobachtbarkeit und Durchsetzbarkeit der Managementleistung ausgeht und daher nicht durch die Anreizbedingung beschränkt ist. Indem wir die Überschüsse aller Beteiligten (also Unternehmer, Investor und Staat) aufaddieren, erhalten wir aus (XVI.23), (XVI.24) und (XVI.31) den gemeinsamen Überschuss S des Projektes, wobei der Staat einen Überschuss von $\tau p(e) V - z I$ pro Projekt erzielt,

$$\max_{e} S = p(e) V - c(e) - I \quad \Rightarrow \quad p'(e^*) V = c'(e^*). \qquad \text{(XVI.33)}$$

Das erstbeste Niveau der Managementleistung e^* wird solange ausgedehnt, bis der gesellschaftliche Grenzertrag $p'(e^*) V$ gleich den Grenzkosten $c'(e^*)$ ist. Die individuelle Entscheidung des Unternehmers im Marktgleichgewicht (ohne Steuern) erfolgt hingegen gemäss (XVI.26) und orientiert sich ausschliesslich am privaten Grenzertrag $s \cdot p'(e)V$. Der private Grenzertrag der Managementleistung ist kleiner als der gesellschaftliche, so dass es zu einer *Unterinvestition* $e < e^*$ kommt. Das Problem kommt daher, dass der Unternehmer vermögensbeschränkt ist und ohne externes Risikokapital die Startinvestition nicht realisieren kann. Die Folge davon ist, dass die notwendige Rückzahlung, hier in Form des Gewinnanteils $1 - s$, im Anschluss an die Finanzierung den Grenzertrag des unternehmerischen Engagements schmälert. Jede zusätzliche Wertsteigerung, die der Unternehmer mit intensiverem Managementeinsatz erzielt, muss er je nach vereinbartem Gewinnanteil mit dem Investor teilen. Der Unternehmer erwirtschaftet daher einen externen Ertrag bzw. Spillover für den Investor. Er erhält nur einen Teil der zusätzlichen Wertsteigerung, muss dagegen die privaten Grenzkosten der Managementleistung alleine tragen.[3]

In einer Situation mit externen Effekten können mit Pigou-Steuern bzw. Subventionen den Verursachern die gesamten gesellschaftlichen Kosten bzw. Erträge zugerechnet werden. Die Internalisierung des externen Ertrags ist im Prinzip auch hier mit einer Subvention möglich. Die Subvention entspräche einer negativen Gewinnsteuer $\tau < 0$. Der Vergleich der Marktlösung in (XVI.26), $p'V \cdot (1 - \tau)s = c'$, mit der erstbesten Allokation in (XVI.33), $p'V = c'$, zeigt, wie die Subvention gesetzt werden muss, damit die Leistungsanreize des Unternehmers mit dem gesellschaftlichen Kalkül in Einklang gebracht werden können,

$$\left(1 - \tau^*\right) \cdot s = 1 \quad \Rightarrow \quad e^* = e. \tag{XVI.34}$$

Eine geeignete Erlössubvention $\tau^* < 0$ kann also den privaten Grenzertrag soweit anheben, dass der Unternehmer tatsächlich den gesamten Mehrwert seiner Managementleistung realisieren kann, d. h. $p'V \cdot (1 - \tau^*)s = p'V$. Die Subvention kompensiert den Unternehmer für den externen Ertrag bzw. Spillover und stärkt seine Anreize, so dass er eine Managementleistung gleich dem erstbesten Niveau wählt, $e \to e^*$.

XVI.2.4 Steuerreform

Bei Startunternehmen ist die Mehrbelastung der Gewinnsteuer besonders hoch, wenn deren Finanzierung einem moralischen Risiko ausgesetzt ist. Optimal wäre eine negative Gewinnsteuer, welche die Bedingung (XVI.34) erfüllt. Wenn wir hingegen vom unbesteuerten Marktgleichgewicht mit $\tau = z = T = 0$ ausgehen, dann sind die Wohlfahrtseffekte schon bei Einführung einer *kleinen* Gewinnsteuer strikt negativ. Um dies zu zeigen, ermitteln wir die Wohlfahrtseffekte von kleinen Massnahmen $d\tau, dz > 0$, die mit einer pauschalen Steuer bzw. einem Transfer T gegenfinanziert werden. Wäre das Ausgangsgleichgewicht effizient, müsste der marginale Wohlfahrtseffekt Null sein.

Die komparativ statischen Effekte der Steuerpolitik haben wir schon im Abschnitt XVI.2.2 diskutiert. Nun muss der Effekt auf die Wohlfahrt in (XVI.32) ermittelt wer-

---

[3]Diese Tendenz zur Unterinvestition kann auch nicht durch Fremdfinanzierung anstatt externer Eigenkapitalfinanzierung beseitigt werden, wie man anhand einer separaten Übung leicht zeigen kann.

den. Das Differential ergibt $dW = dw + dT$. Der Firmenwert sinkt mit dem Lohn um $V'(w) = -l$. Indem man von (XVI.30), $w = \pi$, und von π in (XVI.22) das Differential an der Stelle $\tau = z = 0$ bildet, erhält man $dw = d\pi = -pldw - pVd\tau + Idz + (p'V - c')de$. Nach Multiplikation mit E und Einsetzen von $lpE = L$ folgt

$$pEVd\tau = -(E + L)dw + IEdz + (p'V - c')Ede. \tag{XVI.35}$$

Als nächstes bilden wir das Differential des Budgets in (XVI.31), und zwar wieder an der Stelle $\tau = z = 0$ mit dem Ergebnis $dT = pEVd\tau - IEdz$. Wir ersetzen den ersten Term durch (XVI.35), setzen den resultierenden Ausdruck für dT in das Wohlfahrtsdifferential $dW = dw + dT$ ein und berücksichtigen die Ressourcenbeschränkung $E + L = 1$,

$$dW = (p'V - c')E \cdot de = (1 - s)VE \cdot p'(e) \cdot de, \tag{XVI.36}$$

wobei sich die zweite Gleichheit aus der Anreizbedingung $sp'V = c'$ in (XVI.26) ergibt. Wäre die Wirtschaft im Laissez-faire-Zustand in einem erstbesten Gleichgewicht, dann wäre $p'(e^*)V = c'(e^*)$, so dass der Wohlfahrtseffekt aus einer Einführung von kleinen Steuern bzw. Subventionen Null wäre. Im vorliegenden Fall ist aber das Ausgangsgleichgewicht durch eine Unterinvestition $e < e^*$ charakterisiert, so dass der soziale Grenzertrag einer zusätzlichen Managementleistung höher als die Grenzkosten ist, $p'V - c' > 0$. Eine wirtschaftspolitische Intervention kann dann die Wohlfahrt erhöhen, indem sie die Anreize für unternehmerisches Engagement stärkt und so die Managementanstrengungen e steigert. Der Wohlfahrtsgewinn ist proportional zur Zunahme des Managementinputs und damit zur Steigerung der Erfolgswahrscheinlichkeit, $dp = p'(e)de$.

Die Gewinnsteuer reduziert direkt die unternehmerischen Anreize, siehe die Anreizbedingung (XVI.26). Ausserdem senkt sie gemäss Abbildung XVI.4 den Gleichgewichtslohn und damit den erzielbaren Überschuss aus einer Unternehmensgründung, $\pi = w$. Wegen $V'(w) = -l$ steigt der Unternehmenswert, wenn der Lohn fällt, was den Unternehmereinsatz nach (XVI.26) wieder fördert. In (XVI.28) haben wir jedoch gezeigt, dass Managementinput und Überschuss sich im Gleichgewicht in die gleiche Richtung bewegen, $\pi = \epsilon \cdot c(e)$. Daher reduziert die Gewinnsteuer das unternehmerische Engagement und führt zu einem Wohlfahrtsverlust. Sie verstärkt eine schon vorhandene Unterinvestition.

In einer Situation einseitigen moralischen Risikos kann eine Investitionsbegünstigung z hingegen die Wohlfahrt steigern. Sie reduziert die privaten Kapitalkosten $(1 - z)I$, so dass der Unternehmer weniger auf externes Risikokapital zurückgreifen muss. Der Investor kommt mit einem geringeren Anteil $1 - s$ aus, so dass der Unternehmeranteil entsprechend grösser ist. Dies stärkt den Anreiz für den Input e. Die Finanzierungsgerade in Abbildung XVI.3 verschiebt sich nach rechts, so dass sowohl der Eigenkapitalanteil s als auch die Managementleistung zunehmen. Im Gleichgewicht kommt es allerdings zu einem Lohnanstieg nach Abbildung XVI.4, was den Firmenwert V reduziert und den günstigen Anreizen entgegenwirkt. Der Nettoeffekt auf den Überschuss bleibt jedoch positiv, da er als Resultat der Berufswahl gleich dem Lohn sein muss und daher mit diesem ansteigt. Nach (XVI.28) muss daher die

Managementleistung im Gleichgewicht ansteigen. Die Investitionsprämie fördert die Wohlfahrt gemäss (XVI.36).

XVI.3   Wagniskapital

XVI.3.1   Übersicht

Besonders im Falle innovativer Unternehmensgründungen gilt, dass die Unternehmer zwar eine vielversprechende Geschäftsidee, aber weder Geld noch unternehmerische Erfahrung haben. Je innovativer die Geschäftsidee, desto riskanter ist das Projekt aus Sicht externer Investoren. Es ist noch nicht klar, ob das neue Produkt wirklich Anklang findet. Auch die technischen Risiken bis zur Entwicklung der Marktreife sind noch erheblich. Die definierende Idee des Wagniskapitals (Venture Capital) ist, dass der Finanzier nicht nur Geld, sondern auch strategische Beratung anbietet. Der Wagnisfinanzier (Venture Capitalist, VC) kennt die Branche sehr gut und hat selber unternehmerische Erfahrung und wertvolle Kontakte zu Kunden, Lieferanten und erfahrenen Managern, die er dem Unternehmen zur Verfügung stellen kann. VCs tragen mit verschiedenen wertsteigernden Aktivitäten zur Professionalisierung und zum Wachstum ihrer Portfoliounternehmen bei. Aus diesem Grund erzielen wagnisfinanzierte Startups typischerweise höhere Marktanteile, mehr Umsatzwachstum, Wertsteigerung und Beschäftigung als andere Firmen. Der wertsteigernde Beitrag des Wagniskapitals ist das zentrale Unterscheidungsmerkmal zur traditionellen Bankenfinanzierung. Banken stellen Kapital zur Verfügung, leisten aber selber keinen unternehmerischen Input.

Der Unternehmenswert einer wagnisfinanzierten Firma hängt also nicht nur von der Managementleistung e des Unternehmers, sondern auch von der Beratungsleistung a (advice) des VCs ab. Wir unterstellen nun, dass die Erfolgswahrscheinlichkeit linear in beiden Inputs zunimmt, während die privaten Kosten beider Parteien konvex mit den spezifischen Leistungen ansteigen,

$$p(e,a) = e + \gamma a, \quad c(l) = \beta^{-\epsilon} \cdot \frac{l^{1+\epsilon}}{1+\epsilon}, \quad l \in \{e,a\}. \tag{XVI.37}$$

Eine grosse Vereinfachung ohne wesentlichen Erkenntnisverlust ist die Annahme, dass die Erfolgswahrscheinlichkeit linear und separabel in den beiden Inputs ist, so dass die Grenzprodukte konstant und unabhängig voneinander sind, $p_e = 1$, $p_a = \gamma$ und $\mathrm{d}p_e/\mathrm{d}a = \mathrm{d}p_a/\mathrm{d}e = 0$.[4]

Sowohl die Managementleistung des Unternehmers als auch die Beratungsaktivitäten des VCs sind nicht verifizierbar und daher auch nicht vertraglich vereinbar. Dadurch entsteht ein *doppelseitiges moralisches Risiko*. Es mögen zwar beide Seiten vor Vertragsabschluss einen hohen Einsatz versprechen, wenn der Vertrag aber erst

---

[4]Gälte hingegen $\mathrm{d}p_e/\mathrm{d}a > 0$, dann würde eine stärkere Beratung durch den VC gleichzeitig den Grenzertrag p_e des unternehmerischen Inputs stärken und den Unternehmer damit zu verstärkter Managementleistung anspornen. Umgekehrt würde im Fall von $\mathrm{d}p_a/\mathrm{d}e > 0$ ein höheres Engagement e auch den VC zu intensiverer Beratungstätigkeit anregen. Solche strategische Komplementaritäten zwischen den produktiven Inputs sind hier ausgeschaltet.

einmal abgeschlossen ist, dann kann plötzlich dieser hohe Einsatz zu kostspielig sein und im Nachhinein verweigert werden. Der Finanzierungsvertrag muss daher ausreichende finanzielle Anreize für den beidseitigen Effort vorsehen, so dass die beiden Parteien auch nach Vertragsabschluss noch dasselbe Interesse an dem vorher erwarteten, wertsteigernden Engagement haben.

Ähnlich wie im letzten Abschnitt findet nun folgende Entscheidungsabfolge statt: 1. Der Unternehmer entscheidet über Selbständigkeit und verzichtet auf alternatives Lohneinkommen. 2. Es wird ein Finanzierungsvertrag vereinbart. 3. Beide Parteien leisten ihren Input. 4. Das Risiko löst sich auf. Im Erfolgsfall wird ein Gewinn V realisiert. Wenn das Unternehmen scheitert, ist der Gewinn gleich Null, so dass alle vorher getätigten Investitionen verloren sind. Die Finanzierung sieht so aus, dass der Unternehmer einen Anteil $1 - s$ zum Preis $(1 - z)I + B$ an einen VC verkauft. Der Verkaufserlös muss wenigstens die Kapitalinvestition I finanzieren und kann zusätzlich dem Unternehmer einen Kapitalgewinn B bescheren. Mit ähnlicher Notation wie im letzten Abschnitt setzt sich der gemeinsame (soziale) Überschuss S des Projektes wie folgt zusammen:

$$
\begin{aligned}
E : & \left(1 - \tau^E\right) Vp \cdot s - c(e) + B - w, \\
F : & \left(1 - \tau^F\right) Vp \cdot (1 - s) - c(a) - B - (1 - z)I, \\
G : & \tau^E Vp \cdot s + \tau^F Vp \cdot (1 - s) - zI, \\
S = & \ Vp(e,a) - c(e) - c(a) - I - w > 0.
\end{aligned}
\tag{XVI.38}
$$

Wir lassen zunächst separate Gewinnsteuern τ^E für Unternehmer und τ^F für VCs zu. Der Einfachheit halber vernachlässigen wir eine Besteuerung des Basiseinkommens B des Unternehmers.

XVI.3.2 Effiziente Investition

Um später die Effizienzeigenschaften der Marktlösung besser zu verstehen, leiten wir als Referenzmassstab die erstbeste Allokation her. Diese ergibt sich aus der Maximierung des gemeinsamen Überschusses S bezüglich der beiden Inputs e und a ohne weitere Anreizbedingungen. Im erstbesten Zustand sind also die beiden Inputs beobachtbar und vertraglich vereinbar. Die BEO für einen maximalen gemeinsamen Überschuss sind

$$
V = c'(e^*), \quad \gamma V = c'(a^*).
\tag{XVI.39}
$$

Unter Berücksichtigung der speziellen funktionalen Form in (XVI.37) können also die folgenden erstbesten Leistungsniveaus bestimmt werden: $e^* = \beta \cdot V^{1/\epsilon}$ und $a^* = \beta \cdot (\gamma V)^{1/\epsilon}$.

XVI.3.3 Gemeinsamer Effort

Wenn der Unternehmer die Entscheidung über die Selbständigkeit trifft und der VC über die Finanzierung entscheidet, müssen die Konsequenzen für die im Anschluss zu treffenden Entscheidungen richtig antizipiert werden. Daher müssen wir nach dem

Prinzip der Rückwärtsinduktion mit der letzten Entscheidung beginnen. In diesem Abschnitt sei der Unternehmenswert V exogen und wird nicht mehr im allgemeinen Gleichgewicht erklärt. Eine Stufe vorher bestimmen beide Parteien, wie intensiv sie sich für den Unternehmenserfolg einsetzen sollen. Beide Partner wählen simultan ihre Leistung, welche gemeinsam wie in einer Teamproduktion die Erfolgswahrscheinlichkeit $p(e,a)$ bestimmt. Zu diesem Zeitpunkt sind w und $(1 - z)I$ bereits versunken, und der Vertrag, bestehend aus der Eigenkapitalaufteilung s und dem Kaufpreis einschliesslich des variablen Bestandteils B, ist fixiert. Die aus privater Sicht optimalen Leistungen maximieren den zu diesem Zeitpunkt noch beeinflussbaren Überschuss in (XVI.38),

$$e = \arg\max\left(1 - \tau^E\right)spV - c(e),$$
$$a = \arg\max\left(1 - \tau^F\right)(1 - s)pV - c(a). \tag{XVI.40}$$

Als BEO folgen die Anreizbedingungen für Unternehmer und VC:

$$IC^E : \left(1 - \tau^E\right)s \cdot V \qquad = c'(e),$$
$$IC^F : \left(1 - \tau^F\right)(1 - s) \cdot \gamma V = c'(a). \tag{XVI.41}$$

Die funktionale Form der Kostenfunktion in (XVI.37) ermöglicht eine geschlossene Lösung für die beiden Beiträge

$$e = \beta \cdot \left[\left(1 - \tau^E\right)s \cdot V\right]^{1/\epsilon}, \quad a = \beta \cdot \left[\left(1 - \tau^F\right)(1 - s) \cdot \gamma V\right]^{1/\epsilon}. \tag{XVI.42}$$

Die Gewinnsteuern reduzieren für beide Partner den Grenzertrag ihres Inputs und beeinträchtigen daher ihr jeweiliges Engagement für das Unternehmen. Wird ein höherer Eigenkapitalanteil s des Unternehmers vereinbart, dann steigert dies die Managementleistung e des Unternehmers, aber mindert gleichzeitig die Beratungsaktivität a des VCs.

XVI.3.4 Finanzierungsvertrag

Wenn der Unternehmer einen Abschluss mit dem VC vereinbart, dann muss er die Folgen für die späteren Leistungsanreize, wie sie in (XVI.41) bzw. (XVI.42) zum Ausdruck kommen, richtig antizipieren. Der Handel besteht darin, dass der Unternehmer einen Eigenkapitalanteil $1 - s$ an den VC zum Gesamtpreis von $B + (1 - z)I$ verkauft. Aus dem Erlös finanziert er die Kapitalinvestition und sichert sich ein Basiseinkommen B, welches als Kapitalgewinn auf seine Geschäftsidee interpretiert werden kann und unabhängig vom tatsächlichen späteren Erfolg ist. Die beiden Vertragsbestandteile s und B erfüllen dabei ganz unterschiedliche Funktionen. Der Teil B des Kaufpreises verteilt lediglich Einkommen vom VC zum Unternehmer um und zwar ohne weitere Konsequenzen für den gemeinsamen Überschuss. Die Wahl des Gewinnanteils s verteilt ebenfalls um; sie beeinflusst aber zusätzlich noch die Höhe des gemeinsamen Überschusses, weil der Gewinnanteil die beiden wertsteigernden Beiträge e und a in der Startphase nach Vertragsabschluss beeinflusst. Der Unternehmer wählt nun s und B, um den eigenen Überschuss zu maximieren, und antizipiert dabei $e'(s) > 0 > a'(s)$ nach (XVI.42). Intuitiv ist klar, dass er zuerst durch Wahl von

s den gemeinsamen Überschuss maximieren will, bevor er davon durch Wahl von B möglichst viel zu sich umverteilen möchte.

Wir gehen zunächst von einer einheitlichen Steuer $\tau^E = \tau^F = \tau$ aus, da dies die Bestimmung des Finanzierungsvertrags ganz erheblich erleichtert. Das Finanzierungsangebot des Unternehmers maximiert durch Wahl von s und B den eigenen Überschuss unter den Nebenbedingungen $e(s)$ und $a(s)$ wie in (XVI.41) und (XVI.42) sowie der Teilnahmebedingung des VCs nach (XVI.38),

$$\pounds = (1 - \tau)sVp(e,a) - c(e) + B - w$$
$$+\lambda \cdot [(1 - \tau)(1 - s)Vp(e,a) - c(a) - B - (1 - z)I]. \tag{XVI.43}$$

Im Anhang dieses Kapitels wird folgendes Ergebnis für den optimalen Eigenkapitalanteil abgeleitet:

$$\frac{1 - s}{s} = \gamma^{(1+1/\epsilon)/(2-1/\epsilon)} \quad \Rightarrow \quad 0 < s < 1. \tag{XVI.44}$$

Demnach hat eine einheitliche Gewinnsteuer, die Unternehmer und VCs mit demselben Satz belastet, keinen Einfluss auf den vereinbarten Eigenkapitalanteil. Dieser richtet sich lediglich nach der relativen Produktivität der beiden Inputs, d. h. in welchem Umfang die beiden Inputs die Erfolgswahrscheinlichkeit zu steigern in der Lage sind. Im symmetrischen Fall mit $\gamma = 1$ ist die optimale Gewinnaufteilung $s = 1/2$. Wenn der VC mit $\gamma > 1$ verhältnismässig produktiver ist, dann sollten die Parteien stärker auf seinen Beitrag abstellen und den Anteil des VCs zulasten des Unternehmers steigern, so dass $1 - s$ steigt und s fällt. Wenn umgekehrt der Beitrag des Unternehmers produktiver ist ($\gamma < 1$), dann wird gemäss (XVI.44) sein Anteil s zulasten des VC-Anteils $1 - s$ erhöht. Dies sichert einen maximalen gemeinsamen Überschuss.

Wenn durch Wahl einer optimalen Gewinnaufteilung s der gemeinsame Überschuss maximiert ist, dann sind damit auch die beiden Inputs und die Erfolgswahrscheinlichkeit fixiert. Der Unternehmer fordert nun für den so bestimmten Anteil, den er an den VC verkauft, einen maximalen Kaufpreis, indem er den variablen Teil B so hoch ansetzt, bis die Teilnahmebedingung des VCs in (XVI.38) gerade noch erfüllt ist und bindet,

$$B = (1 - \tau)(1 - s)p(e,a)V - c(a) - (1 - z)I. \tag{XVI.45}$$

XVI.3.5 Wirkungen der Besteuerung

Auch in dieser Situation eines beidseitigen Beitrages zum Unternehmenserfolg ist, wie im Fall des einseitigen moralischen Risikos, eine Tendenz zur Unterinvestition festzustellen. Während sich die effizienten Niveaus gemäss (XVI.39) an den insgesamt erzielbaren, sozialen Wertsteigerungen orientieren, richten sich die privaten Beiträge im Marktgleichgewicht nach den Anreizbedingungen in (XVI.41) am jeweils eigenen Anteil an den erzielten Wertsteigerungen aus. Während Unternehmer und Finanziers jeweils die vollen privaten Kosten ihrer Leistungen tragen, erhalten sie nur einen Teil s bzw. $1 - s$ der daraus erwachsenden Wertsteigerung. Der andere Teil stellt jeweils einen positiven Spillover auf den anderen Partner dar. In dieser Situation kommt es zur Unterinvestition, so dass es gilt, sowohl die Anreize für die Management-leistungen e der Unternehmer als auch der Beratungsleistungen a der VCs zu stärken! Ähnlich wie im Falle des einseitigen Beitrages kann im Prinzip eine Ertragssubvention bzw. negative Gewinnsteuer die positiven Spillovers auf den jeweils anderen Vertragspartner internalisieren. Diese Subvention müsste folgende Bedingung erfüllen, damit die privaten und gesellschaftlichen Erträge der Management- und Beratungsleistungen in (XVI.41) und (XVI.39) zur Deckung gebracht werden:

$$\left(1 - \tau^{E*}\right)s^* = 1, \quad \left(1 - \tau^{F*}\right)\left(1 - s^*\right) = 1. \tag{XVI.46}$$

Im symmetrischen Fall wäre die Gewinnaufteilung gerade hälftig, $s^* = 1/2$, so dass ein einheitlicher Steuersatz von $\tau^* = -1$ realisiert würde. Diese Subvention scheint allerdings unrealistisch hoch.

Eine Folgerung aus dieser Marktstörung ist, dass jede wirtschaftspolitische Massnahme, welche die Anreize für Unternehmer und VCs verbessert, zu einer Wohlfahrtssteigerung führt. Dies zeigen wir nun, indem wir verfolgen, wie die Wohlfahrt gemessen am gemeinsamen Überschuss in (XVI.38) auf wirtschaftspolitische Massnahmen reagiert. Das Differential beträgt $dS = \left(V - c'(e)\right)de + \left(\gamma V - c'(a)\right)da$. Indem man die Anreizbedingungen in (XVI.41) einsetzt, erhält man

$$dS = \left(1 - \left(1 - \tau^E\right)s\right)V \cdot de + \left(1 - \left(1 - \tau^F\right)(1 - s)\right)\gamma V \cdot da. \tag{XVI.47}$$

Man stellt zuerst fest, dass die Wohlfahrt nicht mehr gesteigert werden kann, $dS = 0$, wenn die optimale Politik gemäss (XVI.46) implementiert ist.

Nunmehr betrachten wir die Wirkung einer Einführung einer kleinen *Gewinn-steuer* mit einem einheitlichen Satz τ. Nachdem dieses Szenario von einem Laissez-faire-Zustand mit $\tau = z = 0$ in der Ausgangssituation ausgeht, vereinfacht sich (XVI.47) zu

$$\left.\frac{dS}{d\tau}\right|_{\tau=0} = (1 - s)V \cdot \frac{de}{d\tau} + s\gamma V \cdot \frac{da}{d\tau} < 0. \tag{XVI.48}$$

Man beachte, dass eine einheitliche Steuer die Gewinnaufteilung gemäss (XVI.44) unverändert lässt, aber direkt die privaten Anreize beeinträchtigt und die produktiven Beiträge mindert ($de/d\tau < 0$ und $da/d\tau < 0$), so dass der Effekt in (XVI.48) negativ wird. Die Steuer verschärft also eine bereits bestehende private Unterinvestition und mindert damit den gemeinsamen Überschuss S. Schon eine kleine Steuer zieht einen strikt negativen Wohlfahrtseffekt nach sich. Im Falle von wagnisfinanzierten Unternehmen hat also die Gewinnsteuer eine besonders hohe Mehrbelastung.

In der Praxis werden Startups überwiegend mittels *Subventionen der Kapital-kosten*, also z, gefördert. Nachdem diese Subventionen erfolgsunabhängig zufliessen, sind sie nicht geeignet, die Anreize weder für den Einsatz der Unternehmer noch für höhere Beratungsintensität der VCs zu stärken, d.h. e, a und p bleiben alle konstant und reagieren nicht auf die Subvention, vgl. (XVI.41) und (XVI.42). Aus diesem Grund haben Kapitalsubventionen keinen Wohlfahrtseffekt, $dS = 0$. Da sie aber die Startkosten $(1 - z)I$ reduzieren, steigern sie mit (XVI.45) den Überschuss B der Unternehmer. Sollte dies zu mehr Marktzutritt führen und damit den Unternehmens-wert V senken, dann würde dieser Gleichgewichtseffekt negative Anreizeffekte zur

Folge haben und die Beiträge e und a sogar mindern. Unter Berücksichtigung dieses Gleichgewichtseffektes, den wir hier nicht analysieren, wäre eine Kapitalsubvention z sogar schädlich. Um die Wohlfahrt zu steigern, wäre es besser, die Startinvestition I zu besteuern.

Nach Betrachtung dieser Massnahmen bietet sich folgendes Szenario an: Die erfolgsunabhängige Form der Förderung mittels Subventionen der Kapitalkosten soll in eine erfolgsabhängige Förderung in Form eines *Gewinnsteuernachlasses* umgewandelt werden. Wir modellieren dieses Szenario, indem wir ausgehend vom unbesteuerten Zustand die Startinvestition besteuern, $dz < 0$, und aus dem erzielten Steueraufkommen eine Gewinnsubvention $d\tau < 0$ einführen. Dabei soll für ein einzelnes Projekt keine Nettosteuerbelastung bzw. Nettosubvention erfolgen, so dass $pV\tau = Iz$ und damit $pV \cdot d\tau = I \cdot dz$ erfüllt ist. Mit anderen Worten soll die Initiative *selbstfinanzierend* sein. Die Gewinnsteuerreduktion stärkt die privaten Anreize und steigert die Managementleistungen der Unternehmer sowie die Beratungstätigkeit der VCs, so dass mit e und a auch die Erfolgswahrscheinlichkeit p zunimmt. Hingegen ist nach (XVI.42) die Investitionssteuer auf I für die Leistungsanreize unschädlich, so dass nach (XVI.48) die Wohlfahrt steigt, wenn $d\tau < 0$.

Zusammenfassend kann also gesagt werden, dass die Förderung von wagnisfinanzierten Unternehmensgründungen den Erfolg belohnen soll. Eine Subvention von Kapitalkosten fliesst dagegen überwiegend erfolgsunabhängig zu, denn sie wird für jeden Versuch gegeben, ob dieser nun erfolgreich ist oder nicht. Daher sind diese Subventionen nicht geeignet, die privaten Anreize zu verstärken. Ein Gewinnsteuernachlass kommt hingegen nur den erfolgreichen Firmen zugute, während die gescheiterten Projekte aufgrund mangelnder Gewinne davon nicht zu profitieren vermögen. Ein Gewinnsteuernachlass fördert nicht nur die Gründungsbereitschaft. Noch viel wichtiger ist, dass die günstigen Anreizwirkungen dieser Initiative die Management- und Beratungsanstrengungen der Unternehmer und VCs steigern und somit die Erfolgswahrscheinlichkeit und Wertsteigerung der neuen Unternehmen anheben sollten. Dies würde zu einer höheren Qualität von Unternehmensgründungen führen und angesichts der Tendenz zur Unterinvestition die Wohlfahrt steigern.

Anhang

Der Anhang leitet den optimalen Eigenkapitalanteil in (XVI.44) her. Dazu bildet man die BEO für das Problem in (XVI.43):

$$B : 1 = \lambda,$$
$$s : 0 = \frac{\partial \pounds}{\partial s} + \frac{\partial \pounds}{\partial e}\frac{\partial e}{\partial s} + \frac{\partial \pounds}{\partial a}\frac{\partial a}{\partial s}. \qquad (A16.1)$$

Die erste Bedingung besagt, dass B pauschal vom VC zum Unternehmer umverteilt. Wegen $\lambda = 1$ ist in der Bedingung für s die direkte Ableitung $\partial \pounds / \partial s = 0$. Die

Ableitung der Lagrange-Funktion in (XVI.43) ergibt für die anderen Ausdrücke, unter Berücksichtigung von $\lambda = 1$ und $p_e = 1$ und $p_a = \gamma$,

$$\partial\pounds/\partial e = \big[(1-\tau)sV - c'(e)\big] + (1-\tau)(1-s)V,$$
$$\partial\pounds/\partial a = (1-\tau)s\gamma V + \big[(1-\tau)(1-s)\gamma V - c'(a)\big]. \qquad (A16.2)$$

Die eckigen Klammerausdrücke sind wegen der Anreizbedingungen (XVI.41) jeweils Null. Daher reduziert sich die BEO für s in (A16.1) nach Kürzung von $(1-\tau)V$ zu

$$(1-s)\frac{\partial e}{\partial s} = -\gamma s\frac{\partial a}{\partial s} \quad\Rightarrow\quad \frac{1-s}{s} = \gamma^{(1+1/\epsilon)/(2-1/\epsilon)}. \qquad (A16.3)$$

Das Ergebnis in (XVI.44) folgt, indem man die Ableitung der Leistungen nach dem Gewinnanteil in (XVI.42) berücksichtigt, $\mathrm{d}e/\mathrm{d}s = e/(s\varepsilon)$ sowie $\mathrm{d}a/\mathrm{d}s = -a/((1-s)\varepsilon)$, und anschliessend (XVI.42) mit dem einheitlichen Steuersatz $\tau^F = \tau^E = \tau$ einsetzt.

Zusammenfassung

1. Wenn der unternehmerische Einsatz nicht verifizierbar und vertraglich nicht vereinbar ist, dann können die Unternehmer ihren Informationsvorteil ausnutzen und durch opportunistisches Verhalten nach Vertragsabschluss den Ertrag der externen Kapitalgeber gefährden. In dieser Situation eines moralischen Risikos werden externe Investoren nur dann Kapital bereitstellen, wenn eine ausreichende Managementleistung des Unternehmers durch finanzielle Anreize sichergestellt ist.

2. Moralisches Risiko führt zu unvollständiger Versicherung der Unternehmer, obwohl der Kapitalmarkt unabhängige Risiken leicht konsolidieren könnte. Die Risikotragung des Unternehmers ist notwendig, um seine Leistungsanreize sicherzustellen. Der Steuer-Transfer-Mechanismus kann zu keiner weiteren Risikokonsolidierung führen. Die Versicherungswirkung löst eine Vertragsanpassung aus, welche die ursprüngliche Risikoposition wieder herstellt. Die Besteuerung wirkt diesbezüglich grundsätzlich neutral, solange die Managementleistung diskret (hoch oder niedrig) ist.

3. Wenn die Managementleistung der Unternehmer variabel ist, führt moralisches Risiko zu einer tendentiellen Unterinvestition und geringeren Erfolgswahrscheinlichkeiten. Der Grund liegt darin, dass der Unternehmer einen Ertragsanteil abtreten muss, wenn er auf eine externe Finanzierung angewiesen ist. Ein intensiverer Managementeinsatz erhöht nicht nur den eigenen erwarteten Gewinn, sondern steigert zusätzlich zum Vorteil des Investors die Wahrscheinlichkeit der Rückzahlung. Der Unternehmer trägt die vollen privaten Kosten einer intensiveren Managementleistung, kann sich aber nur einen Teil der Erträge aneignen.

4. Wagnisfinanzierung ist die Bereitstellung von Kapital und Managementberatung aus einer Hand. Die Wagnisfinanzierung unterliegt ähnlichen Anreizproblemen, wobei sich die Tendenz zur Unterinvestition nicht nur auf den Unternehmer, sondern auch auf die wertsteigernde Beratungsleistung des Wagniskapitalisten erstreckt. Es liegt ein beidseitiges moralisches Risiko vor.

5. Eine Gewinnsteuer besteuert den Ertrag der unternehmerischen Managementleistung, verschärft damit die vorhandene Unterinvestition und verursacht besonders hohe Wohlfahrtskosten. Eine Subventionierung der Kapitalkosten fliesst
   erfolgsunabhängig zu und hat daher keine unmittelbaren Auswirkungen auf die
   wertsteigernden Leistungen der Unternehmer. Gleiches gilt für die Wagnisfinanzierung, wobei in diesem Fall die Gewinnsteuer die wertsteigernden Leistungen
   der Wagniskapitalgeber und der Unternehmer reduziert.
6. Eine Umstellung der Förderung von wagnisfinanzierten Startups weg von erfolgsunabhängigen Subventionen der Kapitalkosten hin zu einer erfolgsabhängigen
   Entlastung bei den Gewinnsteuern könnte die wertsteigernden Leistungen der
   Unternehmer und Wagniskapitalgeber anregen und einen Wohlfahrtsgewinn erzielen.

Lektürevorschläge

SALANIE (1999), SCHWEIZER (1999) oder LAFFONT und MARTIMORT (2002) bieten
einen sehr guten Einstieg in die Informationsökonomie und in die Analyse von Problemen mit moralischem Risiko. HOLMSTROM (1982), AGHION und TIROLE (1994),
HOLMSTROM und TIROLE (1997) sowie TIROLE (2001) sind zentrale Beiträge zur Unternehmensfinanzierung bei moralischem Risiko. KAPLAN und STROEMBERG (2001)
geben eine institutionelle Beschreibung der Aufgaben der Wagnisfinanzierung, und
HELLMANN und PURI (2002) zeigen empirisch den wertsteigernden Einfluss der
Wagnisfinanziers auf das Unternehmenswachstum. BUCHHOLZ und KONRAD (2000)
und KEUSCHNIGG und NIELSEN (2004a) erörtern die Wirkungen der Besteuerung
auf die unternehmerischen Anreize und auf das Ausmass der Risikokonsolidierung
bei einseitigem moralischem Risiko. Der Einfluss der Besteuerung auf wagnisfinanzierte Unternehmensgründungen wird in KEUSCHNIGG (2004) sowie KEUSCHNIGG
und NIELSEN (2003a,b, 2004b,c) behandelt. ROSEN (2005) bietet eine informative
Übersicht über die empirische Forschung zum Einfluss der Besteuerung auf unternehmerische Entscheidungen. Auf der Homepage WWW.IFF.UNISG.CH, Seite Keusch-
nigg/Lehre, stehen gelöste Übungsaufgaben bereit.

Schlüsselbegriffe

Vermögensbeschränkung	Externe Finanzierung
Einseitiges moralisches Risiko	Managementleistung
Anreizbedingung	Finanzierungsvertrag
Risikodiversifizierung	Neutrale Besteuerung
Gründungsentscheidung	Gemeinsamer Überschuss
Unterinvestition	Wagniskapital
Beratungsleistung	Beidseitiges moralisches Risiko
Gewinnsteuer	Kapitalsubventionen

Kapitel XVII

Auswahlprobleme und Startfinanzierung

Es ist in der Wirtschaftspolitik eine weit verbreitete Ansicht, dass junge Unternehmer eine wichtige Quelle für Arbeitsplätze und Innovation sind. In den meisten Ländern gibt es daher umfangreiche Programme, welche die Unternehmensgründung erleichtern. Nach Gebhard und Schmidt (2002) betreiben in Deutschland Bund und Länder etwa 500 verschiedene Programme für Existenzgründer. Die wichtigsten Förderinstitutionen sind die Kreditanstalt für Wiederaufbau, die Deutsche Ausgleichsbank und die Technologie-Beteiligungsgesellschaft. Auf europäischer Ebene ist beispielsweise die Europäische Investitionsbank in der Förderung von Unternehmensgründungen aktiv. In der Schweiz wurde ein Gründerportal (Task Force KMU) mit Hinweisen auf geförderte Finanzierungsmöglichkeiten eingerichtet. Die Förderungen umfassen direkte Subventionen, öffentliche Beteiligungen zu günstigen Konditionen, zinsverbilligte Kredite, mehrere tilgungsfreie Jahre, Verzicht auf Sicherheiten oder auch Bürgschaften, welche den Zugang zu billigeren Bankkrediten eröffnen. Diese Programme gehen in der einen oder anderen Weise von einem Marktversagen aus. Tatsächlich scheint der Zugang zu externem Kapital in Form von Bankkrediten oder Risikokapital das wichtigste Gründungshemmnis zu sein (vgl. Blanchflower und Oswald, 1998, oder Holtz-Eakin, Joulfaian und Rosen, 1994).

Auf der anderen Seite scheitert ein grosser Teil der Neugründungen schon nach wenigen Jahren. Wie Fuest, Huber und Tillessen (2003) auf der Basis von OECD-Erhebungen berichten, scheiden zwischen 25 und 50% der Neugründungen innerhalb der ersten beiden Jahre aus und zwischen 40 und 60% innerhalb der ersten vier Jahre. Angesichts des damit verbundenen Ressourcenverbrauchs stellt sich die Frage, ob tatsächlich eine systematische Förderung von Existenzgründungen gerechtfertigt ist oder ob nicht doch der Finanzmarkt in richtiger Weise den Zugang zur Finanzierung beschränkt. Offensichtlich besitzt nur ein geringer Teil der Neugründungen tatsächlich eine nachhaltig ertragreiche Geschäftsidee, während für viele andere Projekte die Erfolgsaussichten schon von vornherein begrenzt sein dürften. Angesichts dieser Qualitätsunterschiede und Informationsnachteile gegenüber den Unternehmern stehen Banken oder andere externe Kapitalgeber vor schwierigen Auswahlproblemen. Dieses Kapitel untersucht nun, wie die Gewinnbesteuerung und die Subventionierung der Kapitalkosten die Anzahl der Unternehmensgründungen im Marktgleichgewicht beeinflusst. Insbesondere wird die Frage untersucht, ob ein wettbewerblicher Kapitalmarkt bei unvollständiger Information externer Kapitalgeber über die Erfolgsaussichten verschiedener Investitionsprojekte nach dem Wohlfahrtskriterium die richtige Anzahl von neuen Unternehmen finanziert. Die Analyse wird helfen, die Angemessenheit einer staatlichen Förderung von Unternehmensgründungen im Hinblick auf die gesellschaftliche Wohlfahrt einzuschätzen.

Die Literatur über Auswahlprobleme in der Gründungsfinanzierung wurde von Stiglitz und Weiss (1981) sowie De Meza und Webb (1987) geprägt. Diese beiden Richtungen unterscheiden sich in ihren Annahmen über die Art der Informations-asymmetrie zwischen Banken und Unternehmer. Nach Stiglitz und Weiss (1981) können Banken die Investitionsprojekte nach ihrem *erwarteten* Erfolg einstufen, jedoch nicht getrennt das zugrundeliegende Risiko und die entsprechenden Unternehmenswerte feststellen. Daher müssen sie alle Projekte mit demselben Erwartungswert zu gleichen Konditionen finanzieren, obwohl die Erfolgswahrscheinlichkeiten und entsprechenden Unternehmenswerte sehr unterschiedlich sein können. In diesem Rahmen kommt es zu einer Unterinvestition in Form einer zu geringen Rate von Unternehmensgründungen, so dass eine Gründungsförderung gerechtfertigt wäre.[1] Der Ansatz von De Meza und Webb (1987) geht hingegen davon aus, dass die Banken zwar den Wert eines Projekts im Erfolgsfall feststellen können, aber die Erfolgswahrscheinlichkeiten eines Projektes nicht kennen. Daher müssen sie alle Projekte mit dem gleichen Unternehmenswert, aber unterschiedlichen Erfolgsaussichten mit einheitlichen Konditionen finanzieren. In diesem Fall ist Kreditfinanzierung optimal. De Meza und Webb (1988, 1999, 2000) haben in der Folge verschiedene Varianten dieses Ansatzes untersucht, die jedoch alle eine mehr oder weniger gleiche Grundaussage liefern: Im Falle von unterschiedlichen Erfolgsaussichten kommt es zu einer zu hohen Rate von Unternehmensgründungen, so dass der Staat Unternehmensgründungen eher besteuern und nicht subventionieren sollte.

Im Kapitel XVI ging es mehr um die Qualität der Gründungen aufgrund der Anreize während der Projektdurchführung. Daher standen die Anreize für das wertsteigernde Engagement der Unternehmer im Vordergrund. Mit der Annahme vollkommen identischer Projekte wurden mögliche Unterschiede in den Projekteigenschaften von vornherein ausgeblendet. Es ging weniger um die Anzahl der Gründungen als vielmehr um die Wertschöpfung im Anschluss. Dieses Kapitel beschränkt sich hingegen auf Auswahlprobleme vor Vertragsabschluss bei unterschiedlicher Qualität der Investitionsprojekte und konzentriert sich auf mögliche Verzerrungen bei der Gründungsentscheidung. Wir abstrahieren daher von moralischem Risiko im Unternehmerverhalten nach Abschluss eines Finanzierungsvertrages. Der folgende Abschnitt entwickelt den Ansatz von De Meza-Webb. Abschnitt XVII.2 analysiert die Wirkungen einer Gewinnsteuer und einer Subvention der Kapitalkosten auf das Marktgleichgewicht und die Wohlfahrt. Abschnitt XVII.3 stellt in kurzer Form den Stiglitz-Weiss-Ansatz dar und geht auf andere Erweiterungen ein.

---

[1] In späteren Beiträgen hat sich herausgestellt, dass in diesem Fall Eigenkapital und nicht Kreditfinanzierung optimal ist. Bei Eigenkapitalfinanzierung kann ein effizientes Gleichgewicht realisiert werden, so dass sich keine besonderen Probleme ergeben, vgl. z. B. Kapitel 2 in Hillier (1997). Daher werden wir auf diesen Fall im letzten Abschnitt nur verkürzt eingehen.

XVII.1 Kreditfinanzierung bei Auswahlproblemen

XVII.1.1 Modellübersicht

Die Bevölkerung sei auf 1 normiert und nach ansteigender, unternehmerischer Fähigkeit $a \in [0,1]$ angeordnet. Alle Akteure sind risikoneutral und mit je einer Geschäftsidee bzw. einem Plan für ein Investitionsprojekt ausgestattet. Sie können sich für eine lohnabhängige Karriere entscheiden oder den Weg in die Selbständigkeit wählen und als Unternehmer ihre Geschäftsidee verfolgen. Ein Unternehmer kann genau ein riskantes Investitionsprojekt realisieren, welches einen fixen Kapitaleinsatz I erfordert. Mit Wahrscheinlichkeit $0 < p < 1$ führt dieses Projekt zum Erfolg und erwirtschaftet einen Wert $V > 0$, mit Wahrscheinlichkeit $1 - p$ scheitert das Projekt ohne jeden Ertrag, $V = 0$. Der erwartete Ertrag beträgt daher pV. Alle Projekte unterscheiden sich nur in ihrer Erfolgswahrscheinlichkeit und sind ansonsten vollkommen identisch. Die unternehmerische Fähigkeit einer Person schlägt sich in einer spezifischen Erfolgswahrscheinlichkeit nieder und bringt auf diese Weise die Qualität des Investitionsprojektes zum Ausdruck. „Bessere" Projekte haben eine höhere Erfolgswahrscheinlichkeit,

$$p = p(a), \quad p'(a) > 0. \qquad \text{(XVII.1)}$$

Die unternehmerischen Fähigkeiten und damit die Erfolgswahrscheinlichkeiten der Investitionsprojekte sind in der Bevölkerung mit der Dichte $g(a)$ vertreten. Der Einfachheit halber sei eine Gleichverteilung angenommen,

$$a \in [0,1], \quad g(a) = 1, \quad G(a) = \int_0^{\hat{a}} g(a)\mathrm{d}a = \hat{a}. \qquad \text{(XVII.2)}$$

Das Hauptproblem bei Unternehmensgründungen ist der Kapitalmangel, so dass die Gründer auf externe Finanzierung angewiesen sind. Zur Vereinfachung sei angenommen, dass überhaupt keine Eigenmittel vorhanden sind und die ganze Investition extern finanziert werden muss. Wenn der Staat die Investitionskosten mit der Rate z subventioniert, müssen die Unternehmer bei Banken einen Kredit aufnehmen, und zwar in der Höhe von

$$B = (1 - z)I. \qquad \text{(XVII.3)}$$

Wegen des hohen Ausfallrisikos und der Informationsprobleme bezüglich der Projektqualität verleihen private Anleger nicht direkt an Unternehmen. Banken können hingegen unabhängige Risiken diversifizieren und den Sparern einen sicheren Einlagezins zahlen. Sie nehmen Investitionsmittel B auf dem Kapitalmarkt zum Einlagenzins r auf und zahlen RB an die Sparer zurück, $R \equiv 1 + r$. Der Kredit wird nur im Erfolgsfall zurückgezahlt. Scheitert das Unternehmen, dann erhält die Bank keine Rückzahlung, weil keine Einnahmen vorhanden sind. Deshalb muss sie einen höheren Kreditzins verlangen. Der Kreditzins $d \geq r$ ist implizit durch die vereinbarte Rückzahlung $(1 + d)B \equiv D \geq RB$ bestimmt.

Bei Kreditfinanzierung wird der gemeinsame, soziale Überschuss aus einem einzelnen Projekt mit der Qualität a wie folgt auf Unternehmer, Banken und Staat aufgeteilt:

$$
\begin{aligned}
S^E(a) &= (1 - \tau)p(a)(V - D) - w, \\
S^B(a) &= p(a)D - R(1 - z)I, \\
S^G(a) &= \tau p(a)(V - D) - RzI, \\
S(a) \;\; &= p(a)V - RI - w.
\end{aligned}
\tag{XVII.4}
$$

Dabei sind auch die Opportunitätskosten w des Unternehmers, d. h. das entgangene Lohneinkommen aus einer alternativen Beschäftigung, sowie die Einnahmen des Staates aus der Gewinnbesteuerung mit dem Satz τ berücksichtigt. Wir unterstellen, dass der Staat seinen Überschuss (bzw. das Defizit) ausserhalb des Sektors pauschal erstatten (bzw. finanzieren) kann.

Der Überschuss in (XVII.4) wird am Ende der Periode berechnet. Alle Zahlungen zu Beginn der Periode (wie z. B. zI) werden mit dem Kapitalmarktzins aufgezinst. Mit anderen Worten: Da die Steuereinnahmen erst am Ende der Periode anfallen, aber zI schon am Beginn der Periode ausgegeben wird, muss auch der Staat entsprechende Zinskosten berücksichtigen. Er könnte zI am Kapitalmarkt finanzieren und müsste dann am Ende der Periode RzI zurückzahlen. Der entgangene Lohn ist eine Stromgrösse, die während der ganzen Periode zufliesst und daher nicht verzinst wird.

XVII.1.2   Unternehmer

Jeder Unternehmer kann höchstens ein Projekt realisieren. Eine Person mit der Fähigkeit a hat eine Projektidee mit einer Erfolgswahrscheinlichkeit $p(a)$. Sie muss lediglich entscheiden, ob sie dieses Projekt verwirklichen oder einer unselbständigen Beschäftigung mit einem sicheren Lohn w nachgehen soll. Wenn der Unternehmer aus dem Projekt a einen Nettoertrag von π erwartet, dann wird er sich genau dann zur Selbständigkeit entscheiden, wenn der Nettoertrag wenigstens die Opportunitätskosten abdeckt, $\pi \geq w$, bzw. wenn er nach (XVII.4) einen positiven Überschuss $S^E = \pi - w \geq 0$ erzielt,

$$
\begin{aligned}
\pi \;\;\;\; &= (1 - \tau)p(a)(V - D), \\
\mathrm{d}\pi/\mathrm{d}a &= (1 - \tau)p'(a)(V - D) > 0, \\
\mathrm{d}\pi/\mathrm{d}D &= -(1 - \tau)p(a) < 0, \\
\mathrm{d}\pi/\mathrm{d}\tau &= -p(a)(V - D) < 0.
\end{aligned}
\tag{XVII.5}
$$

Mit zunehmender Projektqualität steigt die Erfolgswahrscheinlichkeit und damit der erwartete Unternehmensertrag. Wenn die Banken für den Kredit B eine höhere Rückzahlung fordern, dann sinkt der Ertrag. Dasselbe gilt für die Gewinnsteuer. Abbildung XVII.1 illustriert die Entscheidung zur Selbständigkeit.

Nachdem die Erfolgswahrscheinlichkeit mit höherer Projektqualität zunimmt, steigt auch der erwartete Nettoertrag π mit a an. Potentielle Unternehmer mit sehr guten Projekten entschliessen sich zur Selbständigkeit, da der erwartete Nettoertrag die Opportunitätskosten übersteigt, $\pi > w$, während solche mit schlechten Projekten die

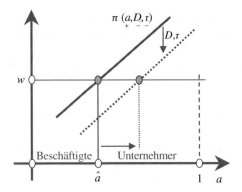

Abbildung XVII.1: Unternehmensgründung

unselbständige Beschäftigung bevorzugen. Bei freiem Marktzutritt gibt es also einen „marginalen" Unternehmer mit der Fähigkeit bzw. der Projektqualität $\hat{a}$, der bezüglich der Startinvestition gerade indifferent ist (Indifferenz- oder Nullgewinnbedingung),

$$S^E(\hat{a}) = 0: \quad \pi = (1 - \tau)p(\hat{a})(V - D) = w. \tag{XVII.6}$$

Bei der kritischen Projektqualität $\hat{a}$ kann der erwartete Projektertrag gerade noch die Opportunitätskosten abdecken. Diese kritische Fähigkeit unterteilt die Bevölkerung in Unternehmer und unselbständig Beschäftigte. Da die Bevölkerungsgrösse auf 1 normalisiert ist und alle Fähigkeiten gleichverteilt sind, beträgt nach (XVII.2) die Masse der Beschäftigten $G(\hat{a}) = \hat{a}$ und die Masse der Unternehmer $1 - G(\hat{a}) = 1 - \hat{a}$.

Bei gegebenen Kreditkosten (Rückzahlung D) reduziert eine Gewinnsteuer den erwarteten Nettoertrag, so dass die Zahl der Unternehmensgründungen zurückgeht. Dasselbe Ergebnis tritt ein, wenn die Kreditzinsen steigen und die Banken eine höhere Rückzahlung fordern. In beiden Fällen verschiebt sich in Abbildung XVII.1 die Nettoertragsgerade π nach unten, so dass die kritische Projektqualität nach rechts wandert und damit die Zahl der Gründungen sinkt.

XVII.1.3 Banken

Damit ein Projekt realisiert werden kann, müssen Banken einen Kredit B bereitstellen, siehe (XVII.3). Sie erhalten aber nur im Erfolgsfall die vereinbarte Rückzahlung D. Wenn das Unternehmen scheitert, gibt es keinen Ertrag, so dass die Banken keinerlei Rückzahlung eintreiben können. Wir gehen davon aus, dass die Projektqualität private Information ist und daher von den Banken nicht festgestellt werden kann.[2] Sie kennen lediglich die Verteilung $G(a)$ der Projektqualitäten, aber nicht die Qualität eines einzelnen Projekts. Daher müssen sie von allen Unternehmern denselben Zins bzw. die gleiche Rückzahlung D fordern (Pooling- bzw. Mischgleichgewicht).

Die Banken arbeiten nach dem Gesetz der grossen Zahlen. Auch wenn jede einzelne Rückzahlung unsicher ist, so können sie bei unabhängigen Risiken im Durch-

---

[2]Eine Kreditwürdigkeitsprüfung kann das Problem allenfalls lindern, aber kaum ganz beseitigen.

schnitt mit einem sicheren Ertrag rechnen. Wenn Sie alle eingehenden Projektanträge $a \geq \hat{a}$ finanzieren, erhalten sie eine durchschnittliche Rückzahlung

$$\bar{D} = D \cdot \bar{p}(\hat{a}), \quad \bar{p}(\hat{a}) = \int_{\hat{a}}^{1} p(a) \frac{g(a)}{1 - G(\hat{a})} \, da. \tag{XVII.7}$$

Die Funktion $\bar{p}(\hat{a})$ bezeichnet die durchschnittliche Erfolgswahrscheinlichkeit und darf nicht mit der Erfolgswahrscheinlichkeit $p(\hat{a})$ des kritischen Projektes verwechselt werden. Es gilt $\bar{p}(\hat{a}) > p(\hat{a})$.

Die Banken finanzieren die eingereichten Kreditanträge solange, als die durchschnittliche Rückzahlung die Refinanzierungskosten übersteigt:[3] $\bar{S}^B(\hat{a}) = D \cdot \bar{p}(\hat{a}) - RB \geq 0$. Nachdem der Durchschnitt über gute und schlechte Projekte gebildet wird, gilt $p(\hat{a}) < \bar{p}(\hat{a}) < p(1)$. Daher wird eine Bank mit guten Projekten in ihrem Kreditportfolio einen Gewinn erzielen und mit schlechten Projekten einen Verlust erleiden. Für den Überschuss der Bank aus einem einzelnen Projekt gilt $S^B(\hat{a}) < \bar{S}^B(\hat{a}) < S^B(1)$.

Die entscheidende Grösse für eine Bank ist die durchschnittliche Wahrscheinlichkeit $\bar{p}$ der Rückzahlung. Der Durchschnitt wird nur über das Intervall $[\hat{a}, 1]$ der eingegangenen Finanzierungsanträge gebildet. Die gesamte Masse der Anträge beträgt $1 - G(\hat{a})$, so dass die Qualität $a > \hat{a}$ mit einem Anteil (bzw. mit der Dichte) $g(a)/(1 - G(\hat{a}))$ vertreten ist. Im einfachsten Fall von gleichverteilten Projektqualitäten wie in (XVII.2) erhalten wir (indem man die Produktregel sowie die Leibniz-Regel für die Ableitung von Integralausdrücken anwendet)

$$\bar{p}(\hat{a}) = \frac{1}{1 - \hat{a}} \cdot \int_{\hat{a}}^{1} p(a) \, da, \quad \frac{d\bar{p}}{d\hat{a}} = \frac{\bar{p}(\hat{a}) - p(\hat{a})}{1 - \hat{a}} > 0. \tag{XVII.8}$$

Die durchschnittliche Rückzahlungswahrscheinlichkeit ist umso höher, $d\bar{p}/d\hat{a} > 0$, je höher die Qualität $\hat{a}$ des schlechtesten eingehenden Antrags ist, vgl. Abbildung XVII.1.

Wir stellen fest, dass der durchschnittliche Ertrag $\bar{D}$ steigt, wenn die Banken höhere Zinsen und damit höhere Rückzahlungen fordern:

$$\frac{d\bar{D}}{dD} = \bar{p}(\hat{a}) + D \cdot \frac{d\bar{p}}{d\hat{a}} \cdot \frac{d\hat{a}}{dD} > 0. \tag{XVII.9}$$

Höhere Kreditkosten führen dazu, dass nur mehr die besten Unternehmer um Finanzierung ansuchen, $d\hat{a}/dD > 0$ wie in Abbildung XVII.1. Dies bedeutet, dass sich das Kreditportfolio verkleinert und nur noch die besseren Risiken enthält. Damit steigt die durchschnittliche Erfolgswahrscheinlichkeit, $d\bar{p}/d\hat{a} > 0$.

Wenn eine Bank einen höheren Zins und somit eine höhere Rückzahlung D pro Projekt fordert, dann steigt gemäss (XVII.9) die durchschnittliche Rückzahlung $\bar{D} = D \cdot \bar{p}$ pro finanziertem Projekt aus zwei Gründen. Erstens wird bei gegebener, durchschnittlicher Erfolgswahrscheinlichkeit $\bar{p}$ ein höherer Betrag D zurückgezahlt.

---

[3]Der gesamte Überschuss der Banken beträgt daher

$$\bar{S}^B(\hat{a})(1 - G(\hat{a})) = \int_{\hat{a}}^{1} [p(a)D - RB]g(a) \, da.$$

Und zweitens kann die Bank von allen Projekten, die noch finanziert werden, die vereinbarte Rückzahlung öfter realisieren, d. h. $\bar{p}$ steigt. Der Grund liegt darin, dass bei höheren Kreditkosten die schlechtesten Unternehmen (mit der geringsten Erfolgswahrscheinlichkeit) ausscheiden und nur mehr jene mit höherer Erfolgswahrscheinlichkeit um Kredit ansuchen. Damit steigt die durchschnittliche Wahrscheinlichkeit der Rückzahlung.

XVII.2   Besteuerung und Investition

XVII.2.1   Marktgleichgewicht

Es wird vollständiger Wettbewerb auf dem Kapitalmarkt unterstellt. Im Wettbewerb um Kreditkunden reduzieren die Banken ihre Zinsen solange, bis die durchschnittliche Rückzahlung gerade noch die Refinanzierungskosten deckt. Die Nullgewinnbedingung im Bankenwettbewerb lautet

$$\bar{S}^B = 0 \quad \Rightarrow \quad \bar{D} = D \cdot \bar{p}(\hat{a}) = RB, \quad B = (1 - z)I. \tag{XVII.10}$$

Im Marktgleichgewicht müssen beide Zutritts- bzw. Nullgewinnbedingungen (XVII.6) und (XVII.10) simultan erfüllt sein. Diese beiden Bedingungen bestimmen die gleichgewichtigen Werte $\hat{a}$ und D. Das Gleichgewicht spiegelt einerseits die „Kreditfähigkeit" des marginalen Unternehmers wider, so dass dieser gerade noch zur Investition bereit ist, und andererseits die erforderliche Rückzahlung an die Bank, damit diese die Gewinnschwelle erreichen kann. Indem wir die Zutrittsbedingungen (XVII.6) und (XVII.10) nach D auflösen, erhalten wir für ein Projekt a die Kreditfähigkeit D^E sowie die notwendige Rückzahlung D^B, damit die Bank dieses und alle besseren Projekte kostendeckend finanzieren kann:

$$\begin{aligned} D^E(a) &= V - w/[(1 - \tau)p(a)], \\ D^B(a) &= R(1 - z)I/\bar{p}(a). \end{aligned} \tag{XVII.11}$$

Sowohl $p(a)$ als auch die durchschnittliche Erfolgswahrscheinlichkeit $\bar{p}(a)$ für alle Projekte $a' > a$ nehmen mit a zu. Die Kreditfähigkeit $D^E(a)$ steigt daher mit zunehmender Projektqualität. Die Rückzahlungsforderung der Bank $D^B(a)$ nimmt hingegen ab, weil sie die Rückzahlungen im Durchschnitt umso öfter erhält, wenn die Erfolgswahrscheinlichkeit des schlechtesten Projektes zunimmt und damit der Durchschnitt über eine bessere Auswahl gebildet wird. Weil sie die Rückzahlung öfter erhält, kommt sie mit einem geringeren Betrag pro Projekt aus. Abbildung XVII.2 illustriert, wie im Gleichgewicht im Punkt 0 bei der Projektqualität $\hat{a}$ die Kreditfähigkeit bzw. Zahlungsbereitschaft des marginalen Unternehmers gerade der erforderlichen Rückzahlung der Bank entspricht.

Bei der gleichgewichtigen Rückzahlung $D^E = D^B = D$ ist der Unternehmer mit dem marginalen Projekt gerade indifferent bezüglich der Startinvestition und einer lohnabhängigen Beschäftigung. Alle Unternehmer mit einem besseren Projekt erzielen eine strikt positive Rente. Die Bank erreicht ebenfalls die Gewinnschwelle, allerdings nur im Durchschnitt der Projekte, $\bar{p}D - RB = 0$. Auf überdurchschnittlich

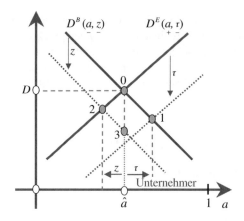

Abbildung XVII.2: Gleichgewicht

gute Projekte mit $p > \bar{p}$ erzielt sie einen Gewinn, der die Verluste aus unterdurch-schnittlichen Projekten mit $p < \bar{p}$ finanziert. Es findet also im Kreditportfolio der Bank eine Quersubventionierung statt. Insbesondere muss die Bank für das margi-nale Projekt einen Verlust hinnehmen, d. h. $p(\hat{a})D - RB < 0$, da dieses die geringste Erfolgswahrscheinlichkeit in ihrem Kreditportfolio hat.

XVII.2.2   Wirkungen der Besteuerung

Eine Gewinnsteuer τ schmälert den erzielbaren Gewinn, der die Opportunitäts-kosten w der Gründung abdecken muss, siehe (XVII.6). Dementsprechend sinkt nach (XVII.11) für jeden Projekttyp die Rückzahlungsfähigkeit der Unternehmer. In Ab-bildung XVII.2 verschiebt sich die D^E-Kurve nach unten, während die erforderliche Rückzahlung der Bank D^B unverändert bleibt. Daher steigt im Gleichgewicht die kri-tische Projektqualität $\hat{a}$ an, während die gleichgewichtige Rückzahlung D geringer wird, siehe Punkt 1 in Abbildung XVII.2. Einerseits kann der marginale Unterneh-mer $\hat{a}$ wegen der Gewinnsteuer weniger zurückzahlen, andererseits kommt nun auch die Bank mit einer geringeren Rückzahlung aus, weil die durchschnittliche Projekt-qualität höher ist. Wegen der höheren durchschnittlichen Erfolgswahrscheinlichkeit erhält sie den Kredit mit der vereinbarten Verzinsung öfter zurück. Sie verbucht we-niger Kreditausfälle. Der Anstieg von $\hat{a}$ bedeutet gleichzeitig, dass die Gewinnsteuer die Unternehmensgründungen hemmt.

Wenn der Staat die Startinvestitionen mit der Rate z subventioniert, dann müssen die Unternehmer zur Realisierung des Projekts weniger Kredit $B = (1 - z)I$ auf-nehmen, so dass bei gegebener Verzinsung auch die erforderliche Rückzahlung D^B geringer sein kann, siehe (XVII.11). Deshalb verschiebt sich in Abbildung XVII.2 die D^B-Kurve nach unten, während die Kreditkapazität der Unternehmer D^E unverändert bleibt. Im neuen Gleichgewicht im Punkt 2 ist nun sowohl die vereinbarte Rückzah-lung als auch die kritische Projektqualität $\hat{a}$ geringer. Die Subvention fördert daher die Unternehmensgründungen. Allerdings kommen nun auch schlechtere Projekte als vor der Subvention zur Finanzierung, so dass die Bank im Durchschnitt mehr Kreditausfälle zu verbuchen hat. Hätte es diese Verschlechterung im Kreditportfolio nicht gegeben, dann wäre die Bank mit einer noch geringeren Rückzahlung ausgekommen (Punkt 3 auf der neuen D^B-Kurve unterhalb von Punkt 0).

Auch der umgekehrte Fall einer Besteuerung der Startinvestition ($z < 0$) ist interessant, wie sich in der Folge zeigen wird. In diesem Fall müssen die Banken einen höheren Kredit gewähren und daher eine höhere Rückzahlung vereinbaren, d.h. die D^B-Kurve verschiebt sich nach oben. Es kommt zu einem neuen Gleichgewicht mit höherer Rückzahlung D, die nur bei einer höheren kritischen Projektqualität $\hat{a}$ tragbar ist. Die Banken finanzieren dann weniger, aber bessere Projekte, so dass ihre durchschnittliche Ausfallwahrscheinlichkeit sinkt. Die Wirkungen der Finanzpolitik auf die Zahl der Neugründungen können wie folgt zusammengefasst werden:

$$\frac{d\hat{a}}{d\tau} > 0, \quad \frac{dD}{d\tau} < 0; \quad \frac{d\hat{a}}{dz} < 0, \quad \frac{dD}{dz} < 0. \tag{XVII.12}$$

XVII.2.3 Effizienz

Die Allokation im Marktgleichgewicht wird durch freien Zutritt von Unternehmern und Wettbewerb der Banken realisiert. Die Projektqualität ist private Information der Unternehmer und den Banken nicht bekannt. Diese kennen nur die Verteilung der Qualitäten. Daher ist nur ein Mischgleichgewicht mit einheitlichen Kreditbedingungen für alle Projekte möglich, unabhängig von ihrer Qualität. Ist dieses Gleichgewicht effizient? Welche Implikationen ergeben sich für die Finanzpolitik? Was müsste die Finanzpolitik tun, um das Marktgleichgewicht gegebenenfalls zu verbessern?

Die zu beantwortende Frage ist, ob im Marktgleichgewicht die richtige Anzahl von Projekten finanziert, d.h. $\hat{a}$ richtig bestimmt wird. Das Wohlfahrtskriterium ist der über alle realisierten Projekte aggregierte soziale Überschuss $S(a') = p(a')V - RI - w$ in (XVII.4). Diesen gilt es zu maximieren:

$$S^* = \max_a \int_a^1 \left[p(a')V - RI - w \right] g(a') da'. \tag{XVII.13}$$

Man beachte, dass S^* den aggregierten Überschuss aus allen Projekten $a' > a$ bezeichnet, während $S(a)$ den Überschuss eines einzelnen Projektes vom Typ a angibt. Die Lösung des Problems identifiziert das marginale Projekt a^*, welches aus gesellschaftlicher Sicht optimalerweise gerade noch durchgeführt werden sollte. Wir wenden die Leibnitz-Regel für die Ableitung von Integralen an. Die BEO für a^* lautet

$$\frac{dS^*}{da} = 0 \quad \Rightarrow \quad S(a^*) = p(a^*)V - RI - w = 0. \tag{XVII.14}$$

Die Allokation ist optimal, wenn der Barwert (gemeinsamer Überschuss) des letzten, noch realisierten Projektes gerade Null ist. Der gemeinsame Überschuss kann durch ein weiteres Projekt nicht mehr gesteigert werden, da $dS^*/da = 0$. Im Marktgleichgewicht wird $\hat{a}$ als letztes Projekt realisiert. Für $\hat{a} < a^*$ wäre in (XVII.14) der Barwert negativ, $S(\hat{a}) < 0$, weil die Erfolgswahrscheinlichkeit mit zunehmender Qualität ansteigt. An der Stelle $\hat{a}$ wäre also die Ableitung dS^*/da positiv. In diesem Fall sollte das letzte Projekt nicht mehr realisiert werden, d. h. mit einer Anhebung von a über $\hat{a}$ stiege die Wohlfahrt an. Dies bedeutet, dass im Marktgleichgewicht zu viele Projekte realisiert werden. Der Markt leidet also an Überinvestition. Umgekehrt wäre für $\hat{a} > a^*$ der Barwert des letzten Projektes positiv, $S(\hat{a}) > 0$, so dass noch weitere Projekte finanziert werden sollten (was $\hat{a}$ absenkt), um die Wohlfahrt zu steigern. Dies wäre dann eine Situation der Unterinvestition. Welcher Fall liegt vor?

Im Marktgleichgewicht ohne Besteuerung ($S^G = 0$) besteht der gemeinsame Überschuss des letzten Projektes aus der Summe

$$S(\hat{a}) = S^E(\hat{a}) + S^B(\hat{a}) = p(\hat{a})D - RB. \tag{XVII.15}$$

Weil bei freiem Marktzutritt nach (XVII.6) der Überschuss des marginalen Unternehmers Null ist, $S^E(\hat{a}) = 0$, besteht der gemeinsame Überschuss lediglich aus dem Überschuss der Bank, $S^B(\hat{a}) = p(\hat{a})D - RB$, vgl. (XVII.4). Die Banken sind hingegen nicht am Gewinn aus dem marginalen Projekt $\hat{a}$, sondern am *durchschnittlichen* Gewinn aus *allen* finanzierten Projekten interessiert, welcher im Bankenwettbewerb gerade auf Null gedrückt wird, $\bar{S}^B(\hat{a}) = \bar{p}(\hat{a})D - RB = 0$, siehe (XVII.10). Indem wir (XVII.15) um $\bar{p}(\hat{a})D$ erweitern, erhalten wir

$$S(\hat{a}) = \left[p(\hat{a})D - \bar{p}(\hat{a})D\right] + \left[\bar{p}(\hat{a})D - RB\right] = \left(p(\hat{a}) - \bar{p}(\hat{a})\right) \cdot D < 0. \tag{XVII.16}$$

Die zweite eckige Klammer fällt im Bankenwettbewerb wegen der Nullgewinnbedingung weg, so dass nur der erste Teil übrig bleibt. Nachdem das kritische Projekt die geringste Erfolgswahrscheinlichkeit aufweist, wird der Durchschnitt $\bar{p}$ nur über bessere Projekte gebildet, so dass $p(\hat{a}) < \bar{p}(\hat{a})$ gilt. Damit ist der gemeinsame Überschuss des marginalen Projektes negativ, $S(\hat{a}) < 0$, so dass das Marktgleichgewicht durch *Überinvestition* gekennzeichnet ist.

Der Grund dafür ist, dass sich eine bessere Projektqualität in einer höheren Erfolgswahrscheinlichkeit $p(a)$ ausdrückt. Wenn also in (XVII.18) der Durchschnitt über das Intervall $[\hat{a},1]$ gebildet wird, dann muss zwangsläufig $p(\hat{a}) < \bar{p}(\hat{a}) < p(1)$ gelten. Dies bedeutet, dass die Banken zwar im Durchschnitt gerade die Nullgewinnschwelle erreichen, $\bar{p}(\hat{a})D - RB = 0$. Das marginale Projekt, welches die Banken nicht von den anderen Projekten in ihrem Kreditportfolio unterscheiden können, steuert hingegen einen Verlust bei, weil es eine unterdurchschnittliche Erfolgswahrscheinlichkeit aufweist, $p(\hat{a})D - RB < 0$. Die Banken erzielen auf die guten Projekte einen Gewinn, mit dem sie die Verluste aus den schlechten Projekten abdecken, um so die Gewinnschwelle zu erreichen. Dies bedeutet, das der Barwert des letzten noch finanzierten Projektes negativ ist und dieses aus gesellschaftlicher Sicht nicht mehr durchgeführt werden sollte. Es liegt daher im Marktgleichgewicht eine *Überinvestition* vor, $\hat{a} < a^*$.

Für die Finanzpolitik ergibt sich folgende Schlussfolgerung. Ausgehend vom wettbewerblichen Marktgleichgewicht kann durch Besteuerung der Marktzutritt von Unternehmern beschränkt und damit die Wohlfahrt S^* gesteigert werden. Die Bedingung für das soziale Optimum in (XVII.14) besagt, dass das marginale Projekt gerade einen gemeinsamen Überschuss von Null erzielen sollte, während im Marktgleichgewicht gemäss (XVII.16) der gemeinsame Überschuss negativ ist. Es sollte also $\hat{a}$

auf a^* angehoben werden, d. h. es sollten weniger Projekte eine Finanzierung erhalten. Die Finanzpolitik kann nach (XVII.12) den Zutritt von Unternehmern entweder durch Gewinnbesteuerung, $d\tau > 0$, oder auch durch eine Besteuerung (negative Subvention) der Startinvestition I, $dz < 0$, beschränken.

Die Variable z kann als eine Subvention privater Kapitalkosten, etwa durch eine Subvention der Kreditzinsen, verstanden werden. Auch Bürgschaften verringern die Kapitalkosten, weil die Banken dann einen geringeren Zins verrechnen können. Der vorliegende Ansatz spricht hingegen genau für das Gegenteil.

XVII.3 Erweiterungen

XVII.3.1 Projekte mit konstantem Erwartungswert

Eine unterschiedliche Projektqualität wird im Allgemeinen nicht nur in der Erfolgswahrscheinlichkeit, sondern auch im erzielbaren Unternehmenswert zum Ausdruck kommen. Neben $p(a)$ kann auch $V(a)$ vom Projekttyp abhängen. Häufig wird es so sein, dass gerade die innovativsten und damit riskantesten Projekte die grössten Werte versprechen. Dies bedeutet, dass der erzielbare Wert V mit der Projektqualität zunimmt, während die Erfolgswahrscheinlichkeit immer geringer wird. Der Erwartungswert $p(a)V(a)$ kann daher mit a zunehmen oder auch abnehmen. Ein Spezialfall ist, dass der Erwartungswert eines Projektes von der Qualität unabhängig ist. Diese Annahme liegt dem Beitrag von Stiglitz und Weiss (1981) zugrunde, der die Literatur seitdem geprägt hat:

$$V'(a) > 0, \quad p'(a) < 0, \quad \frac{dp(a)V(a)}{da} = p'(a)V(a) + p(a)V'(a) = 0. \quad \text{(XVII.17)}$$

Diese Annahme über die Eigenschaften von unterschiedlichen Projekten hat weitreichende Folgen und kehrt teilweise die Ergebnisse der Abschnitte XVII.2.1 und XVII.2.2 um, wenn wir weiterhin wie in Stiglitz und Weiss (1981) eine Kreditfinanzierung unterstellen. Allerdings werden wir am Ende dieses Abschnittes zeigen, dass eine Eigenkapitalfinanzierung die Marktstörung beseitigen kann und eine Fremdfinanzierung daher nicht mehr optimal ist. Aus diesem Grund behandeln wir diesen Fall nur sehr kurz. Alle Steuersätze setzen wir auf Null.

Die Marktzutrittsentscheidung der Unternehmer im Abschnitt XVII.2.2 ist im Wesentlichen unverändert durch die Gleichungen (XVII.5) und (XVII.6) charakterisiert. Weiterhin nimmt der Gewinn $\pi = p(a)[V(a) - D] \geq w$ mit der Projektqualität zu. Indem wir (XVII.17) benützen, erhalten wir $d\pi/da = p'V + pV' - p'D = -p'D > 0$. Eine höhere Projektqualität kann zwar den Erwartungswert pV nicht verändern, der gemäss (XVII.17) konstant ist. Gute Projekte sind aber riskanter, $p' < 0$, so dass in diesem Fall die Schuld mit geringerer Wahrscheinlichkeit zurückgezahlt werden muss. Dieser Effekt steigert den erwarteten Gewinn für bessere Projekte. Damit kann die Zutrittsentscheidung weiterhin anhand der Abbildung XVII.1 veranschaulicht werden.

Die Banken finanzieren wiederum alle Projektanträge mit einheitlichen Kreditbedingungen, weil sie die Projekte nicht nach ihrer Qualität unterscheiden können. Der

Wettbewerb der Banken drückt den Durchschnittsgewinn $\bar{S}^B(\hat{a})$ des Kreditportfolios auf Null,

$$\bar{S}^B(\hat{a}) = \bar{p}(\hat{a})D - RB = 0,$$
$$S^B(\hat{a}) = p(\hat{a})D - RB > 0. \tag{XVII.18}$$

Nunmehr gibt es allerdings den entscheidenden Unterschied, dass zwar der Projektwert $V(a)$ mit zunehmender Projektqualität immer höher wird, aber die Erfolgswahrscheinlichkeit $p(a)$ im Gegensatz zu den vorherigen Abschnitten sinkt. Dies bedeutet, dass der marginale Unternehmer eine relativ hohe Erfolgswahrscheinlichkeit hat, während „bessere" Projekte mit höheren Werten immer riskanter werden, $p(\hat{a}) > \bar{p}(\hat{a}) > p(1)$. Dementsprechend muss also auch die durchschnittliche Erfolgswahrscheinlichkeit geringer sein. Dies hat zur Folge, dass die Bank zwar im Durchschnitt gerade die Gewinnschwelle schafft, aber mit den schlechteren Projekten (im Sinne eines geringen Projektwertes V) einen Gewinn und mit den guten Projekten einen Verlust erwirtschaftet. Der Grund liegt darin, dass sie bei allen Projekten die gleichen Refinanzierungskosten RB hat und auch die gleiche Verzinsung bzw. Rückzahlung D erhält, aber gerade bei den weniger wertvollen Projekten die geringste Ausfallwahrscheinlichkeit hat und damit die Rückzahlung mit höherer Wahrscheinlichkeit realisieren kann. Aus ihrer Sicht ist die Bank damit gerade mit einer Negativauswahl der schlechtesten Projekte konfrontiert, weil sie ja angesichts einheitlicher Kreditbedingungen primär an der Rückzahlungswahrscheinlichkeit $p(a)$ interessiert ist. Die gleichen Projekte sind aus der Sicht der Unternehmer die besten, da diese hauptsächlich am realisierbaren Projektwert $V(a)$ interessiert sind.

Wenn alle Projekte denselben konstanten Erwartungswert pV haben, dann ist auch der gemeinsame Überschuss $S(a) = S^E(a) + S^B(a) = pV - RI - w$ für alle Projekte identisch. Solange der gemeinsame Überschuss positiv ist, sollten in der erstbesten Allokation alle Projekte durchgeführt werden, $a^* = 0$. Im Marktgleichgewicht werden hingegen nur jene Projekte $a > \hat{a} > 0$ durchgeführt, die besser als das marginale Projekt $\hat{a}$ sind. Dies ist klar eine Situation der *Unterinvestition*, $\hat{a} > a^* = 0$. Wegen freien Zutritts der Unternehmer $S^E(\hat{a}) = 0$ reduziert sich der gemeinsame Überschuss aus dem marginalen Projekt wie in (XVII.16) auf den Gewinn der Bank, $S(\hat{a}) = (p(\hat{a}) - \bar{p}(\hat{a})) \cdot D > 0$. Da im Marktgleichgewicht das marginale Projekt nunmehr einen positiven Überschuss erzielt, kann die Wohlfahrt durch Realisierung weiterer Projekte noch erhöht werden. Dies bedeutet, dass die Finanzpolitik die Startinvestitionen durch Subventionen $z > 0$ oder durch Steuerbegünstigungen anregen sollte. Dies ist gerade umgekehrt zur Situation in den vorausgehenden Abschnitten.

Allerdings ist dieses Ergebnis bezüglich der Form des Finanzierungsvertrages nicht robust, vgl. beispielsweise Hillier (1997). In einer separaten Übung wird gezeigt, dass eine Finanzierung mit Eigenkapital anstatt Fremdkapital das Problem der Unterinvestition lösen könnte und eine effiziente Investitionstätigkeit bewirken würde.

XVII.3.2   Andere Erweiterungen

Wir kehren wieder zum Fall $p'(a) > 0$ mit konstantem Projektwert V wie in den Abschnitten XVII.1 und XVII.2 zurück. Im reinen Mischgleichgewicht wird für alle realisierten Projekte ein einheitlicher Zinssatz (bzw. einheitlicher Eigenkapitalanteil) verlangt. Unternehmer und Banken haben aber noch weitere Möglichkeiten, die Projektauswahl zu beeinflussen, so dass andere Gleichgewichte entstehen können. Eine Möglichkeit ist das Screening (Kreditwürdigkeitsprüfung) wie in De Meza und Webb (1988) oder Fuest, Huber und Tillessen (2003). In diesem Fall können die Banken die Projektqualität feststellen und einen projektspezifischen Zinssatz anbieten, indem sie fixe Screening-Kosten aufwenden.[4] Alle ungeprüften Projekte werden mit einem Standardkredit zu einem einheitlichen Zins bedient. Es stellt sich heraus, dass die Unternehmer mit den besten bzw. sichersten Projekten sich einer Kreditwürdigkeitsprüfung unterziehen und dann einen projektspezifischen Zins zahlen, der in ihrem Fall wegen der geringen Bankrottwahrscheinlichkeit niedriger sein wird. Alle Unternehmer mit einer Erfolgswahrscheinlichkeit unterhalb einer kritischen Grenze bevorzugen einen Vertrag mit einem einheitlichen Zins, der das Durchschnittsrisiko in diesem Qualitätssegment widerspiegelt, wobei die Kosten der Prüfung entfallen. Nach De Meza und Webb (1988) kann ein effizientes, erstbestes Ergebnis mit einer Zinssteuer in Kombination mit einer prohibitiven Steuer auf die Prüfungskosten erzielt werden, wenn dies möglich ist. Falls die Prüfungskosten nicht besteuert werden können, ist immer noch eine Besteuerung der Zinskosten optimal; das erstbeste Ergebnis kann jedoch nicht mehr erreicht werden.

Banken können auch separierende Gleichgewichte wie in Innes (1991) herbeiführen, indem sie die Unternehmen in Risikoklassen einteilen und typspezifische Finanzierungsverträge anbieten. Diese müssen so konstruiert sein, dass sie eine Selbstselektionsbeschränkung erfüllen. Die Unternehmer müssen tatsächlich einen Anreiz haben, den auf ihren Typ zugeschnittenen Vertrag zu wählen und nicht etwa einen anderen Typ vorzutäuschen, um so zu günstigeren Konditionen zu kommen. Separierende Verträge benötigen neben einem typspezifischen Kreditzins noch ein weiteres Instrument, wie z. B. eine unterschiedliche Höhe von Sicherheiten. In diesem Fall können die Banken neben einem Mischgleichgewicht unter wohl spezifizierten Bedingungen auch ein separierendes Gleichgewicht aufrechterhalten. Innes (1991) lässt auch eine variable Investition nach der diskreten Gründungsentscheidung zu. Die Ergebnisse sind fallabhängig. Sowohl Über- als auch Unterinvestition sind möglich, so dass keine robusten wirtschaftspolitischen Schlussfolgerungen möglich sind.

Eine Synthese und Verallgemeinerung der Literatur zu Auswahlproblemen findet sich in Boadway und Keen (2004). In ihrem Ansatz sind sowohl Unter- als auch Überinvestition möglich. Wiederum ergeben sich keine klaren wirtschaftspolitischen Implikationen, wobei sich nach dem Wohlfahrtskriterium insgesamt eher eine Besteuerung als eine Subventionierung von Startinvestitionen empfiehlt.

---

[4] Ähnliche Folgen ergeben sich, wenn die Unternehmer die Möglichkeit haben, mit einem informativen, aber kostspieligen Signal der Bank ihren Typ glaubhaft offenzulegen. Jene Unternehmer, welche die Fixkosten des Signals aufwenden, können dann einen typspezifischen Zins erhalten. Dies lohnt sich vor allem für die besten Projekte mit hoher Erfolgswahrscheinlichkeit.

Zusammenfassung

1. Potentielle Investitionsprojekte unterscheiden sich in der Erfolgswahrscheinlichkeit und im Projektwert. Ein wichtiger Fall bezüglich der Projektqualität ist, dass die Erfolgswahrscheinlichkeit mit der unternehmerischen Fähigkeit zunimmt, aber der im Erfolgsfall realisierbare Projektwert jeweils gleich ist.

2. Potentielle Unternehmer sind vermögensbeschränkt und benötigen einen Kredit zwecks Finanzierung der Investitionskosten. Gute Projekte weisen eine hohe Erfolgswahrscheinlichkeit auf und sichern einen positiven Überschuss des erwarteten Gewinns nach Abzug der Fremdkapitalkosten über das alternative Lohneinkommen. Das marginale Projekt sichert einen Überschuss von Null. Personen mit besseren Projekten wählen eine Unternehmerkarriere.

3. Banken können die Projektqualität nicht beobachten. Im Mischgleichgewicht erhalten daher alle Unternehmen die gleichen Konditionen. Der Wettbewerb führt zu einem Fremdkapitalzins, mit dem die Banken einen durchschnittlichen Überschuss von Null erzielen. Der Überschuss der Banken ist für bessere Projekte positiv und für schlechtere mit geringerer Erfolgswahrscheinlichkeit negativ.

4. Der Unternehmer mit dem schlechtesten Projekt, der sich noch zur Selbständigkeit entschliesst, erzielt einen Überschuss von Null. Die Banken realisieren aus der Finanzierung dieses marginalen Projektes einen Verlust. Das Marktgleichgewicht führt daher zu einer Überinvestition. Das marginale Projekt weist einen negativen gemeinsamen (sozialen) Überschuss auf und sollte aus gesellschaftlicher Sicht nicht mehr finanziert werden.

5. Eine Gewinnsteuer macht die Selbständigkeit weniger attraktiv. Die Anzahl der Gründungen nimmt ab, weil die Unternehmer mit den schlechteren Projekten zur lohnabhängigen Beschäftigung wechseln. Dadurch steigt die durchschnittliche Erfolgswahrscheinlichkeit im Kreditportfolio der Banken, so dass die Fremdkapitalzinsen für die verbleibenden Unternehmen sinken. Da die schlechtesten Projekte mit einem negativen sozialen Überschuss ausscheiden, steigt die Wohlfahrt.

6. Eine Subventionierung der Startinvestitionen erhöht die Attraktivität von Unternehmensgründungen. Es treten noch weitere Unternehmen mit noch schlechteren Erfolgswahrscheinlichkeiten und einem negativen sozialen Projektüberschuss hinzu. Die Wohlfahrt sinkt.

7. Eine zunehmende Projektqualität kann auch durch ansteigende Projektwerte und abnehmende Erfolgswahrscheinlichkeiten bei gleich bleibendem erwartetem Projektwert charakterisiert werden. Die Projekte mit dem grössten Wert sind gleichzeitig die riskantesten. In dieser Situation hat das marginale Projekt die höchste Erfolgswahrscheinlichkeit und erzielt bei Fremdfinanzierung einen sozialen Überschuss. Das Marktgleichgewicht führt bei Fremdfinanzierung zu Unterinvestition. In dieser Situation sollte die Finanzpolitik Unternehmensgründungen fördern. Falls jedoch eine Eigenkapitalfinanzierung möglich ist, kann ein effizientes Gleichgewicht realisiert werden, ohne dass es einer finanzpolitischen Intervention bedarf.

Lektürevorschläge

STIGLITZ und WEISS (1981) sowie DE MEZA und WEBB (1987) sind klassische Beiträge zur Unternehmensfinanzierung bei unterschiedlichen Projektqualitäten und Problemen der Negativauswahl. BOADWAY und KEEN (2004) bieten eine Synthese und Verallgemeinerung der Literatur. DE MEZA und WEBB (1999) analysieren Auswahlprobleme und moralisches Risiko in einem einheitlichen Ansatz. DE MEZA und WEBB (1988) haben zusätzlich eine Kreditwürdigkeitsprüfung (Screening) berücksichtigt. INNES (1991) hat separierende Verträge anstatt der einheitlichen Finanzierung im Mischgleichgewicht eingeführt. Auf der Homepage WWW.IFF.UNISG.CH, Seite Keuschnigg/Lehre, stehen gelöste Übungsaufgaben bereit.

Schlüsselbegriffe

Projektqualität	Unvollständige Information
Diversifikation	Einlagezinsen
Kreditzinsen	Sozialer Überschuss
Gründungsentscheidung	Kreditportfolio
Durchschnittliche Erfolgswahrscheinlichkeit	Nullgewinn
Quersubventionierung	Marginales Projekt
Überinvestition	Konstanter Erwartungswert
Unterinvestition	Kreditwürdigkeitsprüfung
Separierende Verträge	

Teil 7

Mathematischer Anhang

Kapitel XVIII

Mathematischer Anhang

Das Kapitel stellt zunächst einige mathematische Sätze wie das Envelopen-Theorem und die Leibnitz-Regel zur Differenzierung von Integralen vor, die in diesem Lehrbuch wiederholt zur Anwendung kommen. Anschliessend werden die indirekte Nutzenfunktion und die Ausgabenfunktion zur Analyse der Haushaltsentscheidungen eingeführt und die Dualitätsbeziehungen zwischen diesen Konzepten herausgearbeitet. Die Dualitätstheorie spielt in der Steuertheorie eine zentrale Rolle. Die sichere Anwendung dieser Konzepte erspart viele umfangreiche und unübersichtliche Ableitungen und verringert den formalen Aufwand. Es ist äusserst lohnend, sich diese Methoden sehr gut anzueignen. Je grösser die Investition an dieser Stelle ist, desto geringer wird der Aufwand in den Anwendungskapiteln und desto mehr kann der Leser sich dort auf die ökonomischen Einsichten konzentrieren!

Die vorgestellten Methoden sind an sich Gegenstand eines jeden fortgeschrittenen mikroökonomischen Lehrbuchs, werden hier aber speziell für finanzwissenschaftliche Anwendungen aufbereitet. Der letzte Abschnitt demonstriert die Anwendung, indem eine Reihe von eher formalen Ergebnissen der Theorie der optimalen Güterbesteuerung hergeleitet wird.

XVIII.1 Zwei nützliche Sätze

XVIII.1.1 Leibnitz-Regel

Die Analyse der staatlichen Umverteilungspolitik verlangt offensichtlich Modelle, welche die Heterogenität der Haushalte berücksichtigt. In der Analyse der optimalen Einkommensbesteuerung geht es z. B. darum, Haushalte mit unterschiedlichen Löhnen unterschiedlich zu besteuern. Angenommen, die Löhne n seien stetig im Intervall $[n_0, n_1]$ mit der Dichte $f(n)$ und der Verteilungsfunktion $F(n) = \int_{n_0}^{n} f(m) \mathrm{d}m$ verteilt. Der Anteil der Bevölkerung mit Löhnen $m < n$ beträgt damit $F(n)$. Angenommen, die Grenze n verschiebt sich. Wie wirkt sich dies auf die Aufteilung der Bevölkerung unterhalb und oberhalb dieser Grenze aus? Dazu muss der Integralausdruck $F(n)$ nach dem Parameter n abgeleitet werden, der in der oberen Grenze auftaucht. Für solche Probleme steht die Leibnitz-Regel für die Ableitung von Integralausdrücken zur Verfügung.

Leibnitz-Regel: *Das bestimmte Integral sei $F(c) = \int_{a(c)}^{b(c)} f(c,t) \mathrm{d}t$. Dann gilt*

$$\frac{\mathrm{d}F(c)}{\mathrm{d}c} = \int_{a(c)}^{b(c)} \frac{\mathrm{d}f(c,t)}{\mathrm{d}c} \mathrm{d}t + f[c,b(c)] \cdot \frac{\mathrm{d}b(c)}{\mathrm{d}c} - f[c,a(c)] \cdot \frac{\mathrm{d}a(c)}{\mathrm{d}c}. \quad \text{(XVIII.1)}$$

Als ein erstes Beispiel kann nun die Verteilungsfunktion $F(n) = \int_{n_0}^{n} f(m)\mathrm{d}m$ nach der Variablen n abgeleitet werden, die in der oberen Grenze auftaucht. Nachdem weder die Funktion $f(m)$ noch die untere Grenze n_0 von n abhängt, ist nur der mittlere Teil der Formel (XVIII.1) relevant. Wir erhalten $F'(n) = f(n)$, wobei die Ableitung der oberen Grenze 1 ist. Man beachte, dass die Funktion $f(m)$ an der Stelle $m = n$, also an der oberen Grenze, bewertet werden muss. Die Leibniz-Regel ist nicht nur in der Finanzwissenschaft sehr wichtig, sondern auch in vielen anderen Gebieten, wie z.B. der Wachstumstheorie.

XVIII.1.2 Envelopen-Theorem

Das Envelopen-Theorem beantwortet die Frage, wie sich der *maximale* Wert der Zielfunktion eines Optimierungsproblems ändert, wenn ein exogener Parameter einen anderen Wert annimmt. Es sei $f(x,a)$ eine in x streng konkave Zielfunktion, deren Lage vom exogenen Parameter a abhängt und die nach x zu maximieren ist. Der optimale Wert x^*, der die Zielfunktion maximiert, wird implizit durch die notwendige Bedingung erster Ordnung (BEO) bestimmt und hängt ebenfalls vom Lageparameter a ab,[1]

$$f_x(x^*,a) = 0 \quad \Rightarrow \quad x^* = x(a). \tag{XVIII.2}$$

Häufig sind wir am maximalen Wert der Zielfunktion interessiert, und wie sich dieser mit dem exogenen Parameter ändert. Wie ändert sich beispielsweise die maximal erreichbare Wohlfahrt, wenn der Haushalt plötzlich mit einem höheren Steuersatz besteuert wird? Den maximalen Wert der Zielfunktion erhält man, wenn man die Lösung (XVIII.2) in die Zielfunktion einsetzt,

$$M(a) = f(x^*,a) = \max_x f(x,a), \quad x^* = x(a). \tag{XVIII.3}$$

Abbildung XVIII.1 veranschaulicht das Problem graphisch.

Wie verändert sich nun der maximal erreichbare Wert der Zielfunktion, wenn der Parameter a sich ändert und damit die Lage der Kurve verschiebt? Es ist wichtig zu erkennen, dass a die Zielfunktion in zweifacher Weise berührt. Der direkte Effekt verändert für jeden beliebigen Wert von x die Zielfunktion, weil $f(x,a)$ von a abhängt. In Abbildung XVIII.1 verschiebt sich die Zielfunktion nach oben. Ein zusätzlicher, indirekter Effekt entsteht, weil a die Lösung $x^*(a)$ beeinflusst und die Zielfunktion von x abhängt. Die Veränderung von x ist eine Bewegung entlang der Kurve. Wenn aber x^* gerade den optimalen Wert annimmt, dann ist der Wert der Zielfunktion maximal und kann nicht mehr gesteigert werden. Eine geringfügige Veränderung von x wäre in Abbildung XVIII.1 eine horizontale Bewegung entlang der Funktion $f(x,a)$ und würde ausgehend von diesem Punkt den Wert der Zielfunktion nicht verändern.

---

[1]Ableitungen einer Funktion werden häufig durch einen tiefgestellten Index angezeigt, z.B. $\mathrm{d}f/\mathrm{d}x \equiv f_x$. Bei Funktionen mit nur einem Argument wird die Ableitung oft durch einen Strich abgekürzt, also z.B. $\mathrm{d}f/\mathrm{d}x \equiv f'(x)$.

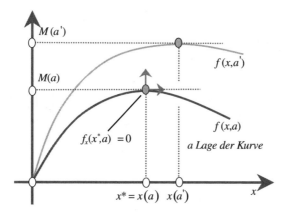

Abbildung XVIII.1: Envelopen-Theorem

Das graphische Argument wird durch die Ableitung von (XVIII.3) und der Berücksichtigung der BEO bestätigt:

$$\frac{\mathrm{d}M(a)}{\mathrm{d}a} = f_a(x^*,a) + f_x(x^*,a) \cdot \frac{\mathrm{d}x^*}{\mathrm{d}a} = f_a(x^*,a). \qquad \text{(XVIII.4)}$$

Der direkte Effekt entspricht der Ableitung f_a, der indirekte Effekt der Ableitung f_x. Der indirekte Einfluss entfällt und kann vernachlässigt werden, weil x^* die notwendige Bedingung $f_x(x^*,a) = 0$ erfüllt. Daher gilt in der „Nähe" des Optimums

$$\frac{\mathrm{d}M(a)}{\mathrm{d}a} = f_a(x^*,a). \qquad \text{(XVIII.5)}$$

Wir haben nun das *Envelopen-Theorem* gezeigt, wonach die Ableitung der Maximum-Funktion nach einem Parameter gleich der direkten Ableitung nach dem Parameter ist. Eine marginale Änderung der endogenen Variablen x hat im Optimum keinen Einfluss auf den Wert der Zielfunktion.

XVIII.2 Dualität in der Konsumtheorie

XVIII.2.1 Indirekte Nutzenfunktion

Ein Haushalt stehe vor dem Problem, ein vorgegebenes Einkommen I bei gegebenen Preisen P_i für Konsummengen X_i von $i = 1,\ldots,m$ Gütern auszugeben. Wenn die Preis- und Mengenvariablen ohne Index geschrieben sind, dann sei damit jeweils der gesamte Spaltenvektor $X = X_1,\ldots,X_m$ und $P = P_1,\ldots,P_m$ bezeichnet. Das innere Vektorprodukt ergibt die Ausgabensumme $P'X = P_1X_1 + \ldots + P_mX_m$. Die Maximierung der Nutzenfunktion $U(X)$ durch Wahl der Konsummengen X_i ergibt eine maximal erzielbare Wohlfahrt V. Diese hängt von den exogenen Parametern des Pro-

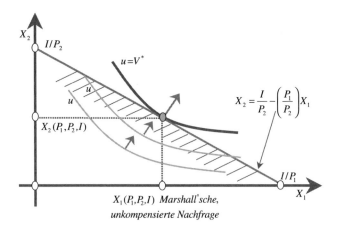

Abbildung XVIII.2: Nutzenmaximierung

blems ab. Im vorliegenden Fall sind dies der Preisvektor P und das Einkommen I. Das Nutzenmaximierungsproblem lautet

$$V(P,I) = \max_{X} U(X), \quad P'X \le I. \tag{XVIII.6}$$

Die Lösung kann nach dem Lagrange-Ansatz erfolgen. Im Maximum gilt

$$V(P,I) = U\big(X^*\big) + \lambda^* \cdot \big(I - P'X^*\big). \tag{XVIII.7}$$

Wenn wir die Maximierung durchführen, erhalten wir als Ergebnis die Marshall'schen (unkompensierten) Nachfragefunktionen $X_i^* = X_i(P,I)$, den Lagrange-Multiplikator bzw. Schattenpreis $\lambda^* = \lambda(P,I)$ und die indirekte Nutzenfunktion $V^* = V(P,I) = U[X(P,I)]$. Indem man die nutzenmaximalen Nachfragemengen X_i^* in die Nutzenfunktion einsetzt, folgt die indirekte Nutzenfunktion. Sie hängt von denselben Parametern wie die Nachfragemengen ab. Abbildung XVIII.2 illustriert die Lösung des Problems für den Zwei-Güter-Fall.

Die Parameter des Nutzenmaximierungsproblems in (XVIII.2) sind das exogen vorgegebene Einkommen I und die Güterpreise P. Indem wir das Envelopen-Theorem auf (XVIII.7) anwenden, erhalten wir

$$\frac{dV(P,I)}{dI} = \lambda^*, \quad \frac{dV(P,I)}{dP_j} = -\lambda^* X_j^*. \tag{XVIII.8}$$

Die Auswirkung von I auf $X_i^* = X(P,I)$ und $\lambda^* = \lambda(P,I)$ hat wegen der notwendigen Bedingungen keinen Einfluss auf den Wert der Zielfunktion V^*. Nach (XVIII.8) nimmt also der maximale Nutzen V^* um λ^* zu, wenn das Einkommen I um eine Einheit erhöht wird. Daher ist λ^* der *Grenznutzen des Einkommens*. Eine Preiserhöhung für das Gut j verringert die Wohlfahrt um einen Betrag gleich dem Produkt aus Grenznutzen des Einkommens multipliziert mit der Nachfragemenge. Schliesslich kann, ohne mühsam das System der m BEO zu manipulieren, die unkompensierte,

Marshall'sche Nachfrage aus der indirekten Nutzenfunktion in (XVIII.7) abgeleitet werden, indem man die beiden Gleichungen in (XVIII.8) durch einander dividiert,

$$X_j(P,I) = -\frac{dV/dP_j}{dV/dI}. \tag{XVIII.9}$$

Diese Beziehung ist als Roy'sche Identität bekannt.

XVIII.2.2 Ausgabenfunktion

Anstatt den Nutzen bei gegebenem Einkommen zu maximieren, können alternativ die Konsumausgaben $E = P'x = P_1x_1 + \ldots + P_mx_m$ für ein vorgegebenes Nutzenniveau minimiert werden. Die Nachfragemengen, die aus der Ausgabenminimierung folgen, werden mit Kleinbuchstaben bezeichnet:

$$E(P,u) = \min_x P'x, \quad U(x) \geq u. \tag{XVIII.10}$$

Abbildung XVIII.3 veranschaulicht die Lösung graphisch für den Fall mit zwei Gütern.

In der Lagrange-Schreibweise betragen die minimalen Ausgaben, die zur Erzielung des Nutzenniveaus u notwendig sind,

$$E(P,u) = P'x^* + \mu^* \cdot \left[u - U\left(x^*\right) \right]. \tag{XVIII.11}$$

Die Lösung hängt von P und u ab und besteht aus den Hicks'schen, kompensierten Nachfragefunktionen $x_i^* = x_i(P,u)$, dem Lagrange-Multiplikator $\mu^* = \mu(P,u)$ und den minimalen Ausgaben $E(P,u) = P'x(P,u)$. Graphisch erhalten wir die Lösung in Abbildung XVIII.3, indem wir die Indifferenzkurve u festhalten und die Budgetgerade $x_2 = \frac{E}{P_2} - \frac{P_1}{P_2}x_1$ durch Verringerung der Ausgaben E nach innen verschieben, bis die Budgetgerade mit den minimalen Ausgaben E^* die Indifferenzkurve tangiert.

Die Parameter des Ausgabenminimierungsproblems sind die Preise P_i und das vorgegebene, zu erreichende Nutzenniveau u. Wegen des Envelopen-Theorems hat

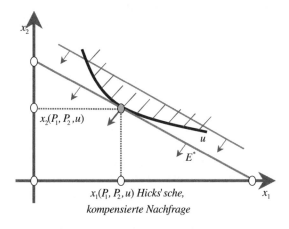

Abbildung XVIII.3: Ausgabenminimierung

die Tatsache, dass eine Änderung der Nutzenvorgabe u auch die optimalen Nachfragemengen $x_i^* = x_i(P,u)$ und den Multiplikator $\mu^* = \mu(P,u)$ verändert, keinen Einfluss
auf den optimalen Wert der Zielfunktion E^* in (XVIII.11),

$$\frac{dE(P,u)}{du} = \mu^*, \quad \frac{dE(P,u)}{dP_i} = x_i^*. \tag{XVIII.12}$$

Die minimalen Ausgaben nehmen um μ^* zu, wenn eine etwas höhere Nutzenposition
u erreicht werden soll. Daher drückt μ^* die *Grenzkosten des Nutzens* aus. Wenn der
Preis P_i für Gut i steigt, dann nehmen die minimalen Ausgaben um einen Betrag x_i^*
gleich der Hicks'schen, kompensierten Nachfragemenge für dieses Gut zu.

XVIII.2.3 Dualität und Slutzky-Zerlegung

Abbildung XVIII.4 veranschaulicht die Dualitätsbeziehung zwischen Nutzenmaximierung und Ausgabenminimierung. Man gehe zunächst von einem vorgegebenen
Nutzenniveau u aus, halte die Indifferenzkurve fest und verschiebe die Budgetgerade durch Verringerung der Ausgaben solange nach innen, bis der Tangentialpunkt
gefunden ist. Die Lage der entsprechenden Budgetgerade gibt die minimalen Ausgaben $E(P,u)$ an, der Tangentialpunkt bestimmt die ausgabenminimierenden, kompensierten Nachfragemengen $x_i(P,u)$. Dieses Konsumbündel ist für den Haushalt
offensichtlich realisierbar, wenn er mit einem Einkommen $I = E(P,u)$ gleich den
eben ermittelten, minimalen Ausgaben ausgestattet (kompensiert) wird. Jetzt fixie-
ren wir das Einkommen I und damit die Budgetgerade auf diesem Niveau und
suchen das nutzenmaximale Konsumbündel, indem wir die Indifferenzkurven immer weiter nach aussen schieben und damit den Nutzen steigern. Die höchstliegende
Indifferenzkurve und damit das maximale Nutzenniveau ist im Tangentialpunkt zur
Budgetgerade erreicht. Der Tangentialpunkt bestimmt die Lösung für die unkompensierte, Marshall'sche Nachfrage $X_i(P,I)$ und das maximale Nutzenniveau $V(P,I)$ in
Abhängigkeit von I. Ganz offensichtlich müssen die Lösungen identisch sein, da wir
ja die Budgetgerade bei einem Einkommen $I = E(P,u)$ festgehalten haben, welches
gerade den minimalen Ausgaben aus dem Minimierungsproblem entspricht.

Aus der graphischen Darstellung in Abbildung XVIII.4 wird klar, dass folgende
Identität gilt:

$$x_i(P,u) \equiv X_i[P,E(P,u)], \quad E(P,u) = I. \tag{XVIII.13}$$

Ebenfalls gilt $V[P,E(P,u)] = u$ für $I = E(P,u)$. Da die indirekte Nutzenfunktion in
I monoton ansteigend ist, können wir $V(P,I) = u$ invertieren und erhalten die Ausgabenfunktion als Inverse der indirekten Nutzenfunktion, $I = V^{-1}(P,u) = E(P,u)$.

In der Steuertheorie wird zur Trennung der Substitutions- und Einkommenseffekte einer Steuer und damit zur Isolierung der Mehrbelastung die sogenannte
Slutzky-Zerlegung einer Preisänderung benötigt. Diese kann nun unter Ausnutzung
der Haushaltsdualität besonders einfach hergeleitet werden. Man beachte, dass die
Preisableitung der kompensierten Nachfragefunktion $x_i(P,u)$ einer Bewegung entlang der Indifferenzkurve entspricht und damit den Substitutionseffekt ausdrückt,
weil bei der kompensierten Nachfrage das Nutzenniveau konstant bleibt. Wir erhalten nun in einer Zeile die Zerlegung einer Preisänderung in einen Einkommens- und

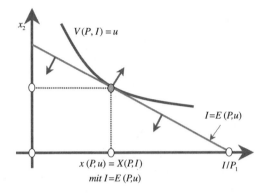

Abbildung XVIII.4: Dualität

Substitutionseffekt, indem wir die Identität (XVIII.13) nach dem Preis P_k ableiten. Zwecks deutlicherer Unterscheidung wird die kompensierte Nachfrage x_i^c mit dem oberen Index c kenntlich gemacht:

$$\frac{\mathrm{d}x_j^c}{\mathrm{d}P_k} = \frac{\mathrm{d}X_j}{\mathrm{d}P_k} + \frac{\mathrm{d}X_j}{\mathrm{d}I} \cdot \frac{\mathrm{d}E}{\mathrm{d}P_k}. \tag{XVIII.14}$$

Die Ableitung der Ausgabenfunktion nach dem Preis P_k ergibt die kompensierte Nachfrage x_k^c, siehe (XVIII.12). Weil wir die Ableitung unter der Restriktion $E(P,u) = I$ vorgenommen haben, gilt nach (XVIII.13) $x_k^c \equiv X_k$. Wir setzen das Ergebnis in (XVIII.14) ein und erhalten die Slutzky-Zerlegung der Mengenänderung $\mathrm{d}X_j/\mathrm{d}P_k$ in einen Substitutionseffekt $\mathrm{d}x_j^c/\mathrm{d}P_k$ und einen Einkommenseffekt $-X_k \cdot \mathrm{d}X_j/\mathrm{d}I$,

$$\frac{\mathrm{d}X_j}{\mathrm{d}P_k} = \frac{\mathrm{d}x_j^c}{\mathrm{d}P_k} - X_k \cdot \frac{\mathrm{d}X_j}{\mathrm{d}I}. \tag{XVIII.15}$$

Abbildung XVIII.5 veranschaulicht die Aufspaltung der Mengenreaktion x_1 als Folge einer Preiserhöhung P_2. Der Einfachheit halber normalisieren wir den Preis für Gut 1 auf $P_1 = 1$, so dass Menge x_1 und Ausgabe P_1x_1 identisch werden. Daher können auf der Abszisse sowohl Mengen als auch Einkommen bzw. Ausgaben abgetragen werden. Die Budgetgerade $x_2 = I/P_2 - (P_1/P_2)x_1$ dreht sich um den Punkt I und wird flacher.

In Abbildung XVIII.5 ist die Ausgangssituation, bevor sich der Preis des Gutes 2 erhöht, durch Punkt 0 und die neue Situation nach Preiserhöhung durch Punkt 1 angegeben. Da die Preiserhöhung P_2 die Kaufkraft mindert, kommt es zu einem negativen *Einkommenseffekt* (EE), welcher der Bewegung von Punkt 0 zu 2 entspricht und die Nachfrage nach allen Gütern mindert. Diese effektive Einkommensminderung drückt sich in der Parallelverschiebung der Budgetgerade in die neue Lage I_2 aus. Der Nachfrageverminderung von Gut 1 aufgrund des Einkommenseffektes entspricht in (XVIII.15) der Ausdruck $-X_2 \cdot \mathrm{d}X_1/\mathrm{d}I$. Die Bewegung von Punkt 2 zu 1 entlang der Indifferenzkurve u_1 drückt den *Substitutionseffekt* (SE) $\mathrm{d}x_1^c/\mathrm{d}P_2$ aus, der

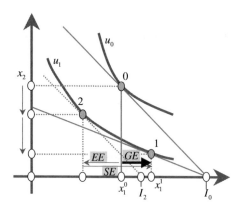

Abbildung XVIII.5: Slutzky-Preiszerlegung

aus der relativen Preisänderung resultiert und der Ableitung der kompensierten Nachfrage in (XVIII.15) entspricht. Da bei der Ableitung der *kompensierten* Nachfrage $x_1(P,u_1)$ der Parameter u_1 unverändert bleibt, muss der Konsument eine Einkommenskompensation (Strecke $I_2 I_0$ in Abbildung XVIII.5) erhalten, damit er auf dem gleichen Nutzenniveau u_1 gehalten werden kann. Die Kompensation muss gerade wieder das ursprüngliche Einkommen I_0 herstellen, welches sich tatsächlich nicht verändert hat. Das Vorzeichen des Gesamteffektes (GE) gleich der Bewegung von 0 zu 1 ist prinzipiell unbestimmt, $dX_1/dP_2 \lessgtr 0$, und hängt davon ab, ob der Substitutions- oder Einkommenseffekt dominiert. Aus Abbildung XVIII.5 wird auch deutlich, dass Substitutions- und Einkommenseffekt der Nachfrage nach Gut x_2 sich verstärken, wenn der eigene Preis P_2 sich ändert.

XVIII.2.4 Preisindex und Verbrauchsstruktur

Für eine *linearhomogene Nutzenfunktion* können wir Preis- und Mengenindizes definieren. Man beachte zunächst, dass für linearhomogene Funktionen $U(X) = u$ und $U(X/u) = 1$ äquivalent sind. Wir können also einen Vektor von *Einheitsnachfragen* $x \equiv X/u$ definieren, wobei ein Kleinbuchstabe den Vektor der Einheitsnachfragen bezeichnet. Die Einheitsnachfragen sind jene kompensierten Nachfragemengen, die gerade ein Nutzenniveau von $U(x) = 1$ ergeben. Dementsprechend ist die Gesamtnachfrage gleich dem Produkt von Einheitsnachfrage und Nutzenindex, $X = x \cdot u$. Wir interpretieren das Nutzenniveau als Mengenindex für ein zusammengesetztes Güterbündel bzw. als eine Einheit eines optimal zusammengestellten „Warenkorbes". Wir zeigen nun folgendes Ergebnis: Wenn die Nutzenfunktion linearhomogen ist, dann ist auch die Ausgabenfunktion linear in u,

$$E(P,u) = e(P) \cdot u. \qquad (XVIII.16)$$

Zum Beweis schreiben wir die minimalen Ausgaben an, die für ein Nutzenniveau von mindestens u notwendig sind, $E(P,u) = P'X + \mu \cdot [u - U(X)]$, und dividieren durch

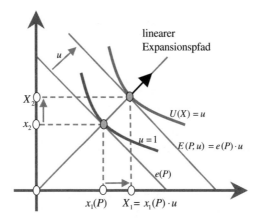

Abbildung XVIII.6: Preisindex und Verbrauchsstruktur

das Nutzenniveau (Mengenindex),

$$E(P,u)/u = P'(X/u) + \mu \cdot [1 - U(X/u)] = P'x + \mu \cdot [1 - U(x)] \equiv e(P).$$
$$\text{(XVIII.17)}$$

Die letzte Gleichung gibt die Ausgaben pro Nutzeneinheit an, d. h. pro Einheit des Mengenindex. Indem wir den ersten und letzten Term in (XVIII.17) wieder mit dem Nutzenindex u multiplizieren, erhalten wir (XVIII.16), wie zu zeigen war.

Wenn also die Nutzenfunktion linearhomogen ist, dann sind die Gesamtausgaben (Gesamtnachfragen) gleich dem Produkt von Einheitsausgaben (Einheitsnachfragen) und dem Nutzenindex, $E(P,u) = e(P) \cdot u$ und $X(P,u) = x(P) \cdot u$. Die Einheitsnachfragen entsprechen der Lösung des Problems

$$e(P) = \min_x P'x + \mu \cdot [1 - U(x)].$$
$$\text{(XVIII.18)}$$

Die Ausgabenfunktion in (XVIII.18), d. h. das Ausgabenminimum für eine Einheit des Nutzenindex bzw. Güterbündels, stellt den *exakten Konsumentenpreisindex* dar. Die Gesamtausgaben für u Einheiten des Warenkorbes sind dann einfach das Produkt aus Preisindex und Mengenindex, d. h. das u-fache der Einheitsausgaben und der Einheitsnachfragen.

Eine wichtige Frage ist, wie stark eine Preissteigerung von Gut j auf den Konsumentenpreisindex durchschlägt. Um dies zu beantworten, leiten wir den Preisindex (XVIII.18) nach dem Preis P_j ab. Nach dem Envelopen-Theorem muss dabei nur der direkte Effekt berücksichtigt werden und nicht die Wirkung von P_j auf die Nachfragemengen $x_i(P)$. Wir erhalten $de(P)/dP_j = x_j(P)$ bzw. $de = x_j \cdot dP_j$. Wenn man beide Seiten durch den Preisindex e dividiert und geringfügig erweitert, erhält man

$$\frac{de}{e} = s_j \cdot \frac{dP_j}{P_j}, \quad s_j \equiv \frac{P_j x_j}{e}.$$
$$\text{(XVIII.19)}$$

Der Bruch s_j ist der Anteil der Ausgaben $P_j x_j$ für Gut j an den Ausgaben e für den gesamten Warenkorb. Der Bruch dP_j/P_j gibt die Veränderung in Prozent an. Die Antwort lautet also: Wenn der Preis P_j um 1% steigt, dann nimmt der Preisindex mit einem Prozentsatz gleich dem Ausgabenanteil s_j für das Gut j zu.

XVIII.3   Grundlagen der Güterbesteuerung

XVIII.3.1   Arbeitsangebot und Güternachfrage

Die Theorie der optimalen Güterbesteuerung nutzt intensiv die Dualitätseigenschaften der Haushaltstheorie. Dieser Abschnitt entwickelt daher einige formale Ergebnisse aus dem Kapitel VII, welches die vorhin besprochenen Konzepte intensiv anwendet. Nachdem die optimale Güterbesteuerung sehr auf die Interaktion zwischen Güternachfrage und Arbeitsangebot abstellt, erweitern wir den vorherigen Abschnitt durch Berücksichtigung des Arbeitsangebotes. In diesem Fall ergibt sich das Einkommen $M = wL + I$ aus dem Lohn w und dem endogen bestimmten Arbeitsangebot L und einem exogenen Einkommensbestandteil I, der ohne weiteres auf Null gesetzt werden kann. Die Konsumausgaben betragen daher $P'X = wL + I$. Die Präferenzen berücksichtigen ein nutzenminderndes Arbeitsangebot und werden wie üblich mit einer quasikonkaven Nutzenfunktion $U(X,L)$ beschrieben. Die Güternachfrage, das Arbeitsangebot und die maximal erzielbare Wohlfahrt der Haushalte resultieren aus folgenden, dualen Optimierungsproblemen:

$$V(P,w,I) = \max_{X,L} U(X,L) + \lambda \cdot \left[I + wL - P'X \right],$$
$$E(P,w,u) = \min_{x,l} P'x - wl + \mu \cdot \left[u - U(x,l) \right]. \tag{XVIII.20}$$

Das Maximierungsproblem ergibt Lösungen X_i^*, L^*, λ^* und V^*, die funktionell von den exogenen Parametern des Problems P,w,I abhängen. Das duale Minimierungsproblem ergibt Lösungen x_i^*, l^*, μ^* und E^*, die von den Parametern P, w und u abhängen. Zusätzlich zu den Ergebnissen des vorausgehenden Abschnittes ist nun auch der Einfluss einer Lohnänderung auf den maximal erzielbaren Nutzen bzw. auf die minimalen Ausgaben wichtig. Die Anwendung des Envelopen-Theorems ergibt

$$\frac{dV}{dw} = \lambda L, \quad \frac{dE}{dw} = -l. \tag{XVIII.21}$$

Wenn die Haushalte mit dem exogenen Einkommen $I = E(P,w,u)$ kompensiert werden, dann gilt die Dualitätsbeziehung $x_i(P,w,u) \equiv X_i[P,w,E(P,w,u)]$. Aus der Ableitung dieser Identität folgt die Slutzky-Zerlegung,

$$S_{ik} \equiv \frac{dx_i(P,w,u)}{dP_k} = \frac{dX_i}{dP_k} + X_k \frac{dX_i}{dI}. \tag{XVIII.22}$$

Nun können wir eine Reihe von Eigenschaften zeigen, die zur Charakterisierung der optimalen Güterbesteuerung benötigt werden.

Ergebnis 1 (Symmetrie): *(a) Die kompensierten (Hicks'schen) Nachfragen $x_i^c(P,w,u)$ weisen symmetrische Preiseffekte auf, und (b) die Marshall'schen Nach-*

*fragen $X_i(P, w, I)$ haben symmetrische Preiseffekte, wenn die Einkommenselastizitä-
ten bei allen Gütern gleich sind.*

(a) Die erste Ableitung der Ausgabenfunktion in (XVIII.20) nach dem Preis P_i ergibt
die kompensierten Nachfragen, $dE/dP_i = x_i^c(P, w, u)$. Die Ableitung der kompensierten Nachfrage misst den Substitutionseffekt, d. h. die Nachfrageänderung entlang
einer Indifferenzkurve: $S_{ik} = dx_i^c/dP_k$. Die Substitutionseffekte folgen aus der zweiten Ableitung der Ausgabenfunktion und sind daher symmetrisch:

$$\frac{dx_i^c}{dP_k} = \frac{d^2 E}{dP_i dP_k} = \frac{d^2 E}{dP_k dP_i} = \frac{dx_k^c}{dP_i}. \qquad \text{(XVIII.23)}$$

(b) Wir erweitern den Einkommenseffekt in der Slutzky-Zerlegung (XVIII.22),

$$\frac{dX_i}{dP_k} = S_{ik} - \left(\frac{I}{X_i}\frac{dX_i}{dI}\right)\frac{X_i X_k}{I}, \qquad \frac{dX_k}{dP_i} = S_{ki} - \left(\frac{I}{X_k}\frac{dX_k}{dI}\right)\frac{X_i X_k}{I}. \qquad \text{(XVIII.24)}$$

Wenn daher die Einkommenselastizitäten $\eta = \frac{I}{X_i}\frac{dX_i}{dI}$ für alle Güter gleich sind, dann
sind wegen $S_{ik} = S_{ki}$ auch die Preiseffekte der Marshall'schen Nachfragen symmetrisch.

XVIII.3.2   Optimale Güterbesteuerung

Der Staat soll mit der Besteuerung des Güterverbrauchs ein vorgegebenes Einnahmeziel T realisieren. Die einzelnen Güter werden mit spezifischen Verbrauchsteuern
$t_i = P_i - q_i$ belastet. Die Produzentenpreise q_i seien exogen. Das *Optimalsteuerproblem* besteht darin, das Steueraufkommen T mit minimalem Wohlfahrtsverlust für den
privaten Sektor zu erheben,

$$L = \max_{t_i} V(P, w, I) + \zeta \cdot \left[\sum_{i=1}^{m} t_i X_i(P, w, I) - T\right], \qquad P_i = t_i + q_i. \qquad \text{(XVIII.25)}$$

Wenn nicht anders erwähnt, beschränken wir uns auf den Fall $I = 0$. Der Multiplikator $\zeta > 0$ bezeichnet den marginalen Wohlfahrtsverlust $dV/dT = -\zeta < 0$ der
Haushalte aus einer Anhebung des Steueraufkommens T. Mit anderen Worten misst
ζ die Grenzkosten der Besteuerung (marginal costs of public funds). Wie in Kapitel
VII ausführlich erläutert, muss der optimal gewählte Steuersatz auf Gut k die BEO
$dL/dt_k = 0$ erfüllen:

$$\sum_{i=1}^{m} t_i \frac{dX_i}{dP_k} = -\upsilon \cdot X_k, \qquad \upsilon \equiv \frac{\zeta - \lambda}{\zeta}, \qquad \zeta > \lambda > 0. \qquad \text{(XVIII.26)}$$

Wenn man den Nachfrageeffekt dX_i/dP_k durch die Slutzky-Zerlegung in (XVIII.22)
und das Ergebnis durch X_k dividiert, folgt

$$\sum_{i=1}^{m} \frac{t_i \cdot S_{ik}}{X_k} = -\theta < 0, \qquad \theta \equiv \upsilon - \sum_{i=1}^{m} t_i \frac{dX_i}{dI} > 0. \qquad \text{(XVIII.27)}$$

Ergebnis 2: *Es gilt $\theta > 0$ und ausserdem $\upsilon = (\zeta - \lambda)/\zeta > 0$, wenn die Güter normal sind.*
Wir schreiben (XVIII.27) als $\sum_i t_i \cdot S_{ik} = -\theta X_k$, multiplizieren beide Seiten mit t_k und addieren auf,

$$\sum_k \sum_i t_i \cdot S_{ik} \cdot t_k = -\theta \sum_k t_k X_k = -\theta T. \tag{XVIII.28}$$

Die Ausgabenfunktion ist in den Preisen konkav. Daher ist die Matrix ihrer zweiten Ableitungen, also die Slutzky-Matrix S, negativ semidefinit, so dass die linke Seite von (XVIII.28) negativ ist (eine Matrix ist negativ semidefinit, wenn $t' \cdot S \cdot t < 0$ für alle Vektoren $t \neq 0$ gilt). Bei positivem Steueraufkommen T muss daher $\theta > 0$ gelten. Wenn alle Güter normal sind, d. h. $dX_i/dI > 0$, dann muss wegen $\theta = \upsilon - \sum_i t_i \frac{dX_i}{dI} > 0$ a fortiori $\upsilon > 0$ sein, so dass $\zeta > \lambda$ gilt, wie behauptet wurde.

XVIII.3.3　Vergleich mit Pauschalsteuern

Aus Effizienzgründen ist es immer besser, Pauschalsteuern anstatt verzerrende Gütersteuern zu erheben, selbst wenn diese optimal gestaltet sind und möglichst wenig verzerren.

Ergebnis 3: *Wenn die optimal gewählten Gütersteuern marginal durch Pauschalsteuern ersetzt werden, dann entsteht ein Wohlfahrtsgewinn gleich θ wie in (XVIII.27).*
Um dies zu zeigen, schreibe man das Optimalsteuerproblem als

$$L = V(P, w, -R) + \zeta \cdot \left[R + \sum_i t_i X_i - T \right], \tag{XVIII.29}$$

wobei R die Pauschalsteuer darstellt, die einen exogenen Einkommensverlust der Haushalte bedeutet, $I = -R$. Wir erhöhen R und senken alle Steuersätze t_i derart, dass das Steueraufkommen T konstant bleibt. Aus (XVIII.29) folgt

$$\frac{dL}{dR} = \frac{\partial L}{\partial R} + \sum_i \frac{\partial L}{\partial t_k} \cdot \frac{\partial t_k}{\partial R} = \frac{\partial L}{\partial R}. \tag{XVIII.30}$$

Wenn die Steuersätze optimal erhoben werden, dann gilt die Bedingung $dL/dt_k = 0$, so dass in (XVIII.30) der zweite Summand Null wird (Envelopen-Theorem). Man verwende nun $V_I = \lambda$ und $dX_i/dR = -dX_i/dI$. Letzteres gilt, weil die Pauschalsteuer eine Einkommensreduktion darstellt. Damit folgt aus (XVIII.29) der direkte Effekt der Pauschalsteuer

$$\frac{\partial L}{\partial R} = -V_I + \zeta \left[1 - \sum_i t_i \frac{\partial X_i}{\partial I} \right] = \zeta \left[\frac{\zeta - \lambda}{\zeta} - \sum_i t_i \frac{\partial X_i}{\partial I} \right] = \zeta \cdot \theta > 0. \tag{XVIII.31}$$

Nach Ergebnis 2 gilt $\theta > 0$. Weil die Einnahmeerzielung mit verzerrenden Steuern die Wohlfahrt immer reduziert, $dL/dT = -\zeta < 0$, sind die Grenzkosten der Besteuerung $\zeta > 0$ positiv. Der Wohlfahrtsgewinn aus einer Steuerreform, welche die optimal gewählten Gütersteuern marginal mit einer Pauschalsteuer ersetzt, beträgt also $\zeta\theta > 0$. Voraussetzung ist allerdings, dass die Gütersteuern in der Ausgangssituation optimal erhoben werden, d. h. $dL/dt_k = 0$ erfüllt ist. Wenn die Steuerstruktur weit weg vom Optimum ist, dann muss der Wohlfahrtsgewinn nicht unbedingt positiv sein.

Als nächstes zeigen wir, dass das erzielbare Aufkommen aus optimal gewählten Gütersteuern nicht ausreicht, um die Konsumenten so zu kompensieren, dass sie auf dem gleichen Nutzenniveau bleiben. Die Differenz zwischen privatem Nutzenverlust und erzieltem Steueraufkommen ist nichts anderes als die Mehrbelastung.

Ergebnis 4: *Die Wohlfahrt nimmt ab, wenn das erzielte Steueraufkommen aus optimal gewählten Steuersätzen als Pauschaltransfer an die Haushalte zurückerstattet wird (nach Ergebnis 2 gilt $\sum_k \sum_i t_i S_{ik} t_k = -\theta T$, wenn die Steuersätze optimal gewählt werden).*

Eine pauschale Rückerstattung des Steueraufkommens bedeutet $T = I$ und $dT = dI$. Die indirekte Nutzenfunktion ändert sich also mit $dV = \sum_i V_i dt_i + V_I dI$. Man dividiere durch V_I und drücke damit die Nutzenänderung in Einkommenseinheiten aus. Roy's Identität $V_i/V_I = -X_i$ ergibt

$$dV/V_I = -\sum_i X_i dt_i + dI, \quad dI = dT = \sum_i (X_i dt_i + t_i dX_i). \qquad \text{(XVIII.32)}$$

Wenn die Steuersätze erhöht werden, wächst das Aufkommen wie in der zweiten Gleichung. Man setze diese in die erste ein und erhalte eine Wohlfahrtsänderung

$$dV/V_I = \sum_i t_i dX_i. \qquad \text{(XVIII.33)}$$

Die Marshall'schen Nachfragefunktionen $X_i(P, w, I)$ drücken die Verhaltensreaktionen der Haushalte aus. Das totale Differential beträgt

$$dX_i = \sum_k \frac{\partial X_i}{\partial P_k} dt_k + \frac{\partial X_i}{\partial I} dI. \qquad \text{(XVIII.34)}$$

Die Nachfragen X_i in (XVIII.34) und das zurückerstattete Steueraufkommen in (XVIII.32) werden simultan bestimmt. Man setze die Slutzky-Zerlegung $dX_i/dP_k = S_{ik} - X_k \cdot dX_i/dI$ und dI aus (XVIII.32) in (XVIII.34) ein. Die Terme $\frac{dX_i}{dI}\sum_i X_i dt_i$ fallen weg:

$$dX_i = \sum_k S_{ik} dt_k + \frac{\partial X_i}{\partial I}\sum_i t_i dX_i. \qquad \text{(XVIII.35)}$$

Man multipliziere mit t_i und summiere über i:

$$\left(1 - \sum_i t_i \frac{\partial X_i}{\partial I}\right)\sum_i t_i dX_i = \sum_i \sum_k t_i S_{ik} dt_k. \qquad \text{(XVIII.36)}$$

Wir setzen aus (XVIII.36) den Term $\sum_i t_i dX_i$ in (XVIII.33) ein. Der Wohlfahrtseffekt beträgt

$$\frac{dV}{V_I} = \sum_i t_i dX_i = \frac{\sum_i \sum_k t_i S_{ik} dt_k}{1 - \sum_i t_i \frac{\partial X_i}{\partial I}} = \frac{-\theta T}{1 - \sum_i t_i \frac{\partial X_i}{\partial I}} \le 0. \qquad \text{(XVIII.37)}$$

Die letzte Gleichheit ergibt sich wie folgt: Wenn die Steuersätze $t_k = dt_k$ optimal gewählt werden, dann gilt nach Ergebnis 2 $\sum_k \sum_i t_i S_{ik} t_k = -\theta T < 0$, so dass der Zähler in (XVIII.37) negativ ist. Der Nenner ist positiv. Die Budgetbeschränkung $\sum_i P_i X_i = I$ impliziert $\sum_i P_i \frac{\partial X_i}{\partial I} = 1$. Wegen $t_i = P_i - q_i$ beträgt der Nenner $1 - \sum_i t_i \frac{\partial X_i}{\partial I} = q_i \frac{\partial X_i}{\partial I} > 0$. Gleichung (XVIII.37) zeigt also, dass die Nutzenposition nur bei infinitesimal geringem Steueraufkommen ($T \approx 0$) beibehalten werden kann. Bei einem grösseren Aufkommen ist keine Kompensation mehr möglich.

XVIII.3.4   Minimierung der Mehrbelastung

Gütersteuern führen zu einem einkommensäquivalenten Wohlfahrtsverlust von $EV = E(q,w,u^0) - E(q,w,u^1)$, wobei die ursprünglichen Preise vor der Steuererhöhung als Referenzmassstab dienen. Die Konsumentenpreise nach Einführung der Steuern betragen $P_i = t_i + q_i$. Die äquivalente Variation gibt die nutzenäquivalente Pauschalsteuer an, welche die Haushalte anstatt der Gütersteuern zu zahlen bereit wären. Die Mehrbelastung ist die Differenz zwischen äquivalenter Variation und dem erzielten Steueraufkommen. Sie zeigt an, wieviel mehr Aufkommen bei gleicher Nutzeneinbusse eine Pauschalsteuer im Vergleich zu den Gütersteuern ergeben würde. Unter Benutzung der Identität $E(q,w,u^0) = I = E(P,w,u^1)$ beträgt die Mehrbelastung

$$DWL = \left[E(P,w,u^1) - E(q,w,u^1) \right] - \sum_i t_i X_i(P,w,I). \qquad \text{(XVIII.38)}$$

Ergebnis 5:   *Die Lösung (XVIII.27) des Optimalsteuerproblems in (XVIII.25) kann alternativ als Minimierung der Mehrbelastung ermittelt werden.*
Es gilt also, die Gütersteuern so zu wählen, dass ein Aufkommen T mit minimaler Mehrbelastung erzielt wird:

$$\min_{t_i} L = DWL + \phi \cdot \left[T - \sum_i t_i X_i(P,w,I) \right]. \qquad \text{(XVIII.39)}$$

Die BEO für optimale Steuersätze t_k lauten

$$\frac{dL}{dt_k} = x_k(P,w,u^1) - X_k - \sum_i t_i \frac{dX_i}{dt_k} - \phi \cdot \left[X_k + \sum_i t_i \frac{dX_i}{dt_k} \right] = 0. \qquad \text{(XVIII.40)}$$

Der erste Term ergibt sich aus der Ableitung von $E(P,w,u^1)$ und hebt sich mit dem zweiten Term auf, da $x_k(P,w,u^1) = X_k(P,w,I)$ mit $I = E(P,w,u^1)$ im Haushaltsoptimum gilt. Daher schreibt man (XVIII.40) als

$$\sum_i t_i \frac{dX_i}{dt_k} = -\frac{\phi}{1+\phi} \cdot X_k = -\upsilon \cdot X_k. \qquad \text{(XVIII.41)}$$

Der letzte Teil gilt nur, wenn die rechte Seite der Definition von $\upsilon = (\zeta - \lambda)/\zeta$ in (XVIII.26) entspricht. Dies erfordert

$$\frac{\phi}{1+\phi} = \frac{\zeta - \lambda}{\zeta} \quad \Rightarrow \quad \phi = \zeta/\lambda - 1. \qquad \text{(XVIII.42)}$$

Diese Beziehung kann wie folgt gezeigt werden. Die Anwendung des Envelopen-Theorems auf (XVIII.39) zeigt, dass der Multiplikator $\phi = dDWL/dT$ die Zunahme der Mehrbelastung pro Euro an zusätzlichem Steueraufkommen ausdrückt. Aus

(XVIII.25) wissen wir, dass ein Euro mehr Gütersteueraufkommen einen Wohlfahrtsverlust von $\zeta = -dV/dT$ verursacht. Andererseits stiftet ein Euro Pauschaleinkommen einen Wohlfahrtsgewinn von $\lambda = dV/dI$. Um den Konsumenten auf dem ursprünglichen Nutzenniveau zu halten, $dV = \lambda dI - \zeta dT = 0$, müsste er also mit einem Pauschaleinkommen von $dI/dT = \zeta/\lambda$ kompensiert werden. Die Mehrbelastung $DWL = I - T$ misst gerade die Differenz zwischen der notwendigen Einkommenskompensation I und dem verfügbaren Steueraufkommen T, so dass wir $\phi = dDWL/dT = d(I - T)/dT = \zeta/\lambda - 1$ erhalten. Damit ist (XVIII.42) bewiesen und gezeigt, dass die Lösungen des Optimalsteuerproblems in den Varianten (XVIII.41) und (XVIII.26) identisch sind. Die Minimierung der Mehrbelastung führt zum selben Ergebnis wie die Maximierung der sozialen Wohlfahrt nach (XVIII.25).

Man beachte nun die Slutzky-Zerlegung und die Symmetrie der Substitutionseffekte,

$$\frac{dX_i}{dP_k} + X_k \frac{dX_i}{dI} = \frac{dx_i(P,w,u^1)}{dP_k} \equiv S_{ik} = S_{ki}. \tag{XVIII.43}$$

Einsetzen von (XVIII.43) in (XVIII.41) ergibt dieselbe Bedingung wie in (XVIII.27):

$$\sum_i t_i S_{ki} = -\left(\upsilon - \sum_i t_i \frac{dX_i}{dI}\right) X_k = -\theta X_k. \tag{XVIII.44}$$

Nachdem $dx_k(P,w,u) = \sum_i S_{ki} dt_i = \sum_i t_i S_{ki}$ (mit $dt_i = t_i$) gilt, zeigt diese Regel eine gleichmässige, relative Nachfragereduktion als Erfordernis einer optimalen Güterbesteuerung an, $dx_k(P,w,u)/X_k = -\theta < 0$.

Ergebnis 6:   *Die marginale Mehrbelastung für Gut k beträgt $\beta_k = \frac{dDWL/dt_k}{dT/dt_k}$ und misst die Zunahme der Mehrbelastung pro Euro zusätzlichem Aufkommen aus der Besteuerung von Gut k. Eine optimale Güterbesteuerung gleicht die marginale Mehrbelastung aller Güter an, d. h. $\beta_k = \beta$!*

Wir leiten die Mehrbelastung in (XVIII.38) nach dem Steuersatz für Gut k ab und erhalten (man beachte $dP_k = dt_k$)

$$\frac{dDWL}{dt_k} = -\sum_i t_i \frac{dX_i}{dt_k}. \tag{XVIII.45}$$

Der Summenausdruck $\sum_i t_i \cdot dX_i/dt_k$ zeigt die Änderung des Steueraufkommens, soweit es auf die Anpassung des Nachfrageverhaltens und die Änderung der Bemessungsgrundlage zurückzuführen ist. Die gesamte Änderung des Steueraufkommens $T = \sum_i t_i X_i(P,w,I)$ muss natürlich auch den primären Effekt aus dem höheren Steuersatz berücksichtigen,

$$\frac{dT}{dt_k} = X_k + \sum_i t_i \frac{dX_i}{dt_k}. \tag{XVIII.46}$$

Die marginale Mehrbelastung beträgt daher

$$\beta_k = \frac{dDWL/dt_k}{dT/dt_k} = \frac{-\sum_i t_i \frac{dX_i}{dt_k}}{X_k + \sum_i t_i \frac{dX_i}{dt_k}} = \phi > 0. \tag{XVIII.47}$$

Wenn die ersten beiden Terme weggekürzt werden, lautet die Optimalitätsbedingung
(XVIII.40) aus der Minimierung der Mehrbelastung $-\sum_i t_i \frac{dX_i}{dt_k} = \phi\left[X_k + \sum_i t_i \frac{dX_i}{dt_k}\right]$.
Einsetzen in (XVIII.47) zeigt die letzte Gleichheit. Man beachte, dass der Lagrange-
Multiplikator zu (XVIII.39) positiv ist, $\phi > 0$, denn er zeigt an, wie ein höheres
Steueraufkommen T den Wert der Zielfunktion DWL erhöht. Das Ergebnis $\beta_k = \phi$
zeigt also, dass eine optimale Güterbesteuerung die Steuersätze $t_i, \ldots, t_m$ so setzt, dass
die marginale Mehrbelastung für alle Güter gleich gross wird. Dies bedeutet allerdings
noch nicht, dass die Gütersteuersätze gleich sein sollen.

Zusammenfassung

1. Die indirekte Nutzenfunktion gibt die maximal erreichbare Wohlfahrt eines Haushalts bei gegebenen Einkommen und Preisen an. Aus der Lösung des Nutzenmaximierungsproblems folgen die unkompensierten, Marshall'schen Nachfrage- und
   Angebotsfunktionen.
2. Die Ausgabenfunktion zeigt für gegebene Preise die minimalen Ausgaben an,
   die zur Erzielung eines vorgegebenen Nutzenniveaus notwendig sind. Die Lösung des Ausgabenminimierungsproblems ergibt die kompensierten, Hicks'schen
   Nachfrage- und Angebotsfunktionen.
3. Die Slutzky-Zerlegung einer Preisänderung spaltet den resultierenden Nachfrageeffekt in einen Einkommens- und Substitutionseffekt auf. Die Substitutionseffekte
   sind symmetrisch.
4. Bei linearhomogenen Präferenzen können die Ausgaben als Produkt von Konsumentenpreisindex und Mengenindex (Nutzeneinheit, Warenkorb) ausgedrückt
   werden. Der exakte Konsumentenpreisindex gibt die minimalen Ausgaben an, die
   für eine Einheit des Warenkorbes notwendig sind.

Lektürevorschläge

CHIANG (1984) bietet eine leicht zugängliche Einführung in die Mathematik für
Ökonomen, die für die Anwendungen dieses Lehrbuchs genügt. Fortgeschrittener
ist z. B. DE LA FUENTE (2000). DIXIT (1997) bietet eine kurze, sehr gute Einführung in die Optimierungsmethoden einschliesslich der indirekten Nutzenfunktion, der
Ausgabenfunktion und der Dualität. Die Dualität in der Haushalts- und Produktions-
theorie werden in jedem fortgeschrittenen mikroökonomischen Lehrbuch wie z. B.
VARIAN (1992) und MAS-COLELL, WHINSTON und GREEN (1995) behandelt. CORNES
(1992) enthält eine besonders ausführliche Darstellung. Die Anwendungen in der Finanzwissenschaft können anhand von DIAMOND und MCFADDEN (1974) sowie KAY
(1980) vertieft werden. Die Leibnitz-Regel ist aus KAMIEN und SCHWARTZ (1981)
entnommen. Das Buch bietet eine sehr gut zugängliche Einführung in die Methoden
der dynamischen Optimierung, die hier nur im Kapitel über die optimale Einkommensteuer zur Anwendung kommen. Auf der Homepage WWW.IFF.UNISG.CH, Seite
Lehre/Keuschnigg, stehen gelöste Übungsaufgaben bereit.

Schlüsselbegriffe

Leibnitz-Regel

Indirekte Nutzenfunktion

(Un-)kompensierte Nachfragen

Slutzky-Zerlegung

Preisindex

Marginale Mehrbelastung

Envelopen-Theorem

Ausgabenfunktion

Dualität

Substitutions- und Einkommenseffekt

Grenzkosten der Besteuerung

Literaturverzeichnis

ACEMOGLU, DARON (1997), Training and Innovation in an Imperfect Labor Market, *Review of Economic Studies 64*, 445-464.

AGHION, PHILIPPE und JEAN TIROLE (1994), The Management of Innovation, *Quarterly Journal of Economics 109*, 1185-1209.

ALESINA, ALBERTO und ROMAIN WACZIARG (1999), Is Europe Going Too Far?, *Carnegie-Rochester Conference Series on Public Policy 51*, 1-42.

ATKINSON, ANTHONY B. (1995), *Public Economics in Action. The Basic Income / Flat Tax Proposal*, The Lindahl Lectures, Oxford: Oxford University Press.

ATKINSON, ANTHONY B. und JOSEPH E. STIGLITZ (1976), The Design of Tax Structure: Direct versus Indirect Taxation, *Journal of Public Economics 6*, 55-75.

ATKINSON, ANTHONY B. und JOSEPH E. STIGLITZ (1980), *Lectures on Public Economics*, Maidenhead: McGraw-Hill.

AUERBACH, ALAN J. (1991), Retrospective Capital Gains Taxation, *American Economic Review 81*, 167-178.

AUERBACH, ALAN J. (2002), Taxation and Corporate Financial Policy, in: Alan .J. Auerbach und Martin Feldstein (Hrsg.), *Handbook of Public Economics*, Vol. 3, Amsterdam: Elsevier, 1251-1292.

AUERBACH, ALAN J., JAGADEESH GOKHALE und LAURENCE J. KOTLIKOFF (1994), Generational Accounting: A Meaningful Way to Evaluate Fiscal Policy, *Journal of Economic Perspectives 8*, 73-94.

AUERBACH, ALAN J. und KEVIN A. HASSETT (2003), On the Marginal Source of Investment Funds, *Journal of Public Economics 87*, 205-232.

AUERBACH, ALAN J. und JAMES R. HINES JR. (2002), Taxation and Economic Efficiency, in: Alan J. Auerbach und Martin Feldstein (Hrsg.), *Handbook of Public Economics*, Vol. 3, Amsterdam: Elsevier, 1347-1421.

AUERBACH, ALAN J. und JAMES R. HINES JR. (2003), Perfect Taxation with Imperfect Competition, in: Sijbren Cnossen und Hans-Werner Sinn (Hrsg.), *Public Finance and Public Policy in the New Century*, CESifo Seminar Series, Cambridge: MIT Press, 127-153.

AUERBACH, ALAN J. und LAURENCE J. KOTLIKOFF (1987), *Dynamic Fiscal Policy*, Cambridge: Cambridge University Press.

BACCHETTA, PHILIPPE und MARIA P. ESPINOSA (1995), Information Sharing and Tax Competition Among Governments, *Journal of International Economics 39*, 102-121.

BALLARD, CHARLES L. und DON FULLERTON (1992), Distortionary Taxes and the Provision of Public Goods, *Journal of Economic Perspectives 6*, 117-131.

BARETTI, CHRISTIAN, BERND HUBER und KARL LICHTBLAU (2002), A Tax on Tax Revenue: The Incentive Effects of Equalizing Transfers: Evidence from Germany, *International Tax and Public Finance 9*, 631-649.

BARRO, ROBERT J. (1974), Are Government Bonds Net Wealth?, *Journal of Political Economy 82*, 1095-1117.

BARRO, ROBERT J. (1979), On the Determination of Public Debt, *Journal of Political Economy* 87, 940-971.

BARRO, ROBERT J. und XAVIER SALA-I-MARTIN (2004), *Economic Growth*, 2. Auflage, Cambridge: MIT Press.

BECKER, GARY S. (1962), Investment in Human Capital: A Theoretical Analysis, *Journal of Political Economy 70*, 9-49.

BERGSTROM, TED C., LARRY BLUME und HAL R. VARIAN (1986), On the Private Provision of Public Goods, *Journal of Public Economics 29*, 25-49.

BERNHEIM, DOUGLAS B. (2002), Taxation and Saving, in: Alan J. Auerbach und Martin Feldstein (Hrsg.), *Handbook of Public Economics*, Vol. 3, Amsterdam: Elsevier, 1173-1249.

BLANCHARD, OLIVIER J. und STANLEY FISCHER (1980), *Lectures on Macroeconomics*, Cambridge: MIT Press.

BLANCHFLOWER, DAVID G. und ANDREW J. OSWALD (1998), What Makes an Entrepreneur?, *Journal of Labor Economics 16*, 26-60.

BLÖNDAL, SVEINBJÖRN und STEFANO SCARPETTA (1998), *The Retirement Decision in OECD Countries*, OECD: ECO/WKP(98)15.

BLUNDELL, RICHARD W. und THOMAS MACURDY (1999), Labor Supply: A Review of Alternative Approaches, in: Orley Ashenfelter und David Card (Hrsg.), *Handbook of Labor Economics*, Vol. 3A, Amsterdam: Elsevier, 1559-1591.

BOADWAY, ROBIN (2004), The Theory and Practice of Equalization, *CESifo Economic Studies 50*, 211-254.

BOADWAY, ROBIN und NEIL BRUCE (1984a), A General Proposition on the Design of a Neutral Business Tax, *Journal of Public Economics 24*, 231-239.

BOADWAY, ROBIN und NEIL BRUCE (1984b), *Welfare Economics*, New York: Basil Blackwell.

BOADWAY, ROBIN und MICHAEL KEEN (1993), Public Goods, Self-Selection and Optimal Income Taxation, *International Economic Review 34*, 463-478.

BOADWAY, ROBIN und MICHAEL KEEN (2000), Redistribution, in: Anthony B. Atkinson und François Bourguignon (Hrsg.), *Handbook of Income Distribution*, Vol. 1, Amsterdam: Elsevier, 677-789.

BOADWAY, ROBIN und MICHAEL KEEN (2004), *Financing New Investments Under Asymmetric Information: A General Approach*, Queen's University und International Monetary Fund, unveröffentlichtes Manuskript.

BOADWAY, ROBIN, MAURICE MARCHAND und PIERRE PESTIEAU (1991), Optimal Linear Income Taxation in Models With Occupational Choice, *Journal of Public Economics 46*, 133-162.

BOND, STEPHEN R. (2000), Levelling Up or Levelling Down? Some Reflections on the ACE and CBIT Proposals, and the Future of the Corporate Tax Base, in: Sijbren Cnossen (Hrsg.), *Taxing Capital Income in the European Union*, Oxford: Oxford University Press, 161-179.

BOND, STEPHEN R. und MICHAEL P. DEVEREUX (1995), On the Design of a Neutral Business Tax Under Uncertainty, *Journal of Public Economics 58*, 57-71.

BOONE, JAN und LANS BOVENBERG (2002), Optimal Labour Taxation and Search, *Journal of Public Economics 85*, 53-97.

BOOTH, ALISON L. (1995), *The Economics of the Trade Union*, Cambridge: Cambridge University Press.

BORGMANN, CHRISTOPH und BERND RAFFELHÜSCHEN (2000), *Erstellung und Analyse einer Generationenbilanz für die Schweiz*, unveröffentlichtes Gutachten im Rahmen der Strukturberichterstattung des Staatssekretariats für Wirtschaft.

Börsch-Supan, Axel (2000a), Incentive Effects of Social Security on Labor Force Participation: Evidence in Germany and Across Europe, *Journal of Public Economics 78*, 25-49.

Börsch-Supan, Axel (2000b), Was lehrt uns die Empirie in Sachen Rentenreform?, *Perspektiven der Wirtschaftspolitik 1*, 431-451.

Boskin, Michael J. (1978), Taxation, Saving, and the Rate of Interest, *Journal of Political Economy 86*, 3-27.

Bovenberg; Lans A. (2003), Financing Retirement in the European Union, *International Tax and Public Finance 10*, 713-734.

Bradford, David F. (2000), *Taxation, Wealth, and Saving*, Cambridge: MIT Press.

Breyer, Friedrich und Martin Straub (1993), Welfare Effects of Unfunded Pension Systems When Labor Supply is Endogenous, *Journal of Public Economics 50*, 77-91.

Browning, Martin und Annamaria Lusardi (1996), Household Saving: Micro Theories and Micro Facts, *Journal of Economic Literature 34*, 1797-1855.

Brunner, Johann K. (1996), Transition from a Pay-as-you-go to a Fully Funded Pension System: The Case of Differing Individuals and Intragenerational Fairness, *Journal of Public Economics 60*, 131-146.

Brunner, Johann K. (2004), Optimale direkte und indirekte Steuern bei unterschiedlicher Anfangsausstattung, in: Bernd Genser (Hrsg.), *Finanzpolitik und Umverteilung*, Schriften des Vereins für Socialpolitik Band 301, Berlin: Duncker und Humblot, 11-53.

Buchholz, Wolfgang und Kai A. Konrad (2000), Risiko und Steuern, in: Norbert Andel (Hrsg.), *Probleme der Besteuerung III*, Schriften des Vereins für Socialpolitik, N.F. Band 259/III, Berlin: Duncker & Humblot, 63-139.

Bundesamt für Statistik (2004), *Finanzen der öffentlichen Haushalte*, Bern.

Bundesministerium der Finanzen (2003), *Die wichtigsten Steuern im internationalen Vergleich*, Berlin.

Bundesministerium der Finanzen (2004), *Monatsbericht des BMF Juli 2004*, Berlin.

Büttner, Thiess (2002), Fiscal Federalism and Interstate Risk Sharing: Empirical Evidence from Germany, *Economics Letters 74*, 195-202.

Büttner, Thiess (2003), Tax Base Effects and Fiscal Externalities of Local Capital Taxation: Evidence from a Panel of German Jurisdictions, *Journal of Urban Economics 54*, 110-128.

Cagetti, Marco (2001), Interest Elasticity in a Life-Cycle Model with Precautionary Savings, *American Economic Review 91*, 418-421.

Carroll, Robert, Douglas Holtz-Eakin, Mark Rider und Harvey S. Rosen (2001), Personal Income Taxes and the Growth of Small Firms, in: James M. Poterba (Hrsg.), *Tax Policy and the Economy 15*, Cambridge: MIT Press, 121-147.

Chiang, Alpha C. (1984), *Fundamental Methods of Mathematical Economics*, 3. Auflage, Auckland: McGraw-Hill.

Christiansen, Vidar (1984), Which Commodity Taxes Should Supplement the Income Tax, *Journal of Public Economics 24*, 195-220.

Cnossen, Sijbren (1994), Administrative and Compliance Costs of the VAT: A Review of the Evidence, *Tax Notes International 20*, 1649-1668.

Collins, Kirk A. und James B. Davies (2004), Measuring Effective Tax Rates on Human Capital: Methodology and an Application to Canada, in: P. B. Sorensen (Hrsg.), *Measuring the Tax Burden on Capital and Labor*, CESifo Seminar Series, Cambridge: MIT Press, 171-211.

Connolly, Sara und Alistair Munro (1999), *Economics of the Public Sector*, Prentice Hall.

Corneo, Giacomo (2003), *Öffentliche Finanzen: Ausgabenpolitik*, Reihe Neue Ökonomische Grundrisse (Hrsg. Rudolf Richter), Tübingen: Mohr Siebeck.

CORNEO, GIACOMO und MARKO MARQUARDT (2000), Public Pensions, Unemployment Insurance, and Growth, *Journal of Public Economics 75*, 293-311.

CORNES, RICHARD (1992), *Duality and Modern Economics*, Cambridge: Cambridge University Press.

CORNES, RICHARD und TODD SANDLER (1986), *The Theory of Externalities, Public Goods, and Club Goods*, Cambridge: Cambridge University Press.

CREMER, HELMUTH, PIERRE PESTIEAU und JEAN-CHARLES ROCHET (2001), Direct Versus Indirect Taxation: The Design of the Tax Structure Revisited, *International Economic Review 42*, 781-799.

CREMER, HELMUTH und PIERRE PESTIEAU (2003), The Double Dividend of Postponing Retirement, *International Tax and Public Finance 10*, 419-434.

CULLEN, JULIE BERRY und ROGER H. GORDON (2002), *Taxes and Entrepreneurial Activity: Theory and Evidence for the U.S.*, NBER DP 9015.

DAVERI, FRANCESCO und GUIDO TABELLINI (2000), Unemployment, Growth and Taxation in Industrial Countries, *Economic Policy 30*, 49-104.

DAVIES, RONALD B. (2004), Tax Treaties and Foreign Direct Investment: Potential versus Performance, *International Tax and Public Finance 11*, 775-802.

DE LA FUENTE, ANGEL (2000), *Mathematical Methods and Models for Economists*, Cambridge: Cambridge University Press.

DE MEZA, DAVID und DAVID C. WEBB (1987), Too Much Investment: A Problem of Asymmetric Information, *Quarterly Journal of Economics 102*, 281-292.

DE MEZA, DAVID und DAVID C. WEBB (1988), Credit Market Efficiency and Tax Policy in the Presence of Screening Costs, *Journal of Public Economics 36*, 1-22.

DE MEZA, DAVID und DAVID C. WEBB (1999), Wealth, Enterprise and Credit Policy, *Economic Journal 109*, 153-163.

DE MEZA, DAVID und DAVID C. WEBB (2000), Does Credit Rationing Imply Insufficient Lending?, *Journal of Public Economics 78*, 215-234.

DEMMEL, ROLAND und CHRISTIAN KEUSCHNIGG (2000), Funded Pensions and Unemployment, *FinanzArchiv 57*, 22-38.

DE MOOIJ, RUUD A. und SJEF EDERVEEN (2003), Taxation and Foreign Direct Investment: A Synthesis of Empirical Research, *International Tax and Public Finance 10*, 673-693.

DEVEREUX, MICHAEL P. (2004), Measuring Taxes on Capital Income, in: P. B. Sorensen (Hrsg.), *Measuring the Tax Burden on Capital and Labor*, CESifo Seminar Series, Cambridge: MIT Press, 35-71.

DEVEREUX, MICHAEL P. und RACHEL GRIFFITH (1998), Taxes and the Location of Production: Evidence from a Panel of US Multinational Firms, *Journal of Public Economics 68*, 335-367.

DIAMOND, PETER A. (1965), National Debt in a Neoclassical Growth Model, *American Economic Review 55*, 1126-1150.

DIAMOND, PETER A. (1998), Optimal Income Taxation: An Example With a U-Shaped Pattern of Optimal Marginal Tax Rates, *American Economic Review 88*, 83-95.

DIAMOND, PETER A. und DANIEL L. MCFADDEN (1974), Some Uses of the Expenditure Function in Public Finance, *Journal of Public Economics 3*, 3-21.

DIAMOND, PETER A. und JAMES A. MIRRLEES (1971a), Optimal Taxation and Public Production, I: Production Efficiency, *American Economic Review 61*, 8-27.

DIAMOND, PETER A. und JAMES A. MIRRLEES (1971b), Optimal Taxation and Public Production, II: Tax Rules, *American Economic Review 61*, 261-278.

DIXIT, AVINASH K. (1997), *Optimization in Economic Theory*, 2. Auflage, Oxford: Oxford University Press.

DIXIT, AVINASH K. und JOSEPH E. STIGLITZ (1977), Monopolistic Competition and Optimum Product Variety, *American Economic Review 67*, 297-308.

DOMAR, EVSEY D. und RICHARD A. MUSGRAVE (1944), Proportional Income Taxation and Risk-Taking, *Quarterly Journal of Economics 58*, 388-422.

DUPOR, BILL, LANCE LOCHNER, CHRISTOPHER TABER und MARY BETH WITTEKIND (1996), Some Effects of Taxes on Schooling and Training, *American Economic Review 86*, 340-346.

EBERT, UDO (1992), A Reexamination of the Optimal Nonlinear Income Tax, *Journal of Public Economics 49*, 47-73.

EBRILL, LIAM, MICHAEL KEEN, JEAN-PAUL BODIN und VICTORIA SUMMERS (2001), *The Modern VAT*, Washington, D.C.: International Monetary Fund.

EDWARDS, JEREMY und MICHAEL KEEN (1996), Tax Competition and Leviathan, *European Economic Review 40*, 113-134.

EDWARDS, JEREMY, MICHAEL KEEN und MATTI TUOMALA (1994), Income Tax, Commodity Taxes and Public Good Provision: A Brief Guide, *FinanzArchiv 51*, 472-487.

ELMENDORF, DOUGLAS W. und GREGORY N. MANKIW (1999), Government Debt, in: John B. Taylor und Michael Woodford (Hrsg.), *Handbook of Macroeconomics*, Vol. 1C, Amsterdam: Elsevier, 1615-1669.

ENGEN, ERIC M., WILLIAM G. GALE und JOHN KARL SCHOLZ (1996), The Illusory Effects of Savings Incentives on Saving, *Journal of Economic Perspectives 10*, 113-138.

EPPLE, DENNIS und THOMAS NECHYBA (2004), Fiscal Decentralization, in: Vernon J. Henderson und Jacques-Francois Thisse (Hrsg.), *Handbook of Regional and Urban Economics*, Vol. 4, Amsterdam: Elsevier, 2423-2480.

European Commission (2001), *Company Taxation in the Internal Market*, Commission Staff Working Paper (COM(2001)582), Brüssel.

FEHR, HANS (2000), Pension Reform During the Demographic Transition, *Scandinavian Journal of Economics 102*, 419-443.

FELD, LARS P. (2000), *Steuerwettbewerb und seine Auswirkungen auf Allokation und Distribution*, Beiträge zur Finanzwissenschaft 10, Tübingen: Mohr Siebeck.

FELD, LARS P. und GEBHARD KIRCHGÄSSNER (2002), The Impact of Corporate and Personal Income Taxes on the Location of Firms and on Employment: Some Panel Evidence from the Swiss Cantons, *Journal of Public Economics 87*, 129-155.

FELDSTEIN, MARTIN S. (1969), The Effects of Taxation on Risk-Taking, *Journal of Political Economy 77*, 755-764.

FELDSTEIN, MARTIN S. und JEFFREY B. LIEBMAN (2002), Social Security, in: Alan J. Auerbach und Martin Feldstein (Hrsg.), *Handbook of Public Economics*, Vol. 4, Amsterdam: Elsevier, 2245-2324.

FENGE, ROBERT und ROBERT SCHWAGER (1995), Pareto-Improving Transition from a Pay-as-you-go to a Fully Funded Pension System in a Model with Differing Earning Abilities, *Zeitschrift für Wirtschafts- und Sozialwissenschaften 115*, 367-376.

FISCHER, STANLEY (1980), Dynamic Inconsistency, Cooperation and the Benevolent Dissembling Government, *Journal of Economic Dynamics and Control 2*, 93-107.

FRENKEL, JACOB A., ASSAF RAZIN und EFRAIM SADKA (1991), *International Taxation in an Integrated World*, Cambridge: MIT Press.

FUCHS, VICTOR R., ALAN B. KRUEGER und JAMES M. POTERBA (1998), Economists' Views about Parameters, Values, and Policies: Survey Results in Labor and Public Economics, *Journal of Economic Literature 36*, 1387-1425.

FUEST, CLEMENS und BERND HUBER (2000), Is Tax Progression Really Good for Employment? A Model With Endogenous Hours of Work, *Labour Economics 7*, 79-93.

FUEST, CLEMENS und BERND HUBER (2004), Why Do Countries Combine the Exemption System for the Taxation of Foreign Profits With Domestic Double Taxation Relief?, *Journal of International Economics 62*, 219-231.

FUEST, CLEMENS, BERND HUBER und PHILIPP TILLESSEN (2003), *Tax Policy and Entrepreneurship in the Presence of Asymmetric Information in Capital Markets*, CESifo WP 872.

GEBHARD, GEORG und KLAUS M. SCHMIDT (2002), Der Markt für Venture Capital: Anreizprobleme, Governance Strukturen und Staatliche Interventionen, *Perspektiven der Wirtschaftspolitik 3*, 235-255.

GENSER, BERN (2002), *Coordinating VATs Between EU Member States*, CESifo WP 648.

GENTRY, WILLIAM M. und GLENN R. HUBBARD (2000), Tax Policy and Entrepreneurial Entry, *American Economic Review 90*, 283-287.

GENTRY, WILLIAM M. und GLENN R. HUBBARD (2004), The Effects of Progressive Income Taxation on Job Turnover, *Journal of Public Economics 88*, 2301-2322.

GORDON, ROGER H. (1986), Taxation of Investment and Savings in a World Economy, *American Economic Review 76*, 1086-1102.

GORDON, ROGER H. (1992), Can Capital Income Taxes Survive in Open Economies?, *Journal of Finance 47*, 1159-1180.

GORDON, ROGER H. (1998), Can High Personal Tax Rates Encourage Entrepreneurial Activity?, *IMF Staff Papers 45*, 49-80.

GORDON, ROGER H. (2000), Taxation of Capital Income vs. Labour Income: An Overview, in: Sijbren Cnossen (Hrsg.), *Taxing Capital Income in the European Union. Issues and Options for Reform*, Oxford: Oxford University Press.

GORDON, ROGER H. und JAMES R. HINES JR. (2002), International Taxation, in: Alan J. Auerbach und Martin Feldstein (Hrsg.), *Handbook of Public Economics*, Vol. 4, Amsterdam: Elsevier, 1935-1995.

GORDON, ROGER H. und YOUNG LEE (2001), Do Taxes Affect Corporate Debt Policy? Evidence from U.S. Corporate Tax Return Data, *Journal of Public Economics 82*, 195-224.

GORDON, ROGER H. und JEFFREY K. MACKIE-MASON (1994), Tax Distortions to the Choice of Organizational Form, *Journal of Public Economics 55*, 279-306.

GOTTFRIED, PETER und WOLFGANG WIEGARD (1991), Exemption Versus Zero Rating. A Hidden Problem of VAT, *Journal of Public Economics 46*, 307-328.

GRESIK, THOMAS A. (2001), The Taxing Task of Taxing Transnationals, *Journal of Economic Literature 39*, 800-838.

GRUBER, JON und EMMANUEL SAEZ (2002), The Elasticity of Taxable Income: Evidence and Implications, *Journal of Public Economics 84*, 1-32.

HALL, ROBERT E. und ALVIN RABUSHKA (1985), *The Flat Tax*, Stanford: Hoover Institution Press.

HASSETT, KEVIN A. und GLENN R. HUBBARD (2002), Tax Policy and Business Investment, in: Alan J. Auerbach und Martin Feldstein (Hrsg.), *Handbook of Public Economics*, Vol. 3, Amsterdam: Elsevier, 1293-1343.

HAUFLER, ANDREAS (2001), *Taxation in a Global Economy*, Cambridge: Cambridge University Press.

HECKMAN, JAMES J. (2000), Policies to Foster Human Capital, *Research in Economics 54*, 3-56.

HECKMAN, JAMES J., LANCE LOCHNER und CHRISTOPHER TABER (1998), Tax Policy and Human-Capital Formation, *American Economic Review 88*, 293-297.

HEIJDRA, BEN J. und FREDERICK VAN DER PLOEG (2002), *Foundations of Modern Macroeconomics*, Oxford: Oxford University Press.

HELLMANN, THOMAS und MANJU PURI (2002), Venture Capital and the Professionalization of Start-up Firms, *Journal of Finance 57*, 169-197.

HILLIER, BRIAN (1997), *The Economics of Asymmetric Information*, Houndmills, Basingstoke: MacMillan Press.

HINES, JAMES R. JR. (1999), Lessons from Behavioral Responses to International Taxation, *National Tax Journal 52*, 305-322.

HOLMSTROM, BENGT (1982), Moral Hazard in Teams, *Bell Journal of Economics 13*, 324-340.

HOLMSTROM, BENGT und JEAN TIROLE (1997), Financial Intermediation, Loanable Funds, and the Real Sector, *Quarterly Journal of Economics 62*, 663-691.

HOLTZ-EAKIN, DOUGLAS, DAVID JOULFAIAN und HARVEY S. ROSEN (1994), Entrepreneurial Decisions and Liquidity Constraints, *RAND Journal of Economics 25*, 334-347.

HOLZMANN, ROBERT (1997), Pension Reform, Financial Market Development, and Economic Growth: Preliminary Evidence from Chile, *IMF Staff Papers 44*, 149-178.

HOMBURG, STEFAN (1990), The Efficiency of Unfunded Pension Schemes, *Journal of Institutional and Theoretical Economics 146*, 640-647.

HOMBURG, STEFAN (2000), *Allgemeine Steuerlehre*, 2. Auflage, WISO Kurzlehrbücher, München: Vahlen.

HOSIOS, ARTHUR J. (1990), On the Efficiency of Matching and Related Models of Search and Unemployment, *Review of Economic Studies 57*, 279-298.

HUBBARD, GLENN R., JONATHAN SKINNER und STEPHEN P. ZELDES (1995), Precautionary Saving and Social Insurance, *Journal of Political Economy 103*, 360-398.

HUIZINGA, HARRY (1995), The Optimal Taxation of Savings and Investment in an Open Economy, *Economics Letters 47*, 59-62.

HUIZINGA, HARRY und SOREN BO NIELSEN (2003), Withholding Taxes and Information Exchange: The Taxation of International Interest Flows, *Journal of Public Economics 87*, 39-72.

IMMERVOLL, HERWIG, HENRIK KLEVEN, CLAUS THUSTRUP KREINER und EMMANUEL SAEZ (2004), *Welfare Reform in European Countries: A Microsimulation Analysis*, London: CEPR DP 4324.

INNES, ROBERT (1991), Investment and Government Intervention in Credit Markets When There is Asymmetric Information, *Journal of Public Economics 46*, 347-381.

Institute for Fiscal Studies (1991), *Equity for Companies: A Corporation Tax for the 1990s*, London: Institute for Fiscal Studies.

International Bureau of Fiscal Documentation (2003), *The Taxation of Companies in Europe*, Amsterdam.

JACOBSSON, ULF (1976), On the Measurement of the Degree of Progression, *Journal of Public Economics 5*, 161-168.

JÄGERS, THOMAS und BERND RAFFELHÜSCHEN (1999), Generational Accounting in Europe: An Overview, *European Economy 6*, 1-16.

JANEBA, ECKHARD (1997), *International Tax Competition*, Tübingen: Mohr Siebeck.

JANEBA, ECKHARD und WOLFGANG PETERS (1999), Tax Evasion, Tax Competition and the Gains from Non-discrimination: the Case of Interest Taxation in Europe, *Economic Journal 109*, 93-101.

JAPPELLI, TULLIO und LUIGI PISTAFERRI (2003), *Tax Incentives to Saving and Borrowing*, London: CEPR DP 3881.

JHA, RAGHBENDRA (1998), *Modern Public Economics*, Routledge.

KAMIEN, MORTON I. und NANCY L. SCHWARTZ (1981), *Dynamic Optimization. The Calculus of Variations and Optimal Control in Economics and Management*, New-York: North-Holland.

KANBUR, RAVI (1981), Risk-Taking and Taxation: An Alternative Perspective, *Journal of Public Economics 15*, 163-184.

KANBUR, RAVI und MICHAEL KEEN (1993), Jeux Sans Frontières: Tax Competition and Tax Coordination When Countries Differ in Size, *American Economic Review 83*, 877-892.

KAPLAN, STEVEN N. und PER STRÖMBERG (2001), Venture Capitalists as Principals: Contracting, Screening, and Monitoring, *American Economic Review 91*, 426-430.

KAPLOW, LOUIS (1994), Taxation and Risk Taking: A General Equilibrium Perspective, *National Tax Journal 47*, 789-798.

KAY, JOHN A. (1980), The Deadweight Loss From a Tax System, *Journal of Public Economics 13*, 111-119.

KEEN, MICHAEL und CHRISTOS KOTSOGIANNIS (2002), Does Federalism Lead to Excessively High Taxes?, *American Economic Review 92*, 363-370.

KEEN, MICHAEL und JENNY E. LIGTHART (2004), Cross-Border Savings Taxation in the European Union: An Economic Perspective, *Tax Notes International 33*, 539-546.

KEEN, MICHAEL und JENNY E. LIGTHART (2005), *Incentives and Information Exchange in International Taxation*, IMF and Tilburg University, unveröffentlichtes Manuskript.

KEEN, MICHAEL und JACK MINTZ (2004), The Optimal Threshold for a Value Added Tax, *Journal of Public Economics 88*, 559-576.

KEEN, MICHAEL und HANNU PIEKKOLA (1997), Simple Rules for the Optimal Taxation of International Capital Income, *Scandinavian Journal of Economics 99*, 447-461.

KEEN, MICHAEL und STEPHEN SMITH (1996), The Future of Value Added Tax in the European Union, *Economic Policy 23*, 375-420.

KEEN, MICHAEL und DAVID WILDASIN (2004), Pareto-Efficient International Taxation, *American Economic Review 94*, 259-275.

KENYON, DAPHNE (1997), Theories of Interjurisdictional Competition, *New England Economic Review*, March/April 1997, 13-35.

KEUSCHNIGG, CHRISTIAN (2002), Finanzpolitik, Unternehmensgründungen und Sucharbeitslosigkeit, in: Bernd Genser (Hrsg.), *Finanzpolitik und Arbeitsmärkte*, Schriften des Vereins für Socialpolitik, NF Bd. 289, Berlin: Duncker & Humblot, 45-82.

KEUSCHNIGG, CHRISTIAN (2003), *Optimal Public Policy For Venture Capital Backed Innovation*, CEPR DP 3850.

KEUSCHNIGG, CHRISTIAN (2004), Taxation of a Venture Capitalist With a Portfolio of Firms, *Oxford Economic Papers 56*, 285-306.

KEUSCHNIGG, CHRISTIAN und MIRELA KEUSCHNIGG (2004), Aging, Labor Markets and Pension Reform in Austria, *FinanzArchiv 60*, 359-392.

KEUSCHNIGG, CHRISTIAN und SOREN BO NIELSEN (2003a), Tax Policy, Venture Capital and Entrepreneurship, *Journal of Public Economics 87*, 175-203.

KEUSCHNIGG, CHRISTIAN und SOREN BO NIELSEN (2003b), Taxes and Venture Capital Support, *European Finance Review 7*, 515-539.

KEUSCHNIGG, CHRISTIAN und SOREN BO NIELSEN (2004a), Progressive Taxation, Moral Hazard and Entrepreneurship, *Journal of Public Economic Theory 6*, 471-490.

KEUSCHNIGG, CHRISTIAN und SOREN BO NIELSEN (2004b), Start-ups, Venture Capitalists, and the Capital Gains Tax, *Journal of Public Economics 88*, 1011-1042.

KEUSCHNIGG, CHRISTIAN und SOREN BO NIELSEN (2004c), Taxation and Venture Capital Backed Entrepreneurship, *International Tax and Public Finance 11*, 369-390.

KIRCHGÄSSNER, GEBHARD (1999), *Eine moderne Steuer- und Abgabenordnung für die Schweiz. Vorüberlegungen und Grundzüge*, Chur: Rüegger.

KIRCHGÄSSNER, GEBHARD und WERNER W. POMMEREHNE (1996), Tax Harmonization and Tax Competition in the European Union: Lessons from Switzerland, *Journal of Public Economics 60*, 351-371.

KIRCHHOF, PAUL (2004), *Der sanfte Verlust der Freiheit. Für ein neues Steuerrecht – klar, verständlich, gerecht*, München und Wien: Hanser.

KONRAD, KAI A. (2001), Privacy and Time-Consistent Optimal Labor Income Taxation, *Journal of Public Economics 79*, 503-519.

KONRAD, KAI A. und HELMUT SEITZ (2003), Fiscal Federalism and Risk Sharing in Germany: The Role of Size Differences, in: Sijbren Cnossen und Hans-Werner Sinn (Hrsg.), *Public Finance and Public Policy in the New Century*, CESifo Seminar Series, Cambridge: MIT Press, 469-489.

KORTUM, SAMUEL und JOSH LERNER (2000), Assessing the Contribution of Venture Capital to Innovation, *RAND Journal of Economics 31*, 674-692.

KOSKELA, ERKKI und RONNIE SCHÖB (1999), Does the Composition of Wage and Payroll Taxes Matter Under Nash Bargaining?, *Economics Letters 64*, 343-349.

KOSKELA, ERKKI und JOUKO VILMUNEN (1996), Tax Progression is Good for Employment in Popular Models of Trade Union Behavior, *Labour Economics 3*, 65-80.

KOTLIKOFF, LAURENCE J. (1989), *What Determines Savings?*, Cambridge: MIT Press.

KOTLIKOFF, LAURENCE J. (2001), *Essays on Saving, Bequests, Altruism, and Life-Cycle Planning*, Cambridge: MIT Press.

KOTLIKOFF, LAURENCE J. (2002), Generational Policy, in: Alan J. Auerbach und Martin Feldstein (Hrsg.), *Handbook of Public Economics*, Vol. 4, Amsterdam: Elsevier, 1873-1932.

KRUEGER, ALAN B. und BRUCE D. MEYER (2002), Labor Supply Effects of Social Insurance, in: Alan J. Auerbach und Martin Feldstein (Hrsg.), *Handbook of Public Economics*, Vol. 3, Amsterdam: Elsevier, 2327-2392.

LAFFONT, JEAN-JACQUES und DAVID MARTIMORT (2002), *The Theory of Incentives. The Principal Agent Model*, Princeton: Princeton University Press.

LAMBERT, PETER J. (2001), *The Distribution and Redistribution of Income*, 3. Ausgabe, Manchester: Manchester University Press.

LAMMERSEN, LOTHAR und ROBERT SCHWAGER (2003), *The Effective Tax Burden of Companies in the Extended Alpine Space. An International and Interregional Comparison*, IBC BAK International Benchmark Club, Mannheim: Zentrum für Europäische Wirtschaftsforschung.

LAYARD, RICHARD, STEPHEN NICKELL und RICHARD JACKMAN (1991), *Unemployment. Macroeconomic Performance and the Labour Market*, Oxford: Oxford University Press.

LINDBECK, ASSAR und MATS PERSSON (2003), The Gains from Pension Reform, *Journal of Economic Literature 41*, 74-112.

LOCKWOOD, BEN und ALAN MANNING (1993), Wage Setting and the Tax System – Theory and Evidence for the United Kingdom, *Journal of Public Economics 52*, 1-29.

LUCAS, ROBERT E. (1998), On the Mechanics of Economic Development, *Journal of Monetary Economics 22*, 2-42.

MACKIE-MASON, JEFFREY K. und ROGER H. GORDON (1997), How Much Do Taxes Discourage Incorporation?, *Journal of Finance 52*, 477-505.

MAS-COLELL, ANDREU, MICHAEL D. WHINSTON und JERRY R. GREEN (1995), *Microeconomic Theory*, New York: Oxford University Press.

MASTERS, ADRIAN (1998), Efficiency of Investment in Human and Physical Capital in a Model of Bilateral Search and Bargaining, *International Economic Review 39*, 477-494.

MATSUYAMA, KIMINORI (1995), Complementarities and Cumulative Processes in Models of Monopolistic Competition, *Journal of Economic Literature 33*, 701-729.

MIESZKOWSKI, PETER und GEORGE R. ZODROW (1989), Taxation and the Tiebout Model: The Differential Effects of Head Taxes, Taxes on Land Rents, and Property Taxes, *Journal of Economic Literature 27*, 1098-1146.

MIRRLEES, JAMES A. (1971), An Exploration in the Theory of Optimal Income Taxation, *Review of Economic Studies 38*, 175-208.

MOSSIN, JAN (1968), Taxation and Risk-Taking: An Expected Utility Approach, *Economica 35*, 74-82.

MUELLER, DENNIS C. (1989), *Public Choice II*, Cambridge: Cambridge University Press.

MURPHY, KEVIN M., ANDREI SHLEIFER und ROBERT W. VISHNY (1989), Industrialization and the Big Push, *Journal of Political Economy 97*, 1003-1026.

MUSGRAVE, RICHARD (1959), *The Theory of Public Finance*, New York: McGraw-Hill.

MYLES, GARETH D. (1995), *Public Economics*, Cambridge: Cambridge University Press.

NERLOVE, MARC, ASSAF RAZIN, EFRAIM SADKA und ROBERT K. WEIZSAECKER (1993), Comprehensive Income Taxation, Investments in Human and Physical Capital, and Productivity, *Journal of Public Economics 59*, 397-406.

NIELSEN, SOREN B. und PETER B. SORENSEN (1997), On the Optimality of the Nordic System of Dual Income Taxation, *Journal of Public Economics 63*, 311-329.

OECD (2003), *Revenue Statistics 1965-2002*, Paris.

OECD (2004a), *Economic Outlook No. 75*, Paris.

OECD (2004b), *Education at a Glance*, Paris.

OECD (2004c), *Taxing Wages 2002-2003*, Paris.

PECK, RICHARD M. (1989), Taxation, Risk, and Returns to Scale, *Journal of Public Economics 40*, 319-330.

PISAURO, GIUSEPPE (1991), The Effects of Taxes on Labour in Efficiency Wage Models, *Journal of Public Economics 46*, 329-345.

PISSARIDES, CHRISTOPHER A. (1998), The Impact of Employment Tax Cuts on Unemployment and Wages: The Role of Unemployment Benefits and Tax Structure, *European Economic Review 41*, 155-183.

PISSARIDES, CHRISTOPHER A. (2000), *Equilibrium Unemployment Theory*, 2. Auflage, Cambridge: MIT Press.

POTERBA, JAMES M. (2002), Taxation, Risk-Taking, and Household Portfolio Behavior, in: Alan J. Auerbach und Martin Feldstein (Hrsg.), *Handbook of Public Economics*, Vol. 3, Amsterdam: Elsevier, 1109-1171.

POTERBA, JAMES M. und ANDREW A. SAMWICK (2002), Taxation and Household Portfolio Composition: US Evidence from the 1980s and 1990s, *Journal of Public Economics 87*, 5-38.

POTERBA, JAMES M. und LAWRENCE H. SUMMERS (1985), The Economic Effects of Dividend Taxation, in: Edward Altman und Marti Subrahmanyam (Hrsg.), *Recent Advances in Corporate Finance*, Homewood: Irwin, 227-284.

POTERBA, JAMES M., STEVEN F. VENTI und DAVID A. WISE (1996), How Retirement Saving Programs Increase Savings, *Journal of Economic Perspectives 10*, 91-112.

RAFFELHÜSCHEN, BERND (1999a), Generational Accounting in Europe, *American Economic Review 89*, 167-170.

RAFFELHÜSCHEN, BERND (1999b), Generational Accounting: Method, Data and Limitations, *European Economy 6*, 17-28.

RASMUSSEN, BO SANDEMANN (1998), Long-run Effects of Employment and Payroll Taxes in an Efficiency Wage Model, *Economics Letters 58*, 245-253.

RAZIN, ASSAF und EFRAIM SADKA (2001), *Labor, Capital and Finance: International Flows*, Cambridge: Cambridge University Press.

RICHTER, WOLFRAM F. (1994), The Efficient Allocation of Local Public Factors in Tiebout's Tradition, *Regional Science and Urban Economics 24*, 323-340.

RICHTER, WOLFRAM F. und WOLFGANG WIEGARD (1993), Zwanzig Jahre "Neue Finanzwissenschaft". Teil I: Überblick und Theorie des Marktversagens, *Zeitschrift für Wirtschafts- und Sozialwissenschaften 113*, 169-224.

ROSE, MANFRED (1998), Konsumorientierung des Steuersystems - Theoretische Konzepte im Lichte empirischer Erfahrungen, in: Gerold Krause-Junk (Hrsg.), *Steuersysteme der Zukunft*, Berlin: Duncker und Humblot, 247-278.

ROSEN, HARVEY (2005), Entrepreneurship and Taxation: Empirical Evidence, in: Vesa Kanniainen und Christian Keuschnigg (Hrsg.), *Venture Capital, Entrepreneurship and Public Policy*, CESifo Seminar Series, Cambridge: MIT Press, 251-279.

Sachverständigenrat (2003), *Staatsfinanzen konsolidieren – Steuersystem reformieren*, Jahresgutachten 2003/2004, Wiesbaden.

SAEZ, EMMANUEL (2001), Using Elasticities to Derive Optimal Income Tax Rates, *Review of Economic Studies 68*, 205-229.

SAEZ, EMMANUEL (2002a), Optimal Income Transfer Programs: Intensive Versus Extensive Labor Supply Responses, *Quarterly Journal of Economics 117*, 1039-1073.

SAEZ, EMMANUEL (2002b), The Desirability of Commodity Taxation Under Non-linear Income Taxation and Heterogeneous Tastes, *Journal of Public Economics 83*, 217-230.

SALANIE, BERNARD (1999), *The Economics of Contracts. A Primer*, Cambridge: MIT Press.

SALANIE, BERNARD (2003), *The Economics of Taxation*, Cambridge: MIT Press.

SAMUELSON, PAUL A. (1954), The Pure Theory of Public Expenditure, *Review of Economics and Statistics 36*, 387-389.

SAMUELSON, PAUL A. (1955), Diagrammatic Exposition of a Theory of Public Expenditure, *Review of Economics and Statistics 37*, 350-356.

SANDMO, AGNAR (1976), Optimal Taxation. An Introduction to the Literature, *Journal of Public Economics 6*, 37-54.

SANDMO, AGNAR (1977), Portfolio Theory, Asset Demand and Taxation: Comparative Statics With Many Assets, *Review of Economic Studies 44*, 369-379.

SANDMO, AGNAR (1985), The Effects of Taxation on Savings and Risk-Taking, in: Alan J. Auerbach und Martin Feldstein (Hrsg.), *Handbook of Public Economics*, Vol. 1, Amsterdam: Elsevier, 265-311.

SANDMO, AGNAR (2000), *The Public Economics of the Environment*, The Lindahl Lectures, Oxford: Oxford University Press.

SANDMO, AGNAR (2003), Bridging the Tax-Expenditure Gap: Green Taxes and the Marginal Cost of Public Funds, in: Sijbren Cnossen und Hans-Werner Sinn (Hrsg.), *Public Finance and Public Policy in the New Century*, CESifo Seminar Series, Cambridge: MIT Press, 159-178.

SCHNABEL, REINHOLD (1998), Rates of Return of the German Pay-As-You-Go Pension System, *FinanzArchiv 55*, 374-399.

SCHWEIZER, URS (1999), *Vertragstheorie*, Reihe "Neue ökonomische Grundrisse" (Hrsg. Rudolf Richter), Tübingen: Mohr Siebeck.

SEATER, JOHN J. (1993), Ricardian Equivalence, *Journal of Economic Literature 31*, 142-190.

SHAPIRO, CARL und JOSEPH E. STIGLITZ (1984), Equilibrium Unemployment as a Worker Discipline Device, *American Economic Review 74*, 433-444.

SIEBERT, HORST, HRSG., (1998), *Redesigning Social Security*, Tübingen: Mohr.

SINN, HANS-WERNER (1985), *Capital Income Taxation and Resource Allocation*, Amsterdam: North-Holland.

SINN, HANS-WERNER (1991), The Vanishing Harberger Triangle, *Journal of Public Economics 45*, 271-300.

SINN, HANS-WERNER (2000), Why a Funded Pension System is Useful and Why It is Not Useful, *International Tax and Public Finance 7*, 389-410.

SINN, HANS-WERNER (2003a), *Ist Deutschland noch zu retten?*, München: Econ.

SINN, HANS-WERNER (2003b), *The New Systems Competition*, Yrjö Jahnsson Lectures, Oxford: Blackwell.

SMETTERS, KENT (1999), Ricardian Equivalence: Long-run Leviathan, *Journal of Public Economics 73*, 395-421.

SNOW, ARTHUR und RONALD S. WARREN, JR. (1996), The Marginal Welfare Cost of Public Funds: Theory and Estimates, *Journal of Public Economics 61*, 289-305.

SORENSEN, PETER B. (1995), The Changing Views of the Corporate Income Tax, *National Tax Journal 48*, 279-295.

SORENSEN, PETER B. (1999), Optimal Tax Progressivity in Imperfect Labour Markets, *Labour Economics 6*, 435-452.

SORENSEN, PETER B. (2004a), Measuring Taxes on Capital and Labor: An Overview of Methods and Issues, in: P. B. Sorensen (Hrsg.), *Measuring the Tax Burden on Capital and Labor*, CESifo Seminar Series, Cambridge: MIT Press, 1-33.

SORENSEN, PETER B., HRSG., (2004b), *Measuring the Tax Burden on Capital and Labor*, CESifo Seminar Series, Cambridge: MIT Press.

SPENCE, MICHAEL E. (1976), Product Selection, Fixed Costs, and Monopolistic Competition, *Review of Economic Studies 43*, 217-236.

STIGLITZ, JOSEPH E. (1969), The Effects of Income, Wealth and Capital Gains Taxation on Risk-Taking, *Quarterly Journal of Economics 83*, 262-283.

STIGLITZ JOSEPH E. (1987), Pareto Efficient and Optimal Taxation and the New New Welfare Economics, in: Alan J. Auerbach und Martin Feldstein (Hrsg.), *Handbook of Public Economics*, Vol. 2, Amsterdam: North Holland, 991-1042.

STIGLITZ, JOSEPH E. und PARTHA S. DASGUPTA (1971), Differential Taxation, Public Goods and Economic Efficiency, *Review of Economic Studies 38*, 151-174.

STIGLITZ, JOSEPH E. und ANDREW WEISS (1981), Credit Rationing in Markets With Imperfect Information, *American Economic Review 71*, 393-410.

SUMMERS, LAWRENCE H. (1981), Capital Taxation and Accumulation in a Life Cycle Growth Model, *American Economic Review 71*, 533-544.

TIEBOUT, CHARLES M. (1956), A Pure Theory of Local Expenditures, *Journal of Political Economy 64*, 416-424.

TIROLE, JEAN (2001), Corporate Governance, *Econometrica 69*, 1-35.

TROSTEL, PHILIP A. (1993), The Effect of Taxation on Human Capital, *Journal of Political Economy 101*, 327-350.

TUOMALA, MATTI (1990), *Optimal Income Tax and Redistribution*, Oxford: Oxford University Press.

U.S. Department of the Treasury (1992), *Integration of the Individual and Corporate Tax Systems: Taxing Business Income Once*, Washington D.C.: US Government Printing Office.

VARIAN, HAL R. (1992), *Microeconomic Analysis*, 3. Auflage, New York: Norton.

WEICHENRIEDER, ALFONS J. (1995), *Besteuerung und Direktinvestition*, Tübingen: Mohr Siebeck.

WEIL, PHILIPPE (1987), Love Thy Children. Reflections on the Barro Debt Neutrality Theorem, *Journal of Monetary Economics 19*, 377-391.

WELLISCH, DIETMAR (2000a), *Finanzwissenschaft I. Rechtfertigung der Staatstätigkeit*, Vahlens Handbücher der Wirtschafts- und Sozialwissenschaften, München: Vahlen.

WELLISCH, DIETMAR (2000b), *The Theory of Public Finance in a Federal State*, Cambridge: Cambridge University Press.

WILDASIN, DAVID E. (1984), On Public Good Provision with Distortionary Taxation, *Economic Inquiry 22*, 557-566.

WILDASIN, DAVID E. (1989), Interjurisdictional Capital Mobility: Fiscal Externality and a Corrective Subsidy, *Journal of Urban Economics 25*, 193-212.

WILDASIN, DAVID E. (1991), Income Redistribution in a Common Labor Market, *American Economic Review 81*, 757-774.

WILSON, JOHN D. (1995), Mobile Labor, Multiple Tax Instruments, and Tax Competition, *Journal of Urban Economics 38*, 333-356.

WILSON, JOHN D. (1999), Theories of Tax Competition, *National Tax Journal 52*, 269-304.

ZODROW, GEORGE R. (1991), On the 'Traditional' and 'New' Views of Dividend Taxation, *National Tax Journal 44*, 497-509.

Sachverzeichnis

Neue ökonomische Grundrisse

Eine neue Generation von Ökonomik-Lehrbüchern

Herausgegeben von Rudolf Richter

Die moderne Institutionenökonomik in ihren verschiedenen Ausprägungen (Neue Institutionenökonomik, Neue Organisationsökonomik, Ökonomische Analyse des Rechts, Public Choice, Verfassungsökonomik und andere) wird heute zunehmend in weiten Gebieten der Wirtschaftswissenschaft als ein wichtiger neuer Ansatz anerkannt. Die Nobelpreise für James Buchanan, Ronald Coase und Douglass North verdeutlichen das. Dazu kommen die parallelen Entwicklungen auf den Gebieten der Informationsökonomik und der Spieltheorie. Ein neuer Denkstil entwickelt sich, der die neoklassische Lehre der vollständigen Konkurrenz abzulösen oder zu ergänzen im Begriff ist. Die Entwicklung ist nicht nur von intellektuellem oder politischem Interesse, sie eröffnet auch die Chance, Wirtschaftswissenschaftler – Volks- und Betriebswirte – praxisrelevanter als bisher auszubilden.

Für die zentralen Gebiete der Wirtschaftswissenschaft werden Lehrbücher vorgelegt, die die neue Sichtweise der modernen Institutionenökonomik und ihre Randgebiete berücksichtigen und integrieren – selbstverständlich nur soweit dies in dem betreffenden Gebiet sinnvoll ist. Die Manuskripte für die Reihe werden vor ihrer Annahme zur Veröffentlichung anonymen Lesern zur Lektüre und kritischen Stellungnahme vorgelegt.

Die Bände für das Grundstudium und einige andere bieten pro Kapitel Lektürevorschläge, Merkpunkte und Schlüsselbegriffe und am Ende des Bandes ein Glossar wichtiger Begriffe. Alle Bände haben ein Literaturverzeichnis und Register. *Neue ökonomische Grundrisse* sind fadengeheftete Broschuren: flexibel, gut aufklappend und lange haltbar.

Neue ökonomische Grundrisse für das Grundstudium:

Makroökonomik
Eine Einführung in die Theorie der Güter-, Arbeits- und Finanzmärkte von Lutz **Arnold** (Regensburg), 1. Auflage 2003

Grundzüge der Mikroökonomik
von Jürgen **Eichberger** (Heidelberg), 1. Auflage 2004

Ökonomik
Eine Einführung
von Karl **Homann** (München) und Andreas **Suchanek** (Ingolstadt),
2. Auflage 2005

Einführung in die Betriebswirtschaftslehre
aus institutionenökonomischer Sicht
von Werner **Neus** (Tübingen), 4. Auflage 2005

Neue ökonomische Grundrisse für das Hauptstudium:

Grundlagen der Wirtschaftspolitik
von Friedrich **Breyer** und Martin **Kolmar** (beide Konstanz),
1. Auflage 2001

Öffentliche Finanzen: Ausgabenpolitik
von Giacomo **Corneo** (Osnabrück), 1. Auflage 2003

Öffentliche Finanzen: Einnahmenpolitik
von Christian **Keuschnigg** (St. Gallen), 1. Auflage 2005

Organisation und Management
von Matthias **Kräkel** (Bonn), 2. Auflage 2004

Neue Institutionenökonomik
Eine Einführung und kritische Würdigung
von Rudolf **Richter** (Saarbrücken) und Eirik G. **Furubotn**
(Texas A&M University), 3. Auflage 2003

Gesundheitsökonomik
von Matthias Graf von der **Schulenburg** und Wolfgang **Greiner**
(beide Hannover), 1. Auflage 2000

Wettbewerbspolitik
von Norbert **Schulz** (Würzburg), 1. Auflage 2003

Vertragstheorie
von Urs **Schweizer** (Bonn), 1. Auflage 1999

Die Reihe wird laufend ausgebaut.
*Neuestes unter **www.mohr.de/w/noeg/htm***